走近美国

美国的城市政治

CITY POLITICS

【美】丹尼斯 · R. 贾德（Dennis R. Judd） 托德 · 斯旺斯特罗姆（Todd Swanstrom）◎著
于 杰◎译

上海社会科学院出版社
SHANGHAI ACADEMY OF SOCIAL SCIENCES PRESS
上海市美国问题研究所
SHANGHAI INSTITUTE OF AMERICAN STUDIES

图书在版编目(CIP)数据

美国的城市政治 / (美)丹尼斯·R. 贾德(Dennis R. Judd),(美)托德·斯旺斯特罗姆(Todd Swanstrom)著;于杰译. —上海:上海社会科学院出版社,2017

书名原文:City Politics,9e

ISBN 978-7-5520-0890-6

Ⅰ.①美… Ⅱ.①丹…②托…③于… Ⅲ.①城市学—政治学—研究—美国 Ⅳ.①D771.2

中国版本图书馆 CIP 数据核字(2017)第 020041 号

上海市版权局著作权合同登记号 图字:09-2014-848

美国的城市政治

著　　者:丹尼斯·R. 贾德　托德·斯旺斯特罗姆
译　　者:于　杰
责任编辑:王　勤
特约编辑:张　晶
封面设计:周清华
出版发行:上海社会科学院出版社
上海顺昌路 622 号　邮编 200025
电话总机 021-63315900　销售热线 021-53063735
http://www.sassp.org.cn　E-mail:sassp@sass.org.cn
照　　版:南京前锦排版服务有限公司
印　　刷:上海信老印刷厂
开　　本:710×1010 毫米　1/16 开
印　　张:27.5
插　　页:1
字　　数:462 千字
版　　次:2017 年 7 月第 1 版　2017 年 7 月第 1 次印刷

ISBN 978-7-5520-0890-6/D·426　定价:88.00 元

目　　录

第二部分　20世纪的城市危机

第三部分　分裂的大都市

序　　言

第一版《美国的城市政治》(*City Politics*)于1979年出版，随着相关主题的深化，这部书几经改版，发生了很大变化。为了体现其时事性和关联性，关于"现实世界"和文献领域的重要新发展，我们总是予以特别关注并加以描写。例如，在第九版中我们增加了有关移民政策、投票权、财政问题以及改进不平等现象等方面的内容，因为这些内容是最近比较热议的话题，其中财政问题是城市始终面临的问题。对这些内容进行改动的过程中，我们旁征博引，以便学生们能在这方面独立开展研究。

多年以来，从社区学院到研究型大学的研究生院等各个层次的院校都把《美国的城市政治》用作教科书。不仅如此，《美国的城市政治》还成为一门跨学科的教程，与城市政治、城市社会学、城市规划、城市地理以及城市历史等学科中的教程一并使用。这部书的阅读群体非常广泛，原因有三方面：主题结构及原创性较强；二手文献和一手资料非常丰富；学术资源、新数据以及原创研究都是最近收集和进行的。在写作过程中，我们致力于宏大叙述，尽可能地降低学术方面的复杂性，因此，本书浅显易懂，并且能够引起读者的兴趣。每一章会选择上一章结束的故事作为开端，这样读者能够将美国的城市政治理解为不断发展变化的过程；从某种意义上讲，过去和现在总是相互交织的。

本书的叙述结构有三条线索。从国家建立到现在，自由市场和民主治理的传统是美国文化的两个支柱。纵览国家历史，城市既要实现当地经济繁荣的目标，又肩负着对当地社会中的许多竞争团体进行协商的任务，而且必须维持两者之间的平衡。这两大目标之间的持久张力即美国城市政治发展的主要动力所在，同时也是将本书各个章节联系在一起的叙事中心所在。

另一个动态因素是城市政府的分化，这一过程持续了一个多世纪。要对美国城市政治做出完整的叙述，我们必须关注个别城市的内部发展以及城市内部各政府单位之间的关系。当今的美国城市已经分化为若干个独立的直辖区以及其他政府单位，这些部分拼接成了一副拼图。随着近几十年以来私人化封闭社区的兴起，这种分化变得更为复杂。在本版《美国的城市政治》中的多个章节中，我们追溯了现代大都市中以这种方式构建政权而造成的诸多后果。

我们将此书划分为三部分。第一部分包括前五章，追溯了从1789年建国到20世纪30年代大萧条100多年美国城市的发展历史。在这“漫长的一个世纪”中，国家在发展，城市也在快速增长的经济体系中互相竞争。与此同时，移民大潮以及农村人口涌入城市，造成了社会关系的紧张和混乱，中、上层阶级选民和工人阶级新生力量之间的斗争则反映了这种紧张关系，城市必须处理这些问题。20世纪30年代的罗斯福新政在美国历史上首次将移民和他们居住的城市纳入国家政治的轨道内，这一情况持续了几十年。

第二部分追溯了20世纪城市政治的发展轨迹。仅仅几十年内，旧的工业城市迅速衰落，郊区呈现繁荣景象，这种地区变化导致人口再次分配，许多人离开工业地带，迁到了其他地方。长期以来，工业经济推动了城市化的进程，而工业经济的发展以城市为中心。工业领域中的就业机会减少，服务业兴起，导致国家政治和定居模式发生重组。到20世纪中期，旧的中心城市史无前例地陷入社会经济危机。第二次世界大战以后的几年中，数以百万的南方黑人涌入北方城市，这一过程引起了长期的社会动荡和民族仇恨，从根本上重塑了国家的政治以及城市的政治。有钱的白人逃离城市，开拓郊区区域来避免都市问题。必要的管理成为重中之重——政府需要在城市社会中对立的种族、民族以及其他利益集团中进行调节。

本书的第三部分讨论了20世纪80年代以来工业化解体和全球化出现的城市政治。全球化经济的出现是此时最主要的特点之一。曾经一度下滑的旧中心城市和整个城区开始逆转这一命运：在后工业经济时代中它们成为主角。同时，城市间努力争取大城市经济增长的份额，使得大城市地区内部的分化呈现出新的气象。如今，中心城市及城区更加繁荣，但同时分化程度更加严重，其中一个后果就是社会经济的不平等，这种不平等以拼图的形式复制在城市景观上，将城市居民加以分割。

为了更好地理解这些发展的来龙去脉，我们最好结合历史语境。像过去一样，城市政治仍然围绕着经济增长和治理任务这两项必要使命循环。在美国建国以后的百年之中，城市为了争取新投资而展开了激烈的竞争。发生在19世纪的移民大潮对城市政治的影响持续了100多年。从20世纪70年代开始，移民现象愈演愈烈,在将来很长的时期内会对美国政治体系的方方面面产生影响。承认我们是一个移民国家将大大丰富当前城市政治的叙述内容。第九版具有下列新特点:

(1) 对移民政策引发的激烈辩论进行全方位的讨论;

(2) 就投票权引发的争议展开进一步的讨论;

(3) 对于许多城市仍然面临的财政问题提供新的资料;

(4) 围绕少数种族和城市治理展开进一步讨论并提供最新的进展情况;

(5) 对不平等现象新趋势的最新讨论;

(6) 全书中附有美国人口普查局提供的最新数据。

在本研究中,丹尼斯·R.贾德(Dennis R. Judd)非常感激萨姆·巴塞特(Sam Bassett)和阿娜希·塔杰沃相(Anahit Tadevosyan)提供的有价值的帮助以及学术道路上的陪伴。我们还要感谢朗文出版社的编辑梅丽莎·玛莎伯恩(Melissa Mashburn)对此书的全程关注。

丹尼斯·R.贾德(Dennis R. Judd)

托德·斯旺斯特罗姆(Todd Swanstrom)

第一章　美国的城市政治：引言

三个主题

长期以来，美国城市政治动力学几乎等同于城市地区政治动力学。美国建国至今，以自由市场和民主治理为主的传统体现了美国文化的核心价值。在这两项重要使命中寻求平衡并非易事，实际上，地方上发生的所有重大政治斗争都是两者关系紧张所导致的。像机场、会展中心以及体育馆建设等方案涉及公共支出的问题，这些问题进而引发了冲突，这种情况凸显了增长政策的重要性。领导人在推广这些方案时，总会宣称将给城市社区的每个人带来幸福，但不能表明这是对公共资源最佳、最有效的利用。存在冲突的事实暴露出城市的另一个重要使命：治理政治。地方上存在众多对立的集团和利益群体，他们需要在当地政府取得话语权，针对这种情况，公共官员和政策制定者必须找到调节的方法。美国城市内部存在着社会、民族、种族的各个分支，其复杂性使得治理问题始终非常棘手，极具挑战性。第三个动力因素则是与20世纪现代化大都市的兴起相伴而生的大都市分裂政治。20世纪，美国城区逐渐分裂为若干个独立的直辖区。都市区域内部的政权极端分裂，住宅隔离成为长期问题，以至于无法出台解决城市扩张等重要政策问题的地区方案。

增长任务在美国城市政治中根深蒂固，其重要程度曾一度超过其他问题。城市居民非常重视自己所生活的地区是否能够持续增长，他们将自己的经历和财力投资于此，这里是他们的收入来源、工作场所以及个人身份和社区意识的源头所在。许多人对当地的社区有着很深的依附情结，所以这个地方是否具有持续的活力是这些人优先考虑的问题。美国历史上，对地方的忠诚感驱使公民领导者将公共权威和资源用于推动当地的经济发展和繁荣方面。例如，19世纪城市为确保与国家铁路系统的密切联系而向铁路公司提供大量津贴。今天的具体做法虽然有所差异，但是逻辑不变：从 20 世纪 70 年代以来，旅游业和娱乐业持续发展，城市一直努力在这一"没有烟囱的工业"市场中占据一定的份额。为了达到这一目标，他们把大量公共资金投入到会展中心、运动场馆、文化机构以及娱乐场所等地方建设中。这些旨在推动当地经济发展的活动对于城市的运转非常重要，如果不考虑这些因素的话，你就无法理解城市政治。

治理的必要性源自美国社会存在的社会、种族以及族裔差异性。美国是一个移民国家，在漫长的历史中，移民问题一直是地方以及国家政治的主要问题。限制移民的做法可以追溯至 19 世纪 30 年代，当时爱尔兰人大批涌入美国海岸。自此以后，反对移民的运动时常爆发，尤其在经济紧张时期。族裔和种族冲突是美国政治的一贯特点，这导致了国家选举和党派的对立，这一点在最近几十年中尤为明显。在大都市中，严重的分化加剧了市中心和郊区的对立以及郊区之间的对立。

美国都市中的极端分裂源于 19 世纪晚期开始的郊区化进程。长期以来，"城市"这一术语指的是工业化时代的大城市，它们不分民族、不分阶级，以技术和经济生产为标志来呈现自己的身份。但第二个"城市"世纪则有所不同，工业化时代的城市被若干独立的政治司法管辖区所包围，这就是所谓的郊区。早在 20 世纪 20 年代，大工业城市在周边郊区繁荣的情况下陷入长期的下滑，最终出现了由许多独立司法管辖区构成的城市地域，这些管辖区内的组成人员等级各异，有的是白人、有钱人，也有穷人、少数族裔或者介于两者之间的群体。最近，有的中心城市开始吸引有钱的居民，年轻人更受欢迎，而郊区从整体上能够更好地代表美国社会。即便如此，复杂的拼凑政府以及私人化的封闭社区仍然是城市居民日常生活的重要特点：人们所居住的位置影响着他们的交际圈、税务负担、市政服务层次，甚至他们的政治前景。大都市内部不是仅有一个城市社区，而是多个。

经济增长的迫切性、治理的挑战性和分裂大都市的兴起构成了美国城市政治的三股链条，它们之间相互串联，构成一篇完整的叙述文，帮助读者理解美国城市政治从过去到现在是如何形成的。当你阅读一封致地方报纸编辑的信件，信件的内容是抗议城市对新建体育馆提供税收补贴(这与增长政治的价值观相冲突)；当你走在繁忙的城市街道上，穿梭于不同肤色以及不同族裔背景的人群中时，你会意识到这种多样性使得治理工作极具挑战性；当你走进郊区的封闭社区，就相当于进入私人管辖范围，类似于大都市中若干管理单位中的任何一个。所有这些体验让我们意识到构成美国城市政治的政治动力学具有统一的模式，其中出现的问题具有反复性。

增长政治

没有维持经济繁荣的措施，社区就没有立足之本，因此增长和繁荣通常是城市居民和公民领导者优先考虑的重要问题。一个国家有了城市或城镇，这儿最初是人们可以赚钱并且寻找个人机会的地方，也就是说城市是作为贸易和商业中心而建立的。欧洲殖民者来到北美大陆时就制定出了城镇推广的方案。第一个殖民地詹姆斯敦（Jamestown）于 1607 年建立。建立者是英国企业家，他们成立了股份公司，当时伦敦的黄金股份售价大约为 62 美元，因此他们所进行的这项事业带有一定的冒险性。如果殖民地事业成功的话，投资者将会大赚一笔，当然殖民者只是对这项实验下了一笔赌注而已。同样，300 年以后，大批人涌入了这个新国家的东海岸，他们建立城市和城镇，对这个特殊地方的未来前景投入个人赌注。如果这些城市和城镇成为地区的贸易中心，并且成为进入国家经济体系的农产品、成品的出口平台的话，这里的社区经过发展后将会繁荣兴旺。19 世纪出现了横跨美洲大陆的迁移运动，这一运动将城镇作为疆域拓展的前沿阵地：

> 美国拥有一条细长的城市线，自大西洋沿海地区向外及向西部扩散。人们普遍认为先有乡村人口，而后出现村庄。历史学家的解释是先有村庄和城镇，然后拉动乡村人口到城市定居点周围地区安置住所。[1]

每个城镇都有自己的微型资金体系，企业家为寻求利润和个人发展从事各种活动，这些活动将城镇的资金体系联系在一起。对新机会的不懈追求鼓励了民族“个人文化”的形成，这一术语是城市历史学家萨姆·巴斯·华纳（Sam Bass Warner）提出来的，旨在强调个人努力和期冀对集体或公共目标的影响：“按照参与者的观点以及对主要议题的考察来看，美国城市的地方政治与人们私人经济活动不断改变的焦点密切相关。”[2] 当前主要的哲学原理推崇这样的观点：通过追求个人利益，人们也在为社区福利做贡献。

在边远地区缔造城市的人们和赚取经济利益的企业家们持有相同的看法：为

保证共同胜利,他们必须采取措施推动城市和地区的发展。地方上的支持者也在大力宣传他们城市的优势,例如,海港或河流的战略性位置,有富饶的农业和矿产资源,无论这些优势是真实的,还是想象的。他们还会炫耀当地的文化:音乐协会、图书馆和大学。更有甚者,他们还会利用市政府的力量来推动当地的发展。从购买铁路股票到改善海港或港口等多种地方事业,他们可以得到市政厅的资助。此外,这样的事业还得到了广大市民的支持,市民们相信当地的经济繁荣对于提高城市社区的福利和幸福指数来说非常必要。

如今,人们支持推动地方经济发展的措施与他们对地方和社区的依附感情密不可分。没有工作,没有收入的话,人们不可能在这个地方孕育家庭、建立邻里关系并确定当地身份。发生在2010年春夏季节的墨西哥湾石油泄漏事件引发的环境和社会影响就可以说明这一点。随着灾害的升级,从南路易斯安那州到佛罗里达海岸这一狭长地带中,失业现象到处可见。佛罗里达海湾沿岸的旅游业当时估计减少了一半,造成至少20万人失业。[3]在路易斯安那州,鱼贝捕捞业以及其他工业几乎停业。人们与新闻记者谈论这场灾难时,不仅谈到失去生计的问题,还情绪激动地谈到这一事件对他们家庭观和社区传统的影响:灾难令他们失去了"一种生活方式"。

不管石油泄漏事件带来的后果多么严重,沿海地带的社区不可能一夜之间消失,当然要想恢复到从前的状况谈何容易(幸运的是,泄漏事件的后果并没有像很多人所担心的那样严重)。人们已经认可自己居住的社区,尽管困难重重,也不愿意搬迁。20世纪七八十年代美国中西部和东北部的工业中心地带出现大面积的商业损失和失业现象,这一事件能够较好地解释社区恢复力这一问题。在广大地区加速工业化解体的做法威胁着整个社区的生存。从1979—1988年,匹兹堡和宾夕法尼亚地区在制造业中的损失达到了44%,其中有3/4和钢铁制造有关。失业率高达20%,不仅涉及匹兹堡,而且波及底特律和工业带上的多个城市。[4]有的人逃往阳光地带中更加富裕的地区,但是大部分人选择留下来。公共领导者并没有放弃,而是在多个城市采取措施重建经济;实际上,大部分地方的复兴事业呈现了持续发展的特点。海湾沿海社区也做出了类似的反应。人们不但没有离开,反而致力于重振地方经济、巩固社区的事业,因为他们不愿意抛弃生命中有意义的传统和文化。

物质幸福与社区身份紧密关联,因而人们在推动城市繁荣的问题上几乎没有异议。但是对社区的忠诚并不意味着任何一位政治家和开发商提出的“真知灼见”都能得到民众的支持。有时会产生异议，因为这些推动增长的政策并不能让人们平等受益；这些提议也不总是明智或是合理的；有的提议能够成功，同样有的提议则以失败告终。对于租房者和低收入居民来说，周边邻居的中产阶级化会使房租增长，生活成本提高，最终迫使他们搬走。市中心的公司和金融行业的发展为那些高学历专业人士创造了高收入的就业机会，但是很多中心城市的居民只能从事低收入工作，甚至被列入失业名单之中。市中心向周边地区的开发也许会使新办公大厦里的商业部门受益，但同时会降低周围居民的生活质量。不喜欢运动的人们不会支持建设新的足球体育馆。诸如此类的不同观点说明了为什么在有关推动经济增长的问题上经常会出现反对意见，尽管大家都一致认为地方繁荣是一件好事。

对地方政府在土地征用权的使用做法上，社区中的各个派别观点不一。全国各地的城市都在积极地使用自己的权力，让私人财产有更高的使用价值，为大超市、购物中心、公寓项目、运动场馆以及其他的一些倡议让步。这种做法在美国历史上非常普遍，如果服务于合法的公共目的，地方政府则有权力在未征得主人的同意下夺取财产。[5]政府官员直接把这种权力诠释为经济发展的有力工具，但是房主和小型企业认为自己的财产受损，不如出售给大型开发商更加合适，他们并不认可官员们的说法。2000年12月20日，一群房主在苏赛特·凯洛(Sussette Kelo)的领导下对康涅狄格州建设新伦敦城(New London)的决议提起诉讼，质疑他们将土地征用权下放给私人公司的做法，而这家私人公司要拆掉他们的房子。这一事件直到2005年6月23日才告终，美国最高法院维持了低级法院做出的有利于开发公司的裁决，由此引发了席卷全国的抗议风暴。截至2006年秋天，30多个州的州议会对公众的抗议做出了反应，他们制定立法限制对土地征用权的使用，还有数百个城镇和城市也采取了类似的做法。2006年的秋季大选中，有12个州的选民们通过公投来禁止私人开发商夺取财产，除非开发商的做法能够服务公共目的。[6]

从“凯洛诉新伦敦城案”中我们可以吸取这样的教训：尽管大家都拥护地方经济增长的目标，但有时推动这一目标的政策可能会和其他人的价值观有所冲突，例如个人财产权、周围人的健康或不喜欢政府过度干涉等。大家也许对提升城市社区的幸福非常感兴趣，但是在具体做法上经常产生异议。

治理政治

国际性迁移改变了全球社会，美国也不例外。在美国历史上，20 世纪 90 年代的移民人数超过了 80 年代的人数，进入 21 世纪，移民仍然源源不断。大面积的人口移动在迈阿密、纽约、芝加哥和圣弗朗西斯科等全球性城市中产生了巨大的社会、政治影响，不仅如此，许多小地方也受到了波及。正因如此，全球化时代像过去一样，除了经济发展的问题以外，城市政治常常以种族、族裔身份以及社区团结等问题为中心。

到 19 世纪中期为止，殖民地时代的价值观依然盛行，有钱人和社会地位显赫的人士决定城市社区中的大部分事务。城市中，“谁掌控经济，领导权往往就落在谁的手中。政治、社会、经济等一切领导权会集中在同一群人的手中”。[7]企业主、专业人士和贵族们操纵市政事务，他们没有面对任何的挑战。托马斯·杰斐逊(Thomas Jefferson)提出“暴民统治”一词，来反对那些掌握统治权的多数派，他认为这种治理方式非常不正规。这些地方名人们成立并掌控专门的委员会，委员会负责修建码头、组织城镇巡视工作、进行公共道路的修建和维修，甚至采取像控制犯罪、防火等最必要的服务措施，而这些举措基本上依靠公民的自愿出力。这种随意的治理体系比较适合小型社区的生活节奏和社会团结。但这些社会政治精英们并不认可杰斐逊的观点。

到 19 世纪 50 年代的工业化时代为止，城市飞速发展，同时出现了社会分化以及民族问题复杂化的现象。移民大潮涌入密集的周边地区。他们来自不同国家的民族文化：英国、爱尔兰、德国、北欧国家，后来的移民来自意大利以及广大的东欧国家。民族紧张关系时常上升到白热化，甚至有时升级到暴力冲突。殖民地时期的政治模式在工业化城市中无法应对这些变化，最终新一代城市领导登上政治舞台。他们来自移民选区，通过拉拢城市选民为他们投票进入政治领域。他们的上台标志着富有的中产阶级精英和移民及其领导者之间冲突的开端，这一冲突持续了数十年之久，我们将在第三和第四章讲述这方面的内容。

进入 20 世纪，移民仍大量涌入城市，但是族裔和种族的构成情况发生了剧变。20 年代早期，美国国会颁布立法终止外来移民，移民大潮告一段落，但那时国家内部人口的流动非常频繁。20 世纪的前 30 年以及第二次世界大战之后的几年中，几百万非裔美国人逃离了南方敌对文化的包围，来到工业化城市寻求工作机会，此外，还有来自阿巴拉契亚及其他贫困地区的白人，他们是为了躲避失业和贫穷；另外，穿越边境、躲避本国暴力和贫穷的墨西哥人也都来到了工业化城市。这些迁移流动导致20世纪的美国城市充斥着种族暴力冲突。城市中这种紧张关系的不断发展导致数百万白人家庭从市区迁移到了郊区，社会和种族之间的鸿沟不久就使得城市和郊区分离，这一时期的影响一直延续到了现在。

2005年夏末，在新奥尔良出现的种族鸿沟就是非常生动的一个例子。2005年8月29日，卡特里娜飓风引起的风暴潮涌击垮了新奥尔良附近的堤坝，城市的80%遭遇水灾，受灾人数达十万人。各大电视新闻节目充满了这些受灾人员痛苦的画面：25 000人聚集在新奥尔良体育馆的超级穹顶(Superdome)下，生活条件极其艰苦；还有两万多人聚集在会展中心，有的居民越过大桥和立交桥，在屋顶上绝望地挥手。150多万人流离失所，6万左右的家庭支离破碎，还有约1 300人丧生。[8]非裔美国人居住在地势最低的区域，成为最大的受害者，而造成这一严重后果的因素是新奥尔良过去遗留下来的种族隔离政策，尽管居住地的公民权得以提高，少数族裔的权力也能够得到保护，但是这种种族隔离的模式不会彻底消失，不管是在新奥尔良，还是其他地方。

与此同时，在外国移民的问题上再次爆发激烈的冲突。最近几十年中，大批境外移民的涌入致使城市成为文化和社会活跃的地方，但是这也意味着种族身份仍然是国家和城市政治冲突的导火索。2010年4月23日，亚利桑那州参议院通过第1070号参议院法案，在全国范围内引起了强烈反应。亚利桑那州法律授权警察可以以怀疑某人非法进入美国这一"合法目的"拘留任何人。这一立法引起了许多地方的强烈抗议，包括抵制购买亚利桑那州的产品以及拒绝去该地旅游等。总统奥巴马谴责了这一立法，提出即使美国公民受到以种族为基础的州法律的约束，联邦政府也会保护所有美国公民的公民权。[9]在拉美裔人口较多的城市中爆发了反对亚利桑那州法律的抗议活动。洛杉矶和芝加哥的市议会通过了支持抵制亚利桑那州的决议，其他城市也纷纷效仿。在政治派别的另一端，这一争议使得共和党和保守派人士更加活跃起来。各个地方出现的有关移民问题的争议暴露了国家内部存在的严重分歧，这种分歧一直延续到今天。

种族、族裔之间的复杂性使城市治理工作难上加难，协调地方社会中各个对立组织之间的关系成为一门难以把握的艺术。全球化时代中的多种族大都市亟待有效的治理方式。政府权力发生了变化：从前政府有承担公共机构职责的义务，现在的政府职能是出台约束所有社会成员的决议。为了维持民主体系管理的合法性，政府要考虑到尽可能多的选民，同时还要给那些政治上失败的人提供调整的机会。城市中族裔和种族的复杂性增加了这一任务的挑战性。

分裂的都市

叙述20世纪的城市政治在某种程度上不能缺少对市区衰落、郊区兴起这段历史的追溯，最近一段时期，市中心再次复兴，令人感到十分意外。郊区化进程催生了现代美国大都市，都市由面积不等的多个政治司法管辖区构成，区域成员基本上属于中产阶级，但贫富不均。几十年以来，基本城市模式存在着极端的种族隔离，大部分黑人居住在城区，大部分白人（尤其是有钱人）居住在郊区。直到最近，美国都市的地理分布可以被描述为马赛克状，不同族裔、种族的人群分布在城市景观的各个地方。尽管发生了如此重要的变化，但是郊区的各个司法管辖区仍然差别很大，富人区和穷人区之间的差距如往常一样仍然不可逾越。政治上的分裂促使市中心和郊区之间从多个层面展开了竞争。

今天，典型的都市一般都分为几百个政府司法管辖区。到2002年为止，在美国共有87 900个行政区域。除了联邦政府和50个州政府外，地方政府有38 971个，县政府为3 034个，县以下的政府为35 937个，其中包括19 431个市和16 506个镇。剩余的占总数的一半，由有专门用途的地方政府组成，包括13 522个学区和35 356个特区，[10]这些政府的成立在每段时期都担负着特别的任务，例如管理收费桥梁的运行、污水管道系统的建设，或者负责新郊区发展的融资事务。此外，都市还设立了数百个特殊部门来资助和管理像会展中心、运动场馆、娱乐场所和海滨开发等事务。这样的部门每年都会增加。[11]

都市分裂产生的后果非常多，很难一一描述。也许其中最基本的因素是人们更倾向于对当地的认同，而不是得到地方公民的身份。除非这个城市的球队赢得了"超级碗"（美国国家美式足球联盟的年度冠军赛）或职业棒球赛的冠军，几乎没有人会把自己和抽象的都市社区联系在一起。这种倾向源于政治分裂化以及随之而来的服务于实际目标的地方身份，这种意识在富裕的郊区居民身上体现得尤为明显。在都市内部的各个司法管辖区内，居民和商业团体为帮助本地的税收而展开激烈竞争。都市竞争中的获胜者能够提高公共收入，这样他们可以资助更高级别的服务和更多的公共设施建设，即使税率下降，他们也会继续自己的做法。这种激励体系促使地方政府在牺牲周边社区的代价下采取有利于本地公民的政策。城市之间为争取大型商场、零售店和购物中心的建设而抬高标价，他们雇佣咨询师帮助他们与开发商进行谈判，包括土地出让权、土地改进和公共服务、税收减免，甚至直接付款等措施。如果成功的话，他们能增加税收，以便支持学校、公安和消防部门以及其他服务设施，不把机会留给别人。

城市居民愿意认同当地社区（"主场"）的另一个原因是政府如果离家近的话，他们可以对税务、服务、土地使用以及其他重要的公共政策做出重要决定。从历史上看，郊区居民特别关注保留自己社区的"特点"，通常表现在排除那些在种族、族裔和社会阶级上不属于他们的人。美国城市化的历史进程中，排外的政策主要针对不同的群体。20 世纪实行的种族隔离政策是为了敦促郊区的司法管辖区颁布保护社区稳定的政策。最近出现的私人化封闭社区也是实现这一目的的重要措施。这些住宅通常有大门、围墙以及其他障碍设施的保卫，由业主协会管理，他们对维修、服务以及设施等费用做出估价。通过这种方式，居民可以和周围地区甚至市政府相分离。经济实力较强的业主希望与实力偏弱的业主们从地域上划分开来，这种做法就像上一代人迁移到郊区一样改变了地方政治面貌。

公寓开发和封闭社区的增长出现了自相矛盾的结果。一方面，这使得人们即使相距很近也能实现相互隔绝的目的。另一方面，这种趋势使城市居住区变为拼图模式，瓦解了种族隔离导致市中心的"贫民窟"与郊区有钱人分离的模式。对于中产阶级和富有的城市居民来说，这些空间模式具有重要作用，但是对其他人是否同样重要却很难说。彼得·马尔库塞（Peter Marcuse）是一位知名的城市学者，他认为退回到地理位置上的隔离和加强防御会损害社区意识和公民意识。[12]地域上被分割的都市不管呈现什么样的地理形式，都会不可避免地出现这样的后果。

全球化时代的挑战

来自世界各地的移民大潮使 21 世纪的大都市成为多族裔、多区域的地方。空间的分割与种族、族裔的多样性以复杂的方式融合在一起。与全球经济密切相关的城市中，企业大权、个人财富以及奢侈品消费的标志与严重贫穷、暴力和玩忽职守的周边地区形成了鲜明的对比。极端的不平等现象在同一街区司空见惯，有一个最简单的例子：办公室职员开车回家时时常看到无家可归的人们，而他们吃饭的高档饭店中雇佣的工人赚取着最低的工资。从事全球经济工作的专业人士，他们的高收入抬高了市区房地产的价格，优化了周边地区，摆脱了破败地区的形象。社区优化和气象更新有助于复兴繁荣中心城市，但是这些进程导致了城市景观的分裂。

同样，反映 21 世纪不平等现象和人口统计过程的地理位置肢解了都市地区。政治分裂化形成了隔离模式，这种隔离模式根据种族、族裔身份和社会阶级差异来划分人群。从历史学的角度分析，这并不是新现象。整个 20 世纪，白人中产阶级逃离市区，迁至郊区。但是现在，从过去延续下来的这种城市—郊区划分已经消失，取而代之的是一种更加复杂的都市模式。不同的种族、族裔广泛分布在都市的各个区域中。2000 年的人口普查显示：50％以上的拉丁美洲人、40％的黑人和55％的亚洲人居住在郊区，城区的这一比例还要高。[13]呈现种族多样化的郊区数量大大超过从前。问题是这种族裔、种族的多样性并没有增强都市社区的团结。在这种情况下实现有效的城市治理成为 21 世纪有待完成的挑战之一。

尾注

1. Lawrence J. R. Herson and John M. Bolland, *The Urban Web: Politics, Policy, and Theory* (Chicago: Nelson-Hall, 1990), p. 43.
2. Sam Bass Warner Jr., *The Private City: Philadelphia in Three Periods of Its Growth* (Philadelphia, PA: University of Pennsylvania Press, 1968), p. 4.
3. Douglas Hanks, "Oil Spill Disaster Could Cost Florida 200 000 Jobs," *Miami Herald* (June 9, 2010), www.miamiherald.com/2010/06/09/167269/oil-disaster.
4. Dennis Judd and Michael Parkinson, "Urban Leadership and Regeneration," in *Leadership and Urban Regeneration: Cities in North America and Europe*, ed. Dennis Judd and Michael Parkinson (Thousand Oaks, CA: Sage Publications, 1989), pp. 13-30.
5. 有关其历史完整的讨论，参见维基百科，http://en.wikipedia.org/wiki/Eminent_domain。
6. 参见 Institute of Justice, www.ij.org/private_property/connecticut/index; William Yardley, "Anger Drives Property Rights Measures," *New York Times* (October 8, 2006), www.nytimes.com。
7. Herson and Bolland, *The Urban Web*, p. 46.
8. Louise Comfort, "Cities at Risk: Hurricane Katrina and the Drowning of New Orleans," *Urban Affairs Review* 41 (March 2006): 501-506.

9. Peter Baker, "Obama and Calderón Decry Ariz. Immigration Law," *New York Times* (May 19, 2010), http://www.nytimes.com/2010/05/20/world/americas/20prexy.html.
10. U. S. Bureau of the Census, *2002 Census of Governments* (July 2002), http://ftp2.census.gov/govs/cog/2002COGprelim_report.pdf.
11. Nancy Burns, *The Formation of American Local Governments: Private Values in Public Institutions* (New York: Oxford University Press, 1994).
12. Peter Marcuse, "The 'War on Terrorism' and Life in Cities After September 11, 2001," in *Cities, War, and Terrorism: Towards an Urban Geopolitics*, ed. Stephen Graham (New York: Blackwell, 2005), pp. 274-275.
13. John Logan, "The New Ethnic Enclaves," in *Melting Pot Suburbs: A Census 2000 Study of Suburban Diversity*, ed. William H. Frey (Washington, D. C.: Center for Urban and Metropolitan Policy, Brookings Institution Press, June 2001), p. 2.

第一部分

美国城市政治的起源：前 100 年

第二章　传承的遗产

国家发展和城市

1789年，美国宪法批准生效时，这个新国家的城市坐落在广袤、几乎未开发的大陆海岸线上。这些城市中仅有5个人口达到了1万——波士顿、纽约、费城、巴尔的摩和查尔斯顿。接下来的几十年中，美国的社会经济发展一方面依靠城市的增长，同时有赖于向大陆内部的扩展。100多年后，城镇和城市的居民占美国总人口的40%，美国经济从农业型变为工业型。冒烟的烟囱、一波一波的外国移民、社会秩序的混乱以及种族、族裔间的混乱，这些工业时代的标志在美国城市中一一展现。尽管大部分的美国人也是新进移民的后代，但是不久他们便对城市以及居住在他们周围的人们表现出一种恐惧和不信任的态度。这一动荡世纪中形成的反城市态度成为界定美国文化的一大特点，这一特点一直延续到今天。

工业化经济需要源源不断地提供大量廉价劳动力。19世纪40年代开始，外国移民不断涌入美国，直到1921年和1924年国会通过立法加以抑制移民数量才逐渐减少。大部分移民在靠近工厂的市区附近定居，这些地方人口密集。社会文化差异让这些新进移民与早期移民成为两大对立的群体，有时两者之间的紧张关系上升到暴力冲突。新进移民经济上非常拮据，通常不识字，不熟悉新国家的语言和习俗，不适应城市生活，居住在过度拥挤的贫民窟里，不得不应对艰苦的条件。早期来到美国的移民通常把这些后来到达的移民视为文化和道德低劣的群体。城市增长过快、工业革命以及连续不断的移民大潮等因素的混合致使19世纪的城市动荡不安。

这段历史并非无关紧要，因为这些因素同样影响了当今的城市政治。整个19世纪以及20世纪前期，移民大潮不断引发冲突，成为引发社会焦虑的问题，这一点通常表现在对城市和城市文化的摒弃上。[1]同样，大量的人口流动也导致20世纪后半期社会的动荡不安。第二次世界大战之后，数以百万的南方黑人涌入北方城市，同时上百万白人家庭逃至郊区。这些历史运动导致郊区居民把自己离开的城市视为敌对区域。近期，外国移民大潮引发了一场文化冲突，造成国家和地方上的政治冲突。在有的州和城市的立法中就体现了对新进移民的担心，这些立法禁止向非法移民提供租房和工作，减少社会支出，学校教育要求只使用英语。了解美国城市历史中的这些冲突有助于结合语境理解当今的政治争议。

摘　录

城市建设需要公众齐心协力

19世纪，城市之间为争夺“主导地位和权力”而展开了激烈的竞争，“这些城市像帝国主义国家一样，争夺更多的依附势力，扩大对内陆地区经济和政治生活的影响力，与可抗衡的地区展开争夺战略贸易路线的斗争”。在美国西部，地方支持者们在宣传自己的城镇时会面临可怕的挑战，因为有许多城镇居住条件恶劣，信息闭塞，实际上是个孤立区域。宣传者只是一味地炫耀其积极方面，经常编造出一些荒诞离奇的故事，因为这些与他们有很大的利害关系：“对一个地方产生质疑，不仅对有疑问的人产生影响，还包括那些在精神上和物质上进行投资的人。”住在一个地方的任何一个人，从镇政厅到房地产经纪人和商会，特别警惕防止负面信息泄露。从当地宣传者的口中，你会了解到这样的信息：即使地方再小，也像高档文化中心，即使最荒凉的沙漠听起来也像是等待开垦的肥沃土地。

然而城镇宣传者并不只是依靠市场。19世纪中期以后，国家铁路网开始形成，显然城市要发展或是生存的话，必须要与铁路网相连接。市民积极地利用当地政府的权力和资源来达到这一目的。为了让铁路公司与城市相连，市民们私人订购铁路股票，筹集修建火车站和卸载设施，免费出让土地，有时还提供直接的现金补贴。铁路公司筹集到的修建铁路线的资金大部分来自城市，在与城市讨价还价的过程中，最终获得更多的公共补贴，数额超过州政府或者国会提供的补贴。连通铁路的竞争愈演愈烈，鼓动铁路公司修建新线路是为了获得地方政府的补贴。许多铁路线达不到预期的货运和客运量而无法自负盈亏，上百家铁路公司宣布破产，导致城镇和城市债台高筑，却拿不出证明材料，无法挽回损失。

城市内部的激烈竞争也出现了类似情况。最近几十年中，大量的公共资源再次投入到激励当地经济发展的事业之中。与19世纪一样，市民们相信自己的前途与城市的命运息息相关。自20世纪70年代以来，城市之间展开了一场虚拟“军备竞赛”：振兴滨水区，修建体育馆、会展中心、购物中心和娱乐中心。各个城市竞相主办汽车比赛、音乐会以及特殊的博物馆展览。这一活动的出发点是以基于旅游业、娱乐业和文化为中心的经济替代早期的“烟囱”。

支持这些做法的人们提出这样的论证：公共开支将使每个人都成为受益者，因为这是构成健康地方经济的基础。当然并非人人都同意这种观点。围绕应该建设什么、谁该出资、谁实际兑付现金等问题，人们经常进行激烈的辩论。不少人都心存疑虑，纳税人买单，出身名门的开发商和商业精英却从中获利。19世纪70年代出现的争议与当今的争论如出一辙，我们可以说是一种轮回。

资料来源：引文出自理查德·C. 韦德(Richard C. Wade)，《城市前沿：早期的匹兹堡、辛辛那提、列克星敦、路易斯维尔和圣路易斯》(*The Urban Frontier: Pioneer Life in Early Pittsburgh, Cincinnati, Lexington, Louisville, and St. Louis*)，芝加哥：芝加哥大学出版社，1959年，第103页。大卫·M. 罗贝尔(David M. Wrobel)，《应许之地：宣传、记忆和美国西部的建立》(*Promised Lands: Promotion, Memory, and the Creation of the American West*)，劳伦斯市：堪萨斯大学出版社，2002年，第71页。

城市增长的世纪

工业化时代见证了城市的快速发展，其发展速度史无前例。1800年，伦敦是世界上唯一人口接近100万的城市，巴黎人口为547 000，是欧洲大陆人口第二大城市。[2]与此同时，纽约人口为6万多，人口第二多的城市是匹兹堡，拥有41 000人口，纽约的人口超过第二大人口城市1/3，是巴尔的摩(人口第三位城市)人口数量的两倍。令人吃惊的是，仅仅过了100年，人口超过100万的城市竟达到了11个，其中伦敦人口为6 586 000，巴黎为2 714 000[3]，纽约为3 437 000，芝加哥为

1 698 575。同期,英格兰和威尔士的城镇和城市居民[4]所占比例从25%上升至77%。城市增长从未有过如此的规模和速度,城市人口的比例从未达到如此的高度。城市历史学家埃里克·兰帕德(Eric Lampard)曾说过:"1750—1850年这一世纪是人类社会历史中关键的分界期之一。不管对人口的增长和再分配采用什么样的约束手段,到此都放松了。"[5]《亚特兰大月报》在评论1895年城市增长时指出:"19世纪末期……社会处在发展中……全世界都在关注大城市,这种倾向非常普遍。"[6]

美国的经历恰好符合了这种趋势。从1790年第一次人口普查到1920年的人口普查,城市人口(人口普查局按照2 500多个城市和城镇居住的人口来界定城市人口)的增长速度是美国总人口增长的两倍之多,这一趋势中唯一的例外是在1810年和1820年这十年期间,自耕农和农场主越过阿巴拉契亚山脉到旧西北部(现在的宾夕法尼亚州、俄亥俄州和印第安纳州)定居。然而不久后,处于扩张期的边疆地带无法吸引足够的人来满足城市增长率的需求。如此规模的城市变化是一种全新的经历,常常令人感到震惊。到1840年,也就是美国建国整整50年后,仅有1/10的美国人在官方的人口普查中被认定为"城市"身份。又过了20年,接近美国内战时期,城市以惊人的速度增长。外国移民涌入工业城市到工厂寻找工作机会,从农村涌入城市的人口也越来越多,他们来到城市也是为了寻求工作。到1840年,居住在城镇和城市的美国人口仅有11%,但是到1860年为止,人口普查局的官方统计数据显示美国城市人口的比例为20%,到19世纪末这一比例几乎翻番,达到40%(见图2.1)。20年后,国家人口普查数据显示城市和城镇居民超过了美国总人口的一半——51%。在不足100年的时间内,美国从一个农业人口占绝大多数的国家迅速发展为城市化国家。

坐落在东海岸的城市尽管地处偏远的边疆地区,但是从一开始就受益于整个国家的发展,成为重要的金融和贸易中心。纽约作为美国的金融和商业枢纽占据主导城市的地位,这一首要地位在1825年伊利运河建成时得以稳固,运河将纽约和五大湖联系起来,纽约坐落在这个大漏斗的底端,内陆地区丰富的资源汇聚到纽约港,因此这里形成了世界性的贸易体系。内战之后,纽约成为大型的制造业城市,进一步巩固了这一主导城市的地位。大批移民从纽约港入境,很多人决定在此定居。1840年,纽约人口仅有369 000,而到1900年为止,人口超过340万,仅仅60年人口增长了10倍之多,这一数字令人震惊!1920年纽约人口达到560万,稳居全球金融、贸易和制造业的中心地位。

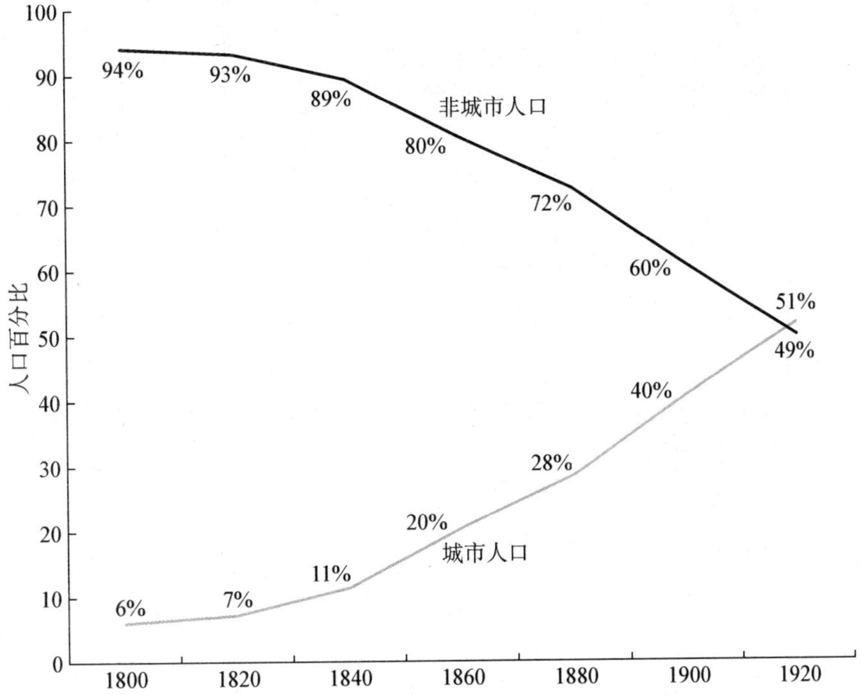

图 2.1 美国的城市比例,1790—1920 年

资料来源:美国商业部、人口普查局,《美国的历史统计,从殖民地时代到 1970 年》(*Historical Statistics of the United States, Colonial Times to 1970*)第一部分,二百周年纪念编辑组(Bicentennial)编写,华盛顿特区:美国政府印刷局,1975 年,第 8 页;美国商业部、人口普查局,《1970 年人口普查》(*1970 Census of Population*)第一卷,"人口的特点,第一部分",华盛顿特区:美国政府印刷局,1973 年,第 42 页。

尽管纽约人口的增长速度令人难以置信,然而一个世纪以来在全国的城市人口比重份额却不断下降。原因在于上千个新城镇和城市在西进运动中涌现出来,这些新城市的发展速度大大超过了纽约,但需要强调的是,这些新兴城市中没有一个能挑战纽约的主导地位。1800 年,全国城市人口中有 18%居住在纽约,但是到 19 世纪末,这一比例下降为 7%。[7]纽约仍然是最大的城市,但是随着时间的流逝,其他城市在逐步完整化的国家和国际城市网络中的地位日趋突出。表 2.1 中的数据可以证明这一点。纽约从 1820 年拥有 137 388 人口的城市发展为一个世纪之后拥有几百万人口的大都市,但是同期其他城市的人口增长也同样不堪重负。1820 年费城人口为 64 000,1860 年达到 565 000,1920 年人口超过 180 万。波士顿从 1820 年的 43 000 人口增长为 1860 年的 178 000,1920 年人口将近有 750 000。同一时期的很多地方,不管面积大小,都经历了类似的变化过程。

表 2.1　五大城市的人口和增长率(1820—1920 年)[①]

	纽约市[②]	增长百分比(单位:%)	芝加哥	增长百分比(单位:%)	费城	增长百分比(单位:%)	圣路易斯	增长百分比(单位:%)	波士顿	增长百分比(单位:%)	美国人口增长百分比(单位:%)
1820	137 388		—		63 802		4 598		43 298		
1830	220 471	60	—		80 462	26	5 847	27	61 392	42	33
1840	369 305	67	4 470		93 665	16	16 469	182	93 383	52	33
1850	660 803	79	29 963	570	121 376	30	77 860	373	136 881	47	36
1860	1 183 148	79	112 172	274	565 529	366	160 773	107	177 840	30	36
1870	1 546 293	31	298 977	167	674 022	19	310 864	93	250 526	41	27
1880	2 061 191	33	503 185	68	847 170	26	350 522	13	362 839	45	26
1890	2 507 474	22	1 099 850	119	1 046 964	24	451 770	29	448 477	24	26
1900	3 437 202	37	1 698 575	54	1 293 697	24	575 000	27	560 892	25	21
1910	4 766 883	39	2 185 283	29	1 549 008	20	687 029	20	670 585	20	21
1920	5 620 048	18	2 701 705	24	1 823 779	18	772 897	13	748 060	12	15

① 根据 1910 年的人口普查,这 5 个城市的人口位列前五位。

② 使用 1898 年的整合区边界。

资料来源:格伦 · E. 霍尔特(Glen E. Holt),个人文件;美国商业部、人口普查局,《美国都市地区的增长:1900—1940 年》(*The Growth of Metropolitan Districts in the Unikd States; 1900-1940*),沃伦 · S. 汤普森(Warren S. Thompson),华盛顿特区:美国政府印刷局,1947 年;布莱克 · 麦凯尔维(Blake McKelvey),《美国城市化:比较历史》(*American Urbanization: A Comparative History*),格伦维尤,伊利诺伊州(Glenview, IL):斯科特 · 福尔曼出版社,1973 年,第 24、37、73 页。

内陆城市的发展速度几乎令人难以置信,经常在几年内从小型边疆城镇发展为繁忙的城市中心。曾是法国殖民地的圣路易斯(St. Louis),原是刘易斯(Lewis)和克拉克(Clark)组织探险的地方,1840 年,仅仅拥有 16 000 人口,到 1840 年规模增长了 10 倍,1920 年,人口达到 772 000。芝加哥的增长速度也许是最令人难以置信的。从 1840 年到 1860 年这 20 年间,从一个人口为 4 500 人的沼泽地边疆村庄发展为超过 112 000 人的城市。来此定居的人源源不断。芝加哥很快就将圣路易斯远远地落在后面,到 1920 年,其人口突破 270 万,仅次于纽约,位居全国第二大人口城市。

像位于密西西比河畔的圣路易斯、新奥尔良和密歇根湖畔的芝加哥以及俄亥俄河畔的辛辛那提这些城市已经成为主要的贸易中心,将货物通过五大湖或者内地的河流运输系统运到东部海岸城市或者直接运送到欧洲。内战之后,这些城市很快就成为主要的工业中心。小城市和城镇在城市等级排列中找到了自己独特的优势市场而逐渐繁荣起来。在城市等级排列这一金字塔的顶端,大城市成为工业强地,它们有权指挥广大的内陆地区。第二等级城市发展专业型经济,一般来说作为大型城市中心的中转站。位于等级排列底层的是众多的小城镇,将农业和从矿产、森林以及农场获取的资源运输到大型城市中心的仓库和工厂中,大城市再将这些原材料置于国际商业的范畴中或者直接将这些资源制成产品。

城际竞争

有的城市并不是靠偶发事件和机遇而繁荣的。城市宣传已经成了当地支持者的一种生活方式,他们积极争取席卷大陆的移民前来定居和投资。城市命运在某种程度上取决于地方优势,也可以被称作"地方幸运"。高速公路、运河以及后来出现的铁路等交通联系方式对于城市的命运发挥了关键性作用,与国家交通网的联系能够保证城市的未来发展,这种联络网能够延伸至周边的内陆地区并且与国家以及国际贸易网建立起联系。这种联系对于城市的前景非常重要,宣传者可以自由地利用财政资源和当地政府的权力来确保这种联系。20 世纪,人们热衷于修建运河,但近几年,铁路在与其他城市建立联系以及开拓市场方面提供了更好的便利。各个城市通过自由土地、终端设备和股票购买的形式争先给铁路公司提供补贴。其中的逻辑很简单:房地产的升值能够提供足够的额外收入来偿还债务。但是希望并不总是尽如人意，没有实现铁路连接的城市将会夭折。

争夺铁路连接的斗争达到了白热化的程度。在铁路建成之前，四轮马车运送棉花的路程仅为125英里，运送小麦的路程仅为250英里，否则成本会致使这些货物滞销。[8]超出这一距离，农业土地几乎毫无价值可言，只能用作务农，因为人们没有其他的方式使得农作物进入市场。缺少水运交通方式的居住区中，使用四轮马车搬运货物的成本及带来的不便不会造成如此多的损失。19世纪初期，从欧洲运输一吨货物的成本与路运9英里的成本相抵。[9]没有海滨地区的内陆城市无法与作为贸易中心的河港城市相匹敌，而铁路的通行改变了一切。铁路网的建成将大面积的农田开发为商品农业，农村地区充足的土地资源价值攀升，人口增长，这一切确保了与城市的联系。地方宣传者急迫地建立有利于自己的贸易和经济发展模式，他们非常清楚在这种宣传竞争中有的城市将会繁荣，而有的只能夭折。

伊利运河的建成说明城市如何才能够掌控自己的命运。1817年，纽约州议会批复资金修建联系哈德逊河和伊利湖的水路，长达364英里。1825年，运河开通，内陆地区大量的农业、矿产品通过五大湖区运到布法罗市(Buffalo)，再沿着运河运送到纽约港，然后在东部海岸地区进行分配，或者分配到工厂，或者运到欧洲。许多制造商和发货商摒弃了从前经俄亥俄、密苏里和密西西比河然后抵达新奥尔良港这种迂回危险的长途运输途径。纽约可以通过运河直接与中心地带联系起来的优势让这座城市很快在人口和贸易量方面赶超了其他东部沿岸的城市。到1860年，62%的美国外贸要经由纽约港。[10]

其他地方的城市支持者也纷纷效仿纽约的做法。公民领导者游说州首府提供金融支持来修建运河。宾夕法尼亚州、马里兰州、弗吉尼亚州、北卡罗来纳州和南卡罗来纳州计划打通阿巴拉契亚山脉修建运河，并对这一造价不菲的工程提供资助。1824—1840年，运河挖掘的长度超过了3 000英里，其中的大部分工程由州政府实施。[11]约30%的成本来源于私人筹款，但是公共资金对于这一庞大工程是必不可少的。[12]

修建运河成本之高昂，工程之繁琐，还需要克服强大的天然障碍，如果得不到州议会的帮助，绝大多数城市是没有能力修建这一工程的。自然地形方面的障碍将很多地方排除在竞争的行列之外，但是铁路时代引发的这场城市间的竞争，几乎席卷了所有城市。铁路时代到来之前，水路是决定城市命运的关键因素，运河只是弥补天然缺陷的一种方式。19世纪早期，对于像圣路易斯、匹兹堡、辛辛那提和新奥尔良这样的河流城镇来说，汽船就像是“魔法师的魔杖一样，将遍布分散农场的原始农村地区变为布满耕种景观可居住的地区，城镇摇身一变成为迅速发展的城市”。[13]19 世纪 50 年代，魔法师的魔杖变为铁路，铁路线成为商业河道，实现了大宗货物高速长距离的运输。铁路网使美国的边疆地区不再遥不可及，城市、城镇以及村庄形成一个网络，遍布整个美国大陆。

1840 年，全国铺设的铁道长度仅为 2 800 英里，大部分位于东部的城市地区，最西端到匹兹堡。早期的蒸汽机车是一项新发明，危险系数大，非常不可靠，炸毁的情况时有发生，对于这种交通工具的使用在城市引起了强烈的抗议。铁路公司没有足够的资金承担较大项目的建设，只能修建短距离线路。铁路公司设计的规格（铁轨的间距）并不相同，到达每段线路的终点时，货物要从一个公司的车厢上卸载，然后装到适合下一个铁路公司的车厢上。尽管存在上述限制条件，早期的铁路系统大大优于四轮马车这种唯一的交通工具。

铁路线修建的速度惊人，19 世纪 80 年代，建造公司开始采用统一规格的标准，这大大地提高了铁路系统的效率。1857 年，新近合并的宾夕法尼亚铁路首次连接了匹兹堡和芝加哥。三年后，以芝加哥为终点的干线有 11 条，路经的支线有 20 条，芝加哥成为美国最大的铁路中心总站。1869 年，在加大宣传力度的条件下，具有象征意义的金色道钉在犹他州海角点（Promontory Point, Utah）落地。第一条横跨美洲大陆的铁路线竣工，将始于东海岸的联合太平洋铁路线与始于圣弗朗西斯科的中央太平洋铁路线贯通在一起。几年之后，现代化铁路系统基本形成，整个系统酷似一张大大的蜘蛛网，分支辐射到全国各地。在 1850—1900 年的半个世纪中，铁路网的轨道英里数从 9 021 增长至 258 784。[14]

美国铺设轨道的速度超过了世界其他国家。这种急速增长的现象得益于铁路修建工程得到的高额公共补贴。到 19 世纪 90 年代，大多数私人公司无法筹集资金，而资金是他们今后开展工作的必要条件，来自各级政府的补贴帮助铁路事业成为“美国的第一大商业”。[15]1862 年和 1864 年，美国通过了太平洋铁路法案，联邦政府给铁路公司划拨了大片土地用来修建铁路并且筹集资金。国家的介入非常关键，因为联邦政府认为交通事业是国家的重大责任。1808 年，财政部长阿尔伯特·加勒廷（Albert Gallatin）提出了改善收费高速公路和海港的联邦制度计划，但是由于区域竞争而没有获得国会的批准。[16]1830 年，总统安德鲁·杰克逊否决了联邦收费高速公路的法案，交通事业被视为州管辖的事务，不再是联邦政府的责任。

政府的回应就是对修建运河和铁路提供补贴，至于承担风险，后来发生的事情大大挫伤了其积极性。发生在1837年的大恐慌让多家运河公司和一些早期蒸汽铁路线破产，导致私人投资者和国家损失惨重。纳税者和政客们奋起反抗，“反对国内改进”的呼声席卷全国。[17]19世纪40年代，很多州出台了禁令，反对私人公司贷款或购买股票。面对州府提出的这些新的限制措施，铁路宣传者把焦点转向了城市，这些城市相互竞争购买铁路股票，从而抬高了标价。

连接铁路的这种杂乱无章的竞争造成了很多不必要的损失，包括过度建设和导致债券违约以及破产的冗余现象。到1861年，铁路建设直接投资的25%—30%来自州和地方政府，城市是最大的支出方，投入直接补贴的数额约有3亿美元，国家补贴的数额为2.29亿美元，联邦政府补贴6 500万美元。[18]此外，联邦政府和国家非常慷慨地出让土地，铁路公司却把土地出售给定居者从而套取现金。内战之后，铁路公司获利颇丰，把代理商派往北欧国家、德国及其他地方招募移民们来购买土地并定居。铁路公司加大了招募的力度，以其家乡生活条件艰苦为理由来加以劝说，结果有1/6的瑞典公民在19世纪下半叶纷纷移民到美国，多数人定居在从五大湖区到达科塔和蒙大拿这片遍布铁路线的广袤地区。

铁路公司擅长在城市之间制造竞争来赚取丰厚的补贴。到19世纪50年代，东海岸城市不断发行债券，这样他们可以进行投资铁路股票、明确征地、建设终端设施等确保铁路连接的行动。这种竞争迅速普及到西部。19世纪60年代，堪萨斯城的商业领导将债券发行出售给私人投资者，将收益转交铁路公司，并且劝说国会将联邦土地转让权授予公司。这项事业的成功让堪萨斯城实现了繁荣，而附近的竞争对手莱文沃斯(Leavenworth)却停滞不前，如今莱文沃斯只因联邦监狱而出名。[19]为了与途经怀俄明州夏延市(Cheyenne，Wyoming)的洲际铁路连接起来，丹佛(Denver)贸易部筹资28万美元修建了一条100英里的支线。[20]丹佛的一部分贸易转移到夏延，希望利用这一横跨洲际铁路线的位置成为西部落基山脉的首要城市。商业人士的这一理想并没有实现，来自各地的铁路线后来汇聚在丹佛，使丹佛成为落基山脉地区的主导城市。早期斗争产生的后果依然明显：如今夏延的形象始终与“夏延拓荒者日”(Cheyenne Frontier Days)的每年一度的表演竞技紧密相连。

修建铁路受益最大的城市莫过于芝加哥，其经济增长速度惊人，原因在于广大地区丰富的农、矿产品：玉米、谷物、牛、猪、铁矿石和煤炭通过五大湖区经由铁路涌入芝加哥,使其成为钢铁制造、农具、工具和机械生产、屠宰和肉类加工业以及贸易的中心。到19世纪70年代中期,芝加哥大大超过了圣路易斯的发展,成为中西部地区的首要城市,这一业绩与地方商业社区成功取得连接铁路是分不开的。1852年,芝加哥修建了第一条铁路,然后又帮助修建连接城市的支线。此外,芝加哥这座城市还投资谷仓、仓库、中转站以及牲畜饲养场的建设。相比之下,圣路易斯的商业社区始终坚信密西西比河的汽船是保证城市繁荣的关键所在。到圣路易斯开始寻求连接铁路时,芝加哥的领先地位已经不可撼动。此外它坐落在五大湖区,紧靠中西部肥沃的农业地区,其强劲的领导地位巩固了这一有利的地理优势。

多年以来,关于城市是否应该为确保连接铁路而欠债这一问题,公众们毫无争议。城市选民们积极支持发行城市债券来资助铁路补贴的方案。如果发现有外部因素威胁到当地经济,几乎所有的人都会支持尽全力吸引连接铁路事业的想法。地方宣传者认为让他们个人受益的方案也会符合公众的兴趣:"发展政策完全是在商业精英团体之间达成一致意见的结果,针对周边社区商业精英们的行动,他们支持运河、收费高速公路、铁路以及其他工程的修建工作。"[21]从1866—1873年,29个州的立法机构批准了800多项地方政府援助铁路工程的授权。[22]纽约进行了一项关于政府援助铁路建设的研究,结果发现没有任何社区对订购铁路股票投反对票。[23]选票往往极不平衡,其结果很容易被预测出来。[24]

争取铁路连接的斗争改善了很多城市的命运,然而过度的竞争也给一些城市带来了灾难。铁路宣传者为了获取更多的补贴而令城市之间相互斗争,这种斗争程度非常激烈,甚至很多城市在补贴竞标中抬高价格,完全超出了经济上的合理性。城市政府因此债台高筑,寄希望于一种许诺。纽约州有50个城镇经由一条铁路主干道,它们从纽约和奥斯维戈(Oswego)铁路公司购买了570万美元的股票。公司为了连接这些城镇而修建了弯弯曲曲的铁路线,1873年竣工后不久,公司宣布破产,因为客流量和货运量严重不足,无法维持商业运行。绝大部分城镇的投资化为乌有,只剩下纳税人来收拾残局。[25]

宣传者夸大了提供公共补贴的积极作用,预测这一举措将会加速城镇的发展,房地产将会增值,美国市政国债将会饱和。他们经常许诺铁路股票的利润将免去地方的征税,但是对于大部分城市来说,"对政府财政的直接影响总的说来是不利的"。[26]许多城市购买的股票纷纷破产,或是新建的铁路线没有带来预期的繁荣。城市对投机铁路事业大力投资,却时常发现自己陷入财政危机。19世纪60年代,很多城市拖欠债务，其实这不过是迟早要发生的事情。始于1873年的三年大萧条在过度修建铁路、高估铁路股票和当地房地产的冲击下已经慢慢沉淀下来，数百个城镇和城市被迫拖欠债务。1873年，市政有1亿—1.5亿美元的债务是由铁路债券的不履行债务而造成的，占全国市政债务的1/5，这一数字令人震惊。[27]

市政不履行铁路债券的行为以及暴露出来的与铁路修建相关的政治腐败行为从各个层面影响到了政治。公民反对向东部金融家们偿付那些一文不值的债券。甚至还有过这样的情况：有些铁路线根本就没有修建。当他们去城镇收债时，有时会被挥舞着散弹枪的民众赶走。人们纷纷呼吁取消债务，有的城市和州在法庭上胜诉而免去债务。[28]从1864—1888年，美国最高法院面临的最常见案件就是涉及铁路债券的。[29]很多州采取措施限制地方债务并对私人公司提供的援助加以限制。[30]铁路大亨滥用财政和政策的做法激起了平民叛乱，他们对于动摇国家政治体系的大企业发动了强烈的抗议。[31]

工业化和社区

建国之初以及建国后的几十年中，美国的城市政治基本上掌握在贵族和商业精英的手中。这样的制度无法适应工业化引起的城市增长和经济技术上的变化。仅仅几年后，城市发生了巨大的变化，由个人关系和共同社区规范联系在一起的相对紧凑的社区变为具有社会分层和隔离、人口不断变化并且时常发生社会政治冲突的大工业城市。在一定程度上，世袭延续下来的统治阶级不再掌控地方政治系统。城市政治逐渐成为以社会阶级和种族身份为中心的战场。

工业城市出现之前，在可通航的水路和港湾沿岸出现了许多贸易城市，商人所在城市的经济与贸易和商业密切相关：他们的业务涉及欧洲货物的进口与分发、码头和农贸市场的监管、船只与货物的融资与保险、会计过账和传单以及报纸的印刷等事务。城市名人行列中包括受教育的贵族、进口商、银行家、批发商以及店主。社会秩序中的下一个等级包括技术工人、工匠和个人企业家——鞋匠、帽匠、面包师、木匠、铁匠、陶匠、屠夫、车匠、鞍具和挽具制造商以及造船工人。社会最底层包括水手、家庭工人、佣人以及把货物从港口搬到仓库的非技术工人。这种鲜明的社会差异已经被人们广泛接受，总的说来，殖民地时期的新英格兰，财富上的不平等与蓄奴制的南方相差无几。[32]独立战争时期，宾夕法尼亚、马里兰和弗吉尼亚州的

3/4 白人是契约佣人，除非他们能偿付自己的债务，否则不能自由地加入劳动力大军中赚取工资。[33]

商业城市（历史学家将其称为"商人城市"）的命脉离不开海滨地区。码头和船坞、仓库、职员办公室、银行、报纸和印刷机构、酒馆和啤酒厂以及私人住宅都聚集在河滨或港湾附近。这种布局紧凑的"步行城市"的边界在居民步行一两个小时左右的范围之内。典型的城市居住区占地约为从中心向外延伸两英里左右，但是大部分人居住在离水岸仅有几个街区的人口密集区。商人城市的这种小规模塑造了"一种类似于传统社会的社区认同感"，从而缓和了不平等现象造成的影响。[34]大部分货物在小作坊里制作，熟练的工匠雇佣一两个学徒，他们住在作坊中。工人们在富商住宅附近的棚屋或后巷地带结群居住。

历史学家萨姆·巴斯·华纳在研究殖民地时期的费城时发现从事不同职业的人们分开居住，但这是一种近距离的隔离："从酒馆到街道、到工作地点、到居住点，这种日常生活的统一把 18 世纪的城镇紧密地联系在一起。"[35]地理上的近缘以及个人福利依靠城市商业成功的意识大大缓和了阶级冲突。人们期待商人阶级负责城市事务的运行，事实正是如此。绝大多数情况下，有钱的贵族和商人共同主持城市的公共事务，他们几乎没有分歧。[36]二者一致认为应该限制地方政府的管辖范围，在公共服务领域内他们几乎没有任何的开支。例如，1810 年，纽约市所有政府职能的开支为人均 1 美元。[37]

19 世纪下半叶，这种随意的两厢情愿式的治理模式逐渐消失。1850 年，从事制造业的美国工人不足 10%，他们生产的产品不及全国经济产量的 20%。但是，仅仅过了 20 年，工业生产所产生的经济价值便超过了农商领域的产量。到世纪之交，制造业所占的经济价值超过了后两者的总和。[38]工业化将经济生产从小作坊和家庭转移到了工厂。内战前，制造业公司雇佣的工人数量几乎没有超过 50 人的，即使在大城市，工人的数量也在 8—20 人。例如，1832 年波士顿的制造业公司平均雇佣 8.5 个工人。[39]但是内战后的几年内，制造企业规模迅速扩大。在农具和机械制造企业中，每个工厂的雇工人数从 1860 年的 7.5 人增长到 1910 年的 79 人。麦芽酒啤酒厂的工人数量从 5 人增加到 39 人，钢铁厂从 54 人增加到 426 人。[40]

小型商业到大型公司的转型产生了一群工业巨头，他们以各种方式炫耀自己的财富：修建豪宅和庄园、大搞奢华派对并为自己建造纪念碑。[41]资金逐渐集中到了大型公司。在内战前，风险有限的公司较少[42]，到 19、20 世纪之交，这些公司所生产的价值占制造业的60%。[43]（这类公司通过向投资者销售股票来筹集资金，投资者虽然承担一定的风险，但如果公司破产的话，不会损失其个人资产。）1896年，估价超过1 000万美元的公司有12家，但是到1903年已经有50家公司的资产超过5 000万美元。[44]1896—1905年成立的多家大公司成为20世纪现代公司的规范形式，其中包括美国钢铁公司、国际收割机公司、通用电气以及美国电话电报公司。

然而，工作场所逐渐变得不通人情、等级森严，这致使雇主和工人之间的关系疏远，甚至充满敌意。机器制作的标准化部件取代了手工制作品，导致缺乏技能的工人增加。早在1798年，伊莱·惠特尼（Eli Whitney）设计出使用可替换零件的滑膛枪，标准化生产就开始了。标准化部件能够实现物美价廉产品的批量生产。像钟表、缝纫机和农业机械等产品，曾经是由工艺人员进行组装，现在是在大型工厂里制造。内战时期大量的军用订单促使鞋子和服装的批量生产。工厂的生产方式需要专门化、重复性的工作，要严格区分管理人员和工人，工作过程受到严格管制和监督。

阶级差别造成城市社区的区域隔离，移民工人阶级租住的贫民窟与市中心商业区相邻，或者位于码头和工厂附近的洼地，中产阶级居住的社区有意远离这些拥挤的人群。富人们划分出自己的专有社区，通常情况下位于山上，那儿空气新鲜，风景宜人（几乎所有人都认为"空间上的高度"代表着社会地位的高度）。这些人在周末或假期时会去郊区的乡村庄园。

一系列的交通改善措施让人们能在离工作更远的地方通勤。1828年，纽约市的街道上出现了公共马车，代表着城市交通事业中的一场小革命。几百年以来，人们通勤上班的方式几乎没有改变。富人们有自己的马车，或者是租用马车，其他人步行上班，极少数情况下骑马。公共马车实现了让多数人乘坐加大版马车的梦想。从19世纪30年代到内战期间，数十辆公共马车歪歪斜斜地沿工业城市的街道行进。这种加大版的长途公共马车基本上需要2—4匹马组成一队来拉动多达12人的马车。公共马车非常拥挤，极不舒适，冬冷夏热，速度很慢，比步行速度稍快一点。马车行驶到鹅卵石路面的时候容易摇晃和倾斜，在没有铺柏油的路面上极易碾出车辙。[45]当时的一份报纸曾这样抱怨道："经过白天夜晚的行程，尤其是天气恶劣的时候，乘客们挤在车里，根本无暇顾及是否舒适或体面。"[46]

尽管公共马车存在诸多不舒适的地方，但是像商人、交易员、律师、工匠、经理以及初级合伙人等能负担得起车票的乘客依然愿意挤在这些粗陋的交通工具里。

这种交通工具也有不少优点，公共马车按照固定的时刻表和路线行驶，可以随时让乘客上下车。票价固定，通常是5美分，是出租马车费用的一小部分。因此除了步行之外，公共马车与其他可选择的旅行方式相比既方便又便宜。公共马车鼓励市民们形成"乘车的习惯"，[47]这一点标志着步行城市的终结。几乎同时，美国城市逐渐分裂为不同的社区和专属领地。

19世纪30年代，蒸汽铁路在波士顿首次出现，对于少数居住偏远的通勤者来说，这种交通工具解决了他们上班的问题。但是也有一些缺点，蒸汽机适合恒定速度行驶，不能频繁地停站和启动，而且修建和运行成本极高，噪音令人恐惧，还有爆炸的可能性，蒸汽机火车竞争不过拥挤城市街道上的公共马车，但是方便了少数特权者的通勤，他们居住在离市中心几英里的小城镇和村庄里。除去富人，40—75美分的票价对于绝大多数人来说是负担不起的（普通工人每天能挣1美元左右，有时熟练技工能挣到2美元）。[48]即便如此，到1848年为止，波士顿的商人中有1/5每天乘坐火车通勤。[49]

19世纪50年代，在美国的主要街道上，轨道马车替代了公共马车。这种交通工具在轨道上行进，而不是崎岖不平的街道上，载客量和行驶速度均是公共马车的两倍。另外这种轨道马车的票价还低，人人能够负担得起车票，"对世界第一个综合性交通系统的发展做出了很大贡献"。[50]在大城市里，轨道线路从市中心向外辐射，形状酷似车轮上的辐条。轨道马车的时速可达6—8英里，中产阶级的住宅开始从市中心向外扩散。（如同现在的经验法则那样，大部分人愿意花费1小时的通勤时间，时间再长则超出人们的承受能力。）此外，轨道马车的线路有时延伸到人口密集区之外，为医院、公园、墓地和独立的村庄服务。[51]不管轨道铺设到哪里，土地投机者和建筑商们都会购房买地，以期未来会有更大的发展，房地产将会升值。

1888年，弗兰克·朱利安·斯普拉格（Frank Julian Sprague）在弗吉尼亚州的里士满（Richmond）安装了首条电动有轨电车系统，实现了城市交通的革命化。[52]电动有轨电车的动力来自架空电缆上运行的承载滑轮。这种设备沿电线拖曳下面的车辆一起行驶。有轨电车的名称就是来源于"拖曳"一词。[53]电动有轨电车比起轨道马车来有许多优点，尽管安装架空电线的费用很高，但公共交通事业公司和城市争先安装这些设施。1890年，60%的美国有轨电车仍然由马匹拉动，但是12年后这一数字就低于1%。[54]有轨电车的速度几乎是轨道马车的两倍。离市中心6—8英里的地区半小时就能到达，居住在离工作地点10英里或更远地方的人们终于能够解决上班路程的问题。电动有轨电车比轨道马车更加容易清洁,市民们总是抱怨“空气中弥漫着死亡和腐烂以及动物粪便的气味”。[55]有轨电车取代了街道上的数千匹马以及每天产生的几吨马粪。

轨道马车和电动有轨电车(数十年后的汽车)加剧了住宅和土地使用的隔离化程度。直到19世纪70年代,拥挤的金融和零售区仍然靠近仓库和工厂,甚至混合在一起。[56]然而19世纪后期,涌现出了界限分明的市中心购物和金融区,中产阶级养成了一种新的购物习惯。他们乘坐市中心的有轨电车到新建的连锁店和百货商场去购物,这些购物场所的顾客越来越多,规模也逐渐扩大。第一家连锁零售公司——大西洋和太平洋食品公司(Great Atlantic and Pacific Tea Company,以下简称A&P)——于1864年成立,A&P商店迅速扩展到其他城市。1879年,弗兰克·W.伍尔沃斯(Frank W. Woolworth)在宾夕法尼亚州的兰开斯特开办了廉价商品店(five-and-dime store),到19世纪80年代,伍尔沃斯的商店成为市中心地区最熟悉的招牌。[57]中产阶级主要在市中心购物的习惯一直持续到20世纪50年代末,这时有轨电车系统在大多数城市已经被拆除。[58]

社区、城市和郊区中的社会、种族隔离现象愈演愈烈,原来大家秉承的居住在城市社区要共同合作、互惠互利的意识被逐渐侵蚀。如果说“社区”这一术语曾经含有不同类属人群在日常生活中擦肩接踵这一形象的话,那么现在已经逐渐指代居住在同类社区内人们之间的交往模式。与中产阶级和富人们一样,穷人居住区开始被明显地孤立出来。曾经象征着商人城市的紧密社区意识已经成为历史,成为一种怀旧。

移民大潮

旧工业城市的社会结构和政治遭到的最后一击来自19世纪后半期席卷所有城市的移民大潮。工业经济依靠源源不断地输送廉价劳动力。数百万的外国移民由于本国的战争、内乱及艰苦条件等原因被迫离开祖国,寻找机会来到美国海岸。他们从事铁路工作、肉类加工业、制钢、煤矿、铅矿业以及各类工厂工作。与此同时,人口从农村向城市的迁移运动开始了,规模之大,史无前例。1830—1896年,农业机械发展迅速,农作物生产所需的时间和劳动力平均节省了一半。内战结束后的40年期间,收割小麦所需的时间减少了95%,所需劳动力降低了1/5。[59]新机器加大了农场建设和运行的资金投入，减少了所需的人手。数百万农场工人和年轻人失业，因此涌入工业城市寻求工作和机会。

1820—1919 年，移民到美国的人数为 3 350 万，爱尔兰人和德国人掀起了第一次浪潮。19 世纪 40 年代中期席卷爱尔兰的饥荒迫使走投无路的家庭做出离开祖国的痛苦决定（此后，无回报的渴望是贯穿爱尔兰音乐的最常见主题）。爱尔兰农民主要靠土豆和蔬菜为生，这些作物只能种在岩石地面上或者马路两侧的土壤带里，因为英国地主一直没有宣布对这些土地的所有权。19 世纪 40 年代，一种马铃薯疫病蔓延至欧洲各地，在爱尔兰造成的后果最为严重。1845 年至 19 世纪 50 年代中期，高达 1/4 的爱尔兰农民饿死。许多幸存者涌入利物浦，购买或者换购到美国的船票。

同期，连年内战迫使大批德国人移民到美国，表 2.2 中显示的数据说明从 19 世纪 40 年代到 50 年代，来自爱尔兰和德国的移民源源不断，这一时期来自这两个国家的移民占美国新进移民的 70%以上。来自美国"故乡"英国的移民所占比例不足 14%，剩余的来自其他不同国家。美国从来不是单一民族构成的国家。

1873—1876 年大萧条之后，移民数量达到历史高峰。19 世纪 70 年代，270 万外国移民来到美国，这一数字到了 19 世纪 80 年代则翻番增至 520 万。1893—1896 年的经济萧条使移民热潮暂时放缓，但 20 世纪初即 1900—1910 年的移民数量超过八百万，再创美国历史新高，从 1910—1920 年，新增移民 650 万。构成这些惊人数字的人口并不是来自代表美国人口的国家。爱尔兰人和德国人虽然持续不断地移民到美国，但是到 19 世纪 80 年代，仅占移民大潮的 40%，到 20 世纪之交这一比例下降至 8%，来自英国的移民数量连年呈下降趋势。弥补这些差额的移民是来自意大利、希腊和东欧国家（波西米亚、捷克、斯拉夫、立陶宛和波兰）的人，还有犹太人。19 世纪 90 年代，来自俄国、奥匈帝国的犹太人以及意大利天主教徒占新进移民的 42%，这一数字在 1900—1920 年期间的每十年中都超过了 60%。在此期间来到美国的移民共计 1 450 万。[60]如果国会在 1921 年和 1924 年没有颁布限制移民法律的话，这些数字还会继续增长。

不管人们将去往何地，自由女神是他们来到美国时见到的第一景象，也是美国移民历史中经久不衰的象征。从 1820—1919 年，60%的欧洲移民通过纽约港进入美国。19、20 世纪之交到第一次世界大战期间，有 2/3 的美国移民在纽约埃利斯岛（1954 年关闭）办理入境审批手续。将近 3/4 的新进移民在城市定居，总人数为

表 2.2　每 10 年间的美国移民(1820—1919 年)

	1820—1829	1830—1839	1840—1849	1850—1859	1860—1869	1870—1879	1880—1889	1890—1899	1900—1909	1910—1919
总数(百万)	0.1	0.5	1.4	2.7	2.1	2.7	5.2	3.7	8.2	6.3
占总数的百分比(单位：%)										
爱尔兰	40.20	31.70	46.00	36.90	24.40	15.40	12.80	11.00	4.20	2.60
德国	4.5	23.2	27	34.8	35.2	27.4	27.5	15.7	4	2.7
英国	19.5	13.8	15.3	13.5	14.9	21.1	15.5	8.9	5.7	5.8
斯堪的纳维亚	0.2	0.4	0.9	0.9	5.5	7.6	12.7	10.5	5.9	3.8
加拿大	1.8	2.2	2.4	2.2	4.9	11.8	9.4	0.1	1.5	11.2
俄罗斯					0.2	1.3	3.5	12.2	18.3	17.4
奥地利—匈牙利					0.2	2.2	6	14.5	24.4	18.2
意大利					0.5	1.7	5.1	16.3	23.5	19.4

资料来源：N. 卡朋特(N. Carpenter),“移民及后代”,《美国人口统计局专著》(*U. S. Bureau of the Census Monograph*)第 7 辑,华盛顿特区：美国政府印刷局,1927 年,第 324—325 页。

2 400 万。到 1870 年为止，至少 20 个美国城市中，一半以上人口是外国或移民的后代，有的城市中这一比例更高。如表 2.3 中数据所显示，到 1870 年为止，第一、二代移民占城市人口的至少 72%，纽约市人口的 80%由第一、二代移民组成，芝加哥人口的 87%是外国移民及其在美国出生的后代，这一数字令人震惊。

表 2.3　人口超过 50 万城市的移民人口比例，1870—1910 年

		在国外出生的百分比（单位：%）	在国外或国内出生且父母至少有一方为外国人的百分比[①]（单位：%）
纽约	1870	44	80
	1910	40	79
芝加哥	1870	48	87
	1910	36	78
费城	1870	28	51
	1910	25	57
圣路易斯	1870	36	65
	1910	18	54
波士顿	1870	35	63
	1910	36	74
克利夫兰	1870	42	75
	1910	35	75
巴尔的摩	1870	21	38
	1910	14	38
匹兹堡	1870	32	58
	1910	26	62
八所城市的平均值	1870	40	72
	1910	32	72

① 1870 年人口普查中无法获得父母在国外但出生在美国本地的人口数字，本年的估算数字是在国外出生的美国人口数量基础上增加 80%而获取的。在任何情况下，这一数字都是保守估计。

资料来源：美国内政部，人口普查负责人，《第九次人口普查（1870 年 6 月 1 日）》（*The Ninth Census*）第一卷，"人口和社会统计"，华盛顿特区：美国政府印刷局，1872 年，第 386 页；美国商业部，人口普查局，《1910 年美国第 13 次人口普查》（*Thirteenth Census of the United States Taken in the Year 1910*）第一卷，"1910 年人口"，华盛顿特区：美国政府印刷局，1913 年，第 178 页。

移民仍在不断涌入，尽管 19 世纪晚期大批人口从农村地区涌入城市，到 1910 年为止，多数城市中的第一、二代移民的比例与 40 年前几乎保持一致。1920 年，来自意大利、爱尔兰、俄国和波兰的新进移民中有 80%以上属于城市人口，来自英国的移民中有 75%居住在城市。[61]到 1920 年人口普查时，即国会通过限制性立法之前，在人口超过10万的美国城市中，第一、二代移民占据了人口的58%。[62]

移民集中居住在东北部和中西部的工业中心，尽管有些不成比例，但是在能提供工业就业机会的城市都会发现移民的足迹。还有大批移民来到内陆的发展中城市，进入采矿阵营或者加入铁路修建大军。大约2/3的德国移民定居在城镇或城市外部。在城市定居的北欧人比起其他国籍的移民要少，因为许多人是被铁路公司派往北欧国家的代理机构吸引而来的，而这些铁路公司通过政府许可获得了上百万亩的土地，他们的目的就是要寻找理想的买主。北欧人基本上在威斯康星州、明尼苏达州、南北达科他州以及中西部的农村地区定居，1920年的人口普查显示仅有55%的北欧人被认定为城市居民。

移民初来乍到美国，就遭遇到了敌意，有时甚至会升级为暴力冲突，尤其是针对爱尔兰人，因为他们穷得可怜，而且还是天主教徒。爱尔兰工人几乎不识字，无法找到技术性工作。大部分人从事手工劳动，基本上是临时性的、收入低微的工作——有的在海滨地区搬运货物，有的修建马路，还有的在屠宰场和食品加工厂工作。由于贫穷、宗教信仰以及农民出身，他们在公众心目中的形象总是与危险、酗酒、犯罪和肮脏联系在一起。反对天主教和反对爱尔兰人的暴动经常发生，暴民们在袭击爱尔兰人的教堂、酒馆和社区时，总是使用这样的煽动性言辞："他们的来到相当于一群有毒的爬行动物的入侵……长头发、野蛮的眼睛、浑身臭味、崇尚无神论、鲁莽的外国可怜虫。"[63]而新教徒美国佬掌管着雇佣、提拔以及解雇的权力。甚至到20世纪20年代，波士顿的招聘广告仍然把"新教徒"作为雇佣的一项资格。[64]爱尔兰人处于社会经济等级中的最底层，这一状况一直延续到20世纪。

德国移民并没有遭遇这样的敌意，因为他们大都是有钱的中产阶级。与爱尔兰人不同，他们是为了躲避战争和政治动乱，而非由于贫穷和饥饿。他们拥有自己的音乐和文学协会，接受过正规教育。尽管德国人面临的语言障碍要远远大于爱尔兰人，但是对于美国人来说，普遍使用的盖尔语和爱尔兰土腔与德语一样听起来都是外语。

不同民族所得到的机会与仇恨他们的程度密切相关。19世纪晚期，在波士顿存在"一种厚此薄彼的权势等级"。[65]爱尔兰人和意大利人受到严重歧视，他们所挣的工资最低，从事的工作技术性也最低。比他们社会地位更低的只有居住在城市的黑人。德国人和新进的英国移民基本上能够从事中产阶层职业，那些受过特殊教育或者有一技之长的人很快就能获得成功。19世纪90年代以后来到美国的俄国、东欧犹太人对正规教育和商业非常重视。尽管反犹主义将他们排斥在公司和大型商业企业之外,他们仍然成功地开拓出了自己的经济领域:工作经纪人、中间商和店主。

大部分移民居住在靠近海滨和工厂这些人口密集的社区中,19 世纪四五十年代,房地产投机者和房东们将这些人挤进了危房、阁楼、地下室、废弃的仓库和工厂等条件恶劣的居住场所。住房资源稀缺,房租昂贵,很多拥有房产的家庭通过出租自己居住地中多余的空间来赚钱。[66]他们在小巷和空地上修建起很多狭窄的三四层高的楼房,继而将内部分割成多个小空间。并在空地和这些楼房的后面以及楼间地段搭起了很多棚屋,移民们挤在棚屋里。

早在 19 世纪 50 年代,纽约市兴起第一处廉价公寓区,不久其他城市中也出现了这样的居住区。由于中产阶级家庭离开了市中心,如果将旧建筑拆除、在原地修建容纳尽可能多的新建筑的话,势必造成成本效益问题。廉价公寓这一名称指的是成本较低、多个家庭共同租赁的楼房,这成为美国城市贫民窟的普遍象征。到 20 世纪为止,这种多层楼房代表了城市居住的一种方式。与此同时,独立的房子演变为郊区居住的文化象征。最臭名昭著的廉价公寓是"哑铃",之所以这样命名是因为仅有两个宽 28 英寸的空气井提供了内部房间的采光和通风。这种哑铃建筑是根据 1879 年的一项获奖设计而产生的,保证了最大的经济回报的同时造成了严重的通风和卫生问题。楼上的租户把垃圾扔到空气井里,任其腐烂。每一楼层的租户合用一两个公用厕所和水槽,这些地方往往靠近通风井,空气污浊、臭味扑鼻。到 1893 年为止,纽约的 70%人口居住在廉价公寓里,绝大多数的廉价公寓是这种哑铃建筑。[67]

尽管人口拥挤引起了种种问题,但是移民们集中居住在这些人口密集区对于推动他们融入城市生活具有极其重要的作用。这些地方兴起了各种各样的宗教和社会机构,发扬了他们的民族传统,加强了安定团结的意识以及维护了其共有身份。移民社区还兴起了一种以民族团结为基础的政治,逐渐将移民纳入美国的政治体系。到 19 世纪 80 年代为止,城市政党机器开始出现,其建立基础是少数民族选民和擅长动员追随者的新一代政客之间的关系。我们将在第三章讲述这段历史发展的情况。

治理能力

随着工业城市的发展，地方政府应对居民需要的能力成为值得讨论的问题。对于许多城市居民来说，19 世纪下半叶的生活条件从肮脏变得几乎难以容忍。流行病时常蔓延，有时夏季会造成几百人死亡。冬天街道一片泥泞，夏天风沙侵蚀，一年四季到处是垃圾和成堆的马粪。一位瑞典小说家曾这样评论道：1850 年，芝加哥虽然只有 3 万人口，但却是“最悲惨和丑陋的城市之一”，人们来这儿是“做贸易赚钱的，而不是来生活的”。[68]

城市居民只是抱怨日常生活条件差，却不知道市政府该如何处理这种情况。美国的政治传统中总是对政府持有质疑的态度，多数人更加担心政府治理过程中存在的潜在危险，而不看重其正面作用。美国文化中根深蒂固的个人主义加重了这种质疑态度，人们普遍相信取得进步要通过个人努力，并不相信集体的力量。尽管城市领导能够使公民相信地方政府会支持促进地方经济的方案，但是要说服他们通过纳税来改善当地生活质量并且支持这项服务的话则比较困难。

直到 19 世纪中期，大城市才出现了全职带薪、穿统一制服的警察部队。在这之前，几乎没有正规的警察，执法人员由兼职或自愿的夜晚巡逻人员和警员组成。消防志愿者队会应对火警紧急情况，个体业主承担街道清扫和垃圾收集等事务。即使人口增长导致城市生活质量不断下降，市民们也不愿承认市政府比社区自我努力更为有效。在这种情况下，事实却令人费解：19 世纪下半叶，市政府承担的责任越来越多。例如，纽约市的人均城市开支从 1850 年的 6.53 美元增加到 1900 年的 27.3 美元。[69]在近半个世纪内，就开支和雇佣人员的情况来看，城市超过了州政府和国家政府。1902 年政府开支首次出现在联邦政府的人口普查编目中，地方政府占了美国所有政府开支的一半。[70]

尽管美国的民族文化倾向于政府治理的最小化，但是整个 19 世纪期间，市政承担的责任呈上升趋势。这一出人意料的结果有三方面的原因：首先，各个阶层的市民感到灾难或危机迫在眉睫，而新服务的提供是为了缓解市民的这种威胁感；第二，当这些服务措施不到位或者有欠缺时，城市的经济活力会受到威胁，这时，地方支持者就会带头组织公共服务；第三，到 19 世纪晚期为止，越来越多的中产阶级对这种糟糕，然而习以为常的城市状况无法容忍。

在殖民地时期以及此后的许多年间，城市服务措施非常少。这些服务对于公民的健康非常的必要，例如，供水系统长期不足。19 世纪早期，大部分城市居民从水井中打水，但水源经常被废物污染，因此时常发生传染病。1793 年夏天，费城人口的 10%死于黄热病。[71]城市经济停滞不前，每逢夏季，有 1/3 的人口逃离费城，其中包括所有的富人家庭。1793 年，费城、巴尔的摩和康涅狄格州的纽黑文爆发了黄热病和霍乱；1795 年，纽约市、巴尔的摩和弗吉尼亚的诺福克也出现了类似情况；第二年在马萨诸塞州的纽伯里波特（Newburyport）、波士顿和南卡罗来纳州的查尔斯顿爆发了这些传染病。[72]1797 年，将近有 12 所城市发生疫情；费城人口的 3/4逃离本地，四千人死于疾病（占总人口的 7%）。[73]

这些灾难的发生促使城市在自来水厂、排水沼泽方面进行投资，对动物饲养和垃圾处理进行管理。受流行病的影响，费城是美国历史上第一个建立市政自来水厂的城市，费城自来水厂成立于 1799 年，到 1801 年为止，自来水系统在城市的多处地方运行，水源来自斯古吉尔河（Schuylkill River）的上游。长期以来，管理供水委员会的商业精英们时常对费城的供水系统进行改善，但是到 19 世纪 40 年代，这些精英们逐渐退出了政治活动，一部分原因在于新一代公共领导争夺政治地位的斗争愈演愈烈。委员会缺少了这些领导的指挥，供水系统越来越匮乏。[74]市政府在极不情愿的情况下承担起了管理供水委员会的责任。

尽管需求显而易见，市政服务总显得有些滞后，因为只有在应对危机时才提供这些服务："市政府不愿意增加税收，通常只有在十分必要的情况下才承担新的责任。"[75]黄热病、伤寒和霍乱这些极具毁灭性的疾病定期轮番爆发，尤其是在新奥尔良和孟菲斯这些不能提供无污染水源的城市情况特别严重。19 世纪 50 年代，市政建立起了多个城市供水系统，到内战爆发时已经有 70 个城镇由自来水厂供水，大部分地方的自来水厂是私有性质的，由私人公司管理，各地此类的新建公司有 80 多家。[76]供水系统只在部分地方设置，而且比较原始，除了富人社区的供水通过管道直接进入家庭外，大部分人要从街道上的水龙头和水泵里提水回家。到 1860 年，波士顿的居民中仅有 1/10 能够使用浴缸，仅有 5%的家庭拥有室内厕所。[77]

城市供水总是被人和动物的排泄物所污染，大部分城市的污水排放进大型的社区污水池，这种污水池需要经常挖掘。即使废水顺着污水管道排到城市之外，其结果只不过是把污水排放到了下游。19 世纪 90 年代，马萨诸塞州的梅里马克河（Merrimac River）沿岸城市中伤寒流行病肆虐，原因就是居民饮用水被上游城市的污水所污染。波士顿习惯将废水直接排入港湾，到1877年，波士顿港湾成了“一个巨大的污水池”。[78]到20世纪20年代，拥挤的居民区内到处可见室外厕所，在沿街的地沟里流淌着带有马粪和垃圾的水。污染源太多，只有那些从远离城市居住区汲水的城市能够避免水源的污染。

最终，供水问题通过技术发展得到了解决，费城的供水系统相对复杂，通过技术改造，供水的过程中过滤掉了厚厚的淤泥。[79]水泵经常出故障，冬天的水管容易上冻。人们能看到水龙头里流出尘土、昆虫，甚至小鱼。20世纪初，现代过滤技术得到发展，纽约、波士顿、费城和新奥尔良的死亡率降低了1/5。[80]

流行病的泛滥促使城市修建下水道将污水排放到人口密集区之外。1823年，波士顿着手安装全国第一个卫生下水道系统，其他大城市纷纷效仿，只是进程有些缓慢。到1857年止，当时纽约人口只有100万，下水道系统地下覆盖率仅有1/4，其中大部分是雨水排放通道，并非污水排放通道。[81]纳税人认为铺设地下管道和安装水泵成本高昂，因此予以反对。到19世纪70年代，多数大城市已经修建了下水道，但是费用的支出通常由业主们筹集，而穷人居住的大片地区却没有这些服务措施。

另一种危机迫使城市开始资助并组建职业警力。随着城市规模的扩大，其复杂程度也越来越高，暴力、犯罪和混乱的不断升级对城市居民的生活构成了很大的威胁。移民大潮引发了民族冲突，使犯罪率上升，打破了社区纽带。19世纪三四十年代，费城时常爆发反对爱尔兰移民和自由黑人的骚乱。这种现象在边疆城市也非常明显，人口快速增长和社会的不稳定性密切相连。内河船舱水手、马车车夫和商人来往于像圣弗朗西斯科、圣路易斯和新奥尔良这样繁忙的城市间。沙龙越来越多，赌博和卖淫现象越来越猖獗。19世纪50年代的淘金热期间，圣弗朗西斯科的暴力犯罪率极高，一部分商人出资成立治安委员会来维持秩序。然而不久后，这些治安成员们也组织犯罪团伙，与他们应该逮捕的罪犯一样成为危险分子。[82]

1845年，波士顿成为美国第一个给官员提供统一制服的城市。同年，纽约人口超过40万，最终也解散了那些来自下层社会的兼职警察部队，而组建起全职的警力部队，尽管当时警察还是身穿便服执行工作，没有接受正规的训练，也没有监督部门。[83]八年后，纽约市给警察配备了制服，并且提供一定的训练。到19世纪30年代晚期，费城的治安工作依靠兼职的地方武装人员、民兵和夜晚巡逻兵，人员比较混杂，而且没有统一着装。[84]

多年以来，纽约的警力总是动荡不定，组建职业警力的提议总是遭到反对，因为纽约市的两大政党互相争权夺利，都把警察视为任命工作的重要来源。1857 年市长竞选之后，新上任的市长解雇了所有的警察，继而任命那些效忠于他的官员；而以前的官员拒不离职，在接下来的几个月，两大对立的警力部队同时承担城市的巡逻工作，6 月份爆发了全面冲突。[85] 1868 年，新当选的民主党州长解雇了所有城市的警察署长，因为他们隶属于共和党派，而署长们拒不退位，这再次引发了类似的冲突。最终，州议会掌握了任命权，从而解决了争端。

这些事件说明了城市在组建全副职业化的现代警力过程中为什么耗时如此之久。许多人担心作为准军事组织的警察会被用作政党间斗争的工具，这种担心并非空穴来风。警察部门深受民族、种族歧视和政治忠诚性的影响，这些问题到现在依然存在。调查 20 世纪 60 年代城市暴动问题的总统委员会发现警察行为是引发暴乱的最常见导火索。[86] 19 世纪乃至今天，警官掌握很大的裁决权，在执法过程中容易产生冲动行为。

如果说是危机感导致执政精英们对市政服务工作进行组织并予以资助的话，那么这一事实引发了另一个问题：是什么引起人们的危机意识？客观条件尽管可怕，但是可以调整为正常状态，即便如此也会出现失控状态。答案是政治领导人对所在的城市以及自身的野心太大。像犯罪、卫生条件恶劣和街道堵塞这些慢性问题不仅降低了城市居民的生活质量，而且对当地经济发展构成威胁。面对这一现实，公民精英和商业领导愿意支持公共服务的建设，他们不愿意眼睁睁地看着城市走下坡路。

城市服务一旦开始提供，便制度化，很快人们便把这些服务措施视为正常和日常必需，绝无回头的可能性。尤其像供水系统和消防部门这样的服务工作更是必不可少，这些服务措施需要永久性基础设施的建设和对贵重设备的投资。通过这种方式，市政府承担的责任逐步增多。19 世纪早期遇到这类问题时，城市贵族和商人阶级会组织专门的委员会做出决定。随着时间的推移，这种非正式的做法被全职带薪人员提供的服务所代替。费城自来水厂的发展就是一种有益的做法。起初，供水委员会通过私人捐助和个人捐献来筹集供水服务的款项，颇有名气的商人担任委员会的领导，这种情况持续到 1837 年。[87] 但是接下来的几十年中，供水系统覆盖面扩大，所有公民都享受到了这一服务，因此纳税支持供水服务成为必须。

19 世纪 50 年代，密尔沃基(Milwaukee)的志愿者消防队被带薪的职业人员所取代，因为新式的蒸汽水泵对于志愿者来说太复杂，他们不懂如何维护和操作。[88]同时，由于很难找到志愿者来承担街道维护的工作，公共工程的员工逐渐承担起这项工作。市议会投资对污水管道系统进行扩建，覆盖了绝大部分城市地区，污水管道系统的运行工作由受过训练的员工承担。密尔沃基市议会要求市民接种天花疫苗时，地方健康服务工作对于志愿者来说非常复杂。就这样，这些日常市政服务管理工作逐渐成为带薪员工的任务。“政治成为一项全职业务，专业人士的进入造就了公职事业。”[89]

19 世纪晚期，越来越多的中产阶级人士要求改善供水和下水系统，[90]到 19 世纪 90 年代，他们发动广大民众施加压力，要求改善各项服务措施。从 19 世纪 50 年代到 70 年代，援助铁路修建是市政债务最大的，也是唯一的一项事业。与此形成鲜明对比的是，19 世纪的后 30 年，城市债务主要为新服务项目的扩建和基础设施的修建提供资助。[91]由于公共健康的标准不断上升，即便是成本很高的新技术，也会很快被采用。综合污水管道系统的建设成为可借鉴的好榜样。到 19 世纪末期，大部分城市实现了污水和雨水下水管道系统的分离。对于所有城市来说，铺设下水管道是一项庞大的公共工程。尽管如此，从 1890 年到 1909 年，下水管道铺设的距离增长了 4 倍。[92]

到 19、20 世纪之交，总的说来，美国的城市比起欧洲国家的城市所提供的服务种类更多、质量更高：下水管道和水电源的距离更长；铺设路面的街道距离更长；路灯数量更多；大众交通更加便利；消防部门更多，而且配备的设备更加先进。[93]美国城市居民的人均用水量是英国的两倍，超过德国许多倍，[94]这也许是因为冲水厕所和浴缸在美国城市中更加普遍。[95]城市还加大力度扩建公共健康事业，卫生检查员通过使用细菌学这项新科学，对学校的学生、楼房的通风和管道以及食品和牛奶等方面进行检查。[96]这些卫生措施的实施与综合下水系统的完成以及水过滤新技术的安装，大大减少了伤寒死亡率。[97]大城市的总死亡率也大大下降，19 世纪 90 年代，纽约、芝加哥、克利夫兰、布法罗及其他城市的死亡下降率超过 20%，[98]20 世纪之后，下降率仍然非常明显。[99]

19 世纪晚期是美国城市建设的黄金时期，对基础设施的大面积投资将城市政府推到了技术的风口浪尖，出现了像布鲁克林大桥、纽约长达几千英里的管道和水库的克鲁顿水道系统（Croton aqueduct system）这样的工程奇迹。由城市精英和中产阶级支持的公园运动和城市美化运动席卷全国，增加了公园、池塘、布局规整的花园、音乐台、球场、宽阔的林荫大道以及华丽的公共建筑等城市设施。城市居民对市政服务的期待值之高，在早期是无法想象的。19 世纪工业城市的肮脏景象逐渐被 20 世纪大都市的安全、干净和稳定所取代。

20 世纪，市政服务得到进一步发展。如今的城市服务种类繁多，城市建立起各种公共基础设施并对其进行维护——公路、桥梁、污水管道、污水处理厂、水电源、公园、动物园、医院，有时还包括大学。城市还负责治安和消防保护、收集垃圾（支付工作人员薪水）以及公共卫生服务，包括检查饭店、儿童接种疫苗和检测艾滋病毒。城市通过区域划定法令规定家庭、工厂、办公建筑、饭店和停车场的位置；通过地方建筑规范管理像管道、线路、建筑材料、建筑高度以及建筑风格等方面的事务。城市还进行灭鼠，有时采取措施吓跑鸽子。这些公共事业（甚至还有更多的服务）对于城市居民的健康和幸福来说都是非常必要的。没有这些城市公共服务的保障，城市生活会危机四伏，而且令人无法忍受。

城市能力的局限性

美国城市适应情况变化的能力非同凡响，更是因为当面临问题时，他们通常依靠自身的能力解决问题。国家政府对城市问题不闻不问，联邦政府只有在 20 世纪时才建立起与城市的联系，在此之前，州议会对城市的态度很敌视，而且非常冷漠，因为州议会的组成成员是兼职政客，他们每隔一年会进行几个周或者几个月的会晤，根本无暇顾及城市出现的问题。农村立法者最希望保留城市政客和选区，因为这些人不同意农村人进入城市领域。城市具有一定的独立性，阿里西斯·德·托克维尔（Alexis de Tocqueville）在其经典作品《美国的民主》（*Democracy in America*，1835）中强调了美国地方政府的主权。他将地方政府比作独立的民族："城市的独立是……美国人民主权原则的自然结果：美国各州都承认这一点。"[100] 但他的评价并不十分准确，城市的自主性更多地归功于外界对他们治理方式的冷漠态度，其次外界对城市法律地位也不关心。尽管州议会有权对其管辖城市的各个方面进行管理，但他们并不经常行使这种权力，即使在执行权力时，他们的表现也反复无常，让人难以预测。城市看上去具有独立性，原因只是在于州议会没有时间，也没有兴趣关注城市的动向。

相当一部分人支持城市排除外界干涉、争取自我治理的权力。他们通过写文章、书和法院裁决等方式为自己辩解。[101]但是他们的努力在多数情况下劳而无果。法院一致维护各州的权力，州政府有权规定地方政府的权力和义务。1819年，在"达特茅斯学院案"(Dartmouth College case)中，美国最高法院认为城市的缔造者是州政府，因此城市宪章可以被随意修改或撤掉(与次相比，私人公司得到保护，不受"反对损害合同义务"这一宪法条例的干涉[102])。第二个明确的案例是从1868年延续下来的，爱荷华州最高法院的首席大法官约翰·F. 狄龙(John F. Dillion)宣布州政府对州内城市拥有完全的控制权，没有任何限制条件：

> 市政公司的各项权力来自立法机关，没有立法机关，则不可能存在市政公司。既然立法机关可以成立市政公司，那么也可以撤销……在不违背宪法限制的条件下，如果市政公司存在错误的行为，那么立法机关可以通过法案撤销州内市政公司的存在资格，市政公司对此无能为力……可以这样说，市政公司仅仅是立法机关的租户而已。[103]

狄龙法官看到城市在提供铁路补贴时表现非常积极，基于这一事实他才做出这样的宣布，他认为如果城市可以这样直接帮助私人公司的话，那么也能对其进行监管。狄龙的这股传教士般的热情另有其因，他认为城市管理者是一群危险的流氓："最适合担任地方管理者和咨询者的人应该有能力、具有聪明才智、商业经验和道德品质，而实际情况并非如此。令人担心的是，这些人选一般不是通过选拔产生的。"[104]他认为要通过州政府和法庭解决这一问题，这些部门应该像严厉的父母一样对城市进行密切监管，要严格限制城市的特权。1872年，狄龙出版了《论市政公司法律》(*Treatise on the Law of Municipal Corporations*)，原书有800页，到1911年第五版时，内容增加，总共有厚厚的五部书。[105]当时狄龙的这部著作相当于市政法律方面的圣经。1924年，《美国城市政府》(*The Government of American Cities*)这部重要教科书的作者威廉·门罗(William Munro)曾这样写道：狄龙的这一规定"得到了人们的充分认可，直到今天仍没有人对他提出任何质疑"。[106]

州议会对城市的不信任还表现在对移民选民的质疑方面，因此他们采取相应的措施确保城市在州议会中的代表绝不能占据多数的议席，不管城市发展的速度和规模如何。多数农村立法者认可纽约州制宪会议代表们的观点："农村地区的一般公民在智力、道德和自我治理方面均超过大城市的一般公民。"[107]这种态度反映了农村对城市及相关方面长期存在的仇恨态度。早在几十年前，缅因州在1819年举行的制宪会议上就对城镇代表在州议会中的席位提出了上限规定。1845年，路易斯安那州议会限制新奥尔良的州参议员人数为12.5%，州众议院人数为10%。（新奥尔良的人口占全州总人口的20%。[108]）19世纪末，所有的州都保证农村立法选区在州议会中占据主导势力，拥有大多数的选票名额。

当时，居住在城市的人口超过了城市外的人口，如果城市在州议会中的影响与其人口增长的步伐保持一致的话，城市服务项目的扩建就能够获得州政府的财政支持。但是，事实情况正好相反。如果城市选民能够对州政策和政府施加更多影响力的话，那么在国家事务上他们也能够发出自己的政治声音。农村精英们牢牢地控制着州政党的预选会议，掌握州长、众议员、参议员和总统的提名，因此少数种族和其他城市选民们对州和国家政府的政治没有任何可以施加影响的手段可言。城市代表的名额不足造成州议会、州长办公室、国会和白宫对城市问题的态度冷漠。交通堵塞、贫民窟住房、孤儿、传染病和贫穷等问题中没有一个能够引起农村和小城镇立法者或是国会议员和总统的兴趣，这些人只回应农村选民。

联邦体系中城市代表的名额不足导致了不良后果，并产生了深远的影响：各级政府领导面对工业化和城市化造成的毁灭性后果纷纷推卸责任。19世纪晚期，声势浩大的民粹主义运动强烈要求认可工会权力。20世纪前20年，改革者向州议会提议要求实行全民医疗保险、工伤补偿以及对寡妇、儿童和老人的救助计划。反对童工的浪潮席卷全国；尽管如此，直到1916年，联邦政府才采纳童工立法，而两年后这一立法又被最高法院取消。[109]这些有利于城市及其居民的改革直到20世纪30年代新政出台后才得以实施。到60年代之前，城市在州政府和国家政治中代表的数量与它们在全国人口中所占比例成正比，其他方面的多项改革也得到了实行，例如联邦政府对教育事业的援助、对老年人和穷人的医疗救助（医疗保险和医疗补助）、对城市的援助及各项社会事业。

联邦法院提出议案，抨击20世纪60年代立法的不合理，早在40年前，根据20世纪20年代的人口普查结果的显示，美国人口的绝大多数居住在城市。在“贝克诉卡尔案”（*Baker v. Carr*，1962）中，诺克斯维尔居民质疑田纳西州立法自1901年来未对议席进行重新分配。[110]律师们指出城区公民被剥夺了“法律同等保护”的权利，而这一做法违背了美国宪法第十四条修正案。判决此案以及其他类似案例的法院决议于1964年6月15日公布，在“雷诺兹诉西姆斯案”（*Reynolds v. Sims*）

中，美国最高法院规定州立法议席分配中必须遵循“一人一票”的原则。[111]几年之内，州立法和国会选区实现了平等分摊议席的目标，城市居民获得了平等的代表议席。

到法院实施一人一票的补救措施时，结果为时已晚。20 世纪 60 年代，旧工业城市中人口直线下降，郊区的太阳地带却蓬勃发展。这种人口转变造成国力平衡的历史性转折。早在几十年前，如果城市在州议会和国会中实现平等代表议席制的话，那么城市选民就能获得联邦政府以及州议会对公众交通、公共住房、城市振兴和公共健康计划等地方性优先事业的资助。但是美国政治体系歧视城市选民是有因可循的：长期以来，城市居民被视为“大地上的陌生人”。[112]从这种根深蒂固的歧视态度来看，美国城市针对自身问题所做的一切努力应该被视为赫赫战绩。

尾注

1. Robert A. Beauregard, *Voices of Decline: The Postwar Fate of U. S. Cities* (New York: Blackwell, 1993).
2. 伦敦城市人口为 957 000，但是大伦敦区的人口为 1 117 000。
3. Brian R. Mitchell, *European Historical Statistics, 1750–1970* (New York: Columbia University Press, 1975), p. 76.
4. 被界定为拥有至少五千人口的殖民地。
5. Eric Lampard, "Historical Aspects of Urbanization," in *The Study of Urbanization*, ed. Philip M. Hauser and Leo F. Schnore (New York: Wiley, 1965), p. 523.
6. "The Inevitability of City Growth," reprinted from *Atlantic Monthly*, April 1985, in *City Life, 1865–1900: Views of Urban America*, ed. Ann Cook, Marilyn Gittell, and Herb Mack (New York: Praeger, 1973), p. 17.
7. Eric H. Monkkonen, *America Becomes Urban: The Development of U. S. Cities and Towns, 1780–1980* (Berkeley: University of California Press, 1988), p. 78.
8. D. Philip Locklin, *Economics of Transportation*, 7th ed. (Homewood, IL: Irwin, 1972).
9. Allan R. Pred, *The Spatial Dynamics of Urban-Industrial Growth, 1800–1914* (Cambridge, MA: MIT Press, 1966), p. 103.
10. David M. Gordon, " Class Struggle and the Stages of American Urban Development," in *The Rise of the Sunbelt Cities*, ed. David C. Perry and Alfred J. Watkins (Beverly Hills, CA: Sage, 1977), p. 64.
11. George Rogers Taylor, *The Transportation Revolution, 1815–1860* (New York: Holt, Rinehart & Winston, 1951), p. 52.

12. Carter Goodrich, *Government Promotion of American Canals and Railroads, 1800-1890* (New York: Columbia University Press, 1960), pp. 266-267.
13. Richard C. Wade, *The Urban Frontier: Pioneer Life in Early Pittsburgh, Cincinnati, Lexington, Louisville, and St. Louis* (Chicago: University of Chicago Press, 1959), p. 70.
14. U. S. Department of Commerce, *Historical Statistics of the United States, Colonial Times to 1970*, pt. 2, (Washington, D. C. : U. S. Government Printing Office, 1975), p. 728, p. 731.
15. Alfred D. Chandler, *The Railroads: The Nation's First Big Business* (New York: Harcourt Brace Jovanovich, 1965).
16. Paul Kantor, *The Dependent City Revisited: The Political Economy of Urban Development and Social Policy* (Boulder, CO: Westview, 1995), p. 24.
17. Carter Goodrich, "The Revulsion against Internal Improvements," *Journal of Economic History* 10, No. 2 (November 1950): 145-169.
18. David Chalmers, *Neither Socialism nor Monopoly* (Philadelphia: Lippincott, 1976), p. 4.
19. Blake McKelvey, *American Urbanization: A Comparative History* (Glenview, IL: Scott Foresman, 1973), pp. 25-26.
20. Ibid.
21. Paul Kantor with Stephen David, *The Dependent City: The Changing Political Economy of Urban America* (Glenview, IL: Scott Foresman, 1987), pp. 499-500.
22. Goodrich, *Government Promotion*, p. 241. 古德里奇(Govdrich)做过这样的估算,到 1860 年为止,地方政府提供的公共补贴占总数的 29%(第 268 页)。地方政府所做捐助的比例在内战之后显著增长。哈利·皮尔斯(Harry Pierce)对纽约在 1826 年到 1875 年的补贴情况进行了研究,得出了这样的结论:有 3/4 的补贴来自地方政府,1/4 来自州政府。参见 Harry H. Pierce, *The Railroads of New York: A Study of Government Aid, 1826-1875* (Cambridge, MA: Harvard University Press, 1953)。
23. Ibid.
24. 例如,1849 年克利夫兰的选民以 1157 票:27 票的结果通过了为克利夫兰和匹兹堡铁路购买 10 万美元股票的捐助提案。尽管选民们热情高涨,但是购买的股票没有给他们带来任何股息,反而以大大低于票面价值的金额出售。Charles C. Williamson, *The Finances of Cleveland* (New York: Columbia University Press, 1907), pp. 218-220.
25. Goodrich, *Government Promotion*, p. 42.
26. Ibid., p. 272. 一项有关纽约州的研究给出了下列数字:"购买铁路股票的 297 个直辖市中仅有 52 个按股票的票面价值出售或者稍微受益,162 个直辖市所持的股票根本没有任何市场价值。"(Pierce, *The Railroads of New York*), p. 273.
27. A. M. Hillhouse, *Municipal Bonds: A Century of Experience* (Upper Saddle River, NJ: Prentice Hall, 1936), p. 39.
28. Goodrich, *Government Promotion*, pp. 268-271. 除去违约外,市政拒不偿付债券,也就是说不能按期清还债务,市政的这种行为是在宣布不愿偿还债务。
29. Alberta M. Sbragia, *Debt Wish: Entrepreneurial Cities, U. S. Federalism and Economic Development* (Pittsburgh: University of Pittsburgh Press, 1996), p. 91.
30. Goodrich, "Revulsion against Internal Improvements"; see also Sbragia, *Debt Wish*, Chapter 5.
31. Lawrence Goodwyn, *The Populist Movement* (New York: Oxford University Press, 1978).

32. Edwin J. Perkins, *The Economy of Colonial America* (New York: Columbia University Press, 1980), p. 157.
33. Philip Foner, *History of the Labor Movement in the United States* (New York: International, 1975), pp. 13-18.
34. Howard P. Chudacoff, *The Evolution of American Urban Society* (Upper Saddle River, NJ: Prentice Hall, 1975), p. 26.
35. Sam Bass Warner Jr., *The Private City: Philadelphia in Three Periods of Its Growth* (Philadelphia: University of Pennsylvania Press, 1968), p. 21.
36. Kantor, *The Dependent City*, p. 22.
37. Ibid., p. 33.
38. Pred, *The Spatial Dynamics*, p. 16.
39. Ibid., p. 170.
40. Ibid., pp. 68-69.
41. 1900年至1915年期间,第五大道兴建摩天大楼的热潮源于那些有钱人在建筑方面炫耀自己能力的愿望。参见 Seymour I. Toll, *Zoned American* (New York: Grossman, 1969), Chapter 2。
42. 有限风险公司得到州政府的特许,将股份出售给投资者,为防止公司破产,投资者的责任仅限于直接投资。在这种伙伴关系之中,各方对公司的债务都负有责任,而这些债务很容易超过合作伙伴的资产。这种商业组织的公司形式有利于筹集资金,比起其他形式的商业投资来说,投资者的风险更小。
43. U. S. Department of the Interior, Census Office, *Census Reports of 1900*, Vol. 7, *Manufacturers*, pt. 1: "United States by Industries" (Washington, D. C.: U. S. Government Printing Office, 1902), pp. 503-509.
44. William Miller, "American Historians and the Business Elite," *Journal of Economic History* 9(1949): 184-208.
45. Kenneth Jackson, *Crabgrass Frontier: The Suburbanization of the United States* (New York: Oxford University Press, 1985), p. 35.
46. George Rogers Taylor, "Building an Intra-Urban Transportation System," in *The Urbanization of America: An Historical Anthology*, ed. Allen M. Wakstein (Boston, MA: Houghton Mifflin, 1970), p. 137.
47. Glen E. Holt, "The Changing Perception of Urban Pathology: An Essay on the De- velopment of Mass Transit in the United States," in *Cities in American History*, ed. Kenneth T. Jackson and Stanley K. Schultz (New York: Knopf, 1972), p. 327.
48. Taylor, "Building an Intra-Urban Transportation System," p. 139.
49. C. G. Kennedy, "Commuter Services in the Boston Area, 1835-1860," *Business History Review* 26 (1962): 277-287.
50. Jackson, *Crabgrass Frontier*, p. 41.
51. David Ward, *Cities and Immigrants: A Geography of Change in Nineteenth-Century America* (New York: Oxford University Press, 1971), p. 4.
52. Jackson, *Crabgrass Frontier*, p. 108.
53. Ibid.
54. Gary A. Tobin, "Suburbanization and the Development of Motor Transportation:

Transportation and Technology and the Suburbanization Process," in *The Changing Face of the Suburbs*, ed. Barry Schwartz (Chicago: University of Chicago Press, 1975), p. 99.
55. "The Smell of Cincinnati," *Enquirer* (Richmond, VA), November 15, 1874, in *City Life*, ed. Cook, Gittell, and Mack, p. 143.
56. Ward, *Cities and Immigrants*, Chapter 3.
57. Blake McKelvey, *The Urbanization of America, 1860-1915* (New Brunswick, NJ: Rutgers University Press, 1963), p. 54.
58. 有关美国市中心的优秀历史，参见 Robert M. Fogelson, *Downtown: Its Rise and Fall, 1880-1950* (New Haven, CT: Yale University Press, 2001)。
59. Samuel P. Hays, *The Response to Industrialism, 1885-1914* (Chicago: University of Chicago Press, 1957), p. 14.
60. Thomas Monroe Pitkin, *Keepers of the Gate: A History of Ellis Island* (New York: New York University Press, 1975), p. ix.
61. Ward, *Cities and Immigrants*, p. 56.
62. Ibid., p. 52.
63. John Higham, *Strangers in the Land: Patterns of American Nativism, 1860-1925* (New Brunswick, NJ: Rutgers University Press, 1955), pp. 54-55.
64. Stephen Thernstrom, *The Other Bostonians: Poverty and Progress in the American Metropolis, 1880-1970* (Cambridge, MA: Harvard University Press, 1973), p. 160.
65. Ibid.
66. Charles N. Glaab and A. Theodore Brown, *A History of Urban America* (New York: Macmillan, 1967), p. 160.
67. Gwendolyn Wright, *Building the American Dream: A Social History of Housing in America* (Cambridge, MA: MIT Press, 1983), p. 123. 哑铃侍者是一种索滑轮装置，在多层建筑中用于将小型货件沿着轴线上下运送。
68. Glaab and Brown, *A History of Urban America*, p. 86.
69. Ibid., p. 180.
70. Terrence J. MacDonald and Sally K. Ward, eds., *The Politics of Urban Fiscal Policy* (Beverly Hills, CA: Sage, 1984), p. 14.
71. Nelson M. Blake, *Water for the Cities: A History of the Urban Water Supply Problem in the United States* (Syracuse, NY: Syracuse University Press, 1956), p. 6.
72. Ibid., pp. 102-103.
73. Ibid., p. 6.
74. Warner, *The Private City*, pp. 107-109.
75. Arthur N. Schlesinger, "A Panoramic View: The City in American Life," in *The City in American Life*, ed. Paul Kramer and Fredrick L. Holborn (New York: Capricorn Books, 1970), p. 23.
76. McKelvey, *The Urbanization of America*, p. 13.
77. Edgar W. Martin, *The Standard of Living in 1860* (Chicago: University of Chicago Press, 1942), pp. 44-47, 89-112.
78. McKelvey, *The Urbanization of America*, p. 90.

79. Ibid., p. 13.
80. Ibid., p. 90.
81. McKelvey, *American Urbanization*, p. 44.
82. Fred M. Wirt, *Power in the City* (Berkeley: University of California Press, 1974), p. 110.
83. James F. Richardson, "To Control the City: The New York Police in Historical Perspective," in *Cities in American History*, ed. Jackson and Schultz, pp. 272-289.
84. Warner, *The Private City*, Chapter 7.
85. Richardson, "To Control the City," p. 278.
86. *Report of the National Advisory Commission on Civil Disorders* (New York: Bantam Books, 1968).
87. Warner, *The Private City*.
88. Bayrd Still, *Milwaukee: The History of a City* (Madison: State Historical Society of Wisconsin, 1984), Chapter 10.
89. Warner, *The Private City*, p. 86.
90. Sbragia, *Debt Wish*, p. 76.
91. Ibid.
92. Ibid.
93. Jon Teaford, *The Unheralded Triumph: City Government in America, 1870-1900* (Baltimore: Johns Hopkins University Press, 1984), Chapter 8.
94. Ibid., p. 222.
95. Ibid., p. 221.
96. Ibid., p. 247.
97. Stanley K. Schultz, *Constructing Urban Culture: American Cities and City Planning, 1800-1920* (Philadelphia: Temple University Press, 1989), p. 174.
98. Ibid., p. 246.
99. McKelvey, *The Urbanization of America*, p. 90.
100. Alexis de Tocqueville, *Democracy in America*, Vol. 1 (New York: Shocken Books, 1961), p. 60.
101. 引文参见 Gerald Frug, "The City as a Legal Concept," *Harvard Law Review* 93, No. 6 (April 1980): 1113-1117。
102. 参见 *Dartmouth College v. Woodward*, 4 Wheat. 518 (1819)。
103. *City of Clinton v. Cedar Rapids and Missouri River Railroad Co.*, 24 Iowa 455-475 (1868).
104. Schultz, *Constructing Urban Culture*, p. 73.
105. Ibid., p. 69.
106. William Munro, *The Government of the American Cities*, 3rd ed. (New York: Macmillan, 1924), p. 53.
107. Mark I. Gelfand, *A Nation of Cities: The Federal Government and Urban America, 1933-1965* (New York: Oxford University Press, 1975), p. 11.
108. Ibid.
109. *Hammer v. Dagenhart et al.*, 247 U. S. 251 (1918).
110. *Baker v. Carr*, 369 U. S. 189 (1962).

111. *Reynolds v. Sims*, 377 U. S. 533 (1964). “一人一票”(“One man, one vote”)是在法庭判决中使用的术语。

112. Higham, *Strangers in the Land*.

第三章　机器政党和移民

机器和机器式政治

机器政客的形象在美国政治传说中占据着非常神圣的地位，他们身材圆胖，嘴里叼着雪茄，把煤桶分给寡妇们，在酒馆后面烟雾缭绕的屋子里达成协议。人们对这一形象始终着迷的原因还在于其丰富多彩、极具传奇性：热情洋溢、随心所欲、对忠实选民们慷慨大方的政客也有其自私自利、贪赃枉法和腐败贪污的一面。电视连续剧《黑道家族》（*The Sopranos*）和弗朗西斯·福特·科波拉（Francis Ford Coppola）执导的电影《教父》（*The Godfather*）让观众记忆犹新，原因在于这些形象提醒观众机器政客和黑手党的行事风格如出一辙。机器政客越过界限实施暴力的情况虽然属于例外，但总会让人感觉不舒服。让我们回忆一下电视连续剧《铁面无私》（*The Untouchables*）以及根据20世纪二三十年代芝加哥机器全盛时期拍摄的电影：阿尔·卡彭（AI Capone）和非法经营的酒吧老板们收买了政客、法官和警官，联邦调查局特工艾略特·内斯（Elliott Ness）到达现场不仅逮捕了卡彭，还抓获了整个罪犯和政治腐败团伙。另外，也有利用机器成员提供给犯罪团伙的情报来消灭线人的情况，甚至还有调查记者被杀害的情况。[1]但是这些耸人听闻的事件与大部分机器政客在人们心中的形象相比并不十分准确。政党机器的日常业务非常普通与平凡。

机器政治时代留给人们的印象鲜活、持久，但是这些印象在某些主要的方面却存在误导。虽然机器政治的繁荣建立在腐败基础之上，有的格外引人注目，但是机器政客为那些原本被排除在选民之外的族裔开辟了进入政治系统的路径。如果按照这种方式审视的话，这些政治机器实际上是帮助移民融入美国文化的机制。随着时间的流逝，机器的功能衰退，到20世纪下半叶机器政治基本退出政治舞台。即便如此，政治机器帮助塑造了当代的美国城市，这种体制遗留下来的传统依然存在。

用物质激励来培养忠诚的机器政治，这种方式存在于所有的政治体系中。头发花白的乡村俱乐部“追随者”帮助自己喜欢的开发商获取有关郊区购物中心的划区意见，而选区的政治名流有时会帮助自己的选民对付那些想要关闭饭店或公寓的老鼠检查员，两者的做法都酷似机器政治家。政界中的物质激励形式多种多样：赞助工作、政府合同、划区意见、固定的停车券、加急营业执照等。任何政治体系中所谓高尚的理想只不过是掩盖那些自我利益的遮羞布。鉴于此，如果我们想准确使用“机器”这一术语的话，就有必要建立一种以物质奖励为中心的政治体系。[2]城市机器特别指代那些融民族身份和党派忠诚为一体的组织。他们在不同程度上有等级和派别的划分，受控于一位领导者、一个“首领”，或者是一个组织缜密的权力团体。他们的民主可以从两方面理解：一是齐心协力动员选民，另外还通过指挥、协调和管理内部制度来保持高度的独立性，不受外界影响。

工业时代的社会政治情况促进了机器政治的繁荣，原本与社会脱节的民族社区被紧密联系在了一起。美国的许多大工业城市曾经由机器政党管理。1870—1945 年，人口超过 50 万的城市在美国共有 30 个，其中有 17 个城市的治理方式采用首领制，或者由政党组织执掌管理，在某种程度上，这些政党组织内部纪律严明，等级分明。[3]正式的机器政治出现之前，许多城市会由某一派别的机器式政治负责管理工作，只有极少数例外情况。19 世纪末期以及 20 世纪前半期是经典机器盛行的时期，此后，残余势力逐渐衰退。首领制盛行于 20 世纪 20 年代。1932 年，民主党候选人富兰克林 · D. 罗斯福（Franklin D. Roosevelt）在总统竞选中获胜，美国最大的 30 个城市中有 10 个由机器首领进行治理。如今，机器式治理已经消失。1976 年，芝加哥政治首领理查德 · J. 戴利（Richard J. Daley）的去世标志着依靠赞助和分发物质激励来保证组织运行的经典机器政党时代的终结。[4]

这些传奇组织虽然已经成为过去，但是任何有关城市政治的严肃讨论都会提及它们，因为经典机器政党时期的政治斗争在现行政治体系的各个层次中依然有所反映。20 世纪早期，美国社会掀起了一场以清理政治、降低移民选民影响为目的的运动，而机器政党成为这场持久运动的清除目标。为了终结机器式统治，运动领导者进行了一系列改革。毋庸置疑，这些措施减少了腐败现象，但同时改变了政治管理中的游戏规则，让社会底层的人们处于劣势。时至今日，涉及注册投票事宜的问题时常引发冲突，在参政制度的问题上也爆发了激烈的斗争，这是因为政治结果反映了选民和利益团体的结合，这些利益组织努力在背后施加影响力。他们之间的冲突虽然发生在一个世纪以前，但却依然影响今天的政治，足见利害关系在政治中的重要性。

摘　录

机器政党的两面性

詹姆斯·彭德加斯特和汤姆·彭德加斯特兄弟（James and Tom Pendergast）是密苏里州堪萨斯城的两位机器政客，他们的事业阐释了机器政治的两面性。

1876年，詹姆斯·彭德加斯特从爱尔兰移民来到堪萨斯城，这个脖子短粗、肩宽臂长的穷小子刚满20岁，口袋里只有几美元，在西底（West Bottoms）选区租住了一个房间。西底区是位于密苏里河泛滥平原的工业区，居民们大都在区内的肉类食品加工厂、机械厂、铁路、工厂以及仓库里工作。黑人、爱尔兰人、德国人以及农村移民们居住在四层或五层高的公寓楼或小棚屋内，拥挤不堪。富人精英们则居住在“品质山区”（Quality Hill），能够俯视贫民区，街道上尘土飞扬，遍布着露天下水道，肮脏不堪。彭德加斯特先后在食品加工厂和铸铁厂工作过，1881年，他在赛马场赚了一笔钱，然后购买了一栋酒店和一间酒吧。

他将酒吧命名为“巅峰”（Climax），这一名称来源于一匹幸运的爆冷获胜的马，这是他的起点。巅峰酒吧成为第一选区的社交中心，使彭德加斯特能够结识选区的人们，他的慷慨大方赢得了很多朋友。发薪日的那一天，他会兑现工资支票，履行信贷协议；他还会把债券邮寄给那些因聚赌而被捕的人。他的生意越来越火：“大家了解了他的为人，除去商业外，他还对人道主义感兴趣，大家都信任他，支持他开办的酒吧，并且对他充满信心。”也正是通过这种方式，彭德加斯特将政治和日常生活融为一体。不久他被推荐为市议员席位的候选人，并于1892年获胜。

同年，彭德加斯特在位于堪萨斯城北端（North End）的第二选区开办了另一家酒吧，并雇用了22名员工经营赌场，在西底选区他继续雇用大批赌博人员。赌博在堪萨斯城大行其道。在市北端开设的业务使彭德加斯特与选区的政客们建立起非常紧密的关系，不久像第一选区的情况一样，他又成为第二选区极具影响力的人物。1895 年，通过收买警官和操控警察局长的人选，他成功地得到警方对赌博和酒生意的保护。

彭德加斯特本可以竞选市长的位置，但他更愿意在幕后施加影响力。1900 年，他的势力非常强大，可以亲自指选他青睐的市政厅候选人，成功当选的市长对其感激不尽，作为回报，让彭德加斯特握有上百个职位的任命权，并且任命彭德加斯特的弟弟汤姆负责城市街道事务。街道部门雇用了 200 多人，还与忠于机器政党的供货商和承包商订购砾石和水泥。此外，詹姆斯·彭德加斯特还掌管消防部，并且被指定为副许可证检查员，这是一项非常重要的工作，因为酒吧和其他商业机构都需要经营许可。为巩固其政治权威，1902 年，彭德加斯特亲自挑选了 123 位巡逻警察，当时全市的巡警总共有 171 名。尽管从未竞选过市长，但他是堪萨斯城影响力最大的政客。

彭德加斯特的组织与所有的城市机器一样都依靠互惠互利的关系网。机器首领分发物质奖赏，希望得到对方的效忠。一部分人将这种地下交易明晰化，最有效的做法是含而不露。当时流传出这样的说法：政客通过略施援手就能获得巨额回馈。彭德加斯特对这一原则的解释是“大家称呼我头儿，其实就是交朋友，你为别人做事，以后他们也会为你做事”。第一选区的选民为他投票，以至少 3∶1 的票差在竞选中获胜，无任何欺诈行为。当然他从未想过要通过弄虚作假在竞选中获胜。

詹姆斯·彭德加斯特式的政治与他弟弟汤姆形成了鲜明的对比，汤姆在哥哥去世后继承了堪萨斯城民主党组织的位置，却靠欺诈和强迫来维持纪律和赢得竞选。1914 年夏天，汤姆·彭德加斯特的政党组织“使用金钱、重复选民以及恶势力获得了北部(North Side)的多数选票”，从而得到了铁路特许经营的批准。政党机器的雇员们在黑人和意大利人社区中分酒发钱，他们“花钱让人们使用假名投票，有的选举法官对那些在街上闲逛，或是从残垣断壁的房屋中走出的选民产生了质疑，但是却遭到了言语和身体上的恫吓和殴打”。1934 年的大选当天，有四个人惨遭暴徒杀害。两年后，在投票站发生的蓄意刺杀以及大规模舞弊行为引发了全面调查，结果查出 259 例与选举欺诈和犯罪行为相牵扯的犯罪案件。

詹姆斯·彭德加斯特通过满足选民的需求而取得了政治上的成功。他建立起强大的政治组织,为他们提供工作和其他方面的好处。弟弟汤姆接管他的位置之后,采用了腐败和威吓的管理方式,因为他并没有通过物质手段建立起与选民的真正联系。彭德加斯特两兄弟的故事回答了人们经常询问的有关经典机器政党的一个问题:机器政党能够促进民主制吗?还是由于权力集中而存在天生的缺陷?

资料来源:莱尔·W. 多赛特(Lyle W. Dorsett),《彭德加斯特家族政党机器》(*The Pendergast Machine*),纽约:牛津大学出版社,1968年,引文来自第14、26、59、60页。

机器政党的起源

城市机器政党的崛起有两方面因素:大众选民和工业化的出现。[5]1789年美国宪法批准时,只有5%的成年白人男性有资格参加投票,又过了几十年,美国城市的政治体系才完全实现了民主,1776年以后取消了按照财产进行投票资格筛选的做法,至1850年,所有的自由白人男性在城市选举中都有投票的资格。[6]直到19世纪20年代,大部分市长是由州长或市议会指定产生的。1822年,波士顿和圣路易斯开始修改章程,将这一官职改变为公民选举的职位,至1840年,这一做法已经得到普及。[7]1840年的总统选举中,80%的成年白人男性参加了投票,这次选举是民主制选举中白人男性投票比率最高的一届。[8]男性投票权的普及与城市的快速增长恰好一致。从19世纪30年代到20世纪20年代,移民到美国的人口超过了3 000万,大多数移民涌进城市。他们一旦获得公民身份,只要是男性,就拥有了投票的资格。新生代的政治家在这种环境下打拼事业,受益匪浅。

大多数工业城市中兴起了一种"朋友邻居"式或"地方追随者"式的政治,这种模式与地方政府结构的分散特性相得益彰。市政委员会委员是在选区中选举产生的,由于这一选举单位面积较小,政客们可以通过自然的人际关系进入政界。在这种制度安排中最大的受益者莫过于酒吧老板,酒吧是工人阶级社区日常生活的中心。大家公认从酒吧老板那儿得到的信息和建议是最可靠的。移民社区中酒吧的数量令人瞠目结舌。例如,1915 年,纽约市平均每 515 位居民中就有一家酒吧,但是芝加哥的比率更高,每 335 位居民中就有一家酒吧。[9]大多数城市中,每 50 位男性中,至少有一家酒吧。[10]19 世纪晚期,芝加哥城市人口中有一半的人每天都要进入酒吧。[11]许多机器政客都是从酒吧老板起家的。1890 年,纽约市拥有 24 位市政委员会委员,其中有 11 位曾经做过酒吧老板。1902 年,密尔沃基市议会成员中有 1/3 曾经是酒吧老板;19、20 世纪之交,底特律的 1/3 市政委员会委员之前是酒吧老板。[12]

机器政党把缺少正式制度和有纪律约束的组织这两个看似不相容的因素结合在一起。机器政客并不是“受雇”于政党组织内,他们没有正式的工作头衔。他们拉选票的能力以及擅长与其他政客建立联盟的本领决定了在组织内部的地位。正常情况下,机器政客从底层工作做起,逐渐向高层发展。分区队长负责城市内区域最小的基层政治单位的拉选票工作,他经常以朋友或邻居的身份和选民接触,因此个人关系较熟。为了确保基层选民,政客不仅以政治身份出现,而且还要参加当地的社区生活。政客们只有具备了拉选票的可靠能力才能在仕途上继续晋升。如果成功的话,他们就能升到下一个级别:市政委员会委员。

大部分的机器政客并非出身于上流社会,他们在混乱的政治竞争中受到磨练,通常精力充沛、脾气暴躁、行为粗鲁。但至少他们对自己所做的事情非常热爱,感到无法离开这项工作。对于机器政客们来说,政治就是一切,是他们的社交生活,是他们的职业,是他们的初恋。他们追求的是政治权力,并不是社会地位。[13]乔治·华盛顿·普林凯特(George Washington Plinkitt)是纽约坦慕尼协会组织(Tammany Hall)的一名成员,他反对所谓的“西装政治”,认为这种政治非常“危险”,建议应该“和邻居的生活方式接近”,他告诫那些有抱负的政客们:“即使你有办法过得更好,你也应该让区内最穷的人感到你们是平等的,甚至让他在你面前有优越感。”[14]

能力颇强的领导者如果能够成功地说服下属,让他们相信只要相互合作大家都会受益,那么这种政治组织就具备了纪律约束。如果合作的人数足够多,则成为军事等级制的政治组织,那些位于组织底层的人要等待提拔的机会。泽西城的首领弗兰克·黑格(Frank Hague)曾经对专栏作家约瑟夫·奥尔索普(Joseph Alsop)描述过这种政治组织结构,奥尔索普这样写道:“他(黑格)在当地一家酒店的餐厅里谈论过，拿桌布上的方块图案来说明分区和选区，用手指描绘出二者的关系，并且用美国政治中的封建制度加以解释，分区队长要服从选区中尉的管理，而选区中尉要服从选区领导的管理，每一位选区领导都要服从首领的旨意。”[15]

如图3.1所示，分区和分区队长是典型机器组织的基础，普通分区有400—600名选民，分区队长需要知道每一位选民的姓名。一般来说，每一选区内有30—40个分区，分区队长由选区的市政委员会委员指定，并为其效力。市政委员会委员担任选区政党委员会的主席职务，除非他选派一位委员会成员代表自己对分区队长进行监督。最后，市政委员会委员负责向机器首领汇报工作，通常情况下，首领就是市长，但也不是绝对。

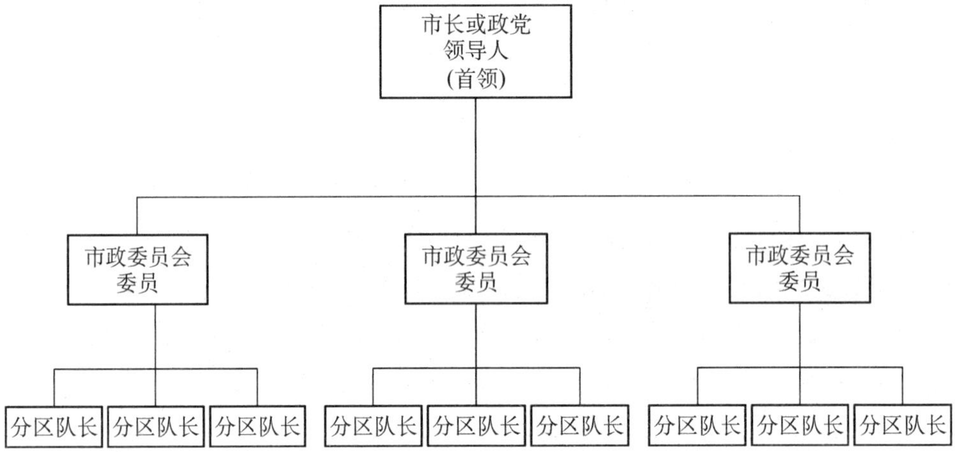

图3.1　机器政治的组织结构

地方机器政治或政党的组织与正式的政府结构是平行的，但是独立于政府结构。政党领导人或首领像市长一样管辖整个城市，或者整个县。市政委员会委员代表市议会或市政委员会的一个选区。市政委员会委员担任政党的选区领导，但有时也不担任这一职务。每一选区包括多个分区或选举区。分区队长负责在区内拉选票。

原则上说，这些权力是由下而上流动的：分区队长选举选区领导，选区领导选举政党首领。但实际上，权力却是自上而下流动的。

机器政党的等级结构联系紧密，因为大家通过在“有组织的贿赂系统”中相互合作都会有所收益。[16]首领和个别市政委员会委员掌握着警察、消防、卫生以及街道管理部门的任命工作，有时甚至还涉及私有工业的工作机会。例如在堤坝或铁路修建等建筑工程中，首领掌控着上百个固定或临时性工作。在机器政党的统筹安排中，分区队长通常从事较低层次的工作，也许担任街道监管工作。选区委员会委员能够担任市政府的高薪管理职务。市政委员会委员及其他当选的官员常常拥有利润丰厚的保险公司，经营自己的建筑公司或者开办酒吧。把最卑微的工作分给了忠实的投票者，他们在大选日的投票结果不会辜负领导者的期望。

要想更好地理解这种等级任职，我们可以审视美国城市最后一批机器政党中由理查德·J. 戴利操控的利益集团，戴利从1953年开始担任芝加哥市长，直到1976年去世。20世纪70年代早期，库克县中央委员会（Cook County Central Committee，其中包括芝加哥）拥有大约3万个职位，大部分工作都没有技术含量，芝加哥所在部门和委员会拥有8 000个职位，其中包括街道清洁员、公园监督员等类似的工作。[17]库克县掌管的工作范围较广，从年工资3 600美元的电梯操作员和年工资6 000美元的速记员到年薪25 000美元的部门主管，收入差别很大（20世纪70年代早期，联盟工厂的熟练技术工人年收入约9 000美元）。个别选区委员会委员掌管近2 000个工作。（理查德·J. 戴利就是从担任选区委员会委员开始了自己的事业。）芝加哥市曾有50个选区，这个数字现在依然没有改变，20世纪70年代，每个选区平均拥有500—600个任命工作。[18]

选举日的结果决定分区队长和选区委员会委员能够得到多少份支配工作。芝加哥的分区队长认识分区内的所有选民，同样选民也都认识分区队长。“如果将分区授予某个人负责，那么他就有责任发动整个分区的人为其政党投票。如果他不能为政党服务的话，也就不能期望得到回报。（一位市政委员会委员这样说过）‘我们可以这样解释，如果你老板手下的推销员不能成功地销售产品，那么老板是否应该雇用另一个能够成功销售产品的人呢？’”[19]

市政委员会委员维托·马尔祖洛（Vito Marzullo）是芝加哥的一名组织成员。他每周都安排与选民的正式见面，听取他们的抱怨，左右两侧各有一位分区队长陪同：

> 分区队长招待一对黑人夫妇。男人说：“我们收到了市政来信，他们以楼房灭鼠为由向我们收取20美元。”马尔祖洛答道：“把信给我，我将进行调查。”队长又说：“11月5日，你们的女儿没有进行投票，你去过问一下吧。市政委员会委员在2月份将再次竞选，希望你们能够助我们一臂之力，我们也会尽力帮助你们。”[20]

在听取选民意见的过程中，马尔祖洛感叹道：“市议会里一部分自由独立者无法用 10 美元的钞票将狗从蓄狗所里赎出来。这些人当中的下一个会是谁呢?”然后,马尔祖洛安排人员核实一张交通罚单,同意把电力公司的工作推荐给某人,拒绝向伊利诺伊州生活权利委员会(Illinois Right to Life Committee)捐款,(“袖手旁观……我不想介入任何争议中,既不反对,也不支持。”)同意为失业的卡车司机找工作,并且给一位领福利的妈妈 50 美元。面对更多的请求,他说“看看我能做些什么”。[21]

理查德·J. 戴利掌权期间,芝加哥机器政党的结构像是一座政治金字塔,委员会委员和市政委员会委员指挥他们选区里的分区队长;同时,他们还负责向库克县中央委员会汇报工作。尽管半个世纪之前,大部分城市机器的组织结构非常相似,有些政党的上层统治手段较强硬,例如戴利执掌的芝加哥政党,其他的政党只不过是组织松散的政客联合会,这些政客对自己所在的地盘垂涎已久。无论个别机器政党运行得如何紧凑,它们都揭示出同样的道理:这些机器政党扎根于社区,物质激励以及民族和社区联系是他们紧密团结的要素。

与选民关系密切并不意味着机器政党是民主的。机器政党都能给支持者提供某种物质上的激励,但其中的大部分涉及选举欺诈行为。面对众多机会,机器政客很难拒绝贿赂和幕后交易的诱惑。很多人认为机器政党是腐败污水池,历史学家和社会科学家给出了这样的回复,他们呼吁人们关注这些机器政党所取得的正面成绩,并提出三方面的论证来维护机器政党:(1)他们实现了权力集中,并“完成了任务”;(2)他们提高了移民的社会地位;(3)帮助移民融入美国生活。接下来,我们将逐一解释这三方面的论证。

机器政党“完成任务”了吗?

人们普遍认为 19 世纪晚期机器政党的发展是为了填补地方政府这一空缺。城市政府将责任分配到独立的官员、委员会以及部门之中,这种分配比较混乱,人员和部门较多,因此管理效果较差,城市政府常常无计可施,市长也没有什么权威可言。市议会或市政委员会控制预算,对重大事务有决定权。日常行政责任一般由市议会指定的委员会成员来承担,有时也会由市长、州议会、州长,或是其他州或地方官员组成的联合组织来承担。举行选举的时候,选票上的名单过长,选民们对候选人根本无法了解。1933 年,爱德华·赛特(Edward Sait)写道:“领导者或者其中的某个组织想要采取积极行动时，却没有足够的执行权威，机器政党则成为了解药。”[22]换句话说，要想完成任务，机器政党必不可少。

如果说机器政党的兴起填补了缺乏组织和高效政府的空缺，在那些政府政治、行政分裂化最严重的城市里机器政党的发展最有前景。这一观点存在一定的问题：大多数机器政党出现时，致力于简化市政治理事业的改革者已经实现了目标，他们将更多权力集中于市长和一批全职公务管理员的手中。[23]市政改革者认为这些改变会使公职人员对选民更加负责，了解情况的选民应该选举那些素质过硬、受过良好教育的领导者，但是选举的结果却令他们大失所望。结果显示：在那些行政简化、权力集中的地方政府组建有纪律约束的机器政党要比在那些行政分裂、秩序混乱的地方政府中组建机器政党容易得多。新泽西的泽西城就是一个很好的例子。1913 年，改革者说服选民们将行政和执行功能合并，成立由 5 位成员组成的委员会。机器政党市长弗兰克·黑格执掌城市委员会大权时，成功地实现了自己的目标：在派系林立的民主党内巩固其权力，成为泽西城毫无争议的首领。但在此之前，他曾多次尝试过这些做法。[24]

控制市政府的做法值得借鉴。1870—1900 年，市政工作人员增长的速度超过了城市人口的增长速度，[25]地方政府的开支超过了联邦政府或州政府。[26]城市大力资助供水系统、铺设下水道线路、街道路面铺设、修建公园和公共建筑，加深海港以及提升公共健康等项目，因此债台高筑。[27]甚至像洛杉矶这样的政治分裂化严重的城市也在基础设施的建设方面加大了投资力度。[28]不管城市的运行机制存在何种差异，对城市基础设施和服务项目加大政治支持的做法增加了城市预算和劳动力。[29]一项关于 1890 年到 1940 年期间的城市研究发现：存在机器政党的城市和没有机器政党的城市在公共开支的总体程度上没有什么差异。[30]

腐败使“完成任务”付出了高昂的代价。美国历史上最臭名昭著的腐败机器政党也许是由威廉·玛西·“老大”特威德（William Marcy “Boss” Tweed）领导的，从 1868—1871 年，特威德建立并操纵着纽约市臭名昭著的“特威德圈”（Tweed Ring）。这三年，特威德为自己以及亲信们贪污了 3 000 万美元到 1 亿美元的公共基金。通常情况下，机器政党能够赚取建筑合同的 10%提成，但是在特威德的管理体制下，这一比例被进一步提高。法院工程的原始估价为 25 万美元，最终收取了纳税人 1 400 万美元。超出成本的至少 90%的钱用于还债、贿赂以及伪造合同。[31]特威德的规则被称作“贪婪个人主义”政治，因为机器政党中的每个人都在追逐个人财富。最终，特威德由于贪婪过度而摧毁了其组织纪律。他无法指望追随者对其忠心耿耿，被迫使用金钱交易，致使其权威一触就破、转瞬即逝。[32] 1869—1870 年，纽约市的债务从 3 600 万美元增至 9 700 万美元，1871 年特威德被捕时，整个纽约市陷入了破产状态。

机器政党首领意识到如何巧妙地分配竞选好处是组织团结的关键。城市服务设施的快速发展保证了丰厚的可分配资源。市长和市议会在有轨电车和公用事业服务设施（例如用电、煤气和电话）的建设方面协商并签署了数年利润丰厚的合同。城市还负责为酒馆和售酒行业颁发执照并对赌博和卖淫进行管理，如果发现存在非法行为，则有权对其进行整顿。他们长期负责公共建设工程，包括道路、桥梁、公共建筑、下水管道和供水系统、路灯和公园等建设工作。交易双方都能从中获取高额回报。

19、20 世纪之交，亚伯拉罕·瑞夫（Abraham Reuf）的政权统治圣弗朗西斯科，他们的操控手段可以为那些进入政界想捞取财富的人们提供一些借鉴。[33] 身为律师的瑞夫并不掌权，但是通过法律业务，他能够接触到政界人物。1901 年 10 月，由瑞夫挑选的候选人成功地接管了市长职位，几天之后，瑞夫放出消息，说市政府要严格按法律整治卖淫现象。他建议妓院老板最好聘请一位像他这样的律师，能够更好地代表他们的利益。妓院老板们很快就明白了瑞夫的意思，同意将生意收入的 1/4 分给他，而瑞夫将这些收益的一半分给市长。妓院老板通过这种操作继续自己的生意，不再担心遭到指控。同样，瑞夫还向酒吧老板提供了自己的专业"建议"，如果酒吧老板用正品价格购买瑞夫客户供应的低质威士忌，警察就不会对他们进行突袭检查。

圣弗朗西斯科在市政服务建设方面投资不菲，因此各个商业部门竞相签署合同，大笔款项成为他们关注的焦点。市长、市议会或者公共事业委员会将修建电车线路、安装路灯、供应煤气、安装电话等项目的合同授予商业部门；对于前者来说这件事情轻而易举，只是用钢笔画几下，而对于后者来说这意味着巨额财富。人人都想在烟雾缭绕的房间里秘密地做出决定。1906 年 1 月，圣弗朗西斯科公共事业委员会监管董事会主席曾经提醒过那些商业领导人士：

> 大家必须牢记这一点：没有城市父亲，就没有公共服务公司。有轨电车将无法运行，路灯也无法安装，电话也不会存在。所有的公共服务公司都希望

城市父亲健康，而且这种健康与商业无关。此次宴会董事会的问题是“这些业务中有多少钱是给我们的”?[34]

似乎各个行业都是有利可图的。两家电话公司同时投标竞选为圣弗朗西斯科的市民提供此项服务，瑞夫收取了其中一家公司每月 1 200 美元的律师费，但私下里却接受了另一家公司 125 000 美元的贿赂。然后他说服监管董事会把合同授予支付贿赂更高的那家公司。自己留下 63 000 美元，把剩余的分发给独立的监管者：给那些没有接受贿赂的人 6 000 美元(表明他们没有试着与瑞夫竞争)；还有的人与瑞夫背道而驰，也接受过贿赂，但最后做出了正确的投票，瑞夫给这些人 3 500 美元；对那些不合作的人则分文不给。

瑞夫被指控腐败而遭到起诉，从而终结了自己在市长幕后操控权力的时期。具有讽刺意味的是，瑞夫的快速倒台是由于其成功的步伐过快。看到地方政治能带来如此丰厚的利润，瑞夫周围越来越多的政客们开始寻求利益和机会，不久这种分肥制的疯狂举措引起了人们的关注，卑鄙小人纷纷出现。

瑞夫的鲁莽行为虽然不多见，但几乎所有的城市中，机器政党领导都与非法商业部门建立了联盟关系。这种合作关系使双方都成为受益者：商业部门可以任意操作，不再担心受到法律的制裁；政客可以不断得到好处和贿赂。20 世纪 20 年代机器政党兴盛的一个主要原因是，国家禁酒令的颁布给那些向非法经营酒吧和走私贩出售警方保护的政客们提供了机会。芝加哥的机器政党与有组织性的犯罪团伙相互勾结，而禁酒令又进一步推动了两者之间的合作，这一风气不仅在这座臭名昭著的城市中得以蔓延，在全国大大小小的城市中都存在这种情况。腐败程度的恶劣以及暴力犯罪的升级导致了政党机器的垮台。

机器政党也从合法的企业中收取贿赂。在他们执政期间，城市经历了人口、服务设施以及建设方面的快速增长。即使地方政客希望洁身自好，那些渴望扩张势力的商业大亨们却急于通过金钱贿赂的手段满足自己的欲望。他们发现与政客们合作非常方便有效，这些人可以在幕后加快决议进程。大型商业公司提供的贿赂最高，因而能够垄断合同，按照有利于自己的条件进行谈判，一般来说，他们获取的特许经营期限为 50—100 年，还有的合同根本就没有规定期限。[35] 19 世纪 80—90 年代，国家金融集团通过控制有轨电车线路的特许经营权获利上百万美元。1890 年，费城有 39 家有轨电车线路公司，纽约城有 19 家，匹兹堡有 24 家，圣路易斯有

19 家，圣弗朗西斯科有 16 家。[36]并不是所有的公司都有业务可做，到 19、20 世纪之交，大部分城市中仅剩一两家有轨电车线路公司。

政客拥有颇多个人获利的机会，从这一角度看，那些拒绝这种诱惑的政客们有些不可思议。腐败的程度和方式因城市而异，20 世纪 30 年代，首领乔治·考克斯(George Cox)致力于"对辛辛那提实行积极而温和的政府改革"。[37]理查德·J. 戴利任首领期间(1955—1976 年)，芝加哥因"运作良好"而闻名，因为市长以提供有效服务为目标。戴利受到选民欢迎的原因一方面在于他对事务有责任心，另一方面在于他并没有为自己获利。[38]在他有生之年，他和家人在牲畜饲养场附近的旧爱尔兰社区居住在一间不起眼的平房里。

机器政党是提升自我的工具吗？

某权威社会学家曾说过：机器政党的成功在某种程度上源于他们能为"那些不能通过常规渠道'进步'的人士提供了另一种社会提升的手段"。[39] 19 世纪，许多雇主拒绝雇用爱尔兰人，很多招聘启事上印有"禁止爱尔兰人申请"的字样。对于那些想找工作的少数族裔来说，地方政党就像是"顺着社会经济系统这一坚固斜坡摇摆的绳子"，如果这些贫穷移民抓住这条绳子的话，就能够被拉上去。[40]

城市机器政党能够帮助支持他们的移民提高社会地位，佐证这一观点的证据非常充足。举一个不是非常典型的例子，肯尼迪家族从贫穷到富裕到掌握国家权力的崛起过程中，政治是个关键因素。总统约翰·F. 肯尼迪的外祖父约翰·"甜心菲茨"·菲茨杰拉德(John "Honey Fitz" Fitzgerald)最初从事选区的下手工作，负责为市政委员会委员往波士顿市长办公室跑腿打杂等事务。肯尼迪的祖父曾是受人尊敬的选区政客，同时还是酒吧老板，他的社会关系对肯尼迪总统父亲的早期事业提供了很多帮助，约瑟夫·P. 肯尼迪(Joseph P. Kennedy)通过走私贩酒发财成为百万富翁。[41]

有关出身贫穷移民家庭的男孩在地方机器政党中步步高升的故事屡见不鲜，但是地方机器政党有助于移民地位上升的论据却具有多面性。这些丰富多彩的故事具有一定的例外性，在任何情况下，这些故事比起其他移民群体来说更适用于爱尔兰人，意识到这一点很重要。大多数城市中，最早掌握机器政党窍门的是爱尔兰政客，在帮助选举获胜这一必要条件基础之上，他们会把其他民族拉到自己的联盟中。后来到达美国的移民发现很难在政治体系中找到立足之处。例如，纽约的机器政党组织坦慕尼协会就是由爱尔兰人掌控并为之服务的。1920 年，犹太人和意大利人占纽约总人口的 43%，而同年，市政委员会中犹太委员和议员仅占 15%，意大利人仅占 3%。[42]

多数大城市的机器政党最初由爱尔兰政客掌控，这种情况始终没有改变。[43] 1900—1930 年，纽约市、泽西城以及阿尔巴尼和纽约增加了将近 10 万份市政工作。其中 2/3 的工作分配给了爱尔兰选民，而这些城市中的爱尔兰人口仅占 1/3。爱尔兰政客使用铁腕手段控制警力，对于这一权力的维护，他们始终高度警惕。例如到 1970 年，65%的阿尔巴尼警官仍然是爱尔兰血统，而整个城市中能够追溯到爱尔兰祖先的人口不足 25%。[44]

最终，一部分手段高明的政客呼吁被排斥在外的群体共同挑战爱尔兰机器政党首领的统治。1933 年，菲奥雷洛·拉瓜迪亚(Fiorello LaGuardia)当选为纽约市市长，将统治纽约市政权近半个世纪的坦慕尼协会推翻。拉瓜迪亚擅长民族政治，也许是因为他的复杂身份:“他是个混血儿，继承了一半犹太人一半意大利人的特质，他的第一任妻子是天主教徒，第二任是具有德国血统的路德教徒，而他本人既是共济会会员同时还是圣公会教徒，因此他本身就是一张均衡选票名单。”[45]这种丰富的民族传统有助于联合那些怨声载道的犹太人、意大利人以及其他被排斥在外的族裔组成选举联盟。同样，20 世纪 20 年代，安顿·塞马克(Anton Cermak)成为芝加哥市长后，组建起代表各民族的议院。[46]通过联合意大利人、犹太人、捷克人以及波兰人等，塞马克以获得 65%的选票在市长选举中获胜，就职后他立即采取措施巩固自己的政权：分发赞助，为机器政党职位招募候选人，抵抗禁酒令，这一禁令几乎遭到了所有民族的反对。拉瓜迪亚和塞马克的成功说明建立在过度狭隘基础之上的政治组织极易受到挑战。

毋庸置疑，绝大部分城市机器政党都将黑人排斥在外。芝加哥是个例外，格外引人注意。20 世纪 20 年代，芝加哥机器政党领袖认为通过成立由黑人政客执政的“机器政党分支”能够确保“南部”(South Side)隔离区的选票，因为这些黑人政客在各方面都依附于白人机器政党组织。[47]威廉·道森(William Dawson)从 1942 年开始任国会成员，到 1970 年去世期间，一直执掌芝加哥南部贫民区的政党分支机器，但是白人政客一直对他进行密切监视。道森在黑人选区为机器政党候选人拉到了绝对多数的选票，然而黑人选民却几乎没有得到什么回报。[48]在芝加哥的历史中，弱势的黑人政客缺乏经验，接受了廉价交易，被纳入机器政党：为追求自己的理想换取自由，他们努力拉选票，同时抑制了黑人军事领导的出现。[49]这种做法在理查德・J. 戴利当政期间仍然很明显。1970 年，芝加哥的黑人占总人口的 40%，但是他们当中从事政府工作的人仅占总数的 20%，而这些工作中的大部分属于最下层。[50]对典型芝加哥选区进行的一项研究表明：机器政党总是通过牺牲忠诚的工人阶级选民的利益来加大对中产阶级选民奖赏的力度，黑人得到的好处最少。[51]

20 世纪 80 年代，极度不满的非裔美国选民最终发动了对芝加哥机器政党组织的挑战。1983 年，一位颇具魅力的黑人政客哈罗德・华盛顿（Harold Washtington）将穷人、黑人、拉美裔人和白人自由分子联合起来组成联盟来对抗机器政党推崇的市长候选人。[52]他的胜利引发了市议会中两个对峙派别之间的种族持久战：一方是华盛顿的支持者，另一方是维护政党机器的保守分子。1987 年 11 月 15 日，华盛顿在办公室死于心脏病，他成立的政界新组织继续发挥影响力。1989 年，理查德・J. 戴利的儿子理查德・M. 戴利通过重新组织父亲的残余势力在市长竞选中获胜，他与非裔以及拉美裔政客建立联盟，并且与市中心商业机构建立起紧密的联系。他连续 5 次当选为市长，其成功之处在于他秉持的原则：获得广泛支持的基础是有效统治的保证。

机器政党的领导认为在必要的基础上壮大联盟具有重要意义。[53]构成联盟的群体越多，在有关职务分配的问题上就会产生越多的民族矛盾，物质奖励也会随之减少。因此，"一旦建立起最小范围的获胜联盟，政党机器就几乎没有动力对后来的移民民族进行归化、登记并拉选票"。[54]对于那些根基稳固的机器政党来说，为赢得选举而超出最低选民的数量，扩大选举基础，这种做法只能使事情复杂化。诀窍是在尽可能大的联盟中保持平衡，但有时他们会计算失误。

机器政党分配的利益对于支持者来说非常有价值。按照杰西卡・特洛斯汀（Jessica Trounstine）的说法，20 世纪早期，"公共职位通常比私人工作的薪水要高"，获得公共工作使爱尔兰人及其他民族可以免受私人市场的歧视。[55]问题在于公共职务的数量与私人经济提供的工作相比少得可怜。1900 年，闻名遐迩的坦慕尼协会中的成员占据了纽约市劳动力的 5%。从 1900—1920 年，地方政府的规模迅速扩大，公共职务占了城市工作增长的 20%，[56]但是对于包括移民在内的大部分人来说，比起公职来私人企业能够提供最好的晋升机会。

尽管多年以来爱尔兰人声称市政府在分配工作上极不均衡，他们历经了很长时间才赶上其他民族所取得的收益。例如，斯堪的纳维亚人、德国人和犹太人虽然相对来说几乎不参与机器政治，然而他们加入美国中产阶级的速度要比爱尔兰人快得多。直到20世纪六七十年代，爱尔兰人才达到与这些民族经济平等的地位。尽管这些记录涉及多方面内容，但是机器政党提供给忠实支持者的各种利益总是有好处的，对于获得这些利益的个人来说价值非凡。总的说来，移民选民付出的和获得的基本上可以平衡。

机器政党有助于移民同化吗？

美国人恐惧外来民族，因而对他们充满敌意。毫无疑问，城市机器政党有助于数以百万的贫穷移民融入到美国文化当中。机器政客在移民选区中培养了选民们的社区归属感。他们对野餐、爱国集会(例如七月四日的国庆节庆祝)、棒球队、合唱团以及青年俱乐部进行资助。地方政党组织是一个重要的社区机构，并且还是替代酒吧的一个主要场所：民主俱乐部是男人们打牌、下棋或者聊天的场所。[57]

机器政客们将物质资源分配给核心选民们，而通过象征性的利益来满足新进移民的需要。纽约市的坦慕尼协会领导大蒂姆·沙利文(“Big Tim” Sullivan)是位爱尔兰人，他统治着下东区(Lower East Side)，早在1910年，犹太人和意大利人就占了下东区人口的85%。他通过各种好处和巧妙手段来保证选民们的忠诚：

> 他和他的爱尔兰助手将煤炭、食物和租金分发给下东区贫困的犹太人和意大利人。坦慕尼警署将警察局的房子用作临时避难所，收留那些无家可归的人。沙利文为那些少数民族店主和手推车小贩们加急办理营业执照。他还无耻地用一些象征性的手段来表示对新进移民的“认可”：戴上一顶小圆帽来拉拢犹太人投票，通过支持将哥伦布日定为节日的立法来拉拢意大利人投票。[58]

许多移民感到无法融入新教徒和中产阶级占主导的美国文化中。机器政党具有吸引力的秘密就是他们能够容忍移民的“奇怪”做法，并且捍卫他们不受主导文化的排斥。[59]机器政客不费吹灰之力就能宣传他们的这个重要优势。尽管美国城市中的工人阶级社区在经济上并不独立，但是他们在社会上具有较强的独立性。

移民们建立起他们自己的教堂、互助协会以及喝酒赌博的俱乐部。机器政客们对这些活动予以支持，因为这些场所方便了他们的竞选活动和政治组织动员。[60]

机器政客在移民选民面前非常有吸引力，因而得到了他们的支持，一部分原因在于机器政客代表了在这个陌生的新国家获得成功的可能性。几乎所有的机器政客都出身于下层社会的移民家庭。某机构对20位首领进行了一项研究，结果表明：其中15位首领是第一代或第二代移民；13位首领没有完成初级中学的学业；大部分首领年纪轻轻就进入了政界，在集会或会议中负责送信或跑腿。[61]因此，机器政党的领导人是成功的象征。也许移民没有读过美国儿童作家霍雷肖·阿尔杰(Horatio Alger)的故事，但是在机器政党首领身上，他们看到了脱贫致富的例子。有理想、有抱负的政客经常把自己诠释为这种类型的人物，他们将自己视为通过努力工作和一点儿侥幸取得成功的榜样。对于大部分在极端艰苦条件下生活和工作的移民来说，这些进入上层社会的现实人物是他们的骄傲和希望。这种成功的象征带给移民的满足感已经超过物质化的东西，尤其是对于那些后来到达美国的南欧和东欧移民们更是如此。爱尔兰政客非常精明，他们故意从其他移民民族中挑选一小部分人安置在不太重要的投票位置上，以此显示他们的慷慨大度。与此同时，那些比较实用的任职留作他用。

移民为了实现同化目标而付出了高昂的代价，机器政党很少为选民们的集体需要着想，而是鼓动移民选民“按照民族基础投票，不要考虑政策规定”。[62]移民对此予以支持，这并不是集体意识，而是因为这种做法很简单，此外，他们找不到其他合理的可替代做法。选票是对移民最低的承诺，但对于机器政党来说，这已经足够。选民也不会期待在他们身上能够发生奇迹。

城市机器政党拥有特定的操纵原则和组织结构，它鼓励政客们按照明确的意识形态斗争导向来运行这一机制。为了有效地应对选民们的请求，机器政客必须学会在自己无法控制的政治经济秩序框架内操纵权力的诀窍。要重视实用主义，利用幕后操作来达到目的，不追求理想主义。如果选民对建筑检查员有意见，政客的做法是和检查员搞好关系。改变建筑规范是不可取的，甚至会适得其反，因为这不仅会降低对政客行政职务的需求，而且还会对当地的业主有所冒犯。

机器政党对那些企图改革制度体系的政治运动极为反感，因为这些运动对他们控制移民选票构成了威胁。到20世纪30年代，很多机器政党开始攻击工会。20世纪初，爱尔兰机器政客命令警察袭击劳伦斯市(马萨诸塞州)和纽约市的工会组织者。[63]1919 年，匹兹堡发生了钢铁大罢工，机器政党命令警察对罢工者进行骚扰。[64]继 1932 年富兰克林 · D. 罗斯福在总统选举中大获全胜之后，一部分大城市的机器政党与做法温和的工会建立起了联盟关系，但是要把这种关系维持下去并非易事。机器政党希望工会不要干预地方政治，工会应该关注州和国家的政治以及劳工关系，还应该尊重地方政党机器的势力范围。

总而言之，机器政党抑制了移民组成政治力量的潜力。工人阶级移民迫切需要进行诸如遗孀抚恤金、改善工作条件、法律规定工作时长和工资（尤其是妇女和儿童）以及工人补偿等方面的改革。有时，机器政客支持这些改革，并且还为此做了一部分工作：例如对公共事业进行监管、从法律上对工会予以认可以及监督保险公司等。[65]但是机器政客对改革措施的支持是有选择的，很多情况下他们兴趣不大，这种做法不能称之为改革运动。机器政客愿意支持州层面的改革立法，条件是这些改革要维护他们的形象，但是他们从不会主动倡导这种进步性事业。机器政客还反复无常，他们首先考虑现实的政治情况，其次才是原则问题。

机器政客几乎不考虑事情会发生变化。他们经常把改革者称为“伪善者”（goody-goodies）或“政治改革者”（goo-goos），这些人在他们的眼中不过是为了追求政治上的刺激。（“政治改革者”源于“好政府”一词，经常作为改革者的战斗口号。）机器政客鄙视改革者，其根源在于他们和中产阶级、上层阶级改革者之间存在着社会差异。因此，他们更侧重于务实地解决问题的方法。

新型社会改革

机器政党的捍卫者认为这种实用性政治是独一无二的，没有其他做法可以取代。大公司和有钱的精英们执掌着庞大的经济和政治资源，面对这一事实，机器政客只能尽可能有效地从这一系统中为选民们挤出一丝利益。从这种思维方式出发，人们批评机器政客的失败实际上是对他们抱有希望。

机器政党认为已经尽最大努力为选民们争取了利益，但实际上他们并没有考虑其他机会。进步时代指的是这一代的改革者们以提高移民和工人们的生活质量为己任。他们竞相争取工人阶级移民和中产阶级选民的支持，但是每到关键时刻总是遭到机器政客和商业社区成员的反对。[66]而有的市长选择了其他方法，他们的做法表明抵抗是可以避免的。俄亥俄州克利夫兰市的市长汤姆 · L. 约翰逊（Tom

L. Johnson，1901—1909）、托莱多市的塞缪尔·“黄金法则”·琼斯（Samuel “Golden Rule” Jones of Toledo，1897—1903）和布兰德·惠特洛克（Brand Whitlock of Toledo，1906—1913）在选举中获胜，因为他们反对有轨电车和公共事业的高税率，同时倡导合理税收和改善社会服务设施。国内志同道合的改革者们都以这些人的竞选成功为榜样。泽西城、费城和辛辛那提的市长都希望进行改革，他们想提高商业和富裕业主们的税收，并且打算在有轨电车和公共事业特殊经营权的问题上进行重新协商，以此来增加市政收入。但是这些城市的政党机器首领坚决反对改革，这和几年前在克利夫兰和托莱多上演的反抗行动如出一辙。[67]

哈森·S. 平格里（Hazen S. Pingree）在 1890—1898 年期间任底特律的市长，从他的职业生涯中可以看出有益于普通人民的改革是完全有可能的。平格里生在缅因州的贫穷家庭中，父母是农民和流动的鞋匠，这样的出身让人很难想象将来他会成为政治改革者。平格里参加过内战，后来搬到了底特律，在一家制鞋厂做皮革裁剪的工作。几年后，他和伙伴筹集积蓄购买了一家被淘汰的工厂，通过更新机器设备，他们生产出了符合潮流的新款鞋子，平格里在经济上取得了成功。1889 年，他被选为共和党市长候选人，主要因为他是密歇根独家俱乐部中唯一被说服参加竞选的成员。控制共和党政治的商业领导相信他作为俱乐部成员能够提倡降低税收和市长权限的方案。这些人已经习惯了与以爱尔兰民主党为首的机器政党合作共事，完全想不到平格里能够在竞选中成功。

但是令他们极度失望的是，平格里并不是纯粹的商业候选人。他在少数民族选区竞选，甚至通过在爱尔兰酒吧里喝威士忌开始自己的竞选活动。平格里特别受德国和柏林选民的欢迎，而长期以来，爱尔兰政客忽视了这些民族。他让人们注意到机器政党中普遍存在的腐败现象，并且为城市工人倡导八小时工作制。发动少数族裔的选票成为他今后政治成功的基础。

平格里制定的方案以及执行的策略表明在美国其他城市可能已经取得了这些成就。当他接管市政厅时，底特律的街道是全国最差的道路系统之一。很多街道铺设的是木块，夏天容易着火，冬天容易变成泥潭。铺过路面的街道寥寥无几，大部分布满了车辙和凹坑。平格里不久就了解到铺路的承包商和机器政党相互勾结，因而导致了这些道路问题的出现。他号召人们抗议这种暗中勾当的活动，呼吁他的商业伙伴予以支持，阐明城市的繁荣必须依靠好的道路设施。在他的不懈努力下，市议厅采纳了严格的铺路规格标准。到 1895 年为止，在美国各城市中，底特律的道路系统状况名列前茅。

不久后，平格里又了解到底特律存在的许多问题与当地的商业机构有关系。从底特律河到美女岛公园(Belle Isle Park)的轮渡票价非常高，平格里对此表示质疑，并威胁将撤销公司的特许经营权或者启动市政轮渡服务设施，公司迫于压力将票价从 10 美分降到了 5 美分。平格里还发现底特律河滨的私人公司特别多，他们占据了市政场所，使公众无法靠近水域和娱乐设施，因此平格里采取措施将河滨区域向公众开放。

平格里还与底特律城市铁路公司进行过抗争，他用公共权威来抑制私人权力，从而为城市居民谋求利益，因此他是真正的社会改革者。其他城市的有轨电车公司纷纷使用电力替换马匹，底特律的公司却拒不改变。1891 年 4 月，公司工人举行罢工，对于平格里来说这是个千载难逢的机会，他趁机发动了实行现代化和降低票价的斗争。三天的罢工演变为暴乱，工人和市民们撬翻铁轨，用石头投掷电车，驱散马匹。公司请求召集州内的国民军，平格里对此置之不理，他认为私人拥有的公共服务设施是“城市政府腐败的源头”。[68]平格里的态度引发了一场关于如何监管有轨电车的持久战，这场冲突也使他名扬全国。

许多商业领导支持罢工，认为街道铁路经营不善，影响了当地的商业。商业社区希望能够提供更可靠的服务设施，但是平格里更进一步，要求降低票价，公司改为市政所有制。当公司落入了东部商业大亨的手中时，这一立场就和商业领导人发生了冲突。新上任的公司领导首先采取行动将公司的董事会人员全部换为底特律的著名商人，然后要求城市授予他们特许经营权。平格里以诉讼的方式进行反击，要求终止现行的公司，而支持市政所有制。公司收买了平格里的律师，又贿赂市议厅成员，给平格里本人 75 000 美元。普雷斯顿国家银行撤销了平格里在董事会中的职位，他还失去了在浸信会教堂中的家庭席位，在公共场合中，人们刻意回避平格里和他的朋友们。从这些事情中平格里得出了教训：商人支持的改革是建立在维护自己利益的基础之上的。同时，他开始分析美国城市中存在的问题。

1891 年，平格里开始攻击城市公司享受的税收特权。他发现铁路公司拥有的财产价值超过了城市总财产的 1/5，却不纳税，原因是州立法授予铁路公司免税的特权。船运公司、码头和仓库以及其他公司声称其工作的主要地点位于城市之外而拒不缴纳地方税。密歇根半岛汽车公司是底特律最大的公司，却只缴纳名义上的税收。尽管平格里没能成功地平衡这些纳税负担，但起码他对一部分性质很恶劣的做法进行了调整，尤其是针对房地产估价问题，由于征税，富人所拥有的房地产的价格远低于其实际价值。平格里在争取对家居用品、艺术品及其他奢侈品收取个人财产税的斗争中取得了成功，城市精英们对他充满敌意。

1895年4月1日，底特律开始建设为路灯提供电源的市政电厂。此前，平格里与私人照明公司展开了长达五年的斗争，他反对私人控制电力的主要原因是费用过高。平格里收集了足够多的材料证明底特律的电力服务成本高于其他城市但可靠性却低于其他城市。尽管开始他并不占优势，但一桩丑闻使形势发生扭转，开始对平格里有利。1892年4月，平格里手里挥舞着一卷钞票走进了市议会大厅，他指控底特律照明和电力公司贿赂市议会委员，他确信会议室里坐满了支持他的工人。看到支持者们情绪激动，情况十分危险，市议会委员们立刻投降。

在与燃气和电话公司的利益斗争中，平格里使用了同样的手段。为迫使底特律燃气公司降低天然气价格，他发起一场运动，向公众宣传底特律燃气的价格过高。在法庭审理停滞不前时，他说服公共工程委员会禁止挖掘街道铺设燃气线路。燃气公司不顾一切进行挖掘时，平格里逮捕了公司领导。他声称："财产是重中之重。倘若他们接通了燃气系统，他们将在纽约上市800万美元的股票，那时他们势力强大，城市将无法控制。底特律将受控于这些公司而束手无策，陷入史无前例的窘境中。"[69]

斗争仍在持续，平格里鼓动燃气用户拒不缴纳燃气费。随着市民们对底特律燃气公司的抵抗升级，投资者对公司逐渐失去信心，导致公司股票价格大跌。即使在南太平洋铁路大亨塞缪尔·亨廷顿(Samuel Huntington)成为公司的主要投资者之后，股票价格仍在下跌，亨廷顿与平格里进行了谈判，达成协议，将燃气价格从每立方英尺1.5美元降为0.8美元。

第四个任期期间，平格里与贝尔电话公司进行了一番较量。同样，问题在于贝尔电话公司收费高，服务差。他成立了另一家电话公司，收费还不到贝尔公司的一半，与其形成竞争关系，短短几个月内，新成立的底特律电话公司拥有贝尔公司两倍的客户。贝尔公司不得已采取了价格战，并且着手提高设备和服务质量。1900年，密歇根贝尔(Michigan Bell)公司买断了底特律电话公司，底特律成为美国电话费用最低、用户覆盖率最高的大城市之一。

平格里是美国历史上发动社会改革范围最广的一位市长。在他最后两届任期中，他到全国各地发表演讲，同时还集思广益准备进行下一轮的改革。他写了多部作品，鼓舞全国各地的改革者。平格里在国内拥有很高的威望，这一点对于他在底特律进行其他方面的改革提供了不少帮助。平格里在底特律连任四届市长后，又担任了两届密歇根州州长，任职期间，他继续为改革而战。

哈森·平格里认为建立广泛的支持联盟非常必要。他孜孜不倦地争取少数族裔选民，到第四届市长任期时，他得到了爱尔兰人的支持，从而脱离了机器民主党。实际上，他自己领导的机器政党组成人员身份多样，他给支持者们提供任职工作，解雇敌对者。然而，“他绝不会容忍欺骗或偷盗行为”。[70]与惯常利用民族矛盾赢得选区选票的底特律机器政党不同的是，平格里努力将工人阶级中的波兰人、德国人、爱尔兰人和中产阶级联合起来。总之，他意识到：要想改革成功，必须“组建势力强大的联盟”。[71]许多机器政党效仿平格里建立起强大的选举联盟，但是这些政客更关注自己的事业上升，并不致力于经济、政治体系的公正化建设。

当今城市的族裔政治

城市再次成为大部分移民的向往之地，因此各个民族、种族为争取参与政治的机会而展开了斗争。尽管移民们身上有很多缺点，机器政党比较尊重这些初来乍到的人，把价值不菲的资源分配给他们。从这方面考虑，出现了一个有趣的问题：新进移民群体使用什么样的策略能在地方政治体系中拥有自己的发言权？如果新进移民和少数民族及种族也像一个世纪以前那样建立起机器政治，那么他们会从中受益吗？从历史记载来看，答案是“受益不多”。无论怎样，监管政治进程的游戏规则已经发生了很大的变化，这一策略几乎没有实用价值了。

城市机器政党与贫穷的移民以及经济精英们达成协议，他们需要放弃一些东西，同时也能得到回报。商业精英放弃对地方政府的控制，把权力下放给民族政客，他们隶属工人阶级，掌控着任职工人大军，一部分收入来自商业和公司的贿赂。作为回报，机器政客承诺不干涉商业。实际上，双方是在讨价还价，划清市场和公共领域的界限。这种妥协对于缓和存在不均等现象的资本主义和大众民主之间的紧张关系非常重要。[72]

总的来说，对于机器政党的民族支持者来说，这是一场性质恶劣的交易。机器政党可以模仿哈森·平格里攻击城市服务部门和基础设施抬高价格的做法，而不是将好处和低收入的工作分给支持者。他们还可以与工会建立联盟来制定方案，对工作条件危险、劳动时间过长、童工以及低收入等现象进行修改。然而，他们并不鼓励移民们以他们的共同利益为中心来建立组织。

如今，即使经验丰富的机器政党组织执掌政权，城市居民也不可能对他们寄予很高的期望。机器政党的繁荣出现在快速增长的工业城市中，城市发展需要在公路、桥梁、下水管道、有轨电车系统、学校和公园的建设方面提供巨额的开支。[73]要想从政府那里得到工作、合同和特许经营，必须为维护政党组织而提供政治支持。相比而言，当今的城市很难为建立和维护有纪律约束的组织提供公职及其他物质回报。城市服务部门现在归公共服务机构管理，绩效工作系统已经固定，赞助性的职位不能再根据个人或政治关系被定期分配了。联邦检察官会很快查出这种买卖选票的职位赞助的做法，并予以取缔。

由芝加哥市长理查德·J. 戴利执掌的最后一批机器政党随着他于 1976 年去世也宣告终结。从 1989 年 4 月—2011 年 4 月，他的儿子理查德·M. 戴利建立起有纪律约束的政治组织，在很多方面与父亲成立的政党组织很相似。“橡皮图章”市议会对小戴利的任何建议都表示赞成，即使在有争议的问题上，市政委员会中几乎没有委员敢投反对票。[74]即便如此，小戴利的政治风格和政策重点与他父亲完全不同。老戴利主要通过市政委员会委员和分区队长操纵竞选活动；而对于小戴利来说，最有效的技术是直接发邮件和高薪雇用最佳政治顾问进行电视广告的策划。为支付媒体竞选活动，他们需要寻找新的资金来源。父亲当政期间，机器工人为机器政党提供了主要的资金支持。相比之下，理查德·M. 戴利竞选活动的经费主要来自于新型的全球经济领域——律师、银行家、保险代理机构和旅游以及娱乐业等传统行业。1999 年的市长竞选中，金融服务业资助了竞选费用的 10%，法律界资助了 5.5%。旅游、娱乐和酒店这些行业对前任市长们几乎没有提供过赞助，如今成了小戴利的主要支持者，在 1999 年的市长竞选中提供了 4%的赞助费。芝加哥的黑鹰曲棍球队提供了 1 万美元的赞助，伊利诺伊州法兰克福市的一家服装公司提供了 1 万美元赞助，同时还资助了城市旅游区的马车游览。代表酒店员工的工会为戴利的竞选提供了 3 万美元的赞助。相比之下，政府官员对戴利的经济支持还不足 2%。[75]

小戴利巩固政权的方法不同，他向律师、股票经纪人、金融顾问、广告和公共关系公司以及游说者提供了一种新型的白领“细条纹”赞助。市长竞选所需的大部分资金用于媒体广告，草根竞选活动中的媒体广告一般不会占据如此高的比例。以媒体为中心的竞选在美国各级政治体系中已经取代了挨家挨户式的拉选票方式。2002年，媒体大亨迈克尔·布隆伯格(Michael Bloomberg)当选为纽约市的市长，这足以说明以媒体为基础的政治在美国的大城市中已经成为普遍现象。像堕胎权、同性恋权、社会福利开支等国家问题也成为各级地方政治的重要问题。[76]选民们开始关注许多国家问题，如果城市中再次出现以族裔选民或直接物质奖励为导向的政治，人们很难想象这种旧式机器政党如何运行。

理查德·M.戴利连续五届担任市长，他在任职期间组建的政治组织凝聚力非常强，但是否能被称为"新机器"还存在争议。[77]即使小戴利的政治组织明显地带有古典政党机器的特点，其操作方式也有所不同。为了确保得到下一代族裔选民的支持，市政厅为支持戴利的选民提供了足够多的工作机会，但是后来情况发生变化，提供工作非常困难，而且还有风险。长期以来将工作提供给支持自己的申请者，这种做法带来的问题一直到2005年联邦检察官开始调查城市的雇佣事宜时才被暴露出来。2006年7月6日，市长的政府间事务办公室的前任主任以及市长办公室的其他前工作人员在联邦法庭上被判犯有窜改工作申请罪，这一罪行违背了1969年法院禁止城市进行任命的法令。这一法令被称为萨科曼法令(Shakman decree)，其名称来自芝加哥的一位叫迈克尔·萨科曼(Michael Shakman)的律师，他对城市提起诉讼，要求停止这种任命的做法。尽管戴利市长否认知晓这一做法，但是当被定罪的工作人员以及其他担心被起诉的人向调查人员透露了事情的真相时，对腐败事情的调查预示着局面即将失控。联邦检查员和联邦调查局承诺会进一步调查。[78]到2007年底，已经有两位市长助理在联邦监狱服刑，到2010年时，调查仍在进行。这一系列受到高度关注的案件使芝加哥的特殊政治成为新闻，2008年的总统竞选将这一事件向全国观众曝光。1976年，理查德·J.戴利在办公室死于心脏病，这一事件表明了古典机器政党时代的终结，这一绚丽时代的最后残余势力也随着他的死亡而成为过去。

尾注

1. Jessica Trounstine, "Challenging the Machine-Reform Dichotomy," in *The City in American Political Development*, ed. Richardson Dilworth (New York: Routledge, 2009), pp. 77-97.
2. Raymond Wolfinger, "Why Political Machines Have Not Withered Away and Other

Revisionist Thoughts," in *Readings in Urban Politics: Past, Present, and Future*, ed. Harlan Hahn and Charles H. Levine (New York: Longman, 1984), p. 79. 沃尔芬格(Wolfinger)区分了机器政治和集中化的机器政党。也可参见 Roger W. Lotchin, "Power and Policy: American City Politics between the Two World Wars," in *Ethnics, Machines, and the American Urban Future*, ed. Scott Greer (Cambridge, MA: Schenkman, 1981), p. 9。

3. M. Craig Brown and Charles N. Halaby, "Machine Politics in America, 1870-1945," *Journal of Interdisciplinary History* 17, No. 3 (Winter 1987): 598. 机器政党为了胜任这一主导角色,必须控制城市的行政和立法部门,保证连续当选三次。
4. 20 世纪 80 年代,最后一批古典机器政党——纽约阿尔巴尼的奥康奈尔(O'Connell)退出政治舞台。参见 Swanstrom and Ward, "Albany's O'Connell Organization: The Survival of an Entrenched Machine," paper delivered at the American Political Science Association Convention (Chicago, September 1987)。理查德・J. 戴利的儿子理查德・M. 戴利凭借资金充足的媒体活动以及高水平的设施和服务措施仍然执掌着芝加哥的政党机器,并非依靠赞助工作以及战利品的分发。有关芝加哥政党机器的完整历史,参见 Dick Simpson, *Rogues, Rebels, and Rubber Stamps: The Politics of the Chicago City Council, 1863 to the Present* (Boulder, CO: Westview Press, 2001)。
5. Amy Bridges, *A City in the Republic* (Cambridge, UK: Cambridge University Press, 1984), p. 8.
6. Donald S. Lutz, *Popular Consent and Popular Control: Whig Political Theory in the Early State Constitutions* (Baton Rouge, LA: Louisiana State University Press, 1980), p. 105; Advisory Commission on Intergovernmental Relations, *Citizen Participation in the American Federal System* (Washington, D. C.: U. S. Government Printing Office, 1979), p. 41.
7. William Bennett Munro, *Municipal Government and Administration* (New York: Macmillan, 1923), p. 94.
8. William N. Chambers, "Party Development and the American Mainstream," in *The American Party System: Stages of Political Development*, 2nd ed., ed. William Nisbet Chambers and Walter Dean Burnham (New York: Oxford University Press, 1975), p. 12.
9. Jon M. Kingsdale, "The 'Poor Man's Club': Social Functions of the Urban Working-Class Saloon," in *The Making of Urban America*, ed. Raymond A. Mohl (Wilmington, DE: Scholarly Resources, 1988), p. 123.
10. Ibid.
11. Ibid.
12. Ibid., p. 130.
13. "他(首领)寻求的不是社会荣誉,在'受人尊敬的社会里','专业人士'是受到鄙视的。他只寻求权力,权力是金钱的来源,而且权力能带来满足感。"Max Weber, "Politics as a Vocation," in *From Max Weber: Essays in Sociology*, ed. H. H. Gerth and C. Wright Mills (New York: Oxford University Press, 1946), p. 109.
14. William L. Riordan, *Plunkitt of Tammany Hall* (New York: Dutton, 1963), p. 50.
15. Quoted in Dayton McKean, *The Boss* (Boston: Houghton Mifflin, 1940), p. 132.
16. Edward C. Banfield and James Q. Wilson, *City Politics* (New York: Vintage Books, 1963), p. 125.

17. Milton Rakove, *Don't Make No Waves ... Don't Back No Losers: An Insider's Analysis of the Daley Machine* (Bloomington, IN: Indiana University Press, 1975). 以下有关戴顿机器政党的资料均引自雷克富(Rakove)。
18. Ibid., pp. 114-115.
19. Ibid., p. 115.
20. Ibid., p. 120.
21. Ibid., p. 122.
22. Edward McChesney Sait, "Political Machines," in *Encyclopedia of the Social Sciences*, ed. Edwin R. A. Seligman (New York: Macmillan, 1933), p. 658. 也可参见 Robert M. Merton, *Social Theory and Social Structure* (New York: Free Press, 1949), pp. 126-127。多年以来,人们普遍接受了戴顿对机器政党功能的分析,但近年来他的分析受到了全面挑战。参见 Steven P. Erie, *Rainbow's End: Irish-Americans and the Dilemmas of Urban Machine Politics, 1840-1985* (Berkeley: University of California Press, 1988); Alan DiGaetano, "The Rise and Development of Urban Political Machines," *Urban Affairs Quarterly* 24, No. 2 (December 1988): 247, Table 3; M. Craig Brown and Charles N. Halaby, "Functional Sociology, Urban History, and the Urban Political Machine: The Outlines and Foundations of Machine Politics, 1870-1945," Unpublished conference paper (Albany: Department of Sociology, State University of New York at Albany, n. d.)。
23. A. DiGaetano, "The Rise and Development of Urban Political Machines," pp. 257-262. 也可参见 M. Craig Brown and Charles N. Halaby, "Bosses, Reform, and the Socioeconomic Bases of Urban Expenditure, 1890-1940," in *The Politics of Urban Fiscal Policy*, ed. Terrence S. McDonald and Sally K. Ward (Beverly Hills, CA: Sage), p. 90。
24. DiGaetano, "The Rise and Development of Urban Political Machines," p. 261. 城市政治经常被描述成一场改革者和机器政客之间的道德较量。事实上,机器政党经常利用改革来巩固他们的权力,让改革者进行投票,从而使他们的统治合法化。而另一方面,改革者们也创立了有自己特征的机器政党。有关机器政客和改革者们之间分歧的讨论,参见 David P. Thelen, "Urban Politics: Beyond Bosses and Reformers," *Reviews in American History* 7 (September 1979): 406-412。关于改革者创立新型机器政党的例子,参见 Robert Caro's masterful biography of Robert Moses, *The Power Broker: Robert Moses and the Fall of New York* (New York: Vintage Books, 1974)。
25. DiGaetano, "The Rise and Development of Urban Political Machines," p. 247, Table 3. 有关19世纪末期城市政府扩张的更多信息,参见 Jon C. Teaford, *The Unheralded Triumph: City Government in America, 1870-1900* (Baltimore: Johns Hopkins University Press, 1984); Eric H. Monkkonen, *America Becomes Urban: The Development of U. S. Cities and Towns, 1780-1980* (Berkeley: University of California Press, 1988)。
26. Terrence J. McDonald and Sally K. Ward, eds., *The Politics of Urban Fiscal Policy* (Beverly Hills, CA: Sage, 1984), Introduction, p. 14.
27. Ibid.
28. Lotchin, "Power and Policy," p. 11.
29. Stanley K. Schultz, *Constructing Urban Culture: American Cities and City Planning, 1800-1920* (Philadelphia: Temple University Press, 1989).

30. Brown and Halaby, "Bosses, Reform, and the Socioeconomic Bases of Urban Expenditure, 1890-1940," p. 87. 有趣的是,作者发现改革后的机器政党城市,例如建立了城市执政官的政府,其开支大于其他城市。(p. 89)
31. 从"特威德圈"能够得到许多信息来源,这里使用的两本书是 Alexander Callow Jr. , *The Tweed Ring* (New York: Oxford University Press, 1966); Seymour J. Mandelbaum, *Boss Tweed's New York* (New York: Wiley, 1965)。也有人为特威德进行过辩护,内容具有挑衅性,但最终缺乏说服力,参见 Leo Hershkowitz, *Tweed's New York*: *Another Look* (Garden City, NY: Anchor Books, 1977)。
32. Martin Shefter, "The Emergence of the Political Machine: An Alternative View," in *Theoretical Perspectives on Urban Politics*, ed. Willis D. Hawley et al. (Upper Saddle River, NJ: Prentice Hall, 1976), p. 21.
33. 此处提供的有关亚伯拉罕·瑞夫机器政党的信息摘自 Walter Bean, *Boss Reuf's San Francisco* (Berkeley: University of California Press, 1952; reprinted 1972)。只有从比恩(Bean)的书中直接引用的内容在下面的注释页中也被引用。
34. Ibid., pp. 93-94.
35. Paul Kantor, with Stephen David, *The Dependent City*: *The Changing Political Economy of Urban America* (Glenview, IL: Scott Foresman, 1988), p. 104.
36. Ernest S. Griffith, *A History of American City Government*: *The Conspicuous Failure*, *1870-1900* (New York: Praeger, 1974), p. 183.
37. Zane Miller, *The Urbanization of Modern America*: *A Brief History* (New York: Harcourt Brace Jovanovich, 1973), p. 121.
38. Ester R. Fuchs and Robert Y. Shapiro, "Government Performance as a Basis for Machine Support," *Urban Affairs Quarterly* 18, No. 4 (June 1983): 537-550.
39. Merton, *Social Theory and Social Structure*, p. 130.
40. Robert A. Dahl, *Who Governs? Democracy and Power in an American City* (New Haven, CT: Yale University Press, 1961), p. 34.
41. 参见 Doris Kearns Goodwin, *The Fitzgeralds and the Kennedys*: *An American Saga* (New York: Simon & Schuster, 1987)。
42. Martin Shefter, "Political Incorporation and the Extrusion of the Left: Party Politics and Social Forces in New York City," in *Studies in American Political Development*, Vol. 1, ed. Karen Orren and Stephen Skowronek (New Haven, CT: Yale University Press, 1986), p. 55.
43. Erie, *Rainbow's End*, p. 69.
44. Terry Nichols Clark, "The Irish Ethic and the Spirit of Patronage," *Ethnicity* 2 (1975): 341-342.
45. Caro, *The Power Broker*, p. 354.
46. John Allswang, *A House for All Peoples* (Lexington, KY: University Press of Kentucky, 1971).
47. 有关非裔美国人和机器政党之间关系的有用评论,参见 Hanes Walton Jr. , *Black Politics*: *A Theoretical and Structural Analysis* (Philadelphia: Lippincott, 1972), Chapter 4。
48. William J. Grimshaw, *Bitter Fruit*: *Black Politics and the Chicago Machine*, *1931—1991*

(Chicago: University of Chicago Press, 1992).
49. Ibid.
50. Erie, *Rainbow's End*, p. 165.
51. Thomas M. Guterbock, *Machine Politics in Transition: Party and Community in Chicago* (Chicago: University of Chicago Press, 1980).
52. 参见 Paul Kleppner, *Chicago Divided: The Making of a Black Mayor* (DeKalb: Northern Illinois University Press, 1985)。
53. Michael Johnston, "Patrons and Clients, Jobs and Machines: A Case Study of the Uses of Patronage," *American Political Science Review* 73, No. 2 (June 1979):385-398.
54. Erie, *Rainbow's End*, p. 218.
55. Jessica Trounstine, *Political Monopolies in American Cities: The Rise and Fall of Bosses and Reformers* (University of Chicago Press, 2008), p. 11.
56. Ibid., p. 48, p. 242.
57. 有关坦慕尼协会发展过程中政治俱乐部角色的讨论,参见 Shefter, "The Emergence of the Political Machine," p. 35。
58. Erie, *Rainbow's End*, pp. 102-103.
59. Kenneth D. Wald 认为伦理学对政党机器应对社会经济劣势的帮助不大,但有助于他们意识到自己的社会边缘性,并且坚定政党机器会保护他们免受外部压力的信念;参见 his "The Electoral Base of Political Machines: A Deviant Case Analysis," *Urban Affairs Quarterly* 16, No. 1 (September 1980): 3-29。
60. 说这些做法反映了贫穷移民的愿望是有误导性的。爱尔兰家庭的生活会受到极易进入的非法娱乐业的影响。天主教牧师和相当一部分移民反对这些败坏道德的活动。
61. Harold Zink, *City Bosses in the United States* (Durham, NC: Duke University Press,1930).
62. Wolfinger, "Why Political Machines Have Not Withered Away," p. 70.
63. Allan Rosenbaum, "Machine Politics: Class Interest and the Urban Poor," paper delivered at the annual meeting of the American Political Science Association (September 4-8, 1973), pp. 25-26.
64. Ibid., p. 26.
65. John D. Buenker, *Urban Liberalism and Progressive Reform* (New York: Scribner, 1973). Joseph J. Huthmacher 还提供了机器政党立法者支持改革的证据;参见 his "Urban Liberalism and the Age of Reform," *Mississippi Valley Historical Review* 44 (September 1962): 231-241.
66. 有关社会改革者和结构改革者的区别,参见 Melvin G. Holli, *Reform in Detroit: Hazen S. Pingree and Urban Politics* (New York: Oxford University Press, 1969), Chapter 8。本章围绕社会改革者进行了讨论,第四章讨论的是结构改革者。
67. Martin J. Schiesl, *The Politics of Efficiency: Municipal Administration and Reform in America, 1880-1920* (Berkeley: University of California Press, 1977), pp. 80ff.
68. Quoted in Holli, *Reform in Detroit*, p. 42.
69. Ibid., p. 92.
70. Ibid., p. 195.
71. Peter Marris and Martin Rein, *Dilemmas of Social Reform* (New York: Atherton Press, 1967), p. 7.

72. Kantor，*The Dependent City*，pp. 117-118. 机器政客们吸引选民的基础是他们的居住地（他们的种族身份），而不是他们的工作地点（他们的阶级身份）。因此机器政治所反映的是"城市第一线"，这种地域单位将美国的政治版图划分为社区政治和工作场所政治，并且通过工人阶级降低了政治行动的尖锐性。参见 Ira Katznelson，*City Trenches：Urban Politics and the Patterning of Class in the United States*（New York：Pantheon，1981）。
73. 参见 James C. Scott，"Corruption，Machine Politics，and Political Change，" *American Political Science Review* 63（December 1969）：1142-1158；Clarence N. Stone，Robert K. Whelan，and William J. Murin，*Urban Policy and Politics in a Bureaucratic Age*，2nd ed.（Upper Saddle River，NJ：Prentice Hall，1986），Chapter 7。
74. Simpson，*Rogues，Rebels，and Rubber Stamps*，p. 280.
75. Ibid.，pp. 280-290.
76. Elaine Sharp，ed.，*Culture Wars and Urban Politics*（Lawrence：University Press of Kansas，1999）.
77. Larry Bennett，"The Mayor among His Peers：Interpreting Richard M. Daley，" un-published paper（June 2008）.
78. Rudolph Bush and Dan Mihalopoulos，"Daley Jobs Chief Guilty"；Dan Mihalopoulos and Charles Sheehan，"Jurors Kept Focus on Case"；Gary Washburn，"Daley's Plans for Re-election Turn Murky"；and John Chase，"Things Are Not Over，FBI Boss Here Says，" *Chicago Tribune*（July 7，2006），p. 1，p. 6.

第四章　改革运动

改革者的目标

1902年，纽约传奇机器政党组织——坦慕尼协会的资深领导乔治·华盛顿·普朗凯特宣告："改革者的胜利只是晨曦中的昙花一现，很快就会枯萎，正规的机器政党会永远兴盛，如同美丽的老橡树。"[1]普朗凯特发表这一本土智慧结晶时，是有依据的，但并不确凿。甚至就在发表这一看法的同时，全国各地的城市中都发起了改革运动。改革者的目标是解散靠移民选票兴盛的机器政党，但是正如普朗凯特所观察的那样，这些运动都只是昙花一现。改革者总能够成功地说服州议会颁布削弱机器政党权力的改革措施，例如，有的州剥夺了市参议员委员会和市议会对市政服务设施的管理权，将这些权力下放给专业的管理部门。但是这些措施的实施依然无法撼动机器政治的根基，原因在于这些机器政客与选民们的私人关系非常密切。他们牢牢地控制着市政府，掌握着许多重要事务的决定权，例如公共工作的分配、有轨电车和公共事业的特许经营、建筑合同以及城市服务措施的提供。大量的赞助、金钱以及机器政治的命脉在这些事务的决定过程中紧紧联系在一起。

根据改革者的估计，这些城市被犯罪团伙控制，他们掠夺公共资金，中饱私囊，改革者努力想改变这种状态，却屡屡受挫。克利夫兰、纽约、芝加哥以及其他一些城市能将机器政客们推下台，并且以腐败的罪名对一部分人提起法庭诉讼，然而这些违法政客的接班人却披着同样的外衣。英国人詹姆斯·布莱斯(James Bryce)面对这一现实做出了这样的评价："城市政府是美国的失败，这种失败特别引人注目。"[2]改革者持有相同的观点。在写于1909年的一部有关城市政府的教科书中，作者做出了这样的评估：

> 寻求特权者在我们的政治生活中处处可见，为了自己的利益，这些人宁愿玷污政治权力的来源。政治本应该是为那些具有高尚思想和为爱国做出努力的人们提供的一种事业，而这些寻求特权的人们却将这种高尚的事业变为一系列买卖政府行为的肮脏交易。[3]

市民越担心政治腐败的状况，就越会对外国移民感到恐惧，两者之间密切相关，长期以来市民们对下层民众产生了敌对心理。早在1851年，《马萨诸塞州教师》(*Massachusetts Teacher*)中的一篇文章就提出了这一问题：

> 大批外国移民不断涌入……给我们民族中最聪明的人士敲响了警钟，这一巨大、史无前例的移民浪潮最终会带来什么后果？这会不会像浑浊的密苏里河流入清澈的密西西比河一样，污染整个美国，把无知和邪恶、犯罪和疾病传播给本土人口？[4]

早期的移民遭到了诽谤，报纸上有关移民选区中存在卖淫、赌博以及公共场合酗酒等方面的报道耸人听闻。宗教道德家确保州立法和地方法律中废除卖淫、赌博以及周日销售酒的现象。为了让移民孩子学会中产阶级的衣着、讲话、举止和规矩等内容，改革者制定法律，规定这些孩子必须上学，而且还提高了强制性教育的年龄上限。专门雇用教官管理那些逃学、任性的青年。

对移民的恶意加剧了种族、阶级以及宗教的紧张关系，导致美国的分裂状况持续了一个世纪之久。移民被比作公元2世纪入侵罗马帝国的哥特人和汪达尔人，牧师约书亚·斯特朗(Reverend Josiah Strong)在其著作《我们的国家》(*Our Country*)中对移民们进行指责，说他们玷污了安息日、使文盲和犯罪行为的比例升高、损害了美国文化和道德。他说集聚到城市中的移民给那些靠操纵乌合之众的"胃口和偏见"的"煽动者们提供了天堂"。[5]

社区空间上的隔离加剧了特权阶级的恐惧和偏见。19、20世纪之交，几乎所有的大城市都有面积庞大、人口拥挤的移民隔离区，这些区域大都临近海滨和工厂。中产阶级和上层阶级的居住地远离市中心，但是他们的工作地点却集中在市中心，在上班和购物途中，这些富人们经常能看到移民居住的破旧公寓，大街小巷遍布垃圾，到处都脏兮兮的。

改革城市政治体系的斗争是由联盟发起的，他们将富裕的工业家、上层阶级的其他成员、中产阶级中受过良好教育的成员以及选民们联合起来。安德鲁·卡内基（Andrew Carnegie）和约翰·D. 洛克菲勒（John D. Rockefeller）率先资助了1906年成立的纽约市政研究局（New York City Bureau of Municipal Research），美国商会为其提供了办公场地，并长年支付城市经理协会执行秘书的工资。公民俱乐部和选民联盟中一般都包括社会精英人员，改革运动中的专业人士往往是他们的专业领域中颇有声望者，他们将自己掌握的信息成功地销售给越来越多的中产阶级选民。1870—1910年，文职人员、销售人员、政府员工、技术人员以及带薪的专职人员从756 000增加到5 609 000，数量增长了7.5倍。[6]发展壮大的中产阶级组成了强大的政治力量，在他们的支持下，改革者们在几十年的时间内就完成了大部分目标。美国选举领导、雇用公共职员以及管理公共服务部门的方式仍然反映了改革时代的政治。

摘 录

移民成为市政改革的目标

19世纪早期，市政改革是为了削弱工人阶级和移民选民的选举影响力。实际上，机器政客都出身于工人阶级或者移民。大部分的机器政党首领与他们的属下一样几乎没有接受过正规的教育，一般情况下，他们的政治事业是靠在选举日传递信息等工作起家的。改革者则属于社会阶层的另一端，进步时代的大部分有声望的改革家来自上层阶级，实际上他们当中有很多人是富裕的工业家，例如麦考密克（McCormick）、杜邦（du Pont）、平肖（Pinchot）、摩根索（Morgenthau）、道奇（Dodge）这些人都赫赫有名。他们中的大部分都接受过大学教育，这在当时的精英社会阶层中是一项重要的标志。

通常情况下，机器政客、族裔选民以及工人阶级组织反对改革，因为他们认为这些改革会使得工人阶级候选人更难获得公职。在移民选民占选举多数的大城市中，他们反对改革议程的主要内容，往往都能取得成功，但在其他地方，改革者能够削弱下层民众的政治影响力。1938年，在密歇根州杰克逊市的城市选举中，改革者的目标暴露无遗。当地商会说服选民赞同以全市的选举制度代替选区的选举制度。工人阶级和移民候选人不得不争取他们社区之外的投票，不像从前那样只要在自己选区获得足够多的选票就能赢得市议会的席位。由商会赞助的提名候选人纷纷获得议席。新上任的市长和市议会成员在共济会大厅(Masonic hall)举行招待会庆祝他们的成功，招待会将天主教徒排斥在外，他们上任后，立即辞退了市里的大多数罗马天主教徒雇员。

资料来源：乔治·莫瑞(George Mowry),《西奥多·罗斯福时代,1900—1912》(*The Era of Theodore Roosevelt, 1900—1912*),纽约：哈珀 & 罗出版公司,1958 年;詹姆斯·温斯坦(James Weinstein),《自由国度的共同理想,1900—1918》(*The Corporate Ideal in the Liberal State, 1900—1918*),波士顿：毕肯出版社,1968 年。

改革的有利环境

20 世纪的前 20 年，一股推动改革的力量席卷全国，一方面原因在于改革者对各级政府腐败的担心，另一方面的动力来自企业巨头发挥的巨大能力。改革运动在进步时代取得了多方面的进步。城市与农村地区的贫富差距非常明显，上层阶级和受过教育的中产阶级通过报纸、杂志和书籍对这一情况了解得比较清楚。19、20 世纪之交，纸张价格的下跌以及快速印刷技术的进步使得高质量的报纸和杂志大规模发行。19 世纪 90 年代，报纸发行量增长了一倍，继而又增长了两倍。同时又有许多新的期刊问世。为了增加读者的数量，出版社必须加强出版业的普及化，揭发丑闻就是手段之一。从事改革运动的记者们调查有组织性的恶性事件以及城市政党机器的腐败行为并且将这些“内部报道”予以曝光。他们还对遍布在国家政府、大型企业、股票市场以及药物和肉类加工行业内的腐败情况进行了详尽的报道，造成了很大的轰动。

《麦克卢尔杂志》(*McClure's*)于 1902 年 9 月创刊，由林肯·斯蒂芬斯(Lincoln Steffens)撰写的 7 篇系列文章讲述了美国大城市市政腐败的内幕，耸人听闻。10 月份，艾达·塔贝尔(Ida Tarbell)撰文揭露了约翰·D. 洛克菲勒标准石油公司从中谋取暴利的政商联合腐败的内幕。类似这样的多边报道吸引了大量的读者，原因是这些报道满足了人们对商业和政府错误行径报道的猎奇心理。在接下来的几年之中,《芒西杂志》(*Munsey's*)、《大众杂志》(*Everybody's*)、《成功杂志》(*Success*)、《考利亚氏杂志》(*Collier's*)、《周六晚间邮报》(*Saturday Evening Post*)、《妇女家庭杂志》(*Ladies' Home Journal*)、《汉普顿杂志》(*Hampton's*)、《皮尔森杂志》(*Pearson's*)、《大都会杂志》(*Cosmopolitan*)以及几十家日报为了迎合大众的心理需求而刊登了有关美国政治、经济、社会机构腐败的报道。大公司被指控生产不安全而且劣质的产品,通过价格垄断来摧毁竞争;银行业存在欺诈行为;有关工厂和血汗作坊中妇女和儿童从事长时间、单一、危险工作的报道催人泪下;还有关于城市中贫穷、卖淫、拐卖妇女以及政商勾结保护恶势力的报道。

除此之外,还有大量关于这一主题的图书出版。1904 年,斯蒂芬斯将自己在《麦克卢尔杂志》发表的文章汇结成书——《城市的耻辱》(*The Shame of the Cities*),非常畅销。受读者欢迎的书中有揭露钢铁工业中相互勾结垄断价格的《托拉斯世界之最》(*The Greatest Trust in the World*)以及详述美国参议员集体贿赂的《参议院的叛国》(*The Treason of the Senate*)。小说家也加入了揭露的行列,西奥多·德莱塞(Theodore Dreiser)的《美国悲剧》(*An American Tragedy*)描写了一位白手起家的小城镇男孩如何受到腐败的影响而变得贪婪的故事。德莱塞的《嘉莉妹妹》(*Sister Carrie*)和大卫·格雷厄姆·菲利普(David Graham Philip)的《苏珊·雷诺克斯》(*Susan Lenox*)生动地描写了城市生活的无情如何使得年轻女性成为牺牲品的故事。在《金融家》(*The Financier*)这部小说中,德莱塞以芝加哥的有轨电车巨头查尔斯·耶基斯(Charles Yerkes)为原型,揭露了在权力和财富驱动下人们的无情面目。

丑闻揭露者创作的文学作品对引起大众对改革的兴趣方面具有相当大的影响力。1906 年,总统西奥多·罗斯福提出了"丑闻揭露者"这个称呼,这是根据 1645 年约翰·班扬(John Bunyan)创作的《天路历程》(*Pilgrim's Progress*)中的一个角色来的,这个人忙于乱七八糟的事情而无暇抬头仰望星空。改革的具体内容对于普通公民来说常常是枯燥无趣的,但是丑闻揭露者的报道充满了戏剧感,让人们感到改革事业迫在眉睫。影响力最大的一部作品是厄普顿·辛克莱(Upton Sinclaire)的《丛林》(*The Jungle*),这部经典作品仍然是大学开设的一门课程。辛克莱讲述了一位来自立陶宛的移民在腐败混乱的芝加哥奋力生存的故事,他最终贫困潦倒,妻子成了妓女,孩子死去,他本人成为社会革命者,故事引人入胜。辛克莱讲述了芝加哥肉类加工业的情况,老鼠、粪便、被剁下来的手指、变质的肉进入香肠容器，这些令人恶心的报道导致了全国范围内的运动，1905 年，国会成立了美国食品和药物管理局。

“丑闻揭露者”的行为导致政界做出反应，成立起了以监管商业行为、改善劳动条件、制定职业标准以及改革政府为目标的各种组织。1900 年，商界领导者成立了国家公民联盟（National Civic Federation），联盟领导者提倡给工人分发补偿金，还提出了其他的社会保险方案，他们想通过这样温和的措施来削弱联盟组织者提议的军事要求。[7] 1904 年，国家童工委员会成立，使童工立法得以顺利通过。1910 年，国家住房协会将各个城市中以争取建筑标准为目标的住房改革组织召集在一起。为推动市政改革，政府成立起了多个公共官员协会和市政研究局：国家港口局协会、市政金融人员协会、美国公园负责人协会、城市管理者大会以及国家议员选举协会。

19 世纪七八十年代，个别城市中出现的公然腐败现象激起了人们的抗议，人们发动斗争将“这些流氓赶下了台”，但这样的问题只是地方性的，补救措施也只是针对当时的情况。到 19 世纪 90 年代，改革事业演变为一项全国性的运动，公民在全国各地建立了组织，他们动员政府部门改善公共服务设施，并且倡导以诚信为原则。改革者所面临的问题在各个城市极其相似，来自不同城市的改革者们志同道合，互相交流意见和建议。不久，这些非正式的活动团体变为全国性的组织。

1894 年，参加第一届城市好政府年会的代表们在费城会晤，并成立了第一个全国性的市政改革组织：国家市政联盟（National Municipal League）。参会的代表一致认为机器政客和移民选民们导致城市的民主机构腐败，但是就改变这种情形的解决措施方面大家意见相左。其中一位参会者这样说：“我们并不是聚集在医院里的病人，一起做检查，然后互相诉说自己的病痛。”[8] 国家市政联盟成立之后，改革事业的全国化进展迅速。两年之内，180 个地方支部加入联盟，到 19、20 世纪之交，成员组织遍布全国各地。改革者在年会上交换意见，到 1899 年 11 月会晤时，国家市政联盟的成员通过了市政章程范本，建立了“好政府”的原型。

为了遏制政客与移民选民的紧密联系，市政联盟在章程范本中规定废除选区，市议会成员可以自由选举，也就是说，城市的所有选民都有资格进行投票。章程范本还建议废除选举投票中的党派标签，因为那些未接受过教育的选民是依靠图形而非名字来投票的。章程敦促改革者确定公民服务事业的程序，这样就避免了官员用公职来拉选票的行为。联盟还提出地方选举的年份应该和国家、州选举的年份错开，这样国家政党就不会轻易地向地方事务施加影响。[9]

改革者希望将“流氓”踢下台，同时希望提高地方政府的办事效率，能够迎合中产阶级选民的要求。由联盟拟定的章程范本敦促改革者赋予市长指定高层管理者和否决立法的权力。被称作“强化市长制政府”的改革基于这样的假设之上：如果权力集中在市长手中，选民们会支持市长负责城市的全部管理事宜，从而摧毁由市议会控制的分赃制。他们认为市议会成员在幕后进行交易的政治风气是主要问题所在。最后，联盟促使城市改革者制定本地制度，赋予城市和选民们足够的权利来管理自己的事务，无需州议会的干涉。

通过一系列的改革，市政改革者希望将城市事务置于有教养的上层、中产阶级选民手中，接下来将城市管理权交由一批受过专业训练、能够信得过的骨干管理者手中。几十年后，市政改革运动形成了官僚主义的治理模式，下一代美国人对此抱怨不已。

反对机器政党统治的运动

改革者对城市机器政党以及移民选民们敌意重重，正因如此，他们想尽办法对观察到的顽疾进行补救。有的改革者甚至质疑普选的合理性，他们宣称移民素质低，这些人没有文化，他们的投票根本没有可信性。由纽约立法机构指定的蒂尔登委员会(Tilden Commission)对纽约市特威德集团的丑闻进行了调查，并于1878年提议选举权仅限于拥有财产的人。[10]委员会的报告刊登在国家市政联盟杂志《市政事务》(*Municipal Affairs*)上，这是1899年发行的版本，得到了多数改革者的认可。康奈尔大学的首届校长安德鲁·D. 怀特(Andrew D. White)在1890年发行的《论坛》(*Forum*)中对剥夺移民选举权的事件做出了如下的总结：

> 城市是一个公司……城市不应该染指任何一般的政治利益……城市的问题不是政治问题……城市的任务是创造并管理城市财产，从逻辑上讲，应该是创造财产、拥有这一头衔或者隶属于这一类中的人来管理城市……而不应该是那些不久前还在爱尔兰沼泽里耙地、在波西米亚矿洞里钻矿或者刚刚离开意大利强盗窝的没有文化的农民们。[11]

将财产作为选举资格的想法不管听起来有多么地吸引人，这一极端的补救措施并不切合实际。人们会反对以此发动的改革运动，甚至包括一部分支持改革的组织。从宪政时期到19世纪二三十年代的杰克逊改革时期，大多数州规定财产拥有者享有投票权。这些限制条件的废除是民主制取得胜利的标志，以拥有财产作为选举条件的时代已经过去了，这一事实人尽皆知，但是有的改革者仍然要倒行逆施。1912年，新成立的亚利桑那州颁布了菲尼克斯城宪章，规定纳税人有资格参加选举，但是州法院宣布这条限制无效，原因是不符合宪法的规定。[12]显然，在菲尼克斯城限制选举的规定出台之前，改革者必须想出一种间接而有新意的办法来降低流氓与乌合之众的影响力。

大多数改革者对移民应该加入民主体系的想法并没有产生质疑，他们认为真正的问题在于机器政客操纵并利用移民选民，移民本身并没有错误。市政选举非常混乱、腐败，缺少既定的制度。政党被认为是私人组织，其提名程序中根本没有监管措施。在选择公职候选人的过程中，由于没有书面制度，政党会随时召开提名大会和选区预选大会，经常是临时通知，会议召开的地点只有内部人员才知晓。这些预选会议经常在选区首领开办的酒吧密室里召开。某学者这样记载过：

> 这是一个大范围选举欺诈的时期。1868年和1872年的选举中，纽约州投票的人数比注册的人数多8%。1910年，纽约市的选票遭到质疑并重新计算，结果发现有一半的选票具有欺诈性。投票箱中填满了东西在新泽西是司空见惯的事情，因此州议会用玻璃投票罐取代了木质盒子。在宾夕法尼亚和密歇根州，黑帮暴徒奔走于各个投票站，对反对者实施暴力，选举过程中恣意妄为。虚构和重复投票、计算错误、填满投票箱这些做法在市政选举中屡见不鲜，这一时期的投票统计数据极不可信。[13]

费城的一位政客曾经吹嘘《独立宣言》的签署者是机器政党的支持者，他说："'美国自由之父们曾经在这里进行投票。'他狡猾地狞笑道：'并且，他们仍在这里投票。'"[14]

机器政党中的工作人员有时会帮助选举者完成投票事宜或陪同他们一起去投票站。"农场主琼斯"是19世纪90年代芝加哥机器政党中的成员，他曾向一位进行调查的改革者透露如何保证选民的忠诚：

> （改革者问）"你到达投票站时会做什么？"

“当然是为我们的人投票了。”

“那么黑人又是如何投票的呢?”

“他们会按照应该做的那样进行投票的,他们必须这么做。”

“……你是如何迫使那些人违背自己的意愿而投票的呢?”

“他们心里很清楚,而且到投票站投票的所有人会在法官面前将手中的票投向何人,我了如指掌。”[15]

如果其他办法不可靠的话,机器政党直接通过钱来收买选票。1896 年,芝加哥第一选区举行的大选就是很好的例子:

酒吧彻夜营业,妓院人满为患。然而到次日上午 10 点时,酒吧就关门了,他们并不是向改革者做出让步,而是因为很多酒吧侍者和主人需要到第一选区去帮忙。“巴斯”酒吧(Bath)、“恒基·丁克”酒吧(Hinky Dink)以及他们的助手奔走于各个投票站,他们的口袋里塞满了银元,他们经常从口袋里取钱。功夫不会白费,结果总会令人满意。[16]

机器政客并不仅仅依靠欺诈行为,有时也会使用恫吓和暴力的手段。1898 年竞选市议员时,芝加哥选区首领约翰·帕维尔斯(John Powers)就威胁过选民,他说企业主们如果不为他投票的话,就会吊销他们的营业执照。[17]芝加哥第一选区“恒基·丁克”酒吧的科纳(Kenna)和“巴斯约翰”酒吧的库格林对忠于自己的选民加以保护,对反对者们时常骚扰。20 世纪 20 年代的盗版时代,有组织的犯罪和机器政治在芝加哥这座城市关系密切。政客时常干预打击黑社会的行动,这些人表面置身事外,实际上控制并保护内部人员进行非法售酒、非法经营酒吧、卖淫和赌博。

选举当天公然的腐败行为让反对者们忍无可忍。1909 年,田纳西州孟菲斯市的首领艾德·克伦普(Ed Crump)在第一次市长竞选时亲自盯着选民进行投票,他私自禁止反对派机器政党使用带有标记的选票,有一次还扇了选民一记耳光。[18]1933 年,匹兹堡举行州、市选举时,民主党和共和党都担心对方有欺诈行为,便动员民意调查大军进行观察,还调集了州警察力量来维持秩序,律师和法官站在一旁准备随时采取法律行动。[19]

19世纪90年代晚期，改革者提出了几项防止选举欺诈行为的措施。主要包括以下方面的改革：

(1) 选民登记和素质要求。这些要求减少了重复投票的比例，并且杜绝了拉拢投票者进行选举的做法。到1920年为止，几乎所有的州都实施登记法。

(2) 澳大利亚式投票。只有投票者能在选票上做标记，而且是匿名投票。19世纪80年代，这种投票方式流行开来，在此之前，各个政党自行印制选票，并且带有标记，往往在监督者面前投入投票箱，甚至将带有标记的选票交给投票人。19、20世纪之交，澳大利亚式投票得到普遍使用。

(3) 无党派选举。改革者们想尽一切办法去除市政选举选票中任何形式的党派标志。在这种方法实施成功的地方，选民们关于自己如何投票只知道一点：印刷的候选人的姓名。

尽管这些改革措施使市政选举实现了秩序化和诚信性，但却使移民和受教育程度低的选民数量减少了。如果没有分区队长或者政党工作人员帮助选民注册或者示范投票的话，大批选民等于被剥夺了选举权。1900年，美国达到选举年龄的白人男性中有25%是第一代移民，他们当中的2/3来自非英语国家。在工业化城市中，超过2/3的选民是外籍移民。没有识字能力的选民经常通过求助的方式来阅读并填写选票或者干脆索要一张已经填写完毕的选票。当他们出现在投票站时，没有人会质疑他们投票的权利。但是改革措施实施后，他们需要进行书面注册，往往在选举数月之前就要完成。去投票站时要面对选举法官、投票室和选票，他们往往看不懂这些选票。机器政客能够通过操控投票站来解决私下选票的问题，但是他们也会因此面临刑事起诉的危险。

到1905年，绝大多数州已经将选民注册法变成书面文字。[20]接下来的几年中，各个州和地方成立了选举委员会，将重复投票的现象定为非法行为，并且还规定了竞选基金的合法使用途径。尽管这些法律的实施并不顺利，尤其是在机器政党继续操控检察官和法庭的城市中，新法律的出台在对涉嫌腐败的中、上层阶级进行调查和指控的过程中提供了法律依据。

选举改革法一经实施，市政改革者就把矛头对准了机器政党组织。显然机器政客的势力来自周边的族裔社区，他们很容易就能给那些没有受过教育的选民的选票上贴上政党标签。选民使用这种直接投票的方式无需看懂候选人的名字，改革者为了增加选民支持机器政党候选人的难度，在无党派投票和自由选举这两方面的改革中加大了努力的力度。

改革者认为政党标签会导致对政党组织的盲目忠诚。他们希望选民们“更加理性”，拥有自己的判断力，“选举委员会应该罗列出候选人名单，无需在选票上标上政党的名称和标志作为投票的导向”。[21]改革者认为公民有责任使自己接受教育，并根据候选人的优点进行投票，选出最佳人选，而不是依据党派忠诚或者民族团结的标准来进行。俄亥俄州托莱多市(Toledo)的市长布兰德·怀特洛克(Brand Whitlock)在改革中名声大噪，他说过：

> 有些人的思想非常奇怪，他们竟然没有发现选举制度是多么的荒唐：为了征服选民，在选票的抬头上印有木板刻画的公鸡和鹰这些鸟类让选民更容易识别他们的主人并为他们投票。[22]

正如改革者所希望的那样，无党派投票使得移民很难以集团的身份进行投票。阅读印刷的市议员姓名对于那些不识字的选民来说极其困难。对于这些人来说，识别党派标志比起阅读候选人的名字要容易得多。

改革者还认为无党派选举会改变候选人寻求公职的情况。由于政党组织提供竞选基金，工作人员和自由的工人阶级候选人不再担心工作问题，可以专心参与政治。如果没有政党组织提供经济来源，城市中的这些政客几乎不能进行政治工作。地方政党集聚资金并建立政客间的合作关系，没有这部分人的参与，拥有财富和社会地位的人们将占据绝对优势。实际结果表明无党派运动的目标是让政治再次成为受教育、有教养的阶级的呼声。[23]

用自由选举取代选区的提议是为了切断社区与机器政客的联系。安德鲁·怀特对“由小偷、强盗控制的选区将小偷和强盗送到公职部门的做法”抱怨不已，“职业政客操纵一栋经济公寓住宅里的选票就能抵消一整条富裕公民所在街道的选票”。[24]要解决这一问题，每一位市议员候选人都要争取选民们的支持，不管这些选民是否居住在城市。在这种制度下，如果仅仅操控一个社区或族裔，候选人无法在选举中获得足够多的选票。政治权衡、代表自己选区的立法者之间相互吹捧与妥协的时代即将结束：

> 几十年以来，建立在选区基础之上的市议会选举形成了寻求狭隘利益、党

派利益以及迎合族裔群体的庞大网络，这些团体有时会挫败全面的城市计划，或者将不相关的利益方案和考虑欠妥的选区方案夹杂其中。选区和分区是机器政党操控的核心所在，他们选举出来的市议会通常避免不了腐败现象，尽管选区的选民们能够接受这样的议员。[25]

选区给予少数族裔数量相对较少的参政名额。例如，立陶宛的选民能分配到一个市议会的市议员名额，即使他们只占城市总人口的极小比例。选区的做法增强了组织和个人对公职人员的影响力，自由选举的做法则具有相反的效果。如果将城市作为一个大的选区，那么聚集在特定社区的族裔候选人则失去了施展能力的空间；要想取得选举成功，他们必须扩大自己的影响力，需要到更多的社区进行动员工作。由于在全市范围内发动竞选是一件耗资、耗时的工作，经济实力雄厚的候选人则具有先天优势。这种制度使得个人财富和社会地位成为政治成功的要素。

公务员招聘系统是改革平台的最后一项艰巨任务。公务员制度非常关键，能够阻止机器政党用公职来奖励忠诚支持者的做法。要想获得公职岗位，需要参加书面和口头的公务员考试，任期和资历制度保障了职员从政的安全性。改革者将公务员制度作为对抗机器政党的银子弹，失去任命工作这一法宝，机器政党很快就会凋零。

改革的一整套方案在少数族裔选民占多数的工业化城市中遭到排斥，而在小地方，即使机器政党的威胁与事实并不相符，改革者也能成功地实现目标。对其腐败和唯利是图的夸大描述使机器政党变为躲在角落里伺机出手的可怕之人。[26]这样的故事往往发生在几百英里之外的城市，这里的人们更容易进行改革，因为这些小城市的居民认为地方政府的工作只是提供像供水、污水处理、街道维护和图书馆等方面的服务。

改革时代制定的这些选举制度在当今城市仍显而易见。1910 年前，无党派选举几乎无人知晓，但是到 1929 年时，在人口超过三万的城市中采用这一制度的占 57％。[27]到 20 世纪 60 年代，很多州规定所管辖的城市使用无党派选举制度，其中包括明尼苏达州、加利福尼亚州、阿拉斯加州和西部的大部分州。除此之外，在 10 个州当中，采用无党派选票的城市超过了 90％(例外的情况发生在面积超过一定范围的城市中)。在西部，94％的城市采用无党派选举的方式。东部沿海是美国国内唯一采用党派选举的城市多于无党派选举的地区。大城市力争逆向而行：人口超过 50 万的城市中有 85％仍然在选票上印有政党的标签。

改革后的选举制度是为了降低工人阶级和族裔选民的影响力，有多方面的证据表明改革者已经达到了既定目标。20世纪初，工人阶级候选人在多个城市通过选举进入市政部门，其中一部分是社会主义者。[28]自由选举制度的普及使得这一阶层的候选人很难在选举中获胜。在俄亥俄州的戴顿市(Dayton)，社会主义者从工人阶级选区中选举了两位市议员和3位评估员，这一结果让人瞠目结舌，导致了当地精英们的强烈抗议，他们制定出了一种自由制度。1913年的大选就采用了这一制度，社会主义者获得了35%的普选名额，1917年得到44%的份额，但是所有的候选人要经过自由选举，这两年中没有一个社会主义者能够进入候选人的行列。同样，1911年，匹兹堡也采用了自由选举制度，结果表明上层阶级的商业领导和专业人士将中下层阶级的群体挤出了市议会和学校董事会的行列。[29]

圣路易斯提供了这两种选举制度的实施图例，市议会的成员在城市所有的28个选区中都通过党派选举的渠道参与了竞选(见图4.1)。1970年，一个非裔美国人占41%的城市中，种族成为激烈争夺的对象。由于圣路易斯采用选区制度，在1977年的市政选举中有10位黑人赢得了市议会的议席(到2000年时，有11位黑人赢得议席)。所有这些代表非裔美国人的选区全部位于城市的北半部。相比之下，白人选民占据多数的18个选区中选举的市议员全部为白人。(和许多城市一样，市议员是圣路易斯城市宪章中的一个官职术语，并非特指男性。)

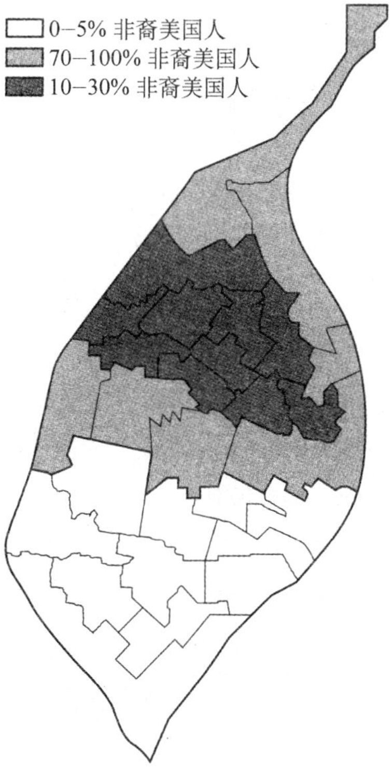

图4.1 1977年圣路易斯市市政选区中的种族构成

这些结果与圣路易斯学校董事会选举的结果截然不同，因为所有的候选人需要经过自由竞选。1977年，公共学校招收的学生中有70%是非裔美国人，然而没有一位黑人候选人进入学校董事会之列。选票上的五位候选人都是中产阶级白人，因为白人选民中几乎没有人支持非裔美国人作为候选人。选区制度虽然能够保证非裔美国人在城市立法机构中占有席位，但是控制学校董事会选举的制度却产生了截然相反的结果。

经过一段时间，几乎所有的美国西南部城市都采取了无党派和自由选举这两种制度结合的方式。因此，在这些青睐经济精英的地区逐渐演变出这样一种政治风格："公共管理中的节俭、效率和专业"一直是西南部城市管理的指导理念，但是很多政府单位愿意承担起推动地方发展的责任。[30]数十年间，大批官员和专业人士为了商业发展而在特别区域和部门致力于土地开发、供水、港口疏通、供电以及游说联邦政府等工作。[31]直到20世纪60年代，商业协会才参与了公职候选人的选举。因此，西南部城市的机器政治与众不同，当然其成员并不这么认为。参与选举的这类选民比起北部工业城市的人数比例较低。[32]这种情况在20世纪60年代开始发生变化，原因有两点：第一是公民权利的兴起；第二，受阳光地带城市鼓舞的社区组织向长期以来受商业利益主导的政权提出了挑战。

市政事务中的"效率和经济"

在早期的市政改革运动中，"效率和经济"成为优秀政府的代名词。西奥多·罗斯福在1894年举行的优秀城市政府首届年会上发表演讲，代表们不应该仅仅在道德上义愤填膺，应该找到简化和改善政府的方法："我一直想对改革者传授两条福音……第一条是道德福音，另一条是效率福音……我没有必要告诉你们要正直，但有必要告诉你们要切合实际追求效率。"[33]实际上，改革者并不需要这样的建议。市政改革者一直在努力寻求善治的路标，如果能成功地将流氓赶下台，他们就会考虑下一步该做什么。

城市政府的极端无组织状态是改革者工作的重要目标。19世纪以来，城市倾向于零零碎碎地增加新的职责和服务设施，总是每次进步一小步。到19世纪末，每个城市都有多个独立的理事会和委员会负责市政服务的管理，因此无法绘制出详细的组织图，也无法知晓各个城市的运行情况，这种状况极易导致混乱和腐败现象。通常情况下，市议会管理城市，每一个选区选出一名市议员。改革者声称这种制度衍生出一种互相吹捧和选票交易的政治文化，市议员习惯将自己的政治亲信安排到各个委员会和理事会中，这些人一旦有机会就会受贿。该怎样解决这样的问题呢？改革者们一致认为最好的办法是用自由选举取代以选区为基础的选举方式，能够拥有在全市范围内发动竞选资源的个人将能获胜，因此出身较好的人士将占有市长的职位，这种假设经常得到证实，但并非总是如此。覆盖全市的竞选活动需要高额费用，19 世纪晚期，市长候选人需要自己承担大部分的竞选费用。[34]因此，市长往往出身显赫，甚至拥有上层阶级的背景。工人阶级和族裔候选人只能在有纪律约束、基础广泛多样的政党组织所在的城市里才有可能掌权。

为了增强市长和管理者的威信，州议会定期干预市政，取消市议会的预算和监督权，将这些权力交由市长或者是由市长指定其成员的全职理事会和委员会。1891 年，印第安纳州议会将起草预算的权力交给印第安纳波利斯的审计，市议会只有数额较低的拨款权，不能超过这一数额。新章程授予克利夫兰和印第安纳波利斯市市长撤销行政官员的权力，其他州也采取了类似措施，例如 1896 年新奥尔良和 1898 年巴尔的摩的批准章程中就包括这一项措施。[35] 1892 年，纽约州议会以纽约市的做法为模范在人口超过五万的所有城市中设立了评估和分配理事会(Board of Estimate and Apportionment)。19 世纪七八十年代，州议会掌握了底特律、巴尔的摩、波士顿、圣路易斯、堪萨斯城和纽约市警署部门的财政和行政管理权。

改革者习惯通过游说来敦促州议会颁布有利于改革事业的立法。州议会在干预的过程中，实际上成了各个利益组织之间竞争地方政治的裁判员。州议会介入城市政治斗争也是身不由己。地方政府提供主要的公共服务措施，州议会代表负责应对地方选民，因此地方事务与州事务不可避免地紧紧联系在一起："州政府中的日常工作就是处理地方事务，地方政府的普通部门是州议会。"[36]大部分立法委员不愿意介入与议会选区无关的地方政府问题，议会选区的分摊制度限制了大城市立法委员的数量。研究显示"几乎所有对大城市有影响的法案都是由这些城市的代表们提出的"。[37]非地方代表们"只是例行公事般地听从地方政府的安排"。[38]因此出现了这一重要问题：如果有人代表地方政府的话，将会是谁？

一般来说，代表大城市的议会委员来自社会的特权阶层，即使机器政党统治的城市也不例外。[39]这些人包括商业领导、银行家、律师以及具有其他专业和社会地位的人。拥有财富和社会声望的人士拒绝参加族裔选区的竞选，这会引起与移民酒吧店主和党派政府军的矛盾，但是他们拥有在州议会选区竞选并获胜的个人资源。此外，城市政府的许多理事会和委员会成员是由州长、议会委员会和市长指定的，因此他们"免受民众的控制和市参议员的不良影响，而是由傲居城市最高社会阶层的那部分人直接领导"。[40]

通过这些措施，改革者在推翻以选区为基础的市议会方面取得了部分成功，但是他们继续探索一种更全面的措施来彻底改变城市的管理方式。为了实现这一目标，他们需要找到相关联的管理理论来指导自己的行动。到19世纪90年代末，这一理论基本成型，前提是“公共利益”的界定标准要使所有公民都平等、客观地受益。改革者紧紧围绕着四条神圣的改革原则：(1)低税收：必须有严格的预算控制来确保税收保持最低水平，以尽可能低的成本提供公共服务；(2)无政治：市政府的日常管理要严格地与“政治”相分离；(3)管理专业知识：受过培训、具有经验和能力的专家应该从事城市服务的管理工作；(4)效率：政府应该按照商业的方式运行，将成本效益作为优秀政府的最终试金石。“优秀政府”平台的最后一个要点源自进步时代席卷全国的科学管理运动原则。随着商业规模的逐渐扩大，会计、工程师和公司经理努力创造现代公司体系，最终形成了一种准军事的等级化管理模式。

1911年，随着《科学管理原则》一书的出版，作者弗雷德里克·温斯洛·泰勒(Frederick Winslow Taylor)成为家喻户晓的人物。[41]泰勒毕生致力于将军事纪律和等级制度应用于工作场所、工厂，甚至日常生活中。他敦促雇主通过观察个别工人的劳动来发现工作任务如何组织才能在工人付出最少的时间和精力的基础上取得最大的产量。泰勒承诺应用他的效率原则给社会带来进步、繁荣和幸福，并给每个人带来物质财富。泰勒说将管理变为一门科学会给雇主和工人之间带来和谐与合作，因为两者都对产量最大化感兴趣。效率原则还具有精神层面的意义，它能使每一个工人创造“最大效率和繁荣”。[42]泰勒基本原理手册的核心是“过去是以人为本，将来制度就是第一”。[43]泰勒和他的信徒们传授了一条重要原则：不管是在家里还是工作上都应该杜绝“磨洋工”和效率低下这两种现象。受读者喜欢的杂志都刊登了有关高效家务方面的文章——例如描写家庭主妇如何安排日常家务以及在干家务时如何布置电器和家居来尽可能减少没有必要的走动。效率运动反映了人们普遍追求繁荣和社会和谐的愿望，因此很快发展成为一种世俗宗教，科学管理运动席卷全国。

对于信徒们来说，科学管理像是发动一场不流血的革命，能够缓解劳资关系的敌意，解决灾难性的经济恐慌、贫穷和欲望。效率协会在全国各地纷纷成立，能够担任讲演者的效率专家非常紧缺。[44]泰勒的支持者进入工厂传播效率福音。效率和科学管理这些“经济手段”同样也成为市政改革的模范。政府工作采用效率原则的优点显而易见：“工业技师的声望不断上升，对新的公共事业和市政服务的需求不断增加，这些趋势迫切要求提高地方政府的技术效率。”[45]

1912 年，私人投资的纽约市政研究局首任董事长亨利·布鲁埃尔(Henry Bruere)出版了一部著作，内容是关于如何将效率原则应用到市政管理工作之中。[46] 布鲁埃尔认为纽约市存在多方面的管理不善，“从前人们将此归咎为官员腐败以及普遍的冷漠态度，其实真正的原因在于官方和民众对……有序和科学程序的无知”。[47] 这些程序就是详尽的记录和报道工具，用来规定城市官员的职责、他们应该采取什么样的行动来履行职责、操作设备和管理人事以及其他方面的细节。布鲁埃尔建立了一套打分体系来对城市效率进行排名和比较，将城市的职能行使情况简化为一个数字。城市的排名以下列选项为基础：“城市的所有财产是否有记录?”“会计账簿多久审计一次?”“保证牛奶供应的 20 个注意事项”“卖淫场所的地点是否知晓并记录?”[48] 总之，布鲁埃尔和助手们用 1 300 个标准化问题将城市从“管理最差者”到“最佳者”进行了排列。

1913 年，布鲁埃尔获得了治理纽约效率问题的机会。同年 11 月，布鲁埃尔的知己约翰·珀罗伊·米切尔(John Purroy Mitchell)当选为纽约市长，米切尔任命布鲁埃尔为市长政策顾问。布鲁埃尔立即摧毁了坦慕尼组织的赞助体系，并推行了全国第一套完全成熟的公务员制度。他将设计公务员制度细节的任务分配给了纽约市政研究局的年轻的工作人员罗伯特·摩斯(Robert Moses)，摩斯在执行这些任务时满怀激情，犹如当年的泰勒一般狂热。在他提议的制度中，每位市政工作人员在工作时都要受到效率专家的密切监视，这些专家受过专门的培训，通过应用一套精心设计的数学公式对每位工作人员的效率进行排序。专家们还编写了雇员职责手册，并“用一套精确的数学分数来表示，这些分数将……被用作增加薪水和晋升职位的基础”。[49] 为了实施这项制度，摩斯让助手拟定打分表格，然后将这些表格分发给监管人员。每天监管者将给雇员分发带有数学分数的打分卡。市政工作人员的工资、晋升或辞退将以他们的表现为依据。

这项制度如果得到全面实施的话将会由于自身问题而遭到雇员的反对，因为这种方法很难保证排名的客观性，给雇员排名所需的时间需要大量公务管理职员的工作。摩斯并没有以巨额花费来雇用受过特殊训练的监管者，而是把这项任务分给了普通市政员工。五万名市政雇员坚决拒绝使用报告表格，他们认为这是一项耗费时间、做法笨拙、武断且反复无常的制度。

米切尔担任市长期间制定的这项制度反映了改革者的价值观、思想和缺点。如泰勒所言：“人们具有天生的惰性，这种懒惰很严重，雇员和雇主之间最大的弊病在于制度上的敷衍了事，这种现象普遍存在。”[50]改革者承担起重新塑造人类的艰巨任务，这一理想体现了对人的不信任、缺乏最基本的人文因素。米切尔市长在重新组织城市部门并实施公民服务程序时尽量减少“不必要的”方案和开支。在学校开支问题上，他制定了削减的措施，让老师们在暑假期间进行无偿工作，关闭特殊的智障学校，减少公园和娱乐开支。[51]

纽约的公民服务提案在多数改革者看来都是过于严厉的，但是有些看似抽象的原则仍具有一定的合理性。简化行政管理、为市政工作人员进行培训不仅能够节省金钱，而且提高了服务质量。全国各地的城市都在实行公务员制度，但是没有实行纽约市负责的报告制度。除了城市之外，联邦政府和各个州也被卷入改革的领域。总统威廉·霍华德·塔夫脱(William Howard Taft)指定了经济和效率委员会，后来总统伍德罗·威尔逊(Woodrow Wilson)成立了效率局。在1911年到1917年间，有16个州成立了效率委员会，这些委员会一般都推荐简化预算程序，将更多的权力集中到州长手中，巩固州府机构，建立公务员制度。[52]

商业模式

科学管理原则主张城市政府应该尽可能地按照商业公司的模式来运行。改革者指出继承过去模式的市政府运行程序繁琐而且功能失调。同意此观点的学者们在撰写改革历史时这样描述问题：“努力让优秀人才执政的改革者们发现……即使他们选举了市长或市议会，但是现行的政府体系仍阻碍他们正常工作。(由于)权力和制衡相分离的原则……任何一位选举官员或管理机构都无法负责改革的执行工作。”[53]改革者宣称多数城市现行的“软弱市长”的政府形式将权力分散到众多政客手中：包括选举的市议员和被委员会指定的大批成员。为了清楚起见，他们使用了如图4.2所示的组织结构图。在这份“软弱市长”的组织结构图中，市长主持市议会会议，但是市议会主持提供城市服务的部门会议。问题很简单：如果选民对现行的城市运行方式不满的话，他们应该谴责谁?

商业之所以取得高效率是因为董事会负责的政策制定和专业执行官员及工作人员负责的日常行政管理是明显分离的。如果将这种做法适用于城市管理的话，政策制定应该落在代表选民的选举官员手中，就像商业部门的董事会代表股东一样。但是他们颁布的政策将由负责成本核算和人事管理的专业行政人员来执行。

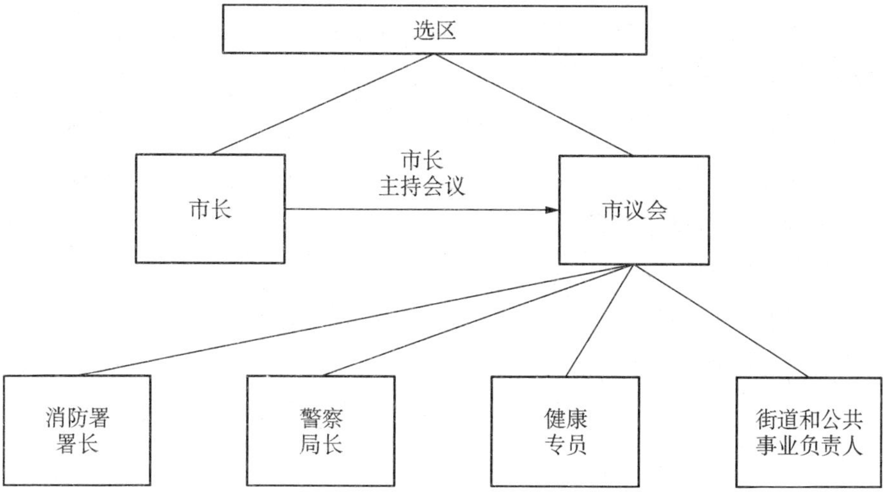

图 4.2 软弱的市长政府

商业模式需要权力相当的执行者来经营公司。将这一观点应用于城市政府中，支持改革的人们会倡导这样的城市章程：减少选举官员的数量，推荐一位有权指定大部分城市官员、否决立法机构的“强硬市长”。1899 年，国家市政联盟出版了一部城市章程范本，其中包括了一份与图 4.3 相像的结构图。在这一方案中，市长位居等级指挥链的最高处，掌握问责权，其权威显而易见。拥有 5 至 9 位成员(经由自由选举产生)的市议会取代了当时典型的市议员委员会。通过这种安排，选民能够明白管理城市事务的负责人是谁，这些人将对他们所做的工作负责。

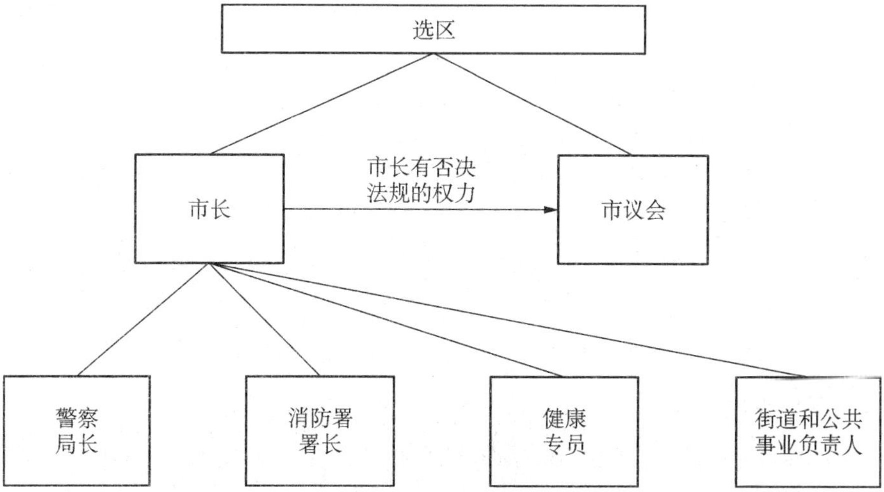

图 4.3 强硬市长政府

改革者对他们控制城市后的下一步计划非常自信，于是发动了一场“家庭制度”运动。他们要求州议会授权城市自行制定税率、管理内部事务并决定提供服务的方式和内容，这样城市将能自由地发挥新型有效政府体制带来的潜力。1875 年的州制宪会议上，密苏里成为第一个为城市书写普通家庭章程的州，尽管州议会仍控制着圣路易斯的警方预算。最终的立法权仍由州议会掌握，但是密苏里市采取的每一项行动，只要在章程权力范围之内，不必请求州议会的批准。例如，现在的城市无需咨询州议会就可以雇用新的环卫工人和消防队员，或者修建新的街道。一般宪章详细说明了将提供的服务范围，但是没有像薪水级别、消防队和街道位置以及城市雇佣人员数量等方面的具体内容。由国家市政联盟和其他组织强力推行的家庭制度运动很快就席卷全国。到 1925 年为止，有 14 个州批准了城市的家庭制度，如今，几乎所有的城市都依据“家庭制度”章程进行管理。

委员会和管理者政府

得克萨斯州的加尔维斯顿(Galveston)建立起全国第一个商业公司模式的市政府。1894 年，加尔维斯顿的商业和职业领导者组织了一场选举商业领导人担任城市政府最重要职位的竞选活动。第二年，市议会成员和商业领导联合在得克萨斯州议会上通过了章程修正案，废除选区，确立了全市选举制。但是令改革者失望的是，新的选举程序并没有带来支持者们所期望的大幅度变化。接下来的几年中，一部分商人通过选举进入市议会，但是涉及重大事情时，他们往往被多数票击败。[54]

1900 年 9 月 8 日，加尔维斯顿发生了一场自然灾害，商业公司领导借此坚决要求拥有自主权。飓风卷起的海浪冲垮了加尔维斯顿的防海堤坝，涌入的海水淹没了整座城镇，37 000 名居民中有 6 千人丧生，城市财产损失了一半。为了重建城市，商业领导人组织成立了深水委员会并着手取得了地方政府的控制权。委员会成员认为如果“城市是商业公司的话”，[55]那么就应该按照公司的运营方式去管理，选民充当股东，而选举出的相当于董事会的委员会要对他们负责。在这一原则的指导下，深水委员会起草了以委员会为形式的政府纲要并申请州议会的批准，他们的提议很快得以实行。

加尔维斯顿计划组建由五位成员组成的委员会，他们行使立法权以及监管城市服务部门的行政管理权，从前这些权力由市议会掌管。每位委员会成员负责一个政府部门。飓风发生之后的紧急状况下适合采取这种权力集中制，这甚至是必要的措施。起初，州议会授予委员会刑法和民法的实施权，但后来州法院否定了这一权力。即便如此，委员会行使的权力范围依然很广。在商业领域这五位主要成员的带领下，加尔维斯顿出台了一项强劲有力的重建方案，在改革进程中，城市一方面减轻了债务，同时也恢复并改善了公共服务设施。

加尔维斯顿关于委员会政府的成功实验引起了全国人民的关注。这一新生思想像野火般蔓延开来，其吸引力显而易见：这一举措能够简化政府，让中上层阶级的人们对公共服务感兴趣，并且还能为改革者提供一项直截了当的计划，从而向机器政党和首领发出挑战。加尔维斯顿的做法对得克萨斯州其他城市的商业领导者触动至深，他们要求得克萨斯州议会允许他们效仿加尔维斯顿成立委员会政府。到 1907 年为止，有 7 个城市效仿加尔维斯顿拟定出自己的章程，其中包括休斯敦、达拉斯和沃斯堡(Fort Worth)。

1908 年，爱荷华州(Iowa)的得梅因市(Des Moines)通过一整套改革给委员会概念注入了活力。除了由五位成员组成的委员会之外，得梅因市还采用了提议、复议和罢免机制、无党派和自由选举制度以及公务员制度。这一方案被改革者称作得梅因计划，迅速在全国范围内流行开来。1909 年，全国不同地区的 23 座城市采纳了这项计划，1910 年，采纳计划的城市达到 66 个。[56]到 1915 年 9 月，由委员会政府管理的城市至少有 465 个，到 1920 年为止，全国人口超过 5 000 的城市中有 20%采纳这种管理模式。[57]其间，有的州规定将委员会政府作为城市的强制管理模式，大部分州按照城市的意愿自行选择管理模式。

改革者们将得梅因计划视为万能药加以宣传，确保能够降低税收、提高公共服务效率并且使素质高的人员进入政府。与此相适应，商会以及其他有组织的商业团体成为最有力的支持者。1907 年，商业俱乐部成功地推出了得梅因新章程，然而有趣的是，当选执政的首批委员代表了工人阶级，令赞助章程实施的人员大失所望。[58]在宾夕法尼亚，匹兹堡的商会召集了全州范围的商业组织会议来说服州议会做出要求，具有一定规模的城市才可以使用委员会政府的管理模式。1913 年，由银行家、商人和制造商组成的联盟确保了立法的通过。[59]

尽管委员会政府极具吸引力，但是这种管理模式存在一定的问题。批评人士认为最大的问题是政府的这种管理模式并没有完全按照商业模式运行。委员会并不是董事会，因为委员的职责是政策制定和行政管理。每一位委员主管一个独立的行政部门,委员们之间经常拒绝合作。有时他们会通过分配工作和合同组建自己的人事帝国,这种做法与他们所取代的机器政客非常相似。市长很难阻止这种做法,因为每一位委员都"处于领先地位"。国家短票选举协会(National Short Ballot Association,短票选举即只选出主要人物,次要人物由政府任命)的秘书长理查德·S. 查尔兹(Richard S. Childs)对委员会政府的这一缺点抱怨不已。他认为这种管理模式是"一次事故,不是一项计划"(加尔维斯顿紧急状况下的产物),他声称问题在于有五位同等的行政官员:"委员会作为一个整体来控制各部门成员的理论被忽视,它对顽固成员束手无策。"[60]查尔兹认为委员们之间容易互相轻视("你管理你的部门而不许批评我的部门")或相互交换利益("你支持我的拨款计划,我就会支持你的")。[61]这种效率模式并不是像查尔兹这样的改革者所期望的。

改革运动成员针对这些批评意见提出了新的观点:将管理权交给受过专门培训的管理者手中。作为当选的官员,市长和市议会继续制定政策决议,但是城市管理者将负责政府的日常运行事务。"改革领导者意识到当选的官员并不具备技术能力,他们希望手段强硬的市长能够指定受过培训的技师和管理人员担任部门领导。"[62]改革者希望城市管理者通过这种方式使地方政府获得管理经验和责任。[63]

在这次改革中,成员们打算合理运用商业模式。1913 年,国家市政联盟发布了一项报告(由查尔兹撰写),建议撤销委员会政府而采用城市管理者计划。六年后,在 1919 年,联盟修订了章程模本,建议城市采用城市管理者形式的政府。又过了几年,城市管理者计划取代委员会模式,到 20 世纪 20 年代,委员会形式被视为一种失败的实验。

1908 年到 1912 年间,中西部的几个城市雇用了城市管理者。俄亥俄州的戴顿市更改了自己的城市章程,这一观念正式流行开来。像加尔维斯顿一样,一场自然灾难也充当了戴顿市政改革的催化剂。1913 年,国家现金注册公司总裁约翰·H. 帕特森(John H. Patterson)说服戴顿商会起草了一份新的城市章程。商会成立起市政研究局来宣传这一观念,由商业社区资助的团体——一百委员会(Committee of One Hundred)给一批候选人提供赞助。通过在一个个的选区组织竞选活动,商业团体将共和党候选人推进了市议会,但是代表地方民主党机器的政客数量超过了共和党的人数。看起来章程改革并没有达到既定的目标。但是两个月之后,迈阿密河爆发洪灾淹没了城市,市政府在组织紧急援助服务时效率缓慢。帕特森将他的工厂变为洪灾受害者的避难所,一夜之间,他成为了城市中的主要人物。商业领导人要求州长让帕特森负责拟定新的城市章程。几个月之后，由帕特森领导的委员会提议采用城市管理者模式，选民们纷纷投票支持。[64]

结果是惊人的。新政府改善了公共服务设施，清还了城市的大部分债务，制定了新的预算程序，统一实行八小时工作制，建立公务员制度。戴顿计划宣传其城市管理者制度取得了广泛成功，因此很快就成为全国最受欢迎的“优秀”改革模范。尽管在大的工业城市鲜有出现，但在全国的小城市中，这种形式的政府成为最普遍的模式。1913 年，有 87 个城市采纳管理者章程，在 1918 年到 1923 年间，有 153 个城市采取了这种做法。又过了五年，采纳管理者章程的城市中又增加了 84 个。[65]

城市管理者计划成为一种流行趋势，原因在于它能够反映改革者的愿望：他们希望找到客观、非政治、高效的地方政府管理方式。支持改革的论据大都建立在类比商业组织的基础之上。1930 年，《达拉斯新闻》(*The Dallas News*)在宣传管理者计划时提问："为什么不能按照商业计划以商业方式在商人的领导下管理达拉斯呢？……城市管理者计划毕竟只是一项商业管理计划。城市管理者是在董事会领导下的公司执行官。达拉斯是一个公司，就是这么简单。为它投票吧。"[66]

尽管城市管理者计划参考了商业模式，但是难以掩盖这样的事实：这份计划的制定不仅是为了提高政府工作的效率，而且是为了确保不同阶级在政府选举中不受下层民众的影响。参与改革运动的一部分人指出这一计划存在问题，会影响民主化的进程。参加 1913 年堪萨斯城市联盟会议的一位代表听取了同僚的演讲，内容是关于将城市视为商业发展的必要性，随即他提出了抗议，认为“城市不仅是商业公司”，“健康比低税率更为重要”。[67]但是城市改革者与其他城市民众之间的巨大社会鸿沟让大部分改革者产生厌恶情绪。

改革者大力宣传采用商业政府模式带来的好处，毫无疑问，其中的一部分承诺有些夸大其词。研究表明采用城市管理者的政府模式，城市的开支水平几乎没有受到影响。[68]机器政党统治下的城市和实行改革的城市税率相同，在主要公共服务设施方面的开支也相差无几。二者之间的主要差别在于对不同选民提供的服务以及从政府获得的好处。实行改革的政府总是忽略低收入社区的民众，而只奖励那些居住在城市富裕区的支持者们。他们修建图书馆、为房主增加服务措施(例如免费垃圾处理)并且划定土地来扩大新的住房开发。最重要的是他们大肆宣传让市区商业和公司受益的政策。官僚制度也方便了对奖励分配的控制权。例如，20 世纪 80 年代，纽黑文市(New Haven)的公民认为“享受诸如修剪树枝或垃圾处理这样的服务需要获得一系列的政府批示，而这些办公室的开放时间不固定且不经常办公”。[69]

官僚制度对那些工作时间固定的工人或不擅长按照正式规定填写表格的人们来说增加了办事的难度。如果直接把事情汇报给地方市议员岂不简单得多？制度提供方便的同时也会存在一定的问题。政治任命者在专业知识方面有所欠缺，内部人士能够得到更好的待遇，但是难免会存在一定程度的腐败现象。一般来说，不管面临何种挫折，建立在官僚体系上的政府比起以政治倾向为基础的任何体制所遭受的偏见会少一些。[70]

改革运动是否消灭了机器政党？

崇拜改革运动的人们总是认为改革者成功地清理了地方政治，因而机器政党已经灭亡。很多机器政党仅仅维持了 10 年左右的时间就逐渐衰落，或者统治机器政党的政客突然撒手不管。1909—1918 年，多个城市的机器政党纷纷瓦解，包括俄亥俄州的戴顿、密歇根州的底特律和大急流城(Grand Rapids)、洛杉矶、俄勒冈州的波特兰市、密尔沃基、明尼阿波里斯市(Minneapolis)、圣弗朗西斯科和西雅图。每一种情况中都涉及某种形式的改革以及公务员制度对雇佣规定的改变。[71]经历了这段时期而幸存下来的机器政党大部分到 20 世纪 50 年代中期或在此之前就消亡了，其中包括纽约的坦慕尼协会。到第二次世界大战为止，几乎所有的城市都经历过改革。选民登记的做法非常普遍，公务员雇佣制度也是如此，大部分城市实行了自由选举和无党派选举。即使在改革运动成绩平平的大工业城市里，选举制度也经历了某种程度的改变。波士顿、新奥尔良和匹兹堡改为自由选举制，孟菲斯和底特律采用了自由选举和无党派选举，第二次世界大战之前，丹佛、新奥尔良、费城、克利夫兰和匹兹堡也开始实行无党派选举。[72]

毫无疑问，这些改革产生过一定的影响，但是显而易见，改革并没有“导致”大型城市机器政党的瓦解。学术方面的论证表明“实施结构方面的改革不足以铲除或排除机器政治”。[73]机器政党往往很容易适应新的游戏规则。在 15 座城市中，机器政党实际上从强硬市长制和城市管理者制度中受益匪浅。[74]改革者实现了他们要求专人对选民负责的目标，但是选民们并没有像改革者所期望的那样予以回应。

20世纪20年代，克利夫兰实行了城市管理者计划，此后机器政党在这一职位上安排了一位政党人员。[75]理查德·J. 戴利(Richard J. Daley)从1955年当选以来在芝加哥建立起强有力的机器政党，尽管芝加哥采取了无党派选举制，而且绝大多数雇员是公务员。

大部分情况下，由于机器政党无法适应城市的人口和经济变化而消亡。随着时间的流逝，移民基础逐渐缩减。19、20世纪之交之后，爱尔兰移民的数量急转直下，大部分新移民来自意大利和东欧诸国。对于大部分机器政党来说，爱尔兰人是他们的支柱，随着这部分移民数量的下降，机器政党感到自己的支持力量逐渐衰退。要想继续生存，必须要适应时代的变化。纽约市的法瑞罗·拉嘎迪亚(Fiorello LaGuardia)联合了意大利和犹太选民在1933年的选举中击败了坦慕尼协会的候选人，在此期间，他成立了自己的机器政党，包容性更强。芝加哥的安顿·瑟马克(Anton Cermak)也调整了机器政党，将意大利人、犹太人、捷克人和波兰人纳入轨道。波士顿的常驻首领詹姆斯·迈克尔·科里(James Michael Curley)比其他的大部分首领任职时间都要长，也许是因为爱尔兰人是城市的中坚力量，但是最终在1949年的连任选举中被击败。[76]理查德·J. 戴利在1955年当选为市长时通过在传统民族社区基础上增加中产阶级白人选民和市区商业精英的办法阻止了芝加哥机器政党被瓦解的厄运，另一方面重新建立起与非裔美国政客的联系，让他们承担在芝加哥南部和西部的大片黑人居住区拉选票的工作。

对机器政党的第二个关键性打击是移民支持者在经济领域的地位逐渐提高。随着移民加入中产阶级的行列，机器政党向他们提供的蝇头小利和工作赞助，无论从物质或象征意义上讲，都已经不如从前那么有吸引力了。第二次世界大战之后，移民及其子女加入了向郊区进军的行列。分区队长看到他们的邻居迁出了市区，有时他们也跟随大部队搬走。第二次世界大战期间及以后的时间内，机器政党在联合移民、贫穷白人以及涌入城市的黑人方面并不是很成功。[77]

改革的影响

尽管城市改革运动时过久远，但是当时采取的一系列改革措施对美国政治制度的影响经久不衰。制约选举和代表的制度仍然是人们争论的焦点，因为这牵扯到在决定公共政策的受益者时政府的角色问题。[78]20世纪六七十年代期间，再次爆发了“游戏规则”的冲突，原因是少数族裔和种族在美国各级政治体制中总是代表名额不足。1965年颁布的《选举权利法案》(The Voting Rights Act)就是将黑人纳入国家政治体系的一项举措。联邦政府派遣登记员进入司法部门为黑人注册，有的情况下，也为拉美裔人和本土美国人注册。地方政府向联邦法院提起诉讼质疑进步时代遗留下来的选举制度。国家有色人种进步协会(NAACP)和联合拉丁美洲公民(United Latin American Citizens)这样的组织一起攻击自由选举制度，竭力证明这种制度是无效的，声称他们违反了保证法律保护平等的第十四条修正案。他们还要求法院重新审视州议会和国会选区的界限，据他们所言，选举中存在很多越权的做法，阻碍了少数族裔的参加。有时法院会支持他们对自由选举制的攻击，但是却颁布了自相矛盾的规定，指出有关减少少数族裔代表的立法界限具有合宪性(这种做法被称作根据种族划分的选区)。[79]法庭内外争斗的激烈程度说明政治体系中制约参政的制度在一百年前的改革运动中与当今同样关键。

研究发现自由选举制度降低了少数族裔和种族的影响力。[80]随着这方面证据的不断累积以及对里根政府的强烈反对，1982年国会对1965年的《选举权利法案》进行了修订，使少数族裔更容易挑战地方选举惯例。国会通过的修正案包含在新法案的第二部分中，是对1980年联邦最高法院判决的回应。当时的判决要求诉讼当事人在选举被宣布无效之前证明其是故意歧视。[81]在第二部分中，国会阐明对地方选举法则的质疑应该符合一项更简单的标准：在选举职位中如果存在少数族裔代表名额不足的影响因素，这些规定将被视为非法。

1986年6月30日，联邦最高法院在“索恩伯格诉金格尔斯案”(*Thornburg v. Gingles*)中做出了一项具有里程碑意义的判决，诠释了1982年的修正案。[82]这一案件在提交到联邦最高法院之前是由美国司法部起诉了北卡罗来纳州，指出北卡罗来纳州的几个多元州议会选区侵犯了黑人选举权，因为这些选区中的白人候选人总是赢得所有的席位。[83]联邦最高法院命令北卡罗来纳州创建单一席位选区并制定标准，决定何时自由选举和选区制是不可信的：(1)诉讼当事人可以证明，至少创建一个单一席位选区，能够赋予少数团体选举的多数票；(2)能够证明少数团体寻求政治代表具有政治凝聚力；(3)能够说明白人之前以集团形式的投票是为了阻止少数团体候选人当选的情况。[84]

自由选区制度遭到了全国人民的挑战。1986年，联邦最高法院发现非裔美国候选人通过自由选举根本不可能获胜，于是责令阿拉巴马州的几个县设立单一席位选区来选举县委员。[85] 1987 年针对伊利诺伊州斯普林菲尔德市(Springfield, Illinois)提起的诉讼中,联邦法官责令城市扩大选区的数量,由 5 个增至 10 个。因为城市人口中的非裔美国人仅占 10.8%,将选区增加到 10 个是必要的,只要其中任何一个选区的多数选民是黑人就可以。[86](有趣的是,在类似的一起指控斯普林菲尔德市公园选区的诉讼案中,另一位联邦法官就没有采用这一解决方式。[87])同年,在伊利诺伊州的丹维尔市(Danville),联邦法官否决了从前通过自由选举产生的三人委员会和市长制度,将市议会成员增加到 14 位,从 7 个选区中选举产生。[88]

1982 年对《选举权利法案》的修正案引发的众多法院判决给地方选举制度造成了相当大的混乱。从 20 世纪 80 年代到 90 年代,法院下达的判决中对数百个城市、县、乡以及特区的选举制度表示异议。在法院采取行动之前,有的地方政府自愿重新划分选区界限来帮助少数族裔的代表。通常情况下,在设计选区界限时政府总要费尽心思。[89]但是重新划定界限的做法并不是在每个城市都能行得通。实际上,这种解决办法只适合那些少数族裔人口集中居住在高度隔离区的情况,并不适合那些居住分散且毫无联系的情况,因为存在隔离区的城市中更容易划定出清晰的界限。从 1993 年开始,美国最高法院下达的一系列宣布国会选区界限的判决是无效的,因为这并不符合"政治区划紧凑、毗邻并尊重"的标准。[90]

尽管法院在一段时期内实行了紧凑性准则,但并不代表所有为特殊种族和族裔团体争取代表而重新划分区域的做法终结。[91]要符合美国最高法院的标准并不难,只需增加立法区的数量即可,这些小型选区能够保证人数较少的少数团体社区在部分选区中发挥自己的影响力。地方政府为保证少数团体获得平等代表权,在划定选区时规定数量上限,至于是否存在这种做法,这一问题几年以来一直很模糊。到 1987 年为止,正常情况下,政府对已经存在的选区数量不再干涉(除了斯普林菲尔德市)。[92]

法院对技术方面的事宜考虑得更多。例如,在划定立法界限时需要统计少数族裔的总人口还是只需要统计达到选举年龄的人口?多数法院要求统计达到选举年龄的人口数字。[93]能否将两个或以上的少数族裔团体合并起来达到占选区选民多数的标准?法院的回答是如果这些团体具有一致的政治目标是可以的,而调查表明黑人和拉丁美洲人在投票选举时往往并不一致。[94]

1990 年美国进行了 10 年一次的人口普查,在此基础之上要求国会进行重新分配,从而引发了政治内斗。1991 年,少数族裔代表问题被推到了政治内斗的风口浪尖上。州议会批准了国会选区划定的界限，所以州级党派控制权成为关键问题。1990年，国会中的黑人和拉丁美洲人有37位。1992年，由于重新划定了选区，国会选举中增加了19位黑人和拉丁美洲人。许多州的共和党人与国会中的提倡黑人民权小组一起工作，正是他们的共同努力才确保了少数群体候选人选区的建立。这一举措不仅增加了国会中少数群体代表的数量，而且还增加了与共和党候选人形成竞争的选区的数量。[95]这种复杂的手段成为法律规定的按比例分配中的典型特点。

1991年6月，最高法院裁定路易斯安那州和得克萨斯州的司法选举违反了1982年《选举权利法案》，原因是自由选举区削弱了少数群体的选举力量。最高法院对州和地方法官选举程序产生了质疑，后来又提起了一连串的诉讼。按照以往的传统，几乎所有的州和地方法官都是通过自由选举产生，也就是说，每一个选区会选出多个职位的担任者。这种做法也许可以解释为什么1985年州法院的非裔美国人仅占3.8%，拉美裔仅占1.2%。[96]

法院的判决给地方选举带来了一场革命。1981年，采用自由选举制的城市占66.5%，到1986年，仅仅五年的时间内，这一比例下降至60.4%。[97]这一重要的变化可以追溯至一项研究结果，从自由选举到选区选举和预期的一样的确能够提高黑人和拉丁美洲人的代表率。[98]所有城市在制定选区制度或对既定选区重新划分界限时压力重重。例如，1991年，圣路易斯州的非裔美国人领导采取威胁的方式要求对城市的28个选区重新划定界限，否则就要到法院上诉。当时市议员的人数为28位，其中有11位非裔美国人，但是新的选区地图会根据非裔美国人选民占多数的比例分配给他们一半的选区。[99]

20世纪90年代的案例似乎说明除了极端情况以外，法院在力图避免告知州和地方政府该如何划定选区。在一桩盘根错节的案例中，法院对选区经过重新划定后少数族裔代表过度增加或者减少的情况提出了怀疑。1993年的"肖诉雷诺案"(*Shaw v. Reno*)中，美国最高法院认为北卡罗来纳州的选区构成非常奇怪，几乎全部由黑人组成，因此裁定这一重新划区的做法是非法的，这样的选区被称作"政治上的种族隔离"。代表多数选民的桑德拉·黛·欧康纳(Sandra Day O'Connor)写道："如果选区划定是为了实现某一个种族群体的共同利益，那些当选的官员会更加坚信他们的首要任务是代表这一群体的成员，而不是代表所有的选民。"[100]美国最高法院在重新划定选区界限时略微考虑到了种族因素，宣布种族并不是“主导因素”，1996年宣布要根据各自的情况自行决议，并且指出少数族裔划区时如果界限紧凑一致的话是可以允许的。[101]这些裁定并不鼓励重新划定选区的做法，因此并没有对现状进行实质性的改变。接下来的几年中，法院不再愿意涉及此类问题。

经过了进步时代的市政改革，又过了半个多世纪后，有关代表和地方民主的问题作为有争议的政治问题再次浮出水面。继1965年《选举权利法案》之后的时期可以被视作自进步时代以来的第一次改革期，其特定目标是地方选举政治。近期改革运动受到20世纪60年代民权运动的影响，并对几十年前制定的选举制度的公正性产生质疑，这一点应该予以强调。新时代的改革增加了非裔和拉美裔的代表，这些新产生的影响给公共政策带来了重要变化。[102]

斗争在延续

有关游戏规则的冲突仍在继续，然而主战场从选区转移到了选民登记制度方面。2000年，有关总统选举方面的决议引起了小范围的争议，从那时起，共和党和民主党在选民登记问题上陷入了持久战，双方都岌岌可危。进步时代的选民登记制度非常严格，因此降低了少数族裔、穷人以及其他在复杂的官僚体系里力不从心的群体参与选举的程度。2000年总统选举的结果在佛罗里达州大选日之前就已经揭晓，共和党国务卿宣布技术问题导致七万多名黑人选民的登记无效，例如登记表上出现了名字拼写错误或者没有改变称呼等问题，还有几百人被错误地宣布无效，因为他们与一些重刑犯重名。这些行为是有决定性作用的，最终选举结果仅由500多名选民决定。

双方都牢牢记住了这一教训。民主党加大力度简化登记程序并且动员选民登记的积极性。共和党则反其道而行之，在各个州发起了反对这项改革的斗争，由于移民问题在全国引起了争议，他们对登记制度施加严格规定的努力初见成效。2008年爆发了一场激烈的斗争，争论的焦点是各州是否将公民身份证明作为登记条件、持有带照片的身份证能否作为投票的条件。此前，要求在投票站出示身份证明的25个州中的大多数对身份证明的形式并没有太多的限制，水电费账单、支付支票、驾驶证、学生证或者军人证都可以。新法律提议护照、出生证明以及入籍证明也可以作为选举的条件。民主党指控这些提议是想将低收入和少数族裔选民排斥在投票站之外，共和党反击这一指控，宣称这些做法是为了减少投票欺诈行为。[103]

仅仅从表面上看这些党派的说辞是不可靠的。在选民参与问题上的冲突反映了对方的政治利益，2008 年总统选举期间在大学生登记问题上的冲突就清楚地反映了这一观点。2008 年 9 月，弗吉尼亚州的一位地方选举登记员（共和党人）宣布弗吉尼亚理工大学的学生如果在布莱克斯堡（Blacksburg）登记投票选举的话，可能会失去奖学金，如果将校园登记为投票地址的话，他们要缴纳州税。他所宣布的内容显然与美国最高法院授予学生在就读学校投票的选举权这一决议相矛盾，无论怎样，这一事件在弗吉尼亚理工大学校园里引起了不小的风波。弗吉尼亚案例并非例外，还有 11 个州也剥夺了大学生的选举权，他们认为邮箱和宿舍不是永久居住地，因而否认其合法邮寄地址。还有的州规定非本州的驾驶证不能被用作选举的身份证明。所有这些情况实际上等于让选举法官在势力接近的选举中否决一些选票，正如 2000 年发生在佛罗里达州的事件一样。[104]

2010 年选举后的两年内，在 41 个州内新增了 180 项选举限制条例，共和党州议员一直支持这些新的选举限制条例。2013 年 1 月，弗吉尼亚参议院通过了一项重新划区计划，这一设计减少了民主党代表的 8 个议席。这一计划在众议院遭到否决，并且还制定了选举权需要经过立法程序的基调。[105] 2013 年第一季度期间，30 个州提出了 55 项新的选举限制条例。2013 年 3 月底，共和党议员推出了一个新想法，将提前投票窗口一分为二，因此取消了当天选民登记和周日投票的做法。批评家指出共和党的政策制定者旨在设置选民和投票箱之间的障碍，以此来减少少数族裔参与投票的数量。[106]

2013 年，北卡罗来纳州的共和党人在提议选民限制条件上尤为积极。第 721 号参议院法案提议将提前投票缩短为 6 天，取消了当天选民登记的做法，对于过去有重罪记录的人，将其选举资格和新选民身份限制期推迟 5 天。[107] 佛罗里达州率先否定了刑满释放者的选举权。2011 年执政后，州长里克・斯科特（Rick Scott）废除了非暴力释囚自动恢复选举权的规定。2010 年，佛罗里达州的非裔美国人口占 16.5%，但是州监狱的犯人中黑人占 31.5%。活动分子引用这些数据是为了确定佛罗里达州的制度刻意压制少数族裔的选票。佛罗里达州的美国公民自由联盟（ACLU）执行理事霍华德・西蒙（Howard Simon）说过："这是极少数按照预先设计准确运行的政府方案中的一个，其目的是为了尽可能地压制非裔美国人的选举人数，这一方案于 1868 年设计，其影响一直持续到 2013 年。"[108]

2013年,据联邦理工学院的估计,弗吉尼亚州登记的869 000选民缺少新选民身份法案规定的新式身份证明。而在2012年选举中,弗吉尼亚州的选民可以出示多种形式的身份证明参加选举,例如水电费账单和隐藏手枪许可证都能够用作身份证明。新法律对身份证明做了限制,包括驾驶证、护照、国家颁发的身份证、学生带照片的身份证或者雇员带照片的身份证。[109]研究表明这些限制降低了年轻人和少数民族选民的投票。[110]芝加哥大学和华盛顿大学的政治科学家撰写了多份报告,其中发现"17.3%的年轻黑人和8.1%的年轻拉丁美洲人说他们由于身份证明不充足而不能参加选举,而存在这种情况的白人仅占4.7%"。[111]有的州没有制定选民身份的相关法律,却要求年轻黑人在投票站出示身份证明,遭遇这种情况的年轻黑人占65.5%,相比之下有42.8%的年轻白人遇到这种情况。[112]

2012年,有一位在费城做过酒店管家的93岁白人女性维维艾特·艾普怀特(Viviette Applewhite),她的钱包在超市里被盗,她唯一的身份证明社会保险卡丢失了,因此不允许她参加总统选举。为此她起诉了宾夕法尼亚州。在她看来,"政府部门的这些做法是竭力阻止黑人参加选举,从而阻碍奥巴马再次当选。"[113]

这些限制条件也对学生产生了一定的影响。在北卡罗来纳州,2013年通过的第666号参议院法案提议子女如果登记所在的大学为选举地址,父母将受到税务处罚,原因是他们没有宣称子女依附于国家税收这一事实。第667号法案提议更改选举登记的学生选民需要在60天内登记新地址,并且还要缴纳地方财产税。

限制条例的提倡者宣称设计这些法律条文的目的是保证选举的完整性,杜绝选民的欺诈行为,而反对者却指出了一个事实:通过选民身份法的州议会几乎全部由共和党人控制,对选区影响最大的是那些倾向选举民主党派的新要求。[114]不管你对争议的看法如何,选举制度不是(不可能是)中立的,这些制度决定了选举的结果,这一点显而易见。州议会全国大会估计在2016年总统选举中将对身份证明提出更为严格的要求,将采取这些做法的州至少会有15个。[115]

自选民登记和投票制度首次颁发后又过了一百多年,有关政治参与的问题为什么仍然存在如此多的分歧?市政改革时代暗示了问题的答案。不管改革者所阐述的原则看上去有多么的高贵,改革总是受政治目标所驱动的。在政治中,支配参与的制度最为重要,因为这些制度决定着谁将是统治者,谁将是受益者。因此,这些问题永远是冲突和争议的焦点。

尾注

1. William L. Riordon, *Plunkitt of Tammany Hall* (New York: Dutton, 1963), p. 17.
2. James Bryce, *The American Commonwealth*, 3rd ed. , Vol. 1 (New York: Macmillan,1924), p. 642.
3. H. E. Deming, *The Government of American Cities*: *A Program of Democracy* (London and New York: Putnam, 1909), p. 194.
4. Quoted in Michael B. Katz, *School Reform*: *Past and Present* (Boston: Little, Brown, 1971).
5. Josiah Strong, in *Our Country*, ed. Jurgen Herbst (Cambridge, MA: Belknap Press, Harvard University Press, 1963; first published in 1886), p. 55.
6. Samuel P. Hays, *The Response to Industrialism*, *1885—1914* (Chicago: University of Chicago Press, 1957), p. 73.
7. James Weinstein, *The Corporate Ideal in the Liberal State*, *1900—1918* (Boston: Beacon Press, 1968).
8. Melvin G. Holli, "Urban Reform in the Progressive Era," in *The Progressive Era*, ed. Louis L. Gould (Syracuse, NY: Syracuse University Press, 1974), p. 137.
9. Frank Mann Stewart, *A Half Century of Municipal Reform*: *The History of the National Municipal League* (Berkeley: University of California Press, 1950), Chapter 1.
10. Samuel Haber, *Efficiency and Uplift*: *Scientific Management in the Progressive Era*, *1890—1920* (Chicago: University of Chicago Press, 1964), p. 99.
11. Andrew D. White, "City Affairs Are Not Political," originally titled "The Government of American Cities," *Forum* (December, 1890), pp. 213-216; reprinted in Dennis Judd and Paul Kantor, eds. , *The Politics of Urban America*, 2nd ed. (New York: Addison Wesley Longman, 2002).
12. Amy Bridges, "Winning the West to Municipal Reform," *Urban Affairs Quarterly* 27, No. 4 (June 1992): 511.
13. Arthur T. Hadley, *The Empty Polling Booth* (Upper Saddle River, NJ: Prentice Hall, 1978), p. 61.
14. Alexander B. Callow Jr. , ed. , *The City Boss in America* (New York: Oxford University Press, 1976), p. 158.
15. William T. Stead, *If Christ Came to Chicago* (Chicago: Laird and Lee, 1894), pp. 56-57.
16. Lloyd Wendt and Herman Kogan, *Bosses in Lusty Chicago* (Bloomington: Indiana University Press, 1967), p. 169.
17. Allan F. Davis, *Spearheads for Reform* (New York: Oxford University Press, 1967), pp. 156-162.
18. William D. Miller, *Mr. Crump of Memphis* (Baton Rouge: Louisiana State University Press, 1964), p. 74.

19. Bruce M. Stave, *The New Deal and the Last Hurrah: Pittsburgh Machine Politics* (Pittsburgh: University of Pittsburgh Press, 1970), p. 77.
20. Ernest S. Griffith, *A History of American City Government: The Conspicuous Failure, 1870—1900* (New York: Praeger, 1974), p. 71.
21. Richard S. Childs, *Civic Victories: The Story of an Unfinished Revolution* (New York: Harper and Brothers, 1952), p. 299. Childs 在书中所提到的少数主要官员选举改革结合了无党派选举制。改革者提倡尽可能少地选举官员,这样选民不会感到迷惑,当选的官员会对选民负责。
22. Edward C. Banfield, ed., *Urban Government: A Reader in Administration and Politics* (New York: Free Press, 1969), p. 275. Selection from Brand Whitlock, *Forty Years of It*, preface by Allen White (New York and London: Appleton, 1925; first published in 1914).
23. Haber, *Efficiency and Uplift*, pp. 99-101.
24. White, "City Affairs Are Not Political," pp. 213-216.
25. Griffith, *A History of American City Government*, p. 130.
26. Amy Bridges, *Morning Glories: Municipal Reform in the Southwest* (Princeton, NJ: Princeton University Press, 1997), Chapter 8.
27. Willis D. Hawley, *Nonpartisan Elections and the Case for Party Politics* (New York: Wiley, 1973), p. 14. 所使用的关于无党派选举的后续信息来自于 Hawley, pp. 15-18。
28. Weinstein, *The Corporate Ideal*, p. 109. 有关戴顿选举的后续信息来自于 Weinstein。
29. Samuel P. Hays, "The Politics of Reform in Municipal Government in the Progressive Era," in *Social Change and Urban Politics: Readings*, ed. Daniel N. Gordon (Englewood Cliffs, NJ: Prentice Hall, 1973), pp. 107-127.
30. Bridges, *Morning Glories*, p. 146.
31. Ibid., Chapter 7.
32. Ibid., pp. 144-145.
33. Quoted in Holli, "Urban Reform in the Progressive Era", p. 144.
34. Ibid., p. 47.
35. Ibid., p. 45.
36. Nancy Burns and Gerald Gamm, "Creatures of the State: State Politics and Local Government 1871-1921," *Urban Affairs Review* 33, No. 1 (September 1997): 90.
37. Ibid., p. 86.
38. Scott Allard, Nancy Burns, and Gerald Gamm, "Representing Urban Interests: The Local Politics of State Legislatures," *Studies in American Political Development* 12 (Fall 1998): 294; see also Nancy Burns, Laura Evans, Gerald Gamm, and Corrine McGonnaughy, "The Local Politics of State Legislatures," paper delivered at the annual meeting of the Midwest Political Science Association (April 25, 2002).
39. Allard, Burns, and Gamm, "Representing Urban Interests," p. 68.
40. Ibid., p. 76.
41. Frederick Winslow Taylor, *The Principles of Scientific Management* (New York: Harper and Brothers, 1919; first published in 1911).
42. Ibid., p. 140.

43. Ibid. , p. 7.
44. Haber, *Efficiency and Uplift*, p. 56.
45. Harold A. Stone, Don K. Price, Kathryn H. Stone, *City Manager Government in the United States: A Review After Twenty-Five Years* (Chicago: Public Administration Service, 1940), p. 5.
46. Henry Bruеré, *The New City Government: A Discussion of Municipal Administration Based on a Survey of Ten Commisszon-Governed Cities* (Upper Saddle River, NJ: Prentice Hall, 1912).
47. Ibid., p. v.
48. Ibid., pp. 27-29.
49. Robert A. Caro, *The Power Broker: Robert Moses and the Fall of New York* (New York: Oxford University Press, 1969), p. 75.
50. Taylor, *The Principles of Scientific Management*, p. 20.
51. Melvin B. Holli, *Reform in Detroit: Hazen S. Pingree and Urban Politics* (New York: Oxford University Press, 1969), p. 167.
52. Haber, *Efficiency and Uplift*, p. 115.
53. Stone, Price, and Stone, *City Manager Government*, p. 4.
54. Martin J. Schiesl, *The Politics of Municipal Reform: Municipal Administration and Reform in America, 1880—1920* (Berkeley: University of California Press, 1977), pp. 134-135.
55. Quoted in Weinstein, *The Corporate Ideal*, p. 96.
56. Clinton R. Woodruff, ed. , *City Government by Commission* (Upper Saddle River, NJ: Prentice Hall, 1911), pp. 293-294.
57. Childs, *Civic Victories*, p. 138.
58. Hays, "The Politics of Reform," p. 116.
59. Weinstein, *The Corporate Ideal*, p. 99.
60. Childs, *Civic Victories*, p. 137.
61. Ibid.
62. Stone, Price, and Stone, *City Manager Government*, p. 5.
63. Griffith, *A History of American City Government*, p. 167.
64. Ibid., p. 166; Schiesl, *The Politics of Municipal Reform*, pp. 175-176.
65. Weinstein, *The Corporate Ideal*, pp. 115-116.
66. Quoted in Stone, Price, and Stone, *City Manager Government*, p. 27.
67. Quoted in Weinstein, *The Corporate Ideal*, p. 106, p. 107.
68. Anirudh V. S. Ruhil, " Structural Change and Fiscal Flows: A Framework for Analyzing the Effects Of Urban Events," *Urban Affairs Review* 38, No. 3 (January 2003): 396-416.
69. Jessica Trounstine, *Political Monopolies in American Cities: The Rise and Fall of Bosses and Reformers* (Chicago: University of Chicago Press, 2008), pp. 162-163.
70. Ibid., p. 163.
71. Alan DiGaetano, "Urban Political Reform: Did It Kill the Machine?" *Journal of Urban History* 18, No. 1 (November 1991): 37-67.
72. Ibid.

73. Ibid.
74. Ibid.
75. Ibid., p. 67.
76. Ibid.
77. Steven P. Erie, *Rainbow's End: Irish-Americans and the Dilemmas of Urban Machine Politics, 1840—1985* (Berkeley: University of California Press, 1988).
78. Karen M. Kaufmann, *The Orban Voter: Group Conflict and Mayoral Voting Behavior in American Cities* (Ann Arbor: University of Michigan Press), p. 19.
79. Jay M. Shafritz, *The Dorsey Dictionary of American Government and Politics* (Homewood, IL: Dorsey Press, 1988), pp. 244-246. 在划定选区时,居心叵测地修改选区界限,以此增加党派或团体的利益,这在法律上被称为"不公正地划分选区"(gerrymandered)。这一术语源于 1811 年马萨诸塞州的区域划分,后经由州长埃尔布里奇·格里(Elbridge Gerry)签署生效,成为法律术语。
80. Robert L. Lineberry and Edmond P. Fowler, "Reformism and Public Policies in American Cities," *American Political Science Review* 61 (September 1967): 701-716; Chandler Davidson and George Korbel, "At-Large Elections and Minority Group Representation: A Re-examination of Historical and Contemporary Evidence," *Journal of Politics* 43 (November 1981): 982-1005; Jerry L. Polinard, Robert D. Wrinkle, and Thomàs Longoria Jr. , "The Impact of District Elections on the Mexican American Community: The Electoral Perspective," *Social Science Quarterly* 71, No. 3 (September 1991): 608-614; Richard L. Engstrom and Michael D. McDonald, "The Effect of At-Large versus District Elections on Racial Representation in U. S. Municipalities," in *Electoral Laws and Their Political Consequences*, ed. Bernard Grofman and Arend Liphart (New York: Agathon, 1986), pp. 203-225; W. E. Lyons and Malcolm E. Jewell, "Minority Representation and the Drawing of City Council Districts," *Urban Affairs Quarterly* 23 (1988): 432-447; Delbert Taebel, "Minority Representation on City Councils: The Impact of Structure on Blacks and Hispanics," *Social Science Quarterly* 59 (1982): 729-736; Jeffrey S. Zax, "Election Methods, Black and Hispanic City Council Membership," *Social Science Quarterly* 71 (1990): 339-355.
81. *City of Mobile v. Bolden*, 446 U. S. 55 (1980).
82. *Thornburg v. Gingles*, 106 S. Ct. 2752 (1986).
83. 多元立法选区就像是一个覆盖全市的自由体系。竞选市议会议席的所有候选人必须在同一选区竞选;相比而言,在选区制度下,单独一位市议会议员或市议会成员代表着各自的选区。
84. C. Robert Heath, "*Thornburg v. Gingles*: The Unresolved Issues," *National Civic Review* 79, No. 1 (January-February 1990): 50-71.
85. *Dillard v. Crenshaw County*, 649 F. Supp. at 289 (C. O. Ala. 1986).
86. *McNeal v. Springfield*, 658 F. Supp. at 1015, 1022 (C. D. Ill. 1987).
87. *McNeal v. Springfield Park District*, 851 F. 2d at 937 (7th Cir. 1988).
88. *Derrickson v. City of Danville*, 87-2007 (C. D. Ill. 1987).
89. Joseph F. Zimmerman, "Alternative Local Electoral Systems," *National Civic Review* 79, No. 1 (January-February 1990): 23-36.

90. The quotation is from *Shaw v. Reno* 509 U. S. 630 (1993), commonly known as Shaw I. Other cases are *Miller v. Johnson*, 63 U. S. L. W. 4726 (1995); *Shaw v. Hunt*, 64 U. S. L. W. 4437 (known as Shaw II); *King v. Illinois Board of Elections*, 65 U. S. L. W. 3353 (1996); and *Ahrams v. Johnson*, 65 U. S. L. W. 4478.
91. Carmen Cirincione, Thomas Darling, and Timothy O'Rourke, "Does the Supreme Court Have It Right?" paper delivered at the 1997 annual meeting of the American Political Science Association, Washington, D. C. (August 28–31, 1997).
92. Heath, "*Thornburg v. Gingles*," pp. 51–53.
93. Ibid., pp. 54–55.
94. Ibid., pp. 55–59; Charles S. Bullock III, "Symbolics or Substance: A Critique of the At-Large Election Controversy," *State and Local Government Review* 21, No. 3 (Fall 1989): 91–99.
95. Edward Blum and Roger Clegg, "The GOP's 2002 Racial Redistricting Dilemma," *Weekly Standard* (October 17, 1992).
96. Scott Armstrong, "Minorities Seek More Clout on the Bench," *Christian Science Monitor* (October 1, 1991), pp. 1–2.
97. International City Management Association, "Municipal Election Processes: The Impact on Minority Representation," *Baseline Data Report* 19, No. 6 (November-December 1987): 3–4.
98. Ibid., pp. 6–9; Polinard, Wrinkle, and Longoria, "The Impact of District Elections," pp. 608–614.
99. Tim O'Neil, "Blacks Want Half of City's Wards in Redistricting," *St. Louis Post-Dispatch* (June 8, 1991), p. 3A.
100. *Shaw v. Reno*, 92 357 (1993). 1996 年,最高法院再次否决了北卡罗来纳州第 12 国会选区重新划区的方案。
101. *Miller v. Johnson*, 515 U. S. 900 (94 631), 1995; *Bush v. Vera*, 571 U. S. 900 (94 805),1996.
102. Stephen Ansolabehere, Alan Gerber, and James Snyder, "Equal Votes, Equal Money: Court-Order Redistricting and Public Expenditures in the American States," *American Political Science Review* 96, No. 4 (December 2002): 767–777.
103. Ian Urbina, "Voter ID Battle Shifts to Proof of Citizenship," *New York Times* (May 12, 2008), www. nytimes. com/2008/05/12/us/politics/12vote. html.
104. Nikki Schwab, "Confusing Voter Registration Laws Could Affect Presidential Election," *U. S. News and World Report* (September 24, 2008), www. usnews. com /articles/campaign-2008/09/2008/09/24.
105. Ari Berman, "New Voter Suppression Efforts Prove the Voting Rights Act is Still Needed," *The Nation* (March 28, 2013), http://www. thenation. com/blog/173562/new-voter-suppression-efforts-prove-voting-rights-act-still-needed#.
106. Steve Benen, "Three Months, 30 States, 55 New Voting Restrictions, "*MSNBC: The Maddow Blog* (March 29, 2013), http://maddowblog. msnbc. com/_news/2013/03/29/17518283-three-months-30-states-55-new-voting-restrictions? lite.
107. Chris Kromm, "Art Pope-Backed Lawmaker Leads Push for New Voting Restrictions In

NC," *The Institute for Southern Studies*: *Facing South* (April 3, 2013), http://www.southernstudies.org/2013/04/art-pope-backed-lawmaker-leads-push-for-new-voting-restrictions-in-nc.html.

108. Bill Kaczor, "Florida Leads in Denying Ex-Felons Voting Rights," *The Associated Press* (April 14, 2013), http://www.tallahassee.com/viewart/20130414/POLITICSPOLICY/304140029/Florida-leads-in-denying-ex-felons-voting-rights.
109. Berman, "New Voter Suppression Efforts Prove the Voting Rights Act is Still Needed."
110. Benen, "Three Months, 30 States, 55 New Voting Restrictions."
111. Berman, "New Voter Suppression Efforts Prove the Voting Rights Act is Still Needed."
112. Emily Schultheis, "Study Finds Voter ID Laws Hurt Young Minorities," *POLITICO* (March 12, 2013), http://www.politico.com/story/2013/03/study-finds-voter-id-laws-hurt-young-minorities-88773.html.
113. Ethan Bronner, "Legal Battles Erupt Over Tough Voter ID Laws," *The New York Times* (July 19, 2012).
114. Ibid.
115. Kathy Steinmetz, "A License to Vote? GOP Lawmakers Push Voter IDs," *TIME Magazine*: *Swampland* (April 4, 2013), http://swampland.time.com/2013/04/04/a-license-to-vote-gop-lawmakers-push-voter-ids/.

第五章　城市选民和国家民主党多数派的兴起

20世纪的城市和国家

从今天的角度人们很难想象出政府支持援助城市方案的时代是什么样子。当今居住在中心城市的选民仅占总统选举中全国选民的10%，两大政党都没有推广发动这一小部分群体的方案。在使用不同计算方式时他们才开始关注城市问题。1932年总统选举时，居住在工业带上的选民对于民主党候选人富兰克林·D.罗斯福取得压倒性的胜利起到了至关重要的作用，这一工业带始于新英格兰，横贯中西部，并延伸到其他一部分城市。后来的几十年中，这部分人在制约全国两大政党权力平衡方面继续发挥着重要的作用。1932年，全国前11个大城市占普选人口的27%，在几个工业州中占据绝对性多数，并且选民投票的人数最多。[1] 20世纪30年代，代表城市选民的政客开始在国家政治中发挥影响力，这在美国历史中尚属首次。这部分忠诚于民主党的政客从根本上塑造了美国政治，这一状况持续到1980年。共和党的罗纳德·里根在这一年当选为总统。

20世纪30年代的新政方案以及60年代的伟大社会方案(Great Society)(这些术语来自罗斯福和林登·贝恩斯·约翰逊[Lyndon Baines Johnson]总统竞选中的标语)体现了现代美国的自由主义精神，这种精神可以追溯到大萧条期间对城市选民的动员活动。民主党占据优势基础的联盟由两部分党翼组成：城市北方和“坚固的南方”。北方城市中的城市选民之所以选举民主党是因为他们受益于新政时期颁布的援助计划。这一援助计划由罗斯福提议，并得到了国会中民主党多数人的支持，通过立法授权对经济进行调控并在紧急时期对公民提供援助。城市中的工人阶级可以得到劳工法的援助，例如《国家工业复兴法》(National Industrial Recovery Act)中的7a部分和《瓦格纳劳工法案》(Wagner Labor Act)确立了对工人的死亡伤残赔偿，还制定了安全和工作场所制度，并确认了工人组织工会的权力。结果，工会成员成为民主党忠实的选民。非裔美国选民对于北方党派来说也非常重要，20 世纪 30 年代，距离民权法的实行还有几十年的时间，罗斯福政府采取措施确保黑人得到一部分联邦职位的任命并且能够在就业和救助计划中受益。然而南方选民最终与民主党疏远，直到 20 世纪 60 年代民权法颁布后，他们再次支持民主党，一方面因为南方选民在众多新政立法中受益匪浅，另一方面，他们仍然没有走出内战和重建时代的阴霾，无法超越内心的痛苦去支持共和党。在北方城市选民和南方独大的民主党之间形成了一个奇怪的联盟，但是在 20 世纪 60 年代期间，种族仇恨情绪在市中心的黑人、白人工人和郊区选民以及南方保守派之间埋下了导火索，这一奇怪的联盟逐渐瓦解。20 世纪 80 年代，新政联盟彻底瓦解，城市在国家政治中的影响消失。

摘　录

城市族裔成为民主党的支柱

人们总有一种错觉，中心城市中的选民一贯支持民主党。但是直到新政时期，统治城市的机器政党中几乎一半是共和党人。民主党派的机器政党不需要在全国拉选票，因为他们的领导人与国家，甚至州政党组织几乎没有联系。州级政党组织由农村政客统治，而不是来自城市的政客。机器政客通过分区和选区进入政治，他们擅长民族政治学和权衡，而不是抽象的原则。这些机器政党是严格意义上的地方组织，是族裔选民与美国社会其他方面相隔离的产物。

城市出身的族裔政客止步于州议会，他们收入卑微，而且得不到别人的尊敬，经常遭遇政治死亡，被发送到像纽约州的奥尔巴尼或伊利诺伊州的斯普林菲尔德这样的北部或南部小城镇，远离朋友、家庭、社区和选民。纽约市的机器组织坦慕尼协会将 30 岁的阿尔·史密斯(Al Smith)纳入州议会之前，他几乎从未离开过曼哈顿下城。他感到自己好像被放逐，被送到了异国他乡：

> 阿尔·史密斯在毫无准备的情况下去了奥尔巴尼任立法委员，甚至不能回家睡觉……受困于立法过程中的繁琐细节，他天天坐在高屋顶办公室里，一言不发。

当他坐在办公室低头凝视办公桌时，一位当差男孩会将另一摞法案放下。法案中的措辞难度非常大，需要专家水平进行阅读。这样的难度好像故意嘲笑这位只读了8年书的男人，即使简单的儿童读物都不是这类人喜欢读的书籍。他曾说过自己一生只完完整整地读过一部书：《约翰·沙利文的生活》(*The Life of John L. Sullivan*)*。

1928年，阿尔·史密斯当选为纽约州州长，并提名为民主党总统候选人，在此之前，坦慕尼政客从未在奥尔巴尼拥有如此大的影响力。

个人忠诚及其财力是城市族裔选民的动力。分区队长将他们带到投票站时，他们为地方政党组织投票，并不是为自己的事业进行投票。针对这种情况，什么因素能够调动他们的积极性来关注像关税政策或童工法这样复杂的国家问题呢？要点在于当强势的机器政党统治城市时，大部分情况下，政党首领和忠诚的选民们忽视了州长和总统的选举。

20世纪30年代，城市族裔工人和工会工人成为新政联盟的重要力量，上述一切都发生了改变。

*约翰·沙利文曾是著名的拳击冠军。
资料来源：罗伯特·卡罗(Robert A. Caro)，《权力经纪人：罗伯特·摩斯和纽约的衰落》(*The Power Broker: Robert Moses and the Fall of New York*)，纽约：克诺夫出版社，1974年，第118—119页。

新的政治意识

1912年，一位哈佛政治科学家写道："许多年后将要对美国城市的人口进行数据控制。"[2]他的这一预言是根据人口统计学趋势的简单计算得出的。[3]从1890年到1920年这30年间，涌入美国城市的移民超过了1 800万。这些移民主要来自意大利、波兰、俄国、希腊和东欧国家，他们中的绝大多数是罗马天主教徒和犹太人。在钢铁、肉类加工、采矿和纺织业中，这些人成了主要的劳动力。他们刚到美国时几乎不会讲英语，许多人几乎是文盲，连自己的母语都知之甚少。

19世纪，美国人对"大地上的陌生人"感到局促不安，到了20世纪，这种紧张情绪升级为全民恐慌。这种针对移民发动的恶意运动使移民逐渐意识到与自己有利害关系的不仅是地方政治，还包括国家政治。城市机器政党将移民选民拉进了政治界，但是严格意义上这只是地方组织，根本没有涉及大的政治问题。当移民和选民看到自己弥足珍贵的文化价值观和习俗遭到外来攻击时，他们无法继续保持中立。

禁酒运动就是直接针对移民及其文化价值观而发起的。1917 年，国会向各州提议发起这一运动，1919 年得到批准，第十八修正案禁止酒精饮料的销售和分销。城市以及享有特权的郊区中上层阶级中的新教徒首先发起这场运动，后来小城镇的卫理公会教徒和浸信会教徒又陆续加入，声称如果移民放弃售酒，则能减少贫穷、提高工人效率、改善家庭生活并终结不道德行为、降低犯罪率。禁酒运动成为 20 世纪前 20 年间最引人注目的政治问题，中产阶级新教徒和农村选民通过这一运动彻底发泄了对涌入工业城市的外国移民的不满：

> （饮酒）与操纵城市机器的酒馆老板有关联，爱喝威士忌的移民们会被酒馆老板加以利用……德国的酿酒人员和喝啤酒的“不忠诚”同胞……一直反对禁酒运动，禁酒主义者把“你们不能（饮酒）”作为生存的基本格言，这一观点遭到了城市的排斥。因此禁酒主义者反过来又将城市视为他们的主要敌人，禁酒主义和反城市主义并驾齐驱。[4]

对于信仰新教的中产阶级成员来说，饮酒犯罪与他们认为的天主教移民的堕落文化习俗息息相关。南方和西部的报纸像条件反射似地将犯罪、国籍与饮酒联系在一起。直接抨击外国人的做法是不合法的，但是间接地通过饮酒问题进行排外非常容易，方便了“担心移民夺取文化统治和政治霸主地位的禁酒党派拿道德问题说事”。[5]

禁酒和宗教紧密相关。对于大多数的美国新教徒来说，罗马天主教堂是邪恶的化身。天主教堂象征着夺目的权威——教袍、仪式，天主教堂的建筑似乎冒犯了质朴随意的小城镇生活。20 世纪 50 年代，右翼组织认为国际共产主义阴谋要颠覆美国的政治制度，而 20 世纪早期的宗教狂热分子就像是右翼组织一样坚信罗马天主教堂的目标是统治全世界。

3K 党（Ku Klux Klan）就是利用了个别人的这种恐惧心理而召集了上百万名支持者。1915 年，3K 党在亚特兰大成立，短短几年内在南方和北方迅速发展壮大。在加利福尼亚州、俄勒冈州、印第安纳州、伊利诺伊州、俄亥俄州、俄克拉荷马州、得克萨斯州、阿肯色州以及整个南方，3K 党成员不断增加，1924 年达到顶峰，有 40%的 3K 党成员居住在俄亥俄州、印第安纳州和伊利诺伊州。一半成员居住在人口超过 5 万的城市里，成百上千的成员居住在芝加哥、底特律、印第安纳波利斯、匹兹堡、巴尔的摩和布法罗这样的城市里。[6] 3K 党作为一支强有力的政治力量活跃到 20 世纪 20 年代中期。在 3K 党的帮助下，一位参议院议员在选举中获胜，还有佐治亚州、阿拉巴马州、俄勒冈州和加利福尼亚州的州长，以及众议院中的 75 位议员都在选举中得到了 3K 党的帮助。

3K 党的狂热支持者是狂热的基督教徒，他们往往受教育程度不高，但是他们宣传的信息覆盖了广大听众。1916 年，纽约市国家历史博物馆馆长麦迪逊 · 格兰特(Madison Grant)出版了《伟大民族的流逝》(*The Passing of the Great Race*)一书，书中表达了雅利安人迟早要被黑皮肤种族所取代的担心。这部书被提升为科学著作，与其并列提名的还有洛思罗普 · 斯托达德(Lothrop Stoddard)的《势力上涨的黑人与白人世界霸权的对峙》(*The Rising Tide of Color against the White World-Supremacy*, 1921)一书。

面对越来越严重的排外情绪，国会在 1921 年、1924 年相继通过了《紧急限额法案》(Emergency Quota Act)和《国籍法案》(National Origins Act)。这两项法案都得到了知识分子、工人领袖、全国各地的农村人以及忧心忡忡的中产阶级选民的支持。《紧急限额法案》对 1882 年国会排斥所有中国移民的立法进行了再次确认，并且确定了基于 1910 年人口普查记录中其他国籍人口的 3%进行国家移民限额。这项法案取得了成功，移民人数从 1920 年的 805 228 下降至 1921—1922 年的 309 556。[7]三年后，《国籍法案》将来源国家的限额降到了 2%，并且把 1890 年的人口普查定为新的基线。这一立法的效果立竿见影，大大减少了从 1890 年以来移民至美国的少数族裔的移民数量。意大利移民数量减少了 90%，相比之下，英国和爱尔兰移民仅下降了 19%。[8]移民总数大大下降，从 1923—1924 年的 357 803 降至 1924—1925 年的 164 667。

在有关两大移民法案的全面讨论中，国会议员使用 3K 党手册中的语言辱骂城市移民。这种侮辱人的挑衅让移民选民明白国家政治对他们的影响很大，20 世纪 20 年代，他们有了新看法。“如果候选人希望他们戒酒、对学校实行清教化或者经常说他们是劣等民族的话，他们不再支持这样的候选人。”[9] 反对禁酒令成为将不同国籍出身的天主教移民团结在一起的政治因素。

早在1906年,伊利诺伊州开始颁布限制饮酒的法律时,少数族裔移民发动了抗议活动,竭力“鼓动政治候选人、动员城市和州政府保护他们自由售酒和饮酒”。[10]接下来的30年,登记选举的入籍移民数量急剧上升,在地方选举中他们占据了相当大的比重。[11]显然他们已经成为一支不可忽视的政治力量,而禁酒令就是其中一个动因。后来当选为芝加哥市市长的安顿·塞马克在20世纪20年代就着手自己的政治事业,他曾领导过废除禁酒的运动。[12]1928年,阿尔·史密斯成为民主党总统候选人,作为一名爱尔兰天主教徒,他反对禁酒令,因此获得了移民选民的支持。实际上,禁酒令让移民明白政治不仅是地方问题,还是国家层面的问题。

变化的政治平衡

20世纪30年代之前,共和党和民主党都没有关注过城市。亚伯拉罕·林肯所在的共和党在内战中脱颖而出,成为控制国会和总统的主要政党。1860—1928年,共和党在18届总统竞选中取得14次胜利,一半以上的时间控制着国会中的两院。因为共和党的主要支撑基础包括财政、工业和商业利益,他们反对征收商业税,对外国进口实行高关税,鼓励对西部的联邦土地进行私人开发(采矿、放牧、住宅),并且动用联邦军队镇压罢工运动。同时,共和党在经济扩张时期一直主持各项事务,这一历时久远的事业与边疆开发和工业生产紧密相关,因此共和党又得到了北方中产阶级和工人阶级选民的支持。

内战之后的几十年间,民主党竭力将南方人和反对东海岸“大型商业企业”占据经济霸主地位的这类不安分群体联合起来。总统候选人争取城市工人的支持,同时也对其他利益群体予以关注。民主党联盟中的党派在遇到问题时非常脆弱,其原因来自多方面:南方人对林肯政党的仇恨、小农场主对借贷和价格问题的担心、企业和工业工人之间的紧张关系等,但是除了憎恨情绪之外,这些群体之间几乎没有交集。在周期性经济低迷时期,民主党发挥了较好的影响力,但是经济好转时期则丧失了支持基础。

1924年,在纽约市麦迪逊广场公园(Madison Square Park)召开了民主党大会,这次会议就暴露出了联盟的脆弱本性。民主党人士向全国会议的首批广播听众展示了为期 16 天、历经 103 次投票的持久拉锯，首次投票有 19 位候选人，而第 100 次投票时则剩下 17 位候选人。在南方人和西部代表发表演讲时，走廊中的听众嘘声一片，尤其是当遭遇三连败的总统候选人威廉·詹宁斯·布莱恩（William Jennings Bryan）建议大会否决指名道姓地谴责 3K 党的提案时，听众们更是反对声一片。有关谴责 3K 党的提议引发了激烈的争论，为避免发生暴乱，警方进入了会议现场，代表们相互喊叫和咒骂。在进行最后投票的环节中，决议以一票之差被否决，542 对 541 票。代表们要求重新计算票数，但是这一呼声被代表团组织的“佐治亚州示威游行活动”所淹没，示威游行激起了南方代表的愤怒。16 天后，大会最终提名约翰·W. 戴维斯（John W. Davis）为总统候选人，这一结果出乎所有人的意料，甚至没有一位代表认识此人。[13]

纽约市的人群和喧嚣声让来自南方和西部的代表们感到困惑和恐惧。他们认为纽约人不友好、很粗鲁，这座城市容易使人迷失自我。代表们“从市区溜达到第 14 大街时，呆呆地望着坦慕尼协会大厅门上方的古代印第安人雕像，感到好像要冒出一个食人怪魔。纽约的交通、噪音和喧嚣声使代表们感到惊讶不已”。[14] 他们对这种城市的反感与日俱增，大会一直拖拉到闷热的 7 月，来自小城镇的记者们在家乡的报纸上刊登了对这种恐怖城市的生动报道。[15]

四年后，民主党提名连任四届纽约州长的阿尔·史密斯为总统候选人。这次大会在得克萨斯州的休斯敦市召开，这是自内战以来两大政党首次在南方会晤。提名暴露出了明显的内部分歧。史密斯代表了城市憎恨者的立场。他是总统候选人中的第一位罗马天主教徒，并且强烈反对禁酒令和 3K 党。他出身于全国最臭名昭著的机器政党——坦慕尼协会。他口音很重，将 first 读为 foist，总是戴一个棕色圆顶窄边礼帽，这更加突出了他的蒜头鼻子和发红的脸色。史密斯回忆往事时总是特别自豪：自己曾在东河（East River）游过泳，在福尔顿（Fulton）鱼市打过杂。他如何在这些难以驾驭的冲突中被提名呢？被提名后，为什么民主党没有产生分歧呢？

感到愤愤不平的南方农场主别无选择，只能继续待在阵营中，因为他们要分享阶级利益，民主党已经成为“小人物”的政党，原因是共和党对商业支持的立场丝毫没有妥协。对那些反对共和党政策的人来说，如果不进行合作的话，他们根本没有机会在国家政治中发出自己的声音。参加 1928 年大会的大部分代表尽管存在种种差异，但是都希望能够避免麦迪逊广场花园闹剧的重演。代表们都没有想到史密斯会获胜，但是其他候选人之中没有一个能够弥合这种政党间的分歧。作为连任四届的纽约州州长，他成为全国有名的进步党领袖，修建了国家公园和海滩，支持工人安全法，资助整个州的公共改善事业。他重新组建了州政府，使纽约州成为信仰效率原则进步人士的模范。史密斯作为州长所取得的政绩受到了进步人士的崇拜以及民主党组织和少数民族的支持，但是他的提名遭到了农村代表的否定，像1924年那样在致使总统提名者蒙受损失的多轮投票中遭遇惨败。尽管如此，支持者仍有理由相信史密斯还有机会，他在1924年获胜的州长竞选中比在纽约的民主党总统候选人的竞选中多获得了10万的选票。

1928年，民主党提名阿尔·史密斯，他没有得到南方和边境各州的支持，在全国选举中只获得了41%的支持率，但是他的候选资格标志着民主党逐渐依靠城市选民支持的开端。1920年和1924年，美国前12大城市的选票总和奠定了共和党的决定性多数优势。而现在风水轮流转，民主党占据了这一优势。选举结果标志着城市选民将多数投票投给了民主党这一长期趋势的开端。[16]

对于城市中信仰罗马天主教的民族来说，史密斯的竞选活动让他们在禁酒令、民族和宗教等国家问题上受到了教育。史密斯在竞选中戴着棕色圆顶窄边礼帽，唱着主题歌“纽约的人行道”(The Sidewalks of New York)。新教徒一想到天主教徒进入白宫就不寒而栗。史密斯在禁酒问题上的立场使饮酒成为竞选中的主要问题。而拥有贵族血统的上层阶级并没有把史密斯放在眼里。总统竞选旗帜鲜明地围绕着种族、宗教、文化和社会阶级等问题，城市民族成为国家政治制度中必不可少的元素。

1928年的选举中，民主党在移民选民居住的工业城市中获得了多数票。1920年，共和党的总统票数集中在全国的前12大城市，获得了1 500万选票；1924年的票数大致相当。但是到了1928年，阿尔·史密斯作为民主党候选人参加全国大选时，共和党在城市中的优势下降，仅仅胜出21万张选票。1932年的选举中，民主党首次在大城市中击败共和党，占据决定性优势，获得将近1 800万选票。[17]富兰克林·德拉诺·罗斯福取得的压倒性胜利表明民主党已经牢牢地控制了城市选民。此后，旧工业城市一直大力支持民主党，这一事实在两次总统大选的结果中得到了很好的印证。1948年，哈里·S.杜鲁门(Harry S. Truman)在全国普选中获胜，获得了将近1 500万的城市选票。1960年的大选中，城市选民再次决定了选举结果，将约翰·F.肯尼迪推到得票最高的位置。

大萧条和城市

大萧条对于美国人和公共领导者来说不啻为当头一棒。尤其是对于迅速壮大的中产阶级来说，20世纪20年代是繁荣乐观的10年。商业领袖和政客们宣传可持续性经济增长是有限的这一观点，一股强大的贫穷回潮在移民贫民窟和类似的农场里暗中涌动，但是正处在发展期的中产阶级洋溢着繁荣的气息。这是一个赞美大众消费和自满的时代，在一段时期内，对工业时代的不满似乎已成为过去。

1929年10月24日标志着大萧条的开端，那一天被称为黑色星期四，纽约证券交易市场一片混乱和恐慌。股票价格几乎崩溃，几个月以来，价格下降，然后又上涨，接着再次下跌，每次下跌的幅度都超过上一次，面对每一次的价格上涨，人们总是信心不足。价格落到谷底时，“交易市场……疯狂地竞相出售……市场上……一片盲目、恐惧”。[18]一个早晨竟有11位投机者自杀。经济灾难从华尔街向外蔓延，导致了美国政治的重塑。

接下来的三年中，美国陷入经济停滞状态。1929年春天的失业率是3.2%，几个月后，失业人数超过了4百万，占劳动力的8.7%。[19]1932年，24%的工人失业，总数超过了1 200万。大萧条最严重的时候，即1933年春天，失业人数为1 300万，占总劳动力的1/4。[20]

经济萧条拖延了10年之久，1934年和1935年的失业率超过20%，仅在1937年下降为15%。大部分找到工作的人收入也远不如从前。从1929—1933年，工人的平均收入下降了42.5%。[21]周薪从1929年的平均28美元降至1934年的17美元，工人面临着随时被裁减的威胁。很多工作从全时性质变为兼职性质，雇主为满足就业问题而减少薪水和工时。例如美国最大的钢铁公司，其就业人数从1929—1933年减少了一半，到1933年，公司根本没有全时制工人。[22]到1932年，钢铁厂只按照其生产能力的12%维持运转。[23]

资本主义制度的基本结构遭到了无法弥补的破坏。在股票市场崩盘后的三年，国家收入下降了44.5%。到1932年夏天，相比1929年9月股票的票值下跌了83%。[24]到1932年底，5 096家商业银行破产。农场收入从1929年的70亿美元降至1932年的25亿美元。[25]对于那些在20世纪20年代收入不断下降的农场主来说，大萧条给了他们致命一击。

灾难期间的统计数据绘制了一幅人类受难图。大约一两百万人聚集在铁路两侧的流浪汉丛林里或者在售票处和铁路车厢里栖身。其他人住进了“胡佛村”，即空地和城市公园的纸壳堆、废木材、废铁皮棚舍里。那些20世纪20年代的穷人现在被饥饿和贫穷所困，他们站在领取面包的队伍里，捡垃圾罐里的食物，或是挨家挨户地乞讨。1932年，有1/4的房主无家可归，1933年的上半年，一天之内有超过1 000家的抵押贷款公司取消了赎取业务。[26]到1933年3月富兰克林·D.罗斯福总统就职时，银行减少了900万储蓄账户。[27]

美国从未遭遇过如此大规模的经济灾难，联邦政府也从未有过对失业和贫困人员实施救助的传统。[28]而失业和贫困现象并非新鲜事物。1897—1926年，四大主要工业的失业率在10%的水平线上波动，[29]而贫穷是工业化和移民进程中的常态。大萧条的特点在于其灾难的深度、时间上的长度和覆盖面的广度。早期的经济萧条，包括19世纪70年代和90年代大恐慌时期，生产和就业率的下降幅度没有如此严重，并且在一两年后经济就逐渐复苏。[30]20世纪30年代的大萧条持续了10年之久，影响到了各个阶层和收入水平的人们。30年代的经济危机不仅仅导致了失业和贫穷，而且造成了整个经济体制的瘫痪。

人们对此束手无策。赫伯特·胡佛(Herbert Hoover)总统坚决反对联邦政府的介入，而是启动了两项国家方案，鼓励私人救助。20世纪30年代晚期，他成立了总统紧急就业委员会，其主要职责是鼓励州和地方委员会加快公共建设并协调公共和私人救助基金。1931年8月，他又成立了总统事业救助组织，其职责是帮助各州和社区组建失业委员会。

胡佛固执地反对联邦政府进行援助，但是在执政时期他对两大方案提供了资助。首先，《联邦家庭贷款银行法案》(Federal Home Loan Bank Act)向少数抵押贷款机构提供了预支资本，这样贷款机构就能够承担抵押的赎取业务，而不是默认取消此业务。这一方案拯救了多家银行。第二，《紧急救助和建设法案》(Emergency Relief and Construction Act)向州和地方政府提供了3亿美元的贷款，以便于他们继续向贫困人员提供救助。

反对联邦政府采取行动的不仅胡佛一人。到1932年，在解决失业及相关问题时，大部分州长的态度是“我们自己能解决”。[31]有两位州长拒绝与总统失业救助组织进行合作，这样的态度与联邦基金无关。[32]陷入财政困难的地方政府官员对联邦援助疑心重重。1931年7月，密尔沃基(Milwaukee)的社会主义者市长写信给全国一百个大城市的市长，希望大家开会商讨共同请求国家出台救助方案。很多个大城市的市长根本没有回复他的信件，还有几位市长批评了他的观点，认为联邦援助会“侵犯社区权利”。[33]

1932年的总统竞选中，民主党谴责胡佛插手太多，而不是指责总统采取行动不足。他们提名的罗斯福承诺将会实现预算平衡，并谴责胡佛是“美国历史上和平时期开支最大的执政”总统。[34]显然两大政党都将焦点对准了过去。在弘扬个人主义和自由企业文化传统的背景下，人们不希望以扩大政府权力（尤其是联邦政府）来缓解危机。尽管如此，1933年3月4日罗斯福总统就职后，他开始着手集中改革，在商业调控、农场政策以及社会保险领域加大了联邦政府的权力。罗斯福总统为什么彻底地打破了国家政府有限权力这一美国传统呢？

新上任的总统改变想法是受危机感所致，正是这种四处蔓延的危机感让他走进了白宫。从11月参加大选到3月份就职期间，美国经历了经济萧条最严重的几个月。[35]经济在崩溃边缘上摇摇欲坠，1933年2月，全国最大的几家银行破产。“人们排成长长的队伍，拿着背包和纸袋，到银行把黄金和货币取走，然后放在床垫和旧鞋盒里。好像把毕生的积蓄放在阁楼上也比储存在国家金融机构里更加安全。”[36]罗斯福就职时甚至怀疑是否还有挽救的希望。截止到就职日时，已经有38个州关闭了银行，纽约州和伊利诺伊州关闭了全国最大的银行。[37]纽约证券交易所停止交易，堪萨斯城和芝加哥的交易所也停业。“曾经熙熙攘攘的芝加哥交易所和华尔街交易所，现在一片寂静。”[38]

同时，这也是有史以来最严峻的冬季。绝望的人们占领了救助办公室，针对关闭银行发起暴动，要求救援的游行者冲进了州议会大厅。农场主要求停止取消赎取权的程序并阻塞了道路。目睹游行、暴乱、逮捕和监禁等混乱景象，很多人担心也许会爆发反对资本主义制度的革命。人们迫切要求联邦政府对这种乱象做出回应。

罗斯福在上任的前一百天向国会提交了一系列的立法提案。[39]3月9日，罗斯福签署了《紧急银行法》(Emergency Banking Act)，这一法案向银行家提供金融援助使银行重新开业，并赋予政府重组银行和控制银行借贷政策的权力。极度恐慌的国会全体一致投票通过了这一法案，这样的情况前所未有。随后又通过了一系列的立法：3月31日成立了民间资源保护队（Civilian Conservation Corps，简称CCC)，5月12日通过了《农业调整法》(Agricultural Adjustment Act)和《联邦紧急救济法》(Federal Emergency Relief Act),5月18日成立了田纳西流域管理局(Tennessee Valley Authority),5月27日通过了《联邦"证券真实"法案》(Federal "Truth in Securities" Act),6月13日通过了《房主贷款法》(Home Owners' Loan Act),6月16日通过了《国家工业复兴法》(National Industrial Recovery Act)以及其他20多项法案。

大部分的立法突击是为了刺激、调整并稳定最重要的经济机构,但是受益面却比较广。《紧急银行法》通过后,储户恢复了信心,再次将钱存入银行。《国家住房法》(1934年签署成为法律)通过后,购房者能够确保从银行得到长期贷款,联邦政府担任贷款担保人。通过农场借贷管理和房东贷款公司,政府同意购买滞纳的抵押贷款,取消农场和家庭赎取权的现象大大减少。新政方案通过拯救储蓄、住房和农场影响了数以百万人的生活。尽管如此,新政尝试改革经济的举措主要是为了稳定金融机构,而不是消除贫困现象。住房过渡和农场借贷方案帮助了国家的重要经济机构,其次才是援助债务累累的中产阶级。

新政的另一方面涵盖了公共事业和救助方案。1933年到1937年间,联邦政府为几百万人颁布了公共事业方案,并向更多的人提供直接救助。最早的公共事业方案是民间资源保护队的成立,这一组织雇佣了250多万男孩和成年男性。1935年这一年,住在民间资源保护队营地里的男人就有50万。他们种树、修建堤坝、防火、养鱼、修建瞭望塔、挖沟、开运河、串联电话线、修建并改善桥梁、公路和铁路。他们为保护资源做出了巨大的贡献。到20世纪60年代为止美国森林覆盖工作的一半以上是由民间资源保护队完成的。[40]

土木工程管理局(Civil Works Administration)涉及的范围更广。该部门成立于1933年11月,到1934年1月的第三周这一部门已经雇用了410万人,几个月后又雇用了失业劳动力的近1/3。[41]这一部门持续了不到一年,1934年春天罗斯福将之取消,原因是费用过高,尽管如此,这一部门的成立使许多家庭度过了1934年的寒冬。土木工程管理局"广受商人、地方官员以及工人们的欢迎",罗斯福宣布解散这一部门的决议遭到了国会的反对。[42]公共工程管理局(Public Works Administration)运行时间则较长,影响力也更久远。从1933年到1939年这六年间,公共工程管理局承担了全国新校舍建设的70%以及医院和公共健康设施建设的35%。[43]

1933年5月12日,罗斯福签署并立法的《联邦紧急救济法》(Federal

Emergency Relief Act，简称 FERA）并没有像公共工程立法那样受到欢迎，原因是这一法案无视劳动原则和独立性，直接把救助金发放给穷人。罗斯福本人也不喜欢《联邦紧急救济法》，认为这会削弱穷人的道德力量。在他的第一任任期内，举国上下处处是贫穷和内乱，因此罗斯福竭力削减预算。1934 年冬季，有 2 000 万人得到了联邦紧急救济金。[44]

然而，《联邦紧急救济法》被视为一种尴尬的必要措施。人们认为政府的做法是一种紧急措施，类似洪灾、地震和龙卷风等灾难发生时对受灾人员实施援助一样。媒体也没有报道国会讨论《联邦紧急救济法》的情况。1933 年 5 月 9 日，这一法案通过时，《纽约时报》只在第 3 页以列举国会通过的立法形式提及了此事。罗斯福总统签署法案的第二天，《纽约时报》报道了此事，但是仅提及了对管理者的任命事宜。在弘扬个人主义、竞争和努力工作的文化中，人们对于实施救助的观点感到极不舒服。

罗斯福时常对救助和公共工程方案表示疑虑，他更喜欢经济复苏，而不愿意增加政府的支出，但是他对经济紧急状况的回应扩大了民主党的选举基础。公共工程和救助措施使广大中产阶级和工人阶级受益匪浅，这部分人成为民主党的忠实追随者。到 1936 年选举以及此后的几十年间，小城镇的选民一分为二，富人们支持共和党，而工人阶级和穷人则站在另一边。然而，民主党最可靠的追随者来自城市，城市中的少数族裔投票支持民主党，尤其是工会成员。新政方案还将非裔美国人选民从共和党的队伍中分离出来。1936 年大选之前，某著名的黑人出版商建议："朋友们，把林肯的照片翻过去，我们已经把欠他的债全部还清。"[45]这一年的选举中，75%的黑人选票支持罗斯福，此后他们加大了对民主党选举支持的力度。

大萧条从根本上改变了美国政党制度的组织构成。民主党除了拥有传统的南方基础外，现在新增了北方城市中工人、黑人和穷人们的支持，城市是工人阶级和穷人们的聚集地。民主党选举联盟的扩大能够保证其候选人在总统竞选中具有竞争力，也保证了民主党连续多年在国会中占据多数的地位。1936 年，盖洛普民意测验发现 59%的农场主支持罗斯福（《农业调整法》、农场贷款管理、农场抵押贷款公司、废除金本位制）；61%的白领工人支持（银行调整、联邦住房管理、储蓄保险）；80%的劳工组织支持（政府承认集体谈判权、失业保险、工作救助）；年龄不超过 25 岁的人群中有 68%支持（民间资源保护队和国家青年人管理局）。低收入人群的

76%支持罗斯福，相比之下，支持罗斯福的中产阶级人士仅占60%。[46]与此相对照，高收入人群中的绝大多数支持共和党，这种情况一直持续到今天。

城市获得发言权

大萧条是美国政治的转折点。为了保证城市少数族裔的选票，民主党候选人大力支持新政方案。最近几年，城市在国家政治中的发言权增强，原因是联邦政府与城市之间建立起直接的联系。这一发展具有三方面突出因素：(1)城市中的财政和社会危机；(2)州政府对城市的漠不关心；(3)城市官员之间建立起联盟来确保联邦政府对他们的问题做出回应。

罗斯福就职之前，城市资源已经枯竭。20世纪20年代，为资助公共设施的改善和首府建设，城市负债累累。大萧条初期，不断增加的失业率和严重的贫穷对于城市来说更是雪上加霜。地方官员看到街道上一片悲惨景象，通缉令处处可见。面对如此明显的紧急状况，他们尽快地提供救助金，但这只是杯水车薪。市政府缺少应对紧急状况的财政资源。

城市资助了一系列新的公共改善方案后陷入了经济萧条。20世纪20年代，上百万辆汽车涌上街头，为适应这一突发情况，城市着手修建公路。汽车给地方政府增加了新的沉重负担：城市投资建设交通信号灯、警车、垃圾车、校车、铲雪车、公路、公交车站和飞机场。为了满足迅速壮大的中产阶级提出的要求，城市加大了教育投资、修建新的校舍和公共图书馆；同时在改善公园和娱乐设施方面加大投资力度。

地方政府在这些领域的投资超出了州政府和联邦政府。20世纪20年代期间，县、市向国家支出55%—60%的公共基金，总债务高达90亿美元。[47]1923—1927年，各州增加了43%的开支，大城市中的前145名增加了79%的开支，而人口超过10万的城市预算增加了82%。[48]后一类城市在工作救助和福利方面的开支从1923—1932年激增了391%；同期，各州在救助和福利方面的开支仅增加了63%。胡佛政府的最后一年，人口超过10万的13个城市在公共福利方面的开支比各个州政府多5 300万美元。20世纪20年代，联邦政府在公共开支方面从2%下降到1.3%。[49]同期，排在前13位的大城市债务增加了50%，这其中有很多城市无法承担政府服务设施和公共改善事业方面的支出，甚至在大萧条初期就陷入经济拮据的窘境。[50]

大萧条在财政资源枯竭的时候又将史无前例的责任压到了城市官员的身上。城市的税收无法应对额外的负担。城市预算收入的2/3来自房产税，而房产价值不断下跌导致房产税收从1929—1933年下降了20%。[51]同时，人口超过5万的城市中税收犯罪率从10%增长到26%。[52]1931—1933年，税收损失导致前13位大城市中的预算从18亿美元下降到16亿美元。[53]国家债务限制不允许城市在日常服务方面有借贷行为，原则上可以为资产改良进行借贷，但这一选择不久也被取消。到1932年为止，城市由于高额债务无法向投资商出售长期债券。1932—1933年，包括密西西比州、蒙大拿州、布法罗市、克利夫兰市和托莱多市在内的多个州、市根本无法销售债券。[54]高利率的临时借贷取代了长期票据。

以城市资助公共工程方案来缓解失业压力造成了预算的迅速枯竭，市政府缺少足够的资源来治疗经济萧条引发的各种症状，然而许多市长却把它视为自己的主要任务。底特律的经验证明这一任务根本无法实现。1930年秋天，弗兰克·墨菲(Frank Murphy)在一次特殊市长竞选中意外获胜，他许诺提供失业救助。[55]他在底特律增加公共工作和福利来提供救助的措施引起了全国人民的关注。他成立了失业委员会，设置了就业局，支持公共工程项目，为贫穷救助筹集私人捐助，建议私人公司重新雇用工人。底特律为救助失业人员所做的努力胜过其他城市，但是却付出了昂贵的代价。有4万多个家庭以及1/3的失业人员得到了救助，1931年平均每月救助开支为两百万美元，远远超过了第二大开支城市波士顿。[56]

如此沉重的负担不久就导致芝加哥经济破产，到1931年春天，底特律面临市政破产。为避免无法还债和保证支付工资，墨菲缩减了城市健康和娱乐服务项目，并大幅减少消防和公安部门的预算。为了应付1931年7月的薪水发放，墨菲只能依靠紧急银行借贷，但是这一措施仍然显得不足。面对掌握着底特律大部分债券的纽约银行施加的压力，墨菲被迫在1932年削减了一半的救助开支。数以千计的家庭被从救助名单上删除，人们只能接受这一痛苦的事实：单枪匹马的底特律无法解决由国家经济灾难造成的地方问题。

其他城市的市长也受到了同样的教训。当他们走投无路时只能采取行动。1932年春天，墨菲邀请重要城市的市长参加会议。6月，来自29个城市的代表怀揣同一目的齐聚底特律。墨菲简明地阐述了城市的情况："从人道主义方面我们已经尽了最大努力，但并不足够。联邦政府应该予以配合。”[57]纽约市的市长也请求联邦政府的帮助：

> 市政府是政府母性、亲密的一面，非常贴心。联邦政府不必在漆黑的医院走廊里溜达着目睹那儿的痛苦煎熬，也无需站在领取面包的队伍里，现在到了他们面对事实和责任的时刻了。
>
> 我们城市对这些问题做出了诊断，但已经是黔驴技穷。现在联邦政府应该承担起相应的责任，我们只靠自己是无法解决所有问题的。[58]

市长向联邦政府发出援助的请求标志着联邦和地方之间的关系发生了转折。纵观美国历史，城市和联邦政府之间没有直接的联系。很多地方官员感到请求联邦政府的帮助是非法的，其他官员则担心联邦政府提供帮助会导致城市产生依赖性。刚刚几个月前，许多市长拒绝了密尔沃基市长发出的会议邀请。[59]但是深深的绝望感最终使得他们重新考虑此事。

州政府拒绝对城市困境施以援手，这一事实令城市雪上加霜。市政府对就业和救助加大开支的同时，州政府却对其大大削减；“税收减少，失业增加，政府经济成为一个虚幻的词。”[60]许多州从1932年开始削减预算：亚利桑那州削减了35%，得克萨斯州、伊利诺伊州和佛蒙特州(Vermont)削减了25%，南卡罗来纳州削减了33%。随着州税收的减少，公共工程建设方案也随之减少。1928年，各州在公共工程项目上的开支为13.5亿美元，以公路修建为主要形式，但是到1932年这一开支下降为6.3亿美元，到1933年的前8个月这一开支为2.9亿美元。[61]人均高速公路和教育开支从1927—1932年略微有所下降，[62]但是有些州却进行了大幅削减。例如，1931年的大部分时间田纳西州并没有向农村学校提供基金。[63]州教育机构受到了重创，尤其是大学。1933年，马里兰州的教育支出减少了40%，怀俄明州(Wyoming)减少了53%，其他的几个州减少了30%多。[64]这些方面的缩减降低了公众的工资水平，从而加重了失业危机。

经济萧条初期，各州的救助开支上涨，从1927年的人均1美元增加到4年后的3.5美元。[65]但是各州提供的福利较少，很难满足人们的需求，甚至极少数愿意在这方面加大努力的州情况亦是如此。从1931年年中到1932年年末，各州的福利开支从50万美元增加到1亿美元，但是这其中的绝大部分资金是由极个别州提供的，主要包括纽约、新泽西和宾夕法尼亚州。新政方案刚开始实施时，提供救助金的州仅有 8 个。[66]

地方官员向州政府提交请愿书要求施以援手，但是随着经济萧条的加重，他们的呼声听起来似乎越来越绝望。[67]除了极个别州向失业人员提供救助金外，几乎没有别的回应。州政府对城市的需求回应非常迟缓，因为控制州议会的是乡村代表。各个州在拟定立法选区时要保证州议会中乡村的选票超过城市。佐治亚州每个县在州议会中的代表人数是相等的，不管其人口多少。[68]同样地，路易斯安那州给予每个地方行政区在州的参议院和众议院至少一名代表。罗德岛将这一标准应用于每个市镇。[69]毫无例外，每个州要保证来自乡村的代表在议会中占多数，完全不考虑人口集中在城市的事实。

这种代表名额不足的模式存在很大的政治风险。如果因为人口不断上涨而允许城市在州议会中获得多数席位的话，那么政治联盟和政治结构将从根本上动摇。负有义务的乡村议员将失去职位，同时立法权力的改变有可能出台有利于城市的慷慨政策。长期存在的城市地区代表名额不足问题导致了州议会对城市问题的态度冷漠。代表乡村和小城镇的议员对交通堵塞、贫民窟、停车空间不足、烟气污染等问题不感兴趣；州长对城市问题也不敏感，实际上他们对身边的社会灾难不闻不问。州长和议员召开的国家会议中根本没有提及经济萧条的事宜。例如，在 1930 年盐湖城召开的州长会议上，讨论的主要议题包括州宪法模版的要点、宪法修订、有关城市地方自治的宪法与立法比较以及对城市政府立法控制的范围等主题。[70]同样，1931 年的会议上有意避免提及经济危机的问题。面对州政府如此冷漠的回应，城市无路可走，只能向联邦政府求助。

由于大萧条的灾难波及了整个国家，城市的特殊困境有可能被掩盖住。很多乡村地区的情况比城市更加严重。阿巴拉契亚地区和整个南方地区极度贫困。全家人住在一个房间的小屋里，行走的孩子们由于营养不良导致腹部肿胀，一些父母因为给孩子买不起衣服而无法让他们去上学。发生在中西部到落基山脉的干旱将大片平原变成尘暴区，1934 年冬天，从得克萨斯、堪萨斯和俄克拉荷马吹来的滚滚尘云将新英格兰的大雪变成了红色。数以千计的家庭离开了这片惨遭蹂躏的土地。那些前往加利福尼亚的人们所经历的故事为约翰·斯坦贝克(John Steinbeck)创作的感人小说《愤怒的葡萄》(*The Grapes of Wrath*)提供了素材。

罗斯福和他的顾问们本能地对城市政治和城市文化持怀疑态度。罗斯福制定的第一项公共工程方案——民间资源保护队，其出发点就是城市中失业年轻人的品德将会通过在乡村生活而得到提高。[71]罗斯福有时也“偏爱城市”。[72]和总统关系最密切的一位顾问承认“自我从学校毕业后，对于农场主的错误总是津津乐道，相对而言，对城市工人的指责不及前者多”。[73]罗斯福执政的头两年，新政完整地实施了农场政策：保证价格支持、通过作物分配来减少供应并提高价格、联邦政府担保抵押贷款。相比而言，1937 年出台了第一项具体的城市方案：《公共住房法》(The Public Housing Act，按照立法支持者的名字也被称作《瓦格纳—斯蒂格尔公共住房法》)，在非常有限的范围内清除了贫民窟并提供了公共住房。

虽然城市官员最初遭遇到上级的冷漠对待，但是他们成功地与华盛顿特区的政客和管理人员建立起了亲密的关系。新政第一批救助和复苏方案由州政府管理，但是后期颁布的联邦方案将地方官员纳入管理部门。联邦官员与州和地方官员联手管理三个最大的公共工程部门——公共工程管理局(PWA)、土木工程管理局(CWA)以及工程进步管理局(Works Progress Administration)。联邦紧急救助基金通过州政府的渠道，实际上由地方救济机构来管理。像纽约、匹兹堡和堪萨斯城这样的城市中，地方民主党机器发现新的联邦资源允许他们重整力量。[74]地方官员认为自己能够向国会委员会证明这些方案对城市具有影响力。到 1934 年为止，一位南方官员观察到这样的现象：“最近在华盛顿经常见到市长，不管我们喜欢与否，我们城市的命运与国家政治紧密相连。”[75]

新政的城市方案

美国国家政府最早关心城市问题是在 1892 年，国会拨款两万美元在人口超过 20 万的城市中调查贫民窟的情况。[76]在后续的报告中，劳工部委员向国会报告全国各大城市中的移民居住在破旧的廉价公寓区内，安全和卫生条件极差。委员还提供了大量的事实说明这些地区的犯罪率和酒吧的数量远远超出全国的其他地方。实际上，这一报告是对城市生活的一种道德谴责。

联邦政府对城市住房建设的援助可以追溯到美国参加第一次世界大战的年代。1918 年，国会授权联邦政府直接向地方房地产公司提供贷款。[77]住房建设工程总耗资为 6.93 亿美元，在 27 座城市和城镇中建成了 8 座酒店、19 栋宿舍楼、1 100

栋公寓单元楼以及9千座左右的房屋，为战时的船坞工人提供了住所。[78]同年下半年，国会批准了全国的第一项公共住房方案，目的是为在战时工厂附近需要住房的兵工厂工人提供住所。政府成立了美国住房公司负责方案的执行。短短三个月内，住房公司在全国各地开发了140个项目，建成了6 000座独立家庭住宅，并为7 200名单身男性提供住处。[79]战争结束后，所有的联邦所属住房单位出售给私人，这样一来，政府摆脱了住房业务。

联邦政府首次介入住房问题是在大萧条期间。20世纪20年代的繁荣时期，破旧的商业区和贫民窟在城市中并不少见。随着经济萧条的蔓延，住房情况恶化；房东和房主几乎没有钱进行修缮，新住房的建设像蜗牛爬行般缓慢。解决住房和贫民窟的问题超出了地方政府的经济能力。长期困扰城市的贫民窟问题不仅仅是地方问题，已经被界定为国家问题。关心商业和住宅区情况的城市官员和商业精英向国家政府求助。

1932年，即赫伯特·胡佛总统任职的最后一年，国会成立了重建经济公司(RFC)并授权公司向在贫民区建设低收入住宅的私人开发商提供贷款。[80]实际上公司只承接了两项工程，98%的资金用于改造曼哈顿的三栋贫民窟，建设尼克博克村(Knickerbocker Village)，建成公寓楼1 573座。[81]这一项目具有双重目的：一方面帮助重振建筑业，另一方面增加了纽约低收入住房的供应。就尼克博克村的情况来说，第一个目标取得胜利。住在贫民窟的家庭中有82%搬进公寓后由于承受不起房主索要的高额租金不久又被迫搬回了贫民窟。[82]

富兰克林·D.罗斯福为了刺激经济并消除萧条实施了一系列的国家项目。其中一项是1933年的《全国工业复兴法》(National Industrial Recovery Act)，包括授权"在公共调控下对低租金租住房进行建设、重建、改造或修缮以及贫民窟清理项目"这一次要条款。[83]公共工程管理局下属的住房部负责实施这一条款。起初，公共工程管理局设法通过提供低息联邦贷款来吸引私人开发商建设低收益住房。这一策略反映了项目的主要目的："通过给工人们提供就业机会来应对失业情况……并向私人建筑商展示大规模社区规划的实用性。"[84]但是承包商和房屋建筑商对低息贷款并不感兴趣，只有七个工程符合条件并得到批准。因此，公共工程管理局决定绕过房地产行业，投资并建设联邦所属的住宅。为了实现这一目的，1933年成立了美国紧急住房公司，授权公司使用土地征用权迫使贫民窟主人出售土地，为住宅建设做准备。

肯塔基州和密歇根州的法庭宣布如果联邦政府篡夺了州和地方政府的权力就不能使用土地征用权，这一决议使联邦政府官员陷入了僵局。[85]他们采取了另一应对方案，紧急住房公司将建设低收益住宅的权力下放给地方公共住房局，州政府按照法律可以特许地方管理部门的相关权力，前期的法庭案例证明州政府可以使用土地征用权来实现公共目标。面对唾手可得的联邦基金，城市官员说服州议会允许他们成立地方住房局来接受这部分基金。1937 年，公共工程管理局负责的公共住房方案基本执行完毕，将近有 29 个州已经通过立法允许地方政府管理地方公共住房局，此外还成立了 46 个地方住房机构。[86]这些部门在 37 个城市中建设了将近 22 000 套公共低收入住宅。[87]

公共工程管理局的方案取得了全面进展，然而最终的结果充其量算作喜忧参半。低收益住宅在贫民窟清除工程中被拆除的数量超过了已经建设的住房数。地方公共住宅局与社区的房地产行业联系紧密，因此公共工程管理局提供的相当一部分基金不是用于住房建设，而是用来帮助那些有政治联系的房产商以高价出售他们的房产。[88]然后再计划清理这些房产，取代这些即将被夷为平地的住房的计划还没有出台。鉴于以上各个方面，公共工程管理局以自己的切身经验提出了警示：地方社区如果拥有所有重要的决定权，那么会很容易颠倒方案的目标。

公共工程管理局的经验成为未来住房方案的管理模式。人们认为如果将来取得联邦的公共住房授权，那么地方公共住房机构将成为基金的受益者，联邦机构不会承担公共住房建设的事宜。1937 年，公共住房法案取代了公共工程管理局方案，法案基于住房方案通过联邦补助金交由地方住房局来实施的原则之上。在立法监督下，公共住房的建设和管理事宜将由地方机构承担，而不是联邦政府，房地产商和承包商将负责土地出售和建设的任务。所述目的如下：

> 为向各州和行政区域提供金融支持以便清除不安全、不卫生的住房条件和贫民窟来向低收入家庭提供体面、安全、卫生的住所并且为减少失业和刺激经济活动及其他目的，兹成立美国住房局。[89]

1937 年的《公共住房法》是为了“满足低收入家庭的需要而设计的，否则这些家庭无力承担体面、安全和卫生的住所”。[90]房地产商、建筑商和银行在公共住房工程建设中收益较少，因此他们坚决反对这一方案。就他们而言，政府所属的住房会与私人房地产市场形成竞争，公共住房方案的唯一好处在于可以为建筑业提供工作机会。但是这一优势不及劣势的影响力大，因为大家并不喜欢将住房补贴提供给底部1/3人口的方案。房地产董事会协会（National Association of Real Estate Boards）的主席曾说过：房地产行业的法则是通过筛选程序获得低收益住房的权利：

> 住房应该是私人企业和私人所有制的问题，这与美国人的天才以及想建立起政府是公民的房东这一理想恰恰相反。这一实践的延续具有充分的逻辑性，那些有先见之明的人士用积蓄购买更好的住所，并将从前的住处以较低的租金出租给底层的群体居住。[91]

为了确保中产阶级家庭在搬进公共住宅的同时不会退出私人住宅市场，立法机构对出租单元的成本和质量做出了具体限制，严格规定居住者只能限于低收入家庭。另外增加了一条要求：建设的新住房数量不能超过拆掉的贫民窟住所的数量。[92]

1937年，法案授权美国住房管理局（USHA）将低息贷款的范围扩展至地方公共住房机构。贷款包括100%资助贫民窟清除以及建设低收入住房的成本费用。还授权美国住房管理局向地方住房机构拨款并提供年度补贴，用于住房建成后的使用和维修支出。美国住房管理局以及后来的联邦公共住房管理局（Federal Public Housing Authority，1942—1946）和公共住房管理局（Public Housing Administration，1946年至今）根据1937年住房法案总共建成169 451套低收益公共住宅。[93]

第二次世界大战是国会认定的第三次全国紧急时期（另外两次是第一次世界大战和大萧条），需要公共住房的建造和资助。根据1937年住房法案授权在战争期间建成了5万套住房，除此之外，还根据临时紧急方案建设了200多万套住房供涌入城市国防工业的工人居住。这些住房中约有100万左右是在联邦政府资助下由私人建成的，另外的一百万套住房完全按照计划建成，其所有权归属联邦政府。[94]随着战争的结束，政府所有的住房在私人市场上出售。

新政遗产

新政改变了美国政治。大萧条的经验让地方官员明白向联邦政府提出需求帮助是合法的。为了帮助城市寻求联邦的帮助，地方官员专门成立起城市游说议员组织在联邦体制中充当城市代表。1932 年确定了美国市长会议（United States Conference of Mayors）的惯例，市长们每年开会就共同问题进行讨论。美国市长会议在华盛顿设立了永久办事处并提供资助，目的是为城市方案进行游说。另外城市与国际城市管理协会（现名为国际城县管理协会）、国家市政联盟、美国市政联盟以及其他代表地方公共官员的组织共同大力向联邦管理人员、国会和白宫进行游说。

美国的第一项城市方案反映了地方官员能够给首府华盛顿施加政治压力。根据 1937 年的住房法案，联邦政府承担了清理贫民窟和建设公共住房的任务。20 世纪 30 年代末期，联邦政府的政策制定者对城市问题感到担忧。1937 年，由总统指定的联邦管理人员和专家组成的国家资源委员会出版了一本手册，题名为《我们的城市：国家经济中扮演的角色》（*Our Cities: Their Role in the National Economy*）。[95]报告指出贫民窟和城市的诟病威胁着经济复苏，并建议联邦政府采取行动提高城市的经济运作能力。四年后，国家资源规划委员会发行了《支持城市的行动：社区规划指南》（*Action for Cities: A Guide for Community Planning*），这一报告建议城市设计地方方案来消除诟病，同时联邦政府应该提供帮助。[96]1944 年颁布了联邦资助的高速公路法案，与 20 世纪 30 年代通过的高速公路立法有所不同，这次的法案提供给城市相应的建设费。五年后，即 1949 年，国会通过了一项大规模的方案，允许在市区内部建设公共住房并且清理贫民窟。

1953—1961 年，共和党总统艾森豪威尔（Dwight Eisenhower）在白宫执政，在此期间，城市利益集团仅仅推动了一项重要的新方案，即 1956 年的《州际高速公路法》（Interstate Highway Act），这一方案之所以取得成功是因为符合共和党的想法。从 1959—1961 年，总统艾森豪威尔将公共住房请求从联邦预算中撤销。继 1960 年约翰·F. 肯尼迪当选之后，城市游说议员再次发现自己的提议能够被接纳，他们及时抓住时机。新政的经验让城市官员明白他们有权在华盛顿争取自己的利益，为了实现这一任务他们已经做好了组织工作。在后来的几年中，白宫和国会里的民主党如果忽视代表城市的群体以及他们代言的城市选民，就要为此承担相应的后果。

尾注

1. Samuel J. Eldersveld, "The Influence of Metropolitan Party Pluralities in Presidential Elections since 1920: A Study of Twelve Key Cities," *American Political Science Review* 43, No. 6 (December 1949): 1200.
2. W. B. Munro, *The Government of American Cities* (New York: Macmillan, 1913), p. 27.
3. 20 世纪第一次重要的郊区搬迁运动从 19 世纪 90 年代持续到 1914 年(第一次世界大战爆发)，郊区的增长率超过了许多城市的增长率，但是城市的总人口增长数远远超出郊区人口的增长数。以小的最初人口为基数、用百分比表达的增长率并不真实。
4. William E. Leuchtenburg, *The Perils of Prosperity, 1914—1932* (Chicago: University of Chicago Press, 1958), pp. 213-214.
5. Robert K. Murray, *The 103rd Ballot: Democrats and the Disaster in Madison Square Garden* (New York: Harper & Row, 1976), p. 9.
6. Kenneth T. Jackson, *The Ku Klux Klan in the City, 1915—1930* (New York: Oxford University Press, 1967).
7. Murray, *The 103rd Ballot*, p. 7.
8. Ibid.
9. Kenneth Finegold, *Experts and Politicians: Reform Challenges to Machine Politics in New York, Cleveland, and Chicago* (Princeton, NJ: Princeton University Press, 1995), p. 174.
10. Jessica Trounstine, *Political Monopolies in American Cities: The Rise and Fall of Bosses and Reformers* (Chicago: University of Chicago Press, 2008), p. 87.
11. Ibid., p. 98.
12. Ibid., p. 87.
13. Murray, *The 103rd Ballot*.
14. Murray, *The 103rd Ballot*, p. 103.
15. 有关 1924 会议的详细记录，参见 Murray, *The 103rd Ballot*; Edmund A. Moore, *A Catholic Runs for President: The Campaign of 1928* (New York: Ronald Press, 1956); and Arthur M. Schlesinger Jr., *The Crisis of the Old Order, 1919—1933* (Boston: Houghton Mifflin, 1956)。
16. John D. Hicks, *Republican Ascendancy, 1921—1933* (New York: Harper, 1960), p. 212.
17. Samuel Lubell, *The Future of American Politics*, 3rd revised ed. (New York: Harper & Row, 1965).
18. John Kenneth Galbraith, *The Great Crash, 1929*, revised ed. (Boston: Houghton Mifflin, 1979; first published in 1961), p. 99.
19. Lester V. Chandler, *America's Greatest Depression, 1929—1941* (New York: Harper-Collins, 1970), p. 5.

20. Ibid.
21. Ibid., p. 35.
22. William E. Leuchtenburg, *Franklin D. Roosevelt and the New Deal, 1932—1940* (New York: Harper & Row, 1963), p. 19.
23. Ibid., p. 1.
24. Chandler, *America's Greatest Depression*, p. 19.
25. Ibid., p. 57.
26. Arthur M. Schlesinger Jr., *The Coming of the New Deal* (Boston: Houghton Mifflin, 1957), p. 3.
27. Leuchtenburg, *Franklin D. Roosevelt*, p. 18.
28. 大部分的救济物资由地方的公共和私人机构提供。尽管许多州针对特定人群(无依靠的孩子、盲人或残疾人)制定了救济方案,但这些人很少得到实际的资助。
29. Arthur E. Burns and Edward A. Williams, *Federal Work, Security, and Relief Programs* (New York: Da Capo Press, 1971), pp. 1-2; first published as *Research Monograph 24* (Washington, D. C.: Works Progress Administration, Division of Social Research, 1941).
30. James T. Patterson, *The New Deal and the States: Federalism in Transition* (Princeton, NJ: Princeton University Press, 1969), p. 30.
31. Ibid., p. 15.
32. Ibid.
33. Mark I. Gelfand, *A Nation of Cities: The Federal Government and Urban America, 1933—1965*, Urban Life in America Series (New York: Oxford University Press. 1975), p. 35.
34. Leuchtenburg, *Franklin D. Roosevelt*, p. 11.
35. 宪法第二十条修正案将就职日改为 1 月,于 1933 年正式生效。
36. Leuchtenburg, *Franklin D. Roosevelt*, p. 39.
37. Ibid.
38. Ibid., p. 40.
39. 有关新政项目的详细记录,参见 Burns and Williams, *Federal Work*。
40. Leuchtenburg, *Franklin D. Roosevelt*, p. 174.
41. Burns and Williams, *Federal Work*, pp. 29-36.
42. Leuchtenburg, *Franklin D. Roosevelt*, pp. 122-123.
43. Ibid., p. 133.
44. Josephine Chapin Brown, *Public Relief, 1929—1939* (New York: Holt, Rinehart & Winston, 1940), p. 249.
45. Quoted in William E. Binkley, *American Political Parties: Their Natural History* (New York: Knopf, 1943), p. 284.
46. Ibid., pp. 380-381.
47. Patterson, *The New Deal and the States*, p. 26.
48. Calculated from James A. Maxwell, *Federal Grants and the Business Cycle* (New York: National Bureau of Economic Research, 1952), p. 23, Table 7.
49. Ibid.
50. Gelfand, *A Nation of Cities*, p. 49.

51. U. S. Department of Commerce, Bureau of the Census, *Historical Statistics on State and Local Government Revenues, 1902—1953* (Washington, D. C.: U. S. Government Printing Office, 1955), p. 12.
52. Maxwell, *Federal Grants and the Business Cycle*, p. 27, Table 11.
53. Ibid., p. 24, Table 8.
54. Ibid., p. 29.
55. Gelfand, *A Nation of Cities*, p. 31.
56. Ibid., p. 32.
57. Ibid., p. 36.
58. Ibid.
59. Ibid., p. 34.
60. Patterson, *The New Deal and the States*, p. 39.
61. Ibid., p. 40.
62. Ibid.
63. Ibid., p. 44.
64. Ibid., p. 47.
65. Ibid., p. 40.
66. Brown, *Public Relief*, pp. 72-96.
67. George C. S. Benson, *The New Centralization: A Study in Intergovernmental Relationships in the United States* (New York: Holt, Rinehart & Winston, 1941), pp. 104-105.
68. Robert G. Dixon Jr., *Democratic Representation: Reapportionment in Law and Politics* (New York: Oxford University Press, 1968), p. 174.
69. Ibid., pp. 71-75, p. 80, pp. 86-87.
70. Patterson, *The New Deal and the States*, p. 45.
71. Leuchtenburg, *Franklin D. Roosevelt*, p. 52.
72. Ibid., p. 136.
73. Guy Rexford Tugwell, quoted in ibid., p. 35.
74. Finegold, *Experts and Politicians*, p. 12; Bruce M. Stave, *The New Deal and the Last Hurrah: Pittsburgh Machine Politics* (Pittsburgh: University of Pittsburgh Press, 1970); Lyle W. Dorsett, *Franklin D. Roosevelt and the City Bosses* (Port Washington, NY: Kennikat, 1977); Dorsett, *The Pendergast Machine* (New York: Oxford University Press, 1968).
75. Quoted in Gelfand, *A Nation of Cities*, p. 66.
76. Public Law 65-102, 65th Cong. (1918); refer to Congressional Quarterly Service, *Housing a Nation* (Washington, D. C.: author), p. 166; Edith Elmer Wood, *Recent Trends in American Housing* (New York: Macmillan, 1931), p. 79.
77. Congressional Quarterly Service, *Housing a Nation*, pp. xiii.
78. Joint Resolution 52-22, 52d Cong. (1892); refer also to U. S. Congress, House, *Your Congress and American Housing—The Actions of Congress on Housing*, 82d Cong., 2d sess., 1952, H. Doc. 82-532, p. 1.
79. Public Laws 65-149 and 65-164, 65th Cong. (1918); refer also to Twentieth Century Fund,

Housing for Defense (New York: Twentieth Century Fund, 1940), pp. 156-157; Congressional Quarterly Service, *Housing a Nation*, p. 18.

80. Refer to the Emergency Relief and Reconstruction Act, Public Law 72-302, 72d Cong. (1932).
81. 根据这一授权为堪萨斯的福特县争取了15.5万美元的乡村住房贷款，这是唯一的其他贷款。
82. Edwin L. Scanton, "Public Housing Trends in New York City" (Ph. D. dissertation, Graduate School of Banking, Rutgers University, 1952), p. 5.
83. Public Law 73-67, 72d Cong. (1933).
84. From a statement by Harold L. Ickes, Secretary of Interior and Public Works Administrator, quoted in Bert Swanson, "The Public Policy of Urban Renewal: Its Goals, Trends, and Conditions in New York City," paper delivered at the American Political Science Association Meeting (New York, September 1963), p. 10.
85. *U. S. v. Certain Lands in City of Louisville, Jefferson County, Ky.*, *et al.*, 78 F. 2d 64 (1935); *U. S. v. Certain Lands in City of Detroit et al.*, 12 F. Supp. 345 (1935).
86. Refer to Glen H. Boyer, *Housing: A Factual Analysis* (New York: Macmillan, 1958), p. 247.
87. Richard D. Bingham, *Public Housing and Urban Renewal: An Analysis of Federal-Local Relations*, Praeger Special Studies in U. S. Economics, Social, and Political Issues (New York: Praeger, 1975), p. 30.
88. Nathaniel S. Keith, *Politics and the Housing Crisis since 1930* (New York: Universe Books, 1973), p. 29.
89. Public Law 75-412, 75th Cong. (1937). Also found in U. S. Congress, House Committee on Banking and Currency, *Basic Laws and Authorizations on Urban Housing*, 91st Cong., 1st sess., 1969, p. 225.
90. Roscoe Martin, "The Expended Partnership," in *The New Urban Politics: Cities and the Federal Government*, ed. Douglas Fox (Pacific Palisades, CA: Goodyear, 1972), p. 51.
91. Keith, *Politics and the Housing Crisis*, p. 33.
92. 从比较的角度来看，限制加入低收入家庭的条件从根本上导致了美国公共住房的失败。参见 Arnold J. Heidenheimer, Hugh Heclo, and Carolyn Teich Adams, *Comparative Public Policy: The Politics of Social Choice in Europe and America* (New York: St. Martin's Press, 1975), pp. 69-96。
93. Public Law 76-671, 76th Cong. (1940)，关于为住房需求辩护；Public Law 80-301, 80th Cong. (1946)，暂时搁置对一些低收入住房项目的成本限制。
94. U. S. Housing and Home Finance Agency, *Fourteenth Annual Report* (Washington, D. C.: U. S. Government Printing Office, 1961), p. 380.
95. U. S. Department of the Interior, National Resources Committee, Urbanism Committee, *Our Cities: Their Role in the National Economy* (Washington, D. C.: U. S. Government Printing Office, 1937).
96. Philip J. Funigiello, "City Planning in World War II: The Experience of the National Resources Planning Board," *Social Science Quarterly* 53 (June 1972): 91-104.

第二部分

20 世纪的城市危机

第六章　城市/郊区分离

人口发生变化的 100 年

20 世纪，数百万人口从市中心迁至郊区，这一运动构成了“美国历史上的一次人口大迁移”。[1]早在 19、20 世纪之交，人口密集工业城区的大批富人家庭纷纷从市区迁往郊区，在 20 世纪 20 年代的繁荣时期，郊区得到了全面发展。[2]大萧条和第二次世界大战时期，郊区发展受阻，但是战后繁荣使郊区再次得到大规模发展。20 世纪 70 年代的人口普查显示郊区人口超过了乡村地区人口或城市人口，这在美国历史上尚属首次，郊区处于持续增长的态势中。整个 20 世纪八九十年代，郊区社区以老市中心为圆点不断向外以弧形蔓延扩展。

发生在 20 世纪的另一重大事件是反方向人口迁移浪潮，从郊区迁回城市，而且这种迁移活动接连发生过多次。从 19、20 世纪之交到 20 世纪 30 年代，黑人离开南方涌入北方的工业城市，墨西哥移民涌入西南部城市。从 19 世纪开始，农村人口大量迁至城市，这一运动持续了一个多世纪，到第二次世界大战结束后，这股不安分的迁移浪潮达到顶端。阿巴拉契亚煤矿地区的白人家庭生活在极度贫困状态中，全国的农村地区无一例外地陷入贫困之中，这部分人加入了非裔美国人的大军，背井离乡，涌入北方城市。墨西哥人继续穿越边境线，而且数量超过了从前，到 20 世纪晚期，他们发起抗议，强烈抵抗反移民运动。

从社会和政治混乱的程度来衡量，战后 5 万非裔美国人从南方迁出的运动是所有人口迁移运动中造成创伤最严重的一次。[3]20 世纪 60 年代中期，人们创造了“城市危机”这个新短语，用来指代居住在郊区的白人和集中在市中心的黑人相互隔离的极端地理分布。在人们的想象之中，这一短语用来指代两大强势文化模式的碰撞：“黑人区”和有房有社会地位的美国梦。这两种对立的形象使人们开始关注美国生活的实际状况：对于一代人来说，北方和南方存在的种族隔离已经成为国家政治和文化的超验问题。美国人习惯将事物一分为二：城市/郊区、黑人/白人、聚居区/住宅区、穷人/富人，这种惯性思维总是将城市笼罩在阴暗的一面。[4]在大众的想象中，城市总是与安静的街角、宽阔的绿荫草坪联系在一起；同时，种族、贫穷、犯罪和贫民窟这些形象象征着城市中心区。到20世纪70年代，关于城市社区谋杀、伤害、吸毒等犯罪的报道成为地方新闻电视台提高收视率的一种手段。对于美国白人来说，犯罪和暴力成为市中心及其居住者的象征。[5]

20世纪80年代以来，美国经历了另一种人口分布的变化。数百万人口从世界各地移民到美国，大部分人绕过城市直接到郊区定居，这在美国历史上尚属首次。这一运动出乎意料地改变了城市地区的地理和政治，城郊差异不再是城市社会中紧张关系的主要根源。如今，构成城市社会的种族和民族散布在大都会的各个区域。截至2006年，美国的拉美裔人口已经超过了非裔人口，[6]到21世纪中期，拉美裔人口会比黑人人口多一到两倍。[7]这些趋势给美国及其城区带来了深刻的社会政治变化。

摘　录

反对移民的热情极度高涨

与过去的任何时期都不同，移民在美国没有固定的定居地点，迁移方向几乎遍布各地。过去，外国移民主要集中在几个门户城市，然后再迁移到较古老的市中心地区。然而最近几年，这种模式发生了很大的变化，许多郊区与历史上的市中心一样呈现出种族多样化的格局。例如20世纪90年代，来自多个国家的移民迁到长岛的郊区，其中包括亚洲的日本人、韩国人、越南人、印度人、巴基斯坦人和伊朗人，以及来自加勒比和拉丁美洲地区的危地马拉人、古巴人、海地人和萨尔瓦多人。不仅如此，移民还迁往各类城市、小城镇以及乡村地区。移民工人搬到靠近肉类加工厂、家禽养殖场以及饲养家畜或加工农业产品的农业综合企业区居住，导致乡村地区几乎一夜之间大变样。

这样大规模的变化让一部分人恐惧和憎恨，缺少身份证明的墨西哥移民成为众矢之的。州议会通过了上百条措施来抑制和控制移民，2007 年，州议会对 1 562 条与移民相关的措施进行审核，批准并颁布了 240 条，比 2006 年增加了 3 倍。这些法律与其他方面也有关联，如果在知晓的情况下雇用非法移民工作会被定为重罪，非法移民很难获得国家身份证件和驾驶执照，他们不能享受失业保险和其他公共服务。接下来的两年，地方政府采纳了几千项反移民条例，其中的许多项遭到了人们的质疑。批评人士指控拉美裔移民都是非法的，因此警方竭力清除辖区的拉美裔移民。为了找到驱逐出境的借口，地方警察以较轻的罪行将其逮捕或者以非法移民的嫌疑将其拘留。

美国对移民的这股敌对情绪是由 2008 年发生的经济危机引起的。到 2010 年，这股在全国各地持续了近 100 年的反移民情绪达到了狂热程度。2010 年 4 月 23 日，亚利桑那州州长签署了全国最苛刻的反移民法律，从而激起了移民的强烈抗议。法律规定如果没有携带公民身份的证明则被视为违法，如果警方“有合理的理由”质疑某人是非法入境，那么则有权对其实施逮捕。共和党中的保守分子支持这一法律，批评人士则号召人们抵制去亚利桑那旅游、加紧准备法律方面的对抗、赞助人们上街抗议和集会。反对者指控这项立法是在鼓励种族歧视和骚扰。奥巴马总统也予以批评，认为这项立法“破坏了我们作为美国人珍视的基本公正观念……”同时，这项立法的通过导致一系列意想不到的后果逐渐显现出来。数十万非法移民和拉美裔公民从 2008 年开始大批离开美国。取消抵押品赎回权的情况和房屋空置的数量呈直线上升。据估计，移民离开美国单对房地产市场就造成了几千万美元的损失，如果没有身份证明的移民全部离境的话，各州的经济损失将超过 260 亿美元。尽管如此，人们对现实经济情况是否会影响由这一情绪导致的抗争进程尚不清楚。

资料来源：丹·安德森(Dan Anderson)，《时代话题：移民与难民》(“Times Topics：Immigration and Refugees”)，《纽约时报》，2008 年 6 月 9 日：20；兰道尔·C. 阿奇博尔德(Randal C. Archibald)，《亚利桑那颁布了严格的移民法律》(“Arizona Enacts Stringent Law on Immigration”)，《纽约时报》，2010 年 4 月 23 日；赛斯·霍伊(Seth Hoy)，《亚利桑那移民法律的另一个意想不到的后果：更多的取消抵押品赎回权和空置房屋现象》(“Another Unintended Consequence of AZ Immigration Law：More Foreclosures and Vacant Homes”)，AlterNet，www.alternet.org/rights/147211。

迁移大潮

历经了三个时期的人口迁移和外国移民大潮之后，20 世纪下半叶美国城市发生了隔离、种族和贫困危机。[8]表 6.1 的数据显示第一次迁移大潮始于 20 世纪早期，在大萧条之前达到高峰。1910 年到 1930 年期间，约 70 万墨西哥人迁移到得克萨斯州、新墨西哥州、亚利桑那州和加利福尼亚州，另外还有一百多万黑人离开南方各州来到芝加哥、底特律、克利夫兰、纽约市、匹兹堡、费城以及中西部和东北部的其他工业城市。第二次迁移的浪潮势头更猛，在第二次世界大战期间席卷了各个城市，直到 20 世纪 60 年代才消退。1940—1970 年，将近五百万黑人和 70 万墨西哥人涌入美国的市中心地区，同期还有超过 150 万的贫困白人离开乡村和小城

表 6.1　20 世纪美国乡村到城市的迁移大潮

迁移人群	迁移时期	移民人数①	来源地	目的地
阿巴拉契亚白人	1940—1970	1 600 000	阿巴拉契亚南部山脉（肯塔基和西弗吉尼亚）	中北部各州
墨西哥人	1910—1930	700 000	主要集中在平顶山（美国西南部地区）中部以及墨西哥高原	得克萨斯州和西南部各州
	1940—1970	700 000	主要集中在平顶山（美国西南部地区）中部以及墨西哥高原	得克萨斯州和加利福尼亚州
黑人	1910—1930	1 250 000②	密西西比三角洲、大西洋黑人地带、沿海平原	伊利诺伊州、俄亥俄州、密歇根州、纽约州和宾夕法尼亚州
	1940—1970	5 000 000②	密西西比三角洲、大西洋黑人地带、沿海平原	各地的城市

①这些数字为粗略估计。例如，墨西哥移民包括合同劳工、往返移民和非法移民，因此数据较模糊。

②美国人口普查局，《美国的历史统计数据：殖民地时代到 1970 年》(*Historical Statistics of the United States: Colonial Times to* 1970)，华盛顿特区：美国政府印刷局，2002 年。格林伯格的原始表格中黑人在 1910—1930 年期间的数量为 100 万，在 1940—1965 年期间的数量为 350 万。

资料来源：部分节选自斯坦利·B. 格林伯格，《政治与贫困：现代化及五个贫困地区的回应》(*Politics and Poverty: Modernization and Response in Five Poor Neighborhoods*)，纽约：威利出版社，1974 年，第 19 页。

镇来到城市，尽管这部分人的迁移几乎没有引起人们的关注。

1910—1926年期间，墨西哥革命的血腥和长期暴力将墨西哥人驱赶到了美国的西南各州。尽管革命使数百万农民摆脱了与土地拥有者之间的封建关系，许多人却失去了谋生手段。致力于土地改革的墨西哥政府和反对改革的土地所有者之间发生了血腥对抗，逼迫刚刚被解放的农民逃往得克萨斯州、亚利桑那州和加利福尼亚州。第二次世界大战期间及战后时期，西南各州的就业机会吸引了更多的墨西哥人穿越边境。到1970年为止，居住在美国西南部的墨西哥裔美国人有550万，占美国墨西哥后裔的90%多。[9]到2000年，美国南方以及西部各州的墨西哥裔达1 790万，占全国总数的87%。[10]20世纪八九十年代，来自拉丁美洲各国的移民涌入西南各州的人数超过了前者，这一迁移运动有两方面原因：一是受政治压迫和贫困所致，另一方面是受就业机会的吸引。

20世纪30—60年代，阿巴拉契亚山脉南部以及弗吉尼亚、西弗吉尼亚和肯塔基州的坎伯兰高原地区的煤矿业不断衰退，每年都有上千个极度贫穷的家庭逃离矿区。第二次世界大战之后，大批人员逃离矿区，致使阿巴拉契亚的一些县人烟稀少。哈里·考迪尔（Harry Caudill）的小说《夜幕降临的坎伯兰》（*Night Comes to the Cumberlands*）感人至深，贫穷迫使家庭和整个社区撇下农场小自留地并离开破旧的城镇。这些家庭中后来的几代人回到阿巴拉契亚地区寻根，对山区和山谷的思念成为民间音乐和蓝草音乐经常表达的悲伤曲调。20世纪50年代，坎伯兰高原地区的1/4人口背井离乡，到肯塔基、田纳西、马里兰、弗吉尼亚以及中西部北方工业带的城镇定居。[11]加入坎伯兰迁移大军的还有一些贫困白人家庭，他们原来居住在伊利诺伊州南部、肯塔基州和阿肯色州的小型煤矿区。新移民与黑人和拉美裔人同样不受欢迎，他们被嘲弄为山地人（Hoosiers，或称印第安人）、俄克佬（Okies）、阿尔基人（Arkies）。与非裔美国人大军和数量较少的拉美裔人一样，新移民也涌入了破旧的城区，但不同之处在于他们还可以选择小城镇或离市区有一段距离的活动停车场。除了阶级身份或经济状况之外，种族成为美国城市生活的重要分割线。

非裔美国人的两次迁移浪潮是20世纪规模最大的地区人口移动，第一次发生在大萧条之前，另一次是在第二次世界大战之后，这些人口迁移运动产生了久远的影响。历史学家将1910—1930年大批黑人离开南方的运动称为“大迁移”，因为“这是历史上规模最大、速度最快的内部人口迁移运动之一——如此规模的迁移运动并不是受法令或饥饿的威胁而致”。[12]1910—1920年期间，约有45万黑人离开南方，20世纪 20 年代又有 75 万黑人离开南方。[13] 在 1910—1930 年这 20 年期间,大约有 100 万黑人(占生活在南方全部黑人的 1/10)涌入了东北部和中西部的城市之中。在短短的 20 年间,生活在南方以外的黑人人口增长了 134%,全国居住在南方的黑人人口从 89%下降至 79%。[14]

像先前的欧洲移民一样,非裔美国人受危机所迫,在机会的诱惑下选择了迁移行动。南方的贫穷和失业是黑人离开的原因,而北方的工作则提供了动力。19 世纪 90 年代晚期,棉铃象鼻虫灾害在得克萨斯州南部爆发,到 1921 年为止经由佐治亚向东部蔓延,这一虫灾破坏了棉作物,黑人佃农迫不得已离开土地。同期,由于第一次世界大战,欧洲移民数量骤减,此外,军需产业发展迅速,这两方面因素导致北方工业城市的劳动力短缺。

离开南方的非裔美国人几乎全部涌入了北方城市中的人口密集区。1910 年,在人口超过 10 万的城市中,黑人仅占 10%,1920 年这一比例增长到了 16%,到 1930 年增长到了 24%。[15] 大城市吸引了绝大部分的移民,从 1910 年到 1930 年,居住在人口不足 10 万的城市中的黑人越来越少,在人口超过 10 万的城市中,黑人的数量却大幅增长。[16] 因此,大迁移有两大主要构成元素:黑人迁移到北方,黑人成为城市人口。

表 6.2　部分城市中黑人人口的增长,1910—1930 年

城市	人口总数			增长百分比(单位:%)		
	1910	1920	1930	1910—1930	1910	1930
纽约	91 709	152 467	327 706	257.3	2	5
芝加哥	44 103	109 458	233 903	429.3	2	7
费城	84 459	134 229	219 599	160.0	5.5	11
圣路易斯	43 960	69 854	93 580	112.9	6	11
克利夫兰	8 448	34 451	71 889	751.0	1.5	8

资料来源:美国人口普查局,《美国黑人:1920—1932 年》,华盛顿特区,美国政府印刷局,1935 年,第 55 页。

1910 年,非裔美国人主要分布在北方的极个别城市,占城市人口的 2%。但是到 1930 年,黑人占印第安纳州加里市(Gary)人口的 18%,占伊利诺伊州圣路易斯市东部以及牲畜饲养场、铁路段和重工业区人口的 16%。如表 6.2 所示,同样的两个 10 年期间,大城市中的黑人人口增长了 2—3 倍。到 1930 年,各个城市人口增长的百分比多少不一,纽约 5%,芝加哥 7%,克利夫兰 8%,圣路易斯和费城超过了 11%。非裔美国人集中在界线清晰的隔离区内,在纽约的哈莱姆北部地区,1920 年非裔美国人约占人口的1/3(36%)，到1930年人口普查时，这一比例增长到了81%。[17]

北方是一片“应许之地”，黑人不仅能够逃离南方的种族主义暴力，而且有机会提高经济地位。为了逃避种族等级制度的枷锁，南方黑人长途跋涉来到北方各州的城市定居。1917年5月，《芝加哥保卫者报》(*Chicago Defender*，以下简称《保卫者报》)的发行人发起“开往大北方”的号召，劝说黑人往北方迁移，其实在这之前迁往北方的运动已经开始了。《保卫者报》于1905年创刊，到第一次世界大战时发行量已经达到10万份，整个南方的黑人如饥似渴地阅读这份报纸。《保卫者报》的社论激励黑人们来到北方这片充满机会的土地上，他们在这里能够找到工作，即使存在不平等的现象，但是至少可以逃离骚扰和暴力。招聘工作的广告专栏确实让人们看到了“应许之地”的希望。同时《保卫者报》还揭露了生活在南方的黑人所经历的可怕情况。有关私刑和其他形式的恫吓经常以耸人听闻的细节被报道出来。离开南方被描述为促进全体黑人争取种族平等事业的一种途径。[18]

《保卫者报》并不是唯一激励非裔美国人离开南方的呼声。那些已经离开南方的黑人给亲戚朋友们写信，在信中用炫丽的语言描述自己的新生活。虽然北方存在着工作和住房方面的歧视现象，但是比起从前的生存条件来已经改善了很多。整个南方的黑人生活在恐惧之中。从1882年到1930年，仅在棉花带的五个州中(阿拉巴马、佐治亚、路易斯安那、密西西比和南卡罗来纳)就发生了1 663例私刑案件，而依法处决的黑人为1 299。[19]南方的10个州中，在1880—1930年被处以私刑的黑人有2 500，平均每周有一位黑人遭受私刑。[20]南方各州的法律制度完全被非法操纵，私刑以及由警方和法庭处死只不过是专门术语的用法不同而已。违反种族等级制度的黑人，即使属于无意，都会遭到毒打甚至形式更残忍的报复。没有离开人行道、忘记说“先生”或“女士”或者是盯着白人看都会招致突如其来的暴力虐待。为保证黑人严格遵循白人的制度，私刑在南方各州已是司空见惯。在很多时候私刑成为堕落的狂欢形式，暴徒用喷灯或其他工具将受害者慢慢折磨至死，然后夺去死者的衣物或者身体部位充当纪念品。[21]

北方工厂劳动力短缺的情况越来越严重，黑人逃离南方暴力处境的机会也随之增多。1914年欧洲战事爆发后，工厂老板拥有大量利润丰厚的军需合同，然而工人数量不足。他们将劳工代理商派往南方，为他们提供免费火车票，并且还能以此换取劳动协议。南方白人雇主和种植园主想方设法阻止大批的廉价劳动力外流。杂志、报纸和商业组织谴责迁移运动，1916年10月5日孟菲斯的《商业诉求报》(*Commercial Appeal*)刊登了这样一段社论：

> 对劳工的大量需求以及棉铃象鼻虫给南方部分地区带来的变化导致大批黑人离开南方，这种情况非常严重，大批黑人到北方的工厂、肉类加工厂和铁路工作……
>
> 现在南方需要所有体格健全的黑人，继续站在南方阵线上的黑人最终要比去往北方有更好的发展前景……
>
> 我们应该鼓励南方的黑人继续留在南方，那些位于棉铃象鼻虫受灾区的白人应该做出牺牲，从而将黑人劳动力留住，让他们适应新的繁荣境况。[22]

各州和社区竭力阻止黑人外流。1916年，佛罗里达州的杰克逊维尔市通过了一项条例，对未注册的北方劳工代理机构征收高额罚款。佐治亚的梅肯市(Macon)阻止劳工代理商取得营业执照，然后取缔没有营业执照的劳工代理机构。亚特兰大的市长向黑人们讲述北方冬季的"寒冷"。[23]有的社区将警察派往火车站骚扰附近的黑人，阻止他们登上火车，甚至将他们从火车上驱赶下来。

但是"应许之地"仍然在召唤他们，尽管困难重重，依然有大批黑人离开南方前往北方。初来乍到北方的黑人找到了工作，但并不是平等的机会，他们发现种族歧视现象依然存在。每当黑人试图进入白人社区就会遭到骚扰甚至暴力袭击。在劳动市场上他们是最后的受雇者，却是最早的被解雇者，他们总是从事最卑微的工作。工作机会不仅受到雇主的限制，更多情况下受到工会的限制，他们禁止黑人成为工会会员。北方的大多数工作场所都成立了工会，而南方成立工会的比例较小，因此有些职业不能向黑人提供工作机会，尤其是熟练工方面的工作。[24]无论工作场所有无工会的存在，白人工人通常拒绝与黑人一起工作。为了避免麻烦，雇主把最不喜欢的工作分配给黑人。

非裔美国人很难适应城市生活，他们从未在城市生活过，很多人从未参与过现金经济。身为佃农的黑人通常按照合同工作，根据条例他们只能在种植园主的商店购买东西，购买时使用代币而不是现金。许多黑人从未见过美国的货币，因此他们经常被骗，甚至被索要高价。

除此之外，种族隔离形成了隔离区，黑人居住在破旧拥挤的地区，这些因素导致了社会疾病的出现，其严重程度令人瞠目结舌。1926年，底特律的黑人逮捕率是白人的4倍；1923年，黑人占全国监狱人口的31%，尽管黑人仅占全国总人口的9%；1923年到1927年期间，哈莱姆地区的死亡率比纽约全市的死亡率高出42%，尽管哈莱姆地区的人口比全市人口要年轻得多。哈莱姆地区的婴儿死亡率是11.1%，纽约市的婴儿死亡率是0.64%。哈莱姆地区的肺结核、心脏病以及其他疾病患者远远超过纽约市总人口的比例。[25]

迁移到北方城市的黑人遭遇到和南方一样的敌意、种族主义和歧视，他们感到惊诧不已。饭店和商场拒绝为他们提供服务；银行拒绝向他们提供贷款；墓地、公园、沙滩浴场及其他设施规定了各种限制条件，或者分为“白人”和“有色人种”区域。很多牙医、医生和医院拒绝医治黑人。情况更为糟糕的是，黑人在南方遭受的暴力虐待居然跟随他们到了北方。1917年7月2日，伊利诺伊州的圣路易斯东部爆发了种族冲突，39名黑人和5名白人死于非命。[26]1919年臭名昭著的“红色夏季”中，20多个城市爆发了种族冲突，这些冲突都涉及了白人暴民袭击黑人的事件。同年夏季发生在芝加哥的暴乱是一位黑人男孩在海滩游泳时不小心超过“有色人种区”进入了白人水域，一群白人向他投掷石头致其死亡，此后白人连续数日在全城范围内恐吓黑人。1917年7月1日—1921年3月1日，芝加哥共发生了58起种族爆炸袭击事件。[27]1920年，无业黑人被城市警察赶出了布法罗市。同年发生了美国历史上最恶劣的集体谋杀黑人事件，在俄克拉荷马州的塔尔萨市(Tulsa)有300多名黑人被白人暴民杀害，这一事件过了将近80年才被曝光。[28]无论在何处，只要黑人试图进入白人社区，他们就会遭到燃烧十字架、故意破坏和暴民暴力的恐吓。

在所有的城市中，房契都附加了限制性契约来阻止黑人购买房产进入白人社区。县职员办公室或契据登记制定带有种族限制的契约，然后由法院来执行。北方城市中最典型的是芝加哥，1944年受限制性契约覆盖的地区超过了11平方英里。[29]政府在新社区中成立了社区改善协会，通过法律诉讼和社会劝说，他们强迫房主接受并遵循限制性契约。结果导致北方城市中的种族隔离在第二次黑人迁移大潮来临之前已经根深蒂固，而第二次黑人迁移的规模超过了第一次的数倍之多。

战后的种族冲突

大萧条期间黑人往北方的迁移运动速度异常缓慢，然而第二次世界大战期间迁移速度加快，不久就达到历史的最高峰。在大迁移时期，工厂提供工作吸引黑人来到北方城市，当时南方的情况也促进了黑人的迁移运动。南方农业的机械化，尤其是机械化采棉机的普遍采用，导致数万个佃农和农场工人失业。有的黑人离开得克萨斯州、路易斯安那州和阿肯色州，涌入西部城市，尤其是加利福尼亚州；一部分黑人离开南方中部地区，迁移到圣路易斯、芝加哥、底特律、克利夫兰以及其他中西部城市；还有一部分从密西西比以及南方腹地东部迁移到华盛顿特区、纽约、波士顿以及其他东部城市。1940 年，全国 77%的黑人仍然居住在南方各州，然而到 1950 年，居住在南方的黑人仅有 60%。20 世纪六七十年代，南方黑人的比例下降到 56%(1960 年)和 53%(1970 年)。[30]几乎所有想迁往北方的移民最终都在城市定居。

大批黑人仍不断地离开南方迁往北方，城市住房市场的压力越来越重。涌入隔离区的非裔美国人家庭抱怨这座无形墙壁将他们排斥在白人居住区之外。[31]而另一方面，几乎所有的白人都感到有必要将他们的居住区进行隔离管制。[32]房地产经纪人拒绝向黑人介绍房源，拒绝与他们进行房产交易，从而确保将黑人排斥在白人居住区外。然而有时房地产经纪人会通过相反的做法来牟取暴利。为了使白人房主以低价出售房屋，一部分房地产经纪人散发传单或者挨家挨户地宣传黑人将要搬进社区，惊慌失措的房主希望低价出售房屋；另一方面房地产经纪人会向那些希望从“降级”社区购买房子的黑人收取高价。[33]

白人房主为抵制黑人搬进他们的社区而采用了种种策略，这些手段引发了某种层面的战争。20 世纪 50 年代，房主发起的运动席卷了整个底特律社区，社区协会组织会议要求业主们不要将房屋出售给黑人，并商讨抵制的对策。夜晚是恐吓受害者最好的时机，成群的白人聚集在刚刚购买房子的黑人家庭门前，用种族辱骂和侮辱的语言冲他们喊叫，往草坪上扔垃圾，用石头、砖头和瓶子打碎黑人家的窗户，拆掉篱笆，打碎汽车的挡风玻璃，如果黑人还没有搬离社区的话，他们会放火烧毁黑人的房子。[34]在区域冲突中种族形势会变化，恐慌心理促使大批黑人突然离开，白人会慢慢地撤退进攻。到 20 世纪 60 年代中期，抵抗行动变为“白人迁移”，白人家庭逃离市中心社区。

对于黑人和白人来说，种族战争使他们的生活变得支离破碎，给他们留下了痛苦的回忆。惊慌逃跑的白人以低廉的价格卖掉了自己的房子，在恫吓中抛弃房屋的黑人受到了损失，不敢再奢望搬离贫民窟。许多社区一直无法从动荡中恢复正常，对于其他发生过动荡的社区来说则需要几十年的时间恢复。2005 年，底特律的城市人口中白人占11%，非裔美国人占82%；与郊区形成了鲜明的对比：郊区的非裔美国人口比例不足10%。[35]

黑人涌进城市而白人逃至郊区，这两股呈相反方向流动的人潮导致市中心的人口结构几乎一夜之间大变样。到20世纪60年代中期，一条巨大的种族鸿沟将市中心与郊区分离。继1965年、1966年的城市暴乱之后，总统委员会召开了一系列会议，对城区中种族隔离演变为国家危机的状况表示担忧。1967年成立的国家公民动乱委员会（The National Commission on Civil Disorders，伊利诺伊州州长奥托·B. 肯纳[Otto B. Kerner]担任主席时被称为肯纳委员会）曾经发出这样的警告："黑人和白人是两个种族，他们水火不容、地位不等。"[36]委员会用这样的说法承认了这一显而易见的事实。表6.3显示：1940年，在12个大城市中仅有4个城市的黑人人口超过了10%，平均在各大城市中所占的比例为9%；而30年后，非裔美国人占华盛顿特区人口的72%，巴尔的摩人口的47%，底特律人口的44%，克利夫兰人口的39%，圣路易斯人口的41%。

尽管这两股方向相反的人员流动从20世纪70年代逐渐放缓，但种族差距却继续拉大，一直持续到20世纪末。截至2000年人口普查时，非裔美国人口在几个城市中占据了绝大多数的比例，而郊区却相对较少。表6.3的数据显示到2000年人口普查时大多数主要都会区中郊区的非裔美国人几乎占人口总数的10%以上，个别不足10%：芝加哥郊区的非裔美国人口占11%，底特律为9%，匹兹堡为5%，波士顿为3.5%，克利夫兰为11%。郊区行政辖区的这种高度居住隔离状态表明源自城市危机时代的种族差异依旧存在。

新型贫困的出现

农村黑人大规模地迁往中心城市并集聚在人口密集的城区，不可避免地产生了诸多问题，这些问题很难解决。黑人涌入隔离区中的贫民窟，极度贫困和新移民的不断增加令他们的处境更加艰难，大多数黑人居住在贫困区。具有讽刺意味的是，随着中产阶级黑人住房机会的改善，集中贫困的问题却愈加严重。中产阶级非裔美国人离开隔离区后，剩下的家庭无力搬离贫民窟，结果导致贫困现象较以前更加集中。1970年，人口统计局将100所大城市普查地段的1/4(27%)以上面积归为官方指定的"贫困"地带，这儿至少有20%的居民家庭收入低于联邦政府的贫困线,20年后贫困地带的比例增加到了39%。[37] 2005年,大城市的贫困比例(18.8%)高出郊区(9.4%)两倍,这一比率持续了几十年之久。[38]

表 6.3　12个标准都市统计区(SMSAs)中市中心和郊区地带黑人所占人口的百分比,1940年、1970年和2000年①(单位:%)

	市中心			郊区地带		
	1940	1970	2000	1940	1970	2000
纽约②	6	23	29.5	5	6	10
洛杉矶—长滩	6	21	12	2	7	6
芝加哥	8	34	37	2	4	11
费城	13	34	45	7	7	12
底特律	9	44	83	3	4	9
圣弗朗西斯科—奥克兰	5	33	12	4	9	6
波士顿	3	18	28	1	2	3.5
匹兹堡	9	27	28	4	4	5
圣路易斯	13	41	52	7	8	13
华盛顿特区	28.5	72	61	14	9	23
克利夫兰	10	39	52	1	1	11
巴尔的摩	19	47	65	12	6	14.5
所有的12个SMSAs	9	31	33.5	4	6	10

①除圣路易斯、巴尔的摩和华盛顿特区外,其余数字指的是合并都市统计区(CMSAs),这些统计区数字在严格意义上无法与早期使用的标准都市统计区数字相比较。2000年,新增的中心城市划入都市区,例如:奥兰克被划入圣弗朗西斯科;康涅狄格州的布里奇波特市、纽瓦克市、泽西城和纽黑文市被划入纽约。2000年,华盛顿特区和巴尔的摩被看作是一个都市地区的市中心,但是为了与早期普查数据进行准确比较,在统计过程中被分开计算。费城地区中也删除了卡姆登市。以上数据均由美国人口普查局计算得出,《2000年人口普查》,www.census.gov.。

②这一数据包括纽索—萨福克标准都市统计区,而1971年纽约市的标准都市统计区删除了这一地区。在不同时期为了进行比较而将其划入。

资料来源:1940年和1970年的数据摘自利奥·F.希诺(Leo F. Schnore)、卡罗琳·D.安德烈(Carolyn D. André)、哈里·夏普(Harry Sharp)的文章《黑人郊区化,1930—1970》("Black Suburbanization, 1930—1970"),出自巴里·施瓦茨(Barry Schwartz)的《变化的郊区面貌》(*The Changing Face of the Suburbs*),芝加哥:芝加哥大学出版社,1976年,第80页。经许可转载。这些数字调换后得出黑人百分比的数据。

非裔美国人、拉美裔美国人以及美洲印第安人居住在高度贫困地区的机率远远大于白人。[39] 2011年的一项调查显示非裔美国人和拉美裔家庭所生活的社区,其贫困比例是全国平均水平的1.5倍。实际差异也许比数据所显示的更加极端,例如,2010年,收入超过7.5万美元的非裔美国人和拉美裔家庭居住的社区比起收入不足4万美元的白人家庭的经济条件和资源储备更差。[40]

20世纪80年代,社会学家威廉·朱利叶斯·威尔逊(William Julius Wilson)

使用“下层阶级”(underclass)这一术语指代那些集中在低收入地区、长期失业、游离于社会主流之外的人。[41]媒体、政客和社会科学家很快也使用这一术语,宽泛地指代“具有各种行为和条件的人,包括居住在市中心的穷人、长期失业者、靠福利生存者、无家可归者、生活在单亲家庭的孩子(尤其指私生子)、有犯罪记录者或吸毒者(尤其指吸食可卡因)”。[42]尽管这一系列行为也许在全社会都普遍存在,或者不管居住在何处的穷人都具有这些行为,但通常情况下这一术语用来专指非裔美国人。“下层阶级”这一术语的界定很宽泛,并不单纯指生活在贫困之中的黑人,而是指具有某一特点(例如失业或单亲)因而被认定为“下层阶级”的人。总之,“下层阶级”的概念成为谈论种族的一种方式,并不是指种族是谈话的主题。[43]

下层阶级这一概念作为意识形态手段和媒体刻板形象被广泛加以利用,因此大部分的学者不予以采用。威尔逊没有使用这一术语,他把隔离穷人导致的有害后果称为“集中效应”。[44]后来,他用“新型城市贫困”这一术语来关注贫困地区的高比例男性失业者:“贫困、隔离区的绝大多数成年人要么失业,要么被解雇。”[45]人们没有了工作就等于缺少日常生活的必要结构,像闲荡、轻罪或吸毒等代替工作的行为破坏了家庭生活。威尔逊将非裔美国人的长期失业问题归咎于20世纪七八十年代制造业的急剧衰败。过去非裔美国人从事蓝领工作的比例极不协调,在限制工业化的时期这部分人从事服务行业的比例大幅上升,即便如此,到20世纪90年代中期,全职工作减少了25%—30%。[46]市中心隔离区的生活条件恶化,人们根本找不到出路,从这一现象分析,威尔逊的研究具有一定的警示作用。民权法和大社会方案颁布后过了整整25年,威尔逊才总结出了这一令人沮丧的结论。

市中心贫困区存在的问题难以解决,大量研究从多角度记录了这一令人瞠目结舌的现象。非裔美国人家庭中有2/3以上是单身妇女家庭,这一事实并不是最严重的,在1 993个家庭中,离异单身妇女家庭占40%,与完整家庭的比例相同。[47]未婚妇女家庭仅占21%,这些家庭中2/3的孩子生活在贫困之中,而双亲家庭中的贫困孩子仅占1/10。[48]自20世纪70年代中期以来,中产阶级家庭中的夫妻双方都有收入,因而能够维持较高的生活水平。相比之下,越来越多的非裔美国妇女被迫从事低收入和季节性工作,而非裔美国男性的失业率越来越高,这令情况更加糟糕,在这种情况下,非裔美国人根本找不到脱离贫困的出路。

20世纪70年代以来,市中心贫困区的健康和医疗条件持续恶化。一般来说,贫困区的家庭都没有健康保险,因此他们被迫到拥挤的健康诊所和急救室去就诊。由于这一因素,1990年美国的婴儿死亡率在工业化国家中位列第一。[49] 20世纪80年代晚期,全国的出生死亡率是1%,而市中心贫困区的出生死亡率则接近发展中国家的比例。例如,1988年至1989年哈莱姆中心区的出生死亡率为2.3%,与马来西亚相同。[50] 20世纪80年代,毒品泛滥逐渐摧毁了市中心的少数族裔社区。年轻黑人男性的谋杀发案率从1984年到1991年增长了三倍,在某种程度上这是吸食强效可卡因和海洛因所导致的。[51]武装团伙中的年轻人为了争夺利润而互相斗争,然而吸毒和暴力之间的联系不仅是团伙内部的事情,因为吸毒的上瘾程度非常高,吸毒者必须靠抢劫、入室行窃、盗车和卖淫来满足自己的嗜好。

从事毒品交易的团伙之间为了争夺地盘而相互斗争,使20世纪80年代末到90年代初美国城市的暴力犯罪大幅上升。[52] 1990年,纽约市创下了2 262例凶杀案的记录,而其自杀率在全国的25座大城市中略微超过平均水平以上。[53]发生在市中心年轻黑人和拉美裔男性之中的暴力死亡比例非常高,已经成为普遍现象。1990年,自杀成为15到24岁年龄段黑人男性死亡的主要方式,联邦疾病控制和预防中心(CDC)引用上述事实阐明伤亡率逐渐接近战时情况。根据《新英格兰医学杂志》(*New England Journal of Medicine*)上的一项研究,哈莱姆地区的年轻人由于高自杀率往往活不到40岁,死亡时间早于孟加拉国的同龄人。[54] 20世纪80年代晚期,对芝加哥在校生的一项调查显示有24%的学生目睹过凶杀案,这一结果令人感到惊讶。[55]

1990年后,整体犯罪率下降,但发生在低收入族裔地区的暴力犯罪仍然居高不下。低收入少数族裔社区中,帮派战争司空见惯。无辜的旁观者经常被卷入街头的暴力事件中。这一趋势在最近几年仍然持续。例如,尽管2009年是纽约近40年期间最安全的一年,然而在2010年的前11周内,全市的凶杀案比例比2009年同期增加了22.8%,大部分凶杀案发生在高度贫困区。

20世纪晚期,城市隔离区存在的问题引发了全国范围内的犯罪和暴力事件。1990年,约有20%的头版新闻和地方新闻播报关注暴力犯罪的情况。[56]晚间10点的新闻播报是记者站在犯罪现场面对一架小型照相机的直播画面,讲话之后紧接着就出现了沾满血迹的街道或人行道、惊恐万分的旁观者以及痛苦不堪的亲朋好友等剪辑录像。关于市中心的谈话演变为"我们的……国家道德剧",内容包括轰动夸张的善恶叙述,"善良"位于郊区,"邪恶"集中在城市。[57]

20 世纪 90 年代，城郊之间的鸿沟逐渐消失，因此战后城市危机的主要特点也开始消失。从国家层面上看，像恐怖主义、经济危机、移民和环境等其他问题在很大程度上取代了对城市及相关问题的关注。随着郊区多样化程度的提高，这些地方越来越接近“城市化”发展。中心城市的复兴让人们再次感到这些地方的重要性和趣味性。暂时的发展使人们模糊了这样的现实：与城市危机相关的很多社会问题仍然存在。黑人的隔离程度高于美国社会中的其他种族和族裔，贫穷和暴力成为穷人社区无法解决的问题。城市危机的出现经历了很长的时间，其影响力也不会在短期内消失。

郊区大军

20 世纪城市危机为什么产生得如此早，我们要想弄明白这一问题，不能仅关注市中心社区非裔美国人的隔离现象。问题的另一方面在于白种人的大批离开。19 世纪，富人们纷纷离开城市，但是人数较少，几乎没有引起人们的注意，因为当时的工业城市正处于繁荣昌盛的时期，人口也比较拥挤。20 世纪的美国城市经历了翻天覆地的变化，往郊区迁移的运动越来越活跃，与此同时，工业城市逐渐失去经济活力，第二次世界大战之后，各个社会阶层的白人家庭集体搬离城市，郊区迁移进程告一段落。

郊区迁移运动可以分为四个阶段，每一阶段产生的原因包括以下几个因素：中产阶级的经济水平提高、交通方式革新、人们希望拥有大房子并改善生活条件、对城市逐渐排斥。早在 19 世纪中期，铁路的出现使一部分富有的城市居民能够逃离人满为患的城区，尽管当时也开发了一部分郊区，但是郊区发展的第一个阶段始于 19 世纪末期，以有轨电车网络的建成为标志。第二个发展阶段是在 20 世纪的 20 年代，促成这一阶段发展的因素包括：中产阶级的繁荣、汽车的使用、公路的修建。但是真正改变美国城市地理并重新定义美国政治的两次郊区运动发生在 20 世纪的后半叶：20 世纪五六十年代，中产阶级和工人阶级白人家庭逃离城市，少数族裔和移民不仅迁移到城市，而且遍布大都会的各个地区。郊区发展的这几个时期以各自不同的方式改变了美国城市政治的轮廓。

浪漫的郊区理想：1815—1918 年

美国历史早期就出现了城郊分离的萌芽。逃离拥挤人群的想法不仅是源于工业城市的状况，而且可以追溯到美国建国初期，人们对城市生活的敌意根深蒂固。托马斯·杰斐逊怀疑城市阻碍了民主发展，历史学家经常提及他的这一看法。杰斐逊认为，“大城市的暴民只是一味地支持政府，如同给强健的人体增加病痛一般。”[58] 19 世纪三四十年代，浪漫主义文学运动对城市生活持鄙视态度，作者崇尚自然，憎恶城市、科技和现代主义。

19 世纪发生的一系列交通革新使越来越多的城市居民离开了古老市中心的拥挤街道。1814 年，罗伯特·富尔顿(Robert Fulton)开始提供曼哈顿和布鲁克林之间的蒸汽渡船服务，布鲁克林成为全国首个通勤郊区。[59]几年之后，富人精英阶层能够乘坐由蒸汽机车驱动的豪车去往离城区几英里的豪宅区，但是对于他们中的大多数人来说，这些住宅只是用作周末的乡村别墅。内战之后，铁路系统得以改善，各个地区的联系更加方便，富人家庭的居住地能够摆脱工业社会的诸多问题。虽然有些铁路在日常运营中出现亏损情况，但是铁路企业家仍然通过郊区土地投机敛财聚富。[60]位于纽约市外 13 英里的卢埃林公园(Llewellyn Park)于 1853 年由一位富裕的企业家建立，这位企业家认为人们置身于自然环境中能够重拾宗教和道德价值。1857 年建立的湖畔森林(Lake Forest)位于芝加哥北部几英里的铁路郊区，其设计方案以风景如画的村庄广场为中心，周围环绕着林荫大道，这些道路在密歇根湖沿岸的山谷和峭壁间蜿蜒。内战之后，郊区的数量增多，这些郊区的设计都是以浪漫主义运动崇尚的优美风景理想为模型：“优美的曲线、宽广的空间、棱角的缺少意味着休闲、思考和快乐的宁静气氛。”[61]当今大多数按照此模式修建的郊区仍然保留着这一独特之处：与网状分布的城市街道相对比，这些郊区看起来像“散落在公园里的建筑”，住家与自然融为一体，尽管工厂是郊区财富的基础，但是这里没有丝毫肮脏工厂的迹象。[62]

浪漫田园生活的郊区形象反映了人们对城市生活的幻想逐渐破灭。19、20 世纪之交，回归自然的运动席卷全国，这一运动以浪漫化版本的自然和乡村环境为基础。童子军(Boy Scouts)、营火女孩(Campfire Girls)、木工印第安人(Woodcraft Indians)以及其他几个组织旨在让孩子们接受自然学习的健康影响。“自然”环境中的冒险故事在儿童文学中比比皆是，成人去乡村参观，心灵会得到净化并且会变得更加年轻，观赏鸟类以及拍摄大自然成为主要的业余爱好，国家公园的旅游业逐渐发达，尤其是20世纪初期中产阶级成了有车一族，旅游业更是空前繁荣。

郊区理想与对理想化自然的渴望密切相关，但是郊区居民仍然对自己抛弃的城市设施和优势念念不忘。他们尝试将城市和乡村这两个世界合并在郊区之中。当时的杂志和报纸文章都在讲述郊区生活的种种优势，这种生活兼具城市便利和乡村魅力这两方面。1902年，某杂志作者宣称郊区生活能够“为个人主义提供最好的机会和社会合作”。[63]第二年，《大都会》(*Cosmopolitan*)杂志刊登了一篇文章，迎接郊区生活的“新纪元”：

> 通信和交通设施的匮乏导致从前的郊区居民丧失信心，如今，这一不足之处已经在很大程度上得到改善；此外，现在的郊区居民幸福指数非常高，他们认为幸福指数是拥有诸多现代化便利条件的城市住宅必不可少的因素，而这些奢侈因素在过去的郊区住宅是稀缺资源。[64]

19世纪末20世纪初，出现了大量宣传郊区生活的广告，郊区生活拥有梦幻般的风景：泉水、果园、森林，居民们可以尽情沐浴、垂钓和捕猎；同时可以享受热水、煤气灯照明和电话等现代化便利设施。[65]有一则广告承诺提供“拥有所有城市便利享受设施的乡村住宅”，还有一则广告则谈论燕麦、干草、果园、绿树、灌木、果树等伴生植物遍布的乡村环境。[66]这些广告内容丰富，还配有大片的草坪、绿树和精致花园的图画和照片。

19世纪50年代，马拉有轨电车开始在城市的街头巷尾穿梭奔跑，社会各阶层都有机会逃离工业城市的噪音和无序状态；如今，职业人士与小商人能够在距离市区3英里的范围内通勤，但是城区仍显得非常紧凑，直到19世纪90年代电车的投入使用才彻底改变了城市区域。通勤的范围扩大了3倍，电车的应用使得居住使用的土地增加了9倍。美国的城市地区开始迅速向外扩展。

到19世纪90年代为止，有轨电车加快了郊区发展的步伐，不久后郊区梦想得以实现，新型郊区出现在旧城区的边界处，例如密苏里州圣路易斯市外部的大学城和位于芝加哥西部8英里外的橡树公园。这些郊区保存了浪漫主义理想的基本模型,同时还包括城市的一部分物质因素,例如格状街道模式、沿人行道建造的成排房屋以及屋后的院子。郊区加快发展的步伐与人们在学术和情感方面对城市的排斥密切相关。学术界的作者们推崇这样的观点:“正如研究者们所了解到的那样,我们的城市中充满了垃圾,其中大部分是人类。”[67]波士顿大学的一位教授把城市生活称作“自己选择的奴役”,并且指出“城市漂移的心理原因从社会角度观察非常险恶”。[68]第二次世界大战结束后,人们能够预测出对非裔美国人的态度,城市滋生了各种可以觉察的罪恶,从有关社会学研究的书目可以窥见一斑:《芝加哥的社会罪恶》(*The Social Evil in Chicago*)、《五百个犯罪职业》(*Five Hundred Criminal Careers*)、《罪行上演的城市》(*The City Where Crime Is Play*)、《家庭解体》(*Family Disorganization*)、《性别、自由和社会控制》(*Sex, Freedom and Social Control*)和《隔离区》(*The Ghetto*)。[69]众多的批评人士中几乎无人替城市辩护。

汽车郊区:1918—1945 年

一段时期内,郊区的发展似乎没有对工业城市的活力构成威胁,尽管事后看来这种事态并不能持续很久。表 6.4 中的数据显示在汽车流行之前,几个大城市周围的郊区发展迅速,迟早会成为一种问题。1900 年到 1910 年之间,纽约市人口增加了 39%,同期郊区的人口增长更快,为 61%。同时,芝加哥郊区居民人口剧增,20 世纪前十年增长了 88%,圣路易斯人口增加速度更胜一筹,达到了 91%。越来越多的人乘坐有轨电车并且驾驶早期的汽车,郊区人口增长的趋势也随之加快。一种新型的城市应运而生,洛杉矶的发展始于汽车时代,但是在城市完全形成之前就开始向外扩展。

郊区发展凸显出的问题有待于观察。城市就是疯人院,人们在其中进行各种活动,还有一部分人在城市的边界处过着安静的生活。例如,1900—1920 年期间,纽约市人口增长了 220 万,同期郊区的人口增长了 19 万,这意味着郊区在 20 年内增长了一倍多,但是如果从更大的环境下审视这一变化,这些数字显得并不重要:1920 年纽约市的人口为 560 万,郊区仅有 37.9 万人口,相比之下,郊区人口几乎微不足道。

表 6.4　大都市地区人口,1900—1940 年(以百分比增长和增加人数为表达方式的人口增长,单位:%)

地区	1900—1910 年		1910—1920 年		1920—1930 年		1930—1940 年	
	市中心	非中心	市中心	非中心	市中心	非中心	市中心	非中心
波士顿	20	23	9	21	4	21	−1	3
芝加哥	29	88	23	79	25	74	0.6	10
克利夫兰	46	46.5	40	140	12	126	−1	13
洛杉矶	206	553	81	108	115	158	−3	30
纽约市①	39	61	18	35	23	67	8	18
圣路易斯	19	91	12.5	26	7	71	−1	16
全国都市区平均值	34	38	25	32	21	47	4	14

①包括纽约市以及纽约州卫星区的人口增长,不包括新泽西的人口。

资料来源:美国人口普查局,《美国都市地区的增长,1900—1940 年》(*The Growth of Metropolitan Districts in the United States, 1900—1940*),作者是沃伦·S. 汤普森(Warren S. Thompson),华盛顿特区:美国政府印刷局,1947 年,表 2。

大城市存在同样的情况。所有设施集中在市中心附近,工业和生产设施以老城区附近的水利和铁路交通设施为主。1904 年到 1914 年期间,圣路易斯的某些行业输给了郊区(制造行业占工业就业的份额从 95%降到了 90%),巴尔的摩(从 96%下降到 93%)和费城(从 91%下降到 87%)也出现了类似情况,但是这些城市仅仅是例外,并不是普遍现象。[70]工业城市主导了城市地区的经济,男人一早离开郊区,来到市中心上班,晚上再回到家里。郊区居民去市中心购买车辆、电器以及其他东西。郊区铁路和电车行业逐渐发达,但是居民仍然依靠市区的工作和商业,市区街道经常发生交通堵塞。

最终,汽车完全改变了城市景观,这一进程持续了几十年。汽车问世时,主要是富人的奢侈品。1908 年,亨利·福特生产出一款 T 车型(Model T),价格、可靠性以及可操作性都非常适合大众。1913 年,福特引进了移动流水线,每年都能降低 T 车型的生产成本,从 1910 年的 950 美元下降到 1924 年的 290 美元。有车一族数量激增,美国的汽车制造从 1908 年的 63 000 辆增长到 1914 年的 55 万辆。第一次世界大战之后,汽车制造又创新高,从 1922 年的 227 万辆增长到 1929 年的 445 万辆。[71]公路修建的速度远远滞后于私家车主的增长速度,于是有车一族敦促州和联邦政府增加修路基金,最后,问题得到了解决。

汽车为越来越多的中产阶级美国人提供了郊区搬迁的便利。郊区往往都有有轨电车，这样的郊区一般出现在铁路轨道的两侧，但是有轨电车和铁路轨道之间大片的土地无法开发，小型汽车的出现填补了这一空缺，大片的土地向土地投机和郊区发展开放，中上层阶级将大部分资金投入郊区的房地产行业。全国财富总值从1912年到1922年这十年期间增长了一倍，从1915年到1925年，每小时的平均工资从32美分增长到了70美分。[72]住宅土地价值在20世纪20年代也翻了一番。[73]

上述情况大大推动了郊区的发展，使郊区发展达到史无前例的水平。20世纪20年代，波士顿、圣路易斯和克利夫兰这些城市的发展速度变慢，降到历史最低水平，而郊区的人口总数和增长率却空前繁荣。卡车和大型汽车也使既定的经济模式发生变化，在居民超过10万的城市中，工厂雇佣人数的比例从1920年到1930年逐渐减少，这一趋势有可能继续发展，因为新的流水线生产技术需要大面积土地，而不是高楼，这样的土地在郊区更容易找到。这种从中心到外围的分散进程如果全部到位的话仍需要几十年的时间。20世纪20年代，市中心办公室空间增长了3倍，大部分中心城市的雇佣率仍继续增长。[74]对于老工业城市来说，最后审判日的到来仍然需要一段时间。

20世纪30年代的大萧条标志着城市建设时代的衰落。如表6.4中的数据所示，波士顿、洛杉矶、圣路易斯和克利夫兰在20世纪30年代期间人口都有所减少，同样，费城、堪萨斯城和新泽西州的许多城市——伊丽莎白市(Elizabeth)、帕特森市(Paterson)、泽西城和纽瓦克市(Newark)也出现了同样的情况，尽管表中没有显示后面几所城市的情况。20世纪20年代，圣弗朗西斯科的人口增加了27%，到了30年代突然停止增长。像新英格兰这样的小型制造城市以及中西部城市更是一蹶不振，例如俄亥俄州的阿克伦市(Akron)和扬斯敦市(Youngstown)；纽约州的奥尔巴尼市、斯克内克塔迪市(Schenectady)和特洛伊市(Troy)；密苏里州的乔普林市(Joplin)以及马萨诸塞州的贝德福德市(Bedford)。

大萧条同样使郊区遭受重创，因为中上层阶级和中产阶级人士无力购买新房。有的郊区开发仍在进行，但是速度缓慢，结果也不明朗。纽约市郊区的发展速度从20世纪20年代的67%降至30年代的18%，同期，芝加哥的郊区开发从20世纪20年代的74%缩减到30年代的10%，克利夫兰从74%降到13%，洛杉矶从158%降至30%。整个20世纪30年代笼罩在大萧条的阴影之下。随着第二次世界大战的爆发，住宅建设所需的材料服从战争的调遣，郊区发展呈现出停滞状态。

城郊住宅区：1946—20世纪70年代

经济萧条和战争期间的住房建设减缓导致了严重的住房短缺，但是战后的婴儿潮使情况更加恶化。大萧条时期的出生率降到最低点，但是从1943年开始，出生率逐渐上升，到第二次世界大战后随着1 600万美国大兵重返平民生活，婴儿出生率增长的速度攀升。[75]到1947年为止，有600万家庭由于没有自己的房屋而不得不和亲戚朋友同宿一屋。[76]房屋建筑业为满足新要求而推出独栋房屋的建造工程，从1944年的11.4万栋增加到了1950年的169.2万栋。[77]实际上，这些新建筑都坐落在郊区。

大型建筑公司通过使用批量生产的方法和复杂的营销技巧逐渐控制了房产行业。1938年，大公司仅仅控制着5%的房屋建设，而到1949年，他们控制市场的份额增加到了24%，10年之后，他们掌控着64%的新房市场。[78]建筑公司比较喜欢的一种做法是购买城市郊区的大片土地，然后将土地推平并且使用标准化的生产技术在短时间内完成房屋建造工程，最后在房屋内部进行细分。千篇一律的住宅开发技术刺激了郊区建设的蓬勃发展。1940—1950年，郊区的房地产行业实现了36%的涨幅，而周边的核心城市仅仅增长了14%。实际上，战后郊区增长速度比这些统计数据所显示的还要快，因为房屋的内部建设从1946年才开始。早期的郊区房产开发仅限于上层阶级和中产阶级，但是现在也包括工人阶级家庭在内，联邦政府担保贷款，再加上廉价的能源以及新型高效的建筑技术，因此郊区建造新房的成本低于市区购买或租赁房屋的成本。1940年，全国的房屋拥有率是44%，到1970年，这一比例增长至63%。[79]

20世纪50年代，美国进入繁荣期，郊区的繁荣速度也进一步加快。在工业时代一度繁荣的城市中，人口却在逐年下降，有些城市的人口下降速度非常骇人。工业带从新英格兰开始遍布大湖区的各个州，沿途各个城市的人口都大量流失。1950—1960年，波士顿的人口缩减了13%，相比之下，圣路易斯和克利夫兰同期的人口下降率分别为12.5%和4%。情况仍在继续恶化，20世纪60年代，圣路易斯人口下降17%，到70年代又下降了17%，80年代人口竟然骤减27%。1950年，人口还没有大幅下滑之前，居住在城市的人口为85.7万，而20世纪末，城市人口仅剩下33.5万。[80]

从1950年到1990年这40年期间，老工业城市的人口大量减少。甚至在20世纪70年代某些地方出现了回转的迹象之后，一部分城市的人口继续大幅度下滑。大部分工业城市的市区和社区到20世纪末出现了明显的反弹，即便如此，仍然有许多城市的人口继续减少，尽管下降的速度比从前慢。从2000年人口普查到2003年期间，克利夫兰、巴尔的摩、密歇根州的弗林特(Flint)、底特律和辛辛那提的人口全部减少3.5%，甚至更多，另外30个老工业城市也出现了这种情况。

表6.5显示随着中心城市的不断萎缩，这些城市的市区人口所占比重也在迅速下降。到1940年，波士顿市区人口仅占29%，这座城市所反映出来的郊区化事实比其他地方要早得多。第二次世界大战之前，芝加哥市区人口占总数的70%，克利夫兰和纽约的市区人口占64%，圣路易斯的市区人口占57%，对于20世纪初刚刚发展起来的洛杉矶这座城市来说，其市区人口所占的比重也超过了一半。但是战后大批人口迁往郊区，整个地区的地理分布迅速发生改变。2000年人口普查时，波士顿市区的人口仅占10%，圣路易斯市区人口为13%，克利夫兰市区人口仅占16%。纽约和芝加哥是老工业城市中的例外，2000年这些地区的城市人口仍然高达该地区人口的1/3。

表6.5 居住在中心城市的市区人口比例，1940—2000年[①]**(单位：%)**

	居住在市中心的比例			
	1940	**1960**	**1980**	**2000**
波士顿	29.0	21.8	11.0	10.1
芝加哥	70.4	51.5	37.0	31.6
克利夫兰	64.1	32.1	19.5	16.2
洛杉矶	51.6	32.0	25.8	22.6
纽约	64.3	50.5	37.8	37.8
圣路易斯	57.0	35.0	18.8	13.4

[①]因为人口普查局对都市地区的界定时常发生变化，所以很难计算出市/郊比例的精确数字。相关部门已经做出修订方案，尽量将这一问题最小化。尽管1940年克利夫兰都市区没有包括伊利里亚市的洛雷恩县，但是也没增加新的地区，因为这些县在1960年以后就被划归于克利夫兰都市区内部了。对于波士顿来说，1940年和1960年包括四个主要的县，这一范围可以与1970年到2000年的地区定义相比较。

资料来源：美国人口普查局，《美国的统计摘要》(*Statistical Abstract of the United States*)，华盛顿特区：美国政府印刷局，年份不同，第29—31页，表34；1933年，第37—39页，表42；2003年，第32页，表27。

20世纪五六十年代郊区的情况截然相反。旧的传统清晰可见：中产阶级的住房地带、零星的工薪阶层居住区、几处孤立的黑人居住地以及富人居住的专属区域。但是战后建造的大部分住房区都销售给了白人中产阶级的家庭。很多郊区的建筑模式高度统一：成排成排的房屋矗立着，给人的印象好似在同一流水线上生产出来一般。大众媒体将郊区描述为这样的地方：所有的街道外观大同小异，人们都过着受管制的生活；无聊的夫妇和孩子们在空暇时看电视或者铲除草坪上的杂草；男人们通勤上班，家庭主妇照看孩子，寂寞孤独、周围一片死气沉沉。郊区面貌从这一时期出版的三部畅销小说中可见一斑：《穿灰色法兰绒套装的人》(*The Man in the Gray Flannel Suit*，1955)、《落地窗上的裂纹》(*The Crack in the Picture Window*，1956)、《分级陷阱》(*The Split Level Trap*，1960)。毋庸置疑，郊区人们的文化形象是墨守成规，但是这种情况与事实非常接近，能够引起读者的共鸣。[81]

20 世纪中期，中心城市的公民精英担心郊区会威胁市中心的生机活力，对此他们保持高度的警惕心理。一方面因为郊区的发展非常迅速，另一方面，随着富裕的白人家庭离开城区，城市人口主要由黑人和穷人构成，郊区化逐渐被视为种族术语，“白人逃离”开始流传，这一短语暗示了郊区发展在某种程度上受种族主义的影响，这方面的证据非常多，足以证明这一说法。[82] 20 世纪 60 年代中期发生的暴乱让人们注意到一个事实：这种规模的种族隔离在法律上可以被视为国家问题。1967年，全国内乱治理委员会(National Commission on Civil Disorders)的做法让人们看到城市和郊区之间存在着鲜明的区分，郊区根本不在委员会的关注范围内。郊区居民越来越将城市视为黑人的保留地，许多黑人已经完全与其他美国人相隔离。[83]导致 20 世纪城市危机的所有因素汇集成了一个随时可能爆炸的混合物。

多民族城市的崛起

数百万非裔美国人迁往北方城市，到 20 世纪 60 年代末，这一重要迁移行动仍在大行其道。实际上，在 20 世纪 90 年代，有 57.9 万黑人返回南方。[84]然而，最大的一次人口变化是大批非裔美国人迁往郊区，这一运动恰好发生在白人逃离的衰退时期。除此之外，外国移民大量涌入美国，成为人口变化的另一因素。20 世纪 60 年代后期，移民涌入境内的速度仍然持续不减，到 90 年代达到了 20 世纪的最高水平。2000 年到来之际，黑人白人的隔离状态被新的事实所替代：美国城市政治演变为多种族和多民族性质。与以往移民时期不同的是，选择在郊区定居的移民超过了在中心城市定居的移民。很多看似不可能的地方变为了少数族裔聚集地。

20 世纪 90 年代涌入美国的移民数量超过了 20 世纪中的其他时期(除去 1910—1920 年),这一移民运动一直持续到最近,获得永久居住身份的人数开始直线下降。从 2000—2005 年,移民人数增长了 16%,新进移民分布在全国的各个地区。同一时期,印第安纳州的移民人数上涨了 34%,还有其他几个州的移民人数也超过了全国的水平,南达科塔州的移民增长了 44%,特拉华州的移民增长了 32%,密苏里州的移民增长了 31%,新罕布什尔州的移民增长了 26%。[85] 据人口普查估计,2004 年 9 月美国的合法永久居民为 1.16 千万,其中 800 万有资格加入美国国籍;除此之外,还有 500 多万非法移民居住在美国境内。[86] 2011 年,1 062 040 位移民获得合法的永久居住身份,与前几年相比人数稍微下降。[87]

1950 年后,移民比例逐年增长。表 6.6 显示:20 世纪 50 年代,57%的外国移民来自欧洲,22.5%的移民来自美国以南的西半球,6%的移民来自亚洲。但是移民大潮的构成随时间的流逝而发生了巨大的变化。20 世纪 80 年代,来自欧洲国家的移民在移民总数中的比例骤减至 10%,后来随着俄罗斯和东欧共产主义国家的移民涌入,这一比例又反弹回 14%。到 2009 年,欧洲移民的人数再次下降,占移民总人数的比例不足 10%,在后来的几年中,这一比例稍微有所上升。[88] 20 世纪 80 年代,亚洲移民占移民总数的比例从 6%激增至 38%,后来又下降到 30%左右。最

表 6.6　移民的来源地,1951—2000 年

年代	占移民总数的百分比(单位:%)					总数(单位:千)
	欧洲	亚洲①	加拿大①	其他西半球国家②	剩余其他③	
1951—1960	57	6	11	22.5	3	2 515 5
1961—1970	37	13	9	39	2	3 321 7
1971—1980	18	36	3	40	3	4 493 3
1981—1990	10	38	2	47	3	7 338 1
1991—2000	14	32	1.5	48	5	9 092 9
2011	7.9	42.5	1.2	38	9	1 062 04

① 柬埔寨、中国大陆及港台地区、印度、伊朗、以色列、日本、韩国、菲律宾、泰国、越南及"其他亚洲国家"。
② 墨西哥、加勒比、中美洲、南美洲。
③ 非洲、澳大利亚、新西兰。
资料来源:美国司法部,移民入籍服务处,《移民入籍服务处统计年鉴,1989 年》(*Statistical Yearbook of the Immigration and Naturalization Service, 1989*),华盛顿特区:政府印刷局,1990 年,第 2—5 页;美国人口普查局,《美国官方统计数据及统计摘要,2003 年》(*The Official Statistics, Statistical Abstract of the United States, 2003*),华盛顿特区:美国政府印刷局,2004 年。

大的移民潮来自美国以南的西半球各国，大部分移民来自墨西哥和拉丁美洲。20世纪和21世纪之交，来自这一地区的移民占美国移民总数的一半之多。2011年，新的合法永久性居民主要来自墨西哥(14%)、中国(8.2%)和印度(6.5%)。

从20世纪20—60年代中期，颁布了移民管理法，这些立法的制定是在仇外的恐惧和憎恨心理氛围中进行的。1924年颁布的《国籍移民法》(The National Origins Immigration Act)确定了每年移民人数的配额，以1890年为人口基数，不能超过外国国籍人口的2%。这一限制实现了预想的目标：除北欧外，大幅度减少了其他国家的移民数量。在讨论这些立法的会议上，国会议员们一致同意将斯拉夫人、犹太人、希腊人和其他东欧国家的人视为劣等民族。新法律将这些民族每年的移民人数减少了90%多。

20世纪60年代，政治环境有所改变，政府公开声明这种种族主义做法行不通。1965年颁布的《哈特—切勒法》(Hart-Cellar Act)中，国会从根本上实现了平等对待来自各国的移民，并且高度重视家庭团聚的问题。对于来自社会主义国家的政治难民还颁布了特殊条例，增加了移民的比例，移民大潮的族裔构成发生了巨大的变化。20世纪60年代以后，80%—85%的美国移民是拉美裔(Hispanic)或亚裔。(根据2000年的人口普查，美国人口普查局交替使用Latino和Hispanic这两个术语；因此本书也遵循这种做法。)这两大族类的人们来自很多国家——拉丁美洲人包括从加勒比到南美底端的广大区域，亚洲人包括从日本到印度的整个弧形领域。

1990年，国会再次对移民法进行改革，使美国的合法移民数量增加了40%。移民法不仅使得具有工作技能的外国人获准签证的数量翻番，而且从《哈特—切勒法》颁布以来，欧裔民族的比例达到了最高水平。[89]来自东欧、俄罗斯等国家的移民急剧增加。到20世纪90年代中期，美国批准的合法移民数量超过了世界上其他国家批准移民的总和。[90]

20世纪80年代，亚洲人是美国移民中数量增长最快的民族，洛杉矶、圣弗朗西斯科和纽约市区的亚洲社区面积最大。这一时期来自亚洲的移民数量几乎与美国以南西半球各国移民的总和相持平。但是到了90年代，亚洲移民增长速度变慢，而拉丁美洲移民的数量增长变快。[91]2009年获得合法永久居住权的移民总数为1 130 818，亚洲人为394 874，而来自墨西哥、加勒比地区、中南美洲等国家的移民人数增长为457 366。移民大潮的激增以及规模相对较大的拉丁美洲家庭的出现导致2005年拉美裔人数超过了黑人的数量，这在美国历史上尚属首次，而且这一趋势一直延续至今。2010年，黑人占美国总人口的12.6%，而拉美裔人口占16.3%。[92]

来自加勒比、拉丁美洲、中美洲和南美洲的拉美裔人形成了一种复杂的多语言、多文化和多国籍的混合体。来自加勒比地区的相当一部分移民是黑人，这使得人口普查分类工作混乱不堪（几乎所有其他的拉美裔人在人口普查的表格中都适合"白人"种族的类别）。2000年，美国黑人的8%出生在国外，而纽约州、佛罗里达州和新泽西州的数字为200%。[93]人口普查局很难准确认定新墨西哥的族裔类别（那里42%的人口被官方认定为拉美裔），因为许多家庭的祖先居住在这一地区的历史非常久远，比大多数到美洲来定居的早期移民要早得多，因此即使他们曾是墨西哥公民（在1846年新墨西哥割让给美国之前），人口普查局的工作人员也无法准确地对其来源地进行归类。

图6.1显示了2004年移民数量最多的7个大都市地区中移民种族和族裔构成的显著差异。加利福尼亚州的奥兰治县（Orange）由众多连绵的城市构成，移民

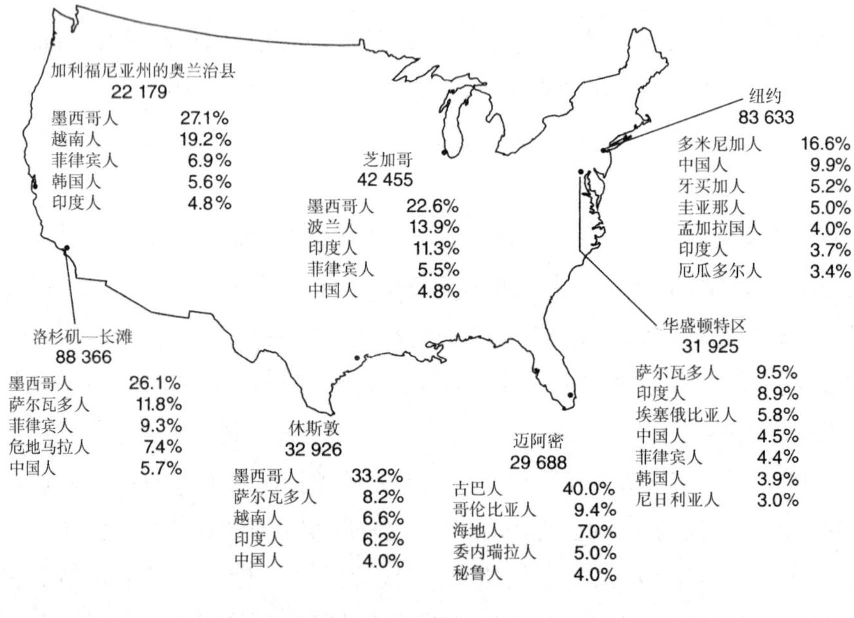

图6.1 2004财政年度中美国拥有移民人数最多的7个大都市地区

注释："中国人"仅包括从中国大陆来的移民。

资料来源：美国国土安全部，www.uscis.gov/graphics/shared/statistics/yearbook/2005/lmmSupTable2fy04D.xls。

群体中人数最多的是墨西哥人和越南人，其次是菲律宾人、韩国人和印度人。相比之下，同年到达迈阿密的移民群体中人数最多的是古巴人，其余移民几乎全部来自加勒比和拉丁美洲的其他国家。墨西哥移民人数在洛杉矶和休斯敦的移民中遥遥领先，但是还有相当数量的移民来自亚洲和拉丁美洲的其他地方。纽约地区的移民构成具有多样化的特点，多米尼加人占移民总数的10%，其他人数较多的移民群体有中国人、牙买加人、圭亚那人、孟加拉国人、印度人和厄瓜多尔人。华盛顿特区的移民以亚洲人和拉美裔人为主，还有相当数量的埃塞俄比亚人。芝加哥地区的移民群体中人数最多的是墨西哥人，波兰人和印度人位居其次。

1987年，美国合法移民中的93%以上定居在市区内，其中一半以上的移民选择了这7个大都市地区。特别值得注意的是，许多移民绕开中心城市，直接到郊区定居。表6.7中的数据显示了美国大都市区域(人口超过50万)的最近趋势，这些城市在移民多样性排位中位列前14位。2000年人口普查时，这14个中心城市中的少数种族人口占总人口的一半，甚至更多。

数据相同的城市仅有四个，而这些城市40%以上的人口居住在郊区。华盛顿特区和纽瓦克地区的黑人超过了拉美裔人数，但是这两个族裔在纽约和芝加哥市区的差距不大。表6.7中所示的其他阳光地带城市区域中，拉美裔人是移民中人数最多的族裔，阳光地带上的都市地区中，亚洲人所占的比例不足10%，这一比例不包括洛杉矶、奥兰治县、奥克兰和圣弗朗西斯科周围的城市。

表6.7　2000年人口超过50万的大都市地区中城市和郊区人口比例(单位：%)

大都市地区	城郊人口分布				
	城市	郊区	拉美人	黑人	亚洲人
洛杉矶	69	69	45	8	14
纽约	65	32	13	12	4
芝加哥	65	26	11	8.5	5
华盛顿特区	61	40.5	8.5	22	7
休斯敦	68	40	23	10	5
达拉斯	62	31	15	9	4
里弗赛得	51	53	38	7	4
菲尼克斯	37	30	21	3	2
奥兰治县	70	40	22	1	14
圣地亚哥	50	40	27	4	6

续下表

接上表

大都市地区	城郊人口分布				
	城市	郊区	拉美人	黑人	亚洲人
奥克兰	67	48	19	8	17
迈阿密	82	78.5	56	19.5	1.5
纽瓦克	86	34	11	17	4.5
圣弗朗西斯科	56	43	19	3	17

资料来源：选自威廉·H. 弗雷(William H. Frey),《城郊融炉：2000 年人口普查对城郊多样性的研究》(*Melting Pot Suburbs: A Census 2000 Study of Suburban Diversity*),华盛顿特区：城市和都市政策研究中心,布鲁金斯学会出版社,2001 年 6 月,第 14 页。

2000 年的人口普查显示：全国的拉美裔人有 3/4 以上居住在西南部的五个州,加上佛罗里达州,一半居住在加利福尼亚和得克萨斯州,尽管拉美裔人口最多的芝加哥和纽约这两个城市不在上述提到的各州行列(其他三个拉美裔人口最多的城市是洛杉矶、休斯敦和圣安东尼奥)。[94]西南各州的拉美裔人中约有 80%来自墨西哥,而美国拉美裔人口中仅有 60%来自墨西哥。但是从 20 世纪 90 年代开始,来自墨西哥的移民迁往全国各地,北卡罗来纳州的比例最高(墨西哥移民增加了 479%),阿肯色州增加了 388%,佐治亚州增加了 374%,田纳西州增加了 327%,内华达州增加了 271%。[95]曾经一度的地区现象演变为全国性的趋势。2011 年,拉美裔人占美国总人口的 16.7%,成为美国人数最多的少数族裔。[96]地区之间存在一定的差异。2011 年,拉美裔人占新墨西哥州人口的 46.7%,这一比例在美国各州中居首位,加利福尼亚州和得克萨斯州的拉美裔人占人口总数的至少 1/5。[97]

墨西哥的经济状况十分堪忧,而其他国家的贫穷和政治压迫导致大部分拉美裔人向北迁移。美国的经济机会具有极大的吸引力。1990 年,美国的最低薪水是墨西哥工资的 6 倍,而墨西哥的工资水平超出了其他大部分拉丁美洲国家的工资水平。[98]拉丁美洲人的工资水平和受教育程度长期以来非常低,其中一部分原因在于非法移民的入境,这部分人愿意(或者是受骗)从事低于最低工资水平的工作,他们经常在血汗工厂、肉类加工厂工作或者在极度糟糕的环境下从事农活。非法移民经常在专业走私者的带领下穿越边境,这些走私者因其掠夺的习惯常常被称作"土狼",而非法移民生存在美国社会的边缘。他们时刻担心被美国公民及移民服务局(United States Citizenship and Immigration Services,这是国土安全局的一个部门)发现,因而无法与雇主讨价还价。

为了对付非法移民的问题，1986 年国会颁布了《移民改革和控制法》(Immigration Reform and Control Act，简称 IRCA)，对于那些故意雇用非法移民的雇主进行严厉惩罚，同时要求那些已经入境的非法移民在移民入籍服务处(Immigration and Naturalization Service，简称 INS)登记来获得公民身份。《移民改革和控制法》实施了 4 年，200 多万非法移民获得了合法身份。移民入籍服务处加大力度查办违法的雇主。1986 年实施的这一改革也造成了另一个意想不到的结果：很多雇主歧视那些长相或口音酷似来自美国边境以南地区的人们。[99]美国对非法移民的问题忧心忡忡，美国公民和移民服务局接替入籍服务处对非法移民实行围捕行动，其突袭方式极为壮观，而且声势浩大。2006 年参议院没有通过移民法案，但后来很多州却采纳这一立法，要求雇主核实雇员的背景；除此之外，2008 年，15 个州通过法律，确定带领移民入境的走私者将受到刑事惩罚。[100]

全国各地的城镇都掀起了反对非法移民的运动，并颁布了形式各异的法律。例如要求企业主核实雇员的身份，房东要查明租房者的来历，公共建筑上张贴有“只允许讲英语”的标志以及其他的措施。地方警察局对于那些疑似非法移民的人以情节较轻的违规为由实施逮捕，例如，在佐治亚州没有许可证情况下的捕鱼行为。[101]这些行为让警察有了下达驱逐出境命令的借口，其中很多行为的合法性受到了质疑。亚利桑那州的做法更加过分，2010 年 4 月，州参议院通过法律，警察在日常交谈中如果认为对方有非法移民的嫌疑，有权对其进行审问。[102]据推测，得克萨斯州也效仿了这一做法。[103]

城市危机已经消失了吗？

20 世纪，城郊对峙以及黑人白人之间的冲突导致了城市危机的产生，但是这些危机即将告一段落。过去，大部分移民在中心城市定居，他们经常搬至与自己相同的族裔社区居住。但是最近的定居模式变得更加复杂，并且难以预测，许多移民打破了过去的定居模式，完全绕开中心城市，直接搬往郊区居住。截至 2000 年，55％的亚洲人、50％的拉丁美洲人以及 39％的黑人在郊区居住，这些族裔在许多阳光地带大都市地区的比例更高。[104]少数族裔居住的社区呈现出了种族多样化的特点，与几年前城市地区的特点相比，大大降低了市中心和郊区之间两极分化的程度。

种族或族裔隔离是20世纪城市危机的一大特点，移民迁往郊区的行动在一定程度上缓和了这种极端严格的隔离状况。研究显示：20世纪90年代，有272个都市统计地区的隔离级别下降，级别上升的仅有19个。[105]隔离程度增加的都市地区大部分是位于东北部和中西部的老二线工业城市，与其他发展迅速的都市地区相比，这些老工业城市并没有呈现出多样化的发展态势。某一研究发现：1970—2000年，所有种族群体的空间同化程度加深，尽管黑人的隔离程度高于亚裔和拉美裔。[106]学者们很早就对居住隔离进行过研究，得出的结果不尽人意，但他们将研究发现编辑成书，书名为《美国的种族隔离》(*American Apartheid*)，[107]但是根据最近的人口普查数据显示，这一书名并不合理。

近期对城市贫穷状况开展了研究，结果证明城市危机的其他一些方面也可以得到缓解。20世纪90年代，居住在贫困集中区(研究人员将生活水平低于贫困线的居民人数超过社区总人数的40%的地区定义为贫困集中区)的人数减少了24%，相当于240万人。[108]各个族裔居住在极度贫困区的人口比例均有所下降，下降比例最高的城市集中在美国的中西部和南部，例如底特律、芝加哥、圣路易斯、密尔沃基、孟菲斯、新奥尔良、休斯敦、圣安东尼奥和达拉斯。研究人员把这种贫困集中区人口比例下降的现象称作"惊人的进步"。[109]值得注意的是这些数字变化了，但是在2010年人口普查中由于大衰退(Great Recession)的影响，实际的变化很小。

"城市下等阶级"这一标签的产生源于种种社会弊病，而证据显示这些社会弊病不像从前那样集中。20世纪七八十年代，女性支撑的家庭、中学辍学者、失业男性以及靠福利生存者这四种下等阶级身份的人群主要集中在极端贫困的地区。到90年代，一些地区社会弊病的聚集程度大大降低。从事此项研究的学者认为这种趋势"具有非常深远的意义"，研究者得出以下结论："从前媒体和学术界对市中心的描述令人沮丧，而现在这样的社区已经越来越少了。"[110]

城市的犯罪率在直线下降，1990—2000年，全国范围内每10万人的暴力犯罪率下降了29%(1987年到1990年暴力犯罪率增长了13%)，谋杀发案率减少了41%(前期的谋杀率增长了13%)。[111]大城市比其他地方的犯罪现象大大减少，例如，从1990年到2003年，纽约的自杀率减少了75%(1990年，自杀者超过了2 200人；而2003年，仅有597人)。[112]尽管某些城市的暴力犯罪率有所上升，但是总犯罪率呈下降趋势，达到了几十年中的最低水平。2009年，暴力犯罪案件为1 318 398例，比2008年减少了5.3%，比2005年减少5.2%，比2000年减少7.5%。[113]这一趋势仍在持续，到 2011 年，全国范围内的暴力犯罪估计有 1 203 564 例，比 2010 年减少了 3.8%。[114]

20 世纪，城市存在着诸多问题：高度隔离、不平等、贫困以及种族关系紧张等现象比比皆是。尽管有大量证据表明城市地区的情况有所改变，但是断言 20 世纪的城市问题会逐渐消失，这样的结论有些为时过早。界定城市危机的标志是城郊分离，但是这种地理上的模式正逐渐改变，从这一重要意义上判断，旧的城市危机已成为过去。过去的市中心有很多隔离区，覆盖面积较广，因而产生了很多问题。现在，一些问题在各地纷纷出现。中心城市的贫困集中现象在某种程度上有所下降，但是郊区和乡村地区的贫困情况并没有得到改善。[115]值得注意的是，20 世纪 90 年代的一些大都市区，虽然郊区发展速度最快，但是对于经济隔离状况的改变进展最慢。[116]

中心城市的前景非常乐观，但是情况好转带来的益处并非一一受用。自 20 世纪 90 年代以来，中心城市的商业区和住宅区在多方面措施的推动下已经进入反弹期。15 座大型老工业城市的人口继续减少，但是减少的速度变慢，这些城市包括圣路易斯、加里、巴尔的摩、布法罗、匹兹堡、辛辛那提和底特律。不断减少的人口不能成为测量下滑的可靠指标，许多城市的人口变得稀疏，单亲家庭和丁克家庭取代了大家庭。实际上，贫困家庭被更多有钱的单身专业人士所取代，这导致城市的社会问题逐渐转移到了郊区，而这些单身专业人士导致了旧社区的中产阶级化。[117]

与全球经济密切相连的城市中，市中心职员阶层与少数种族社区居民之间的不平等现象尤为明显。全球化城市比其他城市能够吸引更多类型的移民。[118]工作机会就是诱饵，跨国公司、金融服务公司以及与之相关的企业汇集于此，吸引了来自世界各地的高素质人才。但是在就业市场的另一端对工作的需求量最大（至少数字表达出了这一结论），服务行业工人虽然社会地位低下，但是对于全球化城市的运转却必不可少，文职工人、门卫、出纳、保姆、厨师、餐厅侍者助手、物业和保安工人、酒店服务员以及形式各异的私人服务专业人士，例如女按摩师、私人购物助理和遛狗人。从事这些种类工作的主要是移民和少数族裔，从业人员与工种之间不成比例，这些工作的薪水较低，从而加深了社会的不平等程度。纽约的情况具有一定的启示性。20 世纪 80 年代，纽约都市区最贫困的人口中有 20%的收入仅占城市总收入的 5%；而收入最高的前 20%人口，其收入占总数的 45%。到 1997 年为止，最贫困的1/5人口的收入仅占总数的2%，而最富裕的1/5人口的收入占56%。纽约在积累财富的同时，贫困程度也在加深。1990—2000年，贫困家庭的比例从29%增加为32%。[119]

日益严重的不平等现象不仅发生在全球化的城市，而且遍及整个美国社会。1980年，底层人口中的1/5的收入占总收入的4.3%，只过了几年的时间，到1998年，工薪阶层中最贫困的1/5人口的收入占总收入的3.6%。与此同时，从1980—1998年，前1/5富裕人口的收入比重从44%上升至49%。下面的数据更能说明问题，前5%富人的同期收入比例从16%增长到21.4%。[120]2011年，美国收入情况存在的不平等现象要高于欧洲、加拿大、澳大利亚和韩国，这种不平等现象说明美国的贫富差距增长速度超过了其他国家。[121]

2011年，美国前1%富人的收入占全国人口收入的24%，比1976年增长了将近9%。《纽约时报》的记者曾这样写道："……你根本不需要到遥远危险的国度去观察这种贪婪的不平等现象。现在我们国内就有……"[122]从1980年到2005年，前1%富人的收入超过了国民总收入增长的4/5。这种高收入阶层的财富集中现象在20世纪发生过三次：1915—1916年、镀金时代末期、20世纪20年代晚期到股市崩盘之前。[123]

少数族裔在收入和财富方面仍被远远落在后面。经济状况的指标显示：拉美裔与普通美国人之间存在很大的差距。2006年，拉美裔家庭的平均收入是非拉美裔白人家庭平均收入的72%(2001年的比例为75%)，但是他们的收入比例高于黑人家庭的平均收入，后者仅为白人家庭收入的61%。[124]2010年人口普查显示：25岁以上的美国人中有28%拥有学士学位，受教育方面的种族差距非常大，美国黑人中仅有17%拥有学士学位，而拉美裔美国人的比例仅为13%。教育资历上的落后与种族歧视的因素并行导致拉美裔人只能从事最底层的工作。2000年，拉美裔美国人在就业市场上所占的比重为12%，但是仅有6%的拉美裔美国人从事管理或专业工作。[125]2008年开始的经济危机不同程度地影响了拉美裔美国人和黑人，到2009年3月，白人的失业率达到7.3%，而拉美裔美国人的失业率则为12.9%，黑人失业率为13.8%。[126]经济复苏期间，白人失业率减少的速度大大超过了这两个族裔中的任何一个。

这种规模的不平等现象总是与社会问题的增加相伴相生。城市地区的极端不平等现象有两种表达方式：社会混乱(例如，犯罪、暴乱、家庭解体等形式)和居住隔离模式。没有人知道这种犯罪率或贫困集中的发生几率是否会继续下降，但是有一点可以肯定，如果工作和受教育机会得不到改善的话，社会冲突还会继续升级。这种紧张状态在空间地理上的表现形式与以往不同，有些人质疑这种冲突是否具有影响力。

尾注

1. Barry Checkoway, "Large Builders, Federal Housing Programs, and Postwar Suburbanization," in *Marxism and the Metropolis: New Perspectives in Political Economy*, ed. William K. Tabb and Larry Sawers (New York: Oxford University Press), p. 156.
2. 20 世纪 20 年代之前，郊区人口增长也许超过了市中心的人口增长速度。但是在 1920 年之前，郊区土地被中心城市并吞，从而模糊了这一统计趋势。参见 John D. Kasarda and George V. Redfearn, "Differential Patterns of City and Suburban Growth in the United States," *Journal of Urban History* 2, No. 1 (November 1975): 53。
3. Nicolas Lemann, *The Promised Land: The Great Migration and How It Changed America* (New York: Vintage Books, 1991), p. 6.
4. Robert A. Beauregard, *Voices of Decline: The Postwar Fate of U. S. Cities* (Cambridge, MA: Blackwell, 1993).
5. Dennis Judd, "Urban Violence and Enclave Politics: Crime as Text, Race as Subtext," in *Managing Divided Cities*, ed. Seamus Dunn (Keele, Staffordshire, UK: Ryburn Publishing, Keele University Press, 1994), pp. 160-175.
6. U. S. Bureau of the Census, *Statistical Abstract of the United States* (2005), www. census. gov/prod/2005pubs/06statab/pop. pdf.
7. Pew Research Center, *Social and Demographic Trends* (Washington, D. C. , Pew Charitable Trusts, 2008).
8. 有关这些运动的简要精彩叙述见 Stanley B. Greenberg, *Politics and Poverty: Modernization and Response in Five Poor Neighborhoods* (New York: Wiley, 1974), pp. 15-27。
9. 参见 ibid., pp. 15 - 27; and Leo Grebler, Joan W. Moore, and Ralph C. Guzman, *The Mexican-American People* (New York: Free Press, 1970), p. 113。
10. U. S. Bureau of the Census, *Statistical Abstract of the United States*.
11. Harry M. Caudill, *Night Comes to the Cumberlands* (Boston: Little, Brown, 1962).
12. Lemann, *The Promised Land*, p. 6.
13. Stewart E. Tolnay and E. M. Beck, "Rethinking the Role of Racial Violence in the Great Migration," in *Black Exodus: The Great Migration from the American South*, ed. Afrerdteen Harrison (Jackson: University Press of Mississippi, 1991), p. 20.
14. Robert B. Grant, ed., *The Black Man Comes to the City: A Documentary Account from the Great Migration to the Great Depression, 1915-1930* (Chicago: Nelson-Hall, 1972), p. 27; 有关 1890—1930 年黑人迁移的完整数据见 pp. 16-30 。这一章节的数据全部出自此处。

15. Ibid., p. 22.
16. Ibid., p. 23.
17. Winfred P. Nathan, *Health Conditions in North Harlem, 1923—1927*, Social Research Series No. 2 (New York: National Tuberculosis Association, 1932), pp. 44-45, excerpted in Grant, *The Black Man Comes to the City*, pp. 59-61.
18. *Chicago Defender*, reprinted in Grant, *The Black Man Comes to the City*, pp. 31-40.
19. Tolnay and Beck, "Rethinking the Role of Racial Violence," p. 27.
20. Philip Dray, *At the Hands of Persons Unknown: The Lynching of Black America* (New York: Random House, 2002).
21. 集体失忆让美国忘却了这段历史的大部分内容。最近出版了一本有关这一时期的图册，内容虽然令人震惊，但是能够有效地纠正这种文化否定态度。参见 James Allen, *Without Sanctuary: Lynching Photography in America* (Sante Fe, NM: Twin Palms Publishers, 2000)。
22. Memphis, *Commercial Appeal* (October 5, 1916), reprinted in Grant, *The Black Man Comes to the City*, pp. 43-44.
23. *Chicago Defender* (August 12, 1916), reprinted in Grant, *The Black Man Comes to the City*, p. 45.
24. Herbert Northrup, *Organized Labor and the Negro* (New York: Kraus Reprint, 1971).
25. 这些数据来源于多处，摘录自 Grant, *The Black Man Comes to the City*, pp. 58-61。
26. 有关这一事件的讨论，参见 Elliott M. Rudwick, *Race Riot at East St. Louis, July 2, 1917* (Carbondale: Southern Illinois Press, 1964)。
27. Chicago Commission on Race Relations, *The Negro in Chicago: A Study of Race Relations and a Race Riot* (Chicago: University of Chicago Press, 1922), p. 122.
28. Tom Kenworthy, "Okla. Starts to Face up to, '21 Massacre," *USA Today* (February 18, 2000), p. 4A.
29. Grant, *The Black Man Comes to the City*, p. 71.
30. U. S. Department of Commerce, Bureau of the Census, *Census of Population 1970: General Social and Economic Characteristics* (Washington, D. C.: U. S. Government Printing Office, 1972), pp. 448-449, Table 3.
31. Douglas Massey and Nancy Denton, *American Apartheid: Segregation and the Making of the Underclass* (Cambridge, MA: Harvard University Press, 1993), p. 89, p. 91.
32. Ibid., p. 91.
33. Rosalyn Baxandall and Elizabeth Ewen, *Picture Windows: How the Suburbs Happened* (New York: Basic Books, 2000), p. 202; Ray Suarez, *The Old Neighborhood: How We Lost in the Great Suburban Migration, 1966—1999* (New York: Free Press, 1999), pp. 40-41.
34. Quoted in ibid., pp. 252-253.
35. U. S. Bureau of the Census, *American FactFinder* (2005), http://factfinder. census. gov/home/saff/main. html? _lang=en.
36. National Advisory Commission on Civil Disorders, *Report of the National Advisory Commission on Civil Disorders* (New York: Bantam Books, 1968), p. 1.

37. John Kasarda, "Inner-City Concentrated Poverty and Neighborhood Distress: 1970 to 1990," *Housing Policy Debate* 4, No. 3 (1993): 253-302.
38. Alan Berube and Elizabeth Kneebone, *Two Steps Back. City and Suburban Poverty Trends 1999—2005* (Washington, D. C.: Brookings Institute, 2006).
39. Rolf Pendall, Elizabeth Davies, Lesley Freiman, and Rob Pitingolo, *A Lost Decade: Neighborhood Poverty and the Urban Crisis of the 2000s* (The Urban Institute, for the Joint Center on Political and Economic Studies, September 2011).
40. John R. Logan, *Separate and Unequal: The Neighborhood Gap for Blacks, Hispanics and Asians in Metropolitan America* (Brown University, July 2011).
41. Wilson, op. cit., *The Truly Disadvantaged*.
42. Michaela di Leonardo, "White Lies/Black Myths: Rape, Race, and the Black Underclass," *The Village Voice* (September 22, 1992), p. 31.
43. Norman Fainstein, "Race, Class, and Segregation: Discourses about African-Americans," *International Journal of Urban and Regional Research* 17, No. 3 (1993): 384-403.
44. Wilson, *The Truly Disadvantaged*.
45. Wilson, *When Work Disappears*, p. 19.
46. Ibid., p. 31.
47. Ibid., p. 92.
48. Ibid., p. 93.
49. Lisa W. Foderaro, "In Harlem, Children Reflect the Ravages U. N. Seeks to Relieve," *New York Times* (September 30, 1990), p. 1.
50. Walter J. Jones and James E. Johnson, "AIDS: The Urban Policymaking Challenge," *Journal of Urban Affairs* 11, No. 1 (1989): 85.
51. Joel A. Devine and James D. Wright, *The Greatest of Evils: Urban Poverty and the American Underclass* (New York: De Gruyter, 1993), p. 167.
52. Robert D. McFadden, "New York Leads Cities in Robbery Rate, But Drops in Murders," *New York Times* (August 11, 1991), p. 1.
53. 参见 James Diego Vigil, *Barrio Gangs: Street Life and Identity in Southern California* (Austin: University of Texas Press, 1988)。
54. Ronald Kotulak, "Study Finds Inner-City Kids Live with Violence," *Chicago Tribune* (September 28, 1990), p. 1.
55. Jonathan Kozol, *Rachel and Her Children: Homeless Families in America* (New York: Crown, 1988), p. 9.
56. Margaret T. Gordon and Claudette Guzan Artwick, "Urban Images in the Mass Media" (research proposal, Urban University Research Consortium, June 17, 1991), p. 2.
57. di Leonardo, "White Lies/Black Myths," p. 31.
58. Quoted in James A. Clapp, ed., *The City: A Dictionary of Quotable Thoughts on Cities and Urban Life* (New Brunswick, NJ: Center for Urban Policy Research, Rutgers University, 1984), p. 129.
59. Ibid., pp. 25-30. 罗伯特·菲什曼(Robert Fishman)认为第一个真正的郊区产生的时间更早一些,在 18 世纪 90 年代伦敦郊外的克拉彭(Clapham)或其他村镇;参见 Robert Fishman,

Bourgeois Utopias：*The Rise and Fall of Suburbia*（New York：Basic Books，1987），p. 53。

60. 有关铁路郊区和土地投机方面的叙述，参见 Kenneth T. Jackson，*Crabgrass Frontier*：*The Suburbanization of the United States*（New York：Oxford University Press，1985），Chapter 5；Fishman，op. cit.，*Bourgeois Utopias*，Chapter 5；and Harry C. Binford，*The First Suburbs*：*Residential Communities on the Boston Periphery*，*1815—1860*（Chicago：University of Chicago Press，1985）。

61. John W. Reps，*The Making of Urban America*：*A History of City Planning in the United States*（Princeton，NJ：Princeton University Press，1965），p. 344.

62. "公园里稀疏的建筑"这一短语出自刘易斯·芒福德(Lewis Mumford)；参见他的 *The City in History*：*Its Origins*，*Its Transformations*，*and Its Prospects*（New York：Harcourt，Brace and World，1961），p. 489。

63. Editorial，（New York）*Independent*（February 27，1902），p. 52.

64. Weldon Fawcett，"Suburban Life in America，" *Cosmopolitan*（July 1903），p. 309.

65. Advertisement in *Country Life in America*（November 1906），p. 3.

66. Advertisement in *Country Life in America*（March 1908），p. 474.

67. Robert Park，Ernest W. Burgess，and Roderick D. McKenzie，*The City*（Chicago：University of Chicago Press，1925），p. 109.

68. Quoted in Peter J. Schmitt，*Back to Nature*：*The Arcadian Myth in Urban America*（New York：Oxford University Press，1969），p. 180；original quotation found in Ernest Groves，"The Urban Complex，" *Sociological Review* 12（Fall 1920）：74，76.

69. 更完整的标题列表见 Schmitt，*Back to Nature*，pp. 180-182。

70. Gary A. Tobin，"Suburbanization and the Development of Motor Transportation：Transportation Technology and the Suburbanization Process，" in *The Changing Face of the Suburbs*，ed. Barry Schwartz（Chicago：University of Chicago Press，1976），p. 100. 也可参见U. S. Bureau of the Census，*Industrial Districts*：*1905*，*Manufactures and Population*，Bulletin 101（Washington，D. C.：U. S. Government Printing Office，1909），pp. 9-80；and U. S. Bureau of the Census，*Census of Manufactures*：*1914*，Vol. 1，*Reports by States with Statistics for Principal Cities and Metropolitan Districts*（Washington，D. C.：U. S. Government Printing Office，1918），p. 564，p. 787，p. 1292。

71. 这些数据转引自 Tobin，"Suburbanization and the Development of Motor Transportation，" p. 102，p. 103，也可参见 National Industrial Conference Board（NICB），*The Economic Almanac 1956*：*A Handbook of Useful Facts about Business*，*Labor and Government in the United States and Other Areas*（New York：Crowell for the Conference Board，1956）。

72. Tobin，"Suburbanization and the Development of Motor Transportation，" p. 102，p. 103.

73. Ibid.

74. Jackson，*Crabgrass Frontier*，p. 174，p. 184.

75. 出生率(指每一千人出生存活的比例)从 1936 年的 18.4%增长到 1947 年的 26.6%。U. S. Bureau of the Census，*Historical Statistics of the United States*，*Colonial Times to 1970*，Bicentennial ed.，pt. 2（Washington，D. C.：U. S. Government Printing Office，1975），p. 49.

76. Jackson，*Crabgrass Frontier*，p. 232.

77. Ibid.，p. 233.

78. Checkoway, "Large Builders, Federal Housing Programs, and Postwar Suburbanization," pp. 155-156.
79. U. S. Bureau of the Census, *Historical Statistics of the United States, Colonial Times to 1970*, p. 646.
80. U. S. Department of Commerce, *Bureau of the Census, Census of Population, 1950*, Vol. 1 (Washington, D. C.: U. S. Government Printing Office, 1952), p. 69, Table 17; *Census of Population, 1970*, Vol. 1, *Characteristics of the Population*, pt. A, p. 180, Table 34; *Census of Population, 1980*, suppl. reports, *Standard Metropolitan Statistical Areas and Standard Consolidated Statistical Areas*, p. 2, Table B, p. 6, Table 1, and p. 49, Table 1; *State and Metropolitan Areas Data Book*, 1991, Table D; Bruce Katz and Robert Lang, ed., *Redefining Urban and Suburban America: Evidence from Census 2000* (Washington, D. C.: Brookings Institution Press, 2003), pp. 47-50.
81. 对20世纪50年代郊区模式化的批评，参见 Bennett M. Berger, *Working-Class Suburb: A Study of Auto Workers in Suburbia* (Berkeley: University of California Press, 1968); and Herbert J. Gans, *The Levittowners: Ways of Life and Politics in a New Suburban Community* (New York: Pantheon Books, 1967)。
82. Thomas M. Guterbock, "The Push Hypothesis: Minority Presence, Crime, and Urban Deconcentration," in *The Changing Face of the Suburbs*, ed. Barry Schwartz (Chicago: University of Chicago Press, 1976), p. 26.
83. National Advisory Commission on Civil Disorders, *Report of the National Advisory Commission on Civil Disorders*, p. 1.
84. William H. Frey, "Census 2000 Shows Large Black Return to the South, Reinforcing the Region's 'White-Black' Demographic Profile," U. S. Bureau of the Census, PSC Research Report No. 02-473 (May 2001).
85. Rick Lyman, "Census Shows Growth of Immigrants," *New York Times* (August 15, 2006), www. nytimes. com.
86. Department of Homeland Security, Office of Immigration Statistics, www. uscis. gov/graphics/shared/statistics/publications/LPRest2004. pdf.
87. "2009 Yearbook of Immigration Statistics: Table 1," *U. S. Office of Immigration Statistics*; "2011 Yearbook of Immigration Statistics: Table 1," *U. S. Office of Immigration Statistics*.
88. Ibid.
89. Robert Pear, "Major Immigration Bill Is Sent to Bush," *New York Times* (October 29, 1990), p. A1；也可参见 Stephen Castles and Mark J. Miller, *The Age of Migration: International Population Movements in the Modern World* (New York: Guilford Press, 1993), p. 249。
90. Rodman D. Griffin, "Illegal Immigration," *CQ Researcher* 2, No. 16 (1992): 364.
91. U. S. Bureau of the Census, *1990 to 1998 Annual Time Series of Population Estimates by Age, Race, Sex, and Hispanic Origin* (January 2000), http://www. census. gov/population/estimates/county/casrh_doc. txt.
92. "Quick Facts: USA," *U. S. Bureau of the Census*.
93. Frey, "Census 2000 Shows Large Black Return to the South, Reinforcing the Region's 'White-Black' Demographic Profile."

94. U. S. Census Bureau News, "Census 2000 Paints Statistical Portrait of the Nation's Hispanic Population," www. census. gov/press-release/www/releases/archives/population/00434/html.
95. Ibid.
96. "USA People QuickFacts," United States Census Bureau (2013), http://quickfacts. census. gov/qfd/states/00000. html.
97. "New Mexico People QuickFacts," United States Census Bureau (2013), http://quickfacts. census. gov/qfd/states/00000. html.
98. Alejandro Portes and Ruben Rumbaut, *Immigrant America: A Portrait* (Berkeley: University of California Press, 1990), p. 10.
99. Reported in Charles Kamasaki and Paul Yzaguirre, "Black-Hispanic Tensions: One Perspective," paper delivered at the annual meeting of the American Political Science Association (Washington, D. C., August 29—September 1, 1991), p. 5. 也可参见 Castles and Miller, *The Age of Migration*。
100. Julia Preston, "Surge in Immigration Laws around. the U. S.," *New York Times* (June 23, 2008), www. nytimes. com/2007/08/06/washington/06immig. html.
101. Dan Anderson, "Times Topics: Immigration and Refugees," *New York Times* (June 9, 2008), www. nytimes. com.
102. Randal C. Archibald, "Arizona Enacts Stringent Law on Immigration," *New York Times* (April 24,2010), p. 1.
103. "The Immigration Law Fallacy" (June 16, 2010), Examiner. com (Dallas Tea Party Examiner).
104. Logan, "The New Ethnic Enclaves in America's Suburbs," a report by the Lewis Mumford Center for Comparative Urban and Regional Research (Albany, NY, 2002), p. 2; William H. Frey, *Melting Pot Suburbs: A Census 2000 Study of Suburban Diversity* (Washington, D. C.: Center for Urban and Metropolitan Policy, Brookings Institution Press, June 2001).
105. Edward L. Glaeser and Jacob L Vigdor, "Racial Segregation: Promising News," in *Redefining Urban & Suburban America*, ed. Katz and Lang, pp. 211-234.
106. Jeffrey M. Timberlake and John Iceland, "Change in Racial and Ethnic Residential Inequality in American Cities, 1970—2000," *City & Community* 6, No. 4 (December 2007): 335-365.
107. Massey and Denton, *American Apartheid*.
108. Paul Jargowsky, *Stunning Progress, Hidden Problems: The Dramatic Decline of Concentrated Poverty in the 1990s* (Washington, D. C.: Brookings Institution Press, 2004), pp. 1-2.
109. Ibid., p. 1.
110. Paul A. Jargowsky and Rebecca Yang, "The 'Underclass' Revisited: A Social Problem in Decline," *Journal of Urban Affairs* 28, No. 1 (2006): 76.
111. U. S. Bureau of the Census, *Statistical Abstract of the United States 2003*, Table 305, Crimes and Crime Rates, by Type of Offense: 1980 to 2001, p. 199.
112. Federal Bureau of Investigation, *Uniform Crime Reports*.
113. "Violent Crime in the United States, 2009," *U. S. Department of Justice*.
114. "Crime in the United States: 2011," FBI Uniform Crime Reports (2011), http://www. fbi.

gov/about-us/cjis/ucr/crime-in-the-u. s/2011/crime-in-the-u. s. -2011/violent-crime/violent-crime.

115. Ibid.

116. Rebecca Yang and Paul A. Jargowsky, "Suburban Development and Economic Segregation in the 1990s," *Journal of Urban Affairs* 28, No. 3 (2006): 253-273.

117. William H. Frey and Alan Berube, "City Families and Suburban Singles: An Emerging Household Story," in *Redefining Urban & Suburban America*, ed. Katz and Lang, p. 265.

118. Mark Abrahamson, *Globat Cities* (New York: Oxford University Press, 2004), pp. 99-100.

119. Ibid., p. 101.

120. U. S. Bureau of the Census, *The Changing Shape of the Nation's Income Distribution, 1947—1998*, p. 3, Table 1 (published June 2000), http://www2. census. gov/prod2/popscan/p60-204. pdf.

121. Tami Luhby, "Global Income Inequality: Where the U. S. Ranks," *CNN Money* (November 8, 2011).

122. Nicholas Kristof, "Our Banana Republic," *The New York Times* (November 6, 2010).

123. Louis Uchitelle, "The Richest of the Rich, Proud of a New Gilded Age," *The New York Times* (July 15, 2007).

124. U. S. Bureau of the Census, *The 2009 Statistical Abstract of the United States*, Table 669, www. census. gov/compendia/statab.

125. U. S. Bureau of the Census, *Table 11, Employment Status of Civilian Population, Sex, Race, and Hispanic Origin* (2005), www. bls. gov/html.

126. Ibid., Table A-2.

第七章　国家政策和城市/郊区分离

国家政策产生的意外后果

第二次世界大战末期，市中心的状况让国民忧心忡忡。大萧条以及战争忽视了基础设施的建设，导致商业区衰败，旧住宅破损，道路、桥梁、公园和城市的便利设施混乱不堪。人口拥挤使这些问题显得更加紧迫。战争期间，城市一派繁荣，吸引了大批新居民，但是住房问题难以解决。起初，郊区从市区中划分出来，这一安全的解决办法深受人们欢迎，但是随着郊区的发展，城市陷入越来越严重的危机之中。工业城市是美国经济的引擎，这些城市的命运与国家利益息息相关，因此城市问题给全国人民敲响了警钟。

战争结束之前，国会中两大政党的领导人就开始考虑如何解决城市问题。经过了几年的争论，1949 年，国会批准了城市重建和公共住房方案。后来的几年之中，这些方案吸引了大量的私人投资，到 1968 年为止，总共融资 358 亿美元。[1]联邦政府解决城市问题的出发点非常好，但是却功亏一篑，原因在于其他政策激励了郊区住房的火爆。这就相当于左手努力使城市复兴，而右手却在破坏这种措施，所以这些深层矛盾导致联邦政府的政策必定失败。

联邦政府为解决城市问题而颁布了种种方案，但是经常适得其反。城市重建方案资助了大规模的贫民窟清理工程，然而拆除低收入住房区的速度超过了公共住房的建设速度，结果导致无法供应那些想购房或租房的非裔美国人。20 世纪五六十年代，几十万黑人流离失所，他们被迫住在音乐贫民窟，或者搬进高层公共住宅，而这些住宅最终变成了建筑群中的眼中钉和高耸的贫民窟。房地产商和联邦政府管理者颁布的政策带有一定的歧视性，不允许贫穷黑人进入郊区，中产阶级黑人为了在白人房主占据的社区中争得一席之地而被迫进行激烈的竞争。同时，数百万白人中产阶级家庭获得了联邦政府担保的贷款,因此他们能够在郊区购房。联邦政府还出资修建高速公路网,对于那些需要长距离通勤的郊区居民来说,这一措施提供了极大的便利。通观全局,联邦政府为促进城市发展而颁布的一系列政策不仅加剧了城市的种族隔离,同时为白人逃往郊区提供了补助。

20世纪60年代,联邦政府改变了路线,然而为时已晚,对于挽救情况几乎没有效果。1968年通过了《民权法》(Civil Rights Act),将房地产买卖中的种族歧视规定视为违法,联邦政府颁布方案,为少数族裔购房者提供资金上的帮助。但是城市和郊区之间的极端种族隔离模式已经根深蒂固,难以改变。这种城市种族隔离模式之所以如此牢固,国家政府起了推波助澜的作用。

摘　录

高速公路方案导致城市衰落

用"国家城市政策"这一词语来指代影响美国城市发展的政策并不准确。国家从来没有针对城市发展制定过任何政策,相反,在不同时期并且针对不同的目的出台了一系列极不协调的方案。尽管这些方案对城市和都市化区域产生了深远的影响,但是政府几乎从未认真地考虑过这些方案对城市发展会造成什么样的后果。即使考虑过,美国的政治力量以及复杂的政治体制也不可能制定出一套全面协调的城市发展策略。

高速公路方案就是一则发人深省的例子。联邦政府在几十年期间投入大量资源建设高速公路系统,但是却忽视了这一方案对城市和都市化区域产生的重大影响。20世纪早期,联邦政府开始为国家建设道路提供支援,这一举措一方面是为了将农场主纳入国家经济体系中,另一方面是为了开放农村地区,吸引人们前来定居。到20世纪30年代,联邦政府的支援方案主要针对汽车使用的推广。汽车工业在经济领域中越来越重要,支持其发展的政治力量也在不断增强。各州设立的信托基金主要依靠燃油税所得,1934年,联邦通过立法,规定各个州的汽车税只能用于高速公路的建设和维修,挪作它用将受到惩罚。

1956年,国会宣布要在全国范围内修建42 000英里的州际高速公路网,联邦政府的职能扩大。前几年,各州为了资助高速公路的修建向城市征税,税率与资金不成比例,而用在城市建设之外的税收比例也极不相称,这些情况反映了州议会中的政党力量代表的是乡村地区的利益,同时揭露了公路工程师的目的。这一事实也符合了艾森豪威尔的想法,总统认为完整的公路系统对于国防非常重要,它能够为战时的军队和设备运输提供极大的便利。但人们普遍认为如果核战争爆发的话,这种城市人口和经济集中的模式会使美国不堪一击。一位颇有影响力的城市规划者曾经提出过这样的警告:城市地区必须打破这种集中化的模式,否则会面临灾难,并且说:"如果我们拖延的话,也许某天早上当我们醒来时会发现国家已经不复存在,当然前提条件是我们能够醒来。"政策制定者吸取了一定的教训,但是即使他们注意到了政策对城市发展的影响,也仅仅把这些影响放在次要的位置。

资料来源:引文出自欧文·D. 古特弗罗伊德(Owen D. Gutfreund),《20世纪的扩张:高速公路和美国地貌的重塑》(*20th Century Sprawl: Highways and the Reshaping of the American Landscape*),纽约:牛津大学出版社,2004年,第56页;罗伯特·M. 弗格森(Robert M. Fogelson),《市中心的起伏,1880—1950》(*Downtown: Its Rise and Fall: 1880—1950*),康涅狄格州,纽黑文市:耶鲁大学出版社,2001年,第392页。

贫民窟拆迁政策

第二次世界大战之后,美国出现了一个势力强大、成员多样的联盟,他们游说国会颁布贫民窟拆迁方案,要求联邦政府提供资助。他们提醒地方公共法官以及商业领导者要重视市中心商业区和周边住宅区的状况。公共住房管理者、工会、社会福利工作者以及自由民主党派人士非常关注穷人的困境,他们认为从道义出发居住在破旧区的人们有权利要求适当的住房。而房地产经纪人、开发商以及金融机构和当地的商业精英赞同贫民窟的拆迁方案,并提出了各种各样的理由进行辩论,他们并不十分关注贫民窟的生活条件,而是关心自己在市中心房产投资的安全性。显然,商业和住宅区的情况恶化威胁着中心城市的经济活力。鉴于此,全国房地产委员会协会(National Association of Real Estate Boards,简称 NAREB)虽然对公共住房方案持有敌意，但是他们支持联邦政府资助的城市重建方案，这在很大程度上能够阻止政府与私人开发商和地产持有者之间的竞争，因此房地产行业对这一方案非常感兴趣。[2]

民主党的重要联盟组织竭力主张城市重建方案中应该包括公共住房的原则。工会率先指责房地产行业只顾及自己底线的做法，地方政府官员紧随其后主张城市重建方案必须包括公共住房，这些官员代表来自美国市长会议、全国城市联盟以及美国市政协会。以上组织形成了一个强大的联盟，能够防止在立法递交国会前由于细节方面的争执遭到破坏。1949 年春天，国会批准通过了《住房法》，尽管房地产经纪人及其同盟竭力游说将公共住房条例排除在外，最终法案保留了这一条，但仅仅以五票的微弱优势获胜。然后由代表两党的北方民主党、城市共和党以及一部分南方民主党人士通过了立法的最终版本。[3]

在 1949 年的《住房法》中，国会宣布成立全国委员会，负责城市重建、贫民窟拆迁的工作，并且要为公民们提供体面的住处。法案序言部分的题目是"国家住房政策宣言"，概括地陈述了对住房方案的需求：

> 国家福利、安全、健康和人民生活标准需要住房建设以及相关的社区发展，以缓解严重的住房短缺问题，通过贫民窟和重灾区的拆迁工作来清除不合规格、面积不足的住房，早日实现为所有美国家庭提供体面、适合的居住环境这一目标。[4]

商业利益团体和房地产行业虽然在法案中得到了利益，但是要被迫接受公共住房的交易条件。最终，重要的商业部门、房地产和住房利益集团也签署了《住房法》，因为立法将城市重建和公共住房法案授权给了地方公共部门。法案的第 1 款授权住房和家庭金融机构（Housing and Home Finance Agency，简称 HHFA）下发财政补贴，帮助缓解地方城市重建机构购买和清理重建场地的成本压力。这一过程结束之后，城市重建机构需要"划减"房地产的成本，因此开发商能够廉价购买土地。联邦政府的补贴弥补了一部分"划减的价值"，这相当于将补贴直接发放给了那些有权势的开发商。

政府应该将"体面、安全和卫生条件好的住所"提供给重建方案中涉及的房屋租赁者和贫民窟居民。法案第 3 款规定要资助那些低价出租的公共住房，计划在六年内建设 810 000 套政府补贴的住房，这相当于低成本新住房需求量的 1/10。退伍军人和法案第 1 款涉及的拆迁人员优先入住。联邦政府的管理人员对每个房间和每个单元的成本进行限制，避免“奢侈和不必要”的便利设施，并且对租赁者的资格提出了要求，把与私人住房市场的竞争降到最低，并且保证公共住房的受益者仅限于最贫困的家庭。

地方政治对城市重建的影响

地方政治和经济精英首先关注的是中心商业区的经济下滑问题，其次才是贫民窟的居民。商界领导人和政客们认为贫民窟导致了市区房价和销售量的直线下滑。尽管立法支持住宅的开发，但是从一开始，地方重建机构就着重扶植商业开发项目，忽视了低收入住房的开发，联邦政府管理人员对住房法案条例的理解非常灵活，因而导致了上述做法的产生。住房和家庭金融机构颁布了一条指导方针，规定任何分配到 51%及以上住房基金的重建工程可以被视为“100%住房基金”工程。实际上，这一准则使地方政府无视立法原文中包含的“优先住宅”字眼，允许他们这种注重商业开发的行为。

不久，公共住房便出现了问题。理论上，低收入人员的住房建设非常重要，但是却遭到了地方上的坚决抵制。20 世纪 30 年代通过的住房立法已经证明有可能会出现问题。1946 年 12 月，芝加哥住房部(CHA)让几个非裔黑人退伍军人家庭搬进了公共住房，这一工程得到了 1937 年住房法案的资助，但是白人暴民对他们百般嘲笑，甚至向他们扔石头。1947 年 8 月，大批暴民聚众威胁，阻止黑人搬进城市西南部的住房。为了保护黑人家庭，政府派遣警察队伍驻扎了近六个月。[5]芝加哥住房部吸取了这一教训，不再尝试整合住房工程的做法。

1949 年住房法案通过之后，芝加哥发生的骚乱在全国其他城市纷纷上演。全国房地产委员会协会的地方支部组织抗议活动，反对公共住房工程的开展。在这些恶意刻薄的活动中，反对者宣扬公共住房方案会加强种族的融合，他们利用人们的这种恐惧心理来抗议政府对公共住房进行补贴。1949 年到 1952 年末，公共住房方案在很多城市的公民投票中遭到否决，其中包括阿克伦(Akron)、休斯敦、洛杉矶以及其他近 40 个城市。各个地方的社会和政治情况使得公共住房问题极其不稳定，地方官员清醒地意识到“支持这项事业的选票不会很多——也许会有很多反对票”。[6]

相比之下，地方政治利益团体对贫民窟拆迁和经济复兴方案更感兴趣。通过经济重建能够确保获得联邦政府的资金，进取心十足的市长们将势力较强的联盟联合起来，共同支持重建事业。联合执行官是联盟最重要的成员，当然也包括其他重要的参与者。房地产商、小企业主、都市报业以及建筑商会也施以援手。罗伯特·索尔兹伯里(Robert Salisbury)是著名的城市研究学者，他发现"这种新型的权力汇集"把公共权力和私人资源整合在一起，使得城市重建成为一股不可抗拒的力量，这股力量能够击败所有的反对势力。[7]

市长利用住房法案资助的方案来确保个人的政治前途。1955年，理查德·J.戴利当选为芝加哥的市长，他组建起一个势力强大的公民联盟，并制定了一项雄心勃勃的方案，要振兴芝加哥的市中心商圈和湖畔地带。在波士顿的商业赞助下，市政府成立起新波士顿委员会，委员会选举的候选人在1951年的市长竞选中打败了长期占统治地位的机器政党首领詹姆斯·迈克尔·柯利(James Michael Curley)，市长选举获胜后，他们着手进行大规模的拆迁行动，目标定在了波士顿的西区——意大利裔居民区，并且修建政府中心。最终，波士顿的重建方案覆盖了整座城市面积的10%。[8]1950年，圣路易斯成为全国第一个从联邦政府获得城市重建资助的城市，因而市长约瑟夫·达斯特(Joseph Darst)成为全国的公众名人。1953年，雷蒙·塔克(Raymond Tucker)接替达斯特成为圣路易斯的市长，加大了拆迁的力度。他组建的联盟几乎包括城市的所有主要公司(总共69个)，并且说服他们进行个人集资来帮助地方城市重建机构，总共筹集了二百万美元。康涅狄格州的纽黑文市也组建了这样的联盟，年轻的民主党派市长理查德·李(Richard Lee)因领导城市重建工程取得了卓越成就而得以连任，李的政治资本在于他汇集公共资源的能力，在重建项目进行过程中，他获得了商业领导人的政治和经济支持。李市长将这种联盟称作：

> 纽黑文最具影响力的群体……他们之所以势力强大，在于对财富的控制、对工业的控制并且代表着银行。他们还领导劳工，代表社区的知识分子。他们拥有发言权，受人尊敬，拥有经济实力，享有在各行各业多年累积起来的声望，这些因素决定了他们的势力。[9]

市长和商界领导人都认为城市的经济命运依靠市中心的发展。20世纪50年代，大批中产阶级逃往郊区，这种趋势严重地损害了市中心的经济活力。中心商业区是经济活动的中心，那儿的地方商业部门汇集了巨额房地产和商业投资，因此商业部门会尽一切努力保护他们的投资。他们一方面寻求政治上的支持，同时还需要富人对他们组织的竞选活动进行捐助，从而保证当选的官员会支持中心城区的建设。这些地方是城市中最古老的部分，地方城市重建部门用官方的术语将其称作"重灾区"，重建过程的下一步是要进行财产的清算。

城市重建联盟中的各成员之间相互关联。地方官员贪图商业区的投资和公共声望，反过来，商业区的领导人则意识到政府权力是确保重建项目成功的必要因素。如果要从官方设立的城市重建机构中申请联邦政府资金的话，首先要享有公共权威。政府拥有土地征用权，有权处理"破旧"地产，使之发挥"更好"的公共用途，这一点对于土地征集来说尤为关键，否则私人房地产主人不会被迫出售土地。最后，地方重建机构能够从联邦政府获得减记的补贴和贷款，其他部门无法做到这一点，因此支持城市重建的商界领导人必须保持与地方官员和机构的密切联系。通过这种方式，"畸形联盟"[10]成为地方政治中唯一的主导力量。

多年以来，城市重建方案在美国的所有城市中"启动了一项大规模的私人和社会资源分配方案"。[11]公共资金投入到市中心的建设，从而吸引了更多的投资者。到1968年为止，私人机构在全国的524个重建工程中总共投资358亿美元。[12]从1953年到1986年最后一部分资金被耗尽为止，联邦政府在城市重建方面的开支超过了130亿美元。[13]与此同时，1956年通过的《国防高速公路法》获得了巨额联邦资金，这为国民提供了大量的工作机会，同时建筑公司在城市社区修建封闭式高速公路的过程中赚取了丰厚的利润。

与城市重建和公路修建相关的社区拆迁工作不久就引起了人们的抵抗和反对。商界领导不断地进行解释，城市的所有居民会从中受益，一方面会为他们提供工作，同时能够增加商业投资，尽管如此，在拆迁过程中，原本繁荣的社区经常遭到破坏，人们感到痛心疾首。波士顿西区的意大利社区中，保存良好的平房和一排排房子的街区、杂货店、理发店、面包坊和酒吧被夷为平地，而这些建筑是体现社区历史价值、安全和繁荣面貌的必要因素。"破旧"成为一个非常模糊的用语，一些发展境况良好的社区也被贴上了这样的名称，这种情况并不少见。[14]

社区爆发的抗议活动遍及全国各地，人们开始关注城市重建和公路修建工程中造成的破坏性活动。某学者对四个城市进行了研究，他指出，20世纪五六十年代期间"发展问题……是社区的主导因素"。[15]尽管抗议活动的程度越来越激烈、发生的次数越来越多,最终取得胜利的社区却寥寥无几。这一可怜的成功记录反映了一个事实:反对重建工程的组织规模太小,而且经常容易被瓦解。社区居民主要为自己的地盘进行抗议,但很少帮助其他社区。城市重建管理者通过精心地挑选重建地址,能够轻而易举地瓦解这些抗议组织。

亚特兰大的例子就很好地说明了这种政治运作方式。亚特兰大的都市规划委员会(Metropolitan Planning Commission)从 1952 年开始关注黑人搬入中心商业区附近社区的事情。委员会当年撰写了报告《前方》(*Up Ahead*),其中指出:"按照规划的观点,明智之举是到边远地区开发新的黑人住房。"委员会还推荐了"一系列的公共政策,来降低现行的人口密度、拆除破旧区、改善人口分布的种族模式并对中心规划区进行最佳利用"。[16]其实,如果揭开这种伪装的说辞,其真正目的是让黑人远离市中心来保证中心商业区附近的土地进行二次开发。

中心亚特兰大促进协会(Central Atlanta Improvement Association)这一组织代表着公司的利益,积极推行拆迁行动。公司领导力争得到商业部的支持,而商业部代表了小型企业的利益。亚特兰大房地产董事会(Atlanta Real Estate Board)成立的条件是要保证重建方案将维持住房的隔离模式,城市重建过程中拆除的地产上不能进行公共住房的建筑工程。同时,公司和公共领导向黑人承诺这些土地将用于住房建设,主要为那些单亲家庭、其土地被拆除以及远离市中心的黑人们建设住房,因而得到了黑人社区领导的支持。几年之后,亚特兰大的市中心地区仍然在进行大面积的拆除和重建工作,一个被称作桃树中心(Peachtree Center)的巨型封闭广场逐渐取代了古老的市中心。

20 世纪 50 年代成立的地方重建联盟利用政治力量击败了反对者。如果举例说明的话,几乎每个城市都很适合,圣弗朗西斯科尤为明显,因为这个城市把所有精力都投入到了市区的重建事业之中。[17]1953 年,圣弗朗西斯科的监管董事会批准了一项计划,要拆除金融区附近和市场大街南部的几个街区,这一地区的市场摊位较多、通道非常狭窄、熙熙攘攘的活动时常发生,阻碍了集商业、文化和旅游设施为一体的市区重建计划。至 20 世纪 50 年代为止,民众领导通过决议,计划将拆迁地区建成运动场和会议中心,起名为耶尔巴布埃纳中心(Yerba Buena Center)。规划者认为中心会成为金融区的辅助设施,将带动进一步的发展。

位于市中心的商业巨头对这一构想非常感兴趣,其中包括加州标准石油公司、南太平洋公司、泛美公司、里维斯公司(Levi Strauss)、泽勒巴克皇冠公司(Crown

Zellerbach)、德尔蒙特公司(Del Monte)、太平洋电话和电报公司、伯利恒钢铁公司(Bethlehem Steel)、太平洋天然气和电力公司。位于圣弗朗西斯科市区的金融机构包括美国银行、富国银行(Wells Fargo)、克罗克国家银行(Crocker National Bank)、加利福尼亚银行、安泰人寿保险公司(Aetna Life)、约翰·汉考克公司(John Hancock)和哈特福德保险公司(Hartford Insurance)。20世纪60年代,这些机构大楼完全改变了圣弗朗西斯科的天际线。1960—1972年,圣弗朗西斯科市区总共建成23座摩天大楼。[18]

圣弗朗西斯科重建部门的负责人M.贾斯汀·赫尔曼(M. Justin Herman)担任大型重建工程的"主要建筑师、代言人和项目指挥官"。在他的领导下,重建部雇用了几百位专业人员以及若干名咨询顾问,并向联邦政府申请了几百万美元的城市重建补贴。只要有人对工程提出批评,即使语气非常温和,赫尔曼也会认为这是狭隘利益集团试图阻止工程的进行。1970年,有人引用他说过的话:"这片土地的价值非常高,绝不能允许穷人栖息于此。"[19]1970年一部颇有影响力的书出版了,该书将赫尔曼描述为"城市重建方案的负责人之一",并给他重新命名,称他为"联邦政府的推土机"和"黑人清除机":

> 他非常自信,认为自己对穷人和少数族裔的做法与政府机构的想法一致,因此圣弗朗西斯科的豪华住房和商业区建设工程是最多的——白人、中产阶级规划者和商人将此视为理想的城市重建方案。[20]

耶尔巴布埃纳中心在规划的过程中没有考虑地区居民的安置问题,而联邦政府的管理人员对此也视而不见。1969年夏季,当地居民就工程问题向联邦法庭提出异议,根据1949年的住房法案,重建部门有责任为拆迁区的居民提供安全合适的安置房。法官听取诉讼后,得出这样的结论:就重建部安置居民的计划而言,住房和城市发展处秘书"得到的证据根本不可信"。[21]鉴于工程被临时搁置,重建部最终同意提高圣弗朗西斯科的旅馆税来资助低收入住房的建设,这样一来,耶尔巴布埃纳中心涉及的拆迁人员就能够得到安置。经过法庭上的几番斗争,再加上建造成本的提高,最终,修建中心的工程泡汤。人们普遍欢庆反对城市重建方案取得的胜利,这一成果实属罕见。

20世纪60年代早期,有组织的反对活动在全国各地时有发生。自由批评人士把城市重建视为"联邦政府资助的一种噱头，实际上是为各个获利丰厚、富有声望的企业提供相对廉价的土地"。[22]保守党派对重建方案的结果也感到十分震惊，最初，商界领导人和政客们期望奇迹般地颠覆市中心的衰败局面，乐观主义不久演变为挫败感。到 20 世纪 60 年代晚期，估计要用四年的时间来规划一项拆迁工程，还需要用六年的时间来清除场地，通常情况下，等到重建工程准备就绪时，原来的规划早已废弃。[23]即使通过大幅度的减记来降低土地购置的成本，开发商也不再感兴趣。与此同时，破旧区和贫民窟的面积继续扩大，实际上，对居民的安置只能使周边社区遭到更快地破坏。

种族隔离及其"方案"

公共住房方案最终成为一场残酷的骗局，原本承诺会改善贫民窟居民的生活，然而情况却更加糟糕。非裔美国人在 20 世纪大迁移时期涌入城市，住在市中心破旧的社区内，非常拥挤。大部分破旧住宅位于中心商业区附近，因此拆迁工程中安置的黑人最多。批评人士创造了"清除黑人"这一新词语来指代这样的事实，方案实施的前八年中，被安置人口的 2/3 是黑人。[24]经济和种族障碍使他们别无选择，离开原来的贫民窟之后，只能搬到另一处类似贫民窟的地方："考虑到低收入住房市场的现状……对于许多家庭来说，重新安置只不过意味着比推土机先行一步。"[25]城市生活的残酷现实中又添加了一种新形式——"音乐贫民窟"。

在城市重建中被清除的黑人家庭几乎没有选择的余地。他们只能搬入公共住房或其他的贫民窟，由于低租金住房的数量越来越少，他们需要偿付的租金便水涨船高。1961 年末，拆迁工程共拆毁 126 000 套住房，新建成住房 28 000 套，仅能容纳 1/5 的拆迁人口，需要住房安置的有 113 000 户家庭和 36 000 个个人。[26]城市重建方案实施的前 10 年间，重建地区内低收入家庭住房的供应减少了 90%。[27]安置援助资金为 3 480 万美元，不足城市重建资金的 1%，由于拆迁被迫搬离贫民窟的居民所占用的方案成本比例严重失调。[28]

被安置的贫民窟居民因其特别身份经常遭到质疑，说他们没有资格享受公共住房的优惠。[29]对于这些准租房者来说，公共住房并没有实现他们最初的目的，第一个也是最严重的障碍就是享受优惠的资格仅限于那些无力支付私人住房市场房租的群体。房地产游说者不会同意其他的政策，他们的用意非常阴险，导致那些无力改善状况的贫穷家庭集中在一起。有工作的和收入提高的那些租户被排除在外。20 世纪 50 年代,贫困家庭的集中化意味着公共住房工程成为暴力和青少年犯罪的高发区。多年以来,租赁公共住宅的人群主要由“破碎家庭、依赖性家庭和福利家庭”组成。[30]如果家庭的收入增长,他们能够支付提高的房租,那么社会犯罪的恶化也许会得到缓和,[31]他们所支付的房租也能对改善公共住房条件提供经济上的便利。

公共住房工程的选址一般都远离城市理想的区域,这是住房工程的另一大缺陷。它意味着“住房工程”的周围遍布贫民窟,周围的居民多为黑人。最初,除了北部的个别州之外,绝大多数住房工程遭到了政策上的明确隔离。1952 年,在全国的公共住房租户中,非白种人口仅占 38%,到 1961 年,这一比例增至 46%。白人占据了公共住宅中的很大部分,曾经一段时间内,以退伍军人为首的年轻家庭最先享受公共住宅的优惠。[32]然而,项目中存在严格的种族隔离的情绪已成为普遍现象。1962 年,肯尼迪总统签署了行政命令,严禁公共住房工程中出现种族隔离情况,但是这一行动为时已晚,尽管大城市中绝大多数的租户为非裔美国人,但是白人家庭很容易就能找到其他的住房,而黑人家庭则不可能,因此,总统的行政命令几乎没有起到任何实际效果。尽管种族隔离现象早在公共住房方案颁布之前已经非常普遍,但是这一方案的实施却加深了隔离的程度。

公共住房工程的第三个致命缺陷则是成本低廉、粗制滥造。公共住宅中的所有设施不断地提醒租户以及其他所有人这是福利方案,项目实施者非常不情愿。为了节省选址和建筑方面的成本,城市新盖了大片的高密度高层住宅。在非裔美国作家詹姆斯·鲍德温(James Baldwin)的笔下,哈莱姆地区的住宅“暗淡无光、高耸入云、令人眩晕”,[33]这种描写也许就是指代上述工程。当然,美国和欧洲的大城市中遍布高层建筑,这些住宅向富裕的客户收取高额租金,“但是这种住宅不适合家庭成员众多的穷人们”,[34]尤其在建筑成本较低的情况下更不适合。家长很难完成对孩子的监管任务,即使孩子们能够享用游乐设施。电梯经常出故障,而且人满为患;洗衣房离租户们的公寓往往有几层楼的距离,走廊和楼梯间里照明不足,即使装有电灯泡,也经常漆黑一片。

芝加哥商圈北部的卡布里尼绿色项目(The Cabrini-Green)最初是一排两层高的砖房,为容纳第二次世界大战期间的军工厂工人而建,居民多为白人。1958 年,这些住宅被 15 座高层建筑所取代,1962 年,又建成了 8 座高楼。这些 19 层高的矩形怪物在周边的社区中隐约可见。纽约市也存在这种情况,公共住宅的高度一般都超过 20 层。1954—1959 年期间,圣路易斯着手普鲁伊特—艾戈项目(Pruitt-Igoe project),该项目建有 2 762 套公寓,共 33 座 11 层的住宅楼,占地面积 57 亩。最后一座楼房竣工时,该项目已成为社区丑闻。[35]截止到 1973 年,该项目成为美国公共住房政策失败的一种国际性标志。同年,《生活》杂志刊载的"年度回顾"照片显示了缜密安装有上百个炸药的住宅楼进行内部引爆的骇人一幕。这一戏剧性插曲作为政策失败的里程碑再合适不过:爆破专家检验自己爆破技能的楼房在 15 年前曾经为建筑公司赢得过奖励。

1965 年,国会批准了租房补充方案,替代了公共住房建设项目。政府想通过补贴一部分房租使低收入家庭能够在私人市场选择自己的住房。1968 年通过的住房与城市发展法案规定:在重建地址建设的绝大部分住宅应该预留给中低收入的家庭。[36]这些措施迈出了背离政府公共住宅建设方案的第一步,此后这种做法成为一种长期趋势。20 世纪 70 年代,公共住房和城市重建方案遭淘汰。1974 年,城市重建与社区发展固定拨款项目合并。尼克松执政期间,公共住房的数量大幅度减少:1970 年,计划建造 104 000 套,至 1974 年,在建的仅有 19 000 套。[37]几年之后,里根政府取消了政府资助的低收入住房方案,转而支持补贴房主的方案,将购房优惠券发放给有意向的租户。

国家政策和郊区发展

第二次世界大战结束后的几十年期间,数百万白人家庭搬离城区,到郊区定居。郊区的发展与政府政策有着一定的联系。私人房地产市场在一定程度上刺激了向城市外围方向的发展。联邦政府颁布了一系列加快郊区开发的政策,导致中心城市空乏,郊区兴盛。1934 年颁布《全国住房法》,1944 年颁布《军人调整法》(Serviceman's Readjustment Act),这些法案帮助数以百万计的美国家庭在郊区购买了首套住房。一方面,这些方案对于涌入郊区的白人家庭纯粹是一件喜事,但是另一方面却带来了意想不到的后果。

20 世纪 30 年代的大萧条时期,政府在住房提供方面无能为力。但是也有例外情况,而且造成了很大的影响,联邦和州法庭强制实施限制使用财产协定,这一协定附加在房契上,规定城市社区的住房仅向白人出售。这一限制协约对住房市场的影响非常大，但是人们并没有将法庭的角色视为政府行为，而是买主和卖主之间的一种私人契约行为，法庭有时会充当调解人。

房地产市场是国民经济的重要组成部分。大萧条期间，联邦政府被迫介入全国住房市场。房地产行业在大萧条期间经历了毁灭性的缩减，这种情况发生得非常突然，仅次于农业。1929 年 10 月证券市场崩盘之前，每年上市的新建住房为 90 万套，而 1934 年数量降至 1/10。整个 20 世纪 30 年代，住房建设启动的项目无法满足对新住房的需求量。[38] 1933 年，芝加哥新建住房仅为 131 套，而 1929 年的新建住房为 18 837 套，1926 年为 41 416 套。[39] 1933 年，全国房地产行业中有 63%的工人失业，数百万抵押贷款禁止赎回给房主造成了损失，并且导致几千家银行破产。政府必须采取一定的措施来避免更多的人无家可归，同时也是为了拯救银行系统。

根据 1934 年的《全国住房法》，联邦政府成立了两个机构：联邦住房管理局(Federal Housing Administration，简称 FHA)以及联邦储蓄和贷款保险公司(Federal Savings and Loan Insurance Corporation，简称 FSLIC)。联邦住房管理局为大多数家庭银行贷款进行投保而承担了住房市场的大部分风险，联邦储蓄和贷款保险公司为达到 5 000 美元以上的个人储蓄账户投保(这一标准不断上升，最后超过了 25 万美元)。政府希望通过这种保险行为让储户和投资者充满信心，鼓励人们将存款放到银行，而不是放在鞋盒里或床垫底下。反过来，针对岌岌可危的房产市场，这些储蓄可以促使储蓄和贷款机构加大投资力度。

住房法案中最重要的一项条例是第 203 条——基本家庭贷款保险方案，联邦住房管理局提供的大部分保险都是基于这一方案。1934—1975 年联邦住房管理局投保的住房中有 79%是根据第 203 条中的条例，大约有 950 万套住房，面值超过了 1 090 亿美元。[40]法案明确规定银行资助的产权价值中有 80%将通过联邦住房管理局投保。(后来，通过 1974 年的《住房和城市发展法》，这一比重有所增长，针对首笔 25 000 美元，投保比例为 97%，剩余的产权价值投保比例为 80%。此后，这一公式经常发生变化。)根据联邦住房管理局的指导方针，借贷机构承担的风险较低，因此要求借贷方支付较低的首付款，剩余大部分款项和利息分 30 年还清。

有关 1934 年《全国住房法》的主要目的说法不一。法案的第 1 款为贷款提供保险，这部分贷款用于“永久性修缮，以延长房产的寿命和用途”。[41]社会福利部门的自由人士认为第 1 款是通过提供低息、低风险的贷款来忽略不合格的生活条件。城市官员认为通过第 1 款的措施有钱人会改建市区的住房，从而将这部分人留在城市，而不是搬到郊区重置房产。市区商业利益集团的看法独树一帜：他们认为这一措施能够稳定市区的房产价值因而予以支持。大部分银行、储蓄和贷款机构、房地产商和承包商所持的观点更为不同：他们认为第203条是为了资助郊区进行新的建设项目，在游说住房法案的过程中，他们为了敦促国会尽快采取行动而不得已赞同第1款，这种做法只不过是一种妥协。

尽管人们对1934年立法的理解不同，但是此后的几年之中，几乎所有的政府资源全部投入到郊区住房开发的推广工作中。针对住房法案第1款涉及的现存房产修缮事宜，国会提供的拨款并不多，而针对第203条涉及的住房保险条例，国会的支持力度相当大。银行提供贷款时几乎不承担任何的风险，因而在短时间内也放宽了贷款的条件。通过表7.1可以看出，在联邦住房管理局通过法案之前，人们购房的难度相当大。20世纪20年代，银行一般要求支付首付款的30%—50%，贷款期限最长为五年，通常情况下期限截止时需要支付大笔还款（贷款的剩余部分）。储蓄和贷款机构有时也会比较慷慨，他们会将贷款期限延长至11年。联邦住房管理局改变了这一切，1944年，国会通过立法赋予退伍军人享有特殊贷款的资格，此后，购置新房的贷款条件越来越宽松。根据联邦住房管理局，购房者只需偿付5%的首付款，贷款期限为30年。退伍军人管理局（VA）要求银行提供贷款时无需首付款的支付。联邦住房管理局和退伍军人管理局的项目提高了贷款市场联邦政府投保的比重，从1945年的15%增加到1954年的41%，这些项目还促使银行放宽了普通贷款的条件。[42]到20世纪60年代为止，一般的房贷首付需要25%，贷款期限为30年。

表7.1　20世纪20年代和60年代贷款的相关责任①

年代及借贷方	条款
20世纪20年代	
储蓄贷款协会	房价的60%，贷款11年，完全分期等额偿还
银行或保险公司	房价的50%，贷款5年，欠额未分期偿还
20世纪60年代	
传统贷款方	房价的75%，贷款20年，完全分期等额偿还
联邦住房管理局	房价的95%，贷款30年，完全分期等额偿还

①房屋价值约等于购房者年薪的2.5倍。

资料来源：摘自亨利·J.亚伦（Henry J. Aaron），《住房和补贴：谁是联邦住房政策的受益者，社会经济学研究》（*Shelter and Subsidies: Who Benefits from Federal Housing Policies, Studies in Social Economics*），华盛顿特区：布鲁金斯学会出版社，1972年，第77页。布鲁金斯学会1972年版权。

联邦住房管理局中的贷款担保方案从根本上改变了家庭贷款市场。1935—1974 年，联邦住房管理局投保的住房抵押贷款中，用于购买新房的超过了 3/4（与现存房屋相对而言）。[43]购置的房屋用于自己居住（而不是出租）的比例有所上升，1940 年的比例为 44%，1970 年为 63%，2002 年为 68%。[44]如表 7.2 所示，1950 年和 1955 年购买的住房中，1/3 以上享受了联邦住房管理局或退伍军人方案的资助，享受类似资助的单一家庭新房销售的比例在 26%（1960 年和 1990 年）和 50%（1970 年）之间。1995 年，联邦住房管理局/退伍军人管理局资助了 19%的住房抵押贷款，2002 年，这一比例降至 14%。[45]20 世纪 90 年代，由于借贷机构开始提供浮动利率以及其他形式的抵押贷款，购房更加容易，因此依靠联邦住房管理局和退伍军人管理局进行贷款的家庭越来越少。

表 7.2　1950—2002 年美国联邦住房管理局和退伍军人管理局担保的贷款

年代	由联邦住房管理局或退伍军人管理局资助的私人住房比例[①]（单位：%）
1950	35
1955	41
1960	26
1965	30
1970	50
1980	36
1990	26
1995	19
2002	14

① 1950 年、1955 年和 1960 年的数据针对所有的私人住宅区房屋。1965 年到 2002 年的数据针对报道年份内建造的出售的房屋，这些房屋的拥有者包括新组建家庭、私人住宅区和单亲家庭。这些新的统计方法在严格意义上无法相互比较，但是前者的比例比后者在某种程度上要小一些。这种偏见会低估 1950 年、1955 年和 1960 年联邦住房管理局或退伍军人管理局提供的资助。

资料来源：美国人口普查局，《至 1970 年的美国历史统计数据，殖民地时期至 1970 年》第 2 部分，华盛顿特区：美国政府印刷局，1975 年，第 369、641 页（1950 年，1955 年，1960 年）；《美国历史统计数据》，华盛顿特区：美国政府印刷局，各个年份，2003 年：第 611—612 页，表 943—945；2002 年：第 591—592 页，表 921—923；1999 年：第 724—725 页，表 1201—1202；1998 年：第 718—719 页，表 1199—1201；1993 年：第 718—719 页，表 1221、1224；1989 年：第 715 页，表 1262—1263；1987 年：第 706 页，表 1273—1274；1982—1983 年：第 748 页，表 1341—1342；1973 年：第 684—685 页，表 1156—1158；1969 年：第 697、698 页，表 1071、1075。

实际上，通过联邦住房管理局和退伍军人管理局提供贷款的新房几乎全部建在郊区。20 世纪四五十年代，联邦住房管理局特别偏爱郊区，例如，1940—1952 年，曼哈顿的住所中没有任何一处能够得到联邦住房管理局的投保。在一定程度上，这种偏爱反映了一种普遍的文化嗜好；联邦住房管理局对人口密度稀疏、单一家庭社区情有独钟，这种布局往往能够在郊区实现；他们不喜欢城市的人口密度过高和复合社区的模式。但是联邦住房管理局的政策不仅局限于简单的建筑或地理形式，其真正目的是种族。联邦住房管理局的行政管理人员认为应该对社区进行种族或民族隔离。

联邦住房管理局的贷款保险方案主要依靠私人借贷机构来处理实际的贷款业务。联邦住房管理局一开始就采纳了房地产和银行业的价值观、各项政策及行业目标。[46]联邦住房管理局的工作人员来自上述行业的各级部门，因此他们的观念并行不悖。从表面看，“联邦住房管理局似乎只关注担保贷款的安全性”。[47]其实，这里面存在误导。在联邦住房管理局的管理者看来，社区的健康和种族的构成密切相关。联邦住房管理局的管理者让银行明白这种关系过程颇费脑筋。1938 年，联邦住房管理局向银行分发保险手册，指导贷款官员在发生变化或种族混杂的地区要掌握这样的准则：

> 官员应该对住所的周边地区进行考察，弄清楚是否存在不相融合的种族和社会群体，这样可以预测这些群体是否具有入侵的可能性。要保持社区稳定，必须确保同一社会种族阶级对房产的继续占有。如有改变，将导致社区的不稳定以及房地产价值的下跌。[48]

我们可以通过阅读 1933 年提交的一份报告来了解联邦住房管理局的管理者们对种族问题的敏感性，这份报告的撰写者是管理局的顾问——荷马·霍伊特(Homer Hoyt)，他是当时著名的社会学家和人口统计学家。霍伊特认为土地价值和社区种族构成密切相关，有关某一种族和民族群体是否受欢迎，我们可以得出精确答案。他准确地列出了每一群体“对土地价值的有益作用”：

> 如果有色人种家庭进入白人社区，导致白人的大批搬离，会影响房产价值。如果不考虑黑人和墨西哥人的话，当外籍个体组织在经济领域迅速崛起，并达到了美国的生活水平，那么种族障碍就会消失……从种族的内在特点分析，这一排列顺序并不科学，也许存在错误，但是它能够反映出人们对土地价值的观点或偏见。这是根据种族和族裔对土地价值产生的有益作用而进行的

排序。发挥最大积极作用的种族排在列表的首位，最具破坏性的排在末尾：

1. 英国人、德国人、苏格兰人、爱尔兰人、斯堪的纳维亚人，
2. 北意大利人，
3. 波西米亚人或捷克斯洛伐克人，
4. 波兰人，
5. 立陶宛人，
6. 希腊人，
7. 低层的俄裔犹太人，
8. 南意大利人，
9. 黑人，
10. 墨西哥人。[49]

联邦住房管理局的管理者建议住宅项目的开发商拟定限制性契约，在申请联邦住房管理局担保的贷款之前禁止向白人以外的种族销售住宅。[50]银行的工作人员都牢记这一规定："城市社区中哪怕只有一处房屋由黑人家庭占据，即使隐蔽在不起眼的小巷中，这个以白人为主的社区也会被联邦住房管理局认为不符合提供贷款保险的条件。"[51]通过这些政策的颁布，联邦政府要求银行确保新社区的划分必须严格执行种族隔离的标准。因此，联邦政府在战后美国的社会和种族模式的建立过程中发挥了强有力的支持作用。[52] 1946 年到 1959 年期间，黑人购房时获得联邦贷款担保的比例不足 2%。[53] 1934 年到 1949 年期间，迈阿密地区仅有一名黑人申请购房贷款时得到了联邦住房管理局的帮助，在办理交易时，"有证据显示贷款担保人并不是黑人"。[54]

1948 年，美国最高法院规定附加在房契上的种族契约在法庭上不具备宪法实施的资格，因此联邦住房管理局被迫修订官方政策。1950 年，修订版的保险手册不再公开规定种族隔离模式或限制性契约。但是，对于前期政策造成的影响，联邦住房管理局没有采取任何挽回措施；对房地产经纪人、开发商或借贷机构歧视黑人的做法也没有加以制止。在 1968 年的《住房法》通过之前，房地产经纪人和贷款机构的种族歧视行为几乎是司空见惯，并且是合法的。实际上，在这一问题上任何违反行业保险规则的房地产经纪人都会失去地方房地产协会的会员身份，并且不能继续享受其他相关的服务。

根据1968年《民权法》的第八款，[55]国会取缔了住房方面的种族歧视规定。条例的覆盖面非常广：禁止租房和售房中的歧视现象，在提供有关成本和购买的信息中，禁止广告、购买、建设和修缮以及房地产服务部门有歧视行为。法令规定所有与房地产行业有关的联邦管理机构要采取积极措施实施法律精神和条文。[56]

1968年的立法使郊区住房市场向非裔美国人开放。1970年到1980年期间，居住在郊区的黑人数量增长了将近50%，相当于180万人。[57]1970年，市中心的1/10黑人搬到郊区居住，城区黑人迁至郊区的比例从16%增长到了21%。[58]20世纪80年代，这一趋势仍在继续。到1990年人口普查时，25%的城市黑人家庭在郊区居住，选择在郊区居住的白人家庭约为85%。

搬到郊区居住的黑人收入水平一般要高于那些留在城市居住的黑人。[59]郊区化无疑扩大了黑人住房的选择范围，但是20世纪七八十年代搬到郊区居住的那部分黑人仍然被白人隔离在外，与之前的城市状况并无二样。[60]黑人主要搬到旧的近郊区，取代了那里的白人居民，就像之前在中心城市一样。[61]旧郊区出现的问题和中心城市社区的问题同样多。总的说来，与大部分白人居住的郊区地域相比，黑人居住的郊区地段征税基础较低、债务较高、市政服务设施条件较差、社会经济地位较低、人口密度较高。[62]

大部分的白人郊区居民与黑人郊区居民几乎不相往来。20世纪80年代中期，居住在司法管辖范围内的白人郊区居民占86%，而黑人不足1%。[63]即使数据显示种族混合的郊区地域，其内部也存在种族隔离，而且有资料显示隔离程度在20世纪80年代有所增强。[64]为什么在城市出现的种族隔离模式又复制到了郊区呢？研究表明决定住宅位置的因素是种族歧视，而不是社会阶级或收入。[65]1980年，导致郊区种族隔离的因素中，黑人和白人之间的社会经济差异所占比例不足15%。[66]20世纪80年代，在圣路易斯地区进行了一项研究，结果表明诸如购房成本和经济因素等非种族因素在居住隔离模式产生的过程中没有前些年那么重要了，[67]而且这一模式持续到了90年代。[68]

尽管1968年的立法要求取缔种族歧视，但是住房方面仍然存在这种现象，原因是立法条例的实施力度不够。住房和城市发展部(Department of Housing and Urban Development，简称HUD)只负责受理个别公民的投诉，没有责任对歧视行为加以辨别。这种被动执行任务的角色使住房和城市发展部容易逃避矛盾，他们把每一起案件看作是孤立发生的事情，而不是总模式中的一部分。对于公民来说，投诉所用的时间以及遭遇的官僚作风令他们望而生畏,因此整个20世纪70年代,住房和城市发展部处理的投诉量很低。有趣的是,在共和党总统罗纳德·里根(Ronald Reagan)的领导下,这一部门的执法能力提高,住房和城市发展部做了大量的宣传工作,根据1968年的民权立法他们能够对种族歧视的做法加以矫正。因此,20世纪80年代,住房和城市发展部受理的投诉量急剧上涨。尽管如此,大部分公民依然越过住房和城市发展部以及州和地方民权机构而直接告到法庭。[69]政府只关注个别案件的矫正措施,并没有一视同仁,因此就住房问题上的公正执法而言,政府所做的努力微乎其微,经常劳而无果。

联邦政府政策中的一部分旨在消除住房方面的种族歧视现象,这对黑人有益,但是其受益程度非常有限。1974年颁布的《平等信贷机会法》(Equal Credit Opportunity Act)、1975年通过的《贷款信息披露法》(Mortgage Disclosure Act)以及1977年通过的《社区再投资法》(Community Reinvestment Act)[70]都是为了保证黑人得到平等住房贷款的权利,同时阻止银行注销黑人居住区的行为("注销"[Redlining]一词源于在地图上用红线做标记,用来指代贷款风险高的地区,根本不考虑申请个人的信誉情况)。1974年、1976年和1977年立法制定后,社区组织纷纷抗议银行的注销做法,并且提起诉讼。银行对此并没有针锋相对,为了避免联邦管理人员的介入,多家银行与社区组织进行谈判协商。根据一项统计结果估计,到1991年为止,全国共有70多个城市参与了城市再投资承诺的谈判协商活动,投资的金额约为180亿美元。[71]然而,停止所有注销行为的决议并不成熟,同样地,如果对每个个人提起贷款的申请进行良莠的判断,这种做法也不太准确。社会变革不可能如此简单,也不可能在短时间内完成。1992年,波士顿联邦储备银行(Federal Reserve Bank of Boston)进行了一项研究,结果显示在没有考虑信用历史以及总债务等影响信誉的38个因素的情况下,仍有约60%的少数族裔在申请抵押贷款时遭到拒绝。[72]

当今,大都市地区的空间面貌反映了上一代政策的影响。鼓励郊区化和种族隔离的政策从根本上改变了住房市场的趋势,从而对整个社会产生了深远的影响。20世纪六七十年代颁布的一系列立法的确发生了作用,但是这些矫正措施不可能带来奇迹。长期形成的社会风俗和种族态度仍然影响着城市地貌的种族和民族分布。

郊区、高速公路和汽车

几十年来，联邦住房和城市重建政策加深了美国城区的种族和社会经济隔离程度。1956 年通过的国防高速公路法案进一步扩大了这些政策的影响，该法案为修建庞大的封闭式高速公路系统提供资金，从而使汽车战胜了城市轨道交通。“汽车用途”(Automobility)让美国人实现了亨利・福特解决城市问题的想法：“要解决城市问题，必须离开城市。”[73]大都市的高速公路系统使福特的逃离策略切实可行，但是这种逃离方案仅适合有能力搬到郊区居住的有钱的白人家庭。

1956 年之所以出台《国防高速公路法》，一部分原因出自军事方面的考虑——法案中有两条阐述目的的条例：一方面帮助运输军队和物资，另一方面在遭遇原子弹袭击时帮助疏散城市居民。但是修建高速公路的主要目的是要用一个巨大的国家高速网把国内主要都市连接起来，从而刺激经济的发展。新建的高速公路还能够缓解市区范围内的交通堵塞问题。总统艾森豪威尔指定成立的委员会负责人断言：郊区比城市优越，新建的高速公路系统可以使美国的城市地区疏散分布。[74]事实正是如此。

1956 年立法将征收的联邦汽油税和轮胎、重型机动车辆等新消费税纳入联邦高速公路信托基金的体系内。国会确定了一项补助金方案：联邦政府承担修建高速公路的 90％费用，剩余的 10％由各州来承担。联邦政府根据需要将 42 500 英里的公路修建基金进行分配，由于建筑物密集的城市地区将耗费更多的成本，因此城市得到了大部分基金。

在立法拟定期间，城市规划者与高速公路工程师共同商讨国家高速公路网的修建问题。城市规划者希望在设计高速公路系统时能够体现区域发展的特点，重振中心城市的经济。相比之下，高速公路工程师认为在设计新的州际公路网时只需牢记一个目标：以最高效的方式将人和货物从一个地点运输到另一个地点。实际上，这种理念意味着高速公路的设计路线应该从郊区直接到中心城市，中间若有障碍，必须扫除。工程师的方案最终取胜，1956 年的法案就是按照工程师的设计理念而拟定的，联邦政府分配的基金由州高速公路部门管理，城市规划者没有进行任何投资。一位历史学家指出：“联邦和各州的公路工程师负责方案，他们在规划过程中几乎不考虑城市、社会的重建以及更广泛的交通目标等因素。”[75]当高速公路的建设途经城市路段时，州高速公路规划者会选择不影响现存社区的路线。

在铺设混凝土宽基座的过程中，对拥挤的城区产生的影响要大于开放的乡村地区。1964年的国家高速公路用户会议（National Highway Users Conference）召开之前，高速公路建筑商罗伯特·摩斯（Robert Moses）曾发表过演讲："在一张干净的白纸上，你可以随心所欲地画画……但是当你面对建筑物密集的都市进行操作时，你只能通过严厉的措施来应对。"[76]摩斯在修建高速公路时主要使用了这种严厉的方法，仅在纽约市区就重新安置了25万人。[77]高速公路工程师尽可能不给私人商业土地价值造成不良影响，于是将设计路线锁定在住宅区，尤其是穷人和少数族裔聚集的廉价住房区。[78]这不仅是高速公路修建方案，还被看作是贫民窟拆除方案。据估计，这一方案给安置的城市居民带来了不可弥补的损失，相当于年收入的20%—30%。[79]

强行在市区修建高速公路造成的破坏性影响一直持续到今天。高速公路修建部门根据纳税情况强征土地、破坏了社区的完整性、将市区与海滨隔开。在圣路易斯，州际70公路成为密西西比河滨与市区之间的一道屏障，致使市区重建工作难以进行。纽约的跨布朗克斯高速公路（Cross-Bronx Expressway）将南布朗克斯与其他市区隔开，致使南布朗克斯成为臭名昭著的隔离区。在波士顿修建的菲茨杰拉德高速公路（Fitzgerald Expressway）外观极其难看，学者估计其丑相使周边地区的房产价值下降了约3亿美元。[80]波士顿政府决定拆除高速公路，用地下隧道取代，这一庞大工程耗时15年，投资超过了150亿美元，于2004年竣工，曾经的高速公路变成了公园。

工程师青睐的严厉措施激起了全国范围内的"反对高速公路运动"。[81]1959年，反对者取得了首次胜利。圣弗朗西斯科市民成功地阻止了内河码头高速公路（Embarcadero Freeway）的建立。如果抗议失败的话，高速公路会横亘在旧金山海湾的沿岸，日后像吉拉德里广场（Ghirardelli Square）和码头（Wharf）这些旅游胜地的开发更将无从谈起。抗议活动迫使高速公路规划者更加关注美观和社会问题，避免重蹈覆辙，他们先前在几百个城市社区和海滨造成了无法挽回的损失。

到20世纪80年代为止，修建州际高速公路系统的标价超过了1 000亿美元。高速公路修建部门每年都能得到巨额补贴，而城市公共交通系统却财源枯竭。欧洲的燃油税用于公共交通的资助，而美国的情况却不同，直到1975年，联邦政府征收的燃油税才用于公共交通系统的运行。20 世纪 70 年代中期以来，政府对城市公共交通的资助逐渐增长，但是数额仍然不多。来自威斯康辛州的参议员盖洛德·尼尔森(Gaylord Nelson)估计：到 20 世纪 80 年代，战后美国政府的交通开支中有 75%用于高速公路和公路的修建，分配给城市公共交通部门的仅占 1%(剩余的大部分开支用于铁路和航运的建设)。[82]

这些政策导致汽车成为美国人的主要城市交通工具，美国人对汽车的依赖程度超出了其他国家。像德国、英国和日本这样的发达工业国家也喜欢使用汽车，但是现代化的公共交通手段仍然是人们的备选工具，尽管人们越来越倾向于使用汽车。相比之下，在 1950—1977 年，美国城市公路上的汽车交通量增长了 3 倍之多，使用公交系统的人数减少了一半多，此后一致保持低迷状态。从整个美国来看，2000 年使用公交系统通勤上班的工人仅为 4%，1983 年的比例为 5.3%，达到历史最高点。[83]除了东北部的少数城市外，值得注意的是，纽约市使用公交系统上班的工人不足 5%。

20 世纪 90 年代，有关城市空气污染和长距离通勤模式的问题提上了国家政策的议程，部分原因在于国会的多数为民主党人士。1992 年，国会通过了《联运效率法》(Intermodal Surface Transportation Efficiency Act，简称 ISTEA，通常被称作 ice tea)。[84]联运效率法案具有重要的意义：它取消了州交通部门对州际高速公路基金的管理权，州交通部门与政治无关，多数情况下由高速公路工程师领导，有关城市交通系统的决议要经过市政规划组织部门的同意。市政规划组织部门的管理者由市区内部的市政府代表组成，他们负责的基金主要用于降低汽车堵塞和提高空气质量这两个方面。

联运效率立法通过“灵活使用”联邦高速公路基金的做法鼓励了地区的交通规划，这种灵活办法指的是如果地方交通规划者愿意的话，可以将一部分机动车税用来补贴公共交通甚至自行车和行人。在 1992 年和 1999 年财政年度，交通方案中有 338 亿美元可以划拨到公共交通项目的建设中，但是地方规划者决定只划拨其中的 12.5%，即 42 亿美元。像纽约、马萨诸塞州、加利福尼亚州和俄勒冈州划拨到公共交通用途方面的基金超出了高速公路基金的 1/3。其他州划拨的数量极少，甚至为零。[85]

1998 年通过的《21 世纪交通公平法》(Transportation Equity Act for the Twenty-first Century，简称 TEA 21)替代了联运效率法案，延续了之前地方灵活

性的做法。根据这一立法，高速公路建筑商如果获准了联邦资助的重大项目，他们需要研究这一新项目对空气质量的影响并且提交报告。如表 7.3 所示，新法案提高了对公共交通的资助，尽管如此，1990 年到 2006 年期间，使用汽车通勤的比例还是有所增加，在大多数都市区，乘坐公共交通通勤的比例不足 4%。公共交通系统的改进也许能将比例提高，但是 1998 年立法颁布之后，大多数的公交管理部门无法获取足够的资金进行改善。各州和地方政府平均为公交系统提供 90% 的资金。

表 7.3　主要都市区在 1990 年到 2006 年期间的通勤模式(单位：%)

	1990 年公共交通百分比	2006 年公共交通百分比
波士顿	10.6	8.9
芝加哥	13.7	10.8
达拉斯	2.4	1.6
丹佛	4.2	4.2
洛杉矶	4.6	4.9
纽约	26.6	26.2
圣路易斯	3.0	2.4
圣弗朗西斯科	9.3	9.2

注释：2006 年城市地区的定义较从前略微大一些，因此包括了更多的城区外交通设施少的地区。但是，这种方法并没有在很大程度上改变乘客量的数据。

资料来源：1990 年数据，美国人口普查局，摘要档案 3，《1990 年交通客流量分配》(2004 年 7 月)，www.census.gov.。

2008 年，汽油价格暴涨，人们减少了对汽车的使用。同年夏天，全国的汽油均价超过了 4 美元，公交车、城际列车和轻轨上人满为患。像纽约、波士顿等公交系统发达的城市中，乘坐公交系统的人数增长了 5%甚至更多。乘客比例增长最高的是那些对汽车依赖性最大的城市，增长的范围在 10%—15%之间。但是大都市的交通模式难以改变，公交系统不够完善，即使全天运行，容纳的乘客数量也非常少。类似圣路易斯和丹佛这些地方以及其他任何城市，在运送机场游客或将球迷送往市区观看球赛及其他赛事方面，轻轨发挥了重要作用。但是对于日常的通勤者来说，这种交通工具的载客量还比较有限。由于几十年以来在高速公路建设上的投资，城市交通系统的模式已经固定，人们基本上建立了通勤上班的习惯。要改变这种既定模式，需要对基础设施的修建投入巨额资金，而且这一工程将耗时数年。

长期以来，公交系统一直存在资金不足的问题。2008—2009 年经济危机期间，不少都市区减少了公交系统的服务范围。具有讽刺意味的是，乘客增加的同时出现了财政问题，原因在于公交系统收入的 1/5 来自售票，剩余部分来自州和地方的税收，而在经济危机期间，州和地方的税收大大下降。2009 年初，纽约市的大都市运输署(Metropolitan Transit Authority)要尽力弥补 12 亿美元的预算缺口。圣路易斯的官员临时关闭了 2 300 个公交车站，这一举措使公交系统的工人陷入困境，失业率升高。同样，其他地区的公交部门也在考虑提高票价、削减服务的做法。[86]

地方官员向联邦政府求助，希望能得到国家的援助。2009 年通过的《美国复苏和再投资法》(American Recovery and Reinvestment Act)由总统奥巴马于 2 月 17 日签署生效，这一法案为地面交通——高速公路、公路和桥梁的建设争取了 275 亿美元的资金。作为政府“绿色”倡导的一部分，其中的 120 亿美元用于公交系统的建设。这一方案的主要目的是增加工作机会，因此联邦管理人员指出资金只能用于基础设施的建设项目，例如新列车车厢、轨道修缮以及车站的整修工作。[87]这些措施有可能提高公交服务的质量，但是并没有触及最基本的问题：资金分配体系中对改观都市公交模式的投资方案总是持反对态度，这是美国公交系统中长期存在的问题。

国家政策的消极作用

第二次世界大战后启动的城市方案加重了种族隔离和歧视的程度，真可谓是一种悲剧性讽刺。城市重建中的拆迁项目将贫民窟拆除后，公共住房工程加重了黑人被隔离的程度。与此同时，白人中产阶级搬到郊区居住，得到了一定补助，新建的高速公路虽耗资巨大，但方便了白人通勤到市中心工作。几十年以来，数百万白人中产阶级家庭能够获得由联邦政府担保的贷款，因而他们能够搬进郊区新开发的住宅区，这里的房产有增值的趋势。对于战后美国的白人中产阶级来说，住房成为家产和积蓄的主要来源，家庭可以对子女进行教育投资，也可以买一栋面积较大或新建的房子，也可以为退休后的生活攒钱。20 世纪 40 年代晚期，联邦政策规定联邦住房贷款方案不包括非裔美国人。直到 20 世纪 60 年代晚期，开放住房立法通过，非裔美国人的家庭才真正地进入了房地产市场。

不管联邦方案是否存在，在大都市地区都会产生严重的住宅隔离现象。但是如果联邦住房方案没有阻止银行给黑人贷款的话，一部分中产阶级非裔美国人房主则能够购买新房子，而无需搬入白人占据的社区中。如果事情真的如此，那么社区中黑人的出现与社区变化和房产贬值就不会像大众所想象的那样。同样重要的是，如果非裔美国人没有过早购房，他们也可以选择将来投资。几十年以来，大部分的非裔美国人无法抓住这一关键的改善生活的方式以及社会地位上升的机会。

美国社会在消除种族障碍的道路上取得了重要的进步，但是黑人和白人之间仍然存在着家庭财富的差异。1995 年，白人家庭的平均净资产(除去债务后的资产)为 49 030 美元，相比之下，黑人家庭仅拥有 7 073 美元，二者之间的比例为 1∶7。[88]20 世纪 90 年代早期，白人家庭的平均净金融资产(立即可用的现金)为 6 999美元，而黑人家庭竟然为零。[89]这些数据能够衡量家庭的生活能力，而这种代代相传的家庭能力之间的差距是由政府方案中的实质性措施导致的。这些后果并不是政策制定者的初衷，但是事实证明其影响力不容忽视。

尾注

1. John H. Mollenkopf, "The Post-War Politics of Urban Development," in *Marxism and the Metropolis: New Perspectives on Urban Political Economy*, ed. William K. Tabb and Larry Sawers (New York: Oxford University Press, 1978), p. 140.
2. Mark Gelfand, *A Nation of Cities: The Federal Government and Urban America, 1933—1965*, Urban Life in America Series (New York: Oxford University Press, 1975), p. 14.
3. 参见 Nathaniel S. Keith, *Politics and the Housing Crisis since 1930* (New York: Universe Books, 1973), pp. 41-100。
4. Housing Act of 1949, Public Law 81-171, Preamble, sec. 2, 81st Cong. (1949).
5. Martin Meyerson and Edward C. Banfield, *Politics, Planning, and the Public Interest* (New York: Free Press, 1955).
6. Leonard Freedman, *Public Housing: The Politics of Poverty* (New York: Holt, Rinehart and Winston, 1969), p. 55.
7. Robert H. Salisbury, "The New Convergence of Power in Urban Politics," *Journal of Politics* 26 (November 1964): 775-797.
8. Mollenkopf, "The Post-War Politics of Urban Development," p. 138.
9. Quoted in Robert A. Dahl, *Who Governs: Democracy and Power in an American City* (New Haven, CT: Yale University Press, 1961), p. 136. 政治企业家进行城市重建过程中另一个较有启发性的例子，参见 Jewel Bellush and Murray Hausknecht, "Urban Renewal and the Reformer," in *Urban Renewal: People, Politics and Planning*, ed. Jewel Bellush and

Murray Hausknecht (Garden City, NY: Doubleday, Anchor Books, 1967), pp. 189-197。
10. Gelfand, *A Nation of Cities*, p. 161.
11. Mollenkopf, "The Post-War Politics of Urban Development," p. 140.
12. Ibid., p. 138.
13. Williamson, Imbroscio, and Alperovitz, *Making a Place for Community*, p. 76.
14. Herbert J. Gans, *The Urban Villagers: Group and Class in the Life of Italian-Americans* (New York: Free Press, 1962), Chapter 13.
15. John H. Mollenkopf, "On the Causes and Consequences of Neighborhood Political Mobilization," paper delivered at the Annual Meeting of the American Political Science Association (New Orleans, September 4—8, 1973).
16. Quoted in Clarence N. Stone, *Economic Growth and Neighborhood Discontent: System Bias in the Urban Renewal Program of Atlanta* (Chapel Hill: University of North Carolina Press, 1976), pp. 48-49.
17. 参见 Chester Hartman et al., *Yerba Buena: Land Grab and Community Resistance in San Francisco* (San Francisco: Glide, 1974)。以下有关耶尔巴布埃纳(Yerba Buena)争议的内容出自本书,大多数情况下,引用部分限于引文或者具体的数据。
18. Ibid., p. 31.
19. Ibid., p. 19.
20. Ibid., p. 190.
21. Ibid., p. 128.
22. National Commission on Urban Problems, *Building the American City* (New York: Praeger, 1969), p. 153. 委员会由总统指定,成立于 1967 年 1 月,领导人为保罗·H. 道格拉斯(Paul H. Douglas),他曾经担任伊利诺伊州参议员,是城市政策的长期倡导者。
23. Ibid., pp. 164-165.
24. 参见 Martin Anderson, *The Federal Bulldozer: A Critical Analysis of Urban Renewal, 1949—1962* (Cambridge, MA: MIT Press, 1964), p. 65; compare Rossi and Dentler, *The Politics of Urban Renewal*, p. 224。
25. Chester Hartman, "The Housing of Relocated Families," in *Urban Renewal: The Record and the Controversy*, ed. James Q. Wilson (Cambridge, MA: MIT Press, 1966), p. 322, as reprinted from *Journal of the American Institute of Planners* 30 (November 1964): 266-286.
26. Anderson, *The Federal Bulldozer*, pp. 65-66;也可参见 Bellush and Hausknecht, "Urban Renewal and the Reformer," p. 13。
27. Anderson, *The Federal Bulldozer*, p. 65.
28. Mollenkopf, "The Post-War Politics of Urban Development," p. 140.
29. Freedman, *Public Housing*, p. 140.
30. Lawrence M. Friedman, *Government and Slum Housing: A Century of Frustration* (Chicago: Rand McNally, 1968), p. 121.
31. Freedman, *Public Housing*, p. 111.
32. Friedman, *Government and Slum Housing*, p. 123.
33. James Baldwin, *Nobody Knows My Name* (New York: Dial Press, 1961), p. 63, quoted in

Freedman, *Public Housing*, p. 117.
34. Friedman, *Government and Slum Housing*, p. 121.
35. Lee Rainwater, *Behind Ghetto Walls*: *Black Families in a Federal Slum* (Chicago: Aldine, 1970).
36. Housing and Urban Development Act of 1968, Public Law 90-448, 90th Cong. (1968).
37. U. S. Department of Housing and Urban Development, *1974 Statistical Yearbook of the U. S. Department of Housing and Urban Development* (Washington, D. C. : U. S. Government Printing Office, 1976), p. 104.
38. Stephen David and Paul Peterson, eds. , *Urban Politics and Public Policy*: *The City in Crisis* (New York: Praeger, 1973), p. 94.
39. Charles Abrams, *The Future of Housing* (New York: HarperCollins, 1946), p. 213.
40. Bureau of National Affairs, *The Housing and Development Reporter* (Washington, D. C. : Bureau of National Affairs, 1976).
41. Ibid.
42. Calculated from data in Congressional Quarterly Service, *Housing a Nation*, p. 6.
43. U. S. Department of Housing and Urban Development, *1974 Statistical Yearbook of the Department of Housing and Urban Development*, pp. 116-117.
44. U. S. Bureau of the Census, *Historical Statistics of the United States*, *Colonial Times to 1970*, pt. 1, Bicentennial ed. (Washington, D. C. : U. S. Government Printing Office, 1975), p. 646; for 2002 data, Danter Company, www. danter. com/statistics/homeown. htm.
45. 由于各个时期的数据不一致,有关联邦住房管理局/退伍军人管理局贷款的可靠数据很难编排。最常使用的各年份信息来自 *Statistical Abstract of the United States* (Washington, D. C. : U. S. Government Printing Office) for various years。
46. 对这一现象的讨论,参见 Murray Edelman, *The Symbolic Uses of Politics*, 7th ed. (Champaign: University of Illinois Press, 1976), pp. 44-76。我们非常感激杰弗里·吉尔伯特(Jeffrey Gilbert)在本节提出的观点。
47. Michael Stone, "Reconstructing American Housing" (unpublished manuscript), quoted in Chester W. Hartman, *Housing and Social Policy*, Prentice Hall Series in Social Policy (Upper Saddle River, NJ: Prentice Hall, 1975), p. 30.
48. Quoted in Brian J. L. Berry, *The Open Housing Question*: *Race and Housing in Chicago*, *1966—1976* (Cambridge, MA: Ballinger, 1979), p. 9.
49. Quoted in ibid., p. 9, p. 11.
50. Luigi M. Laurenti, "Theories of Race and Property Value," in *Urban Analysis*: *Readings in Housing and Urban Development*, ed. Alfred N. Page and Warren R. Seyfried (Glenview, IL: Scott Foresman, 1970), p. 274.
51. Richard Moe and Carter Wilkie, *Changing Places* (New York: Henry Holt, 1997), p. 48.
52. Charles Abrams, quoted in Norman N. Bradburn, Seymour Sudman, and Galen L. Gockel, *Side by Side*: *Integrated Neighborhoods in America* (Chicago: Quadrangle Books, 1971), p. 104.
53. Gelfand, *A Nation of Cities*, p. 221.
54. Nathan Glazer and David McEntire, eds., *Housing and Minority Groups* (Berkeley: University of California Press, 1960), p. 140.

55. Public Law 90-284, 90th Cong. (1968), Title VIII ("Fair Housing"), sec. 805.
56. D. C. Public Interest Research Group (DCPIRG), Institute for Self-Reliance, and Institute for Policy Studies, *Redlining: Mortgage Disinvestment in the District of Columbia* (Washington, D. C.: Authors, 1975), p. 3.
57. U. S. Department of Housing and Urban Development, *1974 Statistical Yearbook of the Department of Housing and Urban Development*, pp. 116-117.
58. Thomas A. Clark, "The Suburbanization Process and Residential Segregation," in *Divided Neighborhoods: Changing Patterns of Racial Segregation*, ed. Gary A. Tobin (Newbury Park, CA: Sage, 1987), p. 115; Larry Long and Diane Deare, "The Suburbanization of Blacks," *American Demographics* 3 (1981), cited in Douglas S. Massey and Nancy A. Denton, "Suburbanization and Segregation in U. S. Metropolitan Areas," *American Journal of Sociology* 3 (November 1988): 592-626.
59. Kenneth T. Jackson, *Crabgrass Frontier: The Suburbanization of the United States* (New York: Oxford University Press, 1985), p. 205.
60. John R. Logan and Harvey L. Molotch, *Urban Fortunes: The Political Economy of Place* (Berkeley: University of California Press, 1987), p. 195.
61. Clark, "The Suburbanization Process and Residential Segregation," pp. 115-137.
62. Massey and Denton, "Suburbanization and Segregation in U. S. Metropolitan Areas," pp. 592-626.
63. Logan and Molotch, *Urban Fortunes*, p. 194.
64. Douglas S. Massey and Mitchell L. Eggers, "The Spatial Concentration of Affluence and Poverty during the 1970s," *Urban Affairs Quarterly* 29, No. 2 (December 1990). 也可参见 S. Roberts, "Shifts in 80's Failed to Ease Segregation," *New York Times* (July 15, 1992), pp. B1-B3。
65. John F. Kain, "Housing Market Discrimination and Black Suburbanization in the 1980's," in *Divided Neighborhoods: Changing Patterns of Racial Segregation*, ed. Gary A. Tobin (Newbury Park, CA: Sage, 1987), p. 68.
66. John Farley, *Segregated City, Segregated Suburbs: Are They the Products of Black-White Socioeconomic Differentials?* (Edwardsville: Southern Illinois University, 1983), cited in Joe T. Darden, "Choosing Neighbors and Neighborhoods: The Role of Race in Housing Preference," in *Divided Neighborhoods: Changing Patterns of Racial Segregation*, ed. Gary A. Tobin (Newbury Park, CA: Sage, 1987), p. 16.
67. John F. Farley, "Race Still Matters: The Minimal Role of Income and Housing Cost as Causes of Housing Segregation in St. Louis, 1990," *Urban Affairs Review* 31, No. 2 (November 1995): 244-254.
68. Public Policy Research Centers, University of Missouri-St. Louis, *Analysis of Impediments to Fair Housing: St. Louis County* (St. Louis: Author, 1995).
69. William E. Nelson and Michael S. Bailey, "The Weakening of State Participation in Civil Rights Enforcement," in *Public Policy across States and Communities*, ed. Dennis R. Judd (Greenwich, CT: JAI Press, 1985), p. 160.
70. Public Law 94-200, 94th Cong. (1975), Title Ⅲ, and Public Law 95-128, 95th Cong.

(1977), Title VIII.
71. Calvin Bradford, *Community Reinvestment Agreement Library* (Des Plaines, IL: Community Reinvestment Associates, 1992), as cited in *From Redlining to Reinvestment: Community Responses to Urban Disinvestment*, ed. Gregory D. Squires (Philadelphia: Temple University Press, 1992), p. 2.
72. Mitchell Zuckoff, "Study Shows Racial Bias in Lending," *Boston Globe* (October 9, 1992), p. B1.
73. Henry Ford, quoted in J. Allen Whitt and Glenn Yago, "Corporate Strategies and the Decline of Transit in U. S. Cities," *Urban Affairs Quarterly* 21, No. 1 (September 1985): 61.
74. Alan Lupo, Frank Colcord, and Edmund P. Fowler, *Rites of Way: The Politics of Transportation in Boston and the U. S. City* (Boston: Little, Brown, 1971), p. 184.
75. Mark Rose, *Interstate Express Highway Politics, 1941—1956* (Lawrence: Regents Press of Kansas, 1979), p. 97.
76. Quoted in Helen Leavitt, *Superhighway — Superhoax* (Garden City, NY: Doubleday, 1970), p. 53.
77. Robert A. Caro, *The Power Broker: Robert Moses and the Fall of New York* (New York: Random House, 1974), p. 19.
78. 例如,在1951—1974年间,巴尔的摩市公共工程安置的一万个家庭中有89%是黑人家庭。参见 Anthony Downs, *Urban Problems and Prospects* (Chicago: Marsham, 1970), pp. 204-205。
79. Ibid., p. 223.
80. John R. Meyer and Jose A. Gomez-Ibanez, *Auto Transit and Cities* (Cambridge, MA: Harvard University Press, 1981), p. 177.
81. 到1970年为止,社区组织了400场反对高速公路建设的抗议活动。Harry C. Boyte, *The Backyard Revolution: Understanding the New Citizen Movement* (Philadelphia: Temple University Press, 1980), p. 11.
82. Jackson, *Crabgrass Frontier*, p. 250.
83. U. S. Federal Transportation Administration (USFTA), *Summary of Travel Trends, 1995 National Personal Transportation Survey*, December 1999; USFTA and U. S. Bureau of Transportation Statistics, *National Household Travel Survey*, 2001.
84. This account of ISTEA relies on Paul G. Lewis, "The Politics of Structure in Transportation Policy: Resuscitating Metropolitan Planning Organizations Under ISTEA," paper delivered at the Annual Meeting of the Urban Affairs Association (Toronto, Canada, April 17, 1997).
85. Pietro S. Nivola, *Laws of the Landscape: How Policies Shape Cities in Europe and America* (Washington, D. C.: Brookings Institution Press, 1999), p. 15.
86. Michael Cooper, "Rider Paradox: Surge in Mass, Drop in Transit," *New York Times* (February 3, 2009), www. nytimes. com/2009/02/04/us/04trans. html.
87. Ibid.
88. Melvin Oliver and Thomas Shapiro, *Black Wealth/White Wealth: A New Perspective on Racial Inequality* (New York: Routledge, 1997), pp. 85-87.
89. Ibid.

第八章　联邦方案和分裂的种族政治

市中心方案的短暂历程

20 世纪 60 年代，种族隔离、歧视、贫困以及城市中心区的衰落等问题提上了美国的政治议程。一段时期内，城市问题成为国家政策的焦点。中心城市将黑人和穷人隔离开来，这种做法遭到了许多机构的谴责，其中包括国家城市问题委员会(The National Commission on Urban Problems，1958)、国家治理内乱委员会(The National Commission on Civil Disorders，1967)、治理郊区问题总统特遣部队(The President's Task Force on Suburban Problems，1967)、负责人口增长和美国未来的尼克松总统委员会(President Nixon's Commission on Population Growth and the American Future，1972)以及多个州和城市的特遣部队。人们把希望寄托在了 20 世纪 60 年代的社会和城市政策上，但是许多方案卷入了政治争议中，结果无疾而终。

1964 年的总统大选中，民主党候选人林登·约翰逊(Lyndon Johnson)承诺执政后会采取强硬措施来解决紧迫的社会问题，从而建设大社会。这一年，民主党取得了压倒性的胜利，1965—1967 年仅仅两年，他提议的几百项方案都以立法多数选票通过而得以顺利实施。到 1968 年总统选举时，由于越南战争造成的巨额开支导致民主党的支持率不断下降，与此同时，种族分裂问题更加严重。民主党在 1964 年获得了压倒性胜利，这一胜利使民主党忽视了对手的发展，而共和党的势力增强使民主党竞选获胜的能力大打折扣。20 世纪 30 年代形成的民主党联盟在种族问题上产生了分歧，从而四分五裂。几乎在所有的地方，约翰逊总统都获得了历史性优势，唯独在一个地方失利——美国的南方腹地(Deep South)，民主党从未在此受到过任何挑战，结果出乎意料。共和党领导人巴里·戈德华特(Barry

Goldwater)在密西西比的普选中赢得了 87%的选票，在阿拉巴马州赢得了将近 70%的选票，在路易斯安那州、佐治亚州和南卡罗来纳州的选票超过了 50%。投机政客组建的政府在内战之后掌控南方各州的大权，因此 1964 年之后，共和党候选人经常赢得南方的支持。

理查德·尼克松(Richard Nixon)在 1968 年的大选中获胜，事实证明社会福利和城市方案的政治命运与种族问题密不可分。其实这一问题早在 20 世纪 30 年代就已经非常明显，国会中的南方民主党人士时常担心新政方案会影响传统的种族关系。第二次世界大战之后，南方的民主党派再次证明公共住房方案不会促进种族融合。如果民主党自由派提倡的方案没有攻击南方种族关系的话，南方民主党派也会对此进行指责。20 世纪 60 年代通过了民权法和社会方案后，这种默契的交易随之结束。

在公众看来，大社会汇集了各种方案，其主要受益者是市中心的黑人，但事实证明任何重要方案并不会只针对如此小范围的群体。例如，启蒙基金(Funds for Head Start)和向贫穷宣战计划(War on Poverty)面向全国范围，包括城市和农村地区；像医疗保险和医疗补助计划等社会方案的受益范围没有居住地的限制。但是人们的印象非常重要。1969 年到 1976 年期间，共和党总统理查德·尼克松和杰拉尔德·福特(Gerald Ford)执掌白宫大权，民主党支持的许多方案受到攻击。1980 年的总统竞选中罗纳德·里根(Ronald Reagan)获胜，不久大部分城市方案就此终结。大社会的多数方案持续了 20 年，有的甚至更加短暂，这些方案最初提出的问题由于资源短缺并没有得到合理解决。

摘　录

种族分裂最终导致城市方案失败

种族骚乱引起了城市内乱以及严重的社会问题，针对这种现象，20 世纪 60 年代，联邦政府出台了一系列城市方案。民主党主要依靠北方的城市选民以及南方和边境各州的支持，而联邦政府所做的回应使民主党遭到重创，几十年以来，城市选民对于民主党至关重要，民主党多次在大城市获得了决定性的多数选票，这一结果不仅抵消了共和党在郊区和小城镇赢得的多数选票优势，而且保证了民主党在选票居多的州内取得压倒性的胜利。1940年、1944年以及1948年的大选中，如果没有12个大城市的高投票率做保证的话，民主党则会失败。1960年，肯尼迪在势均力敌的大选中胜出，以11.2万选票的微弱优势险胜尼克松，优势不足0.1%，这一胜利离不开城市选民的支持，在39个大城市中，肯尼迪赢得了27个。1964年，林登·约翰逊以史无前例的压倒性胜利赢得大选，城市选票超过了全国平均数的10%之多。

处理非裔美国人长期以来不满的尝试疏远了南方的白人以及白人工人阶级选民。1968年，共和党利用白人对民权运动取得胜利的憎恨情绪赢得了大选。民主党总统候选人休伯特·汉弗莱(Hubert Humphrey)只掌握了南方的一个州——得克萨斯州。他总共赢得了南方各州选票的31%，落后于共和党派的理查德·尼克松(赢得34.5%选票)以及阿拉巴马州州长兼第三党候选人乔治·华莱士(George Wallace，赢得34.6%选票)，华莱士公开了自己种族主义者的竞选身份。1968年，尼克松将法律和秩序作为自己竞选的主题。早在1964年，共和党候选人巴里·戈德华特就采用过这一竞选标语，但是他宣传这一主题的做法极其残忍不当。戈德华特制作的电视广告中充斥着黑人暴动的画面，给观众留下了美国城市要毁灭的印象，在播放过去的画面中，戈德华特使用黑人采摘棉花的镜头表达了自己想要恢复旧秩序的理想。四年后，尼克松的宣传广告放弃了这种公然挑衅的做法，而是隐含地表达了自己的意图。尼克松的电视广告中也有黑人暴动的场面，但是他通过画外音号召“用真诚的谈话解决秩序问题”。至少黑人没有出现在过去的乡村农业背景中。

1960年的大选中，理查德·尼克松输给了肯尼迪，但是他赢得了32%的黑人选票。1968年的大选中尽管尼克松仅获得了12%的选票，但是仍然击败了休伯特·汉弗莱。与总统关系比较密切的一位顾问曾经和民权管理人员说过这样的话:“我们无法从黑人那儿得到选票，为什么要对抗那些在政治上对我们有帮助的人呢?”20世纪60年代后，共和党基本上勾销了黑人选票，其根基越来越保守，包括工人阶级中的白人、(目前)坚决拥护共和党的南方、郊区和阳光地带的选民以及宗教右翼人士。2000年的总统大选中，乔治·W.布什失去了50万普通选票，这一事实暗示共和党联盟势力有所下降。布什进入白宫的原因在于选举团只青睐那些面积较小、人口较少的州。尽管如此，城市选票并没有占总计的多数。民主党给出的结论比较有说服力：城市方案的政治前景不容乐观。

资料来源：数据与引文出自西奥多·H. 怀特(Theodore H. White),《总统制造,1960》(*The Making of the President, 1960*),纽约：艺术学院出版社,1961 年,第 1201 页;约翰·梅林科夫(John Mollenkopf),《竞争的城市》(*The Contested City*),新泽西州,普林斯顿：普林斯顿大学出版社,1983 年,第 83 页;凯萨琳·霍尔·杰米逊(Kathleen Hall Jamieson),《总统竞选的包装：总统竞选广告的历史和批评》(*Packaging the Presidency: A History and Criticism of Presidential Campaign Advertising*),纽约：牛津大学出版社,1984 年,第 202—203 页;约瑟夫·麦金尼斯(Joseph McGinnis),《销售总统,1968》(*Selling the President, 1968*),纽约：三叉戟出版社,1969 年;努曼·V. 巴利(Numan V. Barley)、休·D. 格雷姆(Hugh D. Graham),《南方政治和二次重建》(*Southern Politics and the Second Reconstruction*),巴尔的摩：约翰霍普金斯大学出版社,1975 年,第 126—127 页;小埃弗雷特·卡尔·莱德(Everett Carl Ladd Jr.),《变化的政党联盟,1932—1976》,载《美国政治中的新兴联盟》(*Emerging Coalitions in American Politics*),西摩利·马丁·利普塞特(Seymour Martin Lipset)编,圣弗朗西斯科：当代研究所,1978 年,第 98 页;A. 詹姆斯·赖克利(A. James Reichley),《变革时代的保守人士：尼克松和福特政府》(*Conservatives in an Age of Change: The Nixon and Ford Administrations*),华盛顿特区：布鲁金斯学会出版社,1981 年,第 145、186 页。

民主党与城市

1961 年 1 月 20 日,肯尼迪总统宣誓就职,他领导的政府已经致力于城市的援建工作。甚至在竞选之前,肯尼迪已经下了这样的定论：城市问题是“1960 年选举中难以名状的大问题”。[1]竞选期间,民主党派就如何应对城市危机进行了讨论,而共和党派却尽量回避这一问题。总统候选人理查德·尼克松曾向助手透露：“如果你让他们仅就国内问题竞选的话,他们会揍我们的。”[2]肯尼迪总统“成为新一代的代言人,言辞极具说服力。在总统咨文中,肯尼迪详细解释了近 25 年国内改革的完整方案,比国会或国家提供的说明更加清楚”。[3]

肯尼迪政府筹划了一项雄心勃勃的议程。20 世纪 60 年代,政府了解了社会存在的一系列问题,包括贫困、种族隔离、青少年犯罪以及学校秩序混乱等问题,结果表明政府不能继续持“眼不见、心不烦”的态度了。这些问题由来已久,肯尼迪政府执政之初的情况与罗斯福、杜鲁门、艾森豪威尔总统执政时并无太大的差异。唯一的差别就是这些社会问题的能见度比从前有所提高。1963 年,马丁·路德·金就意识到民权示威的任务是增加种族隔离问题的能见度。后来他这样说过:“除了让全国人民关注我们的愤怒外,我们别无选择。”[4]

1963年夏天,金在阿拉巴马州的伯明翰将民权问题变为一场全国性的危机。源于伯明翰的这场运动迅速席卷了南方,甚至渗入了北方城市。当年夏天,在南方11个州的75个城市内共逮捕了13 786名示威人员。[5]政府发动了全国的警察对伯明翰示威人员进行政治攻击,此后的10周内,司法部做了一项统计:全国各地共爆发了758次示威活动。显而易见,政府必须采取措施解决民权问题,数百万个美国家庭都在收看南方示威人员遭受野蛮行径的电视节目。截至6月中旬,众议院共提出127项民权法案。不管喜欢与否,肯尼迪政府已经被卷入自内战以来最严重的国内冲突之中。

民权运动给政府带来了极大的政治压力,而黑人选民的影响加重了政府的压力。约翰·C. 多诺万(John C. Donovan)在其著作《贫穷政治》(*The Politics of Poverty*)中指出:“黑人社区的最大优势在于选举权、人数以及战略位置。”[6]南方的黑人在地理分布上较分散,而且在制度上被否决了选举权。他们搬到北方城市后获得了这一特权。黑人的选票比较集中,在伊利诺伊、加利福尼亚、马萨诸塞、俄亥俄、密歇根、新泽西、得克萨斯和宾夕法尼亚这几个州的城市中占据选举团的多数票。肯尼迪竞选时把目标锁定在了这几个州,他赢得了68%的黑人多数票,这一优势对于在伊利诺伊州、密苏里州和其他各州的获胜至关重要,虽然只是以微弱的优势胜出。1956年,来自伊利诺伊州的自由民主党候选人阿德莱·史蒂文森(Adlai Stevenson)赢得了61%的黑人选票。[7]倘若肯尼迪不努力的话,很可能会在选举中失败:“如果黑人选区继续维持1956年艾森豪威尔提倡的共和党—民主党分裂状态的话,那么在伊利诺伊州、新泽西州、密歇根州、南卡罗来纳州或特拉华州(拥有74个选票)获胜的希望很渺茫。”[8]

1963年6月11日,肯尼迪总统否决了顾问的意见,宣布要提议一项民权法案。11月22日肯尼迪遇刺时,法案刚刚到达众议院法规委员会(House Rules Committee)。新上任的总统林登·贝恩斯·约翰逊(Lyndon Baines Johnson)利用了遇刺事件酿成的感情气氛,民意调查显示绝大多数公众支持民权立法的通过,约翰逊抓住时机又补充了一些新条例,并敦促国会加快行动。共和党和北方民主党人联合起来将法案从众议院法规委员会转到了投票环节,法案最终以290∶130的投票结果通过。1964年6月6日,南方人发起妨碍议事进程的运动,参议院以2/3

的多数投票击败了他们，立法正式通过。

1964年的《民权法案》宣布公共住宅方面的种族歧视为非法行为，这一法案有效地打击了南方的《黑人歧视法》(Jim Crow laws，也称为《吉姆·克劳法》)，这些法律禁止黑人与白人平等进入公共场所，如公交车站、饭店、小餐馆、戏院、运动场、加油站、车房、旅馆和出租公寓等。法案还规定雇用、辞退、培训以及提拔工人方面的种族歧视做法属于非法行为，禁止联邦教育拨款管理中的歧视做法。一年后，国会通过《选举权利法》，不仅规定识字测试及其他歧视性的选举限制为非法行为，而且指出如果地方历史上存在歧视黑人投票者的做法，那么联邦注册员可以取代地方注册员。

约翰逊总统利用刺杀事件造成的影响还出台了修正经济不平等现象的方案。[9]肯尼迪的顾问建议约翰逊政府设计扫除贫困和失业现象的方案。1963年6月，肯尼迪要求经济顾问委员会主席沃尔特·海勒(Walter Heller)任命一组特遣官员负责贫困方案的提议工作。尽管肯尼迪在遇刺时对这一方案非常执着，但是并不清楚这一工作将面临何种挑战。

约翰逊总统在就职后的第二天就得知了贫困提议方案，他很快做出反应："这是我的方案，人们会因此受益，我希望你们全力以赴地推动方案的进行。"[10]这项雄心勃勃、万众瞩目的方案对于约翰逊来说非常有吸引力，他想成为第二个罗斯福，像他那样在20世纪30年代把未完成的社会议程做完，从而在历史上留下英名。1964年1月10日，约翰逊总统在首次国情咨文讲话中宣布他会尽全力消除美国的贫困现象。他在讲话中使用了夸张的军事类比："政府在此宣布对美国的贫困现象无条件开战，我敦促国会和所有的国民一起努力。"[11]8月8日，约翰逊签署了《经济机会法》，至此他已经取得了两大立法胜利：民权法案和"向贫穷宣战"，这些胜利将他带入了总统竞选的行列。

1964年的竞选为全国人民提供了讨论联邦政府角色和责任的辩论平台。共和党候选人巴里·戈德华特是参议院中极少数反对民权法案的非南方人中的一员。他抨击了1935年《社会安全法》资助的福利方案，甚至质疑这项立法确立的老龄保险方案。共和党警告"对日益扩大的中央集权进行攻击会丧失个人自由"。[12]相比之下，林登·约翰逊号召建立大社会来消除贫困，并且通过联邦政府在民权、城市、医疗健康、福利、教育和就业方面的措施来解决社会的其他顽疾。

约翰逊以史无前例的压倒性优势在大选中获胜，得到了61%的普选投票，获得了486个选举团的投票，而戈德华特仅拥有53个选举团的选票。民主党的极大优势使他们忽略了一个事实：戈德华特掌控了南方的几个州，而这几个州曾是民主党的领地。总统的影响力非常广，民主党在众议院中以289∶146占据多数席位，参议院中以67∶33的比例占据多数。

民主党取得的巨大胜利为立法激进主义做好了准备，自罗斯福创造了1933年前一百天的神话以来，这种现象没有再出现过。1964—1966年，国会授权了219项新方案，其中包括20世纪60年代最重要、最持久的社会倡议。1965年，国会批准了老年人的医疗保险以及福利享受者的医疗补助。《小学和中学教育法》为学校提供了联邦教育拨款。肯尼迪执政时期尝试向黑人和失业者分发食品券（food stamps），这一实验性方案于1966年得以确定。教育和工作培训援助的范围扩大，精神和身体上有残疾的个人可以得到这方面的援助。公共住房和城市重建方案进一步扩大，政府发起新“模范城市”方案来应对城市问题。1966年，国会设立了内阁级别的新部门来管理城市方案——住房和城市发展部（HUD）。

图8.1显示1962—1980年，联邦在地区和社区方案上的开支有所上升，但是

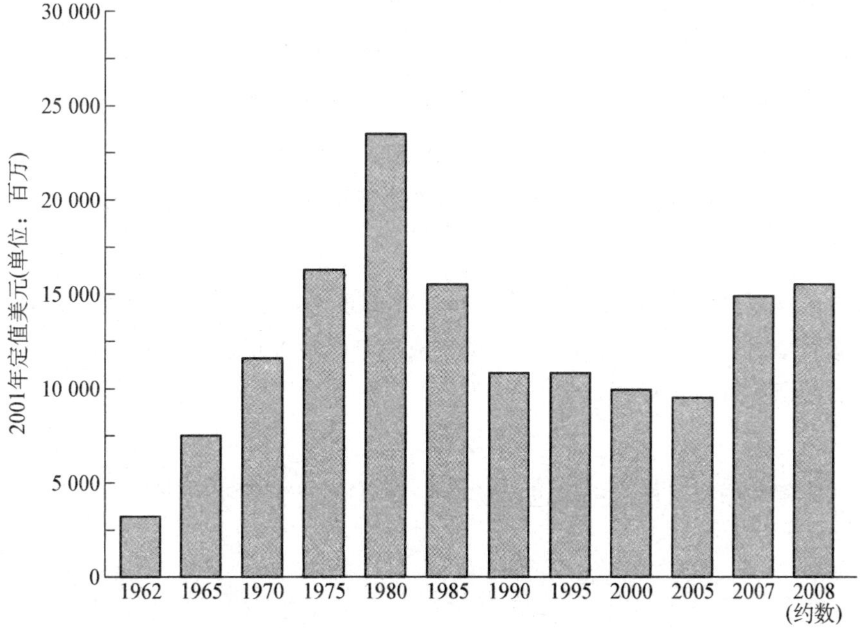

图8.1　联邦政府在地区和社区发展的开支情况，1962—2008年（以2008年的美元计算）

注释：数据不包括赈灾开支。

资料来源：美国管理与预算办公室，《美国政府预算，2009年财政年度，历史图表》（*Budget of the United States Government*，*Fiscal Year 2009*，*Historical Tables*），华盛顿特区：美国政府印刷局，2008年，第62—71页，表3.2，职能450，社区和地区发展；地区和社区发展的联邦开支，1962—2002年（以2001年美元计算）。

直到2005年时下降的程度依旧较大;此后,这方面的开支逐渐上涨,一直达到1985年的水平,即总统里根第二任期的最初阶段。1962年,联邦政府在这些方案上的开支为38亿美元,到1980年时开支为242亿美元。地方政府越来越依靠联邦政府和州政府之间的转移支付。1950年,州拨款和联邦政府拨款仅占地方预算收入的10%,但是到1978年为止,这一比例增长到了市政收入的26%。然后,价格底线退出市场,截至20世纪90年代末,城市预算中仅有7%来自政府间的收入。2008年,这一比例增加到10%。

导致联邦开支暴涨的原因是政府应该为国家制定新的发展方向。自从19世纪70年代边境开拓完成以来,联邦政府并没有加强规划国家的发展路线。1803年,政府购买了路易斯安那州,然后出台了一系列的城镇和家庭住宅方案,土地划拨给铁路公司,对印第安人采取了冒进型的军事策略,这一做法支持了联邦政府在19世纪开发西部的想法。[13] 20世纪60年代,总统和国会着手一项宏伟的国家议程。这一次,国家政府下决心要消灭贫困、清除种族歧视、提供平等的教育和就业机会、振兴城市和社区。

1964年颁布的《民权法案》反映了国家强调平等和社会公正的事实,联邦政府宣布新的民权法规将推翻各州和地方的种族法律,政府将为这项通知做好服务工作。在资助肯尼迪的新边疆方案和约翰逊的大社会方案的序言部分,联邦政府阐明了国家的各项目标。下面的例子来自1962年的《人力发展和培训法》:

> 目前以及将来出现的人力短缺问题关系着国家的利益,针对那些通过教育和培训能够胜任岗位的人员,国家应该将其纳入培训的范围之内,这样做是为了满足自由之战的人员需求。[14]

政府阐明国家目标的例子也可以参考1964年的《经济机会法》:

> 只有人人有机会贡献自己的能力并参与社会工作,美国才能够完全发挥经济和社会的潜力。因此,美国的政策就是要消除丰裕中存在贫困的悖论。[15]

1966年的《示范城市和都会发展法》(所谓的模范城市立法)如下:

国会兹宣布提高城市生活质量是美国面临的最关键的国内问题。[16]

这些法律声明清楚地表明了立法的意图，数百条条文覆盖了房租补贴、联邦学校资助、犯罪控制以及复杂的新资助制度等方面的内容。立法涵盖了几乎所有的经济或社会问题，并且给出了每一部方案的实施细则。接受机构要经过复杂的制度审查。毕竟，按照规定的方针和标准来看，如果这些资金使用不当的话，对国家优先项目的资助就会失去意义。[17]

抗贫和模范城市方案由于在宣传阶段承诺要实现宏伟的目标而引起了人们的关注。1964 年，林登·约翰逊倡导抗贫方案，并且宣布要取得“全面胜利”。[18]这样的承诺无论方案实施得多好都是不可能实现的。结果证明，抗贫方案成为争议的避雷针，由 1966 年《示范城市和都会发展法》资助的模范城市方案也不例外。根据抗贫方案的指示，社区行动机构要力争穷人“最大范围的参与”。同样，模范城市机构应该激励当地居民的参与，让他们担负起规划的责任。市政厅和地方政府的其他机构不在他们的考虑范围之内，他们的想法是在城市中创建新机构，这些机构能够动员人们积极参与方案的热情，而发动范围不包括现存权力机构的人员。经济机会办公室下发的一项早期方案指南指出：要获得资助的资格，地方抗贫方案应该在最初阶段让穷人加入“规划、政策制定和实施”的行列中来。[19]

实际上，这些方案是在煽动一场地方政治革命。弗朗西斯·福克斯·皮文(Frances Fox Piven)和理查德·A. 克洛尔德(Richard A. Cloward)这两位学者指出：许多大社会方案是为了维持和加强民主党在工业化国家的优势，并且确保得到最多的选举团选票。[20]地方政客不愿意动员市中心的黑人选票，联邦管理人员为此感到很苦恼，他们不得不直接与黑人社区的组织和领导人接触并努力做他们的工作，希望黑人能为民主党候选人投票。

联邦政府成立了许多新机构来接受并分发资金。截止到 1968 年，经济机会办公室给出的社区行动基金中仅有 25% 下发到了公共机构。剩余部分下发到了大学、教堂、民权组织、安置房屋处、家庭服务机构、联合道路项目处以及一部分新成立的非盈利组织。[21]同样，健康、教育和福利部管理方案下发的基金中仅有 10% 下放到了州和地方政府。[22]

与方案相关联的政治活动家卷入了与市长和地方政府官员的激烈斗争中，致使很多方案引起争议。在锡拉丘兹(Syracuse)、圣弗朗西斯科和密西西比州，抗贫方案的地方管理者发动抗议活动反对市长、福利部门和学校董事会,要求他们实施回应黑人社区投诉的方案。尽管只有少数城市组织了这样的抗议活动,地方政府看到联邦资金流入自己管辖范围内的群体和组织中,而这些人却时常发动抗议市政厅的运动,为此地方政府感到十分纠结。得到联邦资助的这些组织鼓励人们进行投诉:包括对警察暴行、雇用教师、福利政策以及公共住房维修等各个方面的不满都在投诉的行列中。

尽管争议重重,国会继续支持抗贫和模范城市方案,主要原因在于联邦基金涵盖了许多州和国会区,两大政党的政客通过向当地选区分发联邦基金而得到好评。为了扩大国会的支持基础,约翰逊政府放弃了初衷,将抗贫和模范城市方案局限在一部分"示范"工程内。联邦基金为了确保年度方案的预算而将分发的地区范围缩减到了最小,这一策略造成了极坏的结果,原来保证的所有方案没有任何一项能够按照最初的许诺得以实现。

共和党和新联邦制度

1969年1月理查德·尼克松就任总统时,似乎要废除大社会方案。然而,令人感到惊讶的是,从1969年到1976年共和党执政期间,联邦政府拨给州和地方政府的资助逐年攀升,从200亿美元增长到了590亿美元,大大超出了通货膨胀的速度。[23]政府资助的幅度之所以不断上涨,是因为民主党控制着国会,另外两大政党中势力强大的利益团体联合起来共同推动了这项事业的进展。甚至一部分共和党国会代表、州长和地方官员也希望联邦政府能继续增加资助。1969年,抗贫方案失败,总统尼克松在政治现实面前妥协,他制定了一条中间路线,没有直接废除城市方案,而是试图对其进行改革。

尼克松试图对联邦方案的管理方法进行根本性的变革。在他看来,资助方案就是"华盛顿对政权的控制方式","这种联邦与州之间的关系大大偏离了开国元勋的初衷"。他提议建设新的联邦制度,目的是恢复"州资金与国家资金之间的合理平衡度"。[24]为了减少联邦政府的权力,尼克松要将联邦官员手中的开支决算权力下放到地方政府。新联邦制度的第一项举措就是收入共享方案(revenue-sharing program)的出台。这项方案使地方官员在联邦资金的使用问题上拥有相当大的自主权。由于缺少具体的联邦监管制度,收入共享资金与其他方面的资金混合在一起，共同流入全国 39 000 多个州、县、城镇和市政府的财政部门。结果导致这部分专款在地方官员所做的财务报告中无从查找。

收入共享资金为州和地方政府补充了一小部分税收。1974 年，35 077 个地方政府共得到分配资金 45 亿美元，占当年平均收入的 3.1%。[25]财政困难的大城市在使用收入共享资金维持城市运转方面压力重重，这些地方不得已将几乎所有的收入共享资金用在城市日常运转和维修等方面。[26]国会民主党人士认为这些方案忽略了劣势群体的需求，因而抱怨不已；但是对于共和党人士来说，方案涉及的群体乃是重中之重。这一方案总是在较低水平上运行，到 1986 年，总统里根废除了这一方案。

1974 年，国会颁布了社区发展固定拨款方案（The Community Development Block Grant, CDBG），1975 年 1 月，总统杰拉尔德·福特（Gerald Ford）签署了该项法案。这一方案是前里根时代颁布的城市政策中唯一重要的幸存者，其幸存时间之久源于方案的受益范围非常广。对于地方官员来说，方案给他们提供了急需的资金。数千个社区得到拨款，因此两大政党对这一方案非常拥护。社区发展固定拨款方案与普通的收入共享方案有所不同，它要求城市每年递交一份申请，即使它们可以自动获得拨款资格也必须按照规定去做，程序并不是很麻烦。到方案实施第一年年底时，住房和城市发展部秘书卡拉·希尔斯（Carla Hills）在汇报中指出：她所在的部门报告总结时间从原来的社区发展方案规定的两年缩减到了 49 天，申请内容平均为 50 页，而以前的城市重建申请平均撰写 1 400 页。[27]

前些年反复出现这样一个问题：社区在发展固定拨款的开支方面总是违反方案的指导方针。最初的立法这样要求：城市应该让中低收入地区“优先享有最大限额的资金”。[28]根据住房和城市发展部的文件记载：社区因为忽视了这项要求而经常遭到指控。[29]社区发展资金流向了富人区，因此事情发生转折，这种情况也不足为怪，因为地方政治精英在分配过程中掌握着话语权。在大部分地方社区，穷人几乎没有影响力可言。例如，上述情况导致了阿肯色州的小石城（Little Rock, Arkansas）将城市固定拨款中的 15 万美元用来修建富人区的网球场。当地人力资源部的董事长在被问及资金的用途时，回答的几乎没有任何说服力：“99%的拨款将用于中低收入地区。”转而却又直言不讳地说：“这部分资金不能与政治相分离，对于那些忠于我们、为我们投票的人，我们不会忘记他们的需求，而穷人并没有为我们投票。”[30]

卡特总统与民主党的最后努力

民主党总统吉米·卡特(Jimmy Carter)在执政的四年期间致力于城市方案的进展,但是他所面临的困难恰好说明了20世纪60年代以来国家政治变化的大体轮廓。总统卡特在政策上偏向旧的工业城市,这一点不难理解。几十年来,市中心选民对民主党一直忠心耿耿,1976年的总统大选中,正是由于这部分人的支持才使得卡特在几个州赢得了多数选票,从而在竞选中获胜。因此,卡特执政后着重制定支持城市选民的政策,总统说服国会通过了收入共享方案的修正案,在分配方案上增加了"失业过多"的条件。[31]失业率高的城市将获得这部分资助。卡特还成功地提高了城市发展固定拨款的额度,1978年,他对这一方案进行了修改,修改后的方案对城市更加有利。通过对《全面就业和培训法》(Comprehensive Employment and Training Act, CETA)的立法,地方培训中心和政府获得资助,安排失业人员进行公园和公共设施的修理工作。尽管卡特取得了多方面的成绩,但是到离任时,他似乎已经完全放弃了城市政策,共和党接班人罗纳德·里根执政后终结了城市政策,总之,城市政策的整个进程是合乎逻辑的。

1977年1月,卡特就职。不久后,政府着手兑现对主要选区的承诺,首先修改了《社区发展法》(Community Development Act),旧工业城市能够获得更多资助。1974年实行的分配方案对东北部和中西部的贫困城市非常不利,长期以来,旧工业城市在社区发展固定拨款中获得的份额越来越少,而发展迅速的阳光地带城市获得的份额逐年增多。[32]导致这种差异的主要原因是分配份额与城市的总人口有关,旧城市分配的额度逐渐减少,因为其人口在不断缩减;相比之下,阳光地带城市的人口却在不断增长。

政府采取措施说服国会对分配方案进行修改,要求国会考虑城市中人口减少的因素。[33]立法刚刚出台,来自东北部和中西部的代表与南方和西部各州的国会代表团之间就爆发了激烈的争执。最终,新方案获胜,选票是按照地区划分的,而不是政党之间的差异:来自东部和中西部的代表几乎全部投了赞成票,而来自南方和西部的代表几乎全部投了反对票。1977年5月,众议院通过了这一立法,但是国会内部的斗争说明了一点:地区划分有可能成为未来国家政治的重要因素。

围绕着固定拨款方案的斗争成为新、旧城市政策的分水岭。大社会时期的城市方案强调以社会为重；相比之下，卡特执政时期的城市方案强调利用私人投资帮助那些陷入困境的城市和社区。新方案依靠私人市场的活力，吸引了北方和南方地方官员的双重支持，尽管他们之间也存在政党分歧。1978 年，国会批准了城市发展行动拨款方案(Urban Development Action Grants，简称 UDAG)，使两党策略首次得到了检验。在较长的一段时间内，城市发展行动拨款用于多方面的城市建设：像圣路易斯的联合车站(Union Station)和巴尔的摩的港湾购物中心(Haborplace)这样的节日购物广场、会展中心扩建、历史建筑维修、社区修缮、公共基础设施等有可能利用私人投资的建设项目。

随着时间的流逝，人们发现政府正在偏离社会发展目标的重点，侧重经济的发展。1978 年 3 月 28 日，卡特总统宣布了一项侧重私人投资的新城市政策，并大力宣传，他断言："美国城市生活的恶化是我们时代最复杂、根深蒂固的问题之一。"他同时指出"联邦政府有责任改变这一恶化的状况"。[34]卡特总统提议的核心是授权国家发展银行保证向经济衰退的城乡地区提供商业贷款；此外，雇用隔离区青年的企业会享受政府提供的税收抵免优惠，政府推出了劳动密集型的公共工程方案，并为住房改造提供更多的资金。增加的这部分资金数量比较少(大约 44 亿美元)，但是这并没有阻止卡特总统承诺组建新型伙伴关系，"这种新型的伙伴关系将各级政府、私人部门、社区和志愿者组织联合在一起"。[35]

卡特总统对全面城市政策发起了响亮的号召，这一举措燃起了市政厅的希望，然而城市政策不久在政治上遭遇失败。唯一被立法的提议是定向就业税收抵免方案(Targeted Employment Tax Credit)。新的立法倡议可谓生不逢时。[36]1978 年，加利福尼亚州的选民通过了第 13 号提议(Proposition 13)，大幅度减少了地方财产税。全国各地纷纷发起反对税收的运动，国会采取了财政保守主义的态度，白宫则采用缓慢处理的方法。[37]卡特嗅到了政治气氛的变化，在最后的两年任期内他采取了向后转的做法，把注意力从城市政策转向国家经济和能源成本以及来源等问题的解决方面。1980 年的总统竞选面临的主要国内问题就是制造业工作岗位的缩减以及境外制造业的飞速发展。

1976 年卡特当选总统之后，纽瓦克市市长肯尼斯·A. 吉布森(Kenneth A. Gibson)向多位民主党市长发表讲话："我们应该相信现在是白宫和市长新关系的开端。"[38]然而，这种新关系维系时间非常短。即使卡特能够赢得 1980 年的总统大选，在下一个任期内能否出台重要的城市方案也不确定。

共和党和联邦援助的结束

1980年和1984年的竞选中，共和党勾销了非裔美国人的选票。罗纳德·里根的竞选策划人理查德·沃思林(Richard Wirthlin)在1980年竞选之前就提出这样的建议："里根的1980年总统竞选必须让南方白人和农村选民的失望转变为对里根的投票。"[39] 1980年，里根赢得了黑人选票的10%，1984年票数更少，然而这一年他得到了3/4南方白人的支持。里根执掌的白宫撤销了民权担保人，削减民权实施部门的预算，减慢或者停止了民权的实施。[40]里根政府还着手废除联邦政府的城市援助方案，执政八年期间，改革取得了极大成功。

里根总统在筹划联邦政策时做出了新的激进偏离行为。从冷静的角度分析，他认为联邦政府应该停止对城市的全面援助行动，城市居民应该学会自助。1981年10月召开的新闻发布会上，里根总统建议那些所在城市失业率高的居民应该"用脚投票"(vote with their feet，即可以自由选择居住环境。——译者注)，搬到繁荣的地区。[41]他的言辞立即激起了政治抗议，但是实际上他提出的这一方案与前任总统吉米·卡特任命的总统委员会所推荐的办法是一致的。里根就职后的几周内，八十年代国家议程总统委员会发布了一份报告，敦促国家政府停止援助城市的行为。委员会强调联邦政策应该致力于促进国家的经济发展，但是这些政策在提到发展重点时应该保持中立的态度：

> 针对有意或无意保护城市历史角色的城市政策，国家不应该予以过度关注，而应该致力于地方经济和社会政策的推广，这样才符合国家的最大利益。[42]

委员会建议联邦政府采取顺其自然的态度对待地区的衰落和发展，城市为了应对经济和社会力量会进行自我调节和变革。委员会认为政府政策应该促进城市的这种适应过程，而不是改变这一自然过程：

> 联邦政府首先应该关注国家经济的发展，其次才是社区和地区的优势竞争。[43]不管以何种高尚的理由进行限制或颠倒这一变化过程，其做法都相当于拒绝未来的国家为我们创造财富。[44]

里根政府后来制定的政策标志着历史性的转折。自从 20 世纪 30 年代城市政策颁布以来，政策制定者首次秉承这样的信念：如果城市能为国家经济做贡献的话，其价值才能够得以体现。特拉华州大学的三维研究者把这种新的政策方向视为“应用于城市的社会达尔文主义形式”。[45] 城市要生存，必须设法复兴当地的经济。否则，只能任其衰落。

里根政府开始削减联邦对城市的援助，宣称“私人市场在分配资金方面比联邦方案管理者更加高效”。[46] 城市着手提高自身能力，力争在竞争中生存，“各州和地方政府要关注自身对潜在的投资商、居民和游客的吸引力，这才是维护自身利益的做法”。[47] 自由企业要提供多种就业机会、收入以及社区重建等服务，这种途径实现的地方繁荣使联邦方案成为多余。1983 年的预算中，社区发展固定拨款方案和城市发展行动拨款方案并没有像收入共享方案那样遭到大幅度削减。政府本来打算降低这两项方案的预算，但是白宫听取了州长和市长的请求而没有这样做，这些人当中有不少是共和党人。地方政府代表在离开白宫时总算放心了，预算并没有像他们担心的那样遭到大幅度削减。但是，两年后，政府废除了大部分城市方案。

城市方案退居其次，减税成为新的优先项目。1981 年 2 月 18 日，里根总统提议通过大幅度减少税收来刺激经济，这一立法很快得到了国会的批准，1981 年 8 月 13 日，里根签署了《经济复苏税收法》(Economic Recovery Tax Act)，并且宣称“将近半个世纪……政府的官僚主义、开支和税收增长过快，现在到了一个转折点”。[48] 最终的方案将三年的个人税率降低了 25%，并且切实减少了企业的纳税义务。税收的损失相当严重，仅仅前两年，联邦政府的国库收入就减少了 1 280 亿美元，到 1987 年，这一数字增长到 1 万亿美元。[49] 再加上军事开支的大幅上升，1981 年的减税导致了巨大的预算赤字。

1986 年通过的《税收改革法》进一步减少了联邦政府的收入。对于大部分纳税人来说，税率减少幅度很小或者根本没有变化，但是对于富人来说，税率大幅度降低。随后的几年中，税收负担落在了中产阶级身上，这显得极不公平，因此他们举行了大规模的抗税运动。1988 年，乔治・H. W. 布什(George H. W. Bush)在竞选中获胜是缘于他的承诺：“注意听：不会增加新的税收。”几个月后，政府削减了教育、住房、健康和福利方案的开支。(但是应该指出，布什总统在任期内为了减少联邦政府累积的赤字而通过了提高税收的法案。据一部分人的说法，这一法案导致他在连任竞选中失利。)

20世纪40年代以来，里根总统首次倡导削减补助金的开支，而受益范围面向中产阶级的众多福利项目几乎没有受到影响：例如由1935年《社会安全法》资助的老龄人和幸存者福利、退伍军人福利和医疗保险。相比之下，面向穷人的公共援助方案却遭到大幅度削减并且增加了许多新的资格限制。各州向享受福利者提供的医疗补助计划对资格要求更加严格，但是医疗成本的提高导致医疗补助支出大幅度上涨。抚养子女家庭救助金（Aid to Families with Dependent Children，简称AFDC）的登记注册人员减少了50万，约有一百万人丧失了食品券。失业者领取失业补助的难度更大，1975年，75%的失业者能够领取补助，而在1982年到1983年经济衰退期间，有资格申领失业补助的人仅占失业者的45%。[50]

里根在第一任期即将结束时还废除了几项城市方案，包括收入共享方案和联邦资助的地方公共工程方案。1986年，城市发展行动拨款资金被取消，但是流向管理部门的一小部分资金又持续了几年的时间（方案总支出从前10年[1978—1987年财政年度]的每年4亿—5亿美元下降到1988年财政年度的2亿美元，而1994年财政年度这一方案已经名存实亡，仅有3百万美元的支出）。[51]其他方面的预算削减对城市也产生了影响，公共住房建设方面的大部分补贴被取消。1983年后，每年仅授权1万套新住宅的建设，而1981年授权建设的新住宅或改造住房为11.16万套。[52]

里根总统尽管反对各种形式的城市方案，但是采取了“共和党”治理城市的方法，提议出台新立法，鼓励私人对陷入困境的市中心社区进行投资。1983年3月7日，里根将《城市经济开发区法》（Urban Enterprise Zone Act）的草案提交给国会，并且宣布这一立法与过去的政策完全不同：

> 经济开发区是推动市区经济发展的全新做法。过去的城市发展依靠政府高额补贴和中央规划。最典型的例子就是20世纪60年代的模范城市方案，通过政府方案、补贴和调控重点扶植那些落后城区。经济开发区的设置就是扫除政府障碍，发挥个人的创造性，自负盈亏。[53]

尽管总统宣称经济开发区立法是“全新的做法”，其实这一思想最早是由卡特政府提出的。1974年以来，联邦政策一直强调政府在补贴私人投资方面的角色。里根执政期间经常提出经济开发区的想法，但是距离提到总统政策议程上还很遥远。1988年,乔治·布什当选总统,此后,白宫不断推行经济开发区的想法,但是直到布什任期临近期满时,这一想法才提到了总统立法的议程之上,在此期间,总统认为任何形式的城市政策都没有意义。

乔治·布什政府对城市立法的提议与选举基础或意识形态无关。1988年总统竞选时,布什利用种族问题进行选区的动员工作。共和党发行了一则攻击广告,广告中的特写照片是警察威利·霍顿(Willie Horton),他曾在马里兰州强奸了一名女子,某个周末经过马萨诸塞州监狱时还刺死了这位女子的未婚夫。民主党候选人迈克尔·杜卡基斯(Michael Dukakis)当时任马萨诸塞州的州长。布什竞选活动的负责人李·阿特沃特(Lee Atwater)指出威利·霍顿是黑人这一事实就是广告要制造感情影响的主要因素。

1992年选举时,布什在竞选过程中对种族影响力做了调整,把矛头指向城市,用代码语言将城市视为种族和享有福利州的自由主义的代表。副总统丹·奎尔(Dan Quayle)在一次竞选的开场时攻击纽约市,他这样说过:"自由派想象的幸福、丰饶并且满意的福利州并没有在世界上最有价值的22平方英里的土地上实现。"[54]后来,奎尔的这番攻击成为《纽约邮报》的标题:"城市对丹·奎尔说:不要反对我们!"[55]《纽约时报》的社论认为奎尔的这番攻击使纽约市成为"1992年的威利·霍顿"。[56]

布什总统在任期的后一阶段无视政府的言辞,在城市政策方面做了一定的工作。促使他这样做的原因是1992年4月29日—5月3日洛杉矶爆发了严重的骚乱:死亡53人,受伤2 383人,财产损失超过了7亿美元,社会呼吁重新建立秩序,洛杉矶骚乱是20世纪美国最严重的一次内乱。[57]许多人认为这次骚乱让政府开始关注美国城市的问题,骚乱结束后过了两周,15万人来到华盛顿举行集会,标语是"拯救我们的城市/拯救我们的孩子"。然而,随着危机气氛的衰退,城市问题在选举年的政治中消失。民主党候选人比尔·克林顿(Bill Clinton)首先指责骚乱的发生是布什总统和里根总统"执政12年期间对城市问题的否定和忽略"造成的,但是克林顿担心对方会指责自己提倡的新开支方案,随即保持沉默,不再继续攻击对方。[58]5月5日,星期一,布什的新闻秘书马林·菲茨沃特(Marlin Fitzwater)指出20世纪60年代的大社会方案是导致骚乱的罪魁祸首。尽管如此,布什总统想让国民看到自己是在积极地应对问题,于是提议采取一揽子紧急援助方案。6月,国会批准了13亿美元的紧急援助资金,其中5亿美元资助夏季工作,3.82亿美元为骚乱地区受损的企业提供贷款，还有一部分作为芝加哥市的水灾救济资金。

1992 年夏季和初秋期间，国会致力于一项规模宏大、更加持久的城市援助法案。10 月 6 日，众议院通过了最终方案，10 月 8 日，获得了参议院的通过。立法将建立 25 个城市和乡村经济开发区，并且将对所谓的杂草和种子项目（weed and seed programs）提供资助，这些方案将法律实施和工作培训及教育项目结合在一起。立法的大部分内容与城市无关，涵盖的各个项目包括针对高收入人群的自由化（免税）退休账户，废除对游艇、裘皮、珠宝和飞机等豪华用品征税的条例（民主党和共和党对这一修正案都非常地拥护）。据估计，这项法案推行的五年期间共获准了 300 亿美元，用于援助城市贫困区的资金约有 60 亿。[59]立法通过并提交到白宫由布什总统签字时，选举已经结束。布什否决了这一法案，理由是该法案受到了地方建设修正案（pork-barrel amendments）的毒害。

里根/布什执政期间唯一幸存的城市方案是社区发展固定拨款方案，这一方案的开支从 1981 年财政年度的 40 亿美元下降到了 1990 年财政年度的 28 亿美元，到 1992 年财政年度（民主党再次进入白宫）又有所回升。克林顿总统执政期间，社区发展固定拨款方案的开支缓缓上升，到 1996 年财政年度时达到 46 亿美元，[60]克林顿最后一次预算，即 2001 年财政年度时，已经达到 51 亿美元（但是与通货膨胀相抵消的话，对这一方案的资助实际上维持了原来的水准）。乔治·布什执政期间，资助水平下降，但是并没有完全废除这一方案。[61]

政治现实和城市政策

比尔·克林顿要把自己塑造为“新型的民主党人”，作为朋友的形象出现在“被遗忘的中产阶级”面前，因此他不会再向城市或者是处于一般地位的穷人施以援手。1992 年的总统选举期间，克林顿在竞选时决定将重心放在郊区的白人中产阶级这一群体之上，他认为市中心选民一定会支持他，因为他们别无选择。克林顿的选举策略非常成功，他是继富兰克林·D. 罗斯福之后另一位连任的民主党总统，其成功之处在于使郊区的白人选民回心转意，这些人从 1980 年以来就背弃了民主党。即便如此，在所有的白人选票中，他仍然以 39％比 41％的差距处于劣势。他赢得了城市选票的大多数，例如在纽约市就以一百万选票的优势遥遥领先。克林顿在总统竞选中的制胜法宝是赢得了 82％的非裔美国人选票。

克林顿采取的郊区策略符合逻辑，令人信服。到1990年人口普查时，全国人口的48%居住在郊区，这部分人参加选举的比例非常高，因此1992年总统选举时，他们将占据全国选票的多数。[62]除此之外，大部分郊区选民是所谓的里根民主党人，他们是蓝领和中产阶级选民，在前三届总统选举中背弃了民主党转而支持共和党。这部分人主要集中在几个重要州的旧郊区，例如新泽西、密歇根和加利福尼亚，总统候选人对这些州垂涎不已，都希望能够从这里赢得选举团的多数选票。为了使这部分人回心转意，克林顿刻意回避城市政策，尤其是针对黑人的政策。

在筹划策略时，克林顿听取了著名非裔美国社会学家威廉·朱利叶斯·威尔逊(William Julius Wilson)的建议，他在1987年出版的著作《真正的劣势群体》(*The Truly Disadvantaged*)中警告了具体种族政策的危险性。威尔逊是总统的朋友和顾问，他建议总统实施一项"隐性议程"，"通过强调与各个种族和阶级的优势群体相关联的方案"，市中心的少数族裔也能得到援助。[63]在选举前的一次采访中，威尔逊称赞克林顿的方案是针对"所有的中低收入群体，而不是仅仅针对少数族裔"。[64]

克林顿最后设计出的城市方案被两位学者称作"隐形城市政策"，这些方案虽然不是特意针对城市，但是会使城市受益。[65]比尔·克林顿和阿尔·戈尔(Al Gore)在竞选著作《把人民放在首位》(*Putting People First*)中倡导对中产阶级和劣势群体同等有利的政策。克林顿在竞选时乘坐公交进行巡演，避开了中心城市，给媒体更多的机会拍摄候选人以小城镇和农村地区为背景的照片。在赢得提名后，克林顿的确参加了美国市长会议(USCM)，并且支持公共工程的提议，但是克林顿强调主要目标是刺激经济发展，其次才是对城市的援助。

克林顿就任初期决心回报在选举中竭力支持自己的城市选民。为了实现这一目标，他批准了195亿美元的经济刺激法案，其中包括公共工程(大部分隶属城市)的44亿美元、社区发展拨款的25亿美元、资助城区学校和就业的7.35亿美元。在少数党领袖鲍勃·多尔(Bob Dole)的领导下，参议院的共和党人阻碍了这项议事的进程，拒绝让这项法案进入投票环节。在与阻碍议事的这部分代表的较量中，民主党人由于60张选票的差距而被迫让步。最终通过的法案根本不是针对城市的，这项温和的法案对长期失业者提供了40亿美元的失业补助。[66]

克林顿政府通过的唯一重要的新城市倡议应该是开发区/企业社区方案(Empowerment Zones/Enterprise Communities, EZ/EC)，即1993年《综合预算调整法》(Omnibus Budget Reconciliation Act)中的第8款。里根和布什执政时期，共和党和许多保守人士支持建设经济开发区的想法，因为这一想法建立在对中心城市减税和调整的基础之上，其目的是为了鼓励对落后社区的投资。保守人士喜欢这一方案，因为它反映了国家政策。克林顿政府也采取了自由市场的方法，为了刺激商业领导人在开发区/企业社区的投资，对于雇用区内工人的企业提供税收减免的优惠，区内的企业有资格享受对企业财产的加速折旧，新建设项目能够得到免税债券的资助。为了使区内居民安心工作，政府拨款资助他们接受教育、就业培训并抚养他们的子女。最后，全国共建立了31个经济开发区，另外还有74个落后地区(其中33个位于农村地区)得到资助，但是这些地区与全面发展的经济开发区相比规模较小。

事实证明经济开发区方案是唯一具有政治可行性的城市方案，1994年的中期选举对城市政策的打击几乎是致命性的。在众议院议长纽特·金里奇(Newt Gingrich)以及他的《与美国的契约》(Contract with America，批评者称之为《对美国的契约》[Contract on America])的带领下，共和党人40年来首次控制了国会两院。他们不喜欢联邦政府实施的城市方案，尽管这些方案所剩无几。议长金里奇呼吁取消住房和城市发展部门，他宣称："如果明天上午取消住房和城市发展部门的话，大部分美国人的生活将得到改善。"他对住房和城市发展方案得到特殊对待十分不解，并且直率地指出："支持这项方案的人员极少，因此首先应该废除这一方案。"[67]

为了避免被废除的灾难降临，住房和城市发展部部长亨利·西斯内罗斯(Henry Cisneros)建议对部门进行"重新调整"，争取保守人士的支持。1994年选举后的一个半月，住房和城市发展部发行了《重新调整蓝皮书》(*Reinvention Blueprint*)，加强部门方案的管理，将方案分为三种灵活的固定拨款，由城市和州共同管理。调整的方案还建议将所有的公共住房资助转换为抵用券，鼓励持券者自己寻找能够接纳他们的私人住宅。而克林顿于1995年1月发布的全国城市政策报告中的核心内容就是调整后的住房和城市发展方案。[68]

公共住房和城市方案在克林顿就职之前已经逐渐衰落，实际上，一位白宫的民主党人士并不能发挥很大的影响力。里根和布什执政期间，住房和城市发展方案经历了联邦政府内阁级别部门的大幅度削减，其预算部门(国会授权住房和城市发展开支的部门)的开支从1978年联邦总预算的7.5%下降到了1990年的1.3%。

克林顿执政期间，住房和城市发展部的年度开支有所回升，但是上涨的幅度仅仅能够兑现过去承诺的住房补贴。市政府特别感兴趣的四个方案被彻底取消，包括一般收入共享方案（General Revenue Sharing）、城市发展行动拨款方案（Urban Development Action Grants）、地方公共工程方案（Local Public Works）和抵制经济危机财政援助方案（Antirecession Fiscal Assistance）。

1996 年 8 月，克林顿签署了福利改革法案，再次损害了城市的利益。1996 年通过的《个人责任法》将对抚养子女家庭的资助转变为州管理的固定拨款。1990 年到 1998 年期间，福利开支减少了 64%，除此之外，食品券和社区服务方案也被大幅度削减。儿童营养、辅助喂养（幼儿）和住房补助这三种方案在某种程度上有所增加，因为这些方案与福利改革直接相关。医疗补助计划成本大幅度攀升（增加了 146%），最大的赢家是司法援助方案，在不到 10 年的时间内，获得的资助增加了 1 250%。尽管其中一部分资金流向城市，但是大部分都用在了州监狱的建设方面。显然，控制犯罪胜过其他的社会用途。

城市失宠

两大政党都在很大程度上放弃了城市方案。2008 年 11 月，巴拉克·奥巴马（Barack Obama）当选为总统，这一状况得到改观。这是一个政治算法问题。20 世纪 60 年代，民主党支持民权和抗贫政策，而就共和党而言，领导人长期以来利用了郊区白人居民对民主党这种做法的不满。更有趣的是，民主党这位城市的老朋友总是逃避城市问题。1968 年，民主党在总统提名大会采纳的纲领中有 23 次使用了“城市”这一名称，而在 1988 年的纲领中竟然一次也没有使用。替换的术语“家乡美国”（hometown America）反映了郊区选票的重要性。1992 年和 1996 年的选举中，克林顿回避与城市有关的政策，重点关注郊区的中产阶级。2000 年竞选过程中，民主党候选人阿尔·戈尔提到城市扩张是重要的国家问题。到新千年时，城市政策不再以中心城市为目标，而将城市区域作为指代对象。

国家政策对城市问题视而不见，其实原因很简单：如今中心城市的选民仅占全国选民的极少部分。1944 年，全国 32 个大都会的中心城市占全国选民的 27%，达到了非常高的水平线；而到 1992 年，仅占全国选票的 14%，[69] 2000 年选举时占 12%。如图 8.2 所示，近半个世纪以来，纽约州、伊利诺伊州、宾夕法尼亚州、密歇根州和马萨诸塞州的大城市选票在各州所占的份额持续下降。[70] 1952 年，纽约市选民占整个州的 48%，但是到 2000 年总统选举时，这一比例下降到了 32%。1952 年，芝加哥占伊利诺伊州总统选票的 41%，但是到 2000 年仅占 20%。

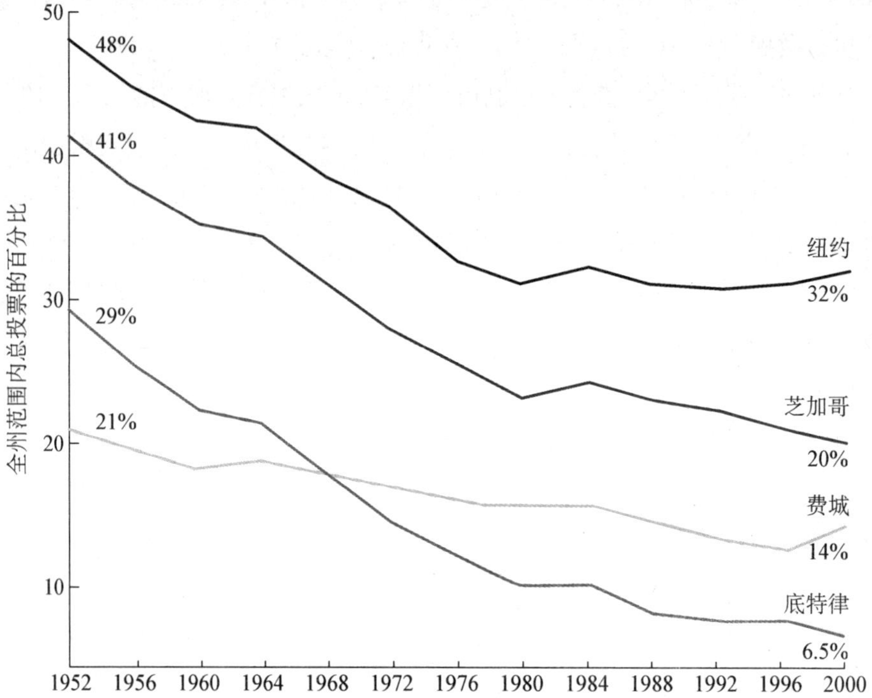

图 8.2　城市在州选票中所占的比例，1952—2000 年

资料来源：理查德·斯卡蒙（Richard Scammon），《美国选票》（*America Votes*，各个期号）；美国人口普查局，《人口和住房普查》（*Census of Population and Hovsing*），各个年份；来自县区选举委员会的实际城市选票报告（1996 年大选的报纸）。数据由理查德·索尔佐普夫（Richard Sauerzopf）编辑。2000 年的数据来自彼得·德雷尔（Peter Dreier）、约翰·莫伦科普夫（John Mollenkopf）、托德·斯旺斯特罗姆（Todd Swanstrom）的《地方事务》（*Place Matters*），第 2 版，劳伦斯：堪萨斯大学出版社，2004 年，第 282 页。

美国众议院中城市代表的数量也在下降。1963 年到 1994 年期间，来自中心城市的选民占多数的选区所占国会选区的数量从 94 个下降到 84 个；同期，多数人口来自郊区所占的选区从 94 个上升到 214 个。1994 年，共和党掌控众议院后，代表中心城市选民的领导职位比例陡然下降，从 30%降至 10%。[71] 大城市在州政府中的影响力也呈现出同样的下降趋势。[72] 郊区选民占多数的州从 1980 年的 3 个增长到 1990 年的 14 个，根据 2000 年人口普查的结果对席位进行重新分配后，这一数字又有所上升。

现在，人们普遍认为郊区是取得全国选举胜利的关键因素。总统罗纳德·里根和乔治·布什在选举中获胜的法宝就是郊区选民，里根在1980年和1984年总统选举中取得了压倒性胜利，尽管只获得了1/3的中心城市选票。1988年的大选中，郊区选民使布什赢得了几乎所有北方工业州的支持，尽管这些州的大城市根本没有投票赞成。相比之下，1992年和1996年的选举中，中心城市选民是克林顿联盟的重要组成部分。1992年，克林顿在纽约州赢得了将近一百万选票的优势，其中纽约市选票占92%，但是在郊区长岛（纽索和萨福克县），克林顿输给了布什。1996年的选举中，克林顿在城市中的战绩更加辉煌，赢得了密尔沃基选票的67%，波士顿选票的74%，圣路易斯和纽约选票的76%，芝加哥的80%。[73]2000年的总统选举中，阿尔·戈尔同样在城市中赢得了多数选票，但是无法与乔治·布什的优势抗衡，布什几乎席卷了南方的平原和西部各州，这些州的城市化特征不明显，而且人烟稀少。戈尔以50多万选票的优势在全国大选中获胜，但是布什通过操纵选举团的绝大多数选票而最终赢得了选举。

尽管克林顿非常感激大城市选民为他两次选举成功所做的努力，但是他并没有把城市问题放在首位。在其总统任职期间，联邦政府的城市开支持续下降。显而易见，克林顿感到城市选民对他的支持是理所应当的并认为他的想法是正确的。这一策略使民主党付出了代价，当联邦政府放弃城市政策时，这部分选民的数量急剧下降。实际上，在过去的半个世纪内，民主党在32个大城市的选民比例下降了40%，主要原因是投票率下降，而不是人口减少。[74]

城市政策终结

乍看上去，巴拉克·奥巴马的当选使中心城市的选民及其选区组织比以往处于更加有利的地位。自从卡特执政以来，这是第二次由总统发出指示要关注城市问题。奥巴马就职后仅仅过了几周，政府就宣布任命布朗克斯区的区长阿道夫·卡里翁（Adolfo Carrion）为“城市督察”，其任务是协调与城市有关的方案，然后整理成文件。然而，这一目标并没有实现，因为辨别方案是否对城市和都市有影响力的工作难度很大，后面的工作更加艰难，这些方案所在的机构大都是内阁级别部门的下属。即便有白宫的关照和政治组织的帮助，这些部门仍然不清楚如何“协调”方案。也许是因为城市督察在长时间内几乎没有采取什么行动，城市问题被提到政治议程的竞争之中更是遥遥无期。

人们应该注意到这样的事实：奥巴马政府倡导的方案对城市发展的影响最大，而且这些方案改善了各州和城市的财政状况。《美国复苏和再投资法》授权了7 870亿美元的开支，历时10年，这项法案对于各州和地方至关重要，法案向州政府提供财政援助790亿美元，由于州政府大幅度削减预算，2007年后经济危机状况更加恶化，因此法案的这项倡议非常重要。除此之外，立法授权1 440亿美元进行基础设施工程的建设，其中交通工程拨款320亿美元，铁路和公共交通拨款100亿美元，机场建设拨款20亿美元。[75]校区建设及其他方面的活动得到了410亿美元的拨款，立法还为能源清洁和保护的推广预留了一部分资金。其他的各项提议中还包括政府宣布拨款10亿美元让5 500多名警官上街巡逻的方案。[76]

代表城市利益的组织热烈拥护这些方案。2009年3月14日—18日，国家城市联盟召开了年度国会城市会议，参会者由来自全国各地的地方官员组成。与前些年相比，年会讨论的议题范围更广，包括新的联邦政府各项倡议，例如基础建设的投资、就业方案、绿色能源和交通等多个领域。地方官员们发现他们正在实行的一系列新的联邦政府方案是自20世纪60年代以来涉及范围最广的，因此他们需要信息共享。

然而，所有的这些城市方案加在一起不能等同于城市政策，也不能称作是具有相似目的的政策系列。即使在城市和社会福利方案的鼎盛期，即大社会的联邦管理者向城市大量投资时，也没有出台一个连贯的城市政策。管理部门出台的方案原因各异、目的不同，这些方案是为了满足不同的政治需要和有影响力的选区。还有很多方案对城市、郊区以及内部居民影响颇深，但实际上这些方案并不具备"城市"目标。经济刺激方案能够很好地解释这一事实：尽管这些方案对地方政府影响很大，但是政策的主要目标是为了刺激国民经济。长期以来，"城市"范畴并不是联邦政府关注的重点，这是不可更改的事实。

尾注

1. Reported in the *New York Times* (December 1, 1959), p. 27, quoted in Mark I. Gelfand, *A Nation of Cities: The Federal Government and Urban America*, Urban Life in America Series (New York: Oxford University Press, 1975), p. 295. 也可参见 John F. Kennedy, "The Great

Unspoken Issue," in *Proceedings, American Municipal Congress 1959* (Washington, D. C. : American Municipal League, n.d.), pp. 23-28; and John F. Kennedy, "The Shame of the States," *New York Times Magazine* (May 18, 1958)。

2. Quoted in Theodore H. White, *The Making of the President, 1960* (New York: Athe-neum, 1961), p. 206. 怀特(White)认为尼克松的策略就是不采取策略,是"全国性的"策略,在竞选时他去了 50 个州;相比之下,肯尼迪使用了城市策略,以选票集中的工业州为中心(参见 pp. 267-352)。
3. John C. Donovan, *The Politics of Poverty*, 2nd ed. (New York: Bobbs-Merrill, Pegasus, 1973), p. 19.
4. Quoted in White, *The Making of the President*, p. 165.
5. Donovan, *The Politics of Poverty*, p. 225.
6. Ibid., p. 104.
7. Nelson W. Polsby and Aaron Wildavsky, *Presidential Elections: Contemporary Strategies of American Electoral Politics*, 7th ed. (New York: Free Press, 1988). 所给的数据针对的是"非白人"选民。
8. White, *The Making of the President*, p. 354.
9. 有关最近的概括记录,参见 ibid.;也可参见 James A. Morone, *The Democratic Wish: Popular Participation and the Limits of American Government* (New York: Basic Books, 1990), Chapter 6。
10. Quoted in Richard Blumenthal, "The Bureaucracy: Antipoverty and the Community Action Programs," in *American Political Institutions and Public Policy*, ed. Allan P. Sindler (Boston: Little, Brown, 1969), p. 149.
11. *Message of the President to Congress*, reprinted in *Congressional Quarterly Weekly Report* 32, No. 2 (January 11, 1964).
12. *Congress and the Nation, 1945—1964* (Washington, D. C. : Congressional Quarterly Service, 1965), p. 1379.
13. Refer to Daniel J. Elazar, *The American Partnership: Intergovernmental Cooperation in the Nineteenth Century United States* (Chicago: University of Chicago Press, 1962).
14. Manpower Development and Training Act of 1962, Public Law 87-415, 87th Cong. (1962); emphasis added.
15. Economic Opportunity Act of 1964, Public Law 88-452, 88th Cong. (1964); emphasis added.
16. Demonstration Cities and Metropolitan Development Act of 1966, Public Law 89-754, 89th Cong. (1966); emphasis added.
17. 参见 James L. Sundquist and David W. Davis, *Making Federalism Work: A Study of Program Coordination at the Community Level* (Washingtort, D. C. : Brookings Institution Press, 1969), pp. 3-5。
18. Lyndon B. Johnson, "Total Victory over Poverty," Message to Congress, March 15, 1964, reprinted in *The Failure of American Liberalism: After the Great Society*, ed. Marvin E. Gettleman and David Mermelstein (New York: Vintage Books, 1970), p. 181.
19. U. S. Office of Economic Opportunity, *Community Action Program Guide* (Washington,

D. C. : U. S. Government Printing Office, 1965).
20. Frances Fox Piven and Richard A. Cloward, *Regulating the Poor: The Functions of Public Welfare* (New York: Pantheon, 1971).
21. Ibid., p. 295.
22. U. S. Advisory Commission on Intergovernmental Relations, *Fiscal Balance in the American Federal System*, Vol. 1 (Washington, D. C. : U. S. Government Printing Office, 1967), p. 169.
23. U. S. Office of Management and Budget, *Special Analyses: Budget of the United States Government: Fiscal Year 1981* (Washington, D. C. : U. S. Government Printing Office, 1982), p. 254.
24. Michael D. Reagan, *The New Federalism* (New York: Oxford University Press, 1972), p. 97.
25. U. S. Department of the Treasury, Office of Revenue Sharing, *Reported Uses of General Revenue Sharing Funds, 1974—1975: A Tabulation and Analysis of Data from Actual Use*, Report 5 (Washington, D. C. : U. S. Government Printing Office, 1966), p. 5.
26. Ibid., p. 25.
27. "New Directions Cited in First Annual Block Grant Reports," *Housing and Development Reporter* (January 12, 1976), p. 761.
28. Housing and Community Development Act of 1974, sec. 104(a).
29. Reported in *Housing and Development Reporter* (January 10, 1977), p. 684.
30. Interview by Sharon Cribbs (investigator for the Southern Governmental Monitoring Project) with Nathaniel Hill, Director, Department of Human Resources, Little Rock, Arkansas (Summer 1975), quoted in Southern Governmental Monitoring Project, *A Time for Accounting: The Housing and Community Development Act in the South: A Monitoring Report*, ed. Raymond Brown with Ann Coil and Carol Rose (Atlanta: Southern Regional Council, 1976), p. 53.
31. Ann R. Markusen and David Wilmoth, "The Political Economy of National Urban Policy in the U. S. A. : 1976—81," *Canadian Journal of Regional Science* (Summer 1982): 145-163.
32. Rochelle L. Stansfield, "Federalism Report: Government Seeks the Right Formula for Community Development Funds," *National Journal* (February 12, 1977), p. 242.
33. Ann R. Markusen, "The Urban Impact Analysis: A Critical Forecast," in *The Urban Impact of Federal Policies*, ed. Norman Glickman (Baltimore: Johns Hopkins University Press, 1979);也可参见 discussion by Ann R. Markusen, Annalee Saxenian, and Marc A. Weiss, "Who Benefits from Intergovernmental Transfers?" in *Cities Under Stress: The Fiscal Crises of Urban America*, ed. Robert W. Burchell and David Listokin (New Brunswick, NJ: Center for Urban Research, 1981), p. 656; and Stansfield, "Federalism Report"。
34. Quoted in Robert Reihold, "President Proposes a Broad New Policy for Urban Recovery," *New York Times* (March 28, 1978).
35. "Excerpts from the President's Message to Congress Outlining His Urban Policy," *New York Times* (March 28, 1978).
36. F. J. James, "President Carter's Comprehensive National Urban Policy: Achievements and

Lessons Learned," *Environment and Planning C: Government and Policy* 8 (1990): 34.
37. Markusen and Wilmoth, "The Political Economy of National Urban Policy," p. 15.
38. "Washington Update: Administration Officials, Mayors Have Love Fest," *National Journal* (January 29, 1977), p. 189.
39. Quoted in Theodore H. White, *America in Search of Itself: The Making of the President, 1956—1980* (New York: Harper & Row, 1982), p. 381.
40. D. Lee Bawden and John L. Palmer, "Social Policy: Challenging the Welfare State," in *The Reagan Record*, ed. John L. Palmer and Isabel V. Sawhill (Cambridge, MA: Ballinger, 1992), p. 200.
41. *New York Times* (October 23, 1981), p. 1.
42. President's Commission for a National Agenda for the Eighties, *A National Agenda for the Eighties* (Washington, D. C.: U. S. Government Printing Office, 1980), p. 66.
43. Ibid., p. 4.
44. Ibid., p. 66.
45. Timothy K. Barnekov, Daniel Rich, and Robert Warren, "The New Privatism, Federalism, and the Future of Urban Governance: National Urban Policy in the 1980s," *Journal of Urban Affairs* 3, No. 4 (Fall 1981): 3.
46. U. S. Department of Housing and Urban Development, *The President's National Urban Policy Report* (Washington, D. C.: U. S. Government Printing Office, 1982), p. 2, p. 23.
47. Ibid., p. 14.
48. Ibid., p. 135.
49. Ibid., p. 138.
50. Robertson and Judd, *The Development of American Public Policy*, p. 233.
51. U. S. Office of Management and Budget, *Budget of the United States Government, Fiscal Year 1996, Historical Tables* (Washington, D. C.: U. S. Government Printing Office, 1996), Table 12. 3.
52. Henry J. Aaron and Associates, "Nondefense Programs," in *Setting National Priorities: The 1983 Budget*, ed. Joseph A. Pechman (Washington, D. C.: Brookings Institution Press, 1982), p. 119.
53. White House press release, March 7, 1983.
54. Quoted in Robert Pear, "Quayle Criticizes New York as Proof of Welfare's Ills," *New York Times* (February 28, 1992), p. 1.
55. *New York Post* (April 28, 1992), p. 1.
56. "The Willie Horton of 1992," *New York Times* (March 3, 1992), p. 3.
57. James H. Johnson Jr., Cloyzelle K. Jones, Walter C. Farrell Jr., and Melvin L. Oliver, "The Los Angeles Rebellion: A Retrospective View," *Economic Development Quarterly* 6, No. 4 (November 1992): 356-372.
58. Robert Pear, "Clinton, in Attack on President, Ties Riots to 'Neglect'," *New York Times* (May 6, 1992), p. 1.
59. Clifford Krauss, "Congress Passes Aid to Cities," *New York Times* (June 9, 1992), p. A20.
60. U. S. Office of Management and Budget, *Budget of the United States Government, Fiscal*

Year 1996, *Historical Tables*, Table 12. 3.

61. U. S. Office of Management and Budget, *Budget of the United States Government*, *Fiscal Year 2003* (Washington, D. C.: U. S. Government Printing Office, 2003), Appendix, p. 485.
62. William Schneider, "The Suburban Century Begins," *Atlantic Monthty* (July 1992), pp. 33-44.
63. William Julius Wilson, *The Truly Disadvantaged: The Inner City, the Underclass, and Public Policy* (Chicago: University of Chicago Press, 1987), p. 155.
64. "A Visit with Bill Clinton," *Atlantic Monthly* (October 1992); and William Julius Wilson, "The Right Message," *New York Times* (March 17, 1992).
65. Bernard H. Ross and Myron A. Levine, *Urban Politics: Power in Metropolitan America*, 5th ed. (Itasca, IL: F. E. Peacock, 1996), p. 434.
66. Adam Clymer, "G. O. P. Senators Prevail, Sinking Clinton's Economic Stimulus Bill," *New York Times* (April 22, 1993), p. 1.
67. Quoted in Kenneth J. Cooper, "Gingrich Pledges a Major Package of Spending Cuts Early Next Year," *Washington Post* (December 13, 1994), p. 1.
68. U. S. Department of Housing and Urban Development, *Empowerment: A New Covenant with America's Communities* (Rockville, MD: HUD USER, July 1995).
69. Peter F. Nardulli, Jon K. Dalager, and Donald E. Greco, "Voter Turnout in U. S. Presi-dential Elections: An Historical View and Some Speculation," *PS: Political Science and Politics* (September 1996): 484.
70. Calculations are from Richard Sauerzopf and Todd Swanstrom, "The Urban Electorate in Presidential Elections, 1920—1992: Challenging the Conventional Wisdom," paper delivered at the annual meeting of the Urban Affairs Association (Indianapolis, April 22—25, 1993). Updated by authors.
71. Hal Wolman and Lisa Marckini, "Changes in Central City Representation and Influence in Congress," paper prepared for delivery at the annual meeting of the Urban Affairs Association (Toronto, Canada, April 17, 1997). 也可参见 Demetrios Caraley, "Washington Abandons the Cities," *Political Science Quarterly* 107, No. 1 (1992): 20。
72. Margaret Weir, "Central Cities' Loss of Power in State Politics," *Cityscape: A Journal of Policy Development and Research* 2, No. 2 (May 1996): 23-40.
73. From CNN. com, http://www. cnn. com/ALLPOLITICS/1996/.
74. Nardulli, Dalager, and Greco, "Voter Turnout in U. S. Presidential Elections," p. 484.
75. "Stimulus Package Unveiled," *Wall Street Journal*, http://online. wsj. com/article/SB123202946622485595. html.
76. National League of Cities, "NLC Applauds Announcement of COPS Hiring Recovery Program," http://www. nlc. org/documents/Utility%20Navigation/News%20Center/NCW/2009/NCW032309. pdf.

第九章　阳光地带的崛起

历史性转折

过去的半个世纪，地区人口流动给全国的政治、经济和文化带来了巨大的改变。从历史上看，国家政治重心始终坐落在工业州、东北部城市和中心地带。南方社会长期依赖农业经济，因而被边缘化。来自南方各州的民主党人要想对国家政治施加影响，必须以集团的身份在众议院和参议院进行投票，并且要和北方民主党结成联盟。大多数北方人将南方文化视为过去的遗产，但是他们的参与至少使南方在国家政治中占有一席之地。相比之下，到20世纪中期时，西南部仍然是个被遗忘的角落，人口稀少，分布散落，这种情况是边疆遗留问题造成的。除了洛杉矶之外，到20世纪中期时，从新墨西哥到南部加利福尼亚海岸这片广袤的领域之上没有任何其他规模相当的城市。1940年，居住在洛杉矶的人口超过了150万，而圣地亚哥的人口仅为20.3万，菲尼克斯的人口为6.5万，小拉斯维加斯的人口仅为8 500。此后的几十年期间，南方和西南部城市的人口激增，这两个地区合并成为更大的区域，即著名的阳光地带。

国家人口的重新分布改变了国家政治面貌，阳光地带的崛起使美国政治发生了变化。从20世纪50年代开始，由于北方工业城市的劳动力成本过高，商业公司开始迁往南方和西部各州，这样一来可以利用大量低成本、无工会组织的劳动力。阳光地带上的15个州当中有12个拥有工作权力法，即使工人没有加入工会，工厂的老板也能够雇用工人。而从中西部到新英格兰的旧工业地带上的14个州当中仅有两个拥有工作权力法。这些法律并不鼓励成立工会，其工资水平往往低于工会势力强大的州。[1]阳光地带政策反映了独特的政治文化面貌：具有高度的个人主义，而且对于政府所采取的行动一般都持有敌意，除非这些措施有助于商业的发展、支持军事基础或者资助水利以及其他推动经济发展的联邦工程。阳光地带的政客们代表了这样的价值观，他们的影响力不断扩大，导致国家政治文化在20世纪下半叶开始向右翼发展，阳光地带在很多方面成为国家政治的驱动力。

摘　录

选举团对阳光地带的青睐

“阳光地带”这一术语在20世纪70年代中期流行开来，不久便成为国家发展和日常政治话语中必不可少的词语。尽管阳光地带的地理界限在大多数人心中比较模糊，一般来说，这一术语传递了地区兴荣发展的积极形象：“当人们从收音机、电视机、杂志、书籍、电话簿或公司信笺抬头上听到、读到甚至看到这一字眼，心中浮现的是经济腾飞、气候良好的南方和西南部城市的形象。”一位学者认为这一术语可以被视为“修辞策略”，某公司的总裁帮助过其他公司迁移到阳光地带，他宣称这是“公共关系政变”，这一地区的人口持续增长导致了国家政治力量的重新调整。从约翰·肯尼迪到巴拉克·奥巴马之间的所有总统都是来自阳光地带。过去的半个世纪，根据十年一度的人口普查，人口的重新调整使国会权力平衡发生了变化，因为国会中代表南方和西部各州的成员增多。毫无疑问，最近几十年间的权力调整逐步倾向于保守的社会政策。

由于人口与选举人数密切相连，随着时间的推移，阳光地带逐渐在华盛顿崭露头角。各个政党都看到了这一事实。共和党在西部城市的郊区地带拥有强大的势力，1964年后，南方的势力逐渐兴盛。每十年一度的人口普查之后，众议院的席位都会进行重新调整，同时，每个州的两位参议员也会发生变化，这些因素都决定了总统选举中每个州的选举团票数。1928年后，每当国会进行调整，阳光地带各州的选举团票数都会增加；而与此同时，中西部和东北部各州的选举团票数在持续下降。1928年，阳光地带的15个州在选举团的投票数为146张，而代表中西部和东北部的14个州的选票数量为237张。到2000年的总统选举时，情况正好相反：阳光地带各州持有222张选票，北方的14个州仅拥有选举团投票的180张。如果阿尔·戈尔在1960年参加总统竞选，而不是2000年，那么在相同州支持的情况下，选票结果将是275∶262；同样，约翰·克里(John Kerry)如果在2004年参加总统选举的话也能够获胜。巴拉克·奥巴马之所以赢得了2008年的总统选举，主要是因为他把边境和西部各州以及佛罗里达州加入了民主党联盟之中。到2024年为止，阳光地带各州将增加8张选票，对于民主党继续进军总统职位非常重要。

资料来源：布拉德利·R. 赖斯(Bradley R. Rice)，《寻求阳光地带》，载于《寻求阳光地带：关于这一地区的历史视角》(*Searching for the Sunbelt: Historical Perspectives on a Region*)，雷蒙德·A. 莫尔(Raymond A. Mohl)编，诺克斯维尔：田纳西大学出版社，1990年，第217页；大卫·R. 格德菲尔德(David R. Goldfield)，《棉花地和摩天大楼：南方城市和地区，1706—1980》(*Cotton Fields and Skyscrapers: Southern City and Region, 1706—1980*)，巴吞鲁日：路易斯安那州大学出版社，1982年，第192页，引文见赖斯，《寻求阳光地带》，第218页；爱德华·M. 伯米拉(Edward M. Burmila)，《2010年和2020年人口普查后的选举团：人口增长和重新分布的政治影响》，《政治视角7》(*Perspective on Politics* 7)，第4期，2009年12月，第839页。

20世纪晚期，阳光地带的政治情况发生了巨大的变化，以至于这一术语逐渐失去意义。黑人从北方各州迁回到南方，数百万移民也迁到南方和西南部的都市区以及小城镇。新的人口统计现状使政治地貌发生变化，结果不可预测。20世纪90年代以来，拉美裔人占据美国人口增长的40%，其中阳光地带和郊区吸引了多数人口。21世纪初，拉美裔人口占全国人口增长的一半以上。2010年人口普查显示：美国拉美裔人口增长了43%，从2000年的3 550万增长到了2010年的5 050万，这一趋势仍在继续。人口普查局预测：到2040年为止，非拉美裔的白人人口将下降至总人口的50.8%，到2050年，这一比例将减少至46.3%。[2]

20世纪90年代，美国有18个城市从非拉美裔白人占多数变为少数族裔占多数，这些城市中有12个位于南方和西南部。[3]除此之外，阳光地带城市中发展迅速的郊区吸引了大量的高学历职业人员，这部分人不像过去的郊区选民那样保守。[4]2000年、2004年以及2008年的总统选举表明：民主党和无党派选票将佛罗里达州和亚利桑那州从坚不可摧的共和党州变成了摇摆不定的州，而加利福尼亚州从共和党州变为坚实的民主党州。2008年的总统选票抛开佛罗里达州和加利福尼亚州的话，显而易见，南方几乎成为民主党的领地。阳光地带似乎因为地区政治力量而遭到分裂，但是自2008年选举以来，政治气候变化莫测，因此任何事情都是不确定的。

如果在国家选举中持久的对峙最终倾向民主党的话，那么国家将会继续支持卫生保健、城市交通和基础建设以及其他的“自由”倡议。像过去一样，地区力量平衡将发生变化，这种变化也将会产生重要的后果。

阳光地带的概念

1968年，共和党总统竞选的首席政治分析师凯文·菲利普斯(Kevin Phillips)杜撰了“阳光地带”这一术语。1969年，他的专著《新兴的共和党多数派》(*The Emerging Republican Majority*)出版，宣称美国正在经历历史性的选举重新调整，这会使共和党成为国家的多数党派。他认为这种国家政治的重新调整是基于人口的迁移，数百万美国人从北方的旧工业城市迁到郊区和南方以及西部。菲利普斯有时把南方和西部归并成一个地区，称之为阳光地带，但他从未确定其界限，实际上，他书中的47幅地图中没有一幅对这一地区进行过描述。[5]

菲利普斯认为这种地方主义会逐渐影响国家政治的方向，事实证明他的预测是正确的。1973年，阿拉伯石油生产国对石油销售实行贸易禁运，导致世界石油价格飙升。像得克萨斯、路易斯安那、俄克拉荷马和科罗拉多等石油生产州的经济因此而繁荣，南方和西部各州增加了大量的就业机会。与此同时，北方各州的能源依靠性工业和消费者受到重创。1974年和1975年，北方各州经历了经济萧条，数十万工业工人失业。截至1975年春季，纽约市面临破产，不得已向联邦政府请求贷款担保。总统杰拉尔德·福特拒绝提供援助。[6]国会立法机构中的争议逐渐以地区为界，繁荣的南方和西部与经济受挫的北方形成对峙。

在这种环境下，柯克帕特里克·萨尔(Kirkpatrick Sale)于1975年出版的专著《权力转换》(*Power Shift*)迅速成为全国的畅销书。[7]萨尔把南方和西部各州称作南部边缘，这一地带从旧工业州的手中夺取了国家的政治权力。媒体为了对这种新地区对抗引起的政治问题进行报道，再次使用了菲利普斯命名的阳光地带这一概念，因而这一术语迅速流传开来。1976年2月，《纽约时报》刊登了有利于阳光地带人口统计和政治倾向的系列报道，共分五部分。同年5月，《商业周刊》刊发专题文章《第二次州际战争》。[8]1976—1977年，地区战争成为热门话题，有关这些话题的报道增加了报纸和杂志的销量。

不久，阳光地带成为美国人的日常用语(这一术语从20世纪70年代晚期收录进字典中)，但是人们很难给出这一地区的准确界限。凯文·菲利普斯给研究阳光地带政治的学者写了一封信，信中将这一术语定义为“从东卡罗来纳低地绵延至阿巴拉契亚（不包括阿巴拉契亚），还包括田纳西州的大孟菲斯地区，除去奥沙克地区（Ozarks），向西到俄克拉荷马，几乎是正西方”，也许还包括科罗拉多州。[9]菲利普斯想把小块的贫瘠地区排除在边境州之外（边境州是指美国南北战争前拥护奴隶制的州，这些州与反对奴隶制的州相毗邻。——译者注），但是他的描述并不准确。萨尔在图 9.1 中所描述的定义包括美国北纬 37 度以下的所有地区，从北卡罗来纳到西海岸疆域，其中包括加利福尼亚南部和南内华达州的一部分。[10]（为统计方便，我们在讨论时包括加利福尼亚州和内华达州的全部。）因此，萨尔地图中的阳光地带包括 15 个州。曾经一段时期内，东北部的 14 个州以及中西部上段部分被归并为一个地区，称作霜冻地带（Frostbelt），后来这一术语从国家政治话语中消失。

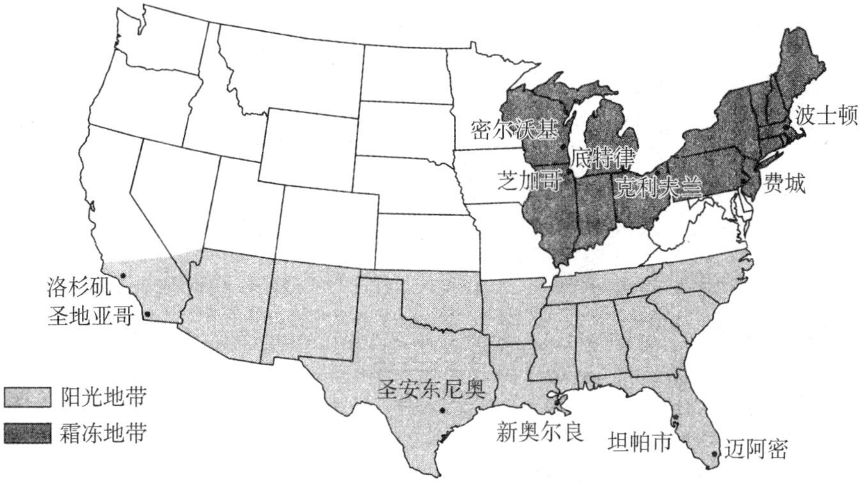

图 9.1　美国的阳光地带和霜冻地带

资料来源：节选自理查德·M. 伯纳德（Richard M. Bernard）、布兰得利·R. 赖斯（Bradley R. Rice）编，《阳光地带：第二次世界大战以来的政治与增长》（*Sunbelt Cities: Politics and Growth Since World War II*），奥斯丁：得克萨斯大学出版社，1985 年，第 7 页。

最开始，有许多学者质疑阳光地带的概念。一方面，萨尔定义中包含的广大区域并非都是繁荣区。经济发展和人口增长最快的地区包括佛罗里达州、得克萨斯州的一部分、亚利桑那州、内华达州南部和加利福尼亚州南部。阳光地带的农村地区以及南方并没有呈现出这一地带所特有的繁荣景象，因此有两位学者认为阳光地带“已经成为零星的‘太阳黑子’”。[11]

阳光地带的第二个问题是南部和西南部几乎没有区别，都被归并在同一个标签下。从修辞的角度来看,南方与繁荣的阳光地带联系在一起,但是在此之前,这一地区被冠以落后、贫穷和暴力犯罪的称号,而且还具有特殊的等级制度。有关南方政治的研究大都集中在种族问题、内战和重建造成的后果、一党独裁专政(直到20世纪60年代为止,南方的大部分州几乎没有选举共和党的候选人)——这些因素形成的保守政治文化从内战以来几乎没有发生过变化。南方的主要工业是低收入劳动。20世纪30年代,富兰克林·罗斯福和新政管理者认为联邦方案能够促进这一落后地区的经济发展。[12]

相比之下,西部地区与"城市、富裕、活力、移动和个人主义联系在一起,这一地区的经济发展和持续变化与美国的自我形象非常相符"。[13]如果阳光地带的名称来自持久的阳光,那么这一形象比起南方来更符合西部地区的特点,由于洛杉矶是电影和电视制造业的故乡,美国的大众文化与西部形象越来越接近,因此,洛杉矶的郊区扩展、高速公路、购物中心甚至是烟雾等特点成了美国未来的愿景。

有的观察者认为阳光地带的观点过于夸张。20世纪80年代,《得克萨斯月报》(*Texas Morthly*)的编辑尼古拉斯·莱曼(Nicholas Lemann)认为:"数百万阳光地带居民并没有这样的地区意识,他们认为自己是南方人或是得克萨斯人和洛杉矶人。"[14]很多人对阳光地带的概念心存疑惑,一方面因为这一地区内部存在诸多差异,另一方面的原因是美国地区之间的差别并不大。工业地带的工业性逐渐消失,城市人口分散到了郊区,以媒体为基础的国家文化取代了地区文化差异。"在美国,几乎每个城镇都有麦当劳,电视新闻版式比较统一,你无法辨别新闻节目主持人的口音。"[15]

阳光地带/霜冻地带二分法具有一定的缺陷,但是这种区分也存在有利的方面。过去的半个世纪,地区人口的移动促使美国的国家政治趋向保守,我们可以以阳光地带/霜冻地带的区分为出发点来理解这些方面的变化。许多人离开了中心城市和旧工业中心地带,导致城市和社会福利政策的迁移。由于多方面的原因,美国南方和西南部滋生了一种怀疑政府的政治文化。短时间内,2008年的总统竞选似乎是决定性的方向改变的标志,但是2010年共和党在国会选举中的胜利又使得人们质疑这种标志。

地区转变

在过去的半个世纪内,美国的人口和经济活动逐渐从旧城区内迁出。这种人口迁移与长期的国家经济增长模式形成了鲜明的对比。从 19 世纪早期以来，工业城市像一块磁铁，吸引了数百万国外移民和大批农村人员。工业城市是国家经济的引擎，人口移动反映了这一事实。1950 年，全国 65％的都市人口居住在工业地带内或附近地区，工业地带始于东北部的波士顿和纽约，穿过五大湖，延伸至圣路易斯。[16]这一地带上的制造业工作占全国的 2/3，全国人口超过百万的城市共有 14 个，工业地带拥有 10 个。但是在接下来的半个世纪内，人口的地区分布发生了决定性的转变。

从 1940 年到 1990 年这 50 年期间，阳光地带的 15 个州人口增长了 163％(人口数量达到 1 亿 386 万 8 千)；霜冻地带的 14 个州人口增长了 48％(人口数量达到 9 281万 8 千)。[17]这半个世纪以来，增长最快的州包括内华达州(增长 50％)、亚利桑那州(增长 35％)、佛罗里达州(增长 33％)和加利福尼亚州(增长 26％)。霜冻地带上人口增长唯一明显的州是新罕布什尔州(增长 20.5％)，原因是城市走廊的东北部吸引了其他地区的通勤者。[18]如图 9.2 所示，这些趋势一直持续到 21 世纪。10 年期间增长率超过 13.2％(全国平均值)的州均坐落在西部或阳光地带上，弗吉尼亚州除外。人口增长超过 25％的三个州(科罗拉多州、犹他州和爱达荷州)坐落在西部，其他两个增长迅速的州(俄勒冈州和华盛顿州)也位于西部。

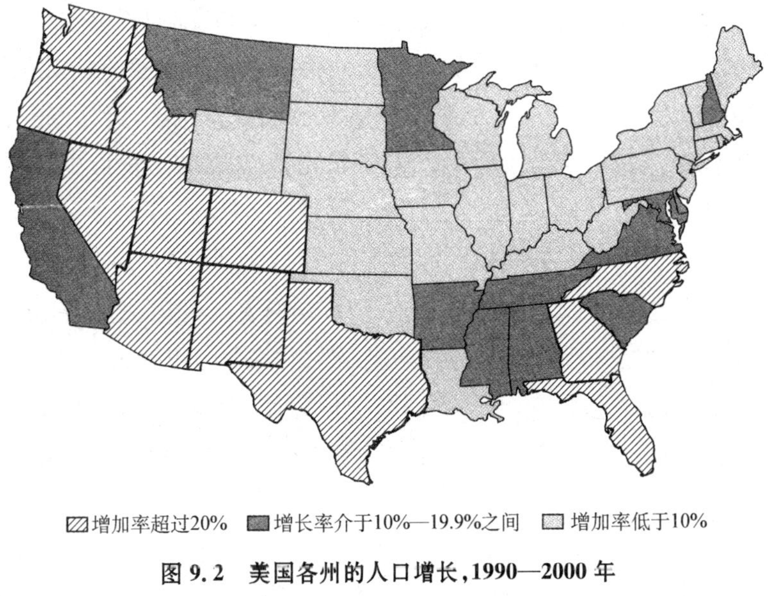

图 9.2　美国各州的人口增长，1990—2000 年

资料来源：美国人口普查局，《美国统计摘要，2001 年》，华盛顿特区：美国政府印刷局，2001 年，第 7 页。

第二次世界大战之后，阳光地带的大部分都市区加速向外扩张，以至于基础设施的建设速度延缓。表 9.1 比较了 1950—2000 年期间 6 个阳光地带上都市区的人口增长速度与 6 个霜冻城区的人口变化。6 个阳光地带都市区的增长较快，大多数以每 10 年超过 40%的速度增长。1950 年，菲尼克斯的人口为 10.7 万，但是半个世纪后，人口超过了三百万。1950 年，拉斯维加斯只是一个尘土飞扬、破旧不堪、人口仅为 2.4 万的赌城，到 2000 年转变为拥有 140 万人口的著名大都市(娱乐城市)。阳光地带上有几个面积较小的都市区，其增长速度竟然超过了大城市。例如，佛罗里达州的迈尔斯堡(Fort Myers)、珊瑚角(Cape Coral)、奥卡拉(Ocala)、萨拉索塔(Sarasota)和那不勒斯(Naples)吸引了大批退休人员。阳光地带和西部地区的其他几座小城市，由于高科技产业的涌入而繁荣兴盛，例如得克萨斯州的奥斯丁市(Austin)、加利福尼亚州的圣地亚哥和圣何塞(San Jose)、爱达荷州(Idaho)的博伊西(Boise)以及犹他州的普洛佛(Provo)。

与此同时，表 9.1 列举的 6 个霜冻地带都市区的发展趋势正好相反。20 世纪 60 年代晚期，芝加哥、底特律和圣路易斯等工业中心城市如往常一样繁荣，而市中心的人口却在逐渐减少。但是 20 世纪七八十年代对工业化发展进行了限制，这些地区的人口降到了最低点。20 世纪五六十年代期间，人口缓慢上升，后来出现了人口停滞甚至下降的情况，实际上，表 9.1 显示的 6 个霜冻地带都市区在 20 世纪 70 年代期间人口已经大大减少。生产型公司离开本地或者搬到南方或西南部，这些地区的工会组织比较薄弱，而且薪水较低。到 20 世纪末，旧都市区通过吸引同样的服务或者高科技公司(这些公司给阳光地带带来了发展)，逆转了这一趋势。

旧的生产型城市发展并不顺利，远远落后于地区总水平。20 世纪 70 年代，随着工业化限制到达顶峰，圣路易斯市失去了 27%的人口，但是圣路易斯市的人口缩减仅为 2%，原因是郊区的人口增长迅速，超过了 6%。工业地带的所有城市都经历了类似的过程，例如，20 世纪 70 年代，芝加哥人口下降了 11%，底特律人口下降了 20.5%，克利夫兰下降了 24%，但是这些城市的郊区人口却在增长，尽管增长的速度比较缓慢。20 世纪 80 年代期间，大部分城市的人口出现失控状态，但是在 20 世纪 90 年代期间，大多数城市的人口下降速度有所放慢。实际上，纽约、芝加哥以及其他几个旧工业城市在最近的二三十年期间首次出现人口持平甚至增加的情况。

表 9.1　所选都市区的人口增长情况，1950—2000 年

都市地区（按照 20 世纪 70 年代增长百分比的顺序排名）	人口增长百分比（单位：%）				
	1950—1960	1960—1970	1970—1980	1980—1990	1990—2000
阳光地带和西部					
丹佛—博尔德	52	32	31	44	32
休斯敦	52	40	45	21	25
拉斯维加斯	123	115	69	61	85.5
洛杉矶—长滩	45.5	16	6	18.5	10
菲尼克斯	100	46	55	40	45
圣地亚哥	85.5	32	37	34	12.6
霜冻地带					
波士顿	7.5	6	−5	6.5	6
芝加哥	20	12	2	0.2	11
底特律	28	12	−2	−2	5
纽约市	12	8	−4.5	3	9
匹兹堡	9	20	−5	−7	−1.5
圣路易斯	20	12	−2	3	4.6

资料来源：美国人口普查局，《1970 年人口普查，第 1 卷，人口特点，A 部分》，华盛顿特区：美国印刷局，1973 年，第 171 页，表 32；美国人口普查局，《1980 年人口普查，补充报告，标准都市统计区和标准统一统计区》，华盛顿特区，美国政府印刷局，1981 年，第 3 页，表 1；美国人口普查局，《州府和都会地区数据手册：1991 年》，华盛顿特区：美国政府印刷局，1991 年，表 A；美国人口普查局，《标准都会地区数据手册：1997—1998 年》，华盛顿特区：美国政府印刷局，1999 年，第 60—65 页，表 B-1。

相比之下，阳光地带的大部分中心城市与整个都市区的发展节奏一致。一部分原因在于许多城市为新兴城市，发达程度不如北方城市。另一方面的原因在于这些城市的外围通常没有郊区。大卫·罗斯科（David Rusk）根据城市的“弹性”程度对其进行了分类，所谓“弹性”是指通过增加未开发土地或吞并新的土地来使人口增长的能力。1990 年，人口超过 20 万的都市区共 52 个，罗斯科将这些地区列为“高弹性”或“超级弹性”的城市，其中有 49 个城市位于阳光地带，而霜冻地带的城市中没有能符合标准的。[19]

旧城市被郊区所包围，长期以来，这些郊区已经成为独立的直辖区，拒绝与城市合并，因此城市的界限不可能发生改变。阳光地带的旧城市也出现了这种情况：例如，亚特兰大在 20 世纪 70 年代期间人口下降了 14%，然而同期的郊区人口却增长了 46%；同样，丹佛的人口下降了 4.5%，而郊区人口却增长了 60%。阳光地带的新兴城市在固定界限之前能够吞并大片土地，例如，1951 年，俄克拉荷马城的面积为51平方英里,到1970年为止,面积增长为636平方英里;1950年,菲尼克斯的面积仅为17平方英里,而到1996年时,其领域扩展为469平方英里。[20] 20世纪五六十年代,阳光地带的城市吞噬了周边的大片土地,此后继续扩展自己的领域。[21]阳光地带上的一部分城市在始于2008年的赎回危机[22]中受到了重创,但有关阳光地带陷入衰退的观点最终证明是错误的。研究认为:阳光地带在一段时期内将保持较快的发展速度,其发展速度将超过其他城市。[23]

阳光地带繁荣的原因

随着人口迁往阳光地带,美国的经济资源得到了重新分配。最近的几十年内,南方和西部地区的就业率增长迅速。表9.2显示:1960年,全国劳动力的58%位于东北部和中西部,西部地区非常落后,仅占美国就业率的15%。截至20世纪80年代,东北部和中西部的就业率下滑到49%,到2000年时,这一比例下降到了46%。与此同时,南方和西部的就业率增长幅度较大,到2000年,这些地区的就业率总和占美国的54%,仅西部地区就占美国总就业率的20%。

表9.2 美国地区①就业率和就业增长率的比较,1960—2000年(单位:%)

	美国就业率比重			就业增长率比重	
	1960	1980	2000	1960—1980	1980—2000
东北部	29	23	21	13.5	12
中西部	29	26	25	21.5	20
南方	27	32	34	39.5	42
西部	15	19	20	25.5	26

①地区划分是按照人口普查局的界定标准,1989年中北部改为中西部。

资料来源:节选自美国人口普查局,《1973年美国统计摘要》,华盛顿特区:美国政府印刷局,1973年,使用1960—1970年的人口普查数据,第227页;美国人口普查局,《2001年美国统计摘要》,华盛顿特区:美国政府印刷局,2001年,使用1990年至2000年的人口普查数据;美国人口普查局,《1996年美国统计摘要》,华盛顿特区:美国政府印刷局,1996年,使用1980年的人口普查数据。

阳光地带经济成功的原因有多方面,并且很复杂,其中经济和技术因素占据主导地位。[24]霜冻地带的城市与工业时期的高密度生产模式相适应,而阳光地带城市的优势在于它们可以重新进行基础设施的建设来适应后工业时代的经济。州际高速公路网络的修建为国民经济的分散活动提供了基础。空调系统的安装则使得阳光地带更具吸引力，一方面方便了人们的生活，另一方面使白领工作更加舒适。[25]制造业中使用的材料发生了变化，从原来的以钢铁为主的重金属变为以铝和塑料为主的轻型材料，新建的制造工厂可以坐落在阳光地带都市区相对廉价并且容易得到的土地上。更重要的是，工业和家庭能源的来源从霜冻地带的煤炭变为阳光地带的石油。1940年，石油供应仅能满足全国能源需求的一半，甚至更少；到1975年为止，石油供应能够满足78%的需求。到20世纪70年代中期，煤炭供应不足全国能源的17%。[26]

人口统计数据和生活方式的变化再次体现了阳光地带的优势。这里的人们拥有更多的休闲时间，他们更加重视娱乐，这些因素吸引了更多的人们来到这个气候温暖的地方。第二次世界大战后，旅游业在国民经济中所占的比例增加。佛罗里达州、加利福尼亚州（迪士尼主题公园之家）、新奥尔良和拉斯维加斯的娱乐业和旅游设施比较发达。像亚利桑那州的哈瓦苏湖（Lake Havasu）这样的完整社区能够满足退休阶层的需求，这部分人更喜欢阳光地带的生活方式以及较低的生活成本。

但是，仅仅人口统计和经济趋势的变化并不足以解释阳光地带的繁荣程度。联邦开支在刺激地方经济发展方面发挥了强有力的影响。尤其是五角大楼的预算使军事依赖部门迁移到了阳光地带，其他的工业化国家没有像美国那样使用强硬手段支配军事开支，从而使经济活动实现地区间的转移。[27]1940年，面对欧洲纳粹闪电战的惊人成功，美国政府加大了军事采购支出，大萧条结束了。随着军事合同的增加，战争生产委员会制定了扩大防御设施和生产能力的政策，这一决议加大了爆炸和潜在侵略的难度。南方和西部的气候条件适合飞机训练设施的使用。总的说来，战时军事开支为740亿美元，据估计，其中的60%流入了阳光地带的15个州，当时这些州的人口不足全国人口的40%。[28]

南方的都市区发展速度最快。第二次世界大战期间，数千名工人涌入城市寻找报酬相对较高的工业就业机会，这一趋势推动了南方和西部地区的城市化进程。1940年到1943年期间，南方的都市郊区人口增长了4%，西部郊区的人口增长了3%；相比之下，中西部上段的都市郊区人口仅增长了2%，而东北部都市区的人口减少了0.6%。[29]坐落于南方和西部地区的城市一夜之间成为新兴城市。1940年4月—1941年10月，15万人涌进洛杉矶，使当地的人口增加了1/3。战争期间，圣地亚哥的人口增长了27%，堪萨斯州的威奇托市（Wichita）人口增长了20%。[30]战时经济的兴盛使得这些城市的住宅、基础设施和公共服务的税收达到极限。

第二次世界大战临近结束之际，军事制造业开始从重工业（坦克、机枪）转向高科技武器的制造，例如导弹、喷气式飞机和复杂的通信系统。冷战期间，国家的军事开支居高不下，大部分的开支面向阳光地带。研究表明：1950—1976 年，防御合同的签署会得到奖赏，这时发生了“明确的地区转移”，从东北部转移到了阳光地带。[31]在此期间，全国兵工厂的总数量增加了 35%，即便如此，在东北部和中西部上段的 16 个州中，兵工厂的数量下降了 3%。[32]到 1975 年为止，军事预算占东北部个人收入的 4%，而阳光地带各州的个人收入中有 9%来自这部分的预算。[33]

军事支出转移到阳光地带并不仅仅因为这一地区是军事生产的有效地点。长期以来，由于毫无竞争的一党选举，南方民主党参议员和代表的席位非常固定，这些人长期在国会工作，靠资历得到职位，因此控制着委员会。南方的国会代表利用委员会主席的职位来驾驭国防开支和堤坝、水利工程等主要的基础设施投资，为自己所在的州争取这部分开支和投资。有关这一问题最好的例子是门德尔·瑞沃斯（Mendell Rivers），从 1930 年到 1970 年，他一直代表南卡罗来纳州的查尔斯顿。作为众议院武装部队委员会（House Armed Services Committee）的主席，瑞沃斯成功地获得了联邦政府的资助，允许在自己故乡进行下列建设：“集团军仓库、海军陆战队航空基地、海军训练营、两家海军医院、海军船坞、海军基地、海军供应中心、海军武器中心、海军潜水基地、北极星导弹基地、两个空军基地和联邦住宅开发公司。”[34]由于来自多元化霜冻地带的参议员和代表在国会中的任期较短，第二次选举时他们经常失败，因此缺乏资历和影响力。[35]

其他的联邦开支方案对阳光地带非常有益。联邦政府对高速公路修建提供补贴，阳光地带大获裨益，城市之间距离很长，都市区的面积非常大，这些因素促使联邦开支的额度不断增加。联邦政府拨款建设下水道和供水系统以及堤坝和水利工程，这些建设项目对阳光地带的发展非常关键。像公共就业项目和社会福利开支等联邦开支方案偏重于旧的工业城市，但是这些措施并不能保证可持续性的经济发展。相比之下，联邦政府为阳光地带提供的开支保证了工资下发和基础设施的建设，这些措施支持了新兴工业的全面发展，例如微电子业。熟练劳动力是经济发展的最重要因素之一，军队将受过专门训练的白领工人、工程师和科学家招募到阳光地带军事设施附近的地区。20 世纪 80 年代晚期，一位学者在其著作中这样写道：“国防部每年向许多公司提供大量资金，将中西部和其他地区受过大学教育（通常情况下是公费教育）的工程师和科学家引进到西南地区。”[36]

除了直接拨款资助之外，联邦政府在税收方面向阳光地带提供优惠。1954年，从企业所得税中扣除的加速折旧率为新的商业和工业建设提供了税收优惠，但是旧建筑的维修建设不能享受这一优惠。加速折旧率促使资金从旧工业城市流向了郊区和阳光地带。[37]1954—1980年，联邦政府在减免企业所得税方面提供的补贴价值300亿美元。1962年，总统肯尼迪提出了投资税收抵免的优惠，为企业投资建设新工厂和购买设备提供税收减免。通过这种方法，联邦税法鼓励公司摒弃霜冻地带上的旧工厂并且到阳光地带建设新的工厂。1962年到1981年期间，联邦政府在税收方面提供了900亿美元的补贴，[38]1982年这一年提供了价值200亿美元的补贴。[39]20世纪80年代初，政府部门对促进投资流动性(例如将旧工厂和设备的加速折旧率用于新设备的补贴)的九种税收补贴进行了一项研究，结果发现这些税收补贴是美国住房和城市发展部总预算的两倍。[40]

联邦政策的地区不平等现象引起了中西部和东北部公共官员的注意。1976年6月，一部分州长成立了东北部州长联盟，同年9月，来自16个州的国会代表成立了东北—中西经济促进联盟(今天被称为东北—中西协会)。为了对抗霜冻地带政客的影响，成立于1971年的南方发展政策委员会加强了游说方面的工作。[41]1975—1979年间，联邦开支的地区差异缩小，[42]但是1980年罗纳德·里根的当选又改变了这一趋势。[43]里根执政后，立即对面向旧中心城市的方案进行了大幅度的削减。[44]1980年到1987年期间，像公共交通、公共住房、社会福利和就业培训等方面的城市方案拨款被削减了47%。[45]同时，里根政府增加了国防和高速公路项目的拨款，阳光地带因此受益匪浅。

联邦预算成为国家资源地区间重新分配的一种途径，在这一过程中，支持共和党的选民得到的回报最多。1983年到1998年期间，纽约州和新泽西州的公民为联邦财政部所做的贡献超过了所得回报5 000亿美元。[46]1997年，南方和边境9个州的公民所支付的联邦税比起对联邦财政部的贡献少了450亿美元，同年，北方的8个州所支付的联邦税超出了南方820亿美元。简而言之，北方的纳税人为阳光地带的经济繁荣提供了大量的补贴。

阳光地带城市政治的变化

20世纪80年代以来，阳光地带城市的文化和政治经历了翻天覆地的变化。

仅仅半个世纪之前，南方属于经济落后的贫困地区，种族主义政治传统根深蒂固。西南地区的经济主要依赖军事设施和农业，政治上致力于确保联邦政府对水利工程和军事基础设施的投资。自 20 世纪 50 年代以来，从佛罗里达州到南加利福尼亚州一带的城市发展迅速，目前这些城市仍然呈现上升的趋势。服务业和高科技产业的发展吸引了大量的工人，除此之外，大批退休人员和西半球移民涌入这些城市，因此带动了人口的增长。阳光地带的政治变化符合这一历史进程。

第二次世界大战前，阳光地带的大部分城市由过渡时期的政府管理，执掌过渡时期政府的政客多半出身于历史悠久、有名望的家庭。这种领导机构与首领或集团领导的政党机器颇为相似，但是在其他方面与 19、20 世纪之交产生的北方城市机器政党并不相同。南方的工人阶级选民受所谓的关爱种族局外人的影响。首先，这些城市的政治领导希望保护本地文化，拒绝改革。像佛罗里达州的坦帕市(Tampa)、得克萨斯州的圣安东尼奥(San Antonio)以及其他许多城市都受到这种组织的控制，这种管理体系一直持续到第二次世界大战后。1946 年，德莱塞普・S. 莫里森(de Lesseps S. Morrison)当选为新奥尔良的市长，在此之前，这座城市一直受常规民主组织(Regular Democratic Organization)机器政党的领导。[47]

第二次世界大战期间，国防建设带来了巨大变化，但是这些紧密团结的机器政党对所发生的变化丝毫没有准备。战后，新一代的政治活动家登上了历史舞台。许多城市爆发了“士兵起义”(G. I. revolts)，“年轻聪明的候选人游行，抗议那些打着进步旗号的腐败而无能的市政厅集团”。[48]他们呼吁中产阶级选民的支持，因为这部分人与现存的政治机构几乎没有联系。白领职业人士、商业领导、倡导发展的城市管理者以及官僚们组成联盟，建立了以商业为主的改革政府，他们致力于现代化、基础建设和经济发展。

这一改革的浪潮改变了阳光地带的政治面貌，尤其是西南部的城市。从 1945 年到 1955 年期间，圣安东尼奥、休斯敦、达拉斯、俄克拉荷马市、阿尔伯克基(Albuquerque)、菲尼克斯和圣何塞(San Jose)等城市都进行了重要的改革，通常是建立无党派城市管理者制度，并采取普遍选举的方法。[49]菲尼克斯章程政府委员会、阿尔伯克基公民委员会和圣安东尼奥好政府联盟等组织鼓励人们进行改革，改革运动的领导者通常是中上层阶级的英裔美国职业人士和商业领袖。

圣安东尼奥成为阳光地带市政改革的典型模范。1949 年，A. C.“杰克”・怀特(A. C. “Jack” White)在好政府改革者和商业社区的支持下赢得了市长职位，但是直到 1951 年,改革者才将分歧搁置,投票制定市政章程。然后,好政府联盟开始进行候选人的支持工作。从 1955 年到 1971 年,该联盟从圣安东尼奥的 81 位市政议员中招募或签约了 77 位。好政府联盟具有政党的功能,相当于“中上层阶级的政党机器,办公地点不在坦慕尼厅,而是在储蓄和借贷协会,这部分人在选举中创造了奇迹,令人叹为观止”。[50]

好政府联盟成功地通过了一系列的债券公投来资助基础设施的改善,从而促进了圣安东尼奥的发展;例如,截止到 1986 年,联盟在城市内部修建了长达 98 英里的高速公路系统,同时对城市重建拆迁和中心商业区的振兴提供资助,联盟还为哈梅斯法尔(HemisFair)旅游业和购物中心的建设提供了很多便利,该工程占地 149 亩,位于阿拉莫(Alamo)的东南部。哈梅斯法尔是公民积极支持的典范项目,地方政府提供工程补助,私人部门负责规划和具体实施工作。[51]

战后以商业为主导的联盟积极争取白人中产阶级选民的支持,像过去一样,少数族裔被排除在外。长期以来,白人使用法律或不受法律支配的各种方法,阻止非裔和拉美裔美国人参加选举。例如,民主党预选时禁止黑人投票,这种白人预选制度有效地阻止了黑人参政。在南方各州,民主党候选人在大选中总是赢得全部的支持,因此这种白人预选制度相当于剥夺了公民的选举权。1944 年,美国最高法院判定白人预选制度违反了宪法的第十五条修正案,废除了该项制度。[52]

白人继续使用其他的方法来削弱黑人和拉美裔人的选举影响力。很多城市使用自由选举区来保证少数族裔社区在全市范围内被多数票击败。但是 1965 年的《选举权利法》使联邦法官有权否决减少少数族裔代表的选举制度。1975 年,法案的保护对象扩大,拉美裔人也在保护范围之内。联邦政府要求休斯敦和达拉斯必须修改自由选举制度,将选区界限最大化,要包括黑人和拉美裔人代表。同样,洛杉矶也被强迫重新划定选举界限。在少数族裔选民的参与下,新的城市章程通过,圣安东尼奥、沃斯堡、阿尔伯克基、圣弗朗西斯科、亚特兰大、里士满(Richmond)以及其他几个城市在宪章的指导下实行了以选区为基础的代表制度。[53]

这些措施奠定了整个阳光地带的政治制度基础,但是如果没有进行改革的话,非裔和拉美裔美国人的人口增长将无法抗拒政治变化。到 1990 年,非裔和拉美裔人在佛罗里达州以及从得克萨斯州到加利福尼亚州一带的许多城市中占人口的绝大多数,其中拉美裔人口是非裔人口的两倍。迈阿密人口的 90%以上是少数族裔,相比之下,洛杉矶、休斯敦和圣安东尼奥的少数族裔人口占 60%。人口超过 50

万的阳光地带城市中，少数族裔人口的比例超过了50％。

20世纪90年代期间，阳光地带大都市郊区的少数族裔人口急速上升，劳德代尔堡地区(Fort Lauderdale)的少数族裔人口增长了18％，奥克兰、拉斯维加斯、亚特兰大、圣何塞、休斯敦、加利福尼亚的奥兰治县、迈阿密、达拉斯地区以及其他地方的少数族裔人口的增长超过了11％。[54]由于长达30年的移民过程，到2000年人口普查时，阳光地带中20个都市郊区的少数族裔至少占总人口的40％。表9.3显示，郊区少数族裔比例最高的城市地区都位于阳光地带。到2000年为止，洛杉矶城市地区的拉美裔人占郊区人口的69％，迈阿密和火奴鲁鲁地区的郊区人口中将近80％是拉美裔人，而得克萨斯州的埃尔帕索(El Paso)和麦卡伦(McAllen)的郊区人口中有90％以上是拉美裔人。

表9.3 人口超过50万的大都市地区中郊区少数族裔的人口数量(2000年人口普查)

排序	郊区少数族裔人口最高百分比		郊区少数族裔人口最低百分比	
	大都市区[①]	百分比(％)	大都市区[②]	百分比(％)
1	麦卡伦(得克萨斯州)	92	斯克兰顿(宾夕法尼亚州)	3
2	埃尔帕索(得克萨斯州)	90	韦思堡(印第安纳州)	4
3	火奴鲁鲁(夏威夷)	79	诺克斯维尔(田纳西州)	5
4	迈阿密(佛罗伦斯州)	78.5	锡拉丘兹(纽约州)	5
5	洛杉矶(加利福尼亚州)	69	扬斯敦(俄亥俄州)	5.5
6	泽西城(新泽西州)	62.5	印第安纳波利斯(印第安纳州)	6
7	阿尔伯克基(新墨西哥州)	56	阿克伦(俄亥俄州)	6
8	夫勒斯诺(加利福尼亚州)	55	密尔沃基(威斯康星州)	6
9	里弗赛得(加利福尼亚州)	53	布法罗(纽约州)	6
10	贝克尔斯菲(加利福尼亚州)	51.5	阿尔巴尼(纽约州)	6
11	奥克兰(加利福尼亚州)	48	艾伦镇(宾夕法尼亚)	6
12	文图拉(加利福尼亚州)	45	托莱多(俄亥俄州)	7

[①]有几个大都市区列举了两个或更多的中心城市。此表中这些城市按照人口普查局所列出的字母顺序进行排列，仅列出第一大中心城市的名称。

资料来源：节选自威廉·弗雷，《城郊融炉：2000年人口普查对城郊多样性的研究》，华盛顿特区：城市和都市政策研究中心，布鲁金斯学会出版社，2001年6月，第5页，表1。

相比而言，几乎没有少数族裔选择在霜冻地带的郊区居住。事实上，工业带中等面积的都市区域中，郊区的少数族裔人口为个位数，这些城市包括宾夕法尼亚州的斯克兰顿(Scranton)、艾伦镇(Allentown)、哈里斯堡(Harrisburg)，俄亥俄州的扬斯敦(Youngstown)、阿克伦(Akron)、托莱多(Toledo)和哥伦布(Columbus)以及纽约州的布法罗（Buffalo）、奥尔巴尼和罗彻斯特（Rochester）。显而易见，阳光地带都市区的发展归功于源源不断的移民大潮，相比之下，北方都市区人口增长缓慢的一部分原因在于移民比例较低。

非裔和拉美裔美国人赢得公职的数量与其人口的变化基本保持一致。1970年2月，当选为官员的黑人数量为1 469名，2000年这一数字增长为9 040，[55] 2011年的数量为10 500。[56]非裔美国人在阳光地带的某些大城市中当选为市长，其中包括洛杉矶、新奥尔良、亚特兰大、伯明翰以及郊区和非大都市的城市和县。每年大约有两万名拉美裔移民获得公民权和选举权，拉美裔美国人当选为官员的人数不断增加，1985年9月，拉美裔官员人数为3 147，2000年9月为5 205，[57]到2008年，这一数字升至5 240。[58] 20世纪90年代期间，拉美裔美国人在迈阿密、丹佛、圣安东尼奥以及许多小城市当选为市长。

少数族裔进入阳光地带城市的政治体系后，政策发生了很大的变化。亚特兰大就是很好的例子。自1973年以来，亚特兰大市长一直由非裔美国人担任。市议会和联合校董会的大部分成员是黑人，市政府中主要任命的公务员职位多半由黑人占据。梅纳德·杰克逊（Maynard Jackson）是亚特兰大的首位非裔美国人市长，在他的领导下，四年内非裔美国人在警察署任职的比例从19%增长到了35%，市民对警察暴行的投诉也有所下降。[59]亚特兰大共设立了24个社区委员会，每个委员会都派有专业管理人员，以便于社区对城市规划和发展决议拥有发言权。杰克逊在第一任期内启动了一项优惠方案，提高了少数族裔公司承接城市合同的比例，从1‰增长到1988年的35%。[60]

阿拉巴马州的伯明翰市和新奥尔良市在上述方面也有所改善，这两个城市自1979年和1977年以来也是由非裔美国人担任市长。少数族裔参政的比例提高，社区组织积极参与地方政务。这两个城市的黑人一直关注警察暴力问题，而现在这一情况已经不像从前那样严重了。[61]

拉美裔美国人也进入了地方政治体系之中。在迈阿密，拉美裔人口最多，并且拥有雄厚的经济势力，因此他们成为城市中最重要的选区。自由选举制度使拉美裔人在迈阿密和周边的县处于劣势，20世纪90年代期间，他们一举推翻这一制度，因此拉美裔人能够赢得各个级别的公职。拉美裔和非裔美国人在董事会、委员会以及公职中占有相当的比重。[62]同样，非裔和拉美裔美国人在丹佛的政治体系中占据重要地位，丹佛这座城市具有阳光地带的许多特点。1983年，弗雷德里科·

佩纳(Frederico Pena)当选为丹佛的市长,当时拉美裔人口占丹佛人口的18%,并没有占据多数,因此丹佛成为美国第一个在拉美裔人口处于劣势的情况下当选为市长的城市。佩纳任市长的两个任期结束后,惠灵顿·韦伯(Wellington Webb)当选为市长,他是丹佛的首位黑人市长,当时黑人仅占城市人口的11%。市议会、市董事会和委员会、公共职务以及民警部门的拉美裔和黑人代表的数量非常多。[63]

区域融合和国家政治

长期以来,学者们一直预测:美国地区间的差异将逐渐消失。[64]至少在某种程度上,这一预测被证明是准确的。经济实力使全国城市的经济状况出现差异,也导致人口分布发生变化。霜冻地带的企业白领工作、服务业和旅游业对于城区和商业区的经济非常重要,大都市区的蓝领工作和工会组织不如从前密集,北方的中心城市吸引了大批有钱人家庭。与此同时,阳光地带的城市也具有旧工业城市的诸多传统特点,例如移民数量的快速增长、集中贫困现象以及种族冲突。如今,全国各地的城市都具有多种族、多族裔的特点。

人口分布和政治上所反映出来的融合趋势,随着时间的流逝,使城市的公共政策也越来越相似。大大小小的旧工业城市在追求商业投资的过程中积极实现自身的"企业"理想。[65]因此,许多工业城市将资源从社会服务行业转移到了发展型项目,对发展项目进行补贴投资。[66]大量公共资金用在了体育馆、会议中心和再开发地区等设施的建设之上。[67]霜冻地带的城市对高科技和企业服务行业进行投资,并且为支持旅游业和娱乐业而发展基础设施建设,通过这种做法,霜冻地带的城市逐渐趋向于阳光地带城市的发展态势。

同样,选举行为和政党认同上的地区差异趋于缓和。过去,阳光地带支持共和党,推动国家往保守的方向发展。然而,最近的研究显示民主党在南方和北方的大都市地区以及郊区和中心城市的支持率上升。[68]这种趋势产生的一部分原因来自移民大潮,非裔、拉美裔和亚裔美国人中约有75%支持民主党。集中在郊区和中心城市高科技区的白领职业人士占2000年选民的21%,这部分人在社会问题上态度比较温和,他们支持环境保护、民权和妇女权利,这部分人的数量在阳光地带增长迅速。全国人口增长最快的县共50个,几乎全部位于阳光地带,这些地区中54%的选民在2000年的选举中都支持阿尔·戈尔。2002年,两位学者认为"这种新兴的民主党多数”将出现在国家政治格局中。[69]

他们的预测在 2008 年的总统大选中成为事实。南方的一部分州仍然支持共和党，但是选举地图显示民主党在其他地方大获全胜。南方有 4 个州支持约翰·麦凯恩(John McCain)，中西部有 4 个，西部有 3 个，约翰·麦凯恩在这些州赢得了 55％的选票优势，但是加利福尼亚、内华达、科罗拉多、新墨西哥和佛罗里达在选举时属于蓝色州(蓝色州代表支持民主党，红色州支持共和党)。1910 年的国会选举中，共和党强势回归，但是全国地区都出现了这种情况。无论阳光地带的概念在过去起到何种作用，它似乎无法解释 2008 年和 2010 年的选举结果。

2010 年 4 月 23 日，亚利桑那州州长简·布鲁尔(Jan Brewer)签署了反移民法，这一举措相对于早期的阳光地带政治属于倒行逆施，因而人们非常关注此事。法律要求人们携带移民文件到警署办理，警官有权决定移民资格，毫无疑问，这项法律一方面源于对非法移民的憎恨，另一方面是对州内拉美裔人的厌恶情绪所致。2012 年 6 月，《赫芬顿邮报》(*Huffington Post*)的一篇文章询问了这样的问题：“对于拉美裔来说，亚利桑那州是全国最糟糕的地方吗？”[70] 2011 年 6 月，得克萨斯州也效仿此举，州参议院通过法案，授予警官更大的权力，可以质疑拘留人员的公民身份。实际上，2011 年成为反移民立法的标志性年代。阿拉巴马州、佐治亚州、印第安纳州、南卡罗来纳州和犹他州全部通过了反移民法案，这些法案都模仿了 2010 年亚利桑那州的法律。阳光地带也不例外，从 2010 年到 2011 年，所有的州至少通过了一项反移民法律，平均每个州通过 3—6 部相关法律。[71]

这些措施遭到了其他地方的强烈反对。2010 年 5 月 13 日，洛杉矶市议会通过一项决议，取消了城市资助去亚利桑那旅游的开支。有关这一决议的争论异常激烈，有的代表提到了大屠杀和第二次世界大战期间对日裔美国人的拘留问题。从迈阿密到洛杉矶，阳光地带的许多城市拥有大量拉美裔人口。显而易见，如果再次出现类似的事情，阳光地带不会只有一个反对的声音，而是众声齐呼。

始于 2008 年秋季的经济崩溃让人们质疑阳光地带是否真正具有经济优势。阳光地带城市的大部分财富依靠房地产和建筑业，这种依赖性比其他的地方更为明显。而这些部门在经济衰退中所遭受的打击最为严重，因此全国最高的房屋止赎率和房产价值下跌发生在南方和西南部的大都市地区：2007 年 10 月—2008 年 10 月，菲尼克斯和拉斯维加斯的房价下跌了 1/3，而纽约地区的房价仅下滑了 7.5％。[72]多年以来，阳光地带的人们对落后的霜冻北方感到难过不已，而风水轮流转，当他们发现这种不景气的情况发生在自己的身上，至少在一段时期内不会发生改变时，他们一定感到惊诧不已。

尾注

1. Robert Goodman, *The Last Entrepreneurs: America's Regional Wars for Jobs and Dollars* (New York: Simon & Schuster, 1979), p. 42.
2. Sudeep Reddy, "Latinos Fuel Growth in Decade," *The Wall Street Journal* (March 25, 2011), http://online. wsj. com/article/SB10001424052748704604704576220603 247344790. html.
3. Alan Berube, "Racial and Ethnic Change in the Nation's Largest Cities," in *Redefining Urban & Suburban America: Evidence from Census 2000*, ed. Bruce Katz and Robert E. Lang (Washington, D. C.: Brookings Institution Press, 2003), p. 142.
4. John B. Judis and Ruy Teixeira, *The Emerging Democratic Majority* (New York: Scribner/A Lisa Drew Book, 2002).
5. Kevin P. Phillips, *The Emerging Republican Majority* (New Rochelle, NY: Arlington House, 1969).
6. Prompting the famous headline, "Ford to City: Drop Dead!" *New York Daily News* (October 29, 1975), p. 1.
7. Kirkpatrick Sale, *Power Shift: The Rise of the Southern Rim and Its Challenge to the Eastern Establishment* (New York: Random House, 1975).
8. "The Second War between the States," *Business Week* (May 17, 1976).
9. Quoted in Carl Abbott, *The New Urban America: Growth and Politics in Sunbelt Cities* (Chapel Hill: University of North Carolina Press, 1987), p. 6.
10. Sale, *Power Shift*, p. 11.
11. Bernard Weinstein and Harold Gross, interview quoted in Abbott, *The New Urban America*, p. 4.
12. Bruce J. Schulman, *From Cotton Belt to Sunbelt: Federal Policy, Economic Development, and the Transformation of the South, 1938—1980* (New York: Oxford University Press, 1991), Chapter 2.
13. Abbott, *The New Urban America*, p. 22.
14. Quoted in David R. Goldfield and Howard N. Rabinowitz, "The Vanishing Sunhelt," in *Searching for the Sunbelt: Historical Perspectives on a Region*, ed. Raymond A. Mohl (Knoxville: University of Tennessee Press, 1990), p. 224.
15. Ibid., p. 231.
16. William H. Frey, "Metropolitan America: Beyond the Transition," *Population Bulletin* 45, No. 2 (July 1990): 14.
17. U. S. Bureau of the Census, *Statistical Abstract of the United States, 1980*, 101st ed. (Washington, D. C.: U. S. Government Printing Office, 1981), p. 10; U. S. Bureau of the Census, *Statistical Abstract of the United States, 1992*, 112th ed. (Washington, D. C.: U. S.

Government Printing Office, 1992), p. 22.

18. U. S. Bureau of the Census, *Statistical Abstract of the United States*, *1992*, p. 22.
19. David Rusk, *Cities without Suburbs* (Washington, D. C. : Woodrow Wilson Center Press, 1993).
20. Timothy Egan, "Urban Sprawl Strains Western States," *New York Times* (December 29, 1996), p. 6.
21. Rusk, *Cities without Suburbs*.
22. Haya El Nasser and Paul Overberg, "Slump Stunts Sun Belt Growth," *USA Today* (July 7, 2010), http://www.usatoday.com/news/nation/census/2010-06-22-census_N.htm.
23. Edward M. Burmila, "The Electoral College after Census 2010 and 2020: The Political Impact of Population Growth and Redistribution," *Perspectives on Politics* 7, No. 4 (December 2009): 839.
24. 关于阳光地带强调经济和技术因素发展的全面分析,参见 John D. Kasarda, "The Implications of Contemporary Re-distribution Trends for National Urban Policy," *Social Science Quarterly* 61, No. 3 (December 1980): 373-400。
25. Raymond Arsenault, "The End of the Long Hot Summer: The Air Conditioner and Southern Culture," in *Searching for the Sunbelt*, ed. Mohl, pp. 176-211.
26. Kirkpatrick Sale, "Six Pillars of the Southern Rim," in *The Fiscal Crisis of American Cities*, ed. Roger E. Alcaly and David Mermelstein (New York: Random House, Vintage Books, 1977), p. 174.
27. Ann R. Markusen, *Regions: The Economics and Politics of Territory* (Totowa, NJ: Rowman and Littlefield, 1987), p. 113.
28. Sale, "Six Pillars of the Southern Rim," p. 170.
29. Phillip J. Funigiello, *The Challenge to Urban Liberalism, Federal-City Relations during World War II* (Knoxville: University of Tennessee Press, 1978), pp. 12-13.
30. Abbott, *The New Urban America*, p. 103.
31. Maureen McBreen, "Regional Trends in Federal Defense Expenditures: 1950-76," in *Selected Essays on Patterns of Regional Change: The Changes, the Federal Role, and the Federal Response*, submitted by Senator Henry Bellmon to the Senate Committee on Appropriations (Washington, D. C. : U. S. Government Printing Office, 1977), p. 527.
32. A report issued by the Northeast-Midwest Economic Advancement Coalition, cited in Edward C. Burks, "16 Northeast and Midwest States Find Inequities in Defense Outlays," *New York Times* (September 22, 1977).
33. Richard S. Morris, *Bum Rap on America's Cities: The Real Causes of Urban Decline* (Upper Saddle River, NJ: Prentice Hall, 1978), pp. 148-149.
34. Sale, *Power Shift*, p. 149.
35. 自从 20 世纪 70 年代以来,两党都允许资历制度出现例外,因而委员会主席的权力有所削弱。
36. Ann R. Markusen, "Regional Planning and Policy: An Essay on the American Exception," Working Paper No. 9 (Brunswick, NJ: Center for Urban Policy Research, Rutgers University, July 1989).
37. 参见 George Peterson, "Federal Tax Policy and Urban Development," in *Central City Economic Development*, ed. Benjamin Chinitz (Cambridge, MA: Abt Books, 1979), pp. 67-78。

38. Michael I. Luger, "Federal Tax Incentives as Industrial and Urban Policy," in *Sunbelt/Snowbelt: Urban Development and Regional Restructuring*, ed. Larry Sawers and William K. Tabb (New York: Oxford University Press, 1984), pp. 204-205.
39. John F. Witte, "The Growth and Distribution of Tax Expenditures," in *The Distributional Impacts of Public Policies*, ed. Sheldon H. Danziger and Kent E. Portney (New York: St. Martin's Press, 1988), p. 179.
40. Peter Marcuse, "The Targeted Crisis: On the Ideology of the Urban Fiscal Crisis and Its Causes," *International Journal of Urban and Regional Research* 5, No. 3 (1981): 339.
41. 参见 Markusen, *Regions*, Chapter 8。1981 年 1 月,南方发展政策委员会放弃了联邦对国会阳光地带委员会的监控行为。
42. "Neutral Federal Policies Are Reducing Frostbelt-Sunbelt Spending Imbalances," *National Journal* (February 7, 1981), pp. 233-236.
43. 里根执政期间,有关阳光地带对联邦军事开支的偏见,参见 the data compiled in the *New York Times* (December 20, 1983), cited in Michael Peter Smith, *City, State, and Market: The Political Economy of Urban Society* (New York: Blackwell, 1988), p. 57。
44. Harold Wolman, "The Reagan Urban Policy and Its Impacts," *Urban Affairs Quarterly* 21, No. 3 (March 1986): 311-336.
45. Peggy L. Cuciti, "A Nonurban Policy: Recent Public Policy Shifts Affecting Cities," in *The Future of National Urban Policy*, ed. Marshall Kaplan and Franklin James (Durham, NC: Duke University Press, 1990), p. 243.
46. Thad Williamson, David Imroscio, and Gar Alparovitz, *Making a Place for Community: Local Democracy in a Global Era* (New York: Routledge, 2002), p. 56.
47. 参见 Gary Mormino, "Tampa: From Hell Hole to the Good Life," in *Sunbelt Cities: Politics and Growth Since World War II*, ed. Richard M. Bernard and Bradley R. Rice (Austin: University of Texas Press, 1983), pp. 138-161; and Abbott, *The New Urban America*。
48. Abbott, *The New Urban America*, p. 247.
49. Amy Bridges, "Politics and Growth in Sunbelt Cities," in *Searching for the Sunbelt*, ed. Mohl, p. 2.
50. Robert L. Lineberry, *Equality and Urban Policy: The Distribution of Municipal Public Services* (Beverly Hills, CA: Sage, 1977), pp. 55-56, quoting Abbott, *The New Urban America*, p. 139.
51. 有关圣安东尼奥以商业为主导的改革运动的叙述来自 Abbott, *The New Urban America*。
52. *Smith v. Allwright*, 321 U. S. 649 (1944). See the discussion in V. O. Key, *Politics, Parties, and Pressure Groups*, 5th ed. (New York: Crowell, 1964), p. 607.
53. Abbott, *The New Urban America*, p. 217.
54. William Frey, *Melting Pot Suburbs: A Census 2000 Study of Suburban Diversity* (Washington, D. C.: Center for Urban and Metropolitan Policy, Brookings Institution Press, June 2001), p. 8.
55. Joint Center for Political and Economic Studies, *Black Elected Officials: A Statistical Summary, 2001* (April 2001), p. 250, www. jointcenter. org/databank/graphs/99beo. pdf.
56. *Roster of Latino Elected Officials* (Washington, D. C.: National Association of Hispanic

Elected and Appointed Officials, annual).

57. Ibid., citing original source as *National Roster of Latino Elected Officials* (Washington, D. C.: National Association of Hispanic Elected and Appointed Officials, annual).
58. U. S. Bureau of the Census. *Hispanic Public Elected Officials by Office, 1985 to 2008, and State, 2008*, Table 421.
59. Michael Leo Owens and Michael J. Rich, "Is Strong Incorporation Enough? Black Empowerment and the Fate of Atlanta's Low-Income Blacks," in *Racial Politics in American Cities*, 3rd ed., ed. Rufus P. Browning, Dale Rogers Marshall, and David H. Tabb (New York: Longman, 2003), pp. 209-210.
60. Timothy Bates and Darrell Williams, "Preferential Procurement Programs and Minority-Owned Business," *Journal of Urban Affairs* 17, No. 1 (1995): 1.
61. Huey L. Perry, "The Evolution and Impact of Biracial Coalition and Black Mayors in Birmingham and New Orleans," in *Racial Politics*, ed. Browning, Marshall, and Tabb, pp. 228-254.
62. Christopher L. Warren and Dario V. Moreno, "Power without a Program: Hispanic Incorporation in Miami," in *Racial Politics*, ed. Browning, Marshall, and Tabb, pp. 281-306.
63. Rodney E. Hero and Susan E. Clarke, "Latinos, Blacks, and Multiethnic Politics in Denver: Realigning Power and Influence in the Struggle for Equality," in *Racial Politics*, ed. Browning, Marshall, and Tabb, pp. 309-330.
64. Theodore J. Lowi, "The State of Cities in the Second Republic," *Fiscal Retrenchment and Urban Policy*, ed. J. P. Blair and D. Nachmias (Beverly Hills, CA: Sage, 1979), pp. 43-54; John H. Mollenkopf, *The Contested City* (Princeton, NJ: Princeton University Press, 1983); Paul Kantor, *The Dependent City Revisited: The Political Economy of Urban Development and Social Policy* (Boulder, CO: Westview Press, 1995).
65. Peter K. Eisinger, *The Rise of the Entrepreneurial State: State and Local Economic Development Policy in the United States* (Madison: University of Wisconsin Press, 1988).
66. 关于这一转变的证据,参见 Kenneth K. Wong, *City Choices: Education and Housing* (Albany: State University of New York Press, 1990), p. 16。
67. Dennis R. Judd, ed., *The Infrastructure of Play: Building the Tourist City* (Armonk, NY: M. E. Sharpe, 2003).
68. Judis and Teixeira, *The Emerging Democratic Majority*.
69. Ibid.
70. Jessica Gonzales-Rojas, "Is Arizona the Worst Place in the Country to Be a Latina? " *Huffington Post* (June 20, 2010), http://www. huffingtonpost. com/jessica-gonzalezrojas/arizona-worst-for-latinas_b_1612776. html.
71. Ian Gordon and Tasneem Raja. "164 Anti-Immigration Laws Passed Since 2010? A MoJo Analysis," *Mother Jones* (March 1, 2010), http://m. motherjones. com/politics/2012/03/anti-immigration-law-database.
72. Richard Florida, "How the Crash Will Reshape America," *The Atlantic* (March 2009), p. 54.

第三部分

分裂的大都市

第十章　分裂大都市的兴起

大都市的地盘之争

美国文化有一个重要特点，即对城市极不信任，这种怀疑态度根深蒂固。美国宪法通过后仅过了几年，托马斯·杰斐逊就这样写道："我认为城市对人类的道德、健康和自由有害。"[1]20 世纪 70 年代，纽约前市长约翰·V. 林赛(John V. Lindsay)做出过这样的论断："根据美国人的心理，城市基本上属于令人怀疑的体制。"[2]尽管这种苛刻的判断逐渐消失，人们对城市生活仍然持怀疑态度，根据 2000 年的人口普查，80%的美国人居住在大都市地区。[3]如果将美国视为城市国家的话，人们并不清楚原因何在。菲尼克斯或达拉斯的居民会觉得他们与纽约市或波士顿的居民几乎没有共同点，甚至与相隔仅几英里的城市也存在很大的差异。美国大都市的这种分裂格局导致人们心理上的分离感。

20 世纪城郊运动发生之前，城市居民将自己分割成不同的社区。郊区化从两方面加重了这一趋势：首先郊区化进程扩大了社会和族群的地理距离，其次为特权社区的居民提供了便利手段，将他们不喜欢的种族和族裔群体排除在外。郊区政府使用不同方法保护自己，对于本地不喜欢的改革方式拒不接受。20 世纪早期出台了分区法律，成为保护土地价值和维持社会阶级与种族隔离的主要工具。居民区之间的明显划分是由开发商操纵而成，他们经常通过强加文契限制禁止房产所有者将房屋出售给黑人或其他威胁房价的群体。经过几十年的努力，法院最终废除了文契限制。但是分区法律基本没有发生太大的变化，郊区政府仍然将这些法律用作决定发展模式的手段。

郊区行政辖区如果有合适的选择对象，他们会尽力吸引那些富裕的业主，以及对地方税务基础做出积极贡献的经济群体。这种计算方法开启了一种竞争激烈的都市游戏，导致地方政府之间相互竞争。拥有高房产价值或进行大量商业投资的郊区居民可以缴纳较低的税率，他们能够享受比贫困直辖区居民更加高级的公共服务。过去，中心城市在这场游戏中处于劣势，它们总是“接纳郊区反对的项目”。[4]最初，郊区的居住隔离策略主要针对少数族裔、新移民和穷人，这部分人聚集在中心城市的破旧社区，有时集中在附近的旧郊区。20 世纪 80 年代，随着多种族郊区的兴起，大都市的地盘之争变得尤为复杂。穷人和外国移民不断涌入旧郊区，许多城区的高收入居民陆续搬入历史中心城区。这种迁移活动证实了都市游戏的预测结果，大都市变得四分五裂。

最近，土地私有化和隔离住宅开发进一步巩固了直辖区吸引有钱居民以及“高级”土地使用的策略。通过创建私人管理的共同利益发展区（common interest developments，简称 CIDs），业主们能够逃避公共领域中的许多负担。封闭社区在全国各地的城市地区中随处可见，周边的围墙、篱笆或其他壁阶把社区与城市人口隔离开来，这种做法比起郊区政府强行制定的政策更加有效。封闭社区对都市政治和地理模式的影响在不断变化，但是它们将会潜移默化地使城市地貌更加分裂。

摘　录

有关封闭社区的辩论

封闭社区（也许称作共同利益发展区更加准确）数量的增长将城市地貌分割成公共管辖区和私人住宅区相间的格局。私人化政府是好是坏？人们围绕着这一问题展开了激烈的争论，任何一方的辩词都值得人们思考。

伊凡·麦肯齐（Evan McKenzie）所著的《私人乌托邦》（*Privatopia*）具有开拓性意义，他在书中提到封闭社区成为一种策略，将有钱的城市居民与依靠公共服务的那部分人划分开来。他认为共同利益发展区促使有钱人“逐渐脱离”城市政治和社会生活，“这部分有钱人在经济上不可能支持多数人，在社交方面对于少数人也没有必要”。他指出共同利益发展区内的同一种族并不利于共同的社会责任感。谢里尔·卡欣（Sheryll Cashin）对此做出了回应：共同利益发展区的居民“倾向于将自己视为纳税人，而不是公民，他们常常认为地方财产税是自己应该得到的服务费，并不认为这是自己应该为地方政府做出的贡献，政府必须为整个社区提供这种服务”。这种观点上的变化带来的后果是私人保镖取代了警察，隔离的娱乐区取代了社区中心和游泳池。

也有人支持共同利益发展区。罗伯特·H. 尼尔逊(Robert H. Nelson)认为这样的区域使居民能够“保护自己的社区环境，同时对于那些新居民来说，如果想寻求符合个人爱好的自然和社会环境的话，这样的区域可以为他们提供多种选择”。根据他的观点，私人管理协会尊重了人类自由的一项最基本权利：自由联系。他认为个别社区内部的同一性并不总是坏事，因为它是建立在自由联系的基础之上：“除了特别的种族情况之外，为了和新单位成员区分所建立的社区联系的权利应该受到保护，根据美国的宪法，这是保护自由权利的基本做法。”

封闭社区、共同利益发展区或者其他我们喜欢的称呼方式已成为美国大都市地区的规范单位。这些区域已经成为既定事实，因此未来的几年之中，争论会朝着中间立场改变，人们将围绕像社区联系是否必须尊重宪法权利以及民主程序制度这样的问题进行讨论。为了达到这一目的，一位学者提出了私人住宅管理的权利法案。这一举措也许能够维护共同利益发展区居民的权利，但不会降低大都市地区的空间分裂程度。

资料来源：伊凡·麦肯齐(Evan McKenzie)，《私人乌托邦：业主协会和住宅私人政府的兴起》(*Privatopia: Homeowner Associations and the Rise of Residential Private Government*)，康涅狄格州，纽黑文市：耶鲁大学出版社，1994年，第186页；谢里尔·卡欣(Sheryll D. Cashin)，《私人社区与“成功脱离”：大门之外的民主和公平》，《福德姆城市法律期刊28》(*Fordham Urban Law Journal* 28)，2001年，第1 679页；罗伯特·H. 尼尔逊(Robert H. Nelson)，《私人社区和地方政府的转型》(*Private Neighborhoods and the Transformation of Local Government*)，华盛顿特区：城市学会出版社，2005年，第260—261页，第400页；苏珊·F. 弗兰奇(Susan F. French)，《私人住宅政府体制应该包括权利法案》，《威克森林法律评论27》(*Wake Forest Law Review* 27)，1992年，第345—352页。

郊区如何实现隔离

通过多方面的叙述，人们可以完整地了解美国郊区如何分裂为隔离的社区、分支和独立的郊区管辖区。首先，我们从文化方面进行阐释：美国建立之初，民众滋生了对城市的负面态度，19 世纪，大批移民集中到了城市，20 世纪，人口分布发生了巨大的变动，这些情况加重了人们对城市的偏见。其次，我们可以从经济方面进行诠释：郊区管辖区的居民意识到通过控制地方税收和开支政策他们能够得到物质利益。第三种解释则是本节要讨论的内容，郊区的兴起与开发商之间存在着联系，开发商认为住宅隔离是销售产品的营销策略。消费者的嗜好和营销，孰先孰后？对于这一问题也许没有确切的答案，但是值得我们去思考。

显而易见，大多数人喜欢长期居住在郊区。这种对住房要求的压抑情绪与新政府推广住房的政策不谋而合，人们从来没有像现在这么容易得到贷款。1934 年，国会成立了联邦住房管理局，保证银行提供住房贷款。1944 年，退伍军人管理局通过立法授权向归国的退伍军人提供零首付贷款，并且延长贷款期限。在这些政策的鼓动下，数百万中产阶级家庭即使在存款很少，或者几乎为零的情况下也纷纷购房，尤其是归国的退伍军人。这些购房者迫不及待地想抓住这次机会远离拥挤的城市社区。

联邦政策和房地产行业使越来越多的人向往郊区生活。联邦住房管理局和退伍军人管理局的主管人员以及银行贷款负责人鼓励建筑商只在城市外面开发房地产。从这层意义上，我们可以这样认为：郊区首先是在开发商和房地产行业的推动下建立起来，后来由于购房者的偏爱而得到进一步发展。开发商瞄准那些能为自己提供利润的客户，同时还有那些潜在购房者的设计品味和偏好，这些做法对郊区的特点产生了一定影响。零售商、开发商和金融机构积极推销郊区，因为新的住房建设能够使他们获得最大的利润，而且这种做法比起重新安置旧社区要容易得多。[5]不久，开发商就意识到郊区是一个巨大的市场，他们适时地抓住了这一机会。几年之内，大型开发公司成为开拓郊区的前线代理机构，这些郊区的下属部门迅速遍及城市地区。一位学者认为：

> 事实很简单……私人开发商是城市发展进程中的主要动力，他们首先使用推土机将农村土地转变为城市用途，然后私人公司在丘陵上建造上千套房屋，这些都是美国城市生活的实际情况。[6]

开发商在战后郊区繁荣期间所实现的目标成为美国城市地区现存的定居模式基础。

开发商为了推销自己建造的房屋，不仅承诺提供家庭住所，而且要打造全新的生活方式。他们既是房屋建造者，还是对塑造全新社区感兴趣的“社区建设者”。[7]开发商在推销房屋时，创造了郊区房屋这一美国梦的图像。郊区能够使人们迅速获得社会地位、逃避城市问题并且能够居住在管理紧凑的社会环境中。因此，无论在人们的心中还是现实情况下，郊区与城市截然不同。开发商在定位准业主时小心翼翼，因为他们都有自己的底线。这一策略对于独家代理的开发商来说特别有效，房屋面积越大，购房者的收入就越高，他们所能赚取的利润就越多。

杰西·克莱德·尼克尔斯(Jesse Clyde Nichols)是一位非常有影响力的社区建筑商，他开拓性地提出了规划整个社区的观念，几十年后，社区逐渐流行开来。尼克尔斯出生在堪萨斯州堪萨斯城附近的农场，他考入了堪萨斯大学，后来在哈佛大学就读经济学专业。1900 年，他去欧洲旅行，他非常崇尚欧洲城市的美观和壮丽。他认为美国城市应该和欧洲城市一样雄伟。1905 年，尼克尔斯开始在堪萨斯城市中心西南部购买土地，打算建设高端市场住宅并出售。

尼克尔斯不同于那些小规模的房地产商，这些人也被称作“路边石”，他们往往在城市边缘地带购买几片面积较小的土地，将它们分割成小块，然后希望通过投机赚取利润。1912 年的房地产大会召开之前，他做过一次演讲，批评了这些追求快速销售、快速回报的小规模土地开发商，引起了全国人民的关注。他提倡全面的做法，规划不仅要适合私人利益，而且要增加长期的利润，同时代的人对他的观点感到震惊。后来在一篇关于郊区购物中心的文章中，他指出“规划得当才能实现商业兴盛”。[8]这篇文章具有地标性意义。多年以来，尼克尔斯所倡导的规划型郊区开发令人信服。他担任国家房地产董事会协会(NAREB)的领导，1935 年，他成立了城市土地研究所，直到今天这一机构在房地产行业仍旧非常有影响力。在有生之年，他目睹了自己开创的私人规划通过地方管理部门变为公共政策、分区法律和联邦贷款担保方案。

尼克尔斯将理论付诸实践，在堪萨斯城的边缘地带开发了乡村俱乐部区域，这在当时的许多人眼中是全国最漂亮的郊区。尼克尔斯以卓越的美感吸引了富裕的客户，他仿造西班牙的塞维利亚(Seville)在郊区设计了购物中心，这在全国实属首例。尼克尔斯还将最新的家庭技术应用到郊区建设中，例如管道煤气和电力服务，当时雇用家佣正在变得不那么常见。尼克尔斯承诺其郊区住房能为客户提供安全的避风港，可以远离城市生活的压力和紧张。丈夫可以安心地去市区工作，妻子和孩子则安稳地待在乡村俱乐部区的田园环境里。

尼克尔斯的工程只针对有钱的业主。为了确保开发项目在竣工后继续保持独一无二的地位，尼克尔斯设计了永久有效的文契约束，要求业主遵守开发商制定的要求。[9]约束条文规定了分割地块的最小面积、房屋的最低费用、与街道的间距以及房屋的颜色和风格。文契规定这些房屋的买卖仅限于白人。[10]这些限制条件承诺要保护开发项目的独特性并且提供房产保值业务，因此成为重要的营销工具。

直到第二次世界大战结束后，尼克尔斯建设的项目主要面向中上层阶级购房者。战后，这种情况逐渐发生改变。20 世纪 30 年代晚期，莱维特 & 桑斯(Levitt & Sons)公司是中等规模的开发商，主要开发普通住宅区，公司开发了纽约市民长岛项目，获得了极大的成功。第二次世界大战期间这家公司实现了突破，争取到了在弗吉尼亚州诺福克市(Norfolk)附近为美国海军建设住房的合同。战后几年的时间内，由威廉・J. 莱维特(William J. Levitt)、他的父亲亚伯拉罕和他的兄弟阿尔弗雷德共同成立的公司成为美国最大的房产建筑公司。

莱维特与尼克尔斯不同，他逐渐走入建房的模式中。莱维特并不热衷于读书，他在纽约大学读三年级时就辍学了，在《时代》杂志的封面故事中他这样解释："我迫不及待地想赚钱，我想买一辆大车，还想买很多衣服。"[11]他尝试了多份工作，都没有找到合适的。1936 年，莱维特和他父亲决定在长岛那块他们一直未能售出的土地上建造一栋房屋，结果赚了钱。这个小起点开启了莱维特的非凡事业。

莱维特家族不声不响地从长岛的农场主那里购买土地，然后通过流水线的方式建造廉价住宅。基本程序如下：首先铺设混凝土石板作为地基，然后垒建墙壁，最后用卡车将屋顶运到工地上，将这些结构封顶。莱维特家族将盖房的复杂过程分成 26 个步骤，然后将每一部分分配给单独的承包商。因为这些承包商反复地做同一项工作，所以完成任务的速度非常快。[12]莱维特避开工会，使用计件奖励的方式来提高工程速度。[13]在他的木材厂，工人在一天内能够完成 10 栋房子的裁板工作。[14]到 1950 年，公司平均每 16 分钟就能建成一栋房子。[15]通过提前组装尽可能多的部件，莱维特能够减少施工现场熟练工人的数量，而且从生产厂家直接购买原材料能够省去中间商的费用。总之，典型房屋的造价为 6 000 美元，这个价格对于一部分中产阶级家庭来说能够承担得起。[16]

1947—1951 年，莱维特家族将长岛亨普斯特德(Hempstead)的 4 000 亩土豆农场转变为住宅开发，这是美国历史上面积最大的住房开发区。[17]最终这一住宅开发项目取得了巨大成功，后来被称作莱维特镇，能够容纳居民 82 000 名。第二次世界大战之后，人们对廉价住房的需求非常高，最初的几年间，人们为了购房连续几天排队露宿。基本的科德角(Cape Cod)样式售价为7 990美元。联邦政府为退伍军人提供担保贷款及零首付，一位退役军人仅以月供56美元的价格购买了莱维特住房。[18]

莱维特与尼克尔斯都认为牢牢控制住购买者及其行为是确保房地产升值的最佳方式。限制使用财产协定要求居民每周要割草，不允许围栅栏，但是允许树篱，洗完的衣服不能挂在室外的晾衣绳上。此外，协定禁止租户或者业主将房产出售给黑人，也不能让黑人使用。莱维特镇的首批房屋标准租赁合同上有这样一段话："租户同意不能将房屋给除白人之外的其他种族使用或占用，但是允许雇用和保留白人以外的其他种族家佣。"[19]莱维特这样解释：经济现实使他必须接受"白人不喜欢居住在种族混杂社区"的事实，[20]但是他所实施的种族偏见的决定并非单纯出于经济的考虑，他曾将两位租户驱逐出了莱维特镇，原因是他们允许黑人儿童在家中玩耍。[21]1960年，莱维特镇的黑人家庭为零，[22]甚至30年后，居住在此的居民中仅有0.25%是非裔美国人。[23]

20世纪50年代中期，莱维特决定再建造两座莱维特镇，一处设在宾夕法尼亚州，另一处设在新泽西州。新泽西的莱维特镇于1958年10月开工，竣工于1965年，这里的莱维特镇具有新的特点。公司担心这种贫瘠单调的不佳形象会影响房屋的销售，于是提供了几个房屋样式和平面图。这种混合式样的想法是威廉·莱维特的妻子提出的，但是遭到了公司经理的反对，尽管如此，莱维特实践了妻子的想法。[24]他并没有改变标准化的模式来提供更具审美价值的郊区住宅，依然严格地从经济角度出发进行房屋销售，他需要确保房屋仍然对中产阶级具有吸引力。

莱维特还通过其他方式来吸引购房者，公司长期资助低月供购房者，另外他对购房者进行仔细挑选，排除了一部分行为和外表与中产阶级价值观不相符的申请者。所有的房屋为有孩子的家庭而设计，广告强调了社区的规划性，包括学校、教堂、游泳池和公园。这些方面体现了莱维特公司打造的社区符合开发商对郊区生活的构想。如果中产阶级购房者想拥有与众不同的房子，他们很难找到其他的居住场所，至少在郊区很难实现自己的愿望。

1968年，莱维特将自己的开发公司出售给了国际电话和电报公司(ITT)，售价是公司股份的6 000万美元，他的命运发生了转折。在出售之后，他用作贷款担保的股票价值下跌。由于销售合同的制约，莱维特在十年之内被禁止重新开始建筑行为，但是国际电话和电报公司不感兴趣的城市地区除外。莱维特在伊朗投资了2 000万美元的建设项目，1979 年伊朗发生革命后，被新政府接管。1987 年，80 高龄的莱维特被迫宣布破产，被赶出了在纽约市的办公楼。[25]

尼克尔斯和莱维特的事业表明了私人开发商在塑造适合自己品味和态度的郊区时所展示出来的强大力量。基于收入和生活方式的住宅隔离是盈利和营销的自然结果，这些研究结果也适用于当代郊区。开发商是建造豪华的单独家庭住宅，还是为年轻中产阶级购房者盖联排别墅或是单身公寓以及封闭式社区，社区的最终特点将反映开发商的商业规划。购房者在搬家之前会选择居住环境，但是一旦选定将要居住的环境，“他们在很大程度上将被住所囚禁，几乎没有机会改变环境”。[26]

强制种族隔离

20 世纪，郊区在美国兴起，与此并行的是文化上的强制种族隔离。由社会风俗、法律和房屋建筑业政策所实施的隔离是早期形成的做法，20 世纪 70 年代晚期，人们已经摒弃了这些做法。在都市土地使用方面显现出的种族隔离面貌基本成为固定模式。

限制使用财产协定在 20 世纪早期出台，现在已经成为房地产行业实施种族隔离的主要工具。购房者购买房屋时，文契经常附带一份印刷的协定，这份协定限制房屋的后期销售。通常情况下，黑人被列在文契背面的限制群体中，但有时犹太人和“肺结核患者”也被列为禁止销售的对象。14 个州的最高法院维护限制使用财产协定的合法性，并且规定这些协定在法庭上有效，实际上，限制使用财产协定已经成为政府政策。[27]据估计，1948 年之前美国的建筑部门中有一半在出售房屋时使用了限制使用财产协定，当时美国最高法院规定这些协定在法院无效。[28]

1908 年，国家房地产委员会协会(NAREB)成立，这一机构代表了建筑商和房地产代理商的利益。房屋建筑业的所有成员都认为房产价值与社区的同质性有一定的关系。基于这一前提，国家房地产委员会协会对城市地区的土地使用实行了“种族化”策略，大力宣扬对白人和黑人实行严格隔离的观点。[29]从 1924 年到 1950 年，房产经纪人国家章程(国家房地产委员会协会分发给各地的房产经纪人)的第 34 条规定：“房产经纪人不能将那些明显对社区房产价值不利的财产、种族成员或个人引入社区内部。”[30]

为了实施这一政策，当地的房地产委员会发行了书面的伦理准则，禁止成员将“不利的”少数族裔引入社区。房地产培训教程中的教科书和培训材料特别强调了房地产代理机构在道德上要推崇同质社区。20 世纪 40 年代期间，培训教程中所使用的主要教科书将一部分族裔比作吞噬健康结构的白蚁：

> 某些种族和文化群体融合在一起，无法同化于正常的社会机体中，这种趋势比较常见，无需多加评论。但是在有的情况下，这种趋势造成的有害性比其他情况要小。例如，德国民族爱干净，而且节俭……不幸的是，移民到我们国家的其他民族则缺少这些特点。有些民族的准则和习俗很低劣，不如我们民族先进。他们像一群白蚁，破坏了所在社区的结构。[31]

房地产代理机构如果被发现违反了规定，将房屋出售给那些受限制的族裔成员，将被吊销营业执照，并且会遭到当地委员会的驱逐。即使那些与国家协会没有附属关系的经纪人也必须接受房地产商的指导方针，因为他们的大部分业务要依靠房地产商的推荐。

1948 年，在“雪莉诉克雷默案”(*Shelly v. Kraemer*)中，美国最高法院做出裁决：种族方面的限制使用财产协定违反了第十四条修正案中保证人人享有法律平等保护的规定，因此这些协定在法庭上无效。[32]这些协定有时仍以书面形式出现，但是并不在法庭上执行，而是通过房地产商、开发商、业主协会以及邻居共同施加压力来得以实施。对于那些想从白人社区购房的黑人来说，银行拒绝给他们提供贷款，而且房地产商也拒绝给他们看房。1968 年，国会通过了住房法案，禁止房屋出售和租赁过程中存在种族歧视的做法，郊区开始向黑人开放。

住房法案成为法律的时候，种族隔离的模式已经根深蒂固。即使使用魔法使种族歧视现象一夜之间消失，这些模式也很难改变。种族歧视难以改变的第二个原因是共同利益发展项目的兴起，这些项目能够有效地保护新住房开发区中的社会阶级统一性。购房者购买了共同利益发展项目中的房屋，他们会自觉同意遵守一系列财产使用方面的限制条件。他们还要为与其他居民共同享有的服务和设施分摊费用。业主社区由业主协会管理，业主协会负责一系列文契、合同和限制协定(CC&Rs)的执行。这些制度在执行社区统一性的任务中比限制使用财产协定更为有效，但是也有例外情况，这些规定不能公开地按照种族、族裔或性别来排除某些购房者。

共同利益发展项目包括合作公寓、单元公寓以及单一家庭住宅的开发，这些项目的数量增长非常快，1964 年不足 500 个，到 1970 年就增长至 1 万个，1992 年增长至 1 万 5 千，其中居住的美国人有 3 200 万。[33]共同利益发展项目主要集中在阳光地带，加利福尼亚州、佛罗里达州和得克萨斯州处于领先地位。大批退休人员迁入阳光地带的封闭社区中。到 2005 年为止，业主协会管理的开发项目共 27.4 万个，其中居住的美国人达 5 460 万。[34]这些开发项目在许多大都市地区非常普遍，购房者很难在其他地方找到房源。自从 2000 年以来，美国 80％的房产由业主协会管理，业主协会对私人提供的便利设施进行管理。[35]

通过共同利益发展项目，开发商成为杰西·克莱德·尼克尔斯传统式的“社区建筑师”。他们在首位居民入住之前拟定出文契、合同和限制协定，并向购房者承诺他们的投资十分安全，合同中所保证的事项不会发生变化，以求征得购房者的同意。共同利益发展项目还解决了威胁开发商利益的迫切问题。到 20 世纪 50 年代晚期，郊区几乎等同于低密度的住房带，成为逃离城市的避风港，这说明开发商的宣传活动非常成功。然而，到 20 世纪 60 年代，郊区梦意味着利润开始逐渐降低，因为在单个地块上建筑的独栋房屋慢慢消失。敏锐的开发商意识到像退休人员、年轻单身族以及没有孩子的夫妇这类人口和收入群体是一片巨大的未开发市场。

开发商面临这样的问题：20 世纪 60 年代，郊区土地价格不断上涨，这意味着要想使中产阶级负担得起购房费用，只能加大建房的密度。房屋建筑业也相应地调整了营销战略，郊区梦变为联排的住房和公寓。几乎一夜之间，这种联排房变得吸引人了，而在过去，开发商常常把这种住房和市中心社区联系在一起。20 世纪 60 年代晚期，美国规划官员协会（American Society of Planning Officials）、城市土地研究所（ULI）、开发商和联邦住房管理局突然一起批评这种“橄榄球场式”住房地带和大面积、低密度的开发项目，而此前他们长期推广这种住房格局。共同利益发展项目推出新观点后，想尽各种办法使地方政府和消费者相信这种高密度开发是为了维护房产价值、排外主义和购房者的地位。[36]

1963 年，城市土地研究所发表了一份报告，共同利益发展项目能够排除多余的居民，在这一方面它比其他形式的开发项目更加有效。“这些项目位于私人或半私人地区，能够将多余的居民或者潜入的惹是生非者排除在外。”[37]1961 年，联邦住房管理局同意为购买多单元公寓楼房的人提供贷款，两年后发行了第一本手册，鼓励开发商修建规划的单元楼，将来由业主协会来管理。1964年，联邦住房管理局和城市土地研究所共同出版了一部400页的书，描述了共同利益发展项目的历史，并且就如何制定文契、合同和限制协定以及业主协会如何执行做了细致的指导。[38]自从20世纪70年代早期以来，两家最大的二次抵押贷款购买公司——联邦国家抵押贷款协会和联邦家庭贷款公司主张在购买由他们管理的财产贷款之前要制定和审查业主协会指南。20年后，房屋建筑业和联邦政府施加的制度压力改变了郊区的面貌。

按照流行的说法，共同利益发展项目一般被称作"封闭社区"，尽管这一术语并不准确，很多私人开发项目并没有被封闭起来。开发商经常把大门和墙壁用作推销的工具，这些特点强调了安全、隔离和排他的主题。[39]房屋出售之前，开发商会确定制度和规则并且成立业主协会。通过这种方式，他们向购房者承诺以后入住的居民将会严格遵守规定的行为标准和礼仪。业主协会实施的一系列文契和限制协定内容较多，而且非常具体，例如他们会规定居民的最低和最高年龄、客人的参观时间和频率、房屋涂料的颜色、悬挂在窗户上帷幔的式样和颜色、宠物的大小和孩子的数量(如果只允许其中一种的话)、停车制度、露台和室外美化，甚至像居民在行车道上能够停放机动车的类型等诸多细节。共同利益发展项目区的多数居民当然喜欢这些规定，但是对于某些人来说，这些限制条例令人难以忍受，居民对社区协会的投诉数量可以证明这一事实。

封闭社区的规划目标是创建同质的环境，一部分社区开发和营销策略则建立在共同兴趣或生活条件基础之上，例如，有些社区专门为退休人员、高尔夫爱好者、单身人士甚至裸体主义者而设计。内华达州的绿谷坐落在拉斯维加斯外面的大型封闭社区，内部根据不同的建筑风格而被分割为不同的部分，除此之外，成本和房屋面积也是划分区域的因素。[40]每一个村庄(开发商这样称呼这些区域)都有社区的配套设施：名称(例如银泉或瓦莱佛[Valle Verde])、社区中心、学校、娱乐中心，有时还会有公园。[41]这种私人城市和外界的隔离实际上是内部细分的外在表现。

1968年，《住房法》被批准通过，规定房屋销售或租赁过程中的种族歧视现象是非法的。但是，在某种程度上，共同利益发展项目加深了社会阶级的隔离程度，这种现象替代了早期的歧视方式。2009年，非裔美国人收入的中位数是非拉美裔白人家庭平均收入的61%。[42]经济上的不平等加深了种族的不平等，要想有效地挽救这种居住隔离模式，需要制定出政策，这些政策能够直接干涉房屋建筑市场的基本运行情况。但是，这些做法在政治和法律上很难被接受，几乎没有可行的途径可以改变过去的隔离模式。

分隔的郊区：合并

19世纪晚期，都市地区的许多郊区直辖区成了保护种族和社会经济隔离的中坚力量。在老都市地区，建于19世纪晚期的排外郊区遍布各地。汽车的出现让更多人可以穿梭于市郊之间，中产阶级郊区在城市边缘发展起来。第二次世界大战之后，郊区呈现出繁荣景象，白人工人阶级、中产阶级和上层阶级都迁往郊区。例如，莱维特城镇是坐落于长岛的中产阶级壁垒，离世界上最富有的地区仅一步之遥。长期以来，郊区化过程将城市地区分裂为多个管辖区，每一个管辖区都希望拥有自己的特点和历史。

由于各种原因，直到20世纪20年代，坐落在大城市外面的郊区数量相当少。由于公共服务设施的成本过高，战后迁移到城市外部的那部分人不再追求独立，而是寻求合并。有时候，郊区居民被迫加入城市。例如，从19、20世纪之交到20世纪20年代，洛杉矶通过垄断水供应迫使周边的社区依附城市，像好莱坞(Hollywood)、威尼斯(Venice)、洛兹堡(Lordsburg)、索代尔(Sawtelle)、瓦茨(Watts)、伊格尔罗克(Eagle Rock)、海德公园(Hyde Park)、图洪加(Tujunga)、巴恩斯城(Barnes City)。1927年，大都市供水区(Metropolitan Water District)成立，从而打破了洛杉矶垄断水供应的局面，结束了这种强迫性行为。[43]随后，地方政府达成协议，被称作“莱克伍德规划”(Lakewood Plan)，郊区和县政府签订合同后可以享受市政服务。[44]几乎一夜之间，洛杉矶市外的郊区数量激增。

郊区数量快速增长有多方面的原因。有时，单纯追求经济上的自我利益成为合作的动力，“幸运儿”鲍德温(E. J. “Lucky” Baldwin)是20世纪早期加利福尼亚臭名昭著的投机商人和企业家，他在投机矿业股时大发横财，因此得到了这一绰号。[45]在多起诱奸和亲子鉴定案件中他被指认为被告人。鲍德温想修建自己的赛马场，但是他知道这一定会遭到南方加利福尼亚敌人的反对，这些宿敌受反对沙龙联盟的领导。因此，鲍德温决定打造自己的郊区，起名为乡村乐园(Arcadia)。像名称所暗示的那样，他希望城镇能够成为个人的乌托邦，他让自己的雇员成为这儿的居民，在大选日当天免费分发西瓜。不足为怪，这些人一致赞成合并，并选举出由鲍德温及其雇员组成的市议会。1907 年 12 月 7 日,圣阿尼塔(Santa Anita)赛马场开业,鲍德温终于实现了自己的梦想。[46]

有的情况下,郊区政府的成立是为了保护企业摆脱缴税和制度的困扰。在势力强大的公司领导下,合并的努力总能取得成功。[47] 1907 年,肉类加工公司为了逃避东圣路易斯的征税而合并了东圣路易斯北部边境的纳雄耐尔城(National City)。几年之后,孟山都化学公司(Monsanto Chemical Company)出于同一目的在东圣路易斯的边境上成立了索吉它城(Sauget)。20 世纪 50 年代,一批企业家为了逃避郊区人口增长的服务费而尝试在洛杉矶县成立独立的郊区管辖地。但是地区合并需要达到 500 居民的数量,在居民不足的情况下,这部分人重新划定了界限,将精神疗养院中的 169 位病人包括在内,并且置于首位。他们恰如其分地将新城镇命名为"工业城"。[48]

然而大多数情况下,合并的想法出于更加复杂的动机。简单来说,离开城市的那些人希望彻底与城市划清界限,最有效的方式就是在法律上划定逃离区和城市的界限。正式成立新管辖地对于控制税收和服务来说是最佳策略,同时通过这种做法,他们能够排挤掉城市流氓。19、20 世纪之交,芝加哥边界处奥克帕克的居民们担心斯拉夫人口会从周边的奥斯丁发展壮大起来,一位撰稿者认为他们合并的动机是"斯拉夫人并不排斥饮酒,他们在短时间内定居奥斯丁地区,当地的奥克帕克清教徒担心这些外来人会造成有悖道德的影响"。[49] 1899 年到 1902 年间,奥斯丁归入芝加哥市,但是奥克帕克成立起独立的郊区政府。

人们纷纷在美国大城市边界处成立独立的管辖地。1890 年,芝加哥附近的库克县有 55 个政府;到 1920 年,政府数量达到 109 个。同样,纽约市附近的政府也在不断增加,1900 年有 127 个,到 1920 年,政府增长到 204 个。1890 年,匹兹堡地区的合并管辖地有 91 个,到 1920 年达到了 107 个。[50] 20 世纪 20 年代期间,新郊区不断出现。

要完成法律上的合并并非易事,美国宪法中并没有提到地方政府,在法律上,地方政府依附于州政府。19 世纪早期,州议会可以赋予地方政府合并的特权。地方上的居民为了争取州议会允许他们成立政府,往往宣称小范围的政府与民众的关系更加密切,因此能够更好地体现民主。[51] 州议员往往对城市持有怀疑的态度,因此他们会同意地方民众成立各自政府的请求。

州议会支持公民成立新的城镇和城市,久而久之,允许合并的特权变为一项权利。[52]最终，各州的州议会规定公民可以自由地成立管辖区。“到20世纪早期，郊区居民开始瓜分大都市，州议会给了他们一把刀子。”[53]到20世纪30年代，州议会全部实行自由合并法，郊区居民是否被合并进中心城市的决定权牢牢地掌握在了从城市逃离出来的那部分人的手中。

郊区居民对组建政府充满了热情，根据2002年的人口普查，美国共有19 431个自治区。[54]到20世纪晚期，自治区数量增长的速度有些缓慢，但是影响不大。根据2002年的人口普查，美国的自治区超过了35 000个。密苏里州的圣路易斯县拥有92个自治区，芝加哥市附近的杜佩奇县(DuPage County)有38个自治区。过去，支持组建的那部分人出于不同的动机，但主要目的是确保社区能够继续按照符合自己的价值来发展。2005年6月，佛罗里达州的桑迪斯普林斯(Sandy Springs)中有94%的富人投票支持组建小范围的政府，这样一来，“桑迪斯普林斯可以掌握自己的命运”，或者像其他人所说的那样，“这是我们的事情，让我们自己来决定，不需要市中心区的干预”。[55]

大多数情况下，桑迪斯普林斯居民的部分税收为中产阶级人士提供了服务设施，居民们因此感到不满意。多数组建提议中都涉及赤裸裸的经济利益内容。在争取组建政府的竞争中，多数人提出了控制税收和决定土地使用的原则。2005年，一位居民支持在佛罗里达州(迈阿密外部)戴德县(Dade)的福尔斯镇(Falls)组建政府，他说：“我们希望对税收的支出有发言权……我们希望能够管辖自己社区的领地来维持并改善生活质量。”[56]

对土地使用决定权的控制与地方的经济发展密切相关，因此非常重要。大多数有钱的社区居民希望商场、超市以及其他他们不喜欢的发展项目建在社区外部。而经济实力差一些的郊区居民想法正好相反。经济实力最强的郊区政府如果对企业没有吸引力的话，也无法筹集足够的税收来保证服务质量；在无法实现这一前提的情况下，政府只能提高业主的财产税。到20世纪50年代中期，地方政府努力建设第一代购物中心，后来这些购物中心变为封闭的商场。地方政府通过多种措施鼓励这些开发项目，例如直接向私人公司发放补贴、减少地方税收以及提供支线通路等基础设施帮助。在这一过程中，地方官员有时会从中谋利，这种腐败现象发生的地方越来越多，导致腐败文化的产生。[57]

授权地方销售税的28个州之间展开了激烈的经济竞争，销售税的收入能够带来40%以上的地方收入。因此，地方官员竭尽全力为商场、超市以及小型零售店提供土地。竞争异常激烈，犹他纳税者协会的副会长说：“这是一种智力冷战，城市之间为获得销售税的增长而相互竞争。”[58]加利福尼亚州的文图拉市（Ventura）成为典范，地方官员积极支持项目建设。为了保证布埃纳文图拉商城（Buenaventura Mall）经济活力的持续性，市政府同意资助 1 260 万美元，这相当于 80％的销售税收入以退税的方式返还给了商城，而这些收入将用于扩建和装修。周边的直辖区奥克斯纳德（Oxnard）提出要和地方政府平分销售税收入的计划时，遭到了文图拉市官员的拒绝：“他们的购物中心生意不景气了……因此想分享我们的收入。但我们从来没有看到他们把沃尔玛以及……高速公路沿途的商场收入与我们分享。”[59]像这种因态度问题而导致的斗争在全国的都市区中随处可见。

分隔的郊区：区域划定

区域划定是直辖区用来控制土地使用的强大工具，其用途是多方面的，但是毫无疑问，这种方法最初是用来排挤那些经济实力较弱的人，使他们很难或者根本不可能在郊区附近定居。1916 年 7 月 25 日，纽约市颁布了国家首部区域划定法。到 20 世纪 20 年代末期，768 个直辖区颁布了区域划定法规，这些直辖区拥有全国 60％的城市人口。[60]房地产利益集团发现区域划分能够有效地保护有利用价值的土地不被用作其他的用途，因此各地纷纷采用区域划分法律。纽约市的法规宣传者向全国的观众解释：“小业主和小店员现在得到了保护，不再受到隔壁的骚扰。第五大道低段部分的土地在过去总是拖市场的后腿，而区域划分实施之后，这一地段的居住条件成功地得以改善，房租不断上涨。‘破烂区再也不会在纽约市出现。’”[61]区域划分宣称这样的原则：通过将“优势”土地从“劣势”土地中分离出来，土地的价值能够得到保护。各个州内的房地产组织和政客们游说州政府通过相关法律授权城市对其地产进行区域划分。

纽约市的第五大道时尚区担心西部（West Side）服装区的高层建筑进入他们的领域，因而制定了区域划分法规。他们的担心并不是空穴来风，1850—1900 年，纽约市人口从 66.1 万增长到了 343.7 万。人口的增长使投机商和企业家大受裨益，这部分人并没有关注城市扩张会产生何种影响。对于一直希望在城市边缘定居的上层阶级居民来说，人口增长带来了负面作用，他们再次被移民和商业大潮推出了城市。

19、20世纪之交，上层阶级在第五大道上段建立了豪宅区和高档购物区，这里的富人担心会受到其他民众的威胁，而这群人和他们仅相隔几个街区。数千名低收入移民服装工人和卡车司机在高耸的大楼里工作，以这些建筑为特点的服装区对高档购物区构成了威胁。富人们必须找到合法的途径来保护第五大道，他们常常把它描述为纽约的文化支点，“在这个城市的传统和市民的想象之中”，第五大道是“独一无二的地方”，“也许是这个城市中最重要的大街，也许是新大陆任何城市中最重要的大街”，这里“拥有丰富的历史和联想记忆”，“是所有公民的骄傲，无论贫贱富贵，这里是他们兜风的大街、购物的大街”。[62] 1916年，“第五大道协会”——他们聘请律师创造了这一高傲的措辞——辩称：第五大道是特殊地区，应该受到保护，免受侵扰。过了54年，区域划分背后的基本原理几乎没有改变，长岛的一位居民解释：“我们为了躲避城市而迁移到了外部……我不希望城市跟随着我。”[63]

第五大道协会想方设法排挤高层建筑。最初，他们限制建筑物的高度，后来想出了更好的方案。1916年，建筑物高度委员会(Buildings Heights Commission)提议将曼哈顿建设成“万能”区域，[64]这一委员会是1913年指定成立的，根据委员会的说法，“区域划分是为了稳定和保护合法的投资，并不是损害评估估值或现行的用途”。[65]

纽约的法律根据土地的用途和价值划定了5个区域。在分区排名中，居住用途位居第一，尽管商业和工业用地在一般情况下更为重要。排名的下一个是商业区，根据建筑物的高度有所区别(建筑物的高度和在分区等级排列的名次成反比)。仓库和行业区被列在最后。

纽约市的官员到其他城市宣传划区法律，这样做的一部分原因是为了扩大法律的适用面，以免今后在法庭上以不符合宪法的规定受到挑战。“到1918年春天为止，纽约成为公民和官员朝圣者的麦加”，这部分人都希望颁布类似的法规。立法通过后的一年内，20多个城市发动了“美国历史上声势浩大的立法运动”。[66]区域划分进入批量生产阶段，大多数城市模仿纽约的法规并且原样照搬地加以采纳。城市房地产行业将区域划分当作保护土地价格的主要武器，1924年，联邦政府正式批准区域划分法。商业部委员会起草了标准州区划授权法案(Standard State Zoning Enabling Act)，作为所有城市区域划分法律的模板。

1926年，美国最高法院审查了俄亥俄州的“欧几里得村庄诉安布勒现实公司案”(*Village of Euclid v. Ambler Reality Co.*)，宣布区域划分是对市政授权中管制权的合理使用，[67]这一判决具有划时代的意义。案件揭示了将来该如何对区域划分加以利用，这一方面让人感到非常有趣。安布勒现实公司在欧几里得村庄购买了土地，希望作为商业财产能够升值。1922 年，村庄将安布勒的地产划为居住区，导致这块地产的市场价值迅速下跌。安布勒公司起诉了欧几里得村庄，认为村庄的区域划分没有经过正常的法律程序，导致本公司地产价值的下跌。法院的判决维护了限制性区划，指出商业和工业建筑损害了周围的居住区。法官小心谨慎地罗列了土地使用的优先等级：

> 就公寓住房而言，需要指出一点：独立式住房应该在公寓住房之后开发……一栋公寓楼建设完毕后，再建造其他的楼房，这些公寓楼的高度和体积会干扰空气的自由流通并且遮挡光线，这会影响较低矮的住宅；当然，交通和商业将随之增多，扰人的噪音也不可避免，机动车的流动和停放会占据一部分街道，居民的安全将会受到影响，儿童的安静、开放和玩耍的空间也将被剥夺，但是在其他更好的地方人们是可以享受到这些条件的——最终，这些随之而来的负面影响将彻底毁坏社区的居住特点，人们不再向往这种独立式居住地。[68]

法院最终做出判决：将居住用地与其他用途的土地使用分开，城市有权力改善公民的秩序、安全和福祉，这是对城市政策的合法使用。

富裕的郊区开始出现在中心城市边缘时，区域划分也成为流行的做法。这些郊区包括贝弗利山、格伦代尔(Glendale)以及洛杉矶市外的其他许多社区；克利夫兰市边界处的克利夫兰海茨(Cleveland Heights)、谢克海茨(Shaker Heights)和加菲尔德海茨(Garfield Heights)；芝加哥市外的奥克帕克(Oak Park)、埃尔姆伍德帕克(Elmwood Park)和帕克里奇(Park Ridge)。这些社区为什么会支持区域划分的想法呢？这一问题很容易理解：穷人有可能在都市区到处流窜，这对住在城市和郊区高档社区的居民构成了一定的威胁。区域划分从最初就成了保证非正式社会阶级屏障的合法手段，如果没有这一点做保障的话，房地产市场就无法排挤掉市中心的平民百姓。

为了实现这种分离，限制性居住区划分通过确定最小占地面积或者禁止新项目的同时开工将一部分公寓楼排除在外。郊区的公寓楼代表了阶级、生活方式或种族变化的可能性。绿树成荫、曲径环绕的私人独栋住宅受到了公寓楼的威胁。居住在豪华住宅区内的人们往往持有这样的态度:“我们不希望社区里出现这种垃圾。”公寓楼象征着城市问题出现在了郊区:

> 普通公寓楼,尤其是高层公寓楼被视为城市化的先兆,这些楼宇之间过高的密度破坏了郊区发展的基本原理,郊区的出现意味着对城市的反对并排除相关事物。这一点很重要,因为城市的视觉特点和反映出来的社会特点之间的联系在郊区特别强烈。[69]

如果有人提议建设复合公寓楼,郊区社区的有钱人总会非常警觉。住在康涅狄格州一处名叫韦斯特波特(Westport)独家郊区的总经理非常感慨:“谢天谢地,我们拥有一套奖励成就的制度,我们能够住在自己喜欢的地方,没有被挤压在公寓楼和城市人渣之中。”[70]大部分郊区完全禁止公寓楼的建设。20世纪70年代期间,纽约地区有99%以上的未开发土地被划为住宅用地,禁止建设公寓楼。[71]这并不意味着不能建设公寓楼,只是对公寓楼的建筑商提出了要求:确保区域划分的差异性,此规定则对反对建设公寓楼的人们更加有利。[72]

分项规定和建筑规范要求开发商要历经一套花销很高的程序,这样就人为地增加了新住房的成本,也让当地居民有机会反对这些新开发项目。社区经常用大批分区(large-lot zoning)的方法提高新建设项目的最低成本,有时大批分区的制度还规定了最低楼层空间、特殊建筑材料的使用以及街道壁阶的最低数量。这些规定提高了购房者的成本,间接地保护了独立社区。

大批分区有效地排斥了低收入人群。在一部分上层社区中,这种做法相当于对工人阶级的排斥。康涅狄格州的格林威治镇规定分区面积最小为4英亩,一位辩护者说大批分区是“一种经济学,如同你走进蒂芙尼公司(Tiffany,美国珠宝和银饰公司,是全球知名的奢侈品公司之一。——译者注)要买一个12.50美元的戒指一般,这儿根本没有这个价位的戒指。那么,格林威治就相当于蒂芙尼”。新泽西的立法委员也为此辩护:大批分区是为了确保“你不会以雪佛兰(Chevrolet)的价格买到凯迪拉克(Cadillac)”。1965年,圣路易斯县的9万英亩被划分成3英亩的地块,一位官员说他们的郊区欢迎“任何有经济实力的人来享受这儿的生活品质……不管是黑人还是白人”。[73]

排他性分区经常给工业和商业投资提供空间，这些部门提供的税收比在服务业中消费得要多。当然，有钱人的社区希望这里的工业不会造成污染和交通方面的危害，也不要雇用素质差的工人。纽约市韦斯特切斯特县（Westchester County）的规划专员萨·舒兰（Sy Schulan）用讽刺的口吻描述了完美工业所具有的特点："总部像是校园，有香奈儿5号的气味，有弦乐器（Stradivarius）的声音，有索菲娅·罗兰（Sophia Loren）的视觉效果，行业雇用的总经理没有孩子，每个月都有白色的旅行车将生产的货物运输出去。"[74]人们对这种清洁工业的需求超过了实际供应，因此，这方面的竞争非常激烈。

排他性分区的挑战

半个多世纪以来，区域划分是保证永久居住的专用工具，因此联邦和州法院对此并不感兴趣。[75]20世纪70年代期间，区域划分受到了联邦法院的挑战，法院认为这一做法违反了美国宪法第十四条修正案的平等保护条例。俄克拉荷马市西南部的劳顿区（Lawton）企图使用划区法规来排斥公寓楼的建设，但是1971年，联邦巡回上诉法院做出判决：自治市不能颁布排挤少数族裔的划区法规，除非能够证明土地使用中没有歧视意图。[76]1971年4月，又发生了一起案件，让支持居住整合的那部分人看到了希望。美国第二巡回上诉法院（U. S. Court of Appeals for the Second Circuit）驳回了纽约市官员拉克万纳（Lackawanna）禁止在白人社区修建黑人住房区的请求。[77]显而易见，郊区自治当局必须想办法证明划区法规并不会排挤黑人。

在密苏里的黑人杰克（Black Jack）案例中，法院强制实施更加严厉的标准，排他性划区法规面临被取消的危险。1974年9月，联邦上诉法院做出裁决：城市的新划区法规禁止建设多单元住房，尽管这一规定没有歧视的意图，但却具有歧视的"效果"，因而违反了美国宪法。1975年6月，美国最高法院拒绝审查巡回法院的裁决，因此相当于支持这一判决。黑人杰克的判决具有重要的潜在影响，它将改变美国的郊区土地使用做法：如果法院支持其裁决的话，地方政府将失去排斥"外人"的有效武器。

仅仅过了两年，最高法院便放弃了自己的裁决。伊利诺伊州的阿灵顿海茨（Arlington Heights）依据其划区法规禁止联邦补助的联排别墅项目的建设，这一限制与黑人杰克的情况相同。法院同意听取法律争辩，随后宣布划区法律造成的后果不能被用作反驳的唯一证据，必须能够证明法规颁布时的歧视意图："不同程度的影响并非毫不相关，但是这种影响并不能成为检测是否带有不公平种族歧视现象的唯一标准。"[78]最高法院加大了诉讼当事人挑战划区法规的难度，法院要求他们提供"明确的受损证据"。[79]到1977年，法院已经不再涉入审查地方划区法律的案件之中，除了在极个别的情况下，这些法规具有明显歧视少数族裔的现象，法院才会立案审查。

法院一直认为美国宪法并没有禁止由于收入或阶级差异而导致的歧视现象。如果郊区能够证明划区法律是为了保护地方社区的税基和独立居住特点，那么这些法律并没有违反宪法，即使有时会出现歧视穷人的情况。1971年，最高法院支持了一项有关加利福尼亚宪法的修正案，这一宪法是1950年通过的，规定低租金住房只有获得城市选民投票赞成才能够修建，显然这项法律歧视那些寻求低租金住房的群体，但是法院宣布：根据第十四条修正案的平等保护条例，收入差异导致的歧视现象并没有违反宪法规定。[80]这些年间，法院的裁决一直有效。

联邦法院不愿意使用美国宪法来推倒郊区独立的壁垒，因此州法院成为纠正划区做法的主要通道。发生在新泽西市劳雷尔山市(Mount Laurel)的两起案件可谓是广为人知，而且引发了激烈的争议，这显示了重大变革中所遇到的强大障碍。1970年，位于卡姆登市(Camden)和费城附近的劳雷尔山市基本上是个农村社区，其中包括一个规模较小的非裔美国人社区，这部分人早在内战之前就定居此地。贵格会教徒(Quakers)将劳雷尔山变为通过地下铁路逃跑的黑奴庇护所，这些奴隶的后代仍然居住在这一地区，他们中的许多人住在小窝棚和经过改造的鸡笼里，劳雷尔山市对此予以谴责，居民们意识到自己要被迫迁移到卡姆登市的贫民窟区。他们成立了行动委员会，向联邦政府提出了申请，要求得到住房建设补贴，但是1970年，地方规划和划区董事会拒绝了委员会的提议。

然后居民们向法院求助，他们找到了三位理想的律师，这些律师在卡姆登地区法律服务处工作，劳雷尔山的划区法律只允许修建单独家庭住宅，并且规定了大面积的住宅户型(不低于4个卧室)，还有与街道相隔一定数量的壁阶，律师们同意对劳雷尔山的划区法律提出质疑。1972年，审判法庭认为劳雷尔山的划区法律违反了新泽西宪法保证所有人在法律面前受到平等保护的规定。法庭还进一步做出裁决，劳雷尔山和新泽西的567个自治市必须提供符合地区住房需要的土地使用权。

此后，美国最高法院拒绝听取对这一判决的起诉。

几年后，1982 年，新泽西最高法院的首席法官听取了 6 个案例，证明劳雷尔山市忽视了原审法庭的判决，他把这 6 起案例合并为一个诉讼，1983 年，法院在全体无异议的情况下做出了开创性判决，这被称作"劳雷尔山二号"判决书。法院发现劳雷尔山市没有做出实际的举措执行原判决令，14 176 亩土地中进行重新划分的仅有 33 亩，按照法院判决要建造 515 套低租金住房单元楼，结果一栋都没有盖。[81] 为了敦促原判决的执行，劳雷尔山二号判决书要求新泽西自治市为低收入住房预留土地，如果必要的话，可以通过捐税鼓励和补助的方式吸引开发商来建设低租金住房项目。第二，为了鼓励建筑商对排他性划区提起诉讼，法院建立了"建筑商补救措施"，开发低收入住房的建造方如果遭到城市的排挤可以起诉。

劳雷尔山二号判决书的出台导致新泽西的郊区自治市被起诉包围，政客们压力重重，被迫改变形势。1981 年，共和党州长托马斯·H. 肯恩(Thomas H. Kean)赢得选举，对"禁止干扰地方自治原则"的政策予以反击。1984 年，肯恩接受了采访，他指出："我认为自治市之间没有必要互相复制，那是社会主义国家，那是共产主义国家，那是独裁统治国家。"[82] 肯恩为新泽西宪法提议了一项修正案，地方划区政策可以免受州法院的审查。同时，他签署了立法，将排他划区案件移出法庭，提交到由九位成员组成的保障性住房委员会(Council on Affordable Housing，简称 COAH)进行仲裁，这个委员会由州长任命。[83] 城市和城镇有一定的宽限期来获得地区住房目标的"合理份额"。

实际上，大部分社区完全摆脱了困境。例如，自治市可以将 25%的"合理份额"分配给年长的人，城市可以将合理份额的一半转交给周边城市(前提条件是接受的城市同意)，同时要向接受城市提供建设住房资金。旧的中心城市为了争得富裕郊区的补助而互相竞争，因为获得这部分资金将能满足低收入居民的住房需要。但开放郊区的做法却适得其反。

劳雷尔山案件的长期拖延致使案件的收益微薄。新泽西州的大多数自治市无动于衷，到 20 世纪 80 年代晚期，劳雷尔山仅有 12 个家庭搬进了低成本移动住房，还有 12 个家庭将存款投入了这种住房，20 栋低成本补助公寓楼竣工。这些就是历经 17 年的诉讼、上百万美元花销以及旷日持久的政治动乱后所取得的全部成果。[84]

新泽西案例说明了政治上达不成共识的话，地方土地使用的做法是很难改变的。劳雷尔山案件代表了美国两大价值观之间的冲突：一方面，人人享受法律上的平等保护权；另一方面，美国人不愿意支持强迫地方政府放弃自治权的政策。在联邦政府大幅削减住房补贴的时代，即使地方划区法律遭到反对，低租金住房是否能够在郊区建设还存在疑问。如果将新泽西的经验算作教训，那么这个教训就是排他划区以及随之而来的居住隔离已经被普遍接受了。

专属领地政治的新面貌

随着时间的推移，郊区发生了很大的变化，其族裔构成呈现出了多样性。很多穷人搬离了中心城市，战后修建的中产阶级和工人阶级的郊区住房基本上是小片房屋或者平房，缺少新一代业主所需的设施和便利条件。[85]这些旧区域一般坐落在房价压低、公共服务水平较低的郊区，其中一部分地区已经演变为新的城市贫民窟，但是与城市核心区的贫民窟相比而言，他们距离工作和交通网络更远一些。许多郊区住宅位于离中心城市较近的近郊，但是其他的住宅区位于较远的富人郊区。[86]

穷人和新进移民在旧郊区更容易找到住房，因为这些地区的住房需求量较低，而且房屋样式早已过时。例如，20 世纪 90 年代期间，莱维敦(Levittown)和 20 世纪 50 年代的长岛郊区对新进移民非常有吸引力，这些移民来自中东地区、中美洲、拉丁美洲和亚洲。[87]一些家庭通过非法手段进入拥挤的住宅区，子女们也涌入当地的学校。这部分人隐匿在大社会背后，无法进入资源稀缺的自治市，因此他们无法对政治体系提出抗议。有两位撰稿人质问过：“现在的郊区具有多阶级、多族裔、多种族的特点，虽然违背了郊区发展的初衷……旧郊区能够容纳这些新族裔群体吗？这些老式、分散的政府结构和偏见要让这些人隐藏起来吗？”[88]

私人专属领地的兴起进一步加强了将边缘群体推入水中的趋势，所谓的私人专属领地是指居民尽力切断与中心城市，甚至与附近社区的所有联系的领地。[89] 20 世纪八九十年代建设的封闭社区看起来像是堡垒，使那些构成威胁的群体无法靠近。这些建设项目特别强调安全性，就像是处于战争的状态。加利福尼亚的退休社区“休闲世界”(Leisure World)周围的墙壁高 6 英尺，顶层安装有铁丝网。佛罗里达的规划社区“奎赛德”(Quayside)混合了 20 世纪 20 年代诺曼·罗克韦尔小城镇的氛围与最新近的高科技安全技术：激光束扫射周边地区，电脑检测居民的密码出入卡，并且将财产的出入信息存储在永久性的数据文档之中，电视摄像机不间断地监控居住和娱乐区。各个方面的安全措施旨在提醒居民高墙之外的世界很危险，因此“居住其内”是得到保护、支持和呵护的有力象征，而“外面的世界”是暴露、孤立和容易受伤的。[90] 2006 年，得克萨斯的一位开发商推出了一种新的开发项目——“无性犯罪”的社区，购房者必须通过检查，没有犯罪历史才有资格购买。[91]

到 20 世纪 90 年代，整个加利福尼亚州南部的郊区开发项目都具有壁垒飞地的特点。为了寻求高科技的安全技术，富人社区的建筑师“借鉴海外大使馆和军事指挥所的设计特点”，修建坚固的墙壁，临时修建秘密通道和门，安装一排复杂的电子监控设备，令人眼花缭乱。[92] 洛杉矶郊区对封闭式社区的需求量非常大，不久后封闭式社区取代了其他的开发项目。这一进程从西海岸发展到了东海岸，一部分封闭社区的居民不再支持地方政府提供的服务，理由是偿付私人和公共服务构成了“双重征税”。这种政治运动表明 20 世纪城市危机被另一种形式的政治所替代，因而走向终结，这种新型政治不仅导致郊区之间的相互对抗，还激发了私人专属领地以及私有化特权与公共需求之间的矛盾。

尾注

1. Quoted in James A. Clapp, *The City: A Dictionary of Quotable Thoughts on Cities and Urban Life* (New Brunswick, NJ: Center for Urban Policy Research, Rutgers University, 1984), pp. 128-129.
2. Quoted in ibid., p. 148.
3. U. S. Bureau of the Census, *Census 2000*, www. census. gov/cens2000.
4. Robert C. Wood, *Suburbia: Its People and Their Politics* (Boston: Houghton Mifflin, 1958), p. 106.
5. 参见 Mark Gottdiener, *Planned Sprawl: Private and Public Interests in Suburbia* (Beverly Hills, CA: Sage, 1977)。
6. Robert C. Wood, “Suburban Politics and Policies: Retrospect and Prospect,” *Publius, The Journal of Federalism* 5 (Winter 1975): 51.
7. 这一术语来自 Mark Weiss, *The Rise of the Community Builders* (New York: Columbia University Press, 1987)。
8. J. C. Nichols, “The Planning and Control of Outlying Shopping Centers,” *Journal of Land and Public Utility Economics* 2 (January 1926): 22. 通过集中在一个地方并且使用租赁政策来决定存储“结构”，“尼克尔斯(Nichols)开创了规划地区购物中心的想法”，Kenneth T. Jackson, *Crabgrass Frontier: The Suburbanization of the United States* (New York: Oxford

University Press, 1985), p. 258.

9. Gwendolyn Wright, *Building the Dream: A Social History of Housing in America* (Cambridge, MA: MIT Press, 1981), p. 202.

10. Mark H. Rose, "'There Is Less Smoke in the District,' J. C. Nichols, Urban Change and Technological Systems," *Journal of the West* 25 (January 1986): 48. 罗斯(Rose)说:"到1917年,居住在这一地区的犹太家庭不足5户,这是房屋转售的结果。"

11. "Up from the Potato Fields," *Time* (July 3,1950), p. 70.

12. Ibid.

13. "The Most House for the Money," *Fortune* (October 1952): 156.

14. Jackson, *Crabgrass Frontier*, p. 234.

15. Wright, *Building the Dream*, p. 252.

16. "Up from the Potato Fields," p. 68.

17. Jackson, *Crabgrass Frontier*, p. 234.

18. "Up from the Potato Fields," p. 68.

19. Bruce Lambert, "Levittown Anniversary Stirs Memories of Bias," *New York Times* (December 28, 1997), p. 14.

20. Quoted in Herbert Gans, *The Levittowners: Ways of Life and Politics in a Suburban Community* (New York: Pantheon Books, 1967), p. 372.

21. Lambert, "Levittown Anniversary," p. 14.

22. Jackson, *Crabgrass Frontier*, p. 241.

23. Lambert, "Levittown Anniversary," p. 14.

24. Gans, *The Levittowners*, pp. 8-9.

25. Joe R. Feagin and Robert Parker, *Building American Cities: The Urban Real Estate Game*, 2nd ed. (Upper Saddle River, NJ: Prentice Hall, 1990), p. 211.

26. Robert Goldston, *Suburbia: Civic Denial* (New York: Macmillan, 1970), p. 68.

27. Kevin Fox Gotham, *Race, Real Estate, and Uneven Development: The Kansas City Experience, 1900—2000* (Albany: State University of New York Press, 2002), p. 38.

28. Ibid.

29. Ibid., pp. 34-37.

30. National Association of Real Estate Boards, *Code of Ethics* (1924), art. 34 (Washington, D. C.: Author).

31. Harry Grant Atkinson and L. E. Frailey, *Fundamentals of Real Estate Practice* (Upper Saddle River, NJ: Prentice Hall, 1946), p. 34, quoted in Evan McKenzie, *Privatopia: Homeowner Associations and the Rise of Residential Private Government* (New Haven, CT: Yale University Press, 1994), pp. 61-62.

32. *Shelly v. Kraemer*, 334 U. S. 1 (1948). The Court had struck down racial zoning some 30 years earlier in *Buchanan v. Warley*, 245 U. S. 60 (1917).

33. McKenzie, *Privatopia*, p. 11.

34. Community Associations Institute, Association Information Services, CtreeseAIS@aol. com (2006).

35. Ibid.

36. McKenzie, *Privatopia*, pp. 158-164.
37. Ibid., p. 158.
38. Ibid., pp. 163-164.
39. Dennis R. Judd, "The Rise of the New Walled Cities," in *Spatial Practices*, ed. Helen Liggett and David C. Perry (Thousand Oaks, CA: Sage, 1995), pp. 144-166.
40. David Guterson, "No Place Like Home: On the Manicured Streets of a Master-planned Community," *Harper's* (November 1992): 55-64.
41. Ibid., pp. 60-61.
42. U. S. Bureau of the Census, *The 2009 Statistical Abstract of the United States*, Table 669, www. census/gov/compendia/statab.
43. Gary J. Miller, *Cities by Contract: The Politics of Municipal Incorporation* (Cambridge, MA: MIT Press, 1981), p. 12.
44. Ibid.
45. C. B. Glasscock, *Lucky Baldwin: The Story of an Unconventional Success* (Indianapolis, IN: Bobbs-Merrill, 1933), p. 140.
46. Jon C. Teaford, *City and Suburb: The Political Fragmentation of Metropolitan America, 1850-1970* (Baltimore: Johns Hopkins University Press, 1979), pp. 18-19.
47. Charles Hoch, "City Limits: Municipal Boundary Formation and Class Segregation," in *Marxism and the Metropolis: New Perspectives in Urban Political Economy*, 2nd ed., ed. William K. Tabb and Larry Sawers (New York: Oxford University Press, 1984), pp. 101-119.
48. Miller, *Cities by Contract*, pp. 49-50. 另一个工业化郊区较有说服力的例子是新泽西州的泰特波罗(Teterboro),1977 年当地仅有 24 名居民,却雇用了 24 000 名外地人。Michael N. Danielson and Jameson W. Doig, *New York: The Politics of Urban Regional Development* (Berkeley: University of California Press, 1982), p. 92.
49. Teaford, *City and Suburb*, p. 18.
50. Data cited in Wood, *Suburbia*, p. 69; and in National Municipal League, Committee on Metropolitan Government, *The Government of Metropolitan Areas in the United States*, prepared by Paul Studenski with the assistance of the Committee on Metropolitan Government (New York: National Municipal League, 1930), p. 26.
51. 参见 Anwar Syed, *The Political Theory of American Local Government* (Clinton, MA: Random House, 1966)。
52. Teaford, *City and Suburb*, p. 6.
53. Ibid., p. 31.
54. U. S. Bureau of the Census, *Census 2000*.
55. Jon C. Teaford, *The American Suburb: The Basics* (New York: Routledge, 2008).
56. Quoted in ibid., p. 132.
57. Dolores Hayden, *Building Suburbia: Green Fields and Urban Growth, 1820—2000* (New York: Pantheon Books), p. 168.
58. Quoted in Teaford, *City and Suburb*, p. 115.
59. Quoted in ibid., p. 112.

60. Seymour I. Toll, *Zoned America* (New York: Grossman, 1969), p. 193.
61. Ibid., p. 197.
62. Ibid., p. 159.
63. Quoted in Michael N. Danielson, *The Politics of Exclusion* (New York: Columbia University Press, 1976), p. 54.
64. Toll, *Zoned America*, p. 183.
65. Ibid., pp. 182-183.
66. Ibid., p. 187.
67. "管制权"(police power)指的是政府在法律采纳和实施方面的默示权力,这一权力对于保护公民的健康和福利非常必要。当然,这一意义有多种诠释。
68. *Village of Euclid v. Ambler Realty Co.*, 272 U. S. 365,47 S. Ct. 114,71 L. Ed. 303(1926).
69. Danielson, *The Politics of Exclusion*, pp. 53-54.
70. "The End of the Exurban Dream," *New York Times* (December 13, 1976).
71. Danielson, *The Politics of Exclusion*, p. 53.
72. 由于对公寓开发项目的顾虑,这些项目建设的规划过程非常复杂,需要提交划区差异申请、召开公开听证会并且历经漫长的审查程序。有关这些复杂程序的详细叙述,参见 Daniel R. Mandelker, *The Zoning Dilemma: A Legal Strategy for Urban Change* (Indianapolis, IN: Bobbs-Merrill, 1971)。
73. Quoted in Danielson, *The Politics of Exclusion*, p. 60.
74. Quoted in Merrill Folson, "Westchester Finds Influx of Business a Worry," *New York Times* (April 18, 1967); cited in Danielson and Doig, *New York*, p. 90.
75. 有关划区法律地位的详细讨论在这一部分没有涉及。如需更多的信息,请参考下列文献: Danielson, *The Politics of Exclusion*; Richard F. Babcock, *The Zoning Game* (Madison: University of Wisconsin Press, 1969); Richard F. Babcock and Fred P. Bosselman, *Exclusionary Zoning: Land Use Regulation and Housing in the 1970s* (New York: Praeger, 1973); Daniel R. Mandelker, *Managing Our Urban Environment* (Indianapolis, IN: Bobbs-Merrill, 1971); Randall W. Scott, ed., *Management and Control of Growth*, Vol. 1 (New York: Urban Land Institute, 1975); and David Listokin, ed., *Land Use Controls Present Problems and Future Reform* (New Brunswick, NJ: Center for Urban Policy Research, Rutgers University, 1975).
76. *Dailey v. City of Lawton*, 425 F. 2d 1037 (1970).
77. *Kennedy Park Homes v. City of Lackawanna*, 436 F. 2d 108 (1971).
78. Quoted in *St. Louis Globe-Democrat* (January 11, 1977).
79. 1975 年,最高法院通过"拒收起诉书"(以原告没有权利起诉为由撤销案件)的做法来加大联邦法庭上反对排他划区的难度。反对排他法规的人们必须能够证明"明显的受损情况";不能以那些仅有愿望但没有实际居住在城镇里的人所遭受的损失为基础而提出起诉;参见 *Warth v. Seldin*, 442 U. S. 490 (1975)。
80. 参见 *James v. Valtierra*, 91 S. Ct. 133 (1971), and *Shaffer v. Valtierra*, 402 U. S. 137 (1971)。
81. Joseph F. Sullivan, "Restless Seeker for Justice," *New York Times* (January 22, 1983); Robert Hanley, "After 7 Years, Town Remains under Fire for Its Zoning Code," *New York*

Times (January 22, 1983); Anthony DePalma, "N. J. Housing Woes Are All over the Map," *New York Times* (April 17, 1983).

82. Robert Hanley, "Some Jersey Towns, Yielding to Courts, Let in Modest Homes," *New York Times* (February 29, 1984).
83. 1985 J. J. Sess. Law Serv. 222 (West).
84. Anthony DePalma, "Subsidized Housing Hurt in Ailing Market," *New York Times* (May 15, 1990).
85. Ibid., pp. 42–43.
86. Ibid.
87. Rosalyn Baxandall and Elizabeth Ewen, *Picture Windows: How the Suburbs Happened* (New York: Perseus Books, 2000), p. 239.
88. Ibid., p. 250.
89. Peter O. Muller, *Contemporary Suburban America* (Upper Saddle River, NJ: Prentice Hall, 1981), p. 180.
90. Trevor Boddy, "Underground and Overhead: Building the Analogous City," in *Variations on a Theme Park: The New American City and the End of Public Space*, ed. Michael Sorkin (New York: Noonday Press, 1992), p. 139.
91. Betsy Blaney, "Texas Developers to Build Sex Offender-free Subdivision," *Chicago Tribune* (June 15, 2005), p. 34.
92. Mike Davis, "Fortress Los Angeles: The Militarization of Urban Space," in *Variations on a Theme Park*, ed. Sorkin, p. 173.

第十一章　对分裂大都市的管理

城市地区的拜占庭式组织(解体)

城市核心区的人口外流是全世界城市发展的共同特点。随着自动化铁路系统和汽车等交通方式的突破,发达西方国家的城市地区不断向外扩展,这一进程持续了至少一个世纪。[1]但是美国城市模式与其他西方国家有所不同,它们的差异不在于扩展的程度,美国的都市地区分裂为若干个独立的政府,而欧洲和其他大部分国家几乎没有郊区,因为城市能够涵盖绝大部分的都市区。此外,关键性服务部门由国家和地区政府进行资助和管理,而在美国,这部分工作由自治区和特区提供。美国郊区与欧洲的模式有所不同,它是自主型实体单位,自己制定税收、开支和土地使用的决议,无需上一级政府单位的监管,而且数量颇多。2002 年联邦政府对各级政府的数量进行普查,公布的美国地方政府数量为 87 849。[2]这样的统计数据证实"在工业城市社会中,美国政府的分裂程度是独一无二的"。[3]

城市地区的极端分裂情况使得地区问题难以解决。在某种程度上,要通过确定一系列错综复杂的政府职责来克服这些困难。县政府往往要承担很多工作,例如施工标准的监管、公园和图书馆系统的运行、健康诊所的营业、治安工作、路桥修建、监狱法庭以及紧急救援服务的提供。专用区还会提供多种服务,这些服务与市政服务重合,其中像下水道、供水和公共交通区域所提供的服务覆盖了整个都市,但是都市区内的大部分专用区面积较小,几乎处于隐形状态。这些区域负责从医院、防火到灭蚊等各项事务的税收增加和管理工作,另外还提供多种专业性较强的服务工作。这种草率的安排在某种程度上提供了地区服务,但是缺乏一整套连贯的地区管理系统,因此很多人希望能够建立一套民主性更强、效率更高的地区管理系统。

摘　录

扩张成本成为热议的话题

城市专家尼尔·皮尔斯(Neal Peirce)把美国人称为“历史上占用土地的冠军”,因为美国城市面积的增长率比国家人口的增长率快 4—8 倍。他说这种扩张的成本“非常可怕”,导致“人们对内陆城市感到绝望,环境退化对旧社区和郊区产生破坏作用”。

皮尔斯和其他对城市扩张问题进行评论的专家们收集了大量令人信服的证据来说明城市扩张带来的负面效应。他们引用了许多研究结果,证明在人口密度低的区域进行基础设施的建设比起人口密度高的区域,其成本要高得多,这些基础设施包括新高速公路、街道、桥梁、学校、下水道和供水系统、街道照明、天然气、供电、电话连接以及图书馆和公园。证据显示城市扩张导致中心城市的衰落以及城市社区和旧郊区的废弃。最终,他们证明政府的分裂延缓了城市地区的经济发展。

研究扩张问题的评论家们还认为这种趋势引起了严重的环境问题。持有相同观点的专家不难发现:成千上万英亩的农田、湿地和露天场所在逐年消失。从高速公路、停车场和草坪上排出的废水污染了小溪和河流,汽车和卡车将臭氧以及温室气体排放到大气层。过度的能源消耗和空气污染引起了全球的环境问题。1990 年,美国城市居民的人均耗油量是欧洲城市居民的 4 倍,而城市扩张是导致这种差异的基本原因。20 世纪 80 年代晚期,休斯敦扩张区的人均耗油量是 567 加仑,相比而言,纽约市的人均耗油量为 335 加仑,因为人口密度高的地区人们使用公共交通的条件更加便利。(曼哈顿的人均耗油量仅为 90 加仑。)

尽管事实确凿,我们也不应该想当然地认为人们看待城市扩张问题上的观点是一致的。事实上,人们在这一问题上的看法竞争激烈。知名学者和作家弗雷德·西格尔(Fred Siegel)认为城市扩张是经济繁荣和追求美国梦的必然结果,“是上进心的一种表现形式,是过去半个世纪经济成功带来的房产增长”。基于这一论断,他认为处于经济阶梯下层的人们会寻找机会逃离贫困社区,他们可以通过搬进中产阶级人士留下的房产来达到这一目的。通过这种方式，在都市边缘建造新的房产能够为都市居民提供更多这样的机会。人们很难反驳西格尔的这一逻辑。随着居民收入的增长，他们通常会从人口密度高的社区搬到密度低的社区以寻求更多的空间以及更优质的设施。人口密度低的社区往往位于新开发地区，离市区有一段距离。到2008—2010年的经济大衰退为止，新建设的房屋中有1/7超过了3 000平方英尺，而在过去，只有富裕家庭才可以拥有这样的居住面积。

有关城市扩张问题的两种观点暗示了自由选择和调控规划之间的矛盾。城市居民在这两种价值观的选择上观点不一。美国人在侵犯个人财产权利的问题上总是非常敏感，但是涉及土地使用控制这方面的问题时，郊区居民往往会破例，这些问题包括划区、限制房产许可增长的控制措施、保护公共空间的绿带以及限制新基础社区开发的法令。问题在于有关这些政策的地方控制需要在都市范围内进行规划。这样就产生了一种悖论：尽管人们对这种无规划的、失控的城市增长烦恼不已，但是对这种小范围的管理方式有着很深的依赖情结，因此很难在都市范围内为这种无规划的城市增长找到解决方案。

资料来源：尼尔·皮尔斯(Neal Peirce)，《城市扩张毫无意义》("The Senselessness of Urban Sprawl")，《国家期刊》，1993年9月25日，第2 326页；伯切尔(Burchell)等，《再论城市扩张问题》(*The Costs of Sprawl Revisited*)，华盛顿特区：美国国家科学院出版社，1998年；阿瑟·C. 纳尔逊(Arthur C. Nelson)、凯瑟琳·A. 福斯特(Kathryn A. Foster)，《都市管理结构和收入增长》("Metropolitan Governance Structure and Income Growth")，《城市事务期刊21》，1999年第3期：第309—324页；彼得·G. 纽曼(Peter G. Newman)、杰弗里·R. 肯沃斯(Jeffrey R. Kenworthy)，《汽油消耗和城市》("Gasoline Consumption and Cities")，《美国规划协会期刊》，1989年冬，第26—27页；弗雷德·西格尔，《地方政府是答案吗？》("Is Regional Government the Answer?")，《公共利益》，1999年秋，第86页。

多年以来，政府始终致力于搞好都市地区管理工作的有序性。这些解救措施可以分为四类：都市政府、新地区主义、精明扩张以及新都市主义。都市政府运动始于一个世纪之前，人们认为城市地区应该尽可能地由单一的都市政府或几个统一的政府机构来管理。典型的城区由许多城镇和郊区司法管辖区组成，其连接方式是交通，即便是再粗心的观察者都能看出都市改革无法实现这些目标。新地区主义始于20世纪80年代晚期，之所以发生这样的运动，是因为从城市到郊区的出行让很多人感到都市区内存在不平等现象，而且这种不平等程度让人难以接受。

“新地区主义”的倡导者不但没有致力于减少政府的数量，反而强调地方政府之间合作的重要性，以此来缓和辖区内经济增长的竞争激烈程度并缩小税务负担和服务质量的极端差距。20 世纪 90 年代晚期出现了“精明扩张”运动，发起者提议通过调控土地使用和促进社区环境规划来实现“均衡的”地区发展。同期又出现了“新都市主义”，这一运动的思想基础是良好的城市设计和建筑是对抗扩张、建设健康社区的必要因素。然而美国城区复杂的政府组合是每一场运动面临的巨大障碍。

新城市形式

大都市的扩张产生了一系列长期、棘手的问题。通勤费用昂贵，从长远角度看这一趋势将更为严重。2008 年，美国一加仑汽油的成本超过了 4 美元，但与英法两国的油价相比却便宜很多，英国的油价将近 10 美元，法国一加仑的石油价格为 7 美元。通勤者几乎每天都遭遇交通拥挤和堵塞。公众对空气污染、开放空间和耕地的减少以及水污染等问题担心不已。城市扩张成为重要的公共政策问题。20 世纪 70 年代早期城市开始出台各项控制增长的措施，后来又陆续出台各种对增长速度和开发项目地址进行调控的举措。人们希望能够自由地搬到心仪的地方居住，但是又不喜欢新居民搬入自己的社区内。

与扩张相关联的问题很难解决，不管问题的严重性如何。一方面，地方政府竭力捍卫自己的权力，另一个同等重要的原因是都市地区的地理结构基本上已经固定。郊区环绕城市的旧形式已经被围绕节点活动组织起来的都市所取代。[4]曾经，郊区完全依赖于卫星城市，因为大部分的工作和商业机会都集中在城市，但是现在的市中心只是活动集结地之一。长期以来，郊区发展主要是为了居住搬迁，但是到 20 世纪 40 年代晚期为止，就业机会开始分散，其速度甚至超过了人口分散的速度。[5]地区购物中心不断涌现，为了迎合郊区消费者购物和娱乐的需求，零售业随之发展起来。[6]郊区居民不必再跑到市中心，从而切断了城市和郊区的历史连接。

一个世纪以来，技术不断得到革新，工厂不再依靠铁路线，因此制造业逐渐搬离旧的工业城市。电气化的实现使得单层工厂比起多层建筑更加节省，因为多层厂房需要容纳由水或蒸汽提供动力的皮带来传送机器。20 世纪期间，联邦税收法鼓励制造商通过“加速资产折旧”的方式来享受减税优惠；同时，投资税收抵免的方案使得制造业公司能够注销新厂房和设备的成本。通过这些做法，联邦税收法资助了工业工作向郊区和阳光地带方向的流动。[7]制造业公司也搬离了北方城区，因为这些地方被视为工会组织和动荡活动的温床。[8]到1970年为止，都市地区的大部分制造业工作已经搬离了中心区，许多工作项目从旧城区迁往阳光地带或国外。

服务业是最后搬离城区的部门。历史上的职业和商业活动集中在中心商业区内或者附近的地区，而综合性城市高速公路系统的建设从根本上改变了城市地貌。由于雇员们每天需要长距离往返通勤上班，公司地址保留在商业区就没有意义了。日常服务工作搬离了费用昂贵的商业区办公空间，这些后勤部门主要提供复印和秘书服务工作。1975年，郊区的办公建设首次超过了中心城市的建设速度。但像法律援助、企业咨询、会计和投资服务等高水平、高收入的行业部门依然坐落在大城市的商业区，一部分原因在于恪守信誉原则。这些公司往往拥有许多部门，即使经营和职业服务部门坐落在商业区，但是其他业务可以迁到郊区或者国外。郊区办公园区的发展也是另外一种选择，公司可以将职业人士迁到设备齐全的园区中工作，这样一来，郊区也就具有了中心商业区的诸多特点。

接下来几年，郊区基本脱离了对中心城市的依赖。到1980年为止，往返于郊区之间的通勤者是往返于市郊之间通勤者人数的两倍。[9]历史上由郊区围绕的城市形式被多核心的大都市所取代，这些都市往往由几个活动集结点组成，每个集结点包括住房、零售、娱乐、轻工业和服务公司。这种地理模式有时被称作“延伸城市化”(exurbanization)甚至是“反城市化”(counterurbanization)，[10]还有一些奇怪的，甚至有时令人迷惑的标签，例如“城市村庄”“技术枢纽”“郊区商业区”“郊区活动中心”“主要多样化中心”“城市核心”“银河城”“香肠比萨城”“领域城市”“超级郊外”“非城市”“服务型城市”“周边城市”或“外围中心”。[11]这些实体都位于城市地区的外围，通常情况下位于高速公路立交和机场附近。

新郊区的人口较多，实际上，有的郊区人口超过了临近的中心城市。有两位研究者创造了“繁荣郊区”(boomburbs)这一术语，用来指代那些自1970年以来每隔10年人口增长的比例超过两位数的郊区，到2000年人口普查时人口至少达到10万。[12]这两位研究者发现全国有54个城市达到了统计标准，其中有20个郊区的人口超过了20万。全国繁荣郊区的总数尽管很少，但是涵盖了中小城区居民人口的1/4。[13]2000年的人口普查显示进入美国前一百名大城市行列的繁荣郊区有15个。

繁荣郊区的突然出现几乎没有引起人们的关注，也许是因为缺少显著的外形和身份。这些地方通常没有高楼大厦，有车一族比较适合居住在此地，步行者则不适合。办公职员往往聚集在办公园区，人们购物会去零售中心和购物集散地。让人感到惊讶的是，繁荣郊区对郊区的旧模式非常鄙夷。在54个繁荣郊区中，有45个拥有大批拉美裔美国人，还有42个的亚裔人口比例超过了全国的比例。[14]

繁荣郊区相当于发展完善的城市，汇聚了办公、零售、住宅区，有时候还拥有轻工业。这些郊区之间差别很大，但是都不属于单独的住宅型郊区或单维卧室社区。有的郊区陆续盖起了高层办公大楼和公寓楼。新住宅建筑公司不再喜欢独立房屋项目，而是青睐联排别墅和公寓楼房的建设。繁荣郊区的发展说明城市扩张与城区构造紧密联系，多节点组成模式应运而生。

扩张的担忧

"城市扩张"这一术语一般指低密度住宅开发。1974年公布的研究结果将其定义为每英亩两处住宅的密度标准，根据20世纪80年代晚期的研究以及90年代早期环境保护署(Environmental Protection Agency)调查的结果，低密度住宅开发要求每英亩的住宅不超过三所。[15]即使我们按照后一种标准来界定，欧洲和亚洲也不会出现扩张的现象，因为欧洲和亚洲土地面积紧缺，限制土地使用的做法司空见惯。在这种情况下，城市区域即使向外延伸，也不会像美国那样出现以社会和政治动态为特点的扩张，美国的低密度住宅开发沿都市地区的外围进行，占用了大面积土地，从而造成市中心老区的废弃。

人们外迁时往往会选择那些人口密度较低的郊区，结果导致土地被吞并的速度与城区人口增长的速度不成比例，实际上，即使人口数量持平或呈下降趋势的都市地区也出现了扩张趋势。例如，1964年到1989年期间，纽约地区人口增长率仅为5%，同期土地开发的数量却增长了61%。[16]同样，从1950年到1995年，圣路易斯地区的人口仅增长了35%，但是土地开发的面积却增长了335%，超出了人口增长比例近10倍。[17]即使在人口增长缓慢的地区，人们也逐渐向外迁移。1986—2001年，有73 000人从圣路易斯县搬到了圣查尔斯县(St. Charles)，同期迁至圣查尔斯县的外来人口中仅有5 500人来自非都市区。圣查尔斯县的人口已经饱和，现在沃伦县(Warren)的人口增长速度已经赶超了圣查尔斯县，沃伦县的地理位置更远。[18]人们不断迁往城市边缘，尽管城市人口继续增长，但是这种迁移运动成为20世纪90年代城区扩张的主要原因。[19]

为什么即使在人口增长缓慢的城区土地消失的速度也如此之快呢？首先，近几十年期间，由于单亲家庭、丁克一族、未婚同居以及单身人士的增加，家庭数量有所减少。郊区正常家庭数量的减少意味着相同的人口规模需要更多的住宅，同时几十年前建造的独栋房屋已经过时。其次，尽管平均家庭规模在缩减，但是随着人们对奢侈品和设施的渴望程度不断增加，对房屋的规模要求不断地上涨（经济大衰退期间这一趋势暂告一段落）。此外，人们在都市区内部迁移时，往往会离开靠近市中心的人口高密度社区而迁往远一些的低密度社区。只有一小部分人往其他方向迁移。20 世纪 90 年代早期进行了一项研究，2/3 以上的被调查者说自己喜欢居住在人口密度低的独栋房屋社区，而不喜欢靠近市中心的高密度社区。[20]

尽管绝大多数人喜欢低密度住宅区，但是许多郊区居民发现这样的居住方式存在缺点。通勤者每天都要体验城市扩张带来的负面作用，从始至终没有改变过。到 20 世纪 90 年代为止，高速公路拥堵已经达到极限，每天的上下班令人烦恼不已。1999 年 11 月，《今日美国》(*USA Today*)对全国交通拥堵的特别报道中不断播报骇人的事件。芝加哥的一位司机对普通通勤者的日常经历总结得很精辟，将这些处在瓶颈阶段的人描述为“山坡杀手”(Hillside Strangler)：“这不是交通堵塞，是我的敌人，是白日噩梦。”[21] 2001 年，有关部门将容易造成杀手的匝道驶出交接点一一清除，但是其他的多处交通拥堵点仍然存在。2005 年进行的一项研究将芝加哥列为全国第二大拥堵城市（洛杉矶荣登首位）。据报道估算，2003 年芝加哥地区的通勤者遭遇交通堵塞的时间为 58 个小时，比起 3 年前增加了 55 个小时。发布报道的撰稿人认为“高峰期”这一术语几乎毫无意义。[22]

如果通勤者认为最近几年城市高速公路变得更加拥挤，这是正确的。20 世纪 70 年代期间，美国机动车平均占据道路的面积为 61 码，到 1986 年为止，这一空间缩小了 1/3 之多，仅为 39 码。[23]道路上机动车的数量大幅增长，后视镜中布满了卡车，因为卡车运送货物的效率高于火车。1970 年到 1997 年期间，获得驾驶执照的司机数量增加了 65%，登记的车辆数量增加了 87%，超过了增长的司机比例。人口结构的变化导致交通流量增长。尽管 1970 年到 1997 年期间美国人口仅仅增长了 32%，职场女性人数增加了 240%。[24] 由于越来越多的女性进入职场，休闲车随之进入了家庭车库，拥有两至三辆车的家庭司空见惯。同时，交叉通勤的模式逐渐取代了开往都市中心的行程。1980 年，城市扩张的程度还没有达到目前的情况，有 40%以上的上班行程是来往于郊区之间，普通都市地区仅有 20%的通勤行程是穿梭于郊区和中心城市之间。[25]反向通勤的比例也有所提高——市中心居民去往市郊或郊区上班的情况。[26]随着汽油价格的提高，长途通勤的成本大幅上涨。2000年，像休斯敦和亚特兰大等扩张都市区的居民在交通费上的支出超过了购房资金。[27]

到20世纪90年代，越来越多的人关注城市扩张的问题。1995年5月，《新闻周刊》杂志刊登的封面故事就是关于纽约、孟菲斯、迈阿密、洛杉矶、圣弗朗西斯科和华盛顿特区的城市扩张问题。《新闻周刊》的记者提到：城市扩张“毁坏了都市景观”，几乎所有地区都有零售商场和交通问题，这些问题千篇一律。在谈到加利福尼亚时，他们这样说道：“难怪这些地方如此地枯燥乏味，其实在设计时就已经注入这种单调乏味的因素了！”他们在撰写有关“美国新现象——郊区贫民窟”时，提到了老化的成片住房建筑与带状开发交织在一起。[28]

四年后，即1999年7月19日，《新闻周刊》再次对城市扩张问题进行了特别报道，宣称城市扩张已经成为紧急的公共问题，不仅如此，这一问题还成为由郊区有钱人居民、政客以及副总统阿尔·戈尔共同提议的“宜居性”议程的一部分。据《新闻周刊》报道，这项议程的主要内容包括“城市扩张的三宗罪：空气污染、交通堵塞和市容破坏”。[29]1999年秋天，反对扩张运动的组织之一塞拉俱乐部(Sierra Club，又名山峦协会)根据各州有效控制扩张问题的情况公布其年度排名。[30]全国以及多家地方报纸经常以专题文章的形式对此类新闻进行报道。

即使保守的《华尔街日报》也按捺不住，报道了科罗拉多州科罗拉多斯普林斯市(Colorado Springs)周边郊区内社区组织和开发商之间的斗争。据《华尔街日报》报道，发生在科罗拉多斯普林斯的冲突只是落基山脉西部发展迅速的都市区内众多冲突中的一例。《华尔街日报》一贯提倡自由市场，而这次竟然破例地报道了科罗拉多州博尔德市(Boulder，Colorado)通过调控土地使用来放慢发展速度的做法。[31]几个月之后，2000年1月，《华尔街日报》报道反对扩张的运动引发了一场政治革命，旨在推翻那些支持扩张的政客。[32]《圣路易斯邮报》(*St. Louis Post-Dispatch*)试图改变城区公众的情感倾向，刊登了一系列有关扩张问题的文章，标题为“城市扩张成为热议”。《圣路易斯邮报》似乎对读者的态度感到困惑，提出了这样的问题：“密苏里的态度好像是‘我们担心什么？’”[33]

有的政客把扩张现象转变成政治问题，因而加入了媒体大军。1999年，《管理》(*Governing*)杂志有两期讨论了扩张问题，另外还有其他讨论这一主题的文章，这本杂志的读者主要是各州和地方上的公共官员。[34] 1997 年 1 月，马里兰州的民主党派州长帕里斯·格伦迪宁(Parris Glendening)承诺要发起阻止扩张的倡议，次年，新泽西的共和党州长克里斯蒂·托德·惠特曼(Christie Todd Whitman，2001 年布什总统任命他为环境保护署署长)通过州议会提出了一项更加强硬的法案。20 世纪 90 年代晚期，全国一半以上的州长对城市扩张问题采取了一定的措施。

其实在城市问题登上全国舞台之前，控制增长的运动已经起步。地方上反对增长运动的领袖们对于新建设项目的进展速度、影响费(要求开发商偿付的公共费用)和关联费(要求开发商帮助偿付与开放相关联的费用，例如保障性住房、学校和日托服务等)都提出了上限要求，同时还采取了其他各项措施。20 世纪 70 年代期间，控制增长的做法流行开来，到 1975 年，全国的 300 多个司法管辖区普及了这样的做法。[35] 1971—1986 年，地方投票中有关控制增长的措施增加了 150 多项，仅 1986 年就有 50 项是有关这方面措施的，其中 3/4 的措施获得通过。[36] 1998 年，地方上 240 项遏制增长的措施中有 70%得到了选民的一致通过。[37]

有趣的是，遏制增长的制度在政治保守的南卡罗来纳州难以推行。1986 年，洛杉矶选民们在市长汤姆·布莱德利(Tom Bradley)的反对下依然通过“U 计划”，终止了西区(West Side)住宅区和圣费尔南多谷(San Fernando Valley)的大部分办公建筑项目。[38]同年的选举中，奥兰治县的纽波特比奇市(Newport Beach)选民是一群顽固的保守党，他们联手阻止了一项俯瞰海湾的多用途综合设施工程，这项工程计划耗资 4 亿美元。反对增长的大军尽管在竞选活动中的花费超出了预算，从 1 万美元增加到了 50 万美元，但仍然取得了胜利。[39]

控制增长的做法在富裕的城区尤其流行。加利福尼亚的文图拉县成为采取这类措施的典范。1998 年 11 月，选民们通过数项举措来限制城市的增长速度，主要针对县边缘城市和城镇的新开发项目。新制度规定在增长界限范围内的土地到 2020 年之前不能进行二次开发。为了保证公共官员不会凌驾于他们的意志之上，法律赋予他们对不受县监管委员会保护开发的土地进行重新划区的权力。[40]同月，新泽西选民投票通过了 10 亿美元来保护州内一半以上未开发的土地免遭城市开发。[41] 2002 年 11 月，位于 2 000 英里之外的内华达选民们批准发行保守证券，以此保护公共土地免受无规划的扩张之灾。这些措施的出台是为了应对无节制的增长。仅仅 30 年内，内华达州的人口从不足 50 万增长到了 200 多万。到 2000 年为止，内华达居民中只有21%是本地人。新来定居的人尽力避免拉斯维加斯和里诺(Reno)变得拥挤不堪，因为他们从前居住的地方非常拥挤，所以他们才离开。[42]

进入21世纪，反对扩张的政治有所进展，超过了调控增长速度的界限。2004年俄勒冈州通过了一项覆盖全州的倡议，极力限制那些具有侵略性质的土地使用法，但是三年后，选民们却推翻了先前的决议，向那些贪婪的开发商推行扩张和由纳税人资助的紧急救助计划。推动扩张的交通工程经常遭到惨败。例如，华盛顿特区弗吉尼亚郊区的选民担心来自城市的新人口大潮，因此否决了州长马克·华纳(Mark Warner)在2002年用销售税资助新高速公路和交通建设的提案。[43]

尽管选民们忧心忡忡，扩张问题仍然只是地方性问题，并没有上升为国家问题，因为国家公共政策议程中还有许多其他的问题，例如经济状况、国家安全、卫生保健改革、社会问题争斗和环境制度等方面的问题。1999年1月，副总统阿尔·戈尔宣布了克林顿政府提出的一项议案(尽管并没有被采纳)，计划预支95亿美元来保护公共空间、建设道路和公共交通并且鼓励地方社区规划新的学校。[44]曾经，戈尔承诺要将城市扩张问题提到2000年的总统大选中，并称之为"宜居性议程"，戈尔说城市扩张问题将受到那些身陷"交通潮流"中的上班族的热烈欢迎，因为他们上下班所花费的时间对他们的家庭生活造成了极大的影响。据戈尔所言："全国的州长和市长竞选中，选民明确表示城市扩张问题是他们极度关心的事情，我本人计划在13个月内将这一问题提到美国选民的面前。"[45]当其他人质疑戈尔是否能将这样复杂的问题变成热议的政治问题时，他的答复是"给我时间"。

最终，扩张问题在总统竞选中没有发挥任何作用，共和党总统候选人乔治·W. 布什(George W. Bush)拒绝谈论这一问题，声称这是州和地方政府的事情。[46] 2004年的总统竞选中，两位候选人都没有提及城市扩张的问题，2008年的白宫候选人也没有提及此事。《美国复苏和再投资法》(American Recovery and Reinvestment Act)的通过标志着这一问题的提出，尽管这种努力比较温和而间接，2009年2月17日，该法案由总统巴拉克·奥巴马签署生效，法案为公共交通改善预留了120亿美元，但这部分资金不能用于现行系统的扩建。[47]

显然，如果公共政策和管理安排没有长远改变的话，城市扩张的现象就无法阻止。然而，政府调控和美国政治中根深蒂固的个人主义和自由企业这种文化价值之间存在着明显的冲突。都市政府、新地区主义、精明扩张和新城市主义这四大运动的领袖们都试图在个人自治和地区规划这一危险地带中进行调和。多年以来，人们为改革都市地区的治理问题发起了多次运动，然而成功率极低。新地区主义旨在通过温和的方式在地方内部达成协议并分摊税务负担，为减少地方政府之间的极端不平等现象而提供服务，从而达成了一定层面的合作。精明扩张的支持者也对大型解决方案采取回避的做法，他们认为地方政府必须在降低无监管城市增长和无规划土地使用对环境造成不良影响方面起到带头作用。新城市主义者的奋斗目标是使土地使用和建筑管理服务于“人类”的发展。接下来我们将依次讨论这四场运动。

都市政府的历史

一个世纪之前的进步时代和市政改革的传统中，政府的指导思想非常单一，他们秉承“尽可能低成本地提供有效公共服务”这一目标。关注旧工业城市中市政腐败和机器治理的改革者与推动都市治理的改革者如出一辙。两者都秉承了“好政府”的原则，改革者认为，应用于城市治理的原则与都市治理也是息息相关的。这两种情况中，效率以及政治和公共管理之间的明显差异都被视为改革的主要支柱。[48]改革者把城市地区政府的增长比作城市中的选区——在他们看来，选区只不过是狭隘政治的温床，代表们缺乏全方位处理城市问题的能力或远见。而且，他们曾说过地区级别的政府过多会导致无法提供低成本的城市服务。1912 年，一位改革者这样写道：“这里(波士顿都市)有 38 个城镇和城市，它们就像是美国城市的选区那样与日常生活息息相关，但是它们无权也没有途径……建设或改善公共工程，也不能为整个都市区采取公共行动。”[49]显然，这种分析只能导致一个结论：都市地区应该以最简单和成本效益最佳的方式进行管理，也就是说，由单一政府实体来管理。

20 年后，一位颇具影响力的改革者再次谈论了这一主题，他将自己的所见描述为由地方政府分裂而引起的狭隘主义和混乱：“他们(许多政府)总是转移居民们的注意力，让居民忽视了自己是大社区成员的事实，这导致他们的行动方式就像是单一社区的成员那样。这些政府导致市政制度……服务标准以及区域处理问题(这些问题实际上属于都市处理的范围)等方面存在极大的差异。”[50]“都市政府”改革者提倡这样的思想：城市地区应该由一个政府单位来管理，这些改革者都认同一个原则,“只有社区范围的司法管辖区政府能够规划并且提供必要的服务设施、便利设备、指导和调控,将功能性计划与实际计划联系起来。如今,没有一个都市地区拥有这样的政府。”[51]

都市政府改革者坚信真理和美德属于他们,而当选民们否决了提议后,这种自信化为了痛苦的失望。在全国的都市地区中,改革者们数十年如一日,竞选活动一场接一场,他们向选民们宣布自己的提案,然而几乎每次都空手而归。1921—1979年,改革者们发动不同都市地区的选民 83 次,希望能实现城—县合并。他们成功的情况仅有 17 次,这些成功案例中仅有 2%发生在人口超过 25 万的都市地区(1962 年田纳西州的纳什维尔—戴维逊县[Nashville-Davidson]和 1967 年佛罗里达州的杰克逊维尔—杜瓦尔县[Jacksonville-Duval])。(1969 年,印第安纳州的印第安纳波利斯与马里恩县[Marion]的合并是在州议会的强制实施下进行的,并不是经由公民公投产生的结果。)[52]

其他情况下,改革者试图通过创建双层体制来巩固政府(肩负具体服务职责的都市地区,同时让自治市和县继续掌握重要的权力)。最有名的成功案例是 1957 年组建的大都市戴德县(位于迈阿密),经过改革后的县政府承担了先前自治市政府的许多职责。

由于郊区和中心城市的选民希望保留地方控制权,因此强加给都市政府的大部分方案都毁于一旦。圣路易斯都市区的经历非常典型,这里的改革者所付出的努力以及经历的失败是其他任何地方的改革者的数倍:1926 年、1930 年、1959 年、1962 年和 1989 年的改革者都进行了尝试。1926 年,圣路易斯县的选民否决了将圣路易斯市县合并的提议。四年后,圣路易斯县选民又否决了一项比较温和的提议,这项提议将市县纳入地区政府的管辖范围,市县只履行一部分服务和公共职责。[53]

1959 年,地方都市改革的倡导者再次尝试进行改革。这一次,他们提出了这样的想法:建立大圣路易斯城县区,负责制定地区计划、推动经济发展、管理地区公共交通、控制主要街道和高速公路的交通情况、管理所有的下水设施并监管所有的警察培训、通信和民防事务。市政当局只负责调控当地的道路交通、提供警察和消防保护以及垃圾处理等服务。提议立即遭到了市政官员的强烈反对,选民们一举否决了这项计划。[54]还没等他们冷静下来,改革者们便东山再起。1962 年,他们出台了一项“区计划”(borough plan),将城县纳入单一政府的管辖内,并将整个县划分为22个区，每一个区行使一定的权力，但权力非常有限。这项计划等于取消所有现行的自治市，这一计划在4∶1的选票大劣势中宣告失败，选票差距超过了1959年的情况。

尽管遭受重重失败，圣路易斯地区的改革战役仍未罢休。1989年，由选举产生的保有不动产权者委员会呈交给圣路易斯县选民们一项合并计划（密苏里州宪法授权“保有不动产权者”委员会制定这样的提议）。此项计划规定将县内的自治区数量从90个减少为37个，除此之外，将大部分土地使用、划区以及施工检查的权力转交到县委员会。从改革之初到30年后的这段时间内，反对改革的斗争此起彼伏。一场激烈的竞选随之而来，双方都做好准备，打算在预定的1989年6月20日公民投票时一决上下。但是选举日之前，美国最高法院宣布保有不动产权者委员会为非法组织，因为这一组织的成立否认了法律对非财产持有者的平等保护。[55]

要证明自治区之间的税收负担和服务级别存在悬殊的差距，对于改革者来说轻而易举，但是历代的改革者总是遭遇挫败。自从20世纪20年代以来，圣路易斯市一直处于经济下滑状态，事实如此。城县之间存在着种族和社会阶级隔离，这是圣路易斯地区的独特现象，而众多郊区司法管辖处的划区规定在一定程度上维护了这种隔离模式。但是，圣路易斯的公民却从正面看待这一事实。即便如此，改革事业宣称能够克服人们对地方社区的依附感，这一点值得怀疑。

像征税水平和服务条款存在差异这样的事情，在都市政府改革者看来是问题，而在其他人眼中则是解决方案。大部分郊区居民持有这样的观点，20世纪80年代以来，他们开始寻求学术领域的支持。1988年9月，就在为持有不动产权者计划投票的前几个月，政府间关系顾问委员会（Advisory Commission on Intergovernmental Relations）这一颇具影响力的部门发表声明：城市居民可以在各个辖区提供的税收、服务和设施组合中任意挑选，他们会大受裨益。[56]有的学者也支持这一结论，但是对于都市改革运动中最神圣的原则来说，却遭到了致命一击。几十年后，那些主张地方自治的人们引用学术界的观点证明自己在行使居住自由的权利，并非维护狭隘的自我利益。

2001年，田纳西州的路易斯维尔市与杰斐逊县实现了合并，这一事件重新燃起了都市改革倡导者的希望。改革者认为这件事情非同寻常，也许能够打破长期以来的僵局，自从1969年印第安纳波利斯与马里恩县实现了部分合并以来，全国范围内几乎没有再次成功的城县合并。路易斯维尔市和杰斐逊县合并不久，阿尔伯克基(Albuquerque)、布法罗、克利夫兰、孟菲斯、密尔沃基和圣安东尼奥的都市改革倡导者纷纷加入改革事业。

路易斯维尔市和杰斐逊县之所以能够实现合并，是有前期铺垫的，在这之前，地方内部之间达成了一项协议。1985 年，路易斯维尔市意欲吞并杰斐逊县内的一部分有经济实力的区域。县官员认为如果执行吞并计划将失去大部分的县收入基础，因此这项提议构成了一定的威胁。后来的三年之中，城县之间争执不休，1988 年，双方达成协议，共同分割税收所得，并成立起集中规划和发展机构，负责减少地方政府之间在经济发展方面的竞争。甚至在这份协议签署之前，选民们也已经习惯了城县之间的合作协议：双方共同管理供水和下水系统，公园、动物园、图书馆已经合并的都市学校区。因此，到 1985 年合并选举举行之际，对于政界精英、商业社区以及大部分选民来说，这份协议并不像表面那样会构成威胁和造成不良后果。

作为税收、服务和政府管理实现合并的一种方式，路易斯维尔市正式被纳入杰斐逊县。郊区居民在新安排中获益匪浅，大约 2/3 的选民和都市议会席位来自先前的郊区，因此政治权力倾向于富裕的郊区居民，这导致市中心的蓝领居民，尤其是非裔美国人处于劣势。这种新格局的出现也不足为怪；在其他的都市地区，市中心选民担心合并会降低他们的影响力，因而始终反对这项提议。

路易斯维尔市的例子并没有成为其他地方改革者的集体呼声，因为导致改革的政治条件不尽相同。还有一个例子比较有启发性，2004 年 11 月，改革者提议将得梅因市(Des Moines)和周边的波尔克县(Polk)合并，这项提议被称作“公共措施等级 A”(Public Measure Letter A)，城市选票和县选票都以 2∶1 的劣势落选。[57]如果历史是向导的话，那么得梅因的经验比起路易斯维尔的情况更能为都市改革的前景提供可靠的借鉴。对于改革者来说，这是另一种不和谐的音符。通过流水线管理能够提供更加高效的服务，对于路易斯维尔的改革者来说，这一宣传点并没有充分实现。[58]相比之前，改革并没有实现公平分配的目标。[59]

面对一次又一次的失败，历代的都市政府改革者表现出了非凡的决心。到底是什么让他们如此倔强执着呢？答案也许可以归结为他们所倡导的理想。所有的人都赞成政府办事应该追求效率，而且应该有能力解决公民所面临的最迫切的问题。这些标准使得美国城市地区的极端分裂状态难以维持下去，因此探索其他的管理模式势在必行。但是应该指出这样一点：20 世纪都市政府虽然屡遭挫败，但是许多地方的改革者采取了温和的措施，在某种程度上，他们实现了改革的一部分目标，因此改革失败并不像表面看上去那样不幸。

公共官员并不回避问题，他们在需要的时候愿意跨越司法管辖区的界限。在一部分城区，城县同意提供个别自治区无法提供的重要服务设施。两三个政府之间达成的地方协议成为服务共享和管理方面的一种途径。有时，协议还包括税收和评估、数据处理以及其他的日常管理任务。类似这样的一些细小措施看上去庸俗而无聊，但是却能切中要害：改革者如果提出更宏大的方案，就会导致激烈的斗争，而通过这些缓和的措施，则能避开竞争。

有的例子不仅可以看出小规模改革的美好展望，同时也暴露了其局限性。20世纪40年代期间，选民们一致赞同圣路易斯县主张扩展县政府服务和管理职责的新章程，当时圣路易斯县是圣路易斯地区的主要郊区县。不久，县政府采用了建筑规范，几年之后，对非合并区域的新建筑项目实行电路检查的做法，并且与自治区签署了提供此项服务的协定。到1964年，圣路易斯县总共管理32处公园和图书馆系统。1954年对章程再次进行修订，圣路易斯县又拥有了自己的警力。在后来的几年期间，县警察局与多个城市签订了警察执法的协议。1971年，选民们通过了章程修订案，县政府有权处理垃圾收集的问题，并且有权制定消防员的最低培训程度和受教育标准。如今，县政府还负责911紧急服务、健康诊所系统、修建公路、交通协调以及监狱和法院系统。[60]

其他城市地区的县政府也扩大了其职责。到20世纪80年代中期，芝加哥西部的杜佩奇县(DuPage)扩大了公园系统的管理范围，并且宣布为自愿加入县区的城市提供市政服务。县政府通过地区规划委员会向城市提供规划经验和建议，并且代表直辖区和特别区申请联邦拨款。[61]密歇根州的奥克兰县(位于底特律北部)逐步承担起更多的职责，最终管理了机场、为自治区提供协约服务、负责图书馆系统和紧急服务。久而久之，县政府实际上变成了能够协调公共工程项目的地区政府。[62]到20世纪70年代早期，加利福尼亚州的奥兰治县演变为行政机构，为此地方官员不断进行抗议。相对于那些逐渐扩大其职责范围的改革来说，奥兰治县通过大规模改革所发生的变化并不是很大，其他城县的情况亦是如此。

城区通过组建更多的政府能够克服政府分裂所造成的部分后果，这些政府是提供特殊服务的特区。2002年，美国的地方政府数量为87 900个，其中不到1/4(19 431)属于自治区。[63]增加速度最快的政府形式是特区——拥有税收和开支的权力，负责下水系统、收费隧道和桥梁的管理并且提供公共交通服务。特区的运行方式更像是私人公司，而不像政府，大部分的特区实际上是无形的。[64]这些机构中的绝大多数是为新开发项目提供服务而成立的(这些机构经常由开发商设置，目的是为新分支项目、购物中心或其他的开发项目提供公共服务)，其他的机构在管辖范围上属于真正意义上的都市部门。

在政府分裂的情况下，城县部门、地方之间的协议和特区的设置提高了服务质量。但是应该指出：政府间协议和特区构成了相当复杂的连锁网络。这种情况破坏了民主问责制，因此非常棘手。除了自治区之外，地方政府所做的一切几乎没有引起人们的关注。特区的运行方式如同私人公司一般，对选民极不负责。[65]地区管理的拜占庭体系仍然发挥着重要作用，每一部分负责解决一种实际的问题。很难想象这种体系如何发挥效率，但是在提供公共基础设施和服务方面这一体系的确非常灵活，大部分人对此非常满意。极具讽刺意味的是，通过随意拼接形成的这种拼凑模式的地方政府产生了很多问题，而地方政府官员和公民却能够找到部分迫切问题的解决方法。

人们没有把自己视为地区公民，相反，他们更加认同城镇或城市，因此改革也沿着这样的路线进行。[66]就圣路易斯地区的公民而言，E. 泰伦斯 · 琼斯(E. Terrence Jones)评论道："他们渴望让人感到舒服的政府，就像衣帽间里的旧毛衣一样，每逢冬天穿上时都会倍感舒适。"[67]对地方和社区的依附感是一种非常强烈的欲望，但是如果人们能够在地区治理中受益，他们还是愿意放弃旧的依附情节。因此改革者发出了强烈的呼吁，但是大多数情况下，人们对此置若罔闻。足智多谋的人能够找到地区治理问题的解决办法，正因如此，许多人认为这根本不算是问题。

新地区主义

20 世纪 80 年代晚期，新一代改革者开始打着新地区主义的旗号继续进行改革事业，持续几十年之久的都市改革大军改变了作战的方向。坚信"飞行会导致破坏"的人们聚集到了新城市主义的旗帜下。[68]政府分裂将都市地区分割成若干个财政领域，经济状况好的城市能够为市民提供优质的服务，因为它们拥有良好的税收来源，而经济状况差的城市则处于挣扎状态。有的城市学者认为这种不平等现象不仅影响了都市地区内部处于劣势的政府，而且破坏了整个都市地区的经济健康状况。[69]1989—1996年有关部门进行了13项研究，只有一项表明中心城市的经济表现与郊区和都市地区的经济状况相关联，此外，该研究还证明司法管辖区内部的不平等程度与地区经济表现情况呈反比关系。[70]倡导新地区主义的人们从这些结论中得出教训：都市地区若要繁荣必须减少政府间的不平等现象。

明尼苏达州议会经常接到提议要遏制司法管辖区之间两极分化和竞争的趋势，州议会也多次考虑议案，要求所有的自治区接受保障性住房的“公平分享”、联合经营税基、将地方的土地使用决议权转交给地区规划部门，并对重要的公共服务实行地区化管理。明尼苏达州经历了多年的争议，事实证明凝聚力强的政治改革者在州内进行改革的难度非常大。

1967年，州议会批准成立明尼阿波利斯城区都市委员会。四年后，通过了一项看似不可能达成的妥协方案，从而出现了“明尼苏达奇迹”。州议会通过了计划，要求州内某些城市和城镇参与分税制计划，在某种程度上，这种做法使地方收入趋向平等。[71]明尼阿波利斯周围的地方政府参与了地区的分税制计划，各个城市将工商业增长值税收纳入公共领域。分税制方案的目的是遏制税收减免，力争将自治区的津贴用于购物中心以及其他商业建设的招商引资。1971年修订的立法中规定都市委员会有权审查地方社区的总体规划，但是对那些拒不合作的社区没有权力实施惩罚。如果州议会能够适度进行分税制和合作规划安排的话，改革就不会引起争议。没过多久，这种状态发生了改变。1993年，民主党多数派设法推动公平分配的住房法案。共和党州长阿恩·卡尔森(Arne Carlson)立刻否决了这一法案。按照最初的规定，立法允许都市委员会对使用分区调控权力阻止保障性住房的地方社区进行惩处，取消这些社区的地方收入共享基金，并且剥夺它们享有的税收减免或税收增量发展筹资机会。为安抚州长及其同盟，所有的惩处措施都被取消，但是卡尔森依旧行使了否决权。1994年选举后，共和党占据了州众议院和参议院的席位，因此州长没有必要采取这样的行动，这种局面结束了住房公平分配的立法。

1994年，为了推动州议会批准《都市重组法》(Metropolitan Reorganization Act)，苦苦挣扎的郊区联盟加入了来自明尼阿波利斯和圣保罗的代表队伍，卡尔森州长同意签署此项法案。双子城市都市委员会(Metropolitan Council for the Twin Cities)顷刻间成为拥有6亿美元资本的地区政府，负责下水系统和交通服务，并且监管地区的机场运行状况。[72]同年，州议会也对地区的土地使用规划采取措施，通过了《都市土地使用改革法》，免去了农场主进行公共评估和缴纳增值税方面的麻烦，农场主为了避免这些繁琐的事务经常被迫将土地出售给开发商，除此之外，立法方面几乎没有采取任何的措施。但是这为从未实现的改革提供了方案，在很大程度上，由于人们强烈反对地方自治和开发商争取津贴的提案，改革才会失败。

1995年，改革者向州议会提交了一项法案，将房产价值超过15万美元的居民所缴纳的市政税重新分配给地方政府。这一法案遭到了否决。另外还有一项关于居民财产分税的法案，虽然力度稍弱些，完全靠居民自愿来实施法案，但这项法案却成了恶性党派斗争的避雷针。1998年职业摔跤运动员杰西·文图拉（Jesse Ventura）成为明尼苏达州州长，他不断地攻击民主党派的州代表迈伦·奥菲尔德（Myron Orfield），指责其提出的立法法案[73]。分税法案就此失败。

新地区主义尽管存在种种局限，但改革者仍然认为明尼阿波里斯地区的分税计划是全国最好的榜样，他们依旧希望这一计划会赶上其他地方。同样，他们把俄勒冈州的波特兰（Portland，Oregon）视为土地使用改革方面的"最佳实践"榜样，这一地区的改革实现了都市式的扩张和经济发展。俄勒冈州波特兰都市地区严格按照美国的扩张规定进行边界改革，因为周边多为发展迅速的城市，因此从空气和土地情况中很容易辨别界限——一边是拥挤的联排别墅和住宅小区，另一边是放牧的牛群、葡萄藤叶子和成熟的麦田。扩张边界的出现源于1973年俄勒冈州议会通过的立法，要求州内所有的地方政府准备一份全面的土地使用计划并提交到州土地保护与发展委员会（State Land Conservation and Development Commission）进行审批。基于委员会的报告，州议会接下来授权选举的地区部门——都市服务区来确定波特兰地区的扩张边界。波特兰人开始把这一地区称为都市，1992年，该名称正式得到官方批准，选民通过全民公投扩大了地区的权力。[74]

在大部分州和都市地区，由于商业组织、开发商和地方政府有权阻止州立法，因而协调有效的地区增长方式几乎是不可能的。俄勒冈州独特的政治文化使之成为例外。环境组织和农场主对于划定州内最大城市波特兰的扩张界限提供了关键的帮助。支持波特兰划定扩张边界的联盟大力宣传规划式的增长有助于推动地方繁荣。[75]商业组织和开发商试图推翻扩张边界，在1976年、1978年和1982年都没有成功，而这部分人似乎也习惯了边界的存在，因为他们"知晓其中的规则"。[76]但是2004年，由开发商领导的联盟设法说服选民通过第37号措施（Measure 37），这项提议覆盖全州，要求地方政府对那些能够证明自己的土地在使用限制中被降低价值的所有者进行补偿。不久，选民们明白了其中的道理，开发商通过法律途径占用了公共资金，他们狂轰滥炸式地提起诉讼。2007 年，绝大多数选民通过了第 49 号措施（Measure 49），取消了三年前通过的措施。[77]

自从第 49 号措施被采纳以来，位于波特兰通勤范围内的小城市和城镇中超越扩张边界的开发并不少见。城市地区边缘处横跨地貌的住宅小区已经不见了。州政府能够凌驾于市政府的意志之上，因此这种不正常的模式得以延续下来。从历史上来看，任何州的自治市都会强烈抵制控制土地使用的决议，大部分州议会和行政机构不愿意卷入这样的纷争。俄勒冈州的态度却是例外，“我们与自治市之间存在问题，必须将它们纳入正轨”。[78]

明尼阿波里斯和波特兰的案例属于例外，原因在于地方政府特别热衷于维护自己对税收、服务、经济发展和土地使用的控制权。但是城市扩张的问题并没有消失，郊区居民千方百计解决非规划和非控制的扩张问题，与此同时，他们绝不能牺牲弥足珍贵的自治权。“精明扩张”就提供了这方面的答案。

精明扩张

“精明扩张”（Smart Growth）这一术语产生于 1997 年，马里兰州州长帕里斯·格伦迪宁（Parris Glendening）创造这一术语是为了描述他提议的一系列政策，在指定的扩张地区建设公共基础设施，与此同时还要避免其他地区被开发。[79] 由于具有正面含义，接下来的几年之中，精明扩张成为一种标签，涵盖了各种土地使用政策和为遏制非控制型城市开发而制定的种种环保法规。精明扩张的信念得到了广大群体的拥护，比较知名的组织包括塞拉俱乐部、国家土地保护信托基金会（National Trust for Land Preservation）和国家住宅建筑商协会（National Association of Home Builders）。这场运动的中心思想是城市扩张要遵循规划性开发：扩张是必须的，但应该是“品质开发”，这些开发能够改善破旧地区、提高环境质量、通过改善交通系统而降低能源消耗、促进城市设计、为新的公共基础设施评估成本和需要并且保护公共空间。[80]

精明扩张运动的环保思想得到了政界的支持。公共官员为了克服对激进事物的反感，一般避免发表对保护公共空间政策有关地区规划方面的赞同言辞。通常情况下，土地信托基金能够代替直接的土地使用法规，因此被用来保护未开发的地区。从 1988 年到 1998 年，47 万英亩的公共空间通过这种方式得以保留。1998 年，新泽西州的选民为了保护公共空间而赞成将州和地方税收中的 9 800 万美元用于发行 10 亿美元的债券。同年，佛罗里达州议会制定了 30 亿美元债券的方案，伊利诺伊州在土地征用方面的开支为 1.6 亿美元。纽约州州长成立了一个特别工作组，研究用重组代替新开发的做法，康涅狄格州州长制定目标，要在城区范围内将公共空间扩大三倍。[81]

尽管精明扩张运动的言辞经常强调必须从都市的视角看待城市开发，但是这一短语常常用于推广狭隘的目标，也就是说改革者经常打着这一旗号来鼓励开发那些禁止穷人和少数族裔进入的社区项目。精明扩张运动的核心存在矛盾，但是几乎没有人敢承认这一点。一方面，由美国银行资助的一项研究发表过这样的阐述："随着扩张运动进行到边缘地区，新的一代人进入了低密度居住区，我们等于在不断地抛弃旧社区的人们和投资。"[82]公民和环保组织赞成这种观点。但是实际上，富裕的郊区居民根本不关心旧社区的命运，他们所关心的是新社区能否避免城市扩张和新住宅开发带来的问题。

1999 年 11 月，弗吉尼亚州劳顿县(Loudoun)发生了一场争执，暴露了精明扩张运动内部存在的紧张关系。开发商约翰·安德鲁斯(John Andrews)计划将棉花地分割成 69 块一英亩的土地，结果这一计划遭到了强烈反对。他打算建造高档住宅，认为不会产生什么问题，尤其在共和党选民主导的县内。但是在 11 月的选举中，自称"阻止扩张的选民"(Voters to Stop Sprawl)的新组织一举赢得了县监管委员会的 8 个席位。汉密尔顿(Hamilton)这个小城镇的规划委员会有权对新开发项目进行划区司法管辖，结果却做出了一件令人不可思议的事情，它投票反对安德鲁斯的计划。

这起富人反对富人的斗争根植在美国所有的都市地区边缘地带。劳顿县位于华盛顿特区 16 英里之外的地方，直到 20 世纪 80 年代，这里依旧可见散落的农场和马厩。到 20、21 世纪之交，这里的人口已经增长了四倍，随着这些新居民的生活繁荣，出现了交通拥挤、学校人满为患的问题，同时新的住宅小区拔地而起。新当选的共和党的县委员会主席解释了反对扩张的斗争会突然取得胜利的原因："这并非是共和党或民主党的事情，他们(新的县委员会)尽最大努力做了共和党应该做的事情，但是失败了。"[83]

劳顿县进行的精明扩张运动具有多重意义。在已经进行开发的县区中，主要存在基础设施的成本以及新开发项目的质量和审美等问题。在仍旧处于农村状态的县区中，保护公共空间和地貌特点是改革者重点讨论的议题。[84]由于封闭式社区的蔓延将整个县分裂为一片纵横交错的保护区。这些开发项目的名称各异：像布兰保顿(Brambleton)、森林庄园(Forest Manor)、森林管理(Forest Run)、美丽领地(Bella Terra)等名称都象征着财富和社会地位，这使长期以来居住在县内的人们“被这些社区孤立起来，而在此之前这些社区中的人们还是遵循着过去的生活方式：道路旁的房屋面向其他街道，人们在去往其他地方的路上都会经过彼此的住所”。[85]

劳顿县提出的问题反映了有钱的郊区居民希望调控开发项目的愿望，这样可以避免发生与都市开发相关联的一系列问题。精明扩张这一运动是仁者见仁、智者见智的问题，因此引起了政界的广泛关注。这场运动经常将保守主义分子和环保者联合在一起，当然这种看似不太可能的联盟还经常解体，要分要和取决于手头上的特殊问题。因此，美国各个地区对精明扩张原则的应用并不均衡，这种状态可能会长期持续下去。

有的社区在调控开发项目和保护环境方面的做法非常强势。2000 年 5 月，国会批准了 420 亿美元，用 15 年的时间保护公共空间免遭开发，并鼓励城市政府采取保护行动。[86]在科罗拉多州的博尔德市，城县政府采取下列措施减少了扩张区域：指定城市中的绿色地带、设定风景区并拒绝向批准扩张的地区提供公共基础设施的建设或改进等服务。[87]马里兰州的蒙哥马利县(Montgomery)指定了与现存社区不同的三处通道、边缘扩张地区、乡村和农业区，并且采纳了一项定时的扩张计划，在每处通道控制其开发的速度。[88]许多都市地区采用了通道或“层级”的想法，美国律师协会(American Bar Association)的土地使用专家们支持这一想法。[89]

撇开这段历史不说，支持精明扩张原则的人们有许多工作要做。在许多都市地区，仍然有人反对各种类型的规划活动。例如，在圣路易斯地区，郊区圣查尔斯县的共和党人反对使用“城市扩张”这一术语，声称他们搬到郊区居住等于行使了“城市选择”的权利。根据这一逻辑，扩张是正面事物，是符合自己居住心愿的一种自由。学者弗雷德·西格尔所做的声明反映了这一准则，他指出“扩张并不是笼统意义上的恶行，而是实现繁荣的必要途径”。[90]西格尔宣称分裂的政府助长了扩张活动的蔓延。居住在管理较差的中心城市中的人们可以选择去其他司法管辖区，获得多种居住、购物和经商的选择。在他看来，最重要的是，分裂式政府能够避免单一强权的地区政府一手遮天限制居民们做出选择的现象。[91]

罗伯特·布鲁格曼（Robert Bruegmann）的批评更加辛辣，对人们普遍接受的观点提出了质疑：如果将扩张认定为低密度开发的话，那么这种运动一直存在。他用数据证明最近几年在郊区进行的大部分开发项目都属于相对的高密度开发。他引用洛杉矶的城市模式证明自己的观点："从空气质量判断，实际上整个洛杉矶盆地看上去像是一块建筑物密集的地毯，大部分房屋集聚在比东部城市还小的地块上。除此之外，几乎没有空闲地块，这与许多东部地区形成了鲜明的对比。"[92]布鲁格曼还证明了分散行动的速度呈下降趋势，20世纪60年代达到高峰期，随后速度变慢。过去，人们对郊区的憧憬是在大块土地上修建独立的房屋，而现如今随处可见的是小地块上的联排房屋，几乎每一块空地都建满了房屋。在芝加哥地区，最近新建的住房单位中有近1/4是联排住房，南部和西部地区的城市也出现了类似的情况。[93]

布鲁格曼从上述证据中得出结论：反对扩张和精明扩张运动被误导了，因为他们的目标都是经由住房市场和消费者选择已经解决的问题："人人有权决定城市的面貌和功能。如果我在郊区的沃尔玛购物，而不是去商业中心的百货商店；或者我选择居住在靠近旧商业区的公寓，而不是位于城市远郊占地5英亩的独栋房屋。这些选择都带有城市形式，如果其他许多人和我一样做出这种选择，其影响则更加深远。"[94]布鲁格曼说，换句话说，决定都市形式的因素是人们的选择，而不是公共政策。

不管参与扩张辩论的人们所进行的论证具有何种优势，结果将更多地受到实际政治政策的影响，而不是意识形态。郊区居民相信土地和环境法规会提高他们的生活质量，因而精明扩张的政策在一定程度上得到了支持。这些判断多半基于个人经验以及直接的私人利益，并非根据地区规划支持者搜集的证据。

多项研究证明：如果城市开发得不到监管，公共基础设施的建设成本将大幅提高。[95]在人口密度低的地区进行高速公路、下水系统、供水管道以及公共事业等基础设施的建设，费用会大大超过人口密度高的地区。如果旧城区现行的公共设施停止使用，那么基础设施的建设费用将会进一步增加。一位支持精明扩张主张的人士指出从1970年到1990年的20年中，马里兰县关闭了60所学校，同时在人们搬迁的新地区又开办了60所新学校，总共耗资5亿美元。他又引用了另一项研究结果：估计到2020年为止，马里兰居民将在新开发地区的新公路、下水和供水系统建设方面投资100亿美元。基于上述数据，他总结出地区规划对于阻止废停旧项目和投资新项目这一双向过程是非常必要的。[96]

扩张会提高基础设施建设费用这一论断对大部分郊区居民的影响并不大，因为这些费用的分摊面积很广，又很难测量，而且在很大程度上，这些费用由州和联邦政府负责。如果说他们搬离旧城区和社区会产生破坏作用，他们也不可能为这些想法感到懊悔。但是如果有案例证明他们对市中心的破坏作用会影响到现在社区的经济可行性，则会引起郊区居民的关注。为了证明非规划的开发会给每个人造成损失，研究者不再考虑扩张会“毁掉中心城市”[97]的问题，而是声明这种扩张活动最终会毁掉郊区。1989—1996年进行了13项研究，结果发现都市地区的经济表现与周边中心城市的经济表现息息相关。这些证据显示为了自己的利益富有的郊区居民应该关注地区的重大问题。

上述研究的技术含量很高，除此之外，大部分郊区居民很难相信他们的命运会和贫穷的邻居有所关联。私人利益最为直接——降低税收的法案、优质的学校以及不断上涨的房产价值，这些问题常常被视为纯粹的地方问题。只有在自愿的情况下，大部分城市居民才会支持大范围地区的方案。郊区居民普遍认为自己拥有的天堂葬送在丑陋的扩张运动之中。而对于城市居民来说，新城市主义具有特别的吸引力，因为这一运动几乎没有负面影响，人们只是单纯地受益。

新城市主义

新城市主义的理念是通过土地使用的变化、城市设计和建筑的合并来恢复居民心中以往的社区感，并且使得城市环境更加宜住。2000年首次召开了成员会议，并正式通过了新城市主义章程，宣布“个人的建筑方案应该与周边环境紧密结合在一起”，“平面设计规范能够提升社区、区域和通道的良性经济和和谐发展”，“民用建筑和公共集会场所要求重要的地点强化社区身份和民主文化”。[98]实际上，新城市主义者是在做出榜样以证明城市和郊区可以自上而下，也可以自下而上地提升其宜居性。

新城市主义运动源自一种可怕的疾病——人们认为“都市地貌遭到破坏”，“成了以购物中心为核心的乏味的地方，除了交通堵塞之外没有别的交际，除了健身俱乐部之外没有可以散步的地方。”[99]改革者提出了一系列的解决方案，包括降低对汽车依赖的交通网络建设以及重新设计城市环境，力求创造使街景和谐并融家庭、商业、娱乐和社区生活为一体的设计（例如带有屋顶采光窗、山形墙和观景走廊的建筑），令居民们感到身心愉悦。新城市主义的倡导者希望通过培养人们的郊区社区感可以消除他们的不安情绪，这些人在寻找郊区伊甸园的过程中不断地更换住宅。

长期以来，所谓的美国郊区疾病成为人们议论的主题。詹姆斯·霍华德·孔斯特勒（James Howard Kunstler）在其著作《无处之地》（*The Geography of Nowhere*）做过这样一段生动的总结：

> 美国建造的工程中有80%都是在最近50年进行的，大部分建筑令人失望，属于野蛮、丑陋、不健康、精神层面低级的建筑——通勤地带的家庭荒地、带有大面积停车环形洼地的波特金（Potemkin）村庄购物广场、像乐高积木似的酒店建筑群、“美食阁楼”垃圾食品合营店、奥威尔式的办公园区（Orwellian office“parks”，这种建筑的特点是外层材料为反光玻璃，与囚牢狱警戴的墨镜一般）、在每处草地和棉花地里拔地而起的刨花板花园公寓、环绕大小城市的高速公路、集结在周围的打折商品集市，这片被破坏的、荒芜的、有毒而导致陌生环境恐惧症的景象被政治家们称作“扩张”。[100]

在孔斯特勒的叙述中，郊区居民已经学会了在“事物之间毫无关联的地方”居住，日常活动聚集在面积广大的隔离开发区，例如住宅、工作、购物和娱乐等活动场所，人们必须依靠汽车才能往返于这些场所。“房子位于各自的工作区域内，购物地点位于房屋几英里之外”，学校、购物广场和办公园区也被分隔开来，巨大的停车场上停满了车辆，闪闪发光，恰似一片车海。[101]孔斯特勒的故事情节描述了这样一个糟糕的社会：由于交通堵塞人们被迫坐在车内，或者被封闭在社区、学校和购物广场内，最糟糕的是被困在无名的郊区住宅小区内。

如同砍伐森林一样，停车场、购物广场或住宅小区的修建也可以通过工业化方式获得最高的效率；第一步用推土机铲除一切障碍物，这种方法虽然高效，但是造成了很大的浪费。在广告的推动下，生产线和生产方式不断地发生变化，一次性包装越来越多，“大部分消费者购买的商品适合一次性使用”。[102]消费者的这种习惯给土地和地区带来了不良的社会后果——“人们在各地区之间不断地循环”,这种流动性和无根性取代了社区的归属感,人们总希望通过搬迁来获得新的体验,“保持高期望值的一种魔力”。[103]如果新地方令你失望,你可以搬到其他地方,这样的事情不断发生。

以汽车为主的交通制度和地方政府采纳的分区法规维护了土地使用模式,而这种模式使新地区主义的支持者异常反感。实际上,所有的郊区司法管辖区都遵循一套标准的分区或规划体制,将住宅、商业和工业开发项目统统分隔开来。结果导致社区不适合步行,因为街角商店、零售商场、理发店、美容院以及其他人们需要的场所都被分到大型住宅小区以外的地区,人们被迫开车到很远的地方才能享受这些基本的服务。郊区环境能够改变这种现状吗?新地区主义的创建者认为他们能够做到这一点,在设计周边环境时要使社区得到滋养,制定交通制度时要让人们摆脱汽车的束缚,城市环境的建设要以人为本。在创始章程中,新城市主义代表大会表达了这样的观点:“在社区建设方面,他们将面临一系列相互关联的问题——中心城市遭遇撤资、漫无目的的扩张、种族和收入方面日益严重的隔离、环境恶化、农业用地的减少和荒芜以及社会构建遗产被侵蚀等都向他们提出了挑战。”[104]新城市主义大会特别指出:“我们知道这种表面做法并不能从根本上解决社会和经济问题。”新城市主义的方法是对城市空间进行重新设计。大会批准的27条原则强调“社区、地区和通道是开发的必要因素”。这些原则与单一用途的城市开发方式截然不同,后者主要依靠推土机获得大片空间,然后将这些空间开发为住宅、购物中心或办公园区。这种分割导致了车优于人的城市模式,本来人们可以享受居家或社区的氛围,而这种独立格局迫使他们把时间浪费在了高速公路上。

与外观相似的单调住宅区不同,“新城市主义的目标是推广多样化和宜居性社区,房屋类型、土地使用和建筑密度要规格不一,换句话说,他们要打造一种社区家庭大熔炉并加以维护,这种模式服务于不同规模、文化和收入的家庭”。[105]新城市主义者鼓励修建方便行人的购物区来取代购物中心,购物区地址要选择靠近住宅区的街道和广场,居民可以步行前往。办公园区的建设被停止,原因在于这些区域将工作与生活和购物相分离,并且需要修建大型停车场,这使人们最大限度地对汽车产生依赖感。[106]新城市主义者承认“汽车是现代生活的必须”这一事实,但是他们希望将交叉于城区的高速公路网改为分隔社区的高速通道。在社区内部,他们希望通过缩窄街道、修建环形交通并装置其他的"交通减速"工具来降低车流速度。他们还提倡在街道两旁修建自行车道和人行道,来实现公共交通的便捷化。[107]

如果上述目标一一实现的话,具备一切元素的环境不仅是对城市规划、地貌和建筑设计的一场革命,而且重新接通了人们在大规模郊区开发中被割断的社区纽带。社区居民可以步行或骑自行车去咖啡店、餐馆或药店;可以在途中拜访邻居;可以步行上班。不幸的是,新城市主义的开发项目并没有实现最初的梦想,他们也不可能实现。

对于那些能够步行和骑自行车购物、工作和娱乐的居民来说,如果居住在同一个社区,其人口密度与主要城市商业区的人口密度不相上下。要使不同的活动和服务设施聚集起来,人口密度是必要的条件,只有通过高层建筑的居住模式才得以实现。问题是新城市主义的开发项目主要包括封闭社区内部的低密度联排别墅或独栋房屋,这种建筑模式只能使居住隔离程度更加严重。基于这一原因,新城市主义实际上促进了城市扩张。

城市学者多洛雷斯·海登(Dolores Hayden)参观了奥兰多和迪士尼世界附近的庆典镇(Celebration),这是迪士尼公司开发的新城市主义项目。她描述了自己的经历:"奥兰多市内的高速公路拥挤不堪,堵车达一个半小时,此后我注意到开发项目的外面有一圈三根横杆组成的白色栅栏,酷似以前养马场和佛罗里达州中部农场的外围农村栅栏。"[108]海登一下子就联想到了新城市主义开发会产生两个问题:住宅工程本身没有改变城市地区的地理格局,容易变为怀旧式的重建,这些工程只是象征性地突出了社区感,并没有真正地创造出这种意识。这两个因素在新城镇(New Town)项目上体现得非常明显,新城镇是在密苏里的圣查尔斯进行的新城市主义开发项目,地点位于圣路易斯一个偏僻的郊区(或者可以说是城市边缘)。新城镇建造的战前门廊和石柱就是为了回应历史——纪念密苏里的过去吗?还有一个问题,新城镇远离公共交通,显然这是针对那些开车上下班的通勤族。有评论家这样说道:"你看到的这些新开发项目,外观像是出自城市土地学院的杂志,开发商宣称这是可持续性开发,但是场址却选在这片该死的沙漠中,远离所有的公共交通,必须开车才能到达那里。"[109]

城市居民也许厌烦了高速公路的拥堵状况,有时他们会斥责大规模开发项目的丑陋外观——尤其是建在他们的后院里时——这些问题得不到解决的话,新城市主义也不可能成为开发商用来营销的策略。庆典镇内的所有房屋都带有门廊,这是延续过去的建筑风格，鼓励邻里之间相互走动，但是佛罗里达州的炎热天气却使得这一想法难以实现。除此之外，房屋设计上还具有其他的特点，体现了不同时代郊区生活的浪漫风格——山形墙、新维多利亚时代的修建风格以及尖桩篱栅。有人怀疑庆典镇与加利福尼亚迪士尼的边境村庄(Frontier Village)或大街(Main Street)非常相似——是一种让人对实物感觉模糊的“真实复制”。如果有钱的购房者喜欢新城市主义的设计特点，他们将受到开发商的热情接待。新城市主义的许多建筑特点——石头、铜外观、门廊、精致的门楣和阳台——造价昂贵，更多地象征着社会阶级，而不是社区，这增加了房地产价值。

新城市主义作为城市扩张的有效补救方案，实现了其他改革运动未能实现的目标：让郊区居民相信支持有效的地区规划符合他们的利益。而要使人们改变态度并且建立起能够完成任务的政治联盟，需要一项长期的战略方案，这一任务非常艰巨。郊区居民愿意放弃独栋房屋、草坪和汽车吗？他们愿意为公共交通和修建高速公路纳税吗？他们愿意支持广泛的土地使用改革吗？他们真的很关心社区吗？从郊区发展的历史来看，这些问题的答案并不确定。

美国人对地方政府的依附感很强，司法管辖区之间的种族和社会阶级差异不断地加剧分裂的趋势，政府分裂的状况使富有的居民受益匪浅，税率降低并可以享受更高质量的服务。州政府极不情愿地涉入地方治理的问题中。[110]无论是都市政府、新地区主义还是精明扩张，这些事实上都增加了改革任务的难度。新城市主义主要通过小规模的措施，循序渐进地进行改革，与城市扩张的关联并不直接，从而避开了这种限制。

改革前景

郊区居民陷入困境，解决的办法可能会很痛苦。他们厌倦了堵车和这种失控的发展，尤其是当这些弊病威胁着他们的生活质量时，这种情绪更加严重。在解决都市扩张的问题方面，他们有三种方法：一种是支持能够实现都市规划和政府间高度合作的改革；第二种方法和前一种直接矛盾——利用市政府的权力阻止改革；第三种策略则是尽可能地退到封闭社区的墙后。实际上，郊区居民尝试过所有的方法，最后的几十年期间，他们特别青睐最后一种方案。显然，市政自治以及私有化封闭社区的增加加大了支持市政改革方面的难度。

新泽西推行土地信托的经历反映出一个事实：要找到超越狭隘利益的解决方案是何等之难。1998年，州长克里斯蒂·托德·惠特曼宣布新泽西的方案可以成为全国性的示范，其目标是获取一百多万英亩的开放空间。但是最终，新泽西在环保问题优先于经济发展的做法中表现出了极不情愿的态度。2000年，美林证券公司(Merrill Lynch)宣布该方案应该由州政府来执行，除非他们获得授权可以在农村地区开拓公共空间，政客们立刻做出退缩的回应。州长政策办公室的助理解释道："他们希望打造郊区风格的校园，因此地点不是这里就是宾夕法尼亚。"[111] 即使出现不同的政治情况，这种方案也是难以实现的，土地信托只不过是在移动性的开发潮流中充当了保护开放空间的安全岛屿而已。

就像城市历史学家乔恩·C. 蒂福德(Jon C. Teaford)所评论的那样，"变革最终会成为敌人"。[112] 地方政府对土地使用进行控制、促进经济发展和地方税收以及提供服务的举措让人们感到自己是命运的主人。政府分裂仍将是美国都市的顽疾，扩张运动及其附带问题也将如此，因此摸着石头过河的技巧仍会限制地区政策议程。

尾注

1. 有关发达工业国的郊区开发比较分析，参见 Donald N. Rothblatt and Daniel J. Garr, *Suburbia: An International Assessment* (New York: St. Martin's Press, 1986), and Christopher M. Law, *The Uncertain Future of the Urban Core* (London: Routledge, 1988)。
2. U. S. Bureau of the Census, *2002 Census of Governments*, *Preliminary Report No. 1* (Washington, D. C.: U. S. Government Printing Office, 2002), p. 5, Table A.
3. Kenneth Newton, "American Urban Politics: Social Class, Political Structure, and Public Goods," in *Readings in Urban Politics: Past, Present and Future*, 2nd ed., ed. Harlan Hahn and Charles H. Levine (New York: Longman, 1984).
4. Jon C. Teaford, *Post-Suburbia: Government and Politics in the Edge Cities* (Baltimore: Johns Hopkins University Press, 1997), p. 1.
5. James Heilbrun, *Urban Economics and Public Policy*, 2nd ed. (New York: St. Martin's Press, 1981), p. 48.
6. Peter O. Muller, *Contemporary Suburban America* (Upper Saddle River, NJ: Prentice Hall, 1981), p. 123.
7. George E. Peterson, "Federal Tax Policy and Urban Development," in *Central City Economic Development*, ed. Benjamin Chinitz (Cambridge, MA: Abt Books, 1979), pp. 67-78.
8. David M. Gordon, "Capitalist Development and the History of American Cities," in *Marxism*

and the Metropolis: *New Perspectives in Urban Political Economy*, 2nd ed., ed. William K. Tabb and Larry Sawers (New York: Oxford University Press, 1984), p. 41.

9. Robert Cervero, "Unlocking Suburban Gridlock," *Journal of the American Planning Association* 52, No. 4 (Autumn 1986): 389.
10. Brian J. L. Berry, *The Open Housing Question*: *Race and Housing in Chicago*, *1966—1976* (Cambridge, MA: Ballinger, 1979).
11. Joel Garreau, *Edge City*: *Life on the New Frontier* (Garden City, NY: Doubleday, 1991), p. 6.
12. Robert E. Lang and Jennifer B. LeFurgy, *Boomburbs*: *The Rise of America's Accidental Cities* (Washington, D. C.: Brookings Institution Press, 2007).
13. Ibid.
14. Ibid., pp. 56-57.
15. Office of Technology Assessment, Congress of the United States, *The Technological Reshaping of Metropolitan America*, OTA-ETI-643 (Washington, D. C.: U. S. Government Printing Office, 1995).
16. Anthony Downs, *The Costs of Sprawl*: *Environmental and Economic Costs of Alternative Development Patterns of Metropolitan America* (Washington, D. C.: Real Estate Research Corporation, 1974), p. 2.
17. Neal Peirce and Curtis Johnson, "St. Louis: Exploded Galaxy?" *St. Louis Post-Dispatch* (March 16, 1997), p. 6B.
18. Martha T. Moore, "Cool Climates, Hot Suburbs, Mixed Blessings," *USA Today* (November 11, 2003), p. 18A.
19. Russ Lopez and H. Patricia Hynes, "Sprawl in the 1990s: Measurement, Distribution, and Trends," *Urban Affairs Review* 38, No. 3 (January 2003): 325-352.
20. Office of Technology Assessment, *Technological Reshaping*, Chapter 8.
21. Scott Bowles, "National Gridlock," *USA Today* (November 23, 1999), p. 2A.
22. Texas Transportation Institute, Texas A&M University, *The Urban Mobility Annual Report* (Lubbock, TX, 2006).
23. Kenneth L. Wald, "How Dreams of Clean Air Get Stuck in Traffic," *New York Times* (March 11, 1990), p. 1.
24. Bowles, "National Gridlock," p. 2A.
25. Cervero, "Unlocking Suburban Gridlock," p. 389.
26. H. V. Savitch and Ronald K. Vogel, *Regional Politics*: *America in a Post-City Age* (Thousand Oaks, CA: Sage, 1996), p. 18.
27. Janet Frankston, "Suburban Sprawl's Sticker Shock," *Chicago Tribune* (January 5, 2003), Section 16, pp. 1-2.
28. Jerry Adler, "Bye, Bye Suburban Dream," *Newsweek* (May 15, 1995), pp. 40-45.
29. Daniel Pederson, Vern E. Smith, and Jerry Adler, "Sprawling, Sprawling ...," *Newsweek* (July 19, 1999), pp. 23-27.
30. Ibid.
31. Vicki Lee Parker, "Western Cities Grapple with Rapid Growth," *Wall Street Journal*

(September 22, 1999), p. B16.
32. John J. Fialka, "Campaign against Sprawl Overruns a County in Virginia, and Soon Perhaps Much of Nation," *Wall Street Journal* (January 4, 2000), p. A24.
33. Bill Lambrecht, "Urban Sprawl Is a Hot Topic," *St. Louis Post-Dispatch* (February 7, 1999), p. A6.
34. *Governing: The Magazine of States and Localities*, January 1999 and August 1999 issues.
35. D'vera Cohn, "Big Is No Longer Beautiful for Many U. S. Communities," *Santa Barbara News-Press* (March 4, 1979), cited in John R. Logan and Harvey L. Molotch, *Urban Fortunes: The Political Economy of Place* (Berkeley: University of California Press, 1987), p. 159.
36. Mark Baldassare, "Suburban Support for No-Growth Policies: Implications for the Growth Revolt," *Journal of Urban Affairs* 12, No. 2 (1990): 198.
37. Sierra Club, *Solving Sprawl: The Sierra Club Rates the States* (Washington, D. C.: Sierra Club, 1999), p. 2.
38. Robert Reinhold, "Growth in Los Angeles Poses Threat to Bradley," *New York Times* (September 22, 1987).
39. Charles Lockwood and Christopher B. Leinberger, "Los Angeles Comes of Age," *Atlantic Monthly* (January 1988): 48.
40. William Booth, "For Voters, the Target Is Sprawl," *Washington Post National* (December 7, 1998), pp. 30-31.
41. Ibid., p. 31.
42. Martin Griffith, "Alarmed by Growth, Nevadans Go 'Green'," *Chicago Tribune* (December 19, 2002), p. 39.
43. 参见 www. nosprawltax. org/。
44. Terence Samuel, "Gore Pushes a Plan to Help Curb Problems Related to Urban Sprawl," *St. Louis Post-Dispatch* (January 12, 1999), p. A8.
45. Terence Samuel, "AI Gore Makes Sprawl Central to His Campaign," *St. Louis Post-Dispatch* (October 12, 1999), www. postnet. com.
46. Fialka, "Campaign against Sprawl," p. A24.
47. Ibid.
48. G. Ross Stephens and Nelson Wikstrom, *Metropolitan Government and Governance: Theoretical Perspectives, Empirical Analysis, and the Future* (New York: Oxford University Press, 2000), pp. 31-32.
49. Quoted in ibid., p. 33.
50. Paul Studenski, *The Government of Metropolitan Areas in the United States* (New York: National Municipal League, 1930), p. 29.
51. Victor Jones, "Local Government Organization in Metropolitan Areas: Its Relation to Urban Redevelopment," in *The Future of Cities and Urban Redevelopment*, ed. Coleman Woodbury (Chicago: University of Chicago Press, 1953), pp. 604-605.
52. Vincent Marando, "City-County Consolidation: Reform, Regionalism, Referenda, and Requiem," *Western Political Quarterly* 32, No. 4 (December 1979): 409-422.

53. Teaford，*Post-Suburbia*，p. 110.
54. Ibid.，pp. 110-112.
55. Ibid.，p. 195.
56. Ibid.，p. 194.
57. Hank V. Savitch，Ronald K. Vogel，and Lin Ye，"Beyond the Rhetoric：Lessons from Louisville's Consolidation，" *American Review of Public Administration* 1 (2009).
58. 关于路易斯维尔合并的讨论参见 H. V. Savitch and Ronald K. Vogel，"Suburbs without a City：Power and City-County Consolidation，" *Urban Affairs Review* 39，No. 6 (July 2004)：758-790；也可参见 Alan Greenblatt，"Anatomy of a Merger，" *Governing* 16，No. 3 (December 2002)：2025。
59. Hank V. Savitch，Lin Ye，and Ron Vogel，"Promise versus Performance：The Louisville-Jefferson County Merger，" paper delivered at the annual meeting of the Urban Affairs Association，(Seattle，Washington，April 2007).
60. Teaford，*Post-Suburbia*，pp. 136-138.
61. Ibid.，pp. 145-146.
62. Ibid.，p. 152.
63. U. S. Bureau of the Census，*2002 Census of Governments*，Report GC02-1P (Washington，D. C.：U. S. Government Printing Office，2002).
64. Nancy Burns，*The Formation of American Local Governments：Private Values in Public Institutions* (New York：Oxford University Press，1994).
65. Gerald E. Frug，"Beyond Regional Government，" *Harvard Law Review* 115，No. 7 (May 2002)：1785.
66. E. Terrence Jones and Elaine Hays，"Metropolitan Citizens of St. Louis，" paper prepared for a poster session at the annual meeting of the American Political Science Association (September 1，2001)；reprinted in Dick Simpson，*Inside Urban Politics：Voices from America's Cities and Suburbs* (New York：Longman，2004)，pp. 286-292.
67. E. Terrence Jones，*Fragmented by Design：Why St. Louis Has So Many Governments* (St. Louis：Palmerston and Reed Publishing，2000)，Foreword.
68. Fred Siegel，"Is Regional Government the Answer?" *The Public Interest* (Fall 1999)：88.
69. William R. Barnes and Larry C. Ledebur，*The New Regional Economies* (Thousand Oaks，CA：Sage，1998).
70. Rosalind Greenstein and Wim Wiewel，eds.，*Urban-Suburban Interdependencies* (Cambridge，MA：Lincoln Institute of Land Policy，2000)，pp. 25-28.
71. 参见 the Minnesota Historical Society，"Public Education：The Minnesota Miracle，" www.mnhs.org/library/tips/history_topics/18 public.html。
72. Myron Orfield，*Metropolitics：A Regional Agenda for Community and Stability* (Washington，D. C.：Brookings Institution Press，and Cambridge，MA：Lincoln Institute of Land Policy，1997)，p. 13.
73. Quoted in ibid.，p. 149.
74. Paul G. Lewis，*Shaping Suburbia：How Political Institutions Organize Urban Development* (Pittsburgh：University of Pittsburgh Press，1996)，pp. 105-107.

75. Christopher Leo, "Regional Growth Management Regime: The Case of Portland, Oregon," *Journal of Urban Affairs* 20, No. 4 (1998): 363-394.
76. Lewis, *Shaping Suburbia*, p. 115.
77. 关于第 37 号措施和第 49 号措施的讨论参见 www. oregon. gov/LCD/MEASURE49/index. shtml。
78. John DeGrove, *Land, Growth, and Politics* (Chicago: APA Planners' Press, 1984), pp. 249-250.
79. Elizabeth Gearing, "Smart Growth or Smart Growth Machine? The Smart Growth Movement and Its Implications," in *Up against the Sprawl*, ed. Jennifer Wolch, Manuel Pastor Jr., and Peter Dreier (Minneapolis: University of Minnesota Press, 2004), p. 280.
80. Robert H. Freilich, *From Sprawl to Smart Growth: Successful Legal, Planning, and Environmental Systems* (Washington, D. C.: American Bar Association, 1999), p. 323.
81. Terence Samuel, "Suburban Communities Grab Up Land to Keep Developers at Bay," *St. Louis Post-Dispatch* (*May* 14, 2000), *p. A*8.
82. Bank of America, "Beyond Sprawl: New Patterns of Growth to Fit the New California."
83. Fialka, "Campaign against Sprawl," p. A24.
84. Ibid.
85. Stephanie McCrummen, "Subdivisions Impose Social Divide," *Washington Post* (May 1, 2005), www. washingtonpost. com.
86. Ibid.
87. Ibid., pp. 195-196.
88. Ibid., pp. 131-132.
89. Ibid.
90. Siegel, "Is Regional Government the Answer?" p. 85.
91. Ibid., pp. 85-98.
92. Robert Bruegmann, *Sprawl: A Compact History* (Chicago: University of Chicago Press, 2005), p. 68.
93. Ibid., pp. 63-65.
94. Ibid., p. 225.
95. 综述评论可参见 Office of Technology Assessment, *Technological Reshaping*, Chapter 8。
96. Edward T. McMahon, "Stopping Sprawl by Growing Smarter," *Planning Commissioners Journal* 26 (Spring 1997): 4-7.
97. Peirce and Johnson, "St. Louis: Exploded Galaxy?" p. 6B.
98. Congress for the New Urbanism, *Charter of the New Urbanism* (New York: McGraw-Hill, 2000).
99. Adler, "Bye, Bye Suburban Dream."
100. James Howard Kunstler, *The Geography of Nowhere* (New York: Touchstone, 1993), p. 10.
101. Ibid., p. 118.
102. John A. Jakle and David Wilson, *Derelict Landscapes: The Wasting of America's Built Environment* (Savage, MD: Rowman and Littlefield, 1992), p. 182.
103. Ibid., p. 40.

104. Congress for the New Urbanism, *Charter of the New Urbanism*.
105. Marc A. Weiss, in Congress for the New Urbanism, *Charter of the New Urbanism*, p. 91.
106. Elizabeth Moule, in ibid., pp. 105-108.
107. Douglas Farr, in ibid., pp. 141-146.
108. Dolores Hayden, *Building Suburbia: Green Fields and Urban Growth* (New York: Pantheon Books, 2003), p. 206.
109. Chad Garrison, "Brave New Town," *Riverfront Times* (June 1-7, 2006), p. 19.
110. 对于这些观点的精彩讨论参见 Donald F. Norris, "Prospects for Regional Governance under the New Regionalism: Economic Imperatives versus Political Impediments," *Journal of Urban Affairs* 23, No. 5 (2001): 562-566。
111. Iver Peterson, "In New Jersey, Sprawl Keeps Outflanking Its Foes," *New York Times* (March 17, 2000), pp. A1, A19.
112. Jon C. Teaford, *The American Suburb: The Basics* (New York: Routledge, 2008).

第十二章 都市战场

争夺财政资源

对于普通公民来说，当地民众在税收和开支方面展开的辩论是琐碎无聊的事情。但是，对于城市官员来说，这一问题非常重要。如果没有充足的财政资源，城市将无法为大部分人提供所需的服务和设施。这是底线，如果达不到要求，地方官员将会下台。市政官员努力寻求资助这些活动的资金，但是在这一过程中却发现自己的选择非常有限。一方面的限制来源于法律：州法律规定城市需缴纳的各项征税；另一方面的限制来源于政治：公民和商业部门不喜欢纳税，地方官员在提高税收方面小心谨慎，如果超过了一定的限度，居民和商业部门则会寻求其他的行政辖区来保护自己的利益。由于这些因素的存在，城市之间在制定地方财政政策的时候展开了价格战，其中输赢各半。

地方官员非常关注能够提高他们竞争地位的政策。2009 年，国会通过了经济刺激方案，这一方案揭露了政府司法管辖区之间在公共或私人利益方面的竞争如何发挥其效用。国会批准了 1 440 亿美元的基础设施建设资金，州与州、州与城市以及城市与城市之间为此展开了激烈的争夺。佛罗里达州潘布鲁克派恩斯市(Pembroke Pines)的市长弗兰克 · C. 奥尔蒂斯(Frank C. Ortis)宣布了自己的“一系列愿望”，[1]他希望修理下水管道。其他的各地公共官员也表达了类似的愿望，但是联邦资金无法一一满足他们的愿望，因此各个州和城市之间竞相表明自己工程的紧迫性，这些工程符合奥巴马政府制定的“准备就绪”标准。

经济刺激方案成为各个司法管辖区斗争的战场。突然获得联邦资助的新闻具有很高的报道价值，实际上，司法管辖区之间展开的收入竞争从未停止过。城市之间竞争的范围似乎没有界限，包括联邦和州资金、购物广场、大超市、办公园区、体育场以及旅游设施等各个方面。有人认为这种竞争体现了美国制度的积极和动态特点,但也有人认为政府资助地方活动是在浪费公共资金。实际上,这种制度的产生是建立在政府财政需要的基础之上,因此城市预算属于政治范畴,其重要性不言而喻。

摘 录

数以百计的小胡佛家庭使经济危机雪上加霜

1932 年,总统赫伯特·胡佛和共和党为首的国会通过增加税收和减少开支来平衡联邦预算,许多历史学家和经济学家对他们所犯的错误发表了诸多评论。此时,美国已经陷入严重的经济衰退之中,他们所采取的这些措施是在经济迫切需要钱的时候将钱抽离出来。同样,在 2008 年夏末开始的经济危机时期,各州和城市通过提高税收和减免服务等措施将钱从经济中抽离出来。这种做法令经济衰退雪上加霜,实际上抵消了联邦政府提供的大部分经济刺激方案。

2009 年 2 月 13 日,国会通过了《美国经济复苏和再投资法》,直接向各州提供 790 亿美元的财政援助,同时拨款 1 440 亿美元授权州和地方政府进行基础设施的工程建设,另外还划拨 410 亿美元进行校区建设。经济刺激方案所提供的联邦经费超过了 20 世纪 30 年代以后任何时期的联邦资助,但是这一方案却没有帮助地方政府缩减预算开支。联邦资助针对基础设施的建设和修建,而城市不能使用这部分资金来解决目前的预算问题。因此,2010 年的城市预算削减大大超过了上一年的幅度。

为了达到收支平衡,各州和地方政府不断采取各种措施,结果却令人愈加失望。到 2009 年 2 月为止,83%的城市削减了开支和各项服务。到 12 月,费城关闭了 11 家图书馆(总共为 54 家)并且宣布夏季关闭 67 个游泳池(总共为 81 个)。从 1 月 1 日起,圣地亚哥的 6 个城市公民服务中心全部被关停,并且将招募的新警员数量减少了一半。西雅图缩减了预防青年暴力和收容无家可归者的服务开支。受打击最严重的城市甚至开始缩减基本服务的开支,例如密歇根州的庞蒂亚克市(Pontiac)将 200 名警员裁减为 73 名。巴尔的摩决定在消防车上进行广告宣传,以此来弥补关闭几家消防站后资金减少的亏损状况。地方政府也想方设法消除贫困。州政府同样感到压力重重,他们强力推行的预算削减方案扩大了地方政府所采取措施的影响。2009 年 3 月,34 个州大幅削减社会服务方案。

美国政府间制度的基本特点是要求州和城市平衡预算,尽管这些行政单位能够提供基本的公民健康和福利服务。经济学家保罗·克鲁格曼(Paul Krugman)希望改变这一制度,不再对那些无力应对经济困难的政府提出过多的要求。他建议联邦政府应该承担大部分的医疗、教育和基础设施成本,免除州和城市在这些方面的负担。但是,大部分人认为美国政府间制度有利有弊,不管怎样,最近几年的政治环境倾向于降低联邦政府的职能角色。基于这些原因,克鲁格曼提出的这些改革在短期内不可能实现,但是他提出在经济危机发生时国家政府应该资助地方政府,这一说法还是有道理的。

资料来源:保罗·克鲁格曼(Paul Krugman),《50 位赫伯特·胡佛》("Fifty Herbert Hoovers"),《纽约时报》,2008 年 12 月 28 日,http://www.nytimes.com/2008/12/29/opinion/29kurgman.html;还可参见玛丽·威廉姆斯·沃尔什(Mary Williams Walsh),《重压之下,城市在缩减项目》("Under Strain, Cities Are Cutting Bach Projects"),《纽约时报》,2008 年 9 月 30 日,www.nytimes.com/2008/10/01business/01muni.html;克里斯·霍恩(Chris Hoene),《2009 年城市财政前景的恶化》("Fiscal Outlook for Cities Worsens in 2009"),《美国城市研究简报》,全国城市联盟,2009 年第 1 期,华盛顿特区:全国城市联盟,www.nlc.org;立法新闻,《管理》,2009 年 4 月 9 日;新闻,《管理》,2009 年 4 月 9 日。

美国联邦制度下的城市

美国与世界上大多数国家的情况不同,城市政府的运作系统极其特殊:"美国的中央政府对下一级政府不提供资本来源,这一点与世界上其他发达资本主义国家和政府的做法极其不同。"[2] 多数西方国家中,提供给公民的大部分基础设施和服务是由中央政府资助的,即使这些项目属于地方政府的管辖范围。相比之下,2007 年,美国城市从国家政府得到的资助仅占收入的 4%,而日本在 2003 年的比例为 14%,西方欧洲国家的比例占一半甚至更多。[3] 此外,其他国家的大部分城市并不像美国那样必须依靠私人贷款者来筹集项目资金,这部分资金通常由国家政府提供。这种制度意味着地方经济状况只能在某种程度上影响城市争取得到服务和基础建设资金的能力。

美国的市政府位于三层联邦管理系统的底部。顶层是联邦政府,可以自由征税和欠债,还能自行命令州和城市执行昂贵的政策(例如醉驾、教育测试和反对污染法律),对这些"无资命令"不会提供必要的资助。联邦政府能够得到最好和最灵活的收入来源:个人所得税、工资税(为社会保障而缴纳)以及公司收入税。州政府位于联邦政府的下一层,征收个人所得税(比率较低)以及销售和发票税。按照要求,州政府不能连年赤字运行,其所属城市也不能遭受逆差。法律要求全国的100所大城市中有99个必须达到预算平衡。[4]州和县政府在城市方面的开支包括教育、污染控制、道路、桥梁、供水和下水管道等基础设施建设以及健康诊所等,但是几乎所有的基础市政服务和大量基础设施工程都由城市自己解决资金问题。由于处于联邦制度的底层,城市的资金来源非常有限,同时还要受到其他各级政府预算制度的限制。

表 12.1 2007 年联邦、州和地方政府的就业和收入情况

就业情况(以千为单位)	
联邦文职人员	2 730
联邦较少的美国邮政局和国防部	1 263
州	5 200
地方	14 186
县	2 928
自治市	3 001
镇	510
学校区	6 925
特区	821
收入情况(自我创收,以十亿美元为单位)	
联邦	2 540
州	1 024
地方	840

注释:收入方面的数字不包括政府间流动或借贷资金。

资料来源:美国人口普查局,《2007 年政府人口普查,政府就业和薪资管理》,华盛顿特区:美国政府印制局,2002 年,表 1、表 3;州和地方收入数据来源于美国人口普查局,《2002 年政府人口普查》,第 4 卷,第 5 期,州政府和地方政府财政,表 1,http://www2.census.gov/govs/estimate/o7slsstabla.xls;国家收入数据来源于美国人口普查局,《2008 年美国统计摘要》,华盛顿特区:美国政府印制局,2008 年,表 455。

地方政府在权力方面处于最底层,但是在责任义务方面并非如此。如表 12.1

所示，2007年，地方政府的雇佣工人数量约为1 320万，就业人数最多的单位是学校区、自治市和县。这一数字是联邦政府雇佣人数(约270万)的4倍之多，如果排除邮政工人和军队中的文职人员的话，地方政府的雇佣人数超过了联邦雇佣员工的6倍多。同时，还超过了州雇佣员工人数的两倍之多。[5]即使如此，联邦政府在2002财政年度的收入为1.8万亿美元，城市靠自身收入来源仅为5 970亿美元，占联邦政府的1/3。还有一个不容忽视的明显的事实：地方政府的收入和开支尽管低于其他各级政府，但是雇佣工人的数量却远远高于其他各级政府，这是因为地方政府所提供的服务大都是劳动密集型工作，例如教育、治安、消防和卫生等。

联邦或州政府的预算政策最终渗入地方政府。2002年12月，正值经济衰退期间，州预算赤字达到了自第二次世界大战以来，甚至是自20世纪30年代大萧条以来前所未有的水平。由于赤字达到了州开支的13%—18%，各州采取措施削减支出。州开支的相当一部分拨给了对地方居民极其重要的职能部门，因此城市削减预算开支造成了极大影响。2009年2月，国会通过经济刺激方案，多年以来这是国家政府首次向城市提供切实的新资源帮助，但是这种援助只是暂时的。

资金流向

在大部分情况下，城市政府的日常工作很琐碎，但偶尔也会触及要害。正因如此，市民很难看到城市在提供基本服务方面所起到的关键性作用。全国有将近40%的公民没有健康保险，而城市是提供健康服务设施的前沿阵地，设立的公共医院和诊所不仅面向穷人，还包括投保金额不足的中产阶级家庭。城市还提供必要的住房服务，即使大部分住房是以安置无家可归者的名义修建的。在严寒和酷暑的紧急情况下，城市也要及时提供服务。

美国的地方政府开支数额非常大。例如，在2005财政年度，地方政府的总开支为1.14万亿美元，城市开支占总数的1/3。市政预算中占据首位的城市是纽约，2007财政年度的计划支出和拨款为529亿美元，芝加哥为67亿美元，洛杉矶为57亿美元。[6]这部分巨额经费为日常服务提供资金，包括了所有方面，例如治安和消防保护、供水和下水管道的维护以及911紧急电话服务等。正因为提供的服务是无处不在并且涵盖方方面面的，城市所做的一切经常被人们忽视。

城市开支的驱动力量不是来自地方官员和选民，因为市政府不是主权独立的实体。高一级的政府(州和联邦)在政府间系统内通常以“授权”(mandates)的方式把责任分配给城市政府。同样重要的是,不管预算情况多么糟糕,城市必须提供最低水平的服务和基础设施维护来维持城市居民的身体健康,还要保证城市的宜居性,包括公共健康、公园、高速公路、博物馆和图书馆的正常运行。

表 12.2 美国大城市选择服务的直接支出(以 2002 年人口为基础,单位:%)

	拥有百万人口的城市	人口介于 40 万至 100 万的城市
开支		
教育	22.4	18.5
社区发展和住房	6.6	4.9
公共福利	14.5	6.8
健康和医院	11.1	9.0
治安	11.9	12.7
消防	4.7	6.5
改造	2.5	2.0
高速公路	4.6	6.1
公园和娱乐	3.0	6.9
污水处理	5.3	8.2
垃圾处理	2.7	3.1
政府管理	3.6	7.0
债务利息	7.0	8.2

注释:仅涉及总的开支
资料来源:重新计算的数据使用美国人口普查局的《2006 年美国统计摘要》(2006 年),表 448(网上数据手册:www.census.gov/compendia/statab/)。

表 12.2 显示了 2002 年在不同服务和责任方面市政开支的相对分布情况。公民们认为城市在各种服务方面的开支是理所应当的事情,例如教育、高速公路、公园、娱乐、污水处理、垃圾处理、治安和消防保护。但是,大城市预算中的相当一部分比例用于住房、社区开发、保健、医院和公共福利等社会方案;实际上,居民人口超过 100 万的六大城市中用于公共福利的开支占 14.5%,比人口介于 40 万—100 万的城市在这方面的开支多一倍。应该注意一点,大多数城市,甚至是大城市,并不在区域范围内开办学校;通常情况下,教育会得到独立校区的资助。例外的情况主要发生在像纽约、波士顿、圣弗朗西斯科和巴尔的摩这样的老城市,在特殊地区资助教育的惯例形成之前它们已经建立了自己的学校,另外还有芝加哥,1995 年芝加哥的市长接管了学校。

除了教育之外，多数人认为城市提供的许多社会服务可以进行再次分配，也可以这样理解，这些服务让经济情况稍差的人们不同比例地受益。但是，处理穷人问题上的失败影响了整个城市社区和每一个人。例如，大多数情况下，公共医院和健康诊所是面向那些没有健康保险的人们。缺少公共健康设施的条件下，许多家庭很快就感到绝望，不得已向健康服务部门求助。这种情况将引发一场社会灾难，此外，像肺结核和艾滋病等传染病的传染率将迅速扩大。

无家可归是大城市竭力处理的另一个社会问题。几乎所有的大城市都有很多的流浪者，这些人在商业区的大街上闲逛。执法行为并不能解决问题。2003 年 1 月，芝加哥市市长理查德 · M. 戴利宣布到 2013 年彻底解决无家可归者的问题，解决办法是关闭流浪者收容所，资助建设永久性住房并提供社会服务。与城市管理者共同工作的非赢利性组织起草了市长提议，这一提议在某种程度上受开支和问题的棘手程度所影响。提供给三口之家临时住所的月成本为1 200美元，现在这部分钱用于租用永久性住房和社会服务的支出。[7]

公共健康服务占据了大城市预算的很大一部分，这项服务至关重要，不容忽视。当发生食物中毒的情况时，城市和县政府会立即采取行动，对餐馆进行检查。健康诊所提供免费的流感疫苗并筛查疾病。能够体现这一服务重要性的事件时常发生，2002 年夏季，由鸟类传播的西尼罗河病毒性流行病在美国中西部迅速蔓延开来，在伊利诺伊州强势爆发。伊利诺伊州和芝加哥市的官员迅速采取行动查找病源。整个芝加哥地区的地方政府在蚊子容易滋生的池塘和河流中喷药，在 2003 年春天蚊子滋生的季节之初发动了灭蚊大战。但是这些措施并没有表明公共健康服务对城市人口的作用如何关键，一场流行性感冒会摧毁大部分城市的公共健康系统。

尽管小城市在健康和医疗方面支出相同比例的经费，但是在其他社会服务上的开支要少得多。大城市承担更多责任的原因很多：公民要求更多更优质的服务（例如，训练有素的警官和消防员）；支付给公共雇员的工资要高；由于高密度人口、建筑和基础设施的老龄化以及高贫困和失业率导致的服务成本过高。做的工作越多，支出也会随之增加；一般来说，在人口超过 100 万的城市中，人们的消费水平是美国普通城市公民消费水平的两倍，高出小城市的消费水平好多倍。

20 世纪下半叶，城市支出大幅上涨，不仅在总量上有所增加，而且与经济总体情况相关，1949—1950 年的国民生产总值为 5%，到 1975—1976 年，国民生产总值增长为 9%。但是在 1974—1975 年经济衰退之后，在市政预算上出现了阻碍。从

1975—1980年,六大城市经历了10%的预算下降,当然通货膨胀因素也考虑在内。根据通货膨胀进行调整之后,各个城市,不论大小,同年的开支根本没有增长。自从1980年以来,所有城市的开支(在通货膨胀调整之后)都略微有所下降。

城市在很大程度上依靠自己的创收,因此开支水平和地方经济活力之间关系极其密切。如表12.3所示,霜冻地带上的部分城市在1975年至1996年这20年期间被迫大幅削减预算。按照1996年的定值美元(constant dollars)估计(考虑到通货膨胀),巴尔的摩的预算缩减了36%,克利夫兰减少了16%,圣路易斯减少了27%。在表12.3所示的霜冻地带城市中,只有纽约市和芝加哥增加了预算。阳光地带上的城市之间存在着显著的差异。在所示的5个城市中,有4个增加了预算;实际上,菲尼克斯的开支增加了一倍多。霜冻地带上的几个城市在这一时期的人口数量下降,而与此同时,阳光地带上的城市人口在增加。但是,城市开支与人口多少没有直接的关系;其他情况下,老城市的负担更重一些,这是由基础设施陈旧和社会问题的严重程度所导致的。

表12.3　1975—1996年期间所选霜冻地带和阳光地带城市的总开支情况

(以1996年的百万美元等值①)

	1975财政年度支出(单位:美元)	1996财政年度支出(单位:美元)	1975—1996年比例变化(单位:%)	1991—1996年比例变化(单位:%)
霜冻地带城市				
巴尔的摩	2 811	1 802	−36	0
芝加哥	2 880	3 890	35	12
克利夫兰	764	644	−16	2
纽约	34 292	38 753	13	2
圣路易斯	670	487	−27	−14
阳光地带城市				
达拉斯	614	1 197	95	32
丹佛	934	1 716	84	48
新奥尔良	661	652	0	−15
菲尼克斯	567	1 221	115	6
圣何塞	376	790	100	5

①通货膨胀调整因素计算在内,在计算州和地方政府购买力时使用国民生产总值的物价指数,美国经济分析局,《当前经济调查,1999年12月》,第141页,表3。

资料来源:美国人口普查局,《城市政府财政:1975—76,政府财政76,第4部分》,华盛顿特区:美国政府印刷局,1977年,表5;美国人口普查局,《1995年美国统计摘要》,华盛顿特区:美国政府印刷局,1995年,表493;美国人口普查局,《1999年美国统计摘要》,华盛顿特区:美国政府印刷局,1999年,第335页,表531。

各个城市的经济状况存在巨大差异。从历史上看，中心城市在增加收入和降低服务成本的能力上不如郊区。1962 年抽取了 62 个城市进行考察，结果显示中心城市居民收入的 105 美元相当于郊区居民收入的 100 美元。显然，在城市人口大批迁往郊区后的十多年间，很多有钱人家庭仍然驻守原地。然而，到 1989 年，城郊比例发生了颠倒，普通城市居民占人口的 84%。与此同时，1989 年中心城市的贫困率是 18%，都市地区的平均贫困率为 8%，前者超过后者一倍之多。[8]

由于中产阶级迁往郊区，几乎所有的旧工业城市面临着人口大量流失的问题。尽管中心城市人口下降，但是基础设施和治安、消防等基本服务的成本并没有随之减少。[9]与过去相比，城市人口有所下降，但是下水和供水管道由于年岁已久经常需要维修，现存的街道依然需要通行和治安保护。中产阶级离开了城市，支付这些服务的纳税人大大减少，剩余的纳税人可征税的比例较小，他们所拥有的贵重资产低于周边司法管辖区的人们。

贫穷状况不仅增加了福利和社会服务等方面的公共开支，而且提高了其他方面的服务开支。中心城市政府在含铅油漆中毒预防（这种情况普遍发生在老房子中）、灭鼠、房屋拆迁等方面支出大量经费。法院责令城市为流浪者提供住处，从而增加了地方政府的负担。例如，1987 年，法院下达判令要求纽约市为流浪者提供紧急住房，市政府为此支出 2.74 亿美元。[10]贫困增加了日常服务的成本。例如，人口密度高的地区其消防成本要高，因为这些地区的建筑老化，受损程度严重，增加了救火的危险程度，同时，这里的治安保护工作难度更大。

城市服务成本增加的另一个因素是上一级政府强加给城市的命令，城市因此被迫支出高额的费用。美国宪法中并没有提到城市；从法律角度看，城市政府是州政府的衍生物。许多城市拥有自治章程，可以在宽泛的指导方针下进行内部管理，但是市政当局并没有完全的自主权。城市的服务责任范围并不在自己的管辖权限内。州和联邦政府经常命令城市提供特殊的服务或要求城市达到最低的服务标准，城市很难获得足够的资金来支付这些授权标准和服务成本。

自从 20 世纪 60 年代以来，联邦政府强加给城市的授权数量在逐年增加，而且资助金额往往不足。在联邦政府和州政府权力冲突的情况下，国会权力优先于州和地方法律。根据宪法最高条款（第六条）的规定，当国家法律和州（地方）法律发生冲突的时候，国家法律优先。在 1985 年的加西亚（Garcia）判决中，最高法院支持联邦法律具有优先权。[11] 1974 年《公平劳动标准法》(Fair Labor Standards Act)的修正案增加了圣安东尼奥市公共交通工人的最低工资水平和偿付加班费的条例,法院认为修正案是符合宪法的。通过这一判决,人们了解了第十条修正案(将不授予联邦政府的权力预留给州政府)的规定:联邦法规优先于州和地方政府的法律。后者只有在国会施加政治压力的情况下才能够得到保护。1986 年,美国劳工部估计州和地方政府为符合新劳动标准所付出的成本超过了 11 亿美元。[12] 1990 年批准通过的《洁净空气法》(The Clean Air Act)要求 100 个城市在垃圾焚化炉上安装抗污染装置,据估计,安装一个焚化炉设备的平均成本为 2 000 万美元。[13] 美国环境保护署对地方政府提出的环境授权合计成本大约从 1972 年的 77 亿美元增加到了 1987 年的 192 亿美元。

面对州和地方政府的申诉,1995 年 3 月,国会做出反应,通过了《无资授权改革法》(Unfunded Mandates Reform Act),并由总统克林顿签署生效,法案要求国会权衡新制度的花销和利益,如果地方政府必须执行这一制度,国会应该提供一定的资助。对于大多数城市来说,这项立法来得太迟,很多人对此视而不见。2002 年,布什总统承诺会支付给城市因恐怖主义战争而负担的安全费用。到 2003 年 4 月,资助还没有兑现,地方官员认为总统提议的数额并不足够。布什执政期间,不提供资助方案而通过立法的授权方式已是司空见惯。2002 年生效的《有教无类法》(No Child Left Behind Act)要求联邦政府给校区提供资助,提供资助的标准是由校区学生通过标准化考试的能力而定。尽管联邦政府承诺偿付部分考试的费用,但是到 2005 年为止,仍然有 250 亿美元亟待偿付。[14]

地方官员无法掌控的经济和政治力量影响着地方政府的开支。经济下滑、集中贫困现象、无资授权和恐怖主义威胁所增加的成本令人难以预测。某财政专家指出:

> 城市的财政状况……要依靠经济、社会和制度因素,在很大程度上脱离了城市的掌控范围。财政状况糟糕并不是管理不善、腐败或者挥霍无度造成的,市政府改变城市财政状况的能力非常有限。[15]

20 世纪下半叶,城市致力于长期经济问题和高度贫困问题的治理。无资授权加重了城市的负担,恐怖主义威胁让人们承担起更多的责任。大萧条对城市是一记重拳，不管大小，不管新旧，不管市区还是郊区。多年以来这是第一次，城市之间必须同舟共济。

资金来源

城市的收入来源受两方面因素的制约：州法律的允许范围以及地方官员认为他们能够征收的范围，前提条件是不能影响对投资者和中产阶级的吸引力。[16]解决这一问题的方法有很多种，城市所面临的挑战是找到提高收入的途径，同时不会招致过多的怨恨和反对。长期以来，地方官员了解到房产税并不受欢迎，因此这项征税与过去相比大大降低了城市预算的重要性。有些州允许城市征收个人或公司所得税，但是这些项目数量并不大，否则雇员和雇主都会离开工作地点。最近几年，“隐形”税逐渐流行起来，政府对公民征收费用，但不是以税的名义征收：例如博物馆门票、停车费增加或者罚单。实际上，这是一种骗局游戏，大家都予以默认。

由于房产税由来已久，几乎各个州都允许自己的城市征收房产税。有 28 个州允许城市征收零售销售税，但仅有 8%的城市可以征收所得税，这些城市大多集中在俄亥俄州和宾夕法尼亚州。[17]大部分城市还可以征收使用费，例如公共停车场、博物馆、动物园、溜冰场、游泳池等设施。本着同样的精神，大部分城市还能够向酒店/车房和娱乐场所的游客征税。城市也依靠政府间的流动收入，还有一小部分收入来自联邦政府（例如污染控制和法律执行），但是这一收入的大部分是通过州政府下拨，并指定为特殊的用途，包括公路建设和维护、惩罚教养和公共安全。总之，很难找到适合所有城市的模式。

第二次世界大战之后发生的城市危机对财政造成了严重的影响，20 世纪 60 年代以来，联邦提供的救助保证了城市的收入来源。1965 年到 1974 年之间，城市获得的政府间转移支付增加了 370%，市政支出增加了 153%，因此前者高出后者两倍多。[18]图 12.1 显示联邦政府对城市的资助在 20 世纪 60 年代中期以来大幅增加，1978 年达到最高峰，占城市收入的 26%，然后便一落千丈。里根总统结束了以前民主党执政期间联邦政府和城市之间的这种特殊关系。到 1992 年，联邦资助跌入谷底，仅占城市收入的 4.5%，到 1997 年，略微有所上升，占城市收入的 6.4%，到 2002 年，又跌至 4%。[19]

联邦资助时代结束以来，城市采取了灵活多变的方式来提高自己的收入。从

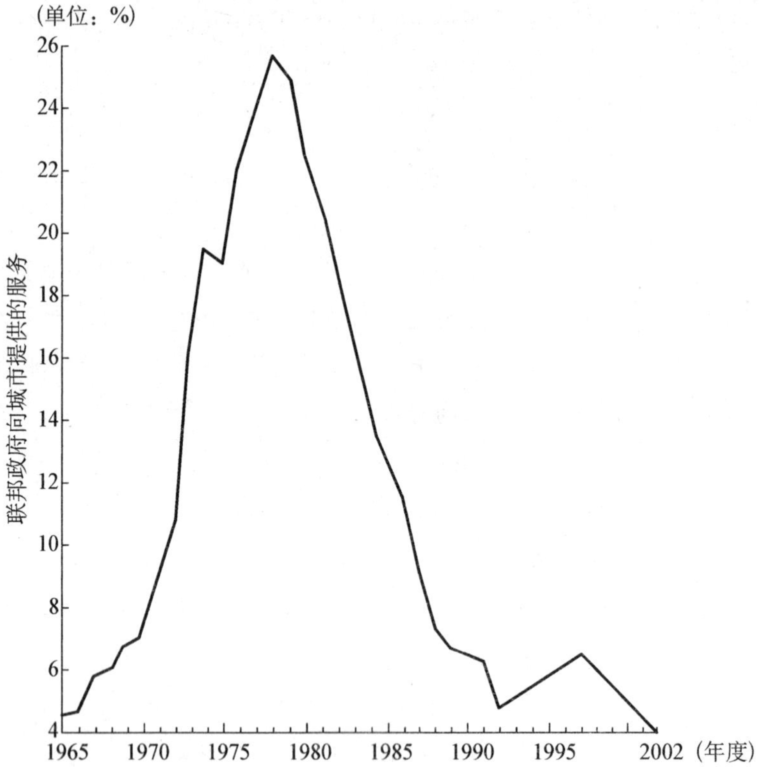

图 12.1　1965—2002 年城市得到的直接援助占收入来源的百分比

资料来源：海伦·F. 莱德(Helen F. Ladd)、约翰·英杰(John Yinger),《困境中的美国城市：财政健康和城市政策设计》(*America's Ailing Cities: Fiscal Health and the Design of Urban Policy*),更新版本,巴尔的摩：约翰·霍普金斯大学出版社,1989 年,第 270 页。更新使用美国人口普查局的资料,《2000 年政府普查,第 4 卷,市、镇政府财政状况,第 97 号政府普查报告》,华盛顿特区：美国政府印制局,2000 年 9 月;美国人口普查局,《2002 年政府普查,第 4 卷,第 5 期,政府财政手册(2002 年)》,表 2,www. census. gov/prod/2005 pubs/gco 24×5. pdf。

以下两方面可以看出地方官员的创造性。首先,当税收到达一定的高度,容易引起纳税人的反抗,例如 20 世纪 70 年代以来席卷全国的抗议房产税运动。第二,地方官员始终明白过多的赋税会迫使商业和中产阶级纳税人离开。这种制衡制度虽然不能 100%地奏效,但是的确符合游戏的一般规则。

房产税曾经是地方政府的主要收入来源,这种税收最重要以及最广泛使用的形式是按照不动产税估价,这是按照土地价值及增值的百分比来征收的税负。从殖民地时期到共和国建立初期,不动产被认为是财富和纳税能力的最佳指示器。曾经,这种假设的准确度极高,每个时代的大部分财富与土地联系在一起,通过土地投机可以发家致富。因此,征收不动产税似乎是资助州和地方政府服务设施的最公正、最可靠的方式。[20]

伴随城市的复杂化，个人房产税（或称为非不动产，除去不动产及其增值的资产）逐渐产生。随着贸易和制造业的重要性不断提高，财富的表现形式越来越多：银行账户、商品、专利权、机器、资本存储以及公司资产。为了维持个人税负和财富之间的可靠关系，城市（州）开始对这些财富资源征税。然而，这些资产往往难以发现和评估，有钱人会通过他们的影响力来躲避这部分税。鉴于这些原因，虽然内战之后拥有大量个人资产的人数越来越多，但是基于个人财产所应缴纳的房产税比例却在下降。[21]

居民和商业对房产税非常不满，因此最近几年城市在这方面的税收所得的收入百分比不断下降。1902 年，个人和不动产税占市政收入的 73%，许可和特许经营费用占据了剩余的比例。到 20 世纪 30 年代晚期至 40 年代早期，这方面的征税占城市税收的 3/4，但是到第二次世界大战之后，城市开始寻求新的收入来源。[22]到 1962 年为止，72 个大都市地区中有 50%的市政收入来源于房产税（学区的全部收入几乎都来自房产税）。仅仅几年之后，1975 财政年度中的房产税仅占大都市地区收入的 1/3 多一点（35%），尽管 20 世纪 60 年代早期以来人均征税提高了 130%。[23]显然，其他的税收来源增长更快，而且一直保持着增长的趋势。比较热门的新收入来源包括销售税、用户费以及酒店、汽车旅馆和租车等娱乐成本的收费。由于这一趋势，人口超过 40 万的城市对房产税的依赖从 1996 年的 19%下降到 2002 年的 15%，这一年，有些大城市的房产税所占的比例不足预算的 10%。[24]

在过去的半个世纪期间，对于阳光地带发展迅速的城市来说，房产税成为日益重要的收入来源，原因在于房价的不断上涨。从 1965 年到 1973 年，可征税的财产价值增长了 251%；相比之下，同期纽瓦克市仅增长了 2%，底特律增长了 14%。[25]但是在 2008—2009 年经济倒退时期，持续十几年的长足进展戛然而止，阳光地带的房价比其他地区下降得快很多，佛罗里达州、亚利桑那州和加利福尼亚州的不动产价值下降了 40%多。据估计，加利福尼亚州的房产税收入在三年中会下降 10%，但是如果房产税评估与不动产价值的变化相一致的话，那么下降的比例会更大。圣克拉拉县（Santa Clara）去年的房产税收入增加了 7%，而到 2009 年 6 月，税收会下降 2%，评估员期望到第二年之前能够对县内一半的房产做出评估。[26]这些工作的延迟让城市有时间协调缩减的预算，但是，有的城市由于房产评估延迟导致连续五年缩减预算。全国各地发生了抗税运动，房主看到自己的房产价值不断下跌，然而纳税金额却依然不变。税收评估员办公室不断地收到各地的上诉。[27]

房产税的另一个缺点是相当一部分房产是免税的。根据一项研究，美国将近有 1/3 的不动产是免税的。[28] 1982 年，在 23 个州和华盛顿哥伦比亚特区，宗教机构的免税房产有 150 亿美元，教育机构有 220 亿美元，慈善机构有 150 亿美元，政府房产有1 280亿美元。[29]最近几十年期间，免税房产的比例有所上升。许多城市为老人或穷人家庭提供了税收减免的优惠（“上限条款”法律）。州和城市通过免除或减少财产税来吸引或留住商业和投资者。许多州没有经过地方政府的同意就免除了像机器和库存等不同形式的商业财产税。[30]

财产免税的负担重重地压在了那些无力支付的城市身上，因为这些城市的中心区比郊区的免税资产多两倍。[31] 1985 年，波士顿不动产的 51%以上是免税的，1972 年的比例为 41%。[32] 1983 年发表的一篇文章对波士顿市 3.2 英里的路线进行了追踪，沿线没有一处可以征税的房产。[33]城市必须为这些房产提供治安和消防保护的服务，然而房主却不纳税。纽约的情况使一位纳税人愤怒不已，他以“宗教补贴”为由起诉了城市税收委员会，并一路上诉至美国最高法院，最终败诉。[34]

始于 20 世纪 70 年代的纳税人起义迫使政府减少对财产税的依赖。这一时期，至少有 14 个州议会颁布法律限制地方政府的房产税率或开支。[35]公民倡议发挥了更重要的作用，首部广泛宣传的倡议是加利福尼亚州的第 13 号提议（Proposition 13），该提议于 1978 年 6 月经由公投通过。从 1978 年 3 月到 11 月，16 个州发动倡议或举行普通投票来限制税收或开支，尽管这些行动并不仅仅对公共官员有束缚力。[36]其中有 13 个公民倡议得以通过。1978 年以后又通过了更多的提议。从那时以来，公共官员将提高房产税的提议视为不敢触碰的第三条政治轨道。这一情况以及其他事实说明了地方官员寻找其他替代方案的难度之大。

如果州政府允许的话，很多城市也许会使用收入税，但是实行这一做法的城市几乎为零。人口超过 5 万的自治市中仅有 8%征收所得税。[37]州法律允许这样做的城市仅限于俄亥俄州、宾夕法尼亚州和肯塔基州，还有一些像纽约市、堪萨斯城和圣路易斯等大城市位于其他州内，但是征收所得税的城市中有 90%位于宾夕法尼亚州和俄亥俄州。[38]图 12.2 显示了城市税收类型的详细情况。有些州的城市依靠房产税，还有些州的城市依靠销售税，更多的城市两者兼而有之。

20 世纪 70 年代以来，销售税、用户费以及许可和特殊服务费成为可供选择的税收。2002 年，28 个州允许所辖城市征收零售税，人口超过 5 万的城市中有 58%

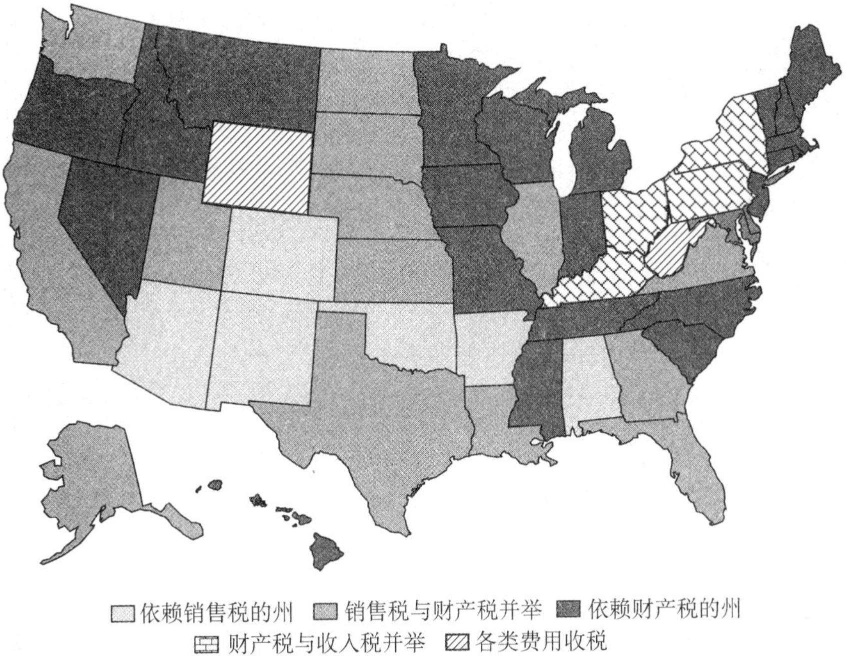

图 12.2　各州市政税收类型

获得此项权力。[39]由于销售税非常灵活，故而用途较大。零售税能够带来巨大的收入，甚至受到极小增数调整时，也能带来收益，相当一部分税收由居住在城市以外的人缴纳。这一点对于拥有大型零售中心的城市来说尤为重要，例如购物广场和零售商店这样的零售中心可以充当地区市场。城市会不遗余力地安置大型零售商，正如 2009 年 4 月在拉斯维加斯举行的国际购物中心委员会会议所显示的那样。来自全国的经济发展研究专家和城市官员踊跃参会，与开发商和连锁店零售网点的负责人拉扯关系。对于地方官员来说，这种利益既是经济方面的，也具有一定的象征意义："家庭经营的店会带有地方色彩，但是连锁店是社会基准。市长总是听选民说：'我们为什么没有乔氏连锁超市(Trader Joe's)？我们为什么没有巴斯专业商店(Bass Pro Shops)？我们为什么停滞不前？'"[40]经济状况的改变对销售税的长期可行性提出质疑，虽然销售税涵盖了许多商品的购买，但是几乎没有几个城市将销售税延伸到服务行业。扩大的服务部门保证经济增长和商业区复兴的好处，但是对城市的税收金库几乎不提供额外的渠道。

依靠财政底线和地方公共官员的声望，司法管辖区之间展开了激烈的争夺零售商的竞争。政府之间竞相抬高引资价格，提供给开发商补助金并且聘用顾问帮助他们搞定交易。商业部门利用这个机会不断地周旋于各个政府之间，尽可能多地获取利益：1995 年和 1996 年，州和地方的公司累计获得补助金 490 亿美元。[41]为了正确看待这些数字，我们可以借助 1998 年进行的一项研究，其报告结果是联邦、州和地方政府所采取的激励措施对商业地点的影响相当于每年要花费“美国工人两周工资的总和”。[42]

尽管销售税极具吸引力，但是对这项税收的过度依赖会造成相当大的危险。入驻的商店很容易迁出，如果这种事情发生的话，对于地方政府来说，补助金的提供则变成了折本的交易。2008—2009 年经济衰退时期，由于商业销售额下降以及商场关闭，城市的零售税收入大幅下降。对销售税过度依赖的城市所报告的收入下降比例远远超出那些税收多样化的城市。[43]

为了应对纳税人抗议和经济后退的状况，城市官员巧妙地设计出征税方法，否认这是新征税类型。从 2000 年以来，发生了两件事情，从而产生了这种有创意的做法。2001 年 9 月 11 日恐怖主义袭击的发生使城市的经济命运很快就发生了变化，旅游业骤然衰落，股市和零售业一落千丈。到 2002 年 3 月，销售税降至早期预估的 97%，收入和旅游税降至 90%。[44]城市处于收入下降和执法治安成本上升的夹缝中，不得已只好大幅削减开支，结果还没从预算问题中脱身就陷入了 2008 年的经济衰退中。

为了制造出没有提高税收的假象，城市开始征收各种名目的用户和特殊服务费。20 世纪 90 年代早期，这种趋势开始蔓延。1991 年，73%的城市增加了用户费，40%的城市针对至少一种城市服务征收新的费用。[45]停车、博物馆、植物园、动物园、水族馆、天文馆、溜冰场和游泳池的费用提高了，支持这些服务的许多机构和程序需要自负盈亏。在很多城市，垃圾收集成为私人服务，需要每个家庭支付费用，而不是由一般税收收入支付的公共服务。

面对 2003 年不断上涨的预算赤字，全国各州和城市通过征收新的费用或者提高已经在册的费用来增加收入。纽约市市长迈克尔·布隆伯格(Michael Bloomberg)是共和党人，他在费用征收方面增加了 1.39 亿美元，同时还提议降低城市的收入税率。毫不夸张地说，征收费用涉及几十种类型，包括地铁和公交车费增加了 33%，公立大学的学费增加了 7%，停车罚单费用提高，办理结婚证、出生证以及安装室内电话的费用都有所提高。使用公共网球场和棒球场的费用也增加了不少。

加利福尼亚州增加了一长串的新费用,包括读大学学费、汽车执照、打猎钓鱼执照、博物馆和公园门票,甚至肺结核病的诊断费用(阴性诊断费为 50 美元,阳性为 400 美元)。

大萧条激发了城市官员的创造力。佛罗里达州的温特黑文市(Winter Haven)在发生交通事故时,警方和消防部门提供服务会收取新的费用。新罕布什尔州的伦敦德里县(Londonderry)决定对没有及时更新养狗证的主人收取 25 美元的罚款。城市通过雇用私人公司在路口安装监控的摄像设备来记录交通违章情况能够得到长久稳定的收入。某市长还想出了"路灯使用费"的办法:每位市民需要支付 4.25 美元的城市管理路灯费。夏威夷的火奴鲁鲁打算将动物园的停车费提高 5 倍。[46]通过收费而不是税收来增加收入的做法其实是一种倒退:不管支付者的收入情况如何,费用是相等的。最近几年,倒退较少的税收形式(现实中的实际费用)保持稳定甚至有所减少。[47]

不管地方官员多么富有创造性,总会有黔驴技穷的时候。2013 年,密歇根州州长里克·斯奈德(Rick Snyder)将底特律市纳入破产管理行列,他指定科文·奥尔(Kevyn Orr)为紧急事务管理人来监管城市的财政事务。奥尔接管的工作具有很大的挑战性,几个月之内底特律将成为美国历史上破产的最大城市,债务和养老金义务累计为 150 亿—170 亿美元,而总收入仅为 147 亿美元。2013 年 6 月,奥尔宣布通过出售资产来履行对债权人承诺的义务。底特律的所有资产将被搬上拍卖台:底特律—温莎隧道(Detroit-Windsor Tunnel,价值超过 6 500 万美元)的一半、美女岛公园(Belle Isle Park)、绵延数英里的河滨地带、底特律历史博物馆的馆藏(例如馆内收藏了 60 款老爷车),甚至还包括底特律艺术学院的艺术品。几乎所有的物品都可能被视作扣押财产——甚至包括动物园里的动物。[48]

底特律的情况很极端,实际上非常奇怪。为拯救城市所采取的措施将影响到未来几年这一地区公民的经济和生活质量。不仅如此,还出现了其他方面的问题:"出售城市资产会直接产生这样的问题,例如,长颈鹿的价格是多少?在精英竞争中,公民如何应对无法获胜的情况?"[49]其他城市面临的问题也许没有达到同样的程度,但是很相似。城市对正常服务和设施收取高额的费用,其收入来源不断减少,工人阶级家庭和穷人深受影响。要抵消联邦政府为所需人群建立社会安全网所做的种种努力,地方政府在财政政策上还有很长的路要走。

市政债券市场

如果城市单纯依靠税收的话，城市生活依赖的基础设施建设不可能正常进行。州立法授权城市发行长期债券来支付使市民长期受益的学校、高速公路、桥梁、医院等资本增值业务。为了在市政债券市场的竞争中取得成功，城市必须保持较高的信誉评价，因此他们需要取悦评价服务部门，让这些评价部门说服投资者投资行为的安全性。[50]在此过程中，城市参与竞争的市场远远大于都市区。通过这种资本竞争，城市运作的逻辑和城区内部竞争的逻辑如出一辙：必须追求推动地方经济增长的政策。对于私人公司来说，利润是主要的健康指数；对于城市来说，最关键的因素是创收能力，以此提供足够的服务并且偿还长期债券债务。[51]

为了让市民得到福祉，城市需要保证公共基础设施的建设和维护，因而市政债券市场成为实现这一目标的必要手段。债券借贷金额通常占州和地方支出的20%—25%，所以市政债券市场成为国家经济的重要部门。2007 年，地方政府通过债券摊销的方法使长期债务总额达到 5 610 亿美元。[52]市政债券吸引投资者的原因是可以免税，投资者愿意以低利率购买市政债券，而不愿意购买公司债券。实际上，联邦政府免除市政债券的征税是对城市提供补助。尽管美国最高法院做出裁决：州和地方政府没有免税率借贷的宪法权力，国会不可能将这部分补助提供给州和地方政府。[53]

市政债券的购买者包括商业银行、事故保险公司、养老金基金以及越来越多的个体富裕投资者，这些人认为联邦免税做法非常有吸引力。[54]通过债券市场，联邦政府向城市进行补助，在某种程度上，联邦对城市提供补助金的效率不高，因为只有一小部分以低利率的形式支付给了消费者，然后流入城市。联邦补助金的剩余部分被投资者抽走，这部分人通过购买免税市政债券来逃避州税收。州议会提议允许自治市按照正常利率发行债券来换取联邦政府提供的直接补助，但是从来没有获准通过。[55]这样一来，补助金全部流向城市，而不是间接地供给投资商。

城市发行两种长期证券：一般义务债券和收入债券。前者要求城市征税权力机关按照“完全诚信条款”来偿付债券，债券的发行一般要经过选民和代表机构的批准，这部分费用用于建设桥梁和公园等公共基础设施。后者则根据所建设施的预期未来收益进行偿付，通常由州授权立法部门建立的公共机构负责发行。[56]如果收入不足以偿付债券溢价，地方政府必须弥补差额。会展中心的收入往往不能全部偿付债券，体育馆有时也无法偿付。在这种情况下，像自治市这样的通用政府必须介入来弥补差额。收入从理论上讲能够全部偿还债务，所以收入债券不需要公投批准。正因如此，这种类型的债券尤其受到地方官员的青睐。

像体育馆、会展中心、博物馆和水族馆等收取使用费的设施可以得到收入债券的资助。自 20 世纪 70 年代以来，越来越多的地方政府通过发行收入债券进行借贷。到这一时期为止，一般义务债券占地方长期债券的 60%。[57]但是到 2002 年，非担保的收入债券占市政府和特别部门发行债券的 60%。[58]

收入债券允许城市使用免税借贷的优惠条件来支持私人方案和活动。20 世纪 70 年代晚期，城市开始发行抵押贷款收入债券来补助中等收入购房者的利率，尽管在 80 年代期间国会通过了《抵押贷款补助法》(Mortgage Subsidy Act)来限制这一做法。为了刺激经济发展，20 世纪七八十年代期间，城市不断发行工业收入债券对众多商业进行资助，包括像沃尔玛、凯马特这样的大型零售商，像麦当劳这样的快餐特许经营店以及其他从酒类商店到律师事务所等各类企业。批评家指控免税借贷是出于私人目的，并非服务于公共利益。像这样公然滥用的例子不胜其多。例如，宾夕法尼亚州的切斯特县(Chester)为成人书店和费城商业区的舞女酒吧发行了收入债券。国会发现了联邦税收收入的这种失控做法，为了限制收入债券的使用，在 1982 年通过了《税收公平和财政责任法》(Tax Equity and Fiscal Responsibility Act)，并于 1984 年通过了《赤字削减法》(Deficit Reduction Act)。[59] 1986 年通过的《税收改革法》(Tax Reform Act)对各个州发行的政府补助“私人行动证券”实行限制管理。[60]

市政债券除了被用于可疑的私人目的之外，还被质疑存在其他多种滥用的现象。甚至在 2008 年发生经济危机之前，有的地方政府通过借贷并进行高风险投资行为获取高额利润而陷入麻烦。1993 年，加利福尼亚州的奥兰治县为了维持市政服务部门的运行将债券销售收益变为风险性投资行为，这一行为被称作“金融衍生工具”(derivatives)，实际上是押注利率发展的赌博行为。当利率下跌时，奥兰治县损失了 16 亿美元。1994 年 4 月，奥兰治县成为历史上根据宪法第九章申请联邦破产保护的最大地方政府。同期，还有 180 多个地方政府在类似的高风险投资交易中损失惨重。

到最近发生的经济衰退为止，这些插曲只是例外，并不是规律。但是 2008 年之后的经济低迷时期暴露了市政债券市场运行的严重不足之处。实际上，几年前人们已经瞥见了冰山一角。20 世纪 90 年代早期，市政债券市场不断受到指控，承销商为了得到利润丰厚的政府债券业务以政治赞助的形式将利润返还给公共官员。[61]1994 年 4 月，证券交易委员会(Securities and Exchange Commission，简称 SEC)颁布了 G-37 规定，禁止市政债券银行家提供竞选赞助。为了规避这项禁令，市政金融公司为 1996 年的民主党和共和党大会提供了奢华的招待会，为债券承销商与州和地方的高层官员会面提供了极大的便利。圣地亚哥的共和党大会中还包括了高尔夫和网球聚会、钓鱼探险以及向众议院议长纽特·金里奇致敬的午宴。[62]1996 年提起的一桩诉讼中，承销商向自治市索取了高达 10 亿美元的托管账户费。[63]这样的滥用职权现象导致人们不断提出要求，要对市政债券行业加强管理。[64]

随着 2008 年经济危机的蔓延，数百个自治市遭遇了债券投资的问题。地方政府官员也效仿个人的做法，咨询金融行业的专家，依靠他们提供投资方面的建议。其中一位顾问大卫·鲁宾(David Rubin)在加利福尼亚州的贝佛利山(Beverly Hills)创建了 CDR 金融管理产品公司(CDR Financial Products)，成为领先的市政债券咨询公司。从 20 世纪 90 年代早期开始，鲁宾到全国各地招徕商业部门，建议地方政府官员对风险性利率的债务进行再融资，这种做法与提供给房主的可调节利率抵押贷款(ARMs)非常相似，并且对高产出、高风险的衍生行业进行投资，这种投资行为导致了 2008 年的经济危机。鲁宾冒着违反证券交易委员会禁令的危险仍然提供竞选赞助，他发行的债券额度非常高。[65]2008 年，田纳西州政府邀请摩根·基根公司(Morgan Keegan)为地方官员举办一场研讨会，这是受州邀请为数不多的公司之一。到那时为止，公司已经垄断了州内的市政债券市场，自从 2001 年以来，该公司向 38 个城镇和县销售了 20 亿美元的债券。像其他金融公司一样，摩根·基根公司对衍生债券收取高额佣金，而不是固定利率的债券，因此他们在引导客户时小心翼翼。当田纳西州的城市和城镇的市政收入下跌时，因为债券的风险性很高，市民购买的债券利率大幅飙升。[66]

2009 年 1 月，传出这样的消息：三处联邦机构和几位州检察长收集到市政债券经纪人之间固定价格和相互勾结的证据。他们所涉及的数额巨大：州和城市每年购买四千亿美元的债券。经纪人、银行和其他公司通过私下分配业务的方式来瓜分战利品，他们通过固定标价获得更高的费用。竞选赞助的制度和疑似贿赂政府官员的行为让这种体制延续下来。代表州和地方政府的一位反垄断律师把这种制度称作“美国历史上持续时间最长、遍布整个经济领域的反垄断阴谋，而这一阴谋将会曝光”。[67]联邦官员建议国会采取新的制度，但是直到 2014 年 2 月，国会才处理此事。联邦和州机构会继续对此事进行调查，将会揭露出更多的真相。

借贷成本基本上由债券评级所决定，因此城市受控于债券市场。债券评级指的是发行自治市相对的信誉质量，它决定了城市必须支付的利率。评级高意味着低利率，理论上讲投资者的风险较小。如果城市的债券评级由于财政问题而降低的话，债券则难以出售，债券分期支付的额外利息会高达几百万美元。

债券评级由数个国家级评级公司公布，排名前三位的评级公司有穆迪投资者服务公司（Moody's Investors Service）、标准普尔公司（Standard and Poor's Corporation）和惠誉投资服务公司（Fitch's Investor Service）。城市要支付债券评级费用，如果想推销债券，城市必须寻求评级，别无选择。尽管评级的目的是为了评估风险系数，实际上市政债券评级与违约可能性无关。违约并不意味着不能偿还贷款，也许还款的时间超过了截止日期。投资的最高等级和最低等级之间的利率差距无法用相对风险系数来解释。[68]从 1929 年到 1933 年，市政违约事件占 20 世纪的 77%。评级最高的债券发生违约的几率竟然最高。[69]这些统计说明即使评级机构认定债券发行对市政财政政策非常有利，评级作为投资指南几乎毫无价值。

城市有能力偿付债务，因此评级无法准确地反映出风险系数。当然，从 1838 年记录的第一起违约事件（阿拉巴马州的莫比亚市[Mobile]）到 1969 年期间，地方政府总共记录了六千多起债券违约事件。但是约 1/3 的事件涉及合并的自治区（城市）；剩余的大部分都是提供类似灌溉的特殊服务的特区。这些违约事件中的 75%发生在 1930 年到 1939 年期间，大萧条之后发生的类似事件不足 10%。[70]市政债券最严重的时期是从 1929 年到 1937 年，仅有 8%的城市及 20%的债券债务无法偿还，其余的债务最终全部偿付。[71]

从第二次世界大战到 20 世纪 70 年代早期，总共有 431 个州和地方单位没有履行他们的义务。涉及的总资本达 4.5 亿美元，约占州和地方未偿贷款的 0.4%。有三个特殊机构的未偿贷款占总数量的 74%多：西弗吉尼亚州收费高速公路委员会（West Virginia Turnpike Commission）、卡路美特高架公路收费桥（Calumet Skyway Toll Bridge）与切萨皮克湾大桥和隧道委员会（Chesapeake Bay Bridge and Tunnel Commission）。24 个主要违约情况（数额超过一百万美元）中仅有两起与一般义务债券相关。[72]低于一百万美元的违约情况有 114 起，这些情况基本上都是暂时性的或是技术性违约，其中仅有 34 起涉及一般义务债券，发生这些情况的城市人口不足 5 000 人。[73]

从 1938 年到 1971 年联邦地区法庭受理的案件分析来看，有 9 个城市利用了联邦市政破产立法。北卡罗来纳州的萨卢达是个例外，除此之外，所有的案件都出自得克萨斯州或佛罗里达州名不见经传的城市，例如得克萨斯州的兰杰（Ranger）、塔尔克（Talco）、贝尼维德斯（Benevides），佛罗里达州的马纳提（Manatee）、梅德利（Medley）、中心山（Center Hill）、韦伯斯特（Webster）和万舒拉（Wanchula）。只有贝尼维德斯的案例涉及第二次世界大战后的一般义务债券。其他案例涉及的违约债务源于战前的收入债券或其他无关事项。[74]

2013 年，密歇根州将底特律市纳入破产管理范围，在此之前，所有的城市都恪守承诺，履行了义务，只有极少数短期拖延偿付债券持有人的情况。1978 年 12 月 15 日，克利夫兰成为自 1933 年以来首例技术层面上的违约城市，因为没有用短期票据偿付 1 400 万美元，但是几个月之后又重新偿付了债务，于 1980 年正式结束了违约状况。[75]经济危机期间，很多城市没有偿付贷款，这是十几年来首次出现这种情况。加利福尼亚州的斯托克顿市（Stockton）、阿拉巴马州的杰斐逊县（伯明翰市）和底特律市宣布破产。在这些著名的案例中，投资者必须解决未完整偿付的问题。尽管现在我们知晓在极少数比较极端的情况下城市会发生违约的情况，但是州政府发生这样的情况实在令人不可思议，不管其预算状况多么的糟糕。

大量证据说明城市债券评级出现差异是没有正当理由的，这种情况只能说明评级服务部门、经纪人和投资者赚取了利益，除非像城市陷入困境这样特殊的情况出现。虽然如此，市政债券市场制定了严格的财政制度，并加强都市对商业投资和富裕居民的动态管理，这一系列措施对公共官员产生了很大的影响。地方政府无法得到国家政府的定期资助，必须自己解决所有的活动经费，因此城市把推动地方经济发展的任务放到首位。

特殊部门的兴起

“市政债务”和“市政债券市场”这两个术语在人们使用时非常方便，但是在其他重要的方面，这些术语具有误导的作用。实际上，大型开发和基础建设项目并不是直接由直辖区资助，而是由发行收入债券的独立特殊功能部门提供资助。如果城市必须自负盈亏，它需要维持公共投资的水平，在最近几十年期间，新型城市基础建设项目吸引了大量的公共投资。1990—1995年，每年在体育设施和会展中心建设方面的开支超过了20亿美元。[76]到2007年，美国的特殊部门超过了35 000个，这些部门发行了2 880亿美元的新长期债务。[77]除此之外，还划拨了数十亿美元的开支用于城市娱乐设施、文化特区、滨海区更新、水族馆、市场、节日购物中心以及其他城市生活方式因素和旅游/娱乐综合设施的建设。地方官员会想方设法找到对这一规模公共投资项目的资助，他们依靠的主要工具则是特殊职能部门。

20世纪80年代开始，有远见的一代市长们接受了这样的事实：他们必须自找出路来振兴经济。这些“弥赛亚式的市长”为那些急需新思想和方向的城市传播自助的福音。历史学家乔恩·蒂福德指出：“多亏了‘弥赛亚式的市长’……鼓舞了许多市民的精神，让他们为自己的城市感到骄傲。”[78]除了带头鼓舞人心之外，这些市长率先建立能够资助和管理项目的机构，这些项目对于推动城市的经济可行性起着非常重要的作用。因此，市长们为建设体育馆而创建了体育部门；为了建设和管理购物中心和娱乐综合设施而成立了购物中心部门；为了推动地方开发项目而成立起开发公司。这些特殊职能的部门其实就是公共发展机构，其运行模式与私人公司一样，设立的目的是为了接受公共补助和私人投资基金。[79]这些部门有权指定税收、收取用户费、发行债券、建立信托基金，并且使用其他的机制汇集公共和私人资金来资助大型事业。[80]

这种工具能够减去机构的研发成本，市政官员因此可以摆脱强加给市政府的债务限制；通过这种方式，独立单位发行的收入债券取代了市政府支持的一般义务债券。这些公共/私人机构通常是按照州议会通过的赋权法例设置的，由州长和市长或市长自己或一些公共官员一起指定的委员会来管理，它们不受一般职能政府制定的阻碍公共举措制度的束缚。在制定决议时无需考虑选民的想法。这些机构的运行模式与私人公司很相似，因此可以避免公众审查信息和账簿，但是与此同时它们追求公共目标，这些机构和政府一样能够产生收入、接受其他政府的资金，可以借贷和销售免税债券。

芝加哥的麦考密克地方会展中心（McCormick Place）和重新装修的海军码头娱乐中心（Navy Pier）就是特殊部门的典范。这两个机构隶属于都市码头和博览会局（Metropolitan Pier and Exposition Authority），这一部门由芝加哥市市长和伊利诺伊州州长共同指定的委员会来管理。伊利诺伊州每年从税收收入中划拨

9 800万美元来偿付前期的新建和改建债券。[81]除了这项补助之外，2000 年，码头和博览会局发行了 1.08 亿美元的免税债券来资助麦考密克凯悦酒店（Hyatt Regency McCormick Place Hotel）的建设，[82]2008 年又发行了 7.5 亿美元的债券。会展中心的收入包括州政府提供的补助以及来自芝加哥车展等活动参展商和门票的收入，另外还有办公场地租赁费以及其他服务收取的费用，这些收入用于收回债券和维持目前运行的开支。

如果将特殊部门简单地描述为资助和管理大型事业的机构，这并不正确。从性质上来讲，它们还具有政治意义，它们将提升工程和加强财政管理能力作为自己的目标。例如，在巴尔的摩修建职业足球和棒球场时，其资金就是由州政府指定的机构马里兰体育场管理局（Maryland Stadium Authority）提供的，这些资金来自马里兰州彩票管理局（Maryland State Lottery）发行的体育彩票所得的收入。[83]马里兰体育场管理局还指导了修建体育馆的竞争活动，并委托相关部门进行研究，证明建设体育馆对巴尔的摩的经济发展发挥了积极的影响。但是，州管理机构进行的另一项研究低估了项目建设所产生的影响，一项单独的研究对这种估计提出质疑，建设体育馆的经济效益无法衡量，因此估计的结论并不现实。[84]

1990 年，科罗拉多州议会为了推动新棒球场的计划而创建了丹佛都市场馆区（Denver Metropolitan Stadium District），这一区域体现了特殊部门所具有的政治特性。建设体育场的法案并不包括融资机制，因为这方面的提议会引发争议。因此，联合对新场馆政治支持的任务就落到了由七位成员组成的场馆区委员会的肩上。确保融资工作更是一项政治任务。委员会与丹佛市密切合作，巧妙地操纵了竞选活动，将丹佛市以外的都市县区选民蒙在鼓里，他们对自己司法管辖区附近或以内的场馆建设一无所知。支持位置不确定的一方获胜。1990 年 8 月，六县区选民通过了征收销售税资助场馆建设的法案；丹佛市和周边县获得了多数票，这一优势克服了丧失其他地方支持的不足。[85]正如选民们所怀疑的那样，投票环节一直存在操控行为，场馆的建设确定在丹佛的商业区进行。

特殊职能部门的管理范围很广，包括城市的旅游/娱乐设施。除了资助和管理像会展中心、节日购物广场、体育馆这些特别设施的部门之外，重建公司的数量在不断增加，这些公司负责商业区、社区的重新装修和振兴工作，并且提供地方居民和游客向往的设施。此外，从 20 世纪 80 年代以来，税收增加财政区（tax increment finance，TIF）的数量不断上升。税收增加财政区通过向投资者销售债券来获得收入，债券销售根据重新开放土地预期征收的税额来决定。例如，税收增加财政委员会为了建设新购物中心也许会向社区居民宣告房屋不适合居住，从而将这些土地当作购物中心的建设选址，购物中心则能够带来销售税收入。这些收入项目将被用作债券发行的基础，债券发行将为税收增加财政区提供资金，然后进行购物中心开发商指定的公共基础项目建设。税收增加财政区已经成为当今城市开发的主要机制之一。例如，2002 年，芝加哥市的税收增加财政区超过了 130 个，在郊区的库克县有 217 个。[86]

都市地区特别职能部门的数量在不断增长，导致越来越多的重要公共政策从一般职能自治区中被取消。自治区的管理很民主，市长、市议会以及其他当选的官员共同参政，但是特别职能部门的管理则不在公共监管之内，涉及巨额经费甚至有时具有争议的工程项目分配给了这些部门。会展中心和体育馆的建设使用的是公共资金，但是公众对此并不知情。缺少公众问责环节所导致的问题，往往令人不安，政府职权行使中经常存在滥用职权的现象。20 世纪 50 年代期间，城市更新部门经常滥用职权，交通部门在城区内强行修建高速公路。都市竞争的财政政策诱使政府先斩后奏：项目建设开工后再咨询问题。在当今都市地区的竞争环境中，人们应该记住这样的教训。

财政绝招

城市资助的许多活动对于公民的健康和福祉来说是必不可少的。一个国家有将近 40％的公民缺少医疗保险，那么城市将担负起提供公共医院和诊所健康服务的主要职责，医疗保健服务不仅面向穷人，还包括保额不足的中产阶级。城市为他们提供必要的住房服务，即使大部分住房是以无家可归者收容所的形式出现的。这些仅仅是正常的日常活动，在紧急时期，城市需要承担更多的义务。

1995 年 7 月 17—20 日，芝加哥市遭到热浪的袭击，气温达到 106 华氏度。城市官员毫无防备，他们认为这种情况不属于他们应对的范围，除非通过紧急服务部门的调遣。热浪肆虐，导致死亡的人数达到 739 例。城市意识到这种灾难将演变为公共关系噩梦和社会灾难，随即启动了应急方案，调动灾难突发时的人员和资源。[87]那年夏天的悲剧事件让人们看到一个简单的事实：在没有危及公民健康的情况下，城市只会选择逃避责任的做法。

城市官员的应急能力取决于手头的资源，而这些情况总是存在不确定因素。经济衰退使地方预算陷入混乱状态，城市束手无策。官员们尽力控制局势的发展，往往会出台推动增长的发展政策，有时会牺牲其他的目标。研究城市政治的学者保罗·彼得森(Paul Peterson)认为经济或市场地位对于城市及其公民来说非常重要，在取得经济成功的过程中他们不会采取任何妥协行为。[88]基于这一逻辑，他得出如下结论：城市不应该采取将资源在富人和穷人间进行重新分配的政策，显然，健康诊所和收容所就属于这一范畴。彼得森的立场会引起人们的异议，但是城市领导人比较认同他的观点。领导者们之间进行了一场微妙的游戏：他们尽力维持公民需求和吸引新投资目标之间的平衡，不让中产阶级居民和商业外流。这种游戏的大部分规则由其他政府和私人经济机构制定，因此具有一定的冒险性。

尾注

1. Monica Davey, "States and Localities Angle for Stimulus Cash," *New York Times* (February 15, 2009), www.nytimes.com/2009/02/16/us/politics/16stimulus.html.
2. Thomas H. Boast, "A Political Economy of Urban Capital Finance in the United States," (Ph. D. dissertation, Cornell University, 1977), p. 114.
3. U. S. Bureau of the Census, *2007 Census of Governments* (2007), Table 2, http://www2.census.gov/govs/estimate/07slsstab2a.xls. For national government transfers as a proportion of local revenue in Japan，参见 Japanese Ministry of Internal Affairs and Communications, White Paper on Local Public Finance (2005), www.soumu.go.jp/iken/zaisei/17data/jyoukyou_e.pdf。
4. Carol W. Lewis, "Budgetary Balance: The Norm, Concept, and Practice in Large U. S. Cities," *Public Administration Review* 54 (November/December 1994): 517-518.
5. U. S. Bureau of the Census, *2002 Census of Governments*, Vol. 3, *Public Employment* (2002), Tables 1 and 3, www.census.gov/prod/2004pubs/gc023x2.pdf; *2002 Census of Governments*, Vol. 4, No. 5, *Compendium of Government Finances* (2002), Table 4; U. S. Bureau of the Census, *Statistical Abstract of the United States, 2003* (Washington, D. C.: U. S. Government Printing Office), p. 322, Table 475.
6. City of New York, "Adopted Budget Fiscal Year 2007: Expense Revenue Contract," http://www.nyc.gov/html/omb/downloads/pdf/erc7_06.pdf; City of Los Angeles, "Budget for the Fiscal Year 2006-2007," p. 26, www.lacity.org/cao/bud2006-07/Proposed_Budget_2006-07.pdf.
7. Gary Washburn, "City Maps Long-term Homeless Program," *Chicago Tribune* (January 22, 2003), p. 3.
8. Larry C. Ledebur and William R. Barnes, *City Distress: Metropolitan Disparities and*

Economic Growth (Washington, D. C. : National League of Cities, 1991), p. 2, p. 6. 基于 85 个最大都市地区的数据。

9. Roy Bahl, Jorge Martinez, and Loren Williams, "The Fiscal Conditions of U. S. Cities at the Beginning of the 1990s," Urban Institute Conference on Big City Governance and Fiscal Choices, Los Angeles (June 1991), pp. 5-6.
10. Jonathan Kozol, *Rachel and Her Children: Homeless Families in America* (New York: Crown, 1988), p. 14.
11. *Garcia v. San Antonio Metropolitan Transit Authority*, 469 U. S. 528 (1985).
12. Employment Standards Administration, *Minimum Wage and Maximum Hours Standards Under the Fair Labor Standards Act* (Washington, D. C. : U. S. Environmental Protection Agency, 1986), pp. 110-111; U. S. Congress, House Committee on Education and Labor, *Report to Accompany H. R. 3530*, 99th Cong. , 1st sess. , 1985. H. Rept. 99-331, p. 30; both cited in Joseph F. Zimmerman, "Federally Induced State and Local Governmental Costs," paper delivered at the annual meeting of the American Political Science Association (Washington, D. C. , August 29-September 1, 1991), p. 14.
13. Todd Sloane, "Clean Air Act Likely to Burn Many Municipalities," *City and State* (November 19, 1990), p. 2, cited in Zimmerman, "Federally Induced State and Local Government Costs," p. 12.
14. Alan Greenblatt, "The Washington Offensive," *Governing* 19, No. 1 (January 2005): 27.
15. Helen F. Ladd and John Yinger, *America's Ailing Cities: Fiscal Health and the Design of Urban Policy*, updated ed. (Baltimore: Johns Hopkins University Press, 1989), p. 291.
16. 有关城市收入来源的所有总结都具有一定的误导性,因此没有在本章中出现。各个城市关于这方面的总结差异比较大,因此意义不大;征收收入税的城市有一些,但不是大多数,还有 28 个州征收销售税等。
17. Michael A. Pagano, *City Fiscal Conditions in 2002: A Research Report on America's Cities* (Washington, D. C. : National League of Cities, 2002), p. 3.
18. Eric A. Anderson, "Changing Municipal Finances," *Urban Data Services Reports* 7, No. 12 (Washington, D. C. : International City Manager Association, December 1975), p. 2.
19. U. S. Bureau of the Census, *2002 Census of Governments*, Vol. 4, No. 5, *Compendium of Government Finances* (2002), Table 2.
20. Refer to Richard T. Ely, *Taxation in American States and Cities* (New York: Crowell, 1888), pp. 109-113; and Sumner Benson, "A History of the General Property Tax," in *The American Property Tax: Its History, Administration, and Economic Impact*, ed. C. G. Benson, S. Benson, H. McClelland, and P. Thompson (Claremont, CA: College Press, 1965), p. 24.
21. E. R. A. Seligman, *Essays in Taxation*, 9th ed. (New York: Macmillan, 1923), p. 24.
22. U. S. Bureau of the Census, *Historical Statistics of the United States: Colonial Times to 1970*, Bicentennial ed. , pt. 2 (Washington, D. C. : U. S. Government Printing Office, 1975), p. 1133.
23. Calculated from the data in U. S. Bureau of the Census, *Local Government Finances in Selected Metropolitan Areas and Large Counties: 1969-70*, GF 70, No. 6 (Washington, D.

C.: U. S. Government Printing Office, 1970), p. 7; U. S. Bureau of the Census, *Local Government Finances in Selected Metropolitan Areas and Large Counties: 1974-75*, GF 75, No. 6 (Washington, D. C.: U. S. Government Printing Office, 1976), p. 7.

24. U. S. Bureau of the Census, *2002 Census of Governments*, Vol. 4, No. 4, *Finances of Municipal and Township Governments* (2002), Table 1, www. census. gov/prod/2005pubs/gc024x4. pdf.
25. George Peterson, "Finance," in *The Urban Predicament*, ed. William Gorham and Nathan Glazer (Washington, D. C.: The Urban Institute, 1976), p. 52.
26. Karen de Sa, "Santa Clara County Assessor Warns of Dramatic Plunge in Home Values, Lowered Taxes to Result," MercuryNews. com, www. mercurynews. com/ci_12068004?source.
27. Patrik Jonsson, "As Home Values Fall, Property Tax Revolt Brews," *The Christian Science Monitor* (April 2, 2009), features. csmonitor. com/economyrebuild/2009/04/02.
28. Alfred Balk, *The Free List—Property Without Taxes* (New York: Russell Sage Foundation, 1971), pp. 10-12.
29. J. Richard Aronson and John L. Hilley, *Financing State and Local Governments*, 4th ed. (Washington, D. C.: Brookings Institution Press, 1986), p. 136.
30. Ladd and Yinger, *America's Ailing Cities*, pp. 129-130, p. 180. 也可参见 Michael Wolkoff, "Municipal Tax Abatement: A Two-Edged Sword," *New York Case Studies in Public Management*, No. 4 (Albany, NY: Rockefeller Institute of Government, 1984)。
31. Gregory H. Wassall, *Tax-Exempt Property: A Case Study of Hartford, Connecticut* (Hartford, CT: John C. Lincoln Institute, 1974), p. 27.
32. Todd Swanstrom, *Capital Cities: Challenges and Opportunities* (Albany, NY: Rockefeller Institute of Government), p. 17.
33. Michael J. Barrett, "The Out-of-Towners," *Boston Globe Magazine* (August 7, 1983).
34. *Walz v. Tax Commission of the City of New York*, 397 U. S. 664 (1970). 也可参见 Boris I. Bittker, "Churches, Taxes and the Constitution," *Yale Law Review* 78 (July 1969): 1285-1310。
35. John L. Mikesell, "The Season of Tax Revolt," in *Fiscal Retrenchment and Urban Policy*, ed. John P. Blair and David Nachmias (Beverly Hills, CA: Sage, 1979), p. 109.
36. Ibid.
37. Pagano, *City Fiscal Conditions in 2002*, p. 3.
38. Ibid.
39. Ibid., p. 3.
40. Christopher Swope, "The Retail Chase: Cities Will Do Almost Anything to Land the Store of Their Dreams," *Governing* (April 2007), p. 28.
41. Kenneth Thomas, *Competing for Capital: Europe and North America in a Global Era* (Washington, D. C.: Georgetown University Press, 2000), as cited in Rachel Weber, "What Makes a Good Economic Development Deal?" in *Retooling for Growth: Rebuilding a 21st Century Economy in America's Older Industrial Areas*, ed. Richard M. McGahey and Jennifer S. Vey (Washington, D. C.: Brookings Institution Press, 2008), p. 284.

42. Donald Bartlett and James Steele, "Corporate Welfare," *Time* (November 9, 1998), as quoted in ibid., p. 284.
43. Christiana McFarland, "State of America's Cities Survey: Local Retail Slowdown," Research Brief on America's Cities, by National League of Cities, Issue 2009-2, www. nlc. org.
44. Ibid., p. 20.
45. Pagano, *City Fiscal Conditions in 1991*, p. 24.
46. David Segal, "Cities Turn to Fees to Fill Budget Gaps," *New York Times* (April 10, 2009), www. nytimes. com/2009/04/11/busines/11fees. html.
47. Michael Powell and Christine Haughney, "Wary of Taxes, Officials Boost Fees; Tactic Hurts Poor and Working Class, Critics Say," *Washington Post* (April 7, 2003), p. A3.
48. Mark Stryker and John Gallagher, "Detroit Zoo giraffe? Belle Isle? Detroit's Treasure Trove Could Be Vulnerable to Sale to Settle Debt," *Detroit Free Press* (June 2, 2013), http://www. freep. com/article/20130602/NEWS01/306020080/Detroit-bankruptcy-assets-sale-DIA.
49. Ibid.
50. 城市、州及所有地方政府发行的债券都被称作市政债券,这种情况引发了无休止的混乱。
51. 大部分州的城市可以使用税收预期票据(tax anticipation notes, TANs)进行短期借贷,偿还期限为30—120天,通过这种方式来解决临时预算短缺的问题,或者将这部分贷款放入长期债券市场。与联邦政府不同,城市不能使用债券资金来弥补长期存在的赤字。
52. U. S. Bureau of the Census, *2007 Census of Governments*, Vol. 4, No. 5, *Local Government Finances by Type of Government and State* (2007), Table 2. http://www2. census. gov/govs/estimate/07slsstab2a. xls.
53. *South Carolina v. Baker*, 108 S. Ct. 1935 (1988).
54. Alberta Sbragia, "Finance Capital and the City," in *Cities in Stress: A New Look at the Urban Crisis*, ed. Mark Gottdiener (Beverly Hills, CA: Sage, 1986), p. 210.
55. 参见 Robert Huefner, *Taxable Alternatives to Municipal Bonds, Research Report No. 53* (Boston: Federal Reserve Bank of Boston, 1972); and *Building a Broader Market: Report of the Twentieth Century Fund Task Force on the Municipal Bond Market*, with a background paper by Ronald W. Forbes and John E. Peterson (New York: McGraw-Hill, 1976)。
56. 有关地方政府的重要作用的深刻讨论,参见 Ann Marie Hauck Walsh, *The Public's Business: The Politics and Practices of Government Corporations* (Cambridge, MA: MIT Press, 1978); and Alberta M. Sbragia, *Debt Wish: Entrepreneurial Cities, U. S. Federalism, and Economic Development* (Pittsburgh: University of Pittsburgh Press, 1996)。
57. Elaine B. Sharp, "The Politics and Economics of the New City Debt," *American Political Science Review* 80, No. 4 (December 1986): 1271-1288.
58. U. S. Bureau of the Census, *Statistical Abstract of the United States* (Washington, D. C.: U. S. Government Printing Office, 1992), p. 285.
59. Thomas A. Pascarella and Richard D. Raymond, "Buying Bonds for Business: An Evaluation of the Industrial Revenue Bond Program," *Urban Affairs Quarterly* 18 (September 1982): 73-89.
60. Daphne A. Kenyon and Dennis Zimmerman, "Private-Activity Bonds and the Volume Cap in

1990," *Intergovernmental Perspective* 17, No. 3 (Summer 1991): 35-37.
61. 有关市政债券腐败方面的内容,参见 Sbragia, *Debt Wish*, pp. 224-225。
62. Leslie Wayne, "Ban on Political Contributions Considered for Bond Lawyers," *New York Times* (August 5, 1996), p. D2.
63. Peter Truell, "Municipal Bond Dealers Face Scrutiny," *New York Times* (December 17, 1996), p. D1; Michael R. Lissack, "A Giant Shell Game Snares Taxpayers," *Albany Times Union* (August 1, 1996), p. A11.
64. "Shine the Light on Muni Deals," *Business Week* (August 26, 1996).
65. Mary Williams, "Bond Advice Leaves Pain in Its Wake," *New York Times* (February 16, 2009), www. nytimes. com/2009/02/17/business/17muni. html.
66. Don Van Natta Jr. , "Firm Acted as Tutor in Selling Towns Risky Deals," *New York Times* (April 7, 2009), www. nytimes. com/2009/04/08/us/08bond. html.
67. Mary Williams Walsh, "Nationwide Inquiry on Bids for Municipal Bonds," *New York Times* (January 8, 2009), www. nytimes. com/2009/01/09/business/09insure . html.
68. Thomas Geis, "Municipal Credit and Bond Rating System," paper delivered at the Municipal Officers Association Meeting (Denver, May 31, 1972), pp. 5-6.
69. Ibid.
70. U. S. Advisory Commission on Intergovernmental Relations, *City Financial Emergencies* (Washington, D. C. : U. S. Government Printing Office, 1971), p. 10.
71. Ibid., p. 12.
72. Ibid., p. 16.
73. Ibid., p. 17.
74. Ibid., pp. 81-82.
75. Todd Swanstrom, *The Crisis of Growth Politics: Cleveland, Kucinich, and the Challenge of Urban Populism* (Philadelphia: Temple University Press, 1985), Chapter 7.
76. Peter Eisenger, "The Politics of Bread and Circuses," *Urban Affairs Review* 35, No. 3 (January 2000): 316-333.
77. U. S. Bureau of the Census, *2007 Census of Governments*, *Local Government Finances by Type of Government* (2002), Table 2, http://www2. census. gov/govs/estimate/07slsstab2a. xls.
78. Jon Teaford, *The Rough Road to Renaissance: Urban Revitalization in America, 1940—1985* (Baltimore: Johns Hopkins University Press, 1990), p. 307.
79. These arrangements are described in Peter K. Eisenger, *The Rise of the Entrepreneurial State: State and Local Economic Development Policy in the United States* (Madison: University of Wisconsin Press, 1988).
80. James Leigland, "Public Infrastructure and Special Purposed Governments: Who Pays and How?" in *Building the Public City: The Politics, Governance, and Finance of Public Infrastructure*, ed. David C. Perry (Thousand Oaks, CA: Sage, 1995), p. 139.
81. State of Illinois, Compliance Audit Report (1998 and 1999), www. state. il. us/auditor.
82. William Fulton, "Paying the Bill," *Governing* 15, No. 11 (August 2002): 60.
83. Donald F. Norris, "If We Build It, They Will Come! Tourism-Based Economic Development in Baltimore," in *The Infrastructure of Play: Building the Tourist City*, ed. Dennis R. Judd

(Armonk, NY: M. E. Sharpe, 2003), p. 162.

84. Ibid., p. 151.

85. Susan E. Clarke and Martin Saiz, "From Waterhole to World City: Place Luck and Public Agendas in Denver," in *The Infrastructure of Play*, ed. Dennis R. Judd (Armonk, NY: M. E. Sharpe, 2003), pp. 183-184.

86. Rachel Weber, "Equity and Entrepreneurialism: The Impact of Tax Increment Financing on School Finance," *Urban Affairs Review* 38, No. 5 (2003): 619-644.

87. Eric Klinenberg, *Heat Wave: A Social Autopsy of Disaster in Chicago* (Chicago: University of Chicago Press, 2002), p. 9.

88. Paul Peterson, *City Limits* (Chicago: University of Chicago Press, 1981), p. 22.

第十三章　都市中心的复兴

意想不到的中心城市复苏

到20世纪80年代为止，许多观察家认为位于都市地区的历史名城正在经历死亡前的最后痛苦。工业时代繁荣的城市努力恢复往日的生机，但是对于多数城市来说，成功的希望很渺茫。几十年来，这些城市的人口、商业和就业逐步流向郊区，从20世纪70年代早期开始，国家经济实行限制工业化的措施，切断了工业城市与国家前途的关系。20世纪80年代国家议程总统委员会在总统吉米·卡特任期即将结束时发布了一份报告，得出了悲观的结论——全国的旧城市注定都将失败：

> 美国经济像旧工业社会中许多国家的经济一样经历了几年的重要转折期，从开始以地理位置为基础发展到分散化和以服务为基础。在这一过程中，旧工业中心地带上的许多城市……逐渐失去了繁荣工业首都的地位……[1]

委员会成员认为“最终，联邦政府对国家经济活力的关心优先于社区和地区间的优势竞争”。[2]显然，如果他们找不到出路的话，早期繁荣的城市注定会中途夭折。

具有讽刺意味的是，这种悲观的评估出现在第一波中心城市复兴的时候。到20世纪90年代为止，众多中心城市已经反弹，90年代期间，好消息不断传出。似乎一夜之间，市中心商业区和娱乐/旅游区成为游客和地方居民向往的目的地。附近的社区也处于复兴状态中。2000年，《纽约时报》对九个城市进行了一项非正式的调查，这些城市包括波士顿、芝加哥、休斯敦、洛杉矶、迈阿密、纽约、圣安东尼奥、圣地亚哥和华盛顿特区，调查发现商业和新居民涌入的居住区在此之前被认为是禁区。贫穷居民的迁出使得犯罪率下降,中产阶级的生活质量普遍得到提高。[3]几年之后,内地城市的复兴达到极限,而且这种趋势已经不可能再逆转,对大部分城市的预测不容乐观。即使恢复也很缓慢,并且具有不确定性,甚至 2008 年开始的经济下滑也无法逆转这种趋势。[4]

大部分美国的中心城市至少经历了某种程度上的商业区发展和社区中产阶级化。有钱的专业人士和年轻人迁往工人阶级或穷人曾经占据的地区。从 1990 年到 2000 年,房利美基金会(Fannie Mae Foundation)和布鲁金斯学会对 24 个城市进行了研究,发现有 18 个城市的商业区人口增加了。[5]大多数城市中的新居民数量较少,但是适度的增长会带来惊人的转变。半个世纪以来人口一直减少的城市在 20 世纪 90 年代期间开始恢复增长,甚至那些人口持续缩减的城市其减少的速度也趋于缓慢。[6]当然,人口恢复增长的地区分布并不均匀,一些城市仍然处于弱势,但是对于大部分城市来说,这种迹象正朝着积极的态势发展。

中心商业区的复兴源于两个重要的发展:全球化和经济转型。像电子贸易和商务、电信、金融、市场营销和企业服务等与新的全球化经济相关的商业聚集在了商业区。吸引高水平服务行业的城市发展态势非常好,尤其是中心商业区,但是小型城市也不甘示弱,紧随其后。[7]

旅游/娱乐、文化和城市设施聚集在中心商业区内以及附近的地区。在中心商业区居住的那些有钱人不想疲于通勤,他们也喜欢住在繁华的环境中,享受迷人的街道景色、夜生活、文化和娱乐活动。历史建筑、公共纪念碑、再度开发的滨水区以及旧的居住区奠定了强劲城市文化的基础。到 20、21 世纪之交,城市进入新的发展时代,这是有目共睹的。

摘 录

热议的巴尔的摩复兴

巴尔的摩被称作"20 世纪 80 年代的灰姑娘城市",其中心商业区的开发策略定位于旅游业和娱乐业,在这一方面巴尔的摩堪称全国最佳的典范城市之一。这座城市面积不大,地理位置紧邻纽约市和华盛顿特区,这两方面决定了巴尔的摩不可能把全球的公司吸引至此,因此只能专注于旅游业和娱乐业的发展。鼎盛时期的巴尔的摩的内港是繁荣的商业中心,但是到 20 世纪 60 年代却变得惨不忍睹,码头被腐蚀、老鼠横行、楼房荒废、停车场一片荒芜、海港臭味熏天,作家门肯(H. L. Mencken)将这片地方描写为“百万只臭鼬”。此时有人提出了一个大胆的想法:要将这片狼藉之地变为全国的旅游中心。

重新开发内港计划的关键在于港口广场的建设,两个半透明的亭台坐庄,中间环绕着节日购物广场,设计者是詹姆斯·劳斯(James Rouse),他想创建“温暖的人文场地,人们有多种选择,整个场地充满了节日的欢乐气氛”。港口广场于 1980 年竣工,获得了意想不到的成功,第一年吸引了 1 800 万游客,收益 4 200 万美元,并且创造了 2 300 个就业机会。1981 年,国家水族馆对外开放,使内港成为旅游旺地。到 1992 年为止,参观水族馆的游客超过了 1 500 万,其中的展品包括 64 英尺高的玻璃金字塔,内部复制了南美热带雨林的景观。从 1980 年到 1986 年,游客的数量以及他们在巴尔的摩的消费增长了 3 倍,酒店房间的数量也增长了 3 倍,能够满足游客住宿的需求。内港开发项目和中心商业区其他工程的成功吸引了周边地区的私人投资。

推动巴尔的摩再开发的幕后力量是威廉·唐纳德·奇科夫(William Donald Schaefer),从 1971 年到 1987 年,奇科夫连续担任了四届市长。巴尔的摩的复兴让他成为全国政治名人,1984 年,他被誉为“美国最佳市长”。1986 年 11 月,奇科夫凭借巴尔的摩的公众影响力当选为马里兰州州长。但是在庆祝市中心商业区复兴时人们忽视了城市中遭到破坏的社区状况。1987 年,柯特·施默克(Kurt Schmoke)接替奇科夫的职位,成为巴尔的摩的首位黑人市长,他说:“20 年后的今天当你再次参观巴尔的摩时,你会发现这里的环境变美了,但是市民却更加贫穷。”

实际上有两个巴尔的摩,一个是郊区工人和游客居住的巴尔的摩,另一个则由居住在贫民窟的穷人所拥有。中心商业区和海港区的复兴并没有阻止城市人口的减少,2000—2009 年,巴尔的摩的人口减少了 2.1%,在这之前,从 1980 年到 2000 年,人口减少了 13.5 万人,截至 2007 年,人口又减少了 1.4 万人。与此同时,郊区人口和就业机会继续增加。1950 年,城市居民的收入略高于郊区居民,但是到 2000 年为止,他们的收入仅是后者的一半,这一趋势愈演愈烈——2006—2010 年,巴尔的摩中等家庭的收入是 39 386 美元,还不及霍华德县(Howard County)普通家庭收入(103 272 美元)的一半。[8]如果没有开发海港广场的话,情况将更加糟糕。巴尔的摩的就业发展方案也取得了成功:仅仅六年内海港广场安置了 1 300 人就业,其中 40%以上的劳动力来自少数族裔。到 1990 年为止,预计内港及其附近的工程又提供了 3 万个新的就业机会,随后进行了一项研究,对巴尔的摩游客的消费进行估算,在 1998 年这一年之内的消费是 8.47 亿美元,使其能够担负起 2.66 亿美元的工资支出,并且为州和地方提供了 8 100 万美元的税收。在账簿的另一端,许多工作的收入临近或达到工资的最低限,2010 年,城市居民的收入仅为周边郊区居民的一半。

这种情况给巴尔的摩中心商业区的振兴提出了疑问:公共资金的支出是否很明智?以旅游业和娱乐业为中心的开发项目是否具有误导性?对于这些问题,有人提出了反对性答案。据一位评论人士指出,内港的繁荣只是掩盖了城市其他部分的问题:

> 内港是一张复杂的面具,我们受邀欣赏一幅奇观,享受一场节日马戏表演,庆祝游客和商业的聚集。如所有的面具一样,内港以迷人的方式欺骗并分散了人们的注意力,在某种程度上,我们想知道背后的真相。如果面具碎裂或者被扯下来,巴尔的摩贫穷的丑相会昭示天下。

但是有人提出了相反的意见。巴尔的摩的策略产生了实实在在的利益,包括就业机会的增加、税基的提高(尽管不足以抵消城市其他部分的损失)和城市重要部分的外形重建。如果没有中心商业区的复兴,巴尔的摩其他方面的进步根本无从谈起。

真正的巴尔的摩可以站起来吗?

资料来源:尼尔·R. 皮尔斯(Neal R. Peirce)、罗伯特·古斯坎德(Robert Guskind)、约翰·加德纳(John Gardner),《政治并不是改变美国大城市的唯一因素》("Politics Is Not the Only Thing That Is Changing America's Big Cities"),《国家杂志 22》,1983 年 11 月 26 日,第 2480 页;托尼·西斯(Tony Hiss),《地方年鉴:重塑巴尔的摩》("Annals of Place: Reinventing Baltimore"),《纽约人》,1991 年 4 月 29 日,第 62 页;克里斯托弗·科比特(Christopher Corbett),《巴尔的摩在干什么》("What's Doing in Baltimore"),《纽约时报》,1992 年 2 月 23 日;伯纳德·L. 伯科威茨(Bernard L. Berkowitz),《对城市再开发作为城市政治策略的反驳:巴尔的摩复兴的批判评价》("Rejoinder to Downtown Redevelopment as an Urban Growth Strategy: A Critical Appraisal of the Baltimore Renaissance"),《城市事务杂志 9》,1987 年第 2 期,第 129 页;唐纳德·F. 诺里斯(Donald F. Norris),《我们建设,他们就来!巴尔的摩以旅游业为基础的经济发展》("If We Build It, They Will Come! Tourism-Based Economic Development in Baltimore")，载于《娱乐基础建设》，丹尼斯·R.贾德编，纽约州，阿蒙克市：夏普出版社，2003年，第150—151页；理查德·C.胡拉(Richard C. Hula)，《两个巴尔的摩》("The Two Baltimores")，载于《领导能力和城市重建：北美和欧洲的城市》，丹尼斯·贾德，迈克尔·帕金森(Michael Parkinson)编，加利福尼亚州，千橡市：赛奇出版社，1990年；大卫·哈维(David Havey)，《首府空间：批判式地理》(*Space of Capital: Towards a Critical Geography*)，纽约：劳特利奇出版社，2001年，第143—144页。

中心商业区的衰落

在过去的100多年间，美国经济活动的分布发生了根本性的改变。这一时期的照片显示直到20世纪40年代，中心商业区还是人群、交通和能源滥用、嘈杂的闹区。许多活动涌入了广场街区，这种城市形式是美国城市的定义特征。在纽约，"商业区"(downtown)术语在19世纪被普遍使用，用来指曼哈顿南端的商业区，与北部的"住宅区"(uptown)相区别。多年以来，中心商业区指代各地城市的中心商业区，这里是有轨电车和客运铁路的交汇地，摩天大楼和零售、专门商业的汇聚地，人群在街道上拥挤推搡。商业区繁忙拥挤，午餐时间饭店人满为患。大众化报纸和小说家们对商业区很着迷，这里似乎成了美国社会经济制度巨大能量和无政府状态的缩影。[9]

商业区的活动几乎全部集中在狭小的区域——20世纪20年代末期芝加哥的商业区只有1平方英里，圣路易斯、洛杉矶、波士顿和底特律还不足1平方英里，其他城市的中心商业区的占地面积更小。[10]几乎所有的银行、公共设施、律师事务所、广告代理机构、会计公司和大型工业公司的总部都聚集于此，此外，百货公司和大型零售机构也坐落于此。[11]高楼大厦使得商业区向上发展，而不是向外扩展。像商业和专业活动等代表这些建筑的专业特性取代了规模较小的建筑，早期的小型建筑混合了商业、职业和住宅等多种用途。商业活动的独立产生了"中心商业区"(central business district)这一新的术语，实际上这一术语可以和"商业区"交替使用。[12]

到20世纪为止，商业区演变为"理想的公共场所"，因此成为美国文化的"强有力象征"——具有不同背景的人们交汇于此，这是"一处共享的地盘"。[13]但是到20世纪20年代当商业区比往日更具活力时，这些地方逐渐丧失了作为货物生产、批发贸易、零售销售的中心地位。连锁零售商开始在边远社区和郊区靠近客户的地方开设商店，零售业逐渐趋于分散。小型商业区开始出现，与中心商业区形成了竞争的格局，而汽车为小型商业区的发展提供了方便。20 世纪 30 年代发生的大萧条加重了商业困境：商业关门，老建筑处于失修和腐蚀的状态。[14]

大萧条暴露了一个真理，这一真理在 20 世纪 20 年代的繁荣期被大多数人所忽视：长期以来，都市地区一直在进行空间重组。制造业逐渐搬移到了郊区，高速公路和卡车运输网，尤其是第二次世界大战之后州际高速系统的建设加速了这一过程的进展。现代批量生产技术需要大面积的廉价土地来建造单层的流水生产线。汽车扩展了通勤的范围，因此工厂可以坐落在远离住宅区的地点，而且工人们仍能够到达这里。

购物区也加入了与商业区竞争的行列。到 20 世纪 50 年代，大型商业区百货商场仍然提供物美价廉的商品，中产阶级购物者早已养成抽出一天的时间到繁华街区购物的习惯。但是到了 60 年代，郊区购物中心开始替代商业区。购物中心和购物广场附近有宽阔的停车场和高速公路立交，给购物者提供了极大的便利，到目前为止，购物者已经完全放弃了公共交通工具，选择汽车作为代步工具。

20 世纪 60 年代的民权抗议活动、种族暴力和暴动使商业区危机四伏，因此推动零售销售的白人妇女购物者选择安静的购物中心来躲避商业区的混乱。[15]郊区开发商抓住时机打造出与城市街道截然不同的气氛。1956 年，第一个全封闭、气候调控式的购物广场——南谷购物中心(Southdale)在明尼阿波里斯市的伊代纳(Edina)郊区开业，这里一年四季提供舒适的购物环境，短期内取得了巨大成功。[16]商场经理创造出有利于消费的舒适环境，包括寄存、指南、统一标示、长凳和风景。相比之下，商业区购物看上去嘈杂喧嚣、极不方便，有时还会发生危险。到 1974 年为止，全国共有 1.5 万个购物中心，占据全国零售额的 44%多，[17]不久后，商业区的百货商店便永久停业。作为底特律历史性地标的哈德逊商场(Hudson's)最终于 1981 年关门停业。[18]

20 世纪 70 年代，市中心的经济崩溃，后来 20 年期间发生的事件给英语语言创造了一个新的绕口令——“限制工业化”(deindustrialization)，这个词语用来指代发达国家的经济快速重组。生产过程中实现了技术改进，使得产品生产中所需的劳动力比过去大大减少，例如组装过程中利用机器人来工作。1970 年到 1988 年期间，生产量大幅增长，全国的制造业就业市场非常稳定，能够维持 1 900 万个就业机会。与此同时，许多制造业公司离开美国本土，去往加勒比、拉丁美洲和亚洲这种工资低、环境制度宽松的地方。[19]工业时代繁荣的都市地区陷入陡然下滑趋势，失业率不断上升，有些情况下，失业的劳动力达到了 20%。市中心状况尤其不稳定。商业区遭受了一连串的重创后，面临着最终的灾难，前途并不明朗。

全球化和中心商业区复兴

限制工业化初期乌云密布，人们很难看清局势，尽管如此，人们仍抱着一线希望。制造业的下降促使服务业工作快速增加。从 1975 年到 1990 年，服务业中新增就业机会三千万，到 20 世纪 80 年代，8 400 万人从事服务业，与此相比，从事制造业的人数仅为 2 500 万。[20]80 年代就业增长中的 80%来自服务业。[21]与此同时，工厂工人发现自己的工作机会越来越少，因为新机会总是面向高学历的白领工人。如表 13.1 所示，从 1960 年到 2000 年这 40 年期间，东北部和中西部有 7 个都市区的制造业部门的就业率从 32%下降到了 12%。同期，服务业的地方就业率从 15%增长到了 36%。批发/零售业、金融业、保险业和房地产业的水平保持稳定，显而易见，带动经济增长的因素是服务行业就业率的增长。新服务行业的经济发展策略目标是振兴市中心及其商业区。

表 13.1　东北部和中西部 7 个都市区工作种类的变化，1960—2000 年

	每个工作类别中的就业百分比(单位：%)				
	1960	1970	1980	1990	2000
制造业	32	26	21	14	12
交通、通讯和公共设施	8	7	6	5	5
批发和零售业	21	21	21	22	20
金融、保险和房地产	7	7	8	9	8
服务业	15	19	24	31	36
政府部门	13	16	17	16	14

资料来源：美国劳工部劳工统计局，《收入和就业》(*Earnings and Employment*)，华盛顿特区：美国政府印刷局，1960 年、1970 年、1980 年、1990 年和 2000 年。

到 20 世纪 70 年代中期，公民领袖得出结论：中心城市在制造业、零售业和批发业方面不可能与郊区进行正面交锋。这些部门在城区内已经呈现出高度分散的状态，人们最好接受这一现实。中心城市要想返回原路，必须寻找新的方向，金融、企业就业、旅游等服务性行业则是很好的选择。新一代的“弥赛亚式的市长”传播城市自助的福音，他们进行改革实验，提出了推动地方经济发展的新方法。他们将公共资金投入办公大楼、购物广场、旅游娱乐设施的建设。[22]城市提供多年的房产税减免优惠政策，利用土地征用权夺取私人房产进行奢侈项目的建设。税收增加财政区（TIFs）和经济开发区（BIDs）通过筹集公共资金来吸引开发商的参与。

税收增加财政区和经济开发区将免税收入债券出售给投资商，从而筹集了大量资金。投资者得到了免税优惠条件，而税收增加财政区和经济开发区的公共部门在三四十年的时间内会用未来开发项目的税收偿还这些债券。行业大会游客局、购物广场部门、体育部门、博物馆区及其他的许多特殊部门通过收取使用费、发行债券和获取新税收来源的方式对公共设施改善和新设施建设进行投资，设置门票是收取使用费的一般方式，然后将使用费用于债券的偿付。通过这些机制，市政府筹集了大批资金资助商业区的重建项目，政府当然会想尽办法来偿还这些账单。

公共补贴实现了商业区复兴的计划。到 20 世纪 80 年代为止，多数大城市开始炫耀自己的奖杯，通常来说他们炫耀的资本包括豪华酒店（带有多层的天井前厅）、建有圆顶的新体育馆、中心商业区购物广场、重新开发的海滨区以及新的会展中心。[23]这些设施及其所附带的活动推动了公司白领职业、娱乐、文化、旅游业和行业贸易的发展。

表 13.2 中的数据显示了全国各地区城市商业区人口的增长情况。有些城市的商业区人口基数在 1990 年已经达到了相当大的数量，例如亚特兰大、巴尔的摩、波士顿、芝加哥、洛杉矶和费城等，当时亚特兰大的人口为 19 763，波士顿的人口为 75 823。其他城市商业区的人口在 1990 年时较少，例如克利夫兰、丹佛、底特律、休斯敦、孟菲斯和诺福克等城市的人口约为 7 500 或更少，它们主要靠吸引新居民来增加人口的数量。这些城市中进入商业区的人口总数并不多，但是新居民的到来发生了戏剧性的变化。公寓大厦沿着历史性建筑如雨后春笋般拔地而起，而这些古建筑被翻新为阁楼或者是公寓。长达数十年之久的逃离商业区及其周边社区的运动似乎也落下了帷幕。

表 13.2　20 世纪 90 年代发展的商业区(选定的 18 个城市)

城市	1990 年的商业区	2000 年的商业区	人口变化	变化的比例(单位：%)
亚特兰大	19 763	24 731	4 968	25
巴尔的摩	28 597	30 067	1 470	5
波士顿	75 823	79 251	3 428	4.5
芝加哥	27 760	42 039	14 279	51
克利夫兰	7 261	9 599	2 338	32
科罗拉多斯普林斯	13 412	14 377	965	7
得梅因	4 190	4 204	14	0.03
丹佛	2 794	4 230	1 436	51
底特律	5 970	6 141	171	3
休斯敦	7 029	11 882	4 853	69
洛杉矶	34 655	36 630	1 975	6
孟菲斯	7 606	8 994	1 388	18
密尔沃基	10 973	11 243	270	2.5
诺福克(弗吉尼亚)	2 390	2 881	491	20.5
费城	74 655	78 349	3 694	5
波特兰(俄勒冈)	9 528	12 902	3 374	35
圣地亚哥	15 417	17 894	2 477	16
西雅图	9 824	16 443	6 619	67

资料来源：节选自丽贝卡·R. 索默(Rebecca R. Sohmer)、罗伯特·E. 朗(Robert E. Lang),《反弹的商业区》(*Downtown Rebound*),华盛顿特区：布鲁金斯学会出版社,房利美基金会,2001 年,第 2—3 页;另参见丽贝卡·R. 索默、罗伯特·E. 朗,《反弹的商业区》,载于《重新定义城市和郊区美国：来自 2000 年人口普查的证据》,布鲁斯·卡兹(Bruce Katz)、罗伯特·E. 朗编,华盛顿特区：布鲁金斯学会出版社,2003 年,第 63—74 页。

促使商业区复兴的经济部门构成了新全球化经济的要素,包括高端公司和专业服务部门、电信和科技部门。信息交换技术的瞬时性以及公司同时操作异地业务的能力促进了全球化发展。自从 20 世纪 80 年代以来,公司通过合并和收购实现了规模的扩大。大型公司能够在全球范围内协调业务活动,涉及资本投资的流动、工厂位置以及产品的分布和销售。在高水平专业化人士的协调下,公司实现了产品设计、广告、新技术采用和公司组织等领域的革新,这些都是现代化公司所要求的条件,而多数专业人士并不仅为一家公司服务。在全球化时代,公司在选址时喜欢靠近专业技能高、业务范围广的职业人士,这部分人是公司的支柱力量。

摩天大楼是美国城市商业区发展的地标性建筑,显示出经济活动的聚集模式。

尽管许多公司位于城市边缘和郊区的办公园区，中心商业区仍旧吸引了众多公司，它们依靠彼此相临而互惠互利。这种情况在大城市比较明显，但也并非唯一，高水平专业办公和信息产业汇集成了"超集中活动的战略节点"，[24]这种模式方便了高学历、技术全面的专业人士提供专业化服务，服务范围包括公司经理、管理顾问、法律专家、会计、电脑专家、金融分析师以及媒体和公共关系顾问等方面。

公司总部主要集中在纽约、巴黎、伦敦、芝加哥、洛杉矶、迈阿密、香港、悉尼和东京这样的全球化城市中。[25]全球化对城市等级进行了重新设置，顶级城市容纳的公司主要负责世界范围的生产和分布网络。像蒙特利尔和汉堡这样的二级城市一般会拥有几个国际性公司，下一层是像亚特兰大、克利夫兰和圣路易斯这样的中等城市，它们只是作为地区公司网络的枢纽。位于金字塔最底层的城市主要依靠与全球经济相关的专业化活动，这些城市成为汽车厂（田纳西的士麦那[Smyrna]）、电子软件公司（加利福尼亚的圣何塞）和肉类加工厂（伊利诺伊州的比尔兹敦）的汇集地。那些无法进入全球化经济领域的地方注定会逐渐衰退。[26]

商业区内或附近的专业人士需要高级城市设施，他们期望城市能够提供高品质的生活水平让他们能够享受。到 20 世纪 90 年代期间，发展成功的商业区和优化的社区提供了独特的"城市文化"，这种文化以多种设施的混合为基础，大都选在人口密度大的城市环境中：饭店、布鲁斯和爵士俱乐部、艺术馆、戏院、表演厅、酒吧、舞厅、休闲俱乐部和咖啡厅。[27]这些文化活动对于城市的经济发展产生了巨大的影响，一方面提供了大量的就业机会，另一方面留住了年轻的专业人士，阻止他们迁往其他有趣的地方。这样一来，经济和文化成为 21 世纪美国城市不可分割的因素。

新城市文化

最近一段时期，美国商业区的人口有所增长，主要源于下列人群：空巢退休人员、有钱的年轻专业人士（也被称作"雅皮士"，年轻的城市专业人士）、丁克族（夫妻都有收入，但是不要孩子）和未婚同居的单身族。仅仅几年的时间，这场运动从根本上改变了城市的空间地理，因为有钱的专业人士愿意涌入中心商业区和周边的社区，他们的到来使从前在此居住的人们搬离了中心商业区。有钱人住在房价高的商业区，商业区之外是一块块改善过的社区，通常位于贫困区内或周边地区，这些块状模式与新开发项目的特点有关。富裕的中产阶级成员居住在公寓大厦或封闭的社区内部，与附近的贫困区完全隔离。[28]

涌入商业区和优化社区的专业人士带动了住房成本的提高，有时会出现天价房屋。新公寓大厦和联排别墅成为城市再生的标志，此外，旧工厂和零售仓库（其中有些仓库长期被荒废）的翻新也起到了同样的作用。环境恶化的社区吸引了那些走折中路线的人群，如有钱的雅皮士、艺术家以及那些生活方式怪异的人们，这部分人以宽容和多样化的生活态度行走于世上。这种社区的魅力表现在两方面：第一，历史性建筑（例如旧维多利亚时期的古老建筑）和联排别墅并存；第二，靠近中心商业区，并且拥有诸多设施，例如海滨、博物馆、公园、艺术表演场所、饭店、酒吧和夜生活。

“下层社区高档化”简称为“优化”（gentrification），这一术语用以指代迁居过程，其中的故事线索是这样的：有钱的新居民带动了需求的升高，使土地价值飙升；因此那些经济能力偏弱、少数族裔的老居民被迫离开。土地价值的提高带动了房产税的增加，破损的房产需要按照新标准来维修，有孩子的家庭被那些单身族和丁克族取代，因此像教堂和学校这样的社区机构被迫关闭。有些优化社区成为住宅区，但是更多情况下，这些社区成为融住宅、零售和服务机构为一体的建筑，尤其包括了美发厅、健身俱乐部、洗衣房和咖啡馆这样的服务机构。这些社区内部还拥有饭店、专营购物区、公园和文化设施。

理查德·佛罗里达（Richard Florida）是一位城市学者，他认为最近兴起的所谓“创造性阶级”把优质生活置于首位，这一阶层多为高学历专业人士，他们智商高、分析能力强、颇具艺术气质和创造力。[29]成员们喜欢社会交往，希望拥有文化、夜生活、多元化以及真实感，界定这些事物的因素包括“历史性建筑、现存社区、独特的音乐氛围或文化特质。他们憧憬交汇式的生活：翻新的建筑，沿路的城市砂砾，老年人和青年人、多彩的性格和雅皮士、时装模特和‘无家可归的老妇’的合并”。[30]佛罗里达宣称创造性阶级会摒弃与游客聚集地相关的“封闭经历”，这位学者是新一代城市设施的主要提倡者，他认为城市必须拥有这些设施。[31]

旅游业和娱乐业

旅游、娱乐和文化对于商业区的复兴至关重要。原因不难理解，根据增值投资的估量，旅游业是世界上最大的产业。[32]游客在食宿、娱乐文化、交通、纪念品以及其他服务产品方面花销不菲，世界范围内约有 1/10 的就业与旅游业相关。[33]为了将自身打造为吸引游客的场所，城市在旅游设施和商业区环境的重建方面投入了大量资金。事实上，重建商业区能够招徕游客，但是这项工程规模之大堪比一百年前工业城市的建设，当时城市投入大量的资金建设公共交通系统，铺设道路、供水和下水系统，修建公园。改变城市地貌的另一个城建时代是 20 世纪五六十年代，联邦政府资助城市进行市容更新和拆迁工程，将商业区房地产及整个社区夷为平地。[34] 70 年代开始的转型工程仍在继续，但是美国城市的面貌已经彻底发生了改变。

同许多城市一样，芝加哥现在的主导工业是旅游娱乐业。1993 年游客的数量是 3 200 万，到 1997 年，这一数字上升为 4 300 万，这得利于不懈的推广宣传以及对旅游基础设施的大量投资。[35]芝加哥修建了世界上最大的会展中心，还在改造的码头（海军码头）上修建了娱乐区，并且拥有世界上最宽广美丽的公园系统，沿着密歇根湖畔（Lake Michigan）绵延数英里。这座城市有几家独特的博物馆和其他景点（例如约翰・G. 谢德水族馆［John G. Shedd Aquarium］和阿德勒天文馆［Adler Planetarium］），沿着密歇根大道（Michigan Avenue）和其他许多街道上，人们可以看到精致的花卉摆放以及花园展览，每年公园都会举行数十场活动。位于商业圈和密歇根湖中间的格兰特公园（Grant Park）是美国游客参观数量最多的公园，吸引的游客数量超过了大峡谷（Grand Canyon）。[36]芝加哥拥有综合性的全球经济，但是如果没有旅游业的话，城市经济将会陷入困境。实际上，2010 年，芝加哥的旅游业已经有所下降，2009 年的游客数量为 3 950 万，2010 年下降到 3 811 万，面临汽油价格的提高以及来自其他城市的竞争，地方旅游业在经济困境中苦苦挣扎，因而导致这样的结果。不久，芝加哥投资一百万美元启动媒体攻势，为了提高 2011 年的游客统计数量而向州内和州外的居民进行大力宣传。尽管如此，芝加哥要想重新达到 2007 年的峰值预计还需要好几年的时间。[37]

在旧工业城市中，旅游和娱乐场馆的建筑选址经常坐落在原先的生产、仓库、零售或海港活动地点。这些开发项目试图打造出怀旧、理想化的城市生活版本，设计者经常利用建筑风格来唤起人们对过去的回忆。例如纽约市的南街海港（South Street Seaport），这里的气氛让人们感觉原来的劳动海港得到了“真实复制”。[38]实际上，这是迪士尼乐园（加利福尼亚州的阿纳海姆［Anaheim］）的城市缩版，有美国大街和边疆村庄。其他地方的开发项目包括圣弗朗西斯科的码头和吉拉德里广场（Wharf and Ghirardelli Square），政府对沿岸的联合车站（Union Stations）进行更新建设，真正的火车站人们是看不见听不见的。

让游客对旧城市感兴趣并不容易。20世纪60年代暴动之后，商业区被指责为暴力和危险事件的易发地点。犯罪、贫穷和城市衰落致使一部分城区不受游客的欢迎，因此需要建设专业化地区来作为旅游区。“旅游罩”使那些不熟悉当地地貌的游客进入所谓“安全、受保护、正常化的环境”之中。[39]城市旅游管理部门的目标是建设安全、理想化的环境，否则这些地区将成为异端、敌对的场所。几年之内，随着犯罪率的下降，旅游场所突破了原有的界限。商业区的办公建设和社区优化发展迅速，街道生活和城市文化成为当地居民和游客向往和消费的目标。当这些发展到足够数量时，中心城市再次成为都市地区的真正枢纽，并且成为各种活动和文化的家乡，而郊区很难模仿城市的这种生活方式。[40]在生活方式不同的城市里，例如波士顿、圣弗朗西斯科、芝加哥、纽约市和俄勒冈的波特兰市，游客可以自由闲逛，与当地居民融为一体。实际上，除会展中心内部或者周围地区以外，人们很难将游客和当地居民区别开来。“娱乐项目的地方化使城市发生了转型，对于外来游客以及郊区通勤者和越来越多的有钱的商业区居民来说，城市是他们的娱乐终点站。”[41]而当地居民逐渐变为“游客的样子”，甚至他们居家时的举止也像是游客。[42]

支撑中心城市旅游业的基础设施包括会展中心、体育馆、节日购物广场、城市娱乐区、像艺术表演中心和博物馆这样的文化场所以及某些城市设置的游戏赌博机。[43]公共资金常常成为争议的问题，尤其在涉及会展中心和体育馆的建设时更是争执不休。支持基础建设的人们强调这有利于城市的营销和经济增长，而反对者则认为公众对这些建设的投资是错误的选择，分不清轻重缓急。但是，对于市长和其他公共官员来说，不管是扩建会展中心，还是修建新的体育馆，打造城市形象所带来的经济利益是无可争议的。

会展中心

20世纪60年代之前，能够建造会展中心的城市寥寥无几，而当今城市的商业区及其附近地区遍布会展中心。十几年前，市政厅的数量增加了一倍，增长速度之快如急需的组装设备一般。20世纪20年代，有的城市修建了第一代会议和展览大厅；例如，1929年，圣路易斯修建的圣路易斯竞技场(St. Louis Arena)为农业展览提供了场所。大萧条时期，联邦政府通过公共工程管理局对多个城市的大型公共集会和展览设备进行了资助。这一时代的展厅通常包括一个或多个会堂，以及同一屋檐下的展览空地,这样的建筑直到20世纪八九十年代才被取代。操作设备的费用很高,亏损的情况时有发生,但是这些工程的建设仍然能够吸引游客来旅游,给地方经济带来了一定的利益,支持项目建设的公民们在了解事实之后,发动了推动大型优质设施建设的倡导活动。

20世纪50年代,个别城市开始着手修建专门的专业会议和贸易展览的会展中心。从60年代开始,会展中心的数量不断增长,70年代期间,数量飙升,就业市场专业化的提高对各类聚会的需求量增加,需要举办各种展览、消费者产品展(例如汽车、船舶和电子产品)和会议。80年代开始,城市之间在行业贸易方面展开了一场虚拟军备竞赛,许多小城镇也加入了竞争行列。到1998年为止,70%以上的会展中心是在20世纪70年代以后建成的。[44]但是,这种竞争实际上却刚刚开始。从1993年到2003年政府在会展中心建设方面的资金开支翻了一番,每年的开支达到23亿美元,从1990年到2003年这13年期间,会展中心的占地空间增长了51%。此后的一年中,至少有40个城市计划要修建新的设施或对旧场馆进行扩建。所有的这些活动意味着设施的规模和成本都在增长,众多的竞争者都希望能在项目工程中分得一杯羹。[45]

会展中心需要补助金来支付建设债券和施工成本的费用,但是建设、维修和推广成本的上涨并没有阻止城市对大型精密设施的投资。这种情况具有重要意义。2002年,美国将近有23 000个协会和650万个全私有企业机构。[46]这近23 000个协会在1992年支出了320亿美元的会议费,企业公司支出了290亿美元的外部会议和会展费用。[47]1998年,单纯与旅游业有关的组织拥有140万名成员,会议行业的经济产出是810亿美元。[48]从1990年到1997年,新会展的平均参会率增长了将近4倍。[49]尽管只有4%—5%的会议在会展中心举办(其余的在酒店、旅游胜地及其他场所召开),[50]举办的会议和会展规模非常大,足以推动几百个城市建设或扩建现有的设施。2000年,在建或翻新的会展中心有41个,还有66个项目等待扩建或翻新。[51]

实际上,2005年1月,自21世纪初的头十年期间公共资金在会展中心方面的支出已经翻了一番,年开支达到了24亿美元,自1990年以来会展中心的空间增长了50%多。全国范围内只2005年这一年,列入计划内的新扩建会展中心数量达到了44个。始于2008年秋天的经济下滑致使旅游业和参会人数急剧下跌,但是不到三年的时间内,参会和建设的情况又恢复到了2008年之前的活力状态。密歇根的主要会展场所估计 2011 年预定会展数量会有所增长，例如，大急流城的狄维士宫(DeVos Palace in Grand Rapids)预测 2011 年比 2010 年举办活动的天数要多 20 天，收入比前一年增加 15 万美元。附近的卡拉马祖世博中心和游乐场(Kalamazoo County Expo Center and Fairground)的管理者宣称能够“自给自足”，目前正在进行的扩建工程耗资 375 万美元，计划将增加 35 000 平方英尺的会展面积。[52]

越来越多的城市着手扩大会展场所的规模，各个城市之间展开了激烈的竞争。2000 年，北美的 15 个大城市举办的会展数量几乎占总数的一半，但是吸引展会数量最多的城市——佛罗里达州的奥兰多市——所举办的会展活动仅占全国总数的 5%。随着竞争展会城市数量的增加，城市要想多举办展览活动，不管投资多少，难度都非常大。此外，会议筹划方为了赚取更大的利益还想方设法让城市之间相互竞争，因此每年的会展情况都会发生很大的变化。

有能力承担会展设施的建设是城市参加竞争的必要条件，但是决定城市竞争能力的因素还体现在其他方面。以奥兰多市为例，迪士尼乐园是最大的亮点，但是绝大多数城市无法提供这样强有力的景点。能够提供娱乐、文化、夜生活和城市公用事业的城市具有先天优势。对于游客和参会人员来说，拉斯维加斯具有独特的吸引力，它所提供的赌博、犯罪、奢华和娱乐享受是无与伦比的。贸易展览周刊的出版商亚当·谢弗(Adam Schaffer)评价道：“拉斯维加斯几乎就是自治的国度，人们都向往去拉斯维加斯参展、购物和娱乐。”[53]当然，游客希望在每个城市体验不同的文化氛围，因此仅仅修建会展中心和酒店并不足够。城市必须要提供便利设施，营造出吸引会议筹划人和客户的气氛。

到 20 世纪 80 年代，美国主要的城市都成立了会议游客管理局，长期以来，这些机构在人事和预算方面增长迅速。会议局雇用的专业工作人员成立了国际、国家、地区和地方等一系列协会，这些协会负责定期赞助或组织会议，并且对外发放推广宣传册。他们还负责给那些可能带来业务的组织会议展台配备人员，准备推广陈述的内容和展览品，这些活动往往需要经过精心策划，并且耗资不菲。最终，城市形成惯例，定期邀请旅游业和重要商业职业组织的代表们进行免费参观。例如，2003 年 5 月，圣路易斯会议游客管理局招待了 4 000 名参加美国新闻旅游和会谈(America's Press Tour and Pow-Wow)旅游业协会的专业人士。会展中心的展台前站满了各方代表，他们来自租赁公司、房车公司、酒店、连锁酒店、航空公司、公交和邮轮公司。州和城市也设置了展台。[54]

尽管做了如此多的努力，圣路易斯会展中心在2000年至2004年没有实现参会活动的增长。同时，复兴酒店(Renaissance Hotel)的建设使用了城市授权区基金，在仅仅一年的时间内却亏损了约240万美元。穆迪投资服务公司(Moody's Investment Service)的入驻率不足50%，公司不得已将债券列入观察名单。[55]圣路易斯的经历并非唯一，无独有偶，很多城市有着相似的经历：2003年，西雅图会展中心亏损了530万美元，圣何塞会展设施的亏空额为500万美元。会展中心为了争取更多的业务，管理者纷纷提供特殊优惠，但是这些优惠造成了一定的经济损失。夏威夷、西雅图、哥伦比亚、印第安纳波利斯和纳什维尔的会展中心还提供特定时期的免费租赁优惠(夏威夷提供2010年一整年的免费租赁)。达拉斯提供半价租赁优惠，另外还附带酒店退税、机票、往返大巴服务以及展览设置成本的打折服务。[56]

运动场馆

支持体育馆建设的公民们相信取得主办专业体育赛事的特许经营权对于中心城市的经济复苏来说至关重要，他们经常将体育设施作为发展的定位仪。[57]城市之间还展开了对球队的争夺，一方面资助体育馆的建设，另一方面允许馆主保留停车费、特许经营费和收入。球队有时会威胁离开所在的城市，极少数情况下他们也会动真格的，因此体育联盟和球队老板在说服城市满足他们要求时很容易获得成功。20世纪90年代，有大约100亿美元的公共基金用于城区主要联盟职业球队体育设施的建设方面。[58]早期进行的研究表明体育馆不能给地方经济带来切实的效益，然而最近的研究却表明在有些情况下是可以的。[59]一项研究证明6座城市在商业区建设的体育馆，均为地区经济做出了积极的贡献，人们对克利夫兰市的冈德体育馆(Gund Arena)和雅各布斯球场(Jacobs Field)进行了调查，发现这些设施对商业区的经济振兴发挥了积极的作用。[60]

经济影响只是复杂情况的一部分，但这部分内容很重要。球队是美国城市市民和文化生活的中心内容。奇怪的是，球队代表城市本质、精神和社区感的臆断并没有因为他们的流动性而消失。一部分原因在于地方支持者把职业球队看作象征城市"大联盟"地位的标志，球队承载着情感负荷，其价值几乎无法用经济来计算。随着网络播报赛事和季后赛的进行，职业球队在全国以及国际上进行宣传，成为传播城市形象和树立身份及社区感的有力工具。当球队赢得世界大赛或超级碗时,当地人狂欢不已,此时每个人都变成了球迷。

职业球赛是重要的商业活动。2010 年到 2011 年期间,美国职业棒球大联盟球队(Major League Baseball teams)的价值增加了 7%,达到历史新高——5.23 亿美元。纽约洋基队(New York Yankees)的价值占据首位——17 亿美元,红人队(Mets)的价值是 7.47 亿美元,下降了 13%。[61] 国家篮球协会(NBA)和职业冰球特许经营权的购买价格稍低一些,1—2 亿美元就能收购一支球队。[62] 无论球队所有者和联盟如何断言,球队仍是获利的。2002 年,棒球大联盟执行长塞利格(Bud Selig)向国会证明大联盟球队那年亏损了 2 亿美元,但是《福布斯》杂志的数据显示是获利 7 500 万美元。[63] 过去十年期间球队价值的升高使得那些自称亏损的球队报道不攻自破。对于大部分棒球队而言,有利可图的媒体合同让人们感觉更加可疑。[64]

十几年来,职业球队非常认同自己的家乡,因此搬离家乡城市往往令人不可思议。1953 年,波士顿的勇敢者队(Boston Braves)搬迁至密尔沃基,首次破坏了棒球队的城市渊源情节。实际上,争夺棒球队特许经营权的战争始于 1957 年,布鲁克林道奇队(Brooklyn Dodgers)的老板沃尔特·奥马利(Walter O'Malley)将棒球队搬到了洛杉矶。多年以来,奥马利一直想在布鲁克林寻找建设新场馆的土地来取代埃贝茨球场(Ebbets Field),旧球场建立于 1913 年,已经非常破旧。但是他的想法不断遭到罗伯特·摩斯(Robert Moses)的反对,摩斯当时兼任纽约桥梁隧道管理局、公园委员会、建设委员会和贫民窟拆迁委员会负责人,他控制着土地的使用权,打算建设新公园。[65] 洛杉矶为了诱使道奇队离开纽约,承诺将位于查韦斯峡谷(Chavez Ravine)附近的小联盟体育馆进行翻新,然后送给奥马利。为了让奥马利下定决心,他们还把洛杉矶商业区的 300 英亩房地产提供给他。[66] 在布鲁克林遭遇到的重重阻碍让奥马利很难拒绝这一交易。

不久,其他球队的老板纷纷效仿奥马利的做法。用威胁离开的手段要挟城市给予更多的补助。1953—1982 年,四大职业球类运动中发生了 78 起特许经营权更换地点的事件,具体数字如下:棒球队 11 起,篮球队 40 起,冰球队 14 起,橄榄球队 13 起。[67] 从 1980 年到 1986 年仅仅 6 年时间,拥有主要联盟球队特许经营权的城市中有一半以上面临着增加补助的要求,这些城市在与球队老板协商的过程中或明或暗地都受到了要迁走的威胁。[68]

从 1980 年到 1992 年 6 月，棒球队和橄榄球队的赛事不断。在此期间，有 20 个城市争夺棒球队的特许经营，24 个城市努力争取与橄榄球队合作，一组有趣的统计数据显示：当时总共有 28 个美国职业棒球大联盟和 28 个职业足球特许经营权（1993 年又扩充了两个新的足球特许经营权，有多个城市参与了名额的竞争）。已经完成场馆建设或者正在修建的城市有 11 个，还有 28 个城市正在考虑建设或者计划建设场馆。从 1990 年到 2002 年，北美有 30 个城市的商业区完成了新体育设施的建设工作。这些工程往往是商业区开发项目中的高调旗舰项目。[69] 列单中包括了沿岸城市和加拿大的三个城市，令人钦佩不已。20 世纪 90 年代期间，又有大约 50 个小联盟和院校的体育设施得以建成。[70]

地方支持者和投资方承诺场馆建成后他们将来观看赛事，观众参与赛事的积极性会导致地方冲突。从 2011 年 2 月以来，人们围绕着在拉斯维加斯修建体育中心的问题争议不断。拉斯维加斯的项目开发组计划在内华达拉斯维加斯大学（UNLV）修建能容纳 4 万个座席的圆顶体育馆。与此同时，一个独立组织计划在商业区修建容纳三个赛事场地的综合体育中心（拉斯维加斯国家体育中心），并且动员评议委员会（Board of Regents）投票反对与内华达拉斯维加斯大学签订独家项目协议。15.8 亿美元的商业区项目将包括橄榄球、棒球和篮球的单独设施建设，并且不需要动用公共基金，因此需要实力雄厚的私人进行投资。[71] 如果事情按照原计划进行的话，拉斯维加斯国家体育中心将在 2014 年 10 月开放，为了吸引大联盟球队迁址，组织方已经开始与多家特许经营权球队进行谈判。[72]

除了棒球队的流动性较小之外，很多球队在城市间流动，一部分原因在于这些城市能够帮助球队老板偿清债务。例如，20 世纪 90 年代，魁北克北方人队（Quebec Nordiques，冰球队）从小市场搬到了科罗拉多州的丹佛市，重新起名为“雪崩队”（Avalanche）。1995 年的第一赛季中，他们在斯坦利杯（Stanley Cup，美国、加拿大职业冰球全国锦标赛杯）中获胜。1996 年，全国橄榄球联盟克利夫兰布朗队（NFL Cleveland Browns）换名为巴尔的摩乌鸦队（Baltimore Ravens），球队老板和巴尔的摩市签署了场馆协议，切实提高了球队的收入，老板向主力队员支付更高的签约奖金。2001 年，乌鸦队捧得了超级碗。更加戏剧化的也许是常败球队公羊队（Rams），他们在 1995 年离开洛杉矶（实际上是 阿纳海姆[Anaheim]）来到圣路易斯，与该城市签署了一份诱人的场馆协议，在输了四个赛季后，该球队捧得了 2000 年第 34 届超级碗。[73]

城市渴望拥有一支职业球队，球队老板意识到他们可以索取公共基金。1953—1986年，职业球队使用的94个场馆中有67个属于公共所有。[74] 20世纪80年代早期开始，球队的两大新的收入来源为网络播报以及来自州和地方政府的补助。[75]到80年代末，球队老板拒绝私人投资建设体育场馆。他们期望能够得到其他部门的补助，往往会以保证最低入场率、修建豪华包厢和控制场馆商业化的方式实现这一愿望。

由于球队的流动越来越频繁，城市认识到了自身的劣势。为了提高自身较差的交易地位，有的城市甚至在没有赢得球队的时候就开始修建场馆。20世纪80年代，印第安纳波利斯修建了橄榄球场地，然后开始说服巴尔的摩小马队(Baltimore Colts)的老板罗伯特·伊瑟(Robert Irsay)来到这儿。马里兰州议会通过了土地征用权法律后，巴尔的摩可以将小马队场馆纳入公共使用的范围，伊瑟连夜打包将球队的设备搬入货车车厢离开了巴尔的摩。最有名的事件是1998年佛罗里达州的圣彼得堡耗资1.39亿美元修建圆顶运动场，希望以此吸引大联盟棒球队的到来。支持者将球场称作"天堂等候室"，为佛罗里达太阳海岸圆顶场馆(Florida Suncoast Dome)辩护，认为球场的建设能够改变城市作为保守退休社区的形象。[76]多年以来，这些场馆仍旧是拖拉机拉车竞赛和举办演唱会的地点。90年代期间，圣彼得堡在吸引大联盟棒球队方面下了很大力气，包括西雅图水手队(Seattle Mariners)、旧金山巨人队(San Francisco Giants)以及国家联盟增补队。1991年，佛罗里达州争取到了棒球队，将入驻地点定在了迈阿密。1993年10月，国家橄榄球联盟增补队的入驻城市授予了杰克逊维尔；圣彼得堡场馆的快速修建只适合棒球比赛，不适合橄榄球赛。圣路易斯在争夺国家橄榄球联盟增补队的竞争中失败，尽管如此，他们依然承担了圆顶体育馆的建设，几个月后，最终达成协议，洛杉矶公羊队于1995年入驻圣路易斯。

场馆建设需要大面积土地、基础设施和直接的公共补助，因为大部分场馆是亏损的，这里并不经常举行比赛。年度运营赤字相当大，20世纪80年代，新奥尔良的超级穹顶(Superdome)体育馆每年亏损130万美元，另外还背负着770万美元的债务。[77]现代圆顶体育馆的建设耗资巨大，体育馆很难预定足够的赛事或者收取足够多的入场费来避免运营上的赤字；2004年全国唯一一家没有出现赤字的体育馆是明尼阿波利斯的圆顶运动场(Metrodome in Minneapolis)，这家运动场没有要求税收补助。[78]多伦多的圆顶体育场建设支出是4亿美元，而完成于1995年的圣路易斯圆顶体育场花费了 3.01 亿美元。[79]运营的费用在逐渐上升。2008 年 9 月，印第安纳波利斯小马队在耗资 7.2 亿美元的卢卡斯石油体育场(Lucas Oil Stadium)举行了首次橄榄球比赛。纽约地区有三支球队期望在新场馆比赛，2009 年纽约洋基队在耗资 15 亿美元的场馆内开赛，就在不远处，喷气机队(Jets)和巨人队入驻了耗资 16 亿美元的场馆。[80]

支持场馆建设的公民们宣称争取大球队特许经营权的利益是无形的，因此不可能用经济来衡量。但是，随着球队流动性的增加以及球队老板索取更多的利益，这样的观点越来越站不住脚。1996 年 12 月，西雅图水手队的老板将自己的棒球队挂牌出售，其实西雅图早已购置了土地，并且计划建设新的棒球场。就在几个月前，西雅图的橄榄球队海鹰队(Seahawks)要求建设新的场馆，否则就要离开城镇。这两处场馆估计总耗资 7.6 亿美元。自称“为重要事情而战的公民”(Citizens for More Important Things)发动了反对公共补助的运动，其标语为“拒绝给富人提供福利”。

从 2000 年到 2006 年，公共基金为新的大联盟棒球场馆建设提供了 54%的费用，为橄榄球场馆的建设提供了 55%的费用。[81]这些补助经常遭到人们的抗议，但是还有其他引起人们不满的缘由。红人队、洋基队、巨人队和喷气机队的球迷们对场馆门票价格的不断上涨表示出极大的愤慨。纽约的三大场馆门票价格增加了两倍之多，旧洋基场馆的季赛最佳座席门票价格是 1 000 美元，到 2009 年新场馆开赛时价格已经涨到了 2 500 美元。[82]2008 年 8 月，巨人队宣布他们将出售个人座席许可证，收费在一千美元至两万美元之间，持有这样的许可证才有资格购买季票。巨人队的一位持票人抱怨道：“我是在为约翰·马拉(John Mara，他是巨人队的老板之一。——译者注)购买场馆，这些人设计了这么贪婪的敛财策略。”[83]

圣路易斯列出了球队老板在寻求公共基金时会遇到的困难。2000 年，红雀棒球队(Cardinals)努力说服州议会和所在城市建设新的场馆来代替布希体育场(Busch Stadium)，布希体育场是 1965 年筹集私人资金建设的，当时的公共基金被用于建设相邻的公园设施并且进行公共改进。红雀队去了三次州议会，但是都空手而归，他们只好努力整合私人资金和来自城市与其他方面的公共补助。其实，城市选民已经通过公投提议划拨 100 万美元的公共基金进行场馆建设。在新法律生效的前一天，土地清理和重建部门(Land Clearance and Redevelopment Authority)同意减少 5%的球队门票出售税，这一部门的成员和主要管理者由圣路易斯的市长任命。圣路易斯县还需要在高速公路和街道改善等基础设施的建设上支出

4 500万美元，同时还要上交密苏里州 4 000 万美元。[84]

最近几年，为了帮助偿付新场馆的建设费用，门票价格大幅上涨，因此职业球赛的观看情况由于收入和阶级的差异而产生了极大的分化现象。例如，2008 年开馆的新红雀队场馆比旧布希体育馆的座席多了两倍，同样它们的票价也高出一倍。豪华包厢的数量减少了，但是这些座席的价格提高了很多。其他的门票价格也有所上涨，实际上，所有的新场馆都增加了保险费和豪华座席，以此提高收入。[85]

购物、娱乐、生活方式复合体

购物广场成为城市在娱乐购物和旅游业的地区竞争中所使用的武器。为了取得成功，城市通过社区发展街区拨款和城市发展行动拨款基金（Community Development Block Grant and Urban Development Action Grant funds）的分配，对商业区购物广场的建设项目给予大额补助，同时发行债券资助选址的获取，向开发商提供贷款，减免房产税，设置税收增加区，修建公用事业隧道，建设下水管道和供水主管道，重新规划街道的路线并且进行路面铺设等。公民领导人纷纷支持购物广场的开发项目，因为此项目的建设将给商业区带来特殊形式的"娱乐"零售。波士顿早期取得的成功为人们的期望奠定了基础。

1976 年 8 月 26 日，波士顿市市长凯文・怀特（Kevin White）主持了波士顿商业区昆西市场（Quincy Market）的开业仪式，开发商詹姆斯・劳斯（James Rouse）在开发郊区购物广场的过程中发了大财，他的创意是将昆西市场置于三座有 150 年历史的市场大楼里，然后进行重新装修，这项工程耗资 4 000 万美元，市场包括一系列时装店、美食店和饭店。[86]昆西市场位于衰落的市中心区，停车空间不足，没有可观的门票收入，因此人们都不看好这一商业项目。实际上，在开业前的六周，零售店铺的租赁率不足 50%。为了掩盖空旷的店面，劳斯想了一个办法，将手推车租赁给艺术家和手艺人，日租赁费为 50 美元，另外还要求他们完成一定的销售比例。

到开业当天的上午 11 点时，前来观看开幕式的人数比较少。怀特市长演讲完毕并剪彩后，开发商劳斯和一群穿褶裥短裙的高地风笛手带领人群走进商场内部参加香槟招待会，午餐时间，前来参观的人数越来越多，周围办公大楼里的工人感到十分好奇，他们不断涌入，到下午三五点钟的时候，警方估计参观人数为 10 万，显然开幕式当天非常成功。

前来昆西市场的游人络绎不绝，开业的第二年，商场吸引了 1 200 万游客，比当年参观迪士尼乐园的游客还要多。各大报纸进行了报道：市场“迅速被公众所接受”，人们被五颜六色的景色、声音和美味所吸引，富有创意的商品摆放以及随意点缀的手推车、魔术师、杂技演员和木偶演员营造出来的节日气氛让游客感到非常开心。最初资助项目建设的银行有些疑虑，他们估算昆西市场的零售额能够赶上郊区最成功的购物广场收入（每平方英尺 150 美元）才能抵销昂贵的开发成本。然而昆西市场让专家们大吃一惊，开业第一年每平方英尺的收入是 233 美元，手推车的生意最兴旺。媒体将昆西市场的开业称作城市复兴的标志，这一例子反驳了传统关于美国城市商业区必将过时和衰落的观点。

第一代商业区购物广场的重要性不仅在于颠覆了中心城市零售业长期的衰退趋势，而且在城市犯罪和退化中提供了保护空间。由开发商约翰·波特曼（John Portman）和詹姆斯·劳斯以及模仿者建设的购物广场成为美国商业区的共同特征，人们很难回想起这种购物广场的最近建设日期。从前由城市社区普及的活动逐渐被购物中心所包含。这样的综合性建筑往往被指责为“强化的富裕单位”，[87] 但是有一点不容置疑，凡是旅游业和娱乐业聚集的地方，这些空间都会获得极大的成功。

劳斯在波士顿取得胜利后，受邀为全国各地的城市设计节日购物广场。劳斯开发的项目与众不同，非常有报道价值，他的成功关键在于能够艺术地将娱乐和购物合二为一。他的策略是营造嘉年华气氛，综合了专卖店、服装店、饭店和食品摊位等零售项目，还穿插有演唱、杂耍、杂技、哑剧的表演来娱乐购物者。劳斯式的购物广场不久在全国各地纷纷出现：费城的东街市场画廊（Gallery of Market Street East）、密尔沃基的格兰德大街（Grand Avenue）、西雅图的派克街市场（Pike Street Market）、圣地亚哥的霍顿广场（Horton Plaza）、盐湖城的电车广场（Trolley Square）、圣路易斯的联合车站（Union Station）、巴尔的摩的港湾广场（Haborplace）、纽约的南街海港（South Street Seaport）等。看到这种模式的成功后，各地纷纷效仿。20、21 世纪之交，美国的大城市都拥有劳斯式的购物广场或类似的购物场所。

封闭式购物广场在大大小小的城市陆续开业，有的效仿了劳斯的模式，有的则不是。许多购物广场开业时的规模一般，但是经过一段时间之后，合并了其他街区的购物中心，通过地下通道和过街天桥将周边的街道联系在一起。在明尼阿波里斯市有一处复杂庞大的购物中心，这一规模的形成是通过吞并商业区的内部建筑，但是并不改变历史性建筑的外观。堪萨斯城的皇冠中心(Crown Center)原来是豪华酒店，到 20 世纪 90 年代中期，这一购物中心已经占领了城市的几个街区。蒙特利尔和达拉斯的地下购物广场规模庞大，通过隧道网络系统连接而成，这一购物广场直接影响了亚特兰大，大型桃树综合购物广场(Peachtree)是在历史商业区的废墟之上建成的。

商业区修建的购物广场是娱乐和旅游的一部分，因此并没有和郊区购物广场构成正面的竞争。而且，这种购物广场依赖集娱乐和消费为一体的购物模式。购物广场汇集了礼品纪念品店、食品专卖店、酒吧和特许快餐店等多种类型的商店，这种综合性商店有时会使人想起像杰克逊霍尔(Jackson Hole)、怀俄明(Wyoming)和埃斯蒂斯帕克(Estes Park)这样的旅游村。例如，加拿大阿尔伯塔省(Alberta)的西埃德蒙顿商场(West Edmonton Mall)中娱乐设施约占总建筑面积的 10%，但是这些设施的存在对于营造整个商场的娱乐气氛非常必要。[88]西埃德蒙顿商场模仿了迪士尼乐园的主题特别区域，例如巴黎街头(Parisian street)、新奥尔良、好莱坞和波利尼西亚的波旁街(Bourbon Street)。这种集购物和休闲为一体的建筑模式孕育了"血拼到底的购物"(shop 'til you drop)的消费者文化。

在这种环境下，消费者好像从外部世界进入了梦幻景象。迪士尼主题公园和这些购物广场环境的相似之处并非偶然，劳斯在波士顿开创昆西市场前的 13 年，断言沃尔特·迪士尼是最具影响力的城市规划者。购物广场和娱乐综合设施所营造的气氛和环境使城市变成游乐场，不管其过去或现在的境况如何。

美国城市中的大型室内复合建筑越来越多，这种建筑由人行天桥和地下通道连接而成。[89]例如，亚特兰大和底特律修建了大型的复合建筑，许多商业区办公职员在亚特兰大桃树中心和底特律复兴中心的封闭区域工作上班。员工们驱车进入室内停车场，然后走进城中城，在这里可以上班、购物、午餐以及享受下班后的各种活动。他们根本不需要去城市其他地方来解决问题。

1967 年，建筑师约翰·波特曼(John Portman)在亚特兰大商业区建起了桃树购物广场(Peachtree Plaza)，从而开创了第一座"室内城市"(bubble city)。桃树复合建筑以圆柱形铝塔为中心向外扩建，建筑风格与波特曼设计的第一座天井前厅酒店有所不同，这座酒店也是在 1967 年亚特兰大的商业区开张营业，当时在建筑评论界、媒体和公众之间引起了巨大的轰动。酒店大堂和拱形中庭令人眼花缭乱：

流水、池塘、一排排阳台一直升到天窗尽头，走廊装饰着灯具和镜子，玻璃电梯安装在塔的外侧。让所有的人大开眼界。

到20世纪80年代晚期，桃树广场吞并了亚特兰大的历史商业区。16座建筑围绕着圆柱形铝塔，其中包括万豪酒店（Marriott Hotel）。商场、酒店、大堂、办公室、美食广场和中庭由错综复杂的自动扶梯、高架通道和拱廊连接在一起，与住在下面街道的居民相分隔。亚特兰大商业区的街道几乎没有行人，尤其是晚上。行人通过几个巨型门廊可以走进复合建筑群，入口处通向酒店大堂。这种建筑营造出与室外公共街道完全隔离的效果，成为一座独立的城中城。

波特曼着手打造中庭、塔楼和室内环境（bubble environment）。虽然不及亚特兰大购物广场的规模，但是他的设计充满了奇妙辉煌的感觉，例如底特律的复兴中心、旧金山内河码头中心的凯悦酒店（Hyatt at Embarcadero Center）、洛杉矶的波那芬却尔酒店（Bonaventure Hotel）以及纽约时代广场的万豪伯爵酒店（Marriott Marquis）都是波特曼的杰作。与亚特兰大不同，这些室内游乐场并没有合并整个的商业区，尽管其建筑空间较大并且能够容纳多种相关联的活动。波特曼的创意逐渐流行起来，室内建筑具有以下方面的优势：开发商能够创造全新的视、听、动体验，而且保证绝对的安全。这样一来，富人喜欢的空间即使在恶劣环境中也能够提供正常服务，这种建筑设计给那些不景气的城市提供了振兴城市核心区的策略。

纽约市的时代广场和旧金山的芳草中心（Yerba Buena Center）都是城市娱乐中心，这样的复合型建筑在其他地方也相继出现，通常是历史地区和与复兴的河滨地区相连的地方。经过一段时间，各种活动逐渐融入同一个场所，这些地区包含了饭店、咖啡厅、运动会所、爵士俱乐部、晚餐剧院、拱廊，另外还有一排零售摊位，提供琳琅满目的衣服、鞋子、电子产品、珠宝以及其他产品。[90]

城市空间的分隔程度不尽相同。一般来说，被墙壁和外罩强化的空间活动已经延伸到公共街道和社区之中，这一过程将长期匮乏的街道生活感觉和兴奋感再次带入了人们的生活中。最近几年，波士顿、旧金山、西雅图、（俄勒冈的）波特兰和芝加哥已经实行开放的策略，与游客和当地居民拉近了距离，实际上大多数城市也进行了同样的改革。城市在街道绿化、步行街购物、公园和沿河地区等公用事业的建设方面加大了投资力度。几十年前僻静森严的街道再次呈现出繁荣景象，当地居民和游客熙攘来往。游客不仅参观纽约的南街海港和旧金山的吉拉德里广场，同时也到附近的街道和社区中游逛。城市只要能控制住犯罪率，这种趋势会持续下去。

赌场游戏

到20世纪80年代为止，世界上的大城市还没有兴起赌博游戏，但是20世纪后20年期间，这种游戏像野火般迅速蔓延。自从80年代中期以来，赌博游戏成为很多地方推广旅游业的手段之一，例如澳大利亚的阿德莱德(Adelaide)、珀斯(Perth)、悉尼和布里斯班(Brisbane)，加拿大的蒙特利尔、温尼伯(Winnipeg)和温莎(Windsor)，新西兰的克赖斯特彻奇(Christchurch)和奥克兰(Auckland)，荷兰的阿姆斯特丹和鹿特丹以及地中海地区的雅典、伊斯坦布尔和开罗等。[91]在美国，赌博游戏是印第安部落的重要收入来源，但是很少有城市加入其中。反对赌博游戏的原因有很多，宗教和有组织的犯罪是最主要的原因。

1978年，新泽西州的亚特兰大市开办了首家赌场，成为打破内华达州垄断赌博游戏的首个美国城市。1992年，新奥尔良也开办了赌场，其他城市陆续出现类似的赌场，这些赌场的形式有所不同。1990年，爱荷华州成为美国首个批准江轮赌博游戏的州。继1991年4月首列游船投入使用后，八个月内有6艘邮轮投入使用，创造州税收收入120万美元，周边各州也摩拳擦掌，纷纷加入竞争的行列。[92] 1992年，伊利诺伊州开始操作邮轮赌博，这两艘邮轮位于圣路易斯附近(其中一艘位于伊利诺伊州的圣路易斯东部，直接穿过圣路易斯和大拱门)。1993年，密西西比开办邮轮赌博场。此后，密苏里、路易斯安那和印第安纳州也批准通过了邮轮赌博，并于1994年开办赌场。[93]一年后，堪萨斯城和密苏里的圣路易斯也加入其中。

但是从那时起，美国城市赌场的增加几乎告一段落。也许人们感到很惊讶，因为赌博是地方经济的重要组成部分，另外在州级层面和非城市地区，赌博已经确立了强有力的地位。作为推动印第安保留地经济发展的手段，1988年国会通过了《印第安赌博管理法》。立法允许部落就运营赌博活动事宜与州进行协商，并且也要求州政府与想要开办赌场的部落进行谈判。自1988年以来，22个州的印第安地域上开办了多个赌场。除此之外，20世纪七八十年代期间，各州发行彩票要么通过立法行为，要么通过公投的方式；到1994年为止，有38个州可以发行彩票。随着州彩票的普及，赌博成为合法的税收来源。到1996年，有26个州允许或者批准通过了某种形式的赌博游戏，但是大部分赌博活动在印第安人的所属领地上进行。[94]

赌博不断遭到人们的反对，具体表现在三个方面：第一，人们普遍担心赌博会对社会和道德产生不良影响，反对赌博的宗教权力组织利用人们的这种心理发动了全国性的运动，并取得了胜利。第二，尽管大部分美国人接受赌博是合法行为的时间已经超过30年，[95]但是1992年进行的哈里斯民意调查（Harris Poll）显示：仍然有51%的民众反对在自己州内进行赌博活动，56%的民众反对在自己的社区内进行这样的活动。[96]第三，媒体认为赌博容易招致“争议”和“分歧”，从而刊登了许多围绕这一题目的文章。例如，1996年4月1日发行的《时代》杂志刊登了一篇专题报道，记录了全国人民对赌博活动的强烈反对。支持赌博活动的提议总是会招致反对。1992年，科罗拉多州的选民们一举否决了一项宪法修正案，该项修正案提出在三个小的山地居住区设立赌博活动，这是在更早的公投中所提出的。密苏里州的选民在赌博问题上争议不断，政府举行了三次选民公投，在公共官员的强烈支持下，获得正式批准。即便是在这一案例中，选民最终被说服同意的一部分原因在于，他们认为在邮轮上操作的赌博方式不同，同时这种形式的赌博活动能够唤起人们的怀旧感。

业内人士宣称赌博将成为城市经济的神丹妙药，即便这样呼吁，其支持率还是不尽人意，这一点出乎人们的意料。1996年，有10个州的议会否绝了使赌场或老虎机合法化的立法提案，[97]国会通过立法对赌博进行了为期两年的调查研究。1999年研究结束时，国会给出了最终答复，敦促各州和地方政府对赌博活动要采取慎重的态度和做法。地方官员似乎采纳了这一建议，但是他们始终认为赌博能够帮助解决预算问题。2002年，芝加哥市市长理查德·M. 戴利提出芝加哥有可能会批准赌博活动，这一试探舆论的行为很快就被击垮。经济大衰退造成了一系列的财政问题，州和地方政府采取措施解决这些问题，2009年5月，伊利诺伊州议会批准了视频扑克游戏，这项活动可以在全州范围内进行。2011年7月，河流赌场（Rivers Casino）在一片反对声中开业，地点选在迪斯平原（Des Plains），恰好紧邻芝加哥、罗斯蒙特会展中心（Rosemont convention center）和奥黑尔机场（O'Hare）。自从开业以来，河流赌场的确促进了伊利诺伊州的经济发展，抑制了整个州的经济下滑趋势。政府预测和问责委员会（Commission on Government Forecasting and Accountability）发布了一份报告，指出河流赌场在财政年度前三个季度调整后，使收入总额提高了20%，整个伊利诺伊州去赌场游玩的人数增加了22%多。

但是赌场的成功却付出了代价——随着全州范围内赌场游客人数的增加，芝加哥都市地区附近的许多邮轮遭遇了大幅度的利润下跌。例如，埃尔金地区(Elgin)的格兰特维多利亚赌场(Grant Victoria Casino)的财政年度总收入下降了21.4%。尽管如此，河流赌场的相对成功对邮轮赌博的经济状况有着一定的刺激作用，否则后者会成为休眠产业。[98] 2012年5月，伊利诺伊众议院通过了扩大赌博活动的决议，在芝加哥、罗克福德(Rockford)、丹维尔(Danville)、莱克县(Lake County)和库克县的南部郊区又增设了五个赌场，并且在州赛马场中安装了老虎机，因为邮轮扩张时期使赛马场的生意遭到了损失。其他州效仿伊利诺伊州采取了相应的措施扩展赌博业，尽管力度较小，但是赌场迟早会打破滞缓发展的反抗壁垒。

旅游政治

批评人士经常提出旅游娱乐业的许多设施不能自负盈亏，公共官员和公民支持者对此事并不关心，这是因为旅游业基础设施的成本和收益之间没有直接的联系，因而导致他们对纳税人的钱漠不关心。公共官员对于开发项目的态度与“项目的获利几乎没有关系”，而与官员对城市发展的总体方向看法有着相当大的关系。[99]城市之间的激烈竞争决定了城市必须要参与竞争，必须要像对手一样慷慨地提供补助，而且必须及时进行改革。竞争强加给了城市自身这种必须的逻辑。

公共官员的行动也许基于盲目的信仰，但是他们别无选择。要成为旅游城市也许会遭遇可怜的，甚至是羞辱的失败，密歇根州弗林特市(Flint)的经历就是典型例子。20世纪70年代，通用汽车厂关闭，当地经济受损，此后，弗林特市的公共官员下大力气进行重建，喊出了“我们的新火花将会让你大吃一惊”的口号。市政府提供了1 300万美元的补助，用于建设豪华酒店——凯悦酒店，一年之后，酒店关门了。它在建设汽车世界博物馆(Auto World)的工程上投入了一亿美元的公共基金，该博物馆收藏了“世界上最大的汽车发动机”，另外还有兴盛时期弗林特商业区的比例模型，但是半年后汽车世界也关闭了。而由著名的购物广场开发商詹姆斯·劳斯修建的主题公园/节日广场水街亭(Water Street Pavilion)耗费了更多的公共基金。但是弗林特的惨败并没有阻止市长们的行动,这一系列惨败在著名导演迈克尔·摩尔(Michael Moore)制作的大片《我和罗杰》(*Roger & Me*)中展现得淋漓尽致。[100]

规模相当的城市都采取措施发展旅游业、娱乐业和文化。基础设施在许多城市已经就位,自然而然公众就会大力支持艺术和文化事业的发展。全国的 50 个大城市分配一定的公共基金来支持艺术事业,许多小城市也采取同样的举措。从大城市(纽约的肯尼迪和林肯中心以及最近 42 号街道的福特中心)到村庄(纽约市外的长岛上的小村庄——瑞佛何德[Riverhead]正在修建艺术历史区),从需要支持的商业区(纽瓦克市[Newark]投资 1.8 亿美元建设新泽西中心,1997 年 10 月开馆)到已经繁荣的商业区(旧金山重新装修了歌剧院以及其他几个演出厅),地方文化发展已经成为城市更新的主要模式。[101] 1998 年,华盛顿特区国家建筑博物馆(National Building Museum)赞助了一项重要的展览,这次展览的主题提到文化已经取代了城市更新的推土机和破坏活动之后的保护运动,成为商业区振兴的重中之重。

所有的城市,不论大小,都会支持以地方文化和以社区为名义的各种活动。爵士和布鲁斯音乐节、草莓和大蒜节、跳蛙和淘金节、牛仔竞技秀和烟花等活动加强了地方社区的稳定团结。[102]这些活动经常在新建的旅游/娱乐基础设施内部或附近举行,小城镇的类似活动也许会在当地的公园、音乐台、河滨或棒球场举行。在关于活动举办投入公共基金的问题上,每个城市都会经历一段时期的辩论,但是最终城市公众都会对文化活动予以支持。

新旧商业区

许多作家哀悼曾经象征着城市身份和特点的历史地貌一去不复返。1961 年,简·雅各布斯(Jane Jacobs)出版了她的经典作品《伟大美国城市的生与死》(*The Death and Life of Great American Cities*),立即成了保护城市街道日常生活最有名、最有影响力的声音。在写作过程中,她捍卫了自己心爱的位于纽约下东区的格林威治村庄。雅各布斯抨击了城市更新时代的总体规划和大规模开发。雅各布斯将小街区、拥挤街道、街道生活多功能用处(她所称的"核心芭蕾")的优点与规划环境中的“单一、同一重复”进行了对比。[103]

在雅各布斯看来，繁忙的城市街道从表面上看似乎混乱无序，但是背后隐藏着“神奇的秩序”，这两方面对于“维持街道安全和城市自由”必不可少。[104]人行横道两侧经营买卖的人们（店主、酒吧老板、修鞋匠、洗衣店和理发店老板）以及他们的顾客从窗外就能看到来来往往的人群，大家经常见到彼此。这样一来，“人行道芭蕾”会为彼此让路，同时还能兼顾公共安全和秩序，人们无需提前计划或考虑。作者的家坐落在哈德森街道上，下面的文字描写了她家门口前的景象：

> 当我下班回家时，芭蕾到达高潮。这是溜冰鞋、高跷和三轮车的时间，孩子们在墙的背风处玩瓶盖和塑料牛仔的游戏；这是大包小包的时间，人们从药店绕到水果摊然后再回到肉店。[105]

道格拉斯·瑞伊（Douglas Rae）将都市生活定义为“城市管理最成功的私人行为和决策模式”，最近，他认为“都市生活被终结了”，并对此进行了谴责。[106]瑞伊对康涅狄格州的纽黑文市进行研究，在此基础上得出结论：过去的城市生活集中在商业区街道和周围人口密度大的住宅区。瑞伊在回应雅各布斯时这样写道：“小商店的密布只是杂货店生意的一部分：他们还管理人行道和来往的人群。”[107]这种“人行道共和国”使得正式的政府没有必要插手人民生活，因为非正式的社会网络对于保护公共秩序以及提供人民的基本需要已经足够。

终止都市生活的因素是什么？在瑞伊看来，主要的嫌疑因素包括汽车、郊区化及其相关政策、工业就业的衰落、种族冲突和全球化（国家公司取代地方商业）。[108]这些因素叠加在一起导致住宅和经济活动被分散。联邦政府为城市更新和高速公路建设工程提供赞助，原本是为了挽救城市核心，但拆除历史建筑、商业街道和住宅区的行为却产生了相反的结果。

已经发生的商业区复兴和周边社区的优化并不代表雅各布斯、瑞伊以及其他作者所描写的世界正在复活。[109]事实却是旧的商业区永远地消失了，取而代之的是新的商业区。都市地区的商业不断外迁，其他的活动节点继续增长，包括郊区商业区、购物广场、企业校园、边缘城市等。中心城市的商业区不再是都市地区的唯一活动集结地。

有一点很重要：新商业区在多样化方面不如过去。在中心商业区，分布密集的小商店早已被大型建筑所取代，在大城市中这种商业被摩天大楼代替。像星巴克咖啡、盖璞服装（Gap）和维多利亚的秘密（Victoria's Secret）这样的连锁店和批发商店已经成为全国和国际公司。多观众厅电影院已经取代了小戏院，连锁超市取代了许多专卖店（单独出售肉、蔬菜、糖果和冰激凌的商店）。[110]许多大型家电商场和汽车经销商等机构已经完全离开了商业区。店主不会关注街道，即使他们能够看到，也不会耗费自己的注意力，薪水最低的员工更没有兴趣去关注街道上发生的事情。

带动当今商业区复兴的主要因素是住宅使用。曼哈顿的旧商业大楼非常受欢迎，因为这些建筑可以被改造为公寓楼。费城的办公空间自1990年以来几乎没有变化，但是新住宅大厦在整个商业区直冲天际。[111]圣路易斯的许多旧仓库和办公楼如果不能改造成公寓住宅就会被拆掉；实际上，20世纪80年代建造的一栋商业区零售购物广场已经被改造成豪华酒店公寓。通过历史建筑内部的修建工程，开发商能够赋予新商业区真实的气氛。城市学者理查德·佛罗里达认为这种建筑模仿了年轻专业人士喜欢的环境——“拥有真实建筑、真人和真实历史”的场所。[112]

但是，商业区优化与正式的住宅区并不相同，理解这一点很重要。大多数住在商业区的居民非常富裕，尤其是在全球化城市中。商业区以外的地方，优化社区的形式更是形式各异：新住宅大厦的居民都是有钱人，经过重新装修的历史建筑中汇集了艺术家、音乐人、大学生以及富有的专业人士。[113]这种混合形式描述的是芝加哥的维克公园（Wicker Park），但是并不符合密歇根大道（Michigan Avenue）上的“华丽一英里”（Magnificent Mile），那里拥有成排的高端连锁商店，附近还有公寓大厦。优化地区的特点必须在某种程度上掩盖城市环境中社区间，甚至是街区间的差别。

新商业区和优化社区是不是原来城市的改良版本？这个问题很难回答。一百年前，瑞伊研究的纽黑文居住区汇集了不同社会阶层、收入和种族背景的人群。[114]现在的情况是不同类别的人居住在中心城市最时髦的社区。从表面上看，这和从前没什么差异，只不过是从前的历史建筑在现代社会中变为饭店、酒吧、酒馆和音乐会所、艺术画廊、商店以及零星点缀的连锁店。但是走在街上的人们和他们从事的业务是21世纪专属的。居住在这种环境中的人们不会关心他们行走的城市街道是否真实。街道当然是真实的，身边的世界与许多人渴望的过去世界同样是真实的。

尾注

1. President's Commission for a National Agenda for the Eighties, *A National Agenda for the Eighties* (Washington, D. C. : Government Printing Office, 1980), pp. 66-67.
2. Ibid., p. 4.
3. New York Times News Service, "City Neighborhoods Are Undergoing a Renaissance as Crime Rates Drop," *St. Louis Post-Dispatch* (May 29, 2000), pp. A-12.
4. Richard Florida, "How the Crash Will Reshape America," *The Atlantic* (March 2009), p. 52.
5. Rebecca R. Sohmer and Robert E. Lang, *Downtown Rebound* (Washington, D. C. : Brookings Institution Press and Fannie Mae Foundation), pp. 1-4.
6. Patrick A. Simmons and Robert E. Lang, "The Urban Turnaround," in *Redefining Urban & Suburban America: Evidence from Census 2000*, ed. Bruce Katz and Robert E. Lang (Washington, D. C. : Brookings Institution Press, 2004), pp. 56-58.
7. Mark Abrahamson, *Global Cities* (New York: Oxford University Press, 2004).
8. "U. S. Census Bureau QuickFacts: Maryland," *U. S. Census Bureau*.
9. Robert M. Fogelson, *Downtown: Its Rise and Fall, 1880—1950* (New Haven, CT: Yale University Press, 2001). 本节中对商业历史的讨论借鉴了福格尔森(Fogelson)的著作,这是一部非常优秀的著作,是每位城市学学者必备的经典参考书。
10. Ibid., pp. 186-187.
11. Ibid., pp. 197-198.
12. Ibid., pp. 183-185.
13. Alison Isenberg, *Downtown America: A History of the Place and the People Who Made It* (Chicago: University of Chicago Press, 2004), pp. 5-6.
14. Ibid., pp. 218-219.
15. Isenberg, *Downtown America*, p. 219.
16. Ibid., p. 65.
17. Ibid., p. 69.
18. Kenneth T. Jackson, *Crabgrass Frontier: The Suburbanization of the United States* (New York: Oxford University Press, 1985), p. 261.
19. Barry Bluestone and Bennett Harrison, *The Deindustrialization of America* (New York: Basic Books, 1982).
20. U. S. Bureau of the Census, *Statistical Abstract of the United States, 1992*, 112th ed. (Washington, D. C. : U. S. Government Printing Office, 1992), p. 397.
21. Robert B. Reich, *The Work of Nations* (New York: Random House, Vintage Books, 1991), p. 86.
22. Jon C. Teaford, *The Rough Road to Renaissance: Urban Revitalization in America, 1940—1985* (Baltimore: Johns Hopkins University Press, 1990), p. 307.

23. Bernard J. Frieden and Lynn B. Sagalyn, *Downtown, Inc.: How America Builds Cities* (Cambridge, MA: MIT Press, 1989), p. 43.
24. Saskia Sassen, *Cities in a World Economy* (Thousand Oaks, CA: Pine Forge Press, 2001).
25. “全球城市”的概念在某种程度上并不准确。有的学者会质疑芝加哥、迈阿密和洛杉矶是否与纽约、伦敦和东京属于同一意义上的全球城市，后者聚集了更多的金融和媒体公司，这些公司拥有真正的国际业务。关于这一辩论可参考 Saskia Sassen, *The Global City: New York, London, Tokyo*, 2nd ed. (Princeton, NJ: Princeton University Press, 2001), and Janet L. Abu-Lughod, *New York, Los Angeles, Chicago: America's Global Cities* (Minneapolis: University of Minnesota Press, 1999)。
26. Norman J. Glickman, “Cities and the International Division of Labor,” in *The Capitalist City*, ed. Michael Peter Smith and Joe R. Feagin (Cambridge, MA: Basil Blackwell, 1987), pp. 66–86.
27. Richard Florida, *The Rise of the Creative Class and How It's Transforming Work, Leisure, Community and Everyday Life* (New York: Basic Books, 2002), p. 225.
28. Abrahamson, *Global Cities*, p. 33.
29. Florida, *The Rise of the Creative Class*, p. 224.
30. Ibid., p. 228.
31. Terry Nichols Clark, Richard Lloyd, Kenneth K. Wong, and Pushpam Jain, “Amenities Drive Urban Growth,” *Journal of Urban Affairs* 24, No. 5 (1993): 493–516.
32. World Travel & Tourism Council (WTTC) website, www. wttc. org.
33. Ibid.
34. Norman Fainstein, Susan S. Fainstein, Richard Child Hill, Dennis Judd, and Michael Peter Smith, *Restructuring the City: The Political Economy of Urban Redevelopment* (New York: Longman, 1983).
35. Clark, Lloyd, Wong, and Jain, “Amenities Drive Urban Growth,” p. 504.
36. Ibid., p. 505.
37. Wangui Mama, “Chicago Visitor Numbers Down for 2010,” *Chicago Tribune* (June 20, 2011).
38. Christine Boyer, “Cities for Sale: Merchandising History at South Street Seaport,” in *Variations on a Theme Park: The New American City and the End of Public Space*, ed. Michael Sorkin (New York: Hill and Wang, 1992), pp. 189–190.
39. G. J. Ashworth and J. E. Tunbridge, *The Tourist-Historic City* (London and New York: Belhaven Press, 1990), p. 153.
40. 进一步的讨论，参见 Dennis R. Judd, “Visitors and the Spatial Ecology of the City,” in *Cities and Visitors*, ed. Lily M. Hoffman, Susan S. Fainstein, and Dennis R. Judd (New York: Blackwell, 2003), pp. 22–38。
41. John Hannigan, *Fantasy City: Pleasure and Profit in the Postmodern Metropolis* (New York: Routledge, 1998).
42. Richard Lloyd, *Neo-Bohemia: Art and Commerce in the Postindustrial City* (New York: Routledge, 2006), p. 126; also “Neo-Bohemia: Art and Neighborhood Redevelopment in Chicago,” *Journal of Urban Affairs* 24, No. 5 (2002): 517–532.

43. 也可参见 Dennis R. Judd, "Constructing the Tourist Bubble," *The Tourist City*, ed. Dennis R. Judd and Susan S. Fainstein (New Haven, CT: Yale University Press, 1999)。
44. David H. Laslo, "Proliferating Convention Centers: The Political Economy of Regenerating Cities and the St. Louis Convention Center Expansion" (Ph. D. dissertation, University of Missouri-St. Louis, May 1999).
45. All data from Heywood Sanders, *Space Available: The Realities of Convention Centers as Economic Development Strategy* (Washington, D. C.: Brookings Institution Press, January 2005), p. 1.
46. *Encyclopedia of Associations*, 38th ed., *National Organizations of the United States*, Vol. 1-3 (New York: Author, 2002).
47. George G. Fenich, "The Dollars and Sense of Convention Centers" (Ph. D. dissertation, Rutgers University, 1992), p. 34.
48. Laslo, "Proliferating Convention Centers," p. 67.
49. *Tradeshow Week Data Book*, *1998* (New York: Bill Communications, 1998), p. 6.
50. "State of the Industry 1993," *Successful Meetings* (July 1993): 32-33.
51. *Convene Magazine* website, www. pcma. org/convene.
52. Melissa Preddy, "Convention Centers Expect Traffic Gains," *The Center for Michigan* (June 29, 2011).
53. Associated Press, "Las Vegas Still the King of Convention Cities" (April 26, 2006), www. msnbc. msn. com/id/12498996.
54. Joe Pollack, "Visitors Fly under Media Radar," *St. Louis Journalism Review* (June 2003): 5.
55. Sanders, *Space Available*, p. 25.
56. Ibid., p. 22.
57. Robyne S. Turner and Mark S. Rosentraub, "Tourism, Sports and the Centrality of Cities," *Journal of Urban Affairs* 24, No. 5 (2003): 489.
58. Charles Santo, "The Economic Impact of Sports Stadiums: Recasting the Analysis in Context," *Journal of Urban Affairs* 27, No. 2 (2005): 177.
59. Ibid., pp. 177-191. 主要研究参见 Robert A. Baade, "Professional Sports as Catalysts for Metropolitan Economic Development," *Journal of Urban Affairs* 18 (1996): 1-17; Mark Rosentraub, David Swinderll, M. Przybylski, and D. R. Mullins, "Sports and Downtown Development Strategy: If You Build It, Will Jobs Come?" *Journal of Urban Affairs* 16 (1994): 211-239; John Zipp, "The Economic Impact of the Baseball Strike of 1994," *Urban Affairs Review* 32, No. 2 (November 1996): 157-185; Dan Coates and B. Humphries, "The Growth Effects of Sports Franchises, Stadia, and Arenas," *Journal of Policy Analysis and Management* 18, No. 4 (1999): 601-624; Robert Noll and A. Zimbalist, eds., *Sports, Jobs, and Taxes: The Economic Impact of Sports Teams and Stadiums* (Washington, D. C.: Brookings Institution Press, 1997); and Phillip A. Miller, "The Economic Impact of Sports Stadium Construction: The Case of the Construction Industry in St. Louis, MO," *Journal of Urban Affairs* 24, No. 2 (2002): 159-173。一些小球队可以通过公有制将小联盟队伍变成赚钱的工具,参见 Joseph W. Meder and J. Wesley Leckrone, "Hardball; Local Government's

Foray into Sports Franchise Ownership," *Journal of Urban Affairs* 24, No. 3(2002): 353-368。这种选择不对大球队公开,因为球队联盟能够将不符合规定的球队排除在外,包括私有制的球队。

60. Z. Austrian and Mark S. Rosentraub, "Cleveland's Gateway to the Future," in Noll and Zimbalist, *Sports, Jobs, and Taxes*, pp. 355-384.
61. "Forbes: Mets' Value Drops 13 Percent; Yankees Top List," *CBS New York* (March 24, 2011).
62. Kurt Badenhausen, Cecily Fluke, Lesley Kump, and Michael K. Ozanian, "Double Play," *Forbes* (April 15, 2002), www. forbes. com.
63. Michael Ozanian, "Is Baseball Really Broke?" *Forbes* (April 3, 2002), www. forbes. com.
64. Infoplease. com;关键词是球赛—商业/棒球场/竞技场。职业球队之间很难进行比较。国家橄榄球联盟拥有全国化的媒体安排,球队之间进行收入分配(这种做法可以促进球队之间的公平)。相比而言,大联盟棒球队主要和地方或地区媒体机构签署合同,球队之间的收入分配非常有限。因此,2002 年,大联盟棒球队四年的媒体合同估计是 180 万美元,但这一数据仅占媒体从个别小球队得到的收入的一小部分。
65. 关于奥马利(O'Malley)和摩斯(Moses)之争的详细论述,参见 Michael Shapiro, *The Last Good Season: Brooklyn, The Dodgers, and Their Final Pennant Race Together* (New York: Doubleday, 2003)。
66. Neil J. Sullivan, *The Dodgers Move West* (New York: Oxford University Press, 1987).
67. Arthur T. Johnson, "The Sports Franchise Relocation Issue and Public Policy Responses," in *Government and Sport: The Public Policy Issues*, ed. Arthur T. Johnson and James H. Frey (Totowa, NJ: Rowman and Allanheld, 1985), p. 232.
68. Arthur T. Johnson, "Economic and Policy Implications of Hosting Sports Franchises: Some Lessons from Baltimore," *Urban Affairs Quarterly* 21, No. 3 (March 1986): 411.
69. Tim Chapin, "Beyond the Entrepreneurial City: Municipal Capitalism in San Diego," *Journal of Urban Affairs* 24, No. 5 (1993): 567-568.
70. F. Jossi, "Take Me Out to the Ballgame," *Planning* 64, No. 5 (1998): 4-9.
71. Mark Anderson, "Three-Facility Downtown Stadium Proposal Would Compete with UNLV Dome," *Las Vegas Review-Journal* (February 9, 2011).
72. Buford Davis, "Milam sets 2012 groundbreaking goal," *The Henderson Press* (May 3, 2012).
73. Jacob Luft, "Relocation Celebrations: NFL, NHL Franchises Find Success in New Cities," CNNSI. com-Statitudes (January 26, 2001); *CNNSI. com-Statitudes*: "NFL, NHL Teams Benefit from Moving On."
74. Robert A. Baade and Robert E. Dye, "Sports Stadiums and Area Development: A Critical Review," *Economic Development Quarterly* 2 (1988): 265-275; Robert A. Baade, "Professional Sports and Economic Development," *Journal of Urban Affairs* 18, No. 1 (1996): 1-18.
75. Charles C. Eichner, *Playing the Field: Why Sports Teams Move and Cities Fight to Keep Them* (Baltimore: Johns Hopkins University Press, 1993), pp. 12-13.
76. Ronald Smothers, "No Hits, No Runs, One Error: The Dome," *New York Times* (June 15, 1991).

77. Eichner, *Playing the Field*, p. 67.
78. 参见 the websites www. gophersports. com and www. msfc. com。
79. Donald Phares and Mark S. Rosentraub, "Reviving the Glory of Days Past: St. Louis's Blitz to Save Its Image, Identity, and Teams," in *Major League Losers: The Real Cost of Sports and Who's Paying for It*, ed. Mark S. Rosentraub (New York: Basic Books, 1997).
80. Richard Sandomir, "New Stadiums: Prices, and Outrage, Escalate," *New York Times* (August 28, 2008), www. nytimes. com/2008/08/26/sports/26tickets. html.
81. Josh Goodman, "Skybox Skeptics," *Governing* 19, No. 6 (March 2006): 41-42.
82. Sandomir, "New Stadiums."
83. Ibid.
84. Heather Cole, "Cardinals, City Sing Stadium Deal," *St. Louis Business Journal* (November 8, 2002), p. 1.
85. Ibid., p. C7.
86. 有关昆西市场的记录是根据 Frieden and Sagalyn, *Downtown, Inc.*, pp. 1-7, 175。
87. Mike Davis, "Fortress Los Angeles: The Militarization of Urban Space," in *Variations on a Theme Park*, ed. Michael Sorkin (New York: Noonday Press, 1992), p. 155.
88. Myriam Jansen-Verbeke, "Leisure + Shopping = Tourism Product Mix," in *Marketing Tourism Places*, ed. Gregory Ashworth and Brian Goodall (London and New York: Routledge, 1990), p. 132.
89. Sharon Zukin, *Landscapes of Power: From Detroit to Disney World* (Berkeley: University of California Press, 1991).
90. The Urban Land Institute, *Developing Urban Entertainment Centers* (Washington, D. C.: Urban Land Institute, 1998).
91. William R. Eadington, "The Emergence of Casino Gaming as a Major Factor in Tourism Markets: Policy Issues and Considerations," in *Change in Tourism: People, Places, Processes*, ed. Richard Butler and Douglas Pearce (London and New York: Routledge, 1995), pp. 159-186.
92. Fred Faust, "It Wasn't in the Cards," *St. Louis Post-Dispatch* (April 10, 1994), pp. 1-5E.
93. *Company Analysis* (New York: Donaldson, Lufkin and Jenrette Securities Corporation, June 23, 1993), p. 12.
94. Eadington, "The Emergence of Casino Gaming," p. 4.
95. *Company Analysis*, p. 6.
96. Robert Goodman, *Legalized Gambling as a Strategy for Economic Development* (Northampton, MA: United States Gambling Study), p. 34.
97. Ellen Perlman, "The Gambling Glut," *Governing: The Magazine of States and Localities* 9, No. 8 (May 1996): 49-56.
98. "New Des Plaines Casino Helps Halt Dip in State Gambling Profits," *Associated Press* (May 5, 2012).
99. Michael A. Pagano and Ann Bowman, *Cityscapes and Capital: The Politics of Urban Development* (Baltimore: Johns Hopkins University Press, 1995), p. 74.
100. Michael Moore, *Roger and Me*, A Dog Eat Dog Films Production (Warner Bros. Pictures,

1989).

101. Bruce Weber, "Cities Are Fostering the Arts as a Way to Save Downtown," *New York Times* (November 18, 1997), p. A1.

102. Dennis R. Judd, William Winter, William Barnes, and Emily Stern, *Tourism and Entertainment as a Local Economic Development Strategy: The Report of a NLC Survey* (Washington, D. C.: National League of Cities: A Research Report, 2000), p. 8.

103. Jane Jacobs, *The Death and Life of Great American Cities* (New York: Vintage, 1961), pp. 51, 223.

104. Ibid., p. 50.

105. Ibid., p. 52.

106. Douglas Rae, *City: Urbanism and Its End* (New Haven, CT: Yale University Press, 2003), p. xiii.

107. Ibid.

108. Ibid., p. xiv.

109. 关于这些主题的另外两本经典的书是 Ray Suarez, *The Old Neighborhood: What We Lost in the Great Suburban Migration: 1966—1999* (New York: Free Press, 1999); and Shapiro, *The Last Good Season*。

110. 有关纽黑文经历的细节,参见 Rae, *City: Urbanism and Its End*, pp. 234-243。

111. Alan Ehrenhalt, "Extreme Makeover," *Governing* 20, No. 7 (July 2006): 29.

112. Florida, *The Rise of the Creative Class*, pp. 227-229.

113. Lloyd, *Neo-Bohemia*.

114. Rae, *City: Urbanism and Its End*.

第十四章 管理分裂的城市

微妙的制衡措施

实际上，市政府是协调城市中各个竞争集团之间社会和政治差异的机构。民主管理的合法性体现在政府能否回应公民所提出的要求。当人们愤愤不平时，他们经常通过拒绝投票，拒不参加组织或政治生活，或诉诸抗议等方式来表达自己的不满。有时当愤怒达到极点时还会升级为暴力行为。显然当冲突到达这种程度时，政府制度已经无法调节人们之间的社会政治差异。根据这一标准判断，美国的城市政府管理能力存在差异。

美国的城市历史穿插着很多动荡和暴力冲突的事件。19 世纪发生了多起暴民袭击移民的事件，有时升级为血腥暴动，持续数日之久。20 世纪期间，黑人经常成为种族暴力的目标。白人暴民袭击黑人的事件频繁发生，例如 1863 年在纽约市，1917 年在东圣路易斯，1919 年在芝加哥，1920 年在塔尔萨（Tulsa，美国俄克拉荷马州东北部城市）。20 世纪 50 年代的郊区是白人外逃的时代，骚扰黑人的事件更是司空见惯。

面对警察骚扰和种族歧视，黑人有时会通过暴力发泄自己的受挫情绪。1944 年底特律发生了黑人暴动；20 世纪 60 年代，连续多年的炎热夏季期间发生了数次黑人暴动。在这个动荡的 10 年间，警方的介入往往都引发了骚乱。[1] 20 世纪 80 年代，在非裔美国人居住的地区以及古巴人占多数的迈阿密发生了四次暴乱，最早的一次是 1980 年 5 月发生在自由市（Liberty City）的骚乱。每次骚乱都是由拉美裔白人警官杀死黑人引起的。[2] 警方行为经常引起人们的反对，久而久之便爆发了公民骚乱。2006 年 8 月初在芝加哥的加布里尼—格林（Cabrini-Green）住房工程中发生了一起典型的事件，警方枪杀了一名挥舞着空气枪的 14 岁男孩，枪杀事件发生之后，示威者到市政厅周围游行。

各个社会阶层的民族和种族群体都卷入了城市暴力之中。1991年，在华盛顿特区爆发了骚乱，原因是非裔美国女性警官试图逮捕拉美裔男子，几年之后，警方枪杀了一位萨尔瓦多移民，再次引发暴乱。1991年和1992年，布鲁克林的皇冠高地地区发生的族裔冲突达到了顶点，起因是非裔美国人社区抵制使用韩国蔬菜水果店的产品，非裔美国人和哈西德派的犹太人展开了街头暴力对抗。1992年，洛杉矶发生了暴乱，这是20世纪最严重的一次暴乱，造成53人死亡，2 383人受伤，16 291人被捕，开火事件超过5 500起，财产损失超过了7亿美元。与以前不同的是，此次暴乱涉及多个族裔，包括黑人、拉美裔人和亚裔人。[3]在暴乱期间，受损的四千多家企业中约有30%是拉美裔人，[4]掠夺者和纵火犯将韩国所属的企业排除在外。[5]曾经一段时期内，种族和族裔间的紧张局势似乎已经消退，但是2000年4月，联邦探员将古巴男童埃连·冈萨雷斯(Elian Gonzalez)从其迈阿密的亲戚家抓走，并遣送到古巴的父亲家，这起事件使暴乱恐慌弥漫了整个迈阿密。古巴裔美国人领导担心再次引发暴乱，呼吁大家保持冷静。

接连发生的暴力事件表明种族冲突蓄势待发。2006年，伊利诺伊州的丰塔纳高中(Fontana High School)有一名拉美裔学生和黑人学生发生了言语冲突，继而引发了500名学生的暴动，后来萨摩亚学生又加入了暴乱，导致战争升级。很多人认为这场暴乱是黑人和拉美裔人之间长期存在的敌意所致，但是警方却不愿承认这一点。[6]2003年，在密歇根的本顿港(Benton Harbor)，一名混血警官追逐一位黑人摩托车驾驶员特伦斯·舍恩(Terrance Shurn)，致使后者撞到建筑物上死亡，引发了居民暴乱，导致5所房屋被烧毁，数十辆汽车被肆意破坏，多人受伤，300多名执法官员从周边社区来到本顿港稳定局势，这一暴乱持续了两天。2005年，俄亥俄州的托莱多市发生了一场持续4小时的暴乱，新纳粹组织为保护城市北部非裔美国人的帮派活动而计划组织一场游行活动，暴乱导致12名警官受伤，警察、媒体和急救车辆被破坏。这场看似短暂的暴乱实际上是长期积累的仇恨情绪所致。托莱多社区长期以来是波兰人的领地，非裔美国人在过去的几年间陆续进入这一区域，没有发生明显的问题。发生变化的契机是一年一度的波兰节日组织者提出了一项要求：少数族裔进入社区必须由父母陪伴，但是社区成员不久发现新规定对黑人儿童的要求非常严格，而对于白人的子女则相对宽松。[7]

即使市政府对社区中种族和族裔的多样化问题予以高度关注，类似这样的暴乱事件依然层出不穷。面对20世纪60年代的民权运动，地方政治制度逐步走向开放，一代非裔美国人领袖以及充满活力的黑人选民应运而生。20世纪60年代中期，非裔美国人如果成为美国大城市的市长，简直是不可思议的事情，然而近几年这种情况已经非常普遍。不久，拉美裔人登上地方政治舞台的数量也呈上升趋势。少数族裔在公共职务中的出现使非裔美国人和拉美裔社区将抗议策略融入城市政治中。

融入民主进程给少数族裔提供了进行内部改革的机会。除了这些好的方面外，融合也不是总能带来预想的回报，城市管理需要继续出台微妙的制衡措施。平权行动计划改变了警察局、消防部门、学校项目和市政办公室的情况，但是，种族和族裔间的不平等现象仍然是冲突和憎恨情绪的导火索，非裔美国人和拉美裔人在收入、学历和就业方面仍处于落后状态，不平等和贫困程度的加深对他们造成了极大的影响。20、21世纪之交，美国处于贫困状况中的人数不断增长，2000年的比例为11.4%，到2003年增长为12.5%。2012年11月，美国人口普查局的报告显示16%以上的美国人口生活在贫困中，其中儿童所占的比例为20%。[8]这是自20世纪60年代发动抗贫运动以来所见贫困范围最广的时期。[9]同时，联邦政府在2001年和2002年颁布的减税政策加重了中产阶级纳税人的税收负担，却减轻了高收入家庭的税收负担。[10]这种不平等现象可以在城市景观中窥见，有的社区陷入困境，但有的社区是私人专属领地，不同类型的社区使当代的都市呈现出分裂化的状态。只要这种不平等现象继续存在，种族和族裔冲突仍将是美国都市地区生活中不争的事实。

摘　录

多族裔联盟难以保持团结

自从20世纪60年代民权运动以来，社会发生了重大变化，这些变化完全改变了城市的政治地貌。民权和社区组织活动动员了非裔美国人选民，几年之后，非裔美国人市长以及其他公共官员控制了城市政府。经过一段时间之后，政治制度中的代表制也吸收了其他组织。融合不仅能够带来象征性的利益，也能带来相当大的物质利益。公共就业市场的繁荣使中产阶级的经济收入增加，市政劳动力得以整合，少数族裔可以就任市政府的管理职位，警察的举止行为发生了改变，种族和族裔之间的关系得到改善。

城市政治中族裔构成极其复杂，很难建立并维持多族裔联盟。黑人和拉美裔人处于劣势，因此双方期望能够结成联盟，然而两者内部之间存在着巨大差异，使结成联盟的愿望难以实现。例如，在拉美裔社区内部，“几乎没有统一的拉美裔政治议程……更不用说黑人和拉美裔人能够在财产、保障性住房、安全、医疗及社区福祉方面达成共识。”[11]“少数族裔”这一术语带有一定的问题，它掩盖了各族裔之间的重要差异；少数族裔面临的一项挑战是如何能够在赢得各个民族支持的问题上建立联盟。[12]

确定单一“少数族裔议程”的问题揭示出组建族裔联盟的难度，还说明了从政治合作方面评价实际收益也并非易事。人们经常认为少数族裔中产阶级从政治代表制中获取的利益最多，弱势群体和穷人被排除在外。如果族裔之间不建立联盟，各自独立为政，这样的观点也不现实，原因有两方面：首先，它过高估计了城市政府进行基本经济和社会结构改革的能力；“城市政府无权掌管那些造成低收入少数族裔大众生活状况的群体势力，这一事实令人感到痛苦。”其次，这一观点有些天真，它是假设聚集在“少数族裔”标签下的群体之间不存在政治差异。

资料来源：阿尔伯特·K. 卡宁(Albert K. Karning)、苏珊·韦尔奇(Susan Welch)，《黑人代表和城市政策》(*Black Representatives and Urban Policy*)，芝加哥：芝加哥大学出版社，1980年；鲁弗斯·P. 布朗宁(Rufus P. Browning)、戴尔·罗杰斯·马歇尔(Dale Rogers Marshall)、大卫·H. 塔布(David H. Tabb)，《美国城市的种族政治》(*Racial Politics in American Cities*)，第3版，纽约：朗文出版社，2002年，第374—377页。

近期城市管理变革

20世纪60年代发生的民权运动和同一时代的社区组织活动使美国政府对各级政治制度的管理进行了一系列的变革。1967年之前，担任美国大城市市长职务的没有黑人。就在这一年，理查德·哈彻(Richard Hatcher)当选为印第安纳州加里市(Gary)的市长,卡尔·斯托克斯(Carl Stokes)成为克利夫兰市市长。这两次选举成了分水岭,自此以后,黑人和拉美裔人在全国许多城市当选为领导人,到1988年为止,有28位非裔美国人在人口超过5万的城市中当选为市长,5年之后,这一数字增长为38。[13]如图14.1所示,从1970年到2001年,当选为美国官员的非裔美国人数量从1 469增长到了9 101,其中454位担任市长职务。[14]当选官员中有的在地方政府任职,大多数人就职于教育、司法和执法部门。

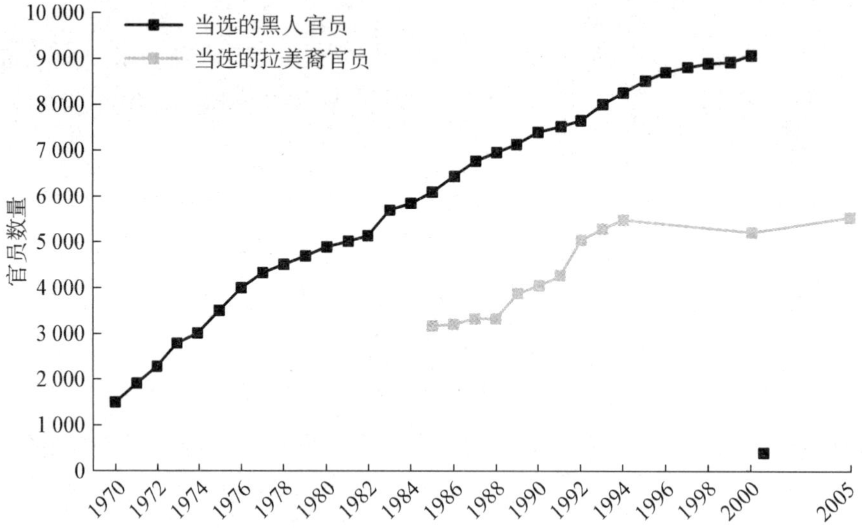

图14.1　1970—2001年期间当选的黑人官员①,1985—2005年期间当选的拉美裔官员②

①包括国会。
②不包括国会。
资料来源:全国拉美裔当选和任命官员协会(NALEO),《当选为官员的拉美裔名单》(*National Roster of Hispanic Elected Officials*),年刊;全国拉美裔当选和任命官员协会,《NALEO概览》,http://www.naelo.org/ataglance.html;政治和经济研究联合中心,《当选的黑人官员:统计摘要》(*Black Elected Officials: A Statistical Summary*),华盛顿特区,第250页,表399;政治和经济研究联合中心,《当选的黑人官员:统计摘要,2001年》(*Black Elected Officials: A Statistical Summary, 2001*),华盛顿特区,第13页。

1987年,柯特·施默克(Kurt Schmoke)当选为巴尔的摩市市长,他是该城市的首位非裔美国人市长,此后人口超过10万的城市中如果黑人占据多数则会选举黑人担任市长。20世纪80年代期间,非裔美国候选人在全国4/5的大城市中当选为市长,有时候这些城市中的非裔美籍选民占据少数(例如,纽约的大卫·迪金斯[David Dinkins]、洛杉矶的汤姆·布莱德利[Tom Bradley]、芝加哥的哈罗德·华盛顿[Harold Washington])。20世纪90年代期间,非裔美国人再次在选民占据少数的几个城市中当选为市长,这些城市包括圣路易斯、丹佛、堪萨斯城和西雅图。

20 世纪 80 年代，大批拉美裔人开始进入政界，城市政治再次发生重大变化。图 14.1 中的数据显示美国各级政府部门中当选的拉美裔官员从 1985 年的 3 147 位增加到了 1994 年的 5 459 位，到 2005 年，这一数字有所下降，减少为 5 041。[15]拉美裔市长在丹佛、迈阿密、圣安东尼奥以及许多小城市的选举中获胜。1983 年，费德里科・佩纳(Federico Pena)当选为丹佛市长，实现了历史性的突破，拉美裔人首次在选民占据少数的美国大城市中当选为市长。当时，拉美裔人口仅占据城市人口的 18%，黑人占 12%。[16]城市取得的进步在美国的政治制度上也得到了体现，例如，1993 年，费德里科・佩纳和圣安东尼奥的前任市长亨利・西斯内罗斯(Henry Cisneros)都进入了总统比尔・克林顿的内阁。

非裔美籍和拉美裔市长面临着严峻的挑战，在大多数选举获胜的城市中，白人选民占据了明显的多数席位。这一政治现实迫使少数族裔候选人采取折中的路线：如果他们在竞选中以自己族裔选民的重大问题为中心的话，就会有失去白人选民的危险。一旦就职，他们发现不管选举联盟是如何构成的，他们必须要和城市投资方——商业社区建立良好的工作关系，否则就会寸步难行。在这种情况下，市长必须要建立权衡和协商的政治制度，即便众口难调，也要确保实现。

纽约和洛杉矶这两大城市中的政治斗争反映出种族族裔联盟的管理难度。到 1990 年，非拉美裔白人占纽约市人口的 43%，不足一半，黑人占 25%，拉美裔人口占 24%，亚裔人口为 8%。[17]还有相当多的犹太人，他们在历史上对种族歧视非常敏感，因此积极支持民权运动。从以上事实可以看出，纽约市的确为种族联盟多样化提供了理想平台。但实际上这种环境产生的政治局势往往难以驾驭，例如埃德・科赫(Ed Koch)是位固步自封的保守的白人市长。从 1977 年到 1985 年，他连续担任了三届市长，1989 年被非裔美国候选人大卫・迪金斯击败，大卫・迪金斯只担任了一届市长，就被共和党保守派的鲁道夫・朱利亚尼(Rudolph Giuliani)击败，他在 1993 年至 1997 年期间担任纽约市市长。

相比之下，具有种族族裔多样化的洛杉矶于 1973 年选举黑人市长汤姆・布莱德利，选民们连续五届支持这位黑人市长。在此期间，洛杉矶人口中的黑人不足 14%。通过观察布莱德利任职期间发生的事情，我们可以了解联盟政治的微妙特点。

汤姆・布莱德利生于得克萨斯州的佃农之家，7 岁的时候随全家搬到洛杉矶。作为一名出色的学生和运动员，他进入了洛杉矶的加利福尼亚大学，毕业后在洛杉矶警察局工作。他在美国西海岸的白人社区扎根后组织了一个社区关系群体，通过这一活动与犹太商人和公民领导人建立起亲近的私人关系。他参加了夜校的学习课程，并获得法律学位，然后辞去了警察局的职务，开办了自己的律师事务所。他进入地方民主党政界的时机非常好，当时政治地位呈上升趋势的非裔美国人、犹太人和自由人士组成了联盟，这对长期以来占统治地位的民主党派发起了挑战，因为在这之前民主党对联盟成员一直持排斥态度。

1969 年，改革联盟推选布莱德利挑战民主党的现任市长萨姆·约蒂(Sam Yorty)。四年前，震惊洛杉矶的瓦茨骚乱(Watts riot)导致种族关系紧张，对布莱德利的选举造成了不良影响，约蒂获得了绝对多数白人选民的支持以及圣费尔南多谷(San Fernando Valley)中上层阶级房主的支持，因而在选举中获胜。四年之后，布莱德利再次和约蒂竞选市长职位，他刻意回避种族问题，把重点放在振兴商业区和降低税收的问题上。布莱德利组建了种族族裔多样化的联盟，包括各个收入阶层的非裔美国人、拉美裔人以及高收入的犹太白人自由人士。他的成功在很大程度上是因为代表了不同群体的不同利益："白人把布莱德利视为种族和谐的象征，而黑人则把他看做种族主张的象征。"[18]

布莱德利的成功建立在白人自由人士和地位上升的黑人中产阶级长期合作的基础之上。这两个群体在布莱德利取得成功之前都遭到地方政治制度的排斥，因此他们挽起手来共同将约蒂政权驱逐下台。布莱德利入职之后组建起强大的联盟，这一联盟不仅能确保他在选举中获胜，而且成为他管理城市工作的左膀右臂。为了筹集重塑商业区的资金，他与商业区银行和商业公司缔结了同盟。通过这种方式，他成功地筹集到巨额资金，从而确保了他在洛杉矶这样多样化和大规模的城市竞选中立于不败之地。

非裔美国人在洛杉矶当选为市长，但是纽约不具备这种条件，尽管到 20 世纪 60 年代中期时，黑人在纽约市政府中的地位已经根深蒂固。[19]黑人进入纽约市政界之前，自由人士和犹太人的地位已经非常稳固，自由共和党人士约翰·林赛(John Lindsay)在 1966 年至 1973 年连续两届成功地当选市长。纽约的黑人、犹太人和白人自由人士也能够结成联盟，但是领导之间却缺乏信任。1968 年，这种紧张关系达到顶点，非裔美国人社区试图控制布鲁克林的海洋—希尔·布朗斯维尔学校(Ocean Hill-Brownsville schools)，学校董事会计划将 19 位教师迁出这一地区，其中几位是犹太教师，结果教师工会发动全市罢工，这一事件破坏了黑人和犹太人之间的关系，他们之间的紧张关系一直持续到今日。非裔美国人和拉美裔美国人之间也发生过冲突和互相怀疑的情况，基于民族和语言的差异，这些族裔本身分裂成了许多派别。[20]埃德·科赫利用这些派别，成功地组建起犹太人、天主教徒和白人种族的联盟，联盟的持久支持使得科赫连续三届在市长选举中成功。[21]

1989年，非裔美国人大卫·迪金斯在市长选举中击败了科赫，原因在于迪金斯与民主党的中坚分子关系密切，他高贵而非对抗的行事风格对于白人选民似乎构不成威胁。在1989年市长竞选的初期阶段，科赫批评了杰西·杰克逊(Jesse Jackson，美国黑人民权领袖和演说家)支持巴勒斯坦解放组织(PLO)的言论，杰西·杰克逊前一年参加了总统竞选。科赫认为犹太人选举杰克逊“简直是疯狂的举动”，非裔美国人报纸《阿姆斯特丹新闻》(*Amsterdam News*)尖刻地评论了科赫的做法，提醒他“是城市的市长，不只是犹太人的市长”。因此科赫在这件事情上有些失算。[22]迪金斯则成功地将厌烦科赫种族主义言论的那些选民拉拢到自己的选举团中，从而确保了他们的支持。

最终证明，迪金斯的当选并没有终结纽约市的种族政治。担任了一届纽约市市长后，迪金斯输给了固步自封的政治保守分子鲁道夫·朱利亚尼。朱利亚尼曾是检察官，他以共和党人的身份在民主党占主导的城市中竞选成功，从而打破了窠臼。不久，他着手终止平权行动计划，削减福利和住房开支，减少医疗服务并加强警力。[23]在他执政期间，控制犯罪成为重中之重，他因支持犯罪控制的“破窗”理论而闻名全国，这一理论建立在这一假设之上：对情节较轻的犯罪按照制度惩罚会防止它演变为情节严重的犯罪(从字面意思来看的话，如果某人因为乱穿马路或乱丢垃圾而“打破窗户”，应该予以逮捕)。执政期间，朱利亚尼对非裔美国人领导刻意批评指责。2001年，由于届满他被迫辞职，共和党人迈克尔·布隆伯格(Michael Bloomberg)接任了纽约市长职位，布隆伯格自掏经费，每张选票偿付99美元，以微弱优势击败了民主党候选人。[24]

纽约的政治格局仍然处于分裂状态，对犯罪和秩序混乱的担心只是其中一部分原因。城市人口之间的冲突已经成为家常便饭。组织之间互相争权夺利，当利益分配给对方时，这些组织会产生憎恨情绪。[25]白人种族和拉美裔人认为黑人在市政职位和津贴的分配方面并不均等。拉美裔人又分为西印度群岛人、多米尼加人、波多黎各人和牙买加人。亚洲选民也在争取进入市政部门。除了纽约这一特例外，种族族裔联盟基本上成为美国城市的规范。例如，1983年，费德里科·佩纳成为丹佛的首位墨西哥裔美国人市长，原因在于他整合了一支选举联盟队伍，包括拉美裔和非裔美国籍选民以及丹佛高科技经济领域的高学历白人专业人士。佩纳强调商业区和社区的发展，同时在公共机构雇佣工作中倡导反歧视行动，大量黑人和拉美裔人被指派委员会的工作。1991 年，非裔美国人惠灵顿·韦伯（Wellington Webb）接替佩纳担任丹佛市长的职位，他在全市范围内对基础设施进行改进，并且建立了保障性住房周转金，从而巩固了佩纳的方案。[26]

美国城市有很多群体和利益集团，城市官员必须学会在复杂的政治环境中处理各种冲突。城市政治比过去更容易卷入这些冲突之中，不仅如此，各个群体的人也会涉身其中，因此官员们必须要处理这些关系。机构的复杂性给人们进入政治领域提供了多种渠道，结果导致利益群体之间为了争夺城市政策优先权而展开斗争。

合作的益处

非裔美国人和拉美裔人在地方政治机构中的合作给双方带来了切实的好处。第一代非裔美国人市长主张在医疗、教育、住房和就业培训方案方面增加开支，同时增加联盟拨款的额度。有研究表明：黑人任市长和市议会成员的城市在社会福利方面的开支高出其他城市的比例很高。这些发现同样也适用于拉美裔的执政者。有关部门进行过一项研究，对 20 世纪 80 年代早期 10 所加利福尼亚州城市的黑人和拉美裔人在政界中的合作方面进行考察，结果发现“政治合作导致政策方面的官僚决策制度发生了戏剧性的变化”，例如地方政府的招聘和签合同程序发生了很大变化。研究还表明这种政治合作增加了选民投票率并且推动了新领导的动员工作。合作还带来了其他方面的诸多好处：市政劳动力、学校管理者和老师得到了统一管理，许多城市制定了社区方案，扫除了旧的种族障碍。观察者认为这些成就标志着城市将取得更大的进步。

公务雇佣是少数族裔就业的重要渠道，研究表明黑人参政后，不管是担任市长还是进入地方政府机构，少数族裔在市政府部门的就业率就会提高。[27]从 1973 年到 1991 年，市长布莱德利使黑人、拉美裔人、亚洲人在市政府的就业比例从 36%增加到了 50%。少数族裔经常从事低收入工作，但是同期洛杉矶的少数族裔在市政高层职位上的就业率也有所提高。[28]

少数族裔市长启动了优先采购项目（preferential procurement programs），并规定了城市政府和少数族裔商业企业（MBEs）签订合同的最低百分比。1973 年，黑人占亚特兰大人口的大多数，但是非裔美国人拥有的公司中和城市签订合同的比例仅占0.1%。到1988年，优先采购项目将这一比例提高到了35%。但是这一项目有两个缺点：首先，一部分少数族裔商业企业只是表面工程，大部分工作是由非少数族裔企业承担的。[29]其次，优先采购项目的受益者大都是少数族裔社区中的高收入和高学历人士。亚特兰大的首位黑人市长梅纳德·杰克逊（Maynard Jackson）吹嘘少数族裔在亚特兰大机场扩建的财政分配制度方面造就了21位非裔美国籍百万富翁，但是低收入社区的受益情况却很难看出来。[30]

从1989年开始，美国最高法院加大了城市和州使用优先采购项目来提高少数族裔就业率的难度。在“里士满市诉克罗松公司案”（*City of Richmond v. J. A. Croson Co.*）中，里士满市要求与少数族裔商业企业签订30%的合同，法院裁定这一规定违反了第十四条修正案的平等保护条例。[31]为了抵抗宪法“严格审查”的标准，城市必须证明市政府过去存在歧视做法，并且证明种族中立的做法是不能解决问题的。法院的裁定虽然增加了优先采购项目使用的难度，但是仍然有执行的可能性。[32]

城市实行政治合作后出台了一系列重要政策，其中警务改革使市民受益匪浅。全国各地的少数族裔社区中，长期以来人们对警察执法的粗暴行为和警力保护不足问题抱怨不已。少数族裔社区对洛杉矶的警察局非常憎恨。在市政府的管理下，洛杉矶警察局运营良好。警察局长由独立的警察委员会任命，可以自主管理警察局。洛杉矶警察局总是以严厉、法律兼命令式的执法风格而自豪，警察局长喜欢吹嘘警察局拥有最先进的高科技武器。洛杉矶的治安使用直升飞机，飞机上配备有夜晚使用的红外摄像机和相当于3 000万烛光量的探照灯，这种探照灯叫做夜太阳，能够使夜晚光亮如白昼。印在屋顶上的街道号成为警方直升机的空中导航街道网（现在已经被卫星导航所替代）。同步的巡逻警车配备有通信系统，由休斯航空公司对其进行概念化处理，美国国家航空航天局喷气推进实验室对其进行了优化处理。[33]在低收入地区，这一战略意味着洛杉矶警察局不仅是保护公共安全的工具，更像是全副武装的军队。

从1978年到1992年，警察局长达里尔·盖茨（Daryl Gates）把洛杉矶警察局当做自己的个人封地。在“铁锤”行动（HAMMER）中，巡逻警察和精英战队来到洛杉矶中南部，每次突袭都会逮捕上千名少数族裔青年，这些人被捕的原因很多，从销售毒品到有参与团伙行动嫌疑以及被指控犯有流浪罪和不遵守交通规则罪等。如果没有任何指控罪名的话，警察就会以抵抗罪为借口进行抓捕。截至1990

年，将近5万名嫌疑犯在这些突袭行动中被捕，这一数字非常惊人，因为居住在洛杉矶的非裔美国年轻人总共有10万。[34]洛杉矶警察局习惯从后面勒住脖子来控制被拘留的嫌疑犯。1982年，由于经常使用这种方法导致很多年轻黑人死亡，而警察局局长盖茨声明问题的根源在于黑人的人体构造，而不是警方的做法，这种论断令人气愤不已。"我们发现对黑人使用勒脖子的方法时，他们的静脉和动脉不能像正常人一样迅速张开。"[35]1992年骚乱的导火索是殴打罗德尼·金(Rodney King)，这样的案件对于洛杉矶的黑人们来说不足为怪。

布莱德利市长曾经从事过警察工作，他利用这方面的优势成功地控制了洛杉矶警察局，但是在这之前他经历过20年的激烈政治斗争。洛杉矶警察局在城市预算中所占份额从1972年至1973年的23%下降到了1987年至1988年的18%，在1980年至1988年期间，少数族裔代表在洛杉矶警察局所占的比例从20%增加到了32%，但是少数族裔在领导职位上的人数仍然处于劣势。最重要的是，1992年6月，即骚乱刚刚平息之后，选民们通过了布莱德利强烈支持的F提案(Proposition F)，提案对警察局长的任期做出了限制，并取消了他们的公务员保护权。盖茨局长强烈抗议F提案，并且提出辞职，接替警察局局长职位的是非裔美国人威利·威廉姆斯(Willie Williams)，他承诺会执行社区警务工作。[36]

洛杉矶的案例表明即使在情况不利的处境下，少数族裔的参政也能使情况发生转变。在洛杉矶，黑人社区认为警察局应该雇用更多的黑人警官，政府应该将警察局纳入严格的公民管理体制中。[37]即使对警力实行统一管理，种族主义和警察暴力事件仍有发生，但是改变警力组成人员的做法使改革迈进了一大步。

各种族和族裔都在寻求参与城市政治的机会。当他们有机会进入政治体系时，经常会将分歧置之一边，一致支持候选人，但是这些联盟很难实现团结。有关人士选取了41座城市，并对其中10%的非裔美国人和10%的拉美裔美国人进行了一项研究，结果发现黑人和拉美裔人从事市政工作的情况与这两个族裔合作参与地方政治制度的情况相关。但是同样的研究表明随着非裔美国人口数量的增加，拉美裔美国人从事市政工作的比例就会下降。[38]在工作数量和资源有限的情况下，政府很难同时满足双方的需要，因此会导致两者之间关系紧张。纽约市由于黑人和拉美裔人没有建立起稳固的选举联盟才使得保守派市长埃德·科赫和鲁道夫·朱利亚尼选举成功。同样，在布莱德利离开洛杉矶市长的职位后，他所建立的黑人和拉美裔人联盟也随之分裂，这为共和党保守人士理查德·雷奥丹(Richard

Riordan)获得市长职位铺平了道路。

种族之间建立政治联盟也许很难,但是这些联盟面临的最大问题不是内部不团结,而在于他们不能说服州议会和联邦政府增加对社会方案的资助。20 世纪六七十年代期间,联邦拨款流入城市,第一代少数族裔市长为穷人受益的方案进行游说并取得成功。而取消联邦资金后,市长们发现很难筹集到资助住房、医疗、就业、娱乐和其他方案的资金。少数族裔市长尽自己最大能力强调经济发展的重要性,他们不是放弃了给选民提供福利的目标,而是因为他们没找到新的筹集资金的途径来兑现自己的诺言。总而言之,他们追求利益扩散的政策,这种政策建立的逻辑是"城市的私人经济发展创造了私人部门的就业机会,私人部门的纳税可以用在公共部门的就业和购置方面。通过各种平权行动方法……一定比例的就业和购置将会流向黑人社区"。[39]

公共部门的工作对于提高黑人和拉美裔人的经济福利微乎其微,这是一个问题。[40]公共部门最多能为中心城市 6%—8%的非裔美国人口提供就业机会,前提是社会上的无业者都属于其他族裔。[41]不管怎样,中上等收入阶层和郊区居民占有了大多数的公共就业机会、少数族裔商业合同以及其他福利。[42]

如果你期待参政会使经济资源得到根本性的重新分配,这是不现实的。某个群体参与政治不可能颠覆保护不平等现象的经济秩序。某学者曾说过:"期待参政能产生革命性结果的想法,无论在特定城市政治中,还是一般美国政治中,根本没有这样的先例。"[43]尽管如此,城市的政治合作还是取得了相当大的进步。少数族裔参与管理体制后,在改变雇佣政策和遏制警察滥用职权方面取得了相当大的成功。这些都是很重要的成就。

黑人和拉美裔人进入地方政治体系后在税收、开支和服务政策方面几乎没有做出改进。在大多数情况下,非裔美国人市长积极倡导有利于商业投资和商业区发展的政策。总之,非裔美国人和拉美裔美国人的合作让人们感到地方政治取得了进步。调查研究显示:在黑人任市长的城市中,黑人更加信任和关注政治事务,参政的人数也有所增加。[44]拉美裔人进入地方权力机构的人数也有所增加。[45]少数族裔的合作尽管具有一定的局限性,但是对于一部分城市人口来说,他们的参政增强了城市政府的合理性。

取得平衡

多年以来,社区组织在地方政治制度的开放进程中成为核心力量,不管市政厅中的市长是否属于少数族裔，他们都实现了收益。1967 年，白人候选人凯文·怀特当选为波士顿市市长，他得到了反对城市更新的社区组织的支持。怀特就职后，推行租金控制政策，并且在城市周围的社区中修建了“小型市政厅”，满足了人们对加强社区控制的需求。此后，怀特的态度发生改变，推行强势政策，反对租金控制并且支持商业区发展，从而失去了社区对他的支持基础。

1972 年，白人候选人尼尔·高德斯米德(Neil Goldschmidt)在俄勒冈的波特兰市长竞选中获胜，支持者是社区的积极分子。高德斯米德被选入波特兰市议会之前曾是民权运动中的老手，他从事过法律服务工作，为抗贫和社区组织提供法律援助。1971 年和 1972 年，高德斯米德接连投票反对市议会承担主要的城市更新项目。他以市长的身份将土地使用决策权授予社区组织，市政府给社区协会配备专业人员对规划提议进行审查。1974 年到 1979 年，波特兰社区组织的数量增长了一倍，达到 60 个。[46]

社区成功的另一个例子来自辛辛那提。辛辛那提引人注目的原因在于经过改革的政府结构鼓励决策的集中化，政府结构由市政执政官和代表全区的无党派选举团组成。1971 年，若干个社区组织聚在一起商议在市议会选举时提名候选人的事宜，他们选举出足够多的成员来调整新议会的导向，将政策核心从商业区发展调整为振兴社区经济。不久，辛辛那提着手制定社区规划并且为社区协会提供直接的援助。[47]同样，从 1969 年到 1979 年，康涅狄格州哈特福德市(Hartford)的管理部门是市议会，而市议会成员都有着很深的社区情结。在这期间，城市在主要商业区的发展项目上与社区组织进行协商，双方达成平等的伙伴关系，城市还保证这些组织有稳定的收入来源，并且在商业区取得成功的时候给予他们一定的股份。[48] 1981 年，圣塔莫尼卡租房者权利组织(Santa Monicans for Renters' Rights，简称 SMRR)在加利福尼亚州的圣塔莫尼卡市议会选举中大获全胜，市议会后来执行的租金控制条例据说在 1987 年到 1997 年期间为租房者节省了 11 亿美元。[49]

社区组织的影响力因城市而异，但是在任何地方他们都发挥着重要的影响力。城市的政治动力依赖于社区附近的领导人会阐明公平和社会公正的问题。社区组织还会收到公共、基础私募基金所提供的社会服务，这些服务并不总是由市政府提供。许多组织的日常业务涵盖了这一活动，这些大大小小的组织在从事自己的业务时往往没有引起人们的注意，但是混合模式的机构已经成为城市政治生活的重要部分。

这些机构是提供城市服务的主要渠道，它们经常取代政府提供服务。1990年，联邦政府对人口超过10万的161所城市进行了一项研究，结果发现60%的城市拥有社区议会制度，70%的城市得到了市政府的官方认可。[50]到20世纪90年代早期，纽约市建立起部分分散制制度，59个社区规划委员会对土地使用和城市服务行使咨询权。[51]圣保罗拥有全国最广泛的社区控制系统。20世纪90年代早期，有17个区议会具有划区、分配货物和服务以及资金开支的权力，区议会成员全部由区内居民选举产生。[52]1991年，有关部门对人口超过10万的133所城市进行了一次调查，结果显示有64%的城市成立了住房宣传联盟，[53]这些联盟和政府、非赢利性组织以及开发商一起为低收入家庭建设住房。在大多数城市中，联邦政府提供的补助资金有一大部分流入了社区和非盈利性组织。

虽然这些制度机构能够保证社区和居民在市政厅发挥一定的影响力，但这并不代表他们在地方政治体系中是最重要的权力经纪人。城市的情况亦是如此，尽管他们能够发挥更大的影响力，市长并不是最大的权力拥有者。一旦就职，市长会发现索取资源的申请者永远多于现有的资源，因此出现了众口难调的局面。美国城市的权力结构具有分裂和分散的特点，[54]市长有政治权力，但是还存在其他的权力中心。市长需要和社区以外的机构进行合作，这些机构通常包括市议会、工会、媒体、独立部门（例如学校董事会）、法院、州和联邦官员，最重要的也许是商业社区。

在大多数城市中，支持商业区和经济发展的人们总是与社区和居民们斗争不断。人们往往认为社区组织反对商业发展，对推动经济发展的需求漠不关心。社区组织和积极分子对市长和商业精英推动的大型商业区项目表示质疑，例如会展中心、体育馆、受资助的购物中心和娱乐区的建设。有几位市长试图在两者之间取得平衡，但是经济发展的强大逻辑经常以支持发展议程的结果而告终。不管现任领导的种族背景如何，事态总会这样发展。即使选民们反对商业区发展的政策，非裔美国人市长最终都会予以支持。[55]

亚特兰大的情况就解释了这一现象。1973年，梅纳德·杰克逊当选为亚特兰大的市长，他是该市首位黑人市长。就职时他承诺会放弃“盲目地、无条件地拥护商业区”的做法，[56]杰克逊和前任市长们的行事风格不同，他强调社区精英“到他市政厅的办公室来寻求支持，而不只是向他诉说他们的需要并强迫他服从”。[57]

不久，杰克逊发现耗资巨大的项目要想在下一届选举中受到好评，需要得到商业社区的支持。长期以来，他逐渐融入商业区的精英阶层，与他们建立起密切的关系。对所有商业区青睐的大型再开发项目，他都予以支持，其中包括都市亚特兰大高速交通管理局（Metro Atlanta Rapid Transit Authority，简称 MARTA）把商业区和亚特兰大机场连接起来的建设项目。民权运动积极分子安德鲁·杨（Andrew Young）接任亚特兰大市长时，像杰克逊一样，他继续不负责任地对商业区开发项目予以支持。杨在谈到与商业区的伙伴关系时说："政治不能控制世界，但是金钱可以。"[58]

杰克逊和杨凭借商业区和地区项目提高了非裔美国人在公共部门的就业率，使少数族裔拥有的公司和政府签订的合同数量增加，非裔美国人在警力中所占的比例增加了不少。中产阶级支持者从这些项目中受益匪浅，但是繁荣的商业区和郊区给白人中产阶级带来的实惠更多，对于市中心低收入社区的黑人们来说几乎没有任何的帮助，这部分人成为被遗弃者。[59]从 1980 年到 1985 年，亚特兰大白人社区的就业增长率高出黑人社区 14 倍。从 1970 年到 1982 年，中心城市的贫困家庭比例增长了一倍。亚特兰大的住房和就业市场出现了严重的隔离状况。1980 年之后，申请接受高等教育的人迅速减少，尤其是亚特兰大的黑人男性。《亚特兰大宪法报》（*Atlanta Constitution*）在 1989 年进行了一项研究，结果发现 1/6 的黑人男性被监禁过。[60]

1973 年当选为洛杉矶市市长的布莱德利在其执政期间的业绩说明了强调经济发展的重要性。很早以前，布莱德利提出要将洛杉矶变为"世界级"城市，他竭力争取日本投资商的加入，1988 年这一年日本投资商在洛杉矶房地产事业上的投资额超过了 20 亿美元。在布莱德利就任市长之前，洛杉矶几乎没有商业区，1975 年仅有 5 座超过 13 层的建筑。到 1990 年，这样的建筑超过了 50 座，电视连续剧《洛杉矶的法律》（*L. A. Law*）选取了很多这样的画面。[61]

为了资助商业区发展，洛杉矶设立了租收增加财政区（TIF），包括 255 个街区。租收增加财政区允许城市通过发行债券的方式来提供公共基础建设和服务，这样能够刺激私人投资的行为。城市需要将商业区再开发的全部税收用于收回债券或支持进一步的开发，因此新税收不能用于城市其他区域的项目或服务建设。[62]商业区的办公复合建筑经历了一段时期的繁荣，但是公司投资所提供的高层次专业工作由郊区居民或者进入优化社区的专业人士所从事，这些优化社区离商业区很近。最后导致低收入居民离开了原居住地，因为优化工程导致住房成本升高，城市空间被隔离成一个个的封闭领地。1991 年，布莱德利市长看到了住房危机的严重程度，着手推动“关联”费方案，开发商如果想取得商业区的建设项目批准，必须分配出低收入住房资金。但是这项方案的推动力度太小，而且为时已晚。

1992 年发生的骚乱说明布莱德利很难满足城市政治中各个竞争集团的利益。他的政策重点是帮助房地产开发商并且为白领专业人士增加机会，这些人士也包括黑人和拉美裔人。再开发工程对于穷人来说没有任何好处。1990 年的人口普查显示洛杉矶中南部的贫困率为 33%，而这里就是骚乱发生的源头。这一地区因为美国中部的新进移民与长期居住的非裔美国移民之间关系紧张而时常发生冲突，骚乱说明了城市中种族间关系紧张的程度。

实际上，布莱德利也没有让有钱的白人选民感到满意。开发项目从商业区扩展到富裕的西区(West Side)时，市长遭到了环保者们的强烈反对，他们认为这些项目会导致空气污染和交通堵塞。1987 年，下水系统不能跟上新开发项目的排放速度而出现故障，造成上百万加仑的原污水排放到了圣莫妮卡湾。布莱德利提议在新的下水系统建设中设置上限来减慢新开发项目的速度。但是第二年，布莱德利允许在太平洋的帕利塞德(Pacific Palisades，洛杉矶市延伸出来的洋底)进行石油钻探，再次惹怒了环保者。在低收入社区和高收入社区的夹击下，布莱德利放弃了 1993 年的第六届市长竞选活动。

这种侧重商业发展的策略有时会有一定的风险，但是事实上大部分城市的政策优先权依然集中在商业区的开发上。在很多城市，尤其像菲尼克斯、拉斯维加斯、休斯敦这样的阳光地带城市，社区组织几乎没有任何影响力。在评论休斯敦的政治局势时，一项研究声称其社区组织“在很大程度上处于无形状态”。在 20 世纪七八十年代期间，休斯敦只有一个组织代表穷人社区——大都市组织(The Metropolitan Organization，简称 TMO)。[63]尽管这一组织为极度贫困地区争取到了基础设施的建设项目，但是没有能够阻止哈代收费公路(Hardy Toll Road)的修建，这条公路是为了方便郊区通勤的白人，修建过程中破坏了许多栋低收入住宅。[64]大都市组织被宣布为激进组织，因而被排除在管理体制之外。在波士顿和旧金山有上百个以社区为基础的非赢利性住房开发公司，而相比之下，20 世纪 90 年代早期，在休斯敦仅有 5 家这样的公司。1988 年，休斯敦在住房方面的开支仅占社区发展基金(Community Development Block Grant，简称 CDBG)的 10%，但是波士顿和圣莫妮卡却将 75%的社区发展基金用于住房建设方面。

在社区组织势力强大的城市中，市长必须做出努力使得商业区发展议程和社区发展方案之间保持平衡。波士顿的市长雷·弗林(Ray Flynn)擅长弥补这些差距，因而在全国闻名遐迩。弗林于1983年首次当选为市长，任职九年后成为梵蒂冈大使。他在波士顿南部长大，父亲是移民沿岸工人，母亲是商业区办公楼内的清洁工人。弗林在市议厅工作了15年后，于1983年着手参加市长竞选活动，令人惊讶的是，租户组织和社区组织给予了大力支持。他的追随者基本是穷人，大部分是罗马天主教徒，他鼓动这些人与洋基名门贵族和商业区的共和党人进行对抗，并且承诺会执行联动政策迫使开发商帮助这些社区。

弗林就职后意识到了成立执政联盟的重要性，于是放弃了竞选时的对抗性言论，与商业集团建立联盟关系，推动商业区发展和住宅振兴的方案。波士顿的商业区办公市场异常火爆，开发商支付关联费后依然有利可图，关联费要求开发商资助公共基础设施建设，开发商为了取得项目开发的许可必须支付这部分费用。弗林加强了城市租金控制法律的实施，并且颁布规定限制将租房单元改造为公寓。他还说服市议会颁布了一项住房政策：拥有10项以上工程的开发商需要将10%的住房预留给低收入家庭；同时颁布了一项"联合存款"政策，城市只将资金存放到向周边地区做出承诺的银行。市政府向波士顿非赢利性住房开发商提供资金，并且对全国最成功的综合社区复兴项目提供关键性的支持，即所谓的达德利街道社区倡议(Dudley Street Neighborhood Initiative, DSNI)。这份倡议希望能将社区中空闲的1/3土地进行整合，但是却遭到了那些复杂的私人地产的阻碍，市政府将土地挪用权授予以社区为基础的组织，通过这种方式，私人房主们被迫出售自己的房产，这一举措史无前例。[65]

弗林在改善社区居民的生活方面取得了哪些成功呢？到1993年为止，关联费筹集到7千万美元，帮助修建了1万套保障性住房。到弗林第二届任期结束时，以社区为基础的住房公司新增或恢复建设住房5千套。银行承诺给中低收入地区的社区再投资计划贷款4亿美元，弗林政府甚至还将土地使用决策权授予几个社区议会。但是这些成就纯粹是通过地方努力而取得的。[66]创新性地方住房政策无法弥补里根政府对联邦住房援助资金的削减。而当面对波士顿公司服务部门的繁荣和工业基础下降造成的收入不平等现象时，弗林政府束手无策。

决定性的转折点

多数人记得中心城市曾是民主党自由政客的特殊保护区。但是自20世纪80年代开始，白人工人阶级和中产阶级选民开始支持新一代市长，因为他们承诺通过控制开支来削减税收。20世纪90年代期间，全国保守运动开始扎根于地方政治，这种趋势在很大程度上受到城市内部种族和阶级划分的影响。为了恢复街道秩序，新一代的城市领导人承诺对犯罪者、乞丐和流浪者采取强硬手段。几年后，自称为保守派的白人市长取代了著名的黑人市长。1993年，曾经是地区律师的鲁道夫·朱利亚尼击败了纽约的第一位黑人市长大卫·迪金斯；同年在洛杉矶，百万富翁金融家理查德·里奥丹击败了迈克·吴（Mike Woo），这位美籍华人曾试图重建汤姆·布莱德利的联盟，但却以失败告终。一年前，布雷特·舒德勒（Bret Schundler）成为泽西城市长，他是75年间的首位共和党市长，共和党人斯蒂芬·戈德史密斯（Stephen Goldsmith）成为印第安纳波利斯市的市长。在其他的城市中，非裔美国人市长被倡导商业区发展议程的民主党派击败。民主党派机器首领理查德·J. 戴利之子理查德·M. 戴利两次击败了黑人对手；爱德华·伦德尔（Edward Rendell）取代了费城的首位黑人市长威尔逊·古德（Wilson Goode）。如果我们使用国家政治话语中的意识形态标准，把这些新市长统称为保守派有些不太准确，但是他们的掌权标志着向新政策倒向的转折。

导致政策方向改变的因素有三方面：第一，对少数族裔政治要求的憎恨，尤其是在平权行动和校车接送学生的地区；第二，商业区的商界精英反对提高税收和社会福利方案；第三，人们普遍对犯罪和秩序混乱的状况表示担忧。第一代保守派市长上任时种族关系处于最紧张的时期。1992年洛杉矶骚乱发生之后，与社会混乱、毒品和犯罪相关的问题不断困扰美国的政治制度。1993年，共和党派的鲁道夫·朱利亚尼利用这些问题以6∶1的优势击败了民主党成员，在纽约市长竞选中获胜。朱利亚尼得到了78%的白人选票；相比之下，非裔美国人市长大卫·迪金斯获得了95%的黑人选票。朱利亚尼的竞选标语“夺回城市”利用了法律和秩序的主题以及种族对抗的现状。而拉美裔人在选举中发挥了关键性的作用。1989年，朱利亚尼以微弱的劣势在选举中失败，当时他只获得了34%的拉美裔选票。在1993年的选举中，朱利亚尼将著名的拉美裔政客赫尔曼·巴蒂洛（Herman

Badillo)以城市审计官的身份印在选票上，这一次，他获得了 39%的拉美裔选票。此外，他的获胜还得益于在斯塔顿岛(Staten Island)区获得的较高投票率，因为投票时他号召斯塔顿岛脱离纽约市。最终，朱利亚尼利用种族紧张关系迫使对方退出竞选活动。[67]

拉美裔选民在 1993 年洛杉矶市长竞选中也提供了关键性投票。共和党人理查德·里奥丹当年只获得了 14%的非裔美国人选票，但是他击败了民主党候选人迈克·吴。里奥丹赢得了 67%的白人选票和 43%的拉美裔选票，因而获胜。为了提高知名度，里奥丹自己花费了 6 百万美元的竞选费，通过融资杠杆收购垃圾债券和投机洛杉矶商业区的房地产获得巨额财富。他曾经赞助过布莱德利的竞选活动，宣称自己是“牛得能颠覆洛杉矶”的实用管理者，从前支持布莱德利的选民中有 31%被他争取了过来。[68] 1997 年 4 月，里奥丹再次赢得选举，获得了 61%的选票；他提高了拉美裔选民对自己的支持率，却失去了非裔美国人的选票，两者比例为 3∶1。

保守派市长努力改变使黑人受益的政策。朱利亚尼当选市长时，38%的纽约市政工作由非裔美国人担任，他们当时占据城市人口的 29%。[69] 就职后，朱利亚尼废除了雇佣和签约方面的平权行动政策，开始降低城市的工资标准。两年后，纽约市的劳动力减少了 17 000 名。

导致城市政策转变的另一个因素是人们对法律和社会秩序的担忧。犯罪成为令人高度紧张的象征性问题：“对于发挥关键作用的白人选民来说，控制犯罪相当于一个速记信号，一方面反映了普遍存在的社会混乱问题，另一方面能够体现出领导者在权威、地位、道德、自我控制和种族等方面的强有力的思想。”[70] 有的选民认为黑人市长在犯罪问题上态度太软弱，他们倡导在社会服务方面增加开支，支持平民审查委员会来监控警方的行为。[71] 保守派人士发誓要对犯罪者“采取强硬的手段”。朱利亚尼从前曾经担任过联邦检察官，因此宣称自己是最合适的法律和秩序候选人。

朱利亚尼在兑现自己的承诺时，除了警察和消防部门外，几乎削减了每个城市机构的开支。他任命威廉·布拉顿(William Bratton)为警察局长，这位局长制定的三条治安策略却引发了争议。第一，警官根据电脑显示的枪杀和毒品销售的麻烦地区进行任务分配。第二，警方打击情节较轻的犯罪，例如公共场合下酗酒、大街上撒尿以及勒索骑摩托车的人偿付自己洗挡风玻璃的费用。这一策略源于城市衰落时的破窗理论。从广义上讲，这一理论暗示情节较轻的破坏行为是地区危险和衰退的迹象，例如打破玻璃、在空地上乱丢垃圾。用在治安控制方面，这一理论的意思是，即使情节较轻的违法行为也要受到惩罚。第三，如果制止了情节较轻的违法行为，例如音乐声音过高或在公共场合下酗酒等，为了避免枪支在街头上出现，警官应该让他们接受搜身检查。

新的治安策略看似很奏效，纽约的犯罪率大幅下降。谋杀案的比例下降了近60%，从1990年的2 262起下降到了1996年的983起。从前纽约被视为全国最危险的城市之一，但是1996年的上半年，纽约在189个城市中的人均总犯罪率排名为第144名。[72]尽管媒体把犯罪率下降归因于新的治安策略的执行，实际上，犯罪率在迪金斯执政的最后一年就开始下降，城市犯罪率下降的现象与全国的趋势一致。尽管如此，朱利亚尼在1997年的连任选举中将情况好转的犯罪统计作为自己的主要政纲，从而获得成功。在第二个任期期间，犯罪率继续下降(这次下降又与全国的趋势同步)，2000年，纽约市发生了672起谋杀案。[73]

除了利用种族问题做文章外，新一代的市长宣称自己拥有能给地方经济带来繁荣的魔法。方法包括削减开支和推行刺激投资的强势政策。针对1975年纽约市的财政危机，保守派首先对城市情况做出了分析。4月，银行拒绝承保任何的贷款，市政府无法以贷款支付工资和赎回未偿票据。保守派将这次危机归咎于开支方面的挥霍。作家肯·奥莱塔(Ken Auletta)指出著名的保守分子威廉·F.巴克利(William F. Buckley)在1965年竞选市长时所说的话是正确的。奥莱塔复述了巴克利的原话："我们(纽约市)在地方社会主义和收入二次分配方面进行了一项昂贵的实验，得到的结果是大部分税基和许多工作被分配到了城市之外。"[74]

1977年，埃德·科赫在市长选举中强调分析纽约财政危机原因的重要性而一举获胜。进入市政厅不久，科赫指出"市政府的主要任务是创造私人商业在城市发展的环境，从而提供就业机会并创造利润。政府不负责公共就业和薪资分发"。[75]科赫向商业部门提供了几十亿美元的奖励基金，同时还解聘了6万名工人。他的政策对布鲁克林和皇后区房主们极具吸引力，这部分人厌倦了高税收，同时房地产开发商和华尔街的公司对他的政策也感激不尽，这部分人在提供竞选赞助方面非常慷慨。

20世纪90年代期间，保守派继续攻击敌对势力，这部分势力代表了特殊的利益集团，他们推行的自由开支政策会导致城市破产。同时，保守派支持放开对私营部门的控制，这样的话，城市所面临的一切问题都将得到解决。因此，在财政危机上大做文章成为迫使城市放弃各种方案和服务来达到社会满意的有效方法。[76]市长朱利亚尼减少了城市工资和服务，降低了收入税和公寓、合作社的房产税，削减了商业租赁税和酒店税，理由是降低税收会刺激私人投资。洛杉矶的市长理查德·里奥丹也采取了相似的手段。他在执政的第一年说："经济发展是城市的全部未来。"[77]里奥丹尽力减轻开发商的政策负担，慷慨地提供商业补助。有一次，他向梦工厂影业公司(Dreamworks SKG)提供了7千万美元的补助用于在洛杉矶建立新工作室。[78]

20世纪80年代，私有化经常成为保守派议程的一部分内容，受到政界市长们的欢迎。这一术语的意思是市政府为了降低成本应该将垃圾收集，甚至教育(以特许学校的形式)这样的服务承包出去。私有化作为降低成本提高质量的方法由来已久，毫无争议。在20世纪初的城市建设时期，城市政府将有轨电车、电话、公共事业服务，甚至供水等服务承包给了私人公司。早在1932年，旧金山把垃圾收集工作承包给了私人公司。[79]部分私有化只是把公共资金资助的服务事业承包出去，这种方法也能节省市政府的费用。早期进行的学术研究得出结论：亚利桑那州的斯科茨代尔市(Scottsdale)将消防服务承包给私人公司，相对于市政府自己管理这项服务事业所需的费用来说，现在只需支付一半。[80] 1982年，有关部门对美国的1 780个城市做了一项调查，结果发现城市将26%的服务事业部分或全部地承包给了私人公司。[81]

但是在20世纪80年代期间，私有化不仅成为提高政府效率的策略，而且能够缩减政府规模。E. S. 萨瓦斯(E. S. Savas)把这种策略称为"私有化教父"，他在里根执政期间担任了住房和城市发展管理局的助理秘书职务。萨瓦斯在自己的几部著作中强调了私有化的功能，私有化不仅能够提高政府效率，而且限制了政府的规模——"对规模和权力加以限制，以协调和社会其他机构的关系"。[82]萨瓦斯后来成为朱利亚尼政府的顾问，朱利亚尼政府主要把私有化作为威胁手段，市政服务经营不善的话，政府会取消市政联盟的特许经营权。

印第安纳波利斯的市长斯蒂芬·戈德史密斯没有任何的意识形态标签，他是所有市长中最热衷于私有化的一位。戈德史密斯于1992年当选为市长，任职18个月期间，他将14个服务部门进行私有化，出售了高尔夫球场，将城市薪资从5 700削减到4 200，使印第安纳波利斯成为全国50个大城市中平均雇用人数最低的城市。[83]戈德史密斯打算与社区组织和教堂签订维护地方公园的合同，但是发现无利可图，后来提议将两个棘手的公共住房项目承包给私人公司，遭到了居民的强烈反对。[84]戈德史密斯被称为“民粹主义共和党人士”，他将城市资源分配给贫困市中心区的社区组织，从而赢得了市民的支持，但是批评人士指出这种做法只能削弱城市调控主要服务部门的能力。[85]

人们很难对保守派市长及其同行的政治意义做出评价，一部分原因在于城市政策几乎不能用意识形态来归类。市长们要对自己的选民和城市人口负责。他们都意识到得到所有种族群体的支持非常必要。正因如此，保守派市长不会按照国家共和党人的纲领要求来行事。例如，20 世纪 90 年代期间，朱利亚尼和里奥丹反对国家共和党的议程，对于未成为美国公民的移民不能享受政府福利这一立法规定表示反对。2008 年竞选总统时，朱利亚尼因为立场问题而付出了惨痛的代价。

种族和族裔的未来

城市的经济和政治文化特点在很大程度上能决定市长的市政机构。城市领导人的做法也会反映出选区的复杂构成情况，即使他们属于保守派。在对待招聘中的平权行动以及学校开设多文化课程等爆炸性社会问题时，他们往往会站在温和的立场上。同样，自称进步的市长非常注重社会公正问题，但他们在推动经济增长和商业区开发政策时往往会走到政治中心点加入到保守派市长的行列中。地方层面上的党派和意识形态分歧往往无关紧要。

虽然如此，我们还是有必要强调一下：种族和族裔冲突是塑造城市政治的强大力量。这样的例子并不难找。例如，在 2012 年，哥伦比亚特区的第五选区(District of Columbia's District Ward 5)议员因为刑事定罪而被迫辞职，因此面临着选举问题。选票上的候选人很多，包括 10 位民主党人、1 位独立党人和 1 位共和党人，竞选异常激烈，同时地区的组成结构也能确保选举会带有种族成分。一位社区咨询委员会委员认为选举的结果会沿着种族路线见分晓：“我担心会出现毫无生机的状况，白人会发疯地投票，而黑人会气愤地待在家里。”[86]非裔美国人口主要是黑人，但是他们的数量在下降，2000 年黑人占 90%，而 2010 年则下降至 77%。[87]尽管这位委员忧心忡忡，非裔美国的民主党人士小哈利 · 托马斯(Harry Thomas,

Jr.)还是在选举中获胜了。

2013年4月的《华盛顿邮报》专栏中，专栏作家科伯·I. 金(Colber I. King)在记录第23次议会选举时写道："特区议会选举中不存在竞争。"[88]这只是绝望中的希望而已。当一位候选人退出选举时，民主党人士安妮塔·邦德(Anita Bonds)成为唯一的非裔美国候选人，因此她以相同种族身份为基础立刻争取黑人选民的支持。帕特里克·马拉(Patrick Mara)是唯一的共和党候选人，他以同样的方式回应对手，争取到切维蔡斯镇(Chevy Chase)白人居民的支持，敦促他们要像"集团"那样进行投票，竭力把唯一的黑人候选人赶出区议会。

2013年2月，加利福尼亚州安特洛普谷(Antelope Valley)的民权积极分子们向洛杉矶县高级法院提起诉讼，声称在城市选举中存在种族歧视，加利福尼亚州帕姆代尔市(Palmdale)的大议会席位制度削弱了少数族裔选民的影响力，这种做法违反了宪法规定。这只是最近的一次冲突，其实在住房方案和治安做法方面已经发生过多次备受瞩目的冲突。一段时期以来，黑人和拉美裔人搬入了白人占主导的社区中来维持生活。

未来，种族和族裔问题作为各级政府政治中的关键性内容必将会继续存在。据估计，到2050年左右美国将成为"多数少数民族"，但是这一数据并不意味着作为整体的"少数民族"能够行使决定性权力。非裔美国人和拉美裔美国人之间的关系非常复杂，而且不断发生变化。皮尤研究中心在2008年做过调查，结果发现"占据多数的黑人和拉美裔人对对方持有肯定的观点"，[89]来自双方的绝大多数被调查者一致认为两个民族之间相处得非常好。居住在非裔美国人口密度较高的县区的黑人和拉美裔人也认为他们相处得非常好，比起居住在黑人密度较低县区的两个民族之间的关系要融洽，这种观点说明了比邻而居能够增强双方之间的包容性。

但是少数族裔之间的和谐关系比较脆弱。最近，这两个族裔在移民问题上产生分歧，导致双方隔阂越来越深。拉美裔人口增长速度非常快，预计到2050年将超过非裔美国人口，这一趋势引起了部分黑人的担心，很多人希望"……拉美裔人应该明白他们不是白人，他们应该与非裔美国人保持紧密联系……黑人听到拉美裔人说'我们明白了，我们仍然受到歧视'……当黑人看到拉美裔人遭遇相同的歧视时心理上难以接受"。[90]这两个族裔之间的合作和冲突是美国城市政治中始终存在的现实，短时间内不会消失。

尾注

1. *Report of the National Advisory Commission on Civil Disorders* (New York: Bantam Books, 1968).
2. Christopher L. Warren, John G. Corbett, and John F. Stack Jr., "Hispanic Ascendancy and Tripartite Politics in Miami," in *Racial Politics in American Cities*, ed. Rufus P. Browning, Dale Rogers Marshall, and David H. Tabb (New York: Longman, 1990), p. 166.
3. James H. Johnson Jr., Cloyzelle K. Jones, Walter C. Farrell Jr., and Melvin L. Oliver, "The Los Angeles Rebellion: A Retrospective View," *Economic Development Quarterly* 6, No. 4 (November 1992): 356-372.
4. Jack Miles, "Blacks vs. Brown," *Atlantic* (October 1992): 41-68;也可参见 Mike Davis, "In L. A., Burning All Illusions," *Nation* (June 1, 1992), pp. 743-746。
5. Tim Rutten, "A New Kind of Riot," *New York Review of Books* (June 11, 1992), pp. 52-54.
6. Wes Woods II, "Fontana Students Blame Riot on Simmering Racial Tension," *Inland Valley Daily Bulletin* (October 20, 2006).
7. Chris Maag, "What Triggered the Toledo Riots?" *Time Magazine* (October 16, 2005).
8. U. S. Census, The 2012 Statistical Abstract, www. census. gov.
9. Ibid.
10. Ibid.
11. Rodney E. Hero and Susan E. Clarke, "Latinos, Blacks, and Multiethnic Politics in Denver: Realigning Power and Influence in the Struggle for Democracy," in *Racial Politics in American Cities*, 3rd ed., ed. Browning, Marshall, and Tabb, p. 327.
12. Raphael Sonenshein, "The Prospects for Multiracial Coalitions: Lessons from America's Three Largest Cities," in *Racial Politics in American Cities*, 3rd ed., Browning, Marshall, and Tabb, pp. 333-356.
13. U. S. Bureau of the Census, *Statistical Abstract of the United States: 1995* (Washington, D. C.: U. S. Government Printing Office, 1995), p. 287.
14. Joint Center for Political and Economic Studies, *Black Elected Officials: A Statistical Summary, 2001* (Washington, D. C.: Author, 2001), p. 8.
15. National Association of Latino Elected and Appointed Officials (Washington, D. C.: Author, *National Roster of Hispanic Elected Officials*, annual).
16. Hero and Clarke, "Latinos, Blacks, and Multiethnic Politics in Denver," p. 316.
17. John Mollenkopf, *A Phoenix in the Ashes: The Rise and the Fall of the Koch Coalition in New York City Politics* (Princeton, NJ: Princeton University Press, 1992), p. 12.
18. Raphael J. Sonenshein, *Politics in Black and White: Race and Power in Los Angeles* (Princeton, NJ: Princeton University Press, 1993), p. 63.
19. Patrick D. Joyce, "A Reversal of Fortunes: Black Empowerment, Political Machines, and City

Jobs in New York City and Chicago," *Urban Affairs Review* 32, No. 3 (1997): 291-318.

20. Charles P. Henry, "Urban Politics and Incorporation: The Case of Blacks, Latinos, and Asians in Three Cities," in *Blacks, Latinos, and Asians in Urban America: Status and Prospects for Politics and Activism*, ed. James Jennings (Westport, CT: Praeger, 1994), p. 18.
21. 有关科赫(Koch)的论述见 Mollenkopf, *A Phoenix in the Ashes*。
22. Quotes in ibid., pp. 171-172.
23. John Mollenkopf, "New York: Still the Great Anomaly," in *Racial Politics in American Cities*, ed. Browning, Marshall, and Tabb, p. 120.
24. Ibid.
25. Ibid.
26. Hero and Clarke, "Latinos, Blacks and Multiethnic Politics in Denver," p. 317.
27. Rufus P. Browning, Dale Rogers Marshall, and David H. Tabb, *Protest Is Not Enough: The Struggle of Blacks and Hispanics for Equality in Urban Politics* (Berkeley: University of California Press, 1984), pp. 171-174; Peter K. Eisinger, "Black Mayors and the Politics of Racial Economic Advancement," in *Urban Politics: Past, Present, and Future*, 2nd ed., ed. Harlan Hahn and Charles H. Levine (New York: Longman, 1984), pp. 249-260; Kennerh R. Mladenka, "Blacks and Hispanics in Urban Politics," *American Political Science Review* 83, No. 1 (March 1989): 165-191. 姆登拉卡(Mladenha)认为少数族裔市长对政策结果的影响力微乎其微,但是少数族裔在议会中的多数派具有较大的影响力。
28. Sonenshein, *Politics in Black and White*, p. 152.
29. Timothy Bates and Darrell Williams, "Preferential Procurement Programs and Minority-Owned Businesses," *Journal of Urban Affairs* 17, No. 1 (1995): 1.
30. Clarence N. Stone, *Regime Politics: Governing Atlanta 1946—1988* (Lawrence: University Press of Kansas, 1989), p. 145, Chapter 1.
31. *City of Richmond v. J. A. Croson Co.*, 109 S. Ct. 706 (1989).
32. Mitchell F. Rice, "State and Local Government Set-Aside Programs, Disparity Studies, and Minority Business Development in the Post-*Croson* Era," *Journal of Urban Affairs* 15, No. 6 (1993): 529-553.
33. Mike Davis, *City of Quartz: Excavating the Future in Los Angeles* (London: Verso, 1990), pp. 251-253.
34. Ibid., p. 277.
35. Ibid., p. 272.
36. Sonenshein, *Politics in Black and White*, pp. 155-161.
37. Albert Karnig and Susan Welch, *Black Representation and Urban Policy* (Chicago: University of Chicago Press, 1980); Eisinger, "Black Mayors"; Browning, Marshall, and Tabb, *Protest Is Not Enough*; Mladenka, "Blacks and Hispanics in Urban Politics"; Grace Hall Saltzstein, "Black Mayors and Police Policies," *Journal of Politics* 51, No. 3 (August 1989): 525-544.
38. Paula D. McClain and Albert Karnig, "Black and Hispanic Socioeconomic and Political Competition," *American Political Science Review* 84, No. 2 (June 1990): 535-545; Paula D.

McClain, "The Changing Dynamics of Urban Politics: Black and Hispanic Municipal Employment — Is There Competition?" *Journal of Politics* 55, No. 2 (May 1993): 399-414.

39. Eisinger, "Black Mayors," p. 257.
40. 参见对 12 个城市进行的详细个案研究,载于 Browning, Marshall, and Tabb, *Racial Politics in American Cities*, 3rd ed。
41. Eisinger, "Black Mayors," p. 258.
42. William Julius Wilson, *The Truly Disadvantaged: The Inner City, the Underclass, and Public Policy* (Chicago: University of Chicago Press, 1987), p. 115.
43. "Perry," in Browning, Marshall, and Tabb, *Racial Politics in America*, 3rd ed., p. 251.
44. Lawrence Bobo and Franklin D. Gilliam Jr. , "Race, Sociopolitical Participation, and Black Empowerment," *American Political Science Review* 84, No. 2 (June 1990): 377-393.
45. 参见 Browning, Marshall, and Tabb, *Racial Politics in American Cities*, 3rd ed。
46. Carl Abbott, *Portland: Planning, Politics, and Growth in a Twentieth-Century City* (Lincoln: University of Nebraska Press, 1983), Chapters 8 and 9.
47. John Clayton Thomas, *Between Citizen and City: Neighborhood Organizations and Urban Politics in Cincinnati* (Lawrence: University Press of Kansas, 1986), Chapter 6.
48. Pierre Clavel, *The Progressive City: Planning and Participation, 1969—1984* (New Brunswick, NJ: Rutgers University Press, 1986), Chapter 2.
49. Stella M. Capek and John I. Gilderbloom, *Community versus Commodity: Tenants and the American City* (Albany: State University of New York Press, 1992), p. 182.
50. Carmine Scavo, "The Use of Regulative Mechanisms by Large U. S. Cities," *Journal of Urban Affairs* 15, No. 1 (1993): 100.
51. Robert F. Pecorella, *Community Power in a Postreform City* (Armonk, NY: M. E. Sharpe, 1994).
52. Jeffrey M. Betry, Kent E. Portney, and Ken Thomson, *The Rebirth of Urban Democracy* (Washington, D. C. : Brookings Institution Press, 1993), p. 13.
53. Edward G. Goetz, *Shelter Burden: Local Politics and Progressive Housing Policy* (Philadelphia: Temple University Press, 1993), p. 52.
54. Barbara Ferman, *Governing the Ungovernable City: Political Skill, Leadership, and the Modern Mayor* (Philadelphia: Temple University Press, 1985), Chapter 1; Stone, *Regime Politics*, Chapter 1. 城市体制理论强调城市并非由选举官员来管理,而是由"公共机构和私人利益集团共同制定的安排进行城市治理,这些安排虽然不正式,但是能够制定并执行管理决议"。Ibid., p. 6.
55. 参见 Adolph Reed, "The Black Urban Regime: Structural Origins and Constraints," *Comparative Urban and Community Research* 1, No. 1 (1987): 138-189; and "Demobilization in the New Black Political Regime: Ideological Capitulation and Radical Failure in the Postsegregation Era," in *The Bubbling Cauldron: Race, Ethnicity, and the Urban Crisis*, ed. Michael Peter Smith and Joe R. Feagin (Minneapolis: University of Minnesota Press, 1995), pp. 182-208。
56. Maynard Jackson, quoted in Stone, *Regime Politics*, p. 87.
57. Adolph Reed Jr., "A Critique of Neo-Progressivism in Theorizing About Local Development Policy: A Case from Atlanta," in *The Politics of Urban Development*, ed. Clarence N. Stone

and Heywood T. Sanders (Lawrence: University Press of Kansas, 1987), p. 206.
58. Quoted in Stone, *Regime Politics*, p. 136.
59. 对后来亚特兰大黑人进步的评价来自 Gary Orfield and Carole Ashkinaze, *The Closing Door: Conservative Policy and Black Opportunity* (Chicago: University of Chicago Press, 1991)。
60. Cited in ibid., p. 151.
61. Wilson, *The Truly Disadvantaged*, p. 135.
62. Sonenshein, *Politics in Black and White*, p. 168.
63. Ibid., p. 212.
64. Joe R. Feagin, *Free Enterprise City: Houston in Political and Economic Perspective* (New Brunswick, NJ: Rutgers University Press, 1988), pp. 279-280.
65. Peter Medoff and Holly Sklar, *Streets of Hope: The Fall and Rise of an Urban Neighborhood* (Boston: South End Press, 1994).
66. Peter Dreier and W. Dennis Keating, "The Limits of Localism: Progressive Housing Policies in Boston, 1984—1989," *Urban Affairs Quarterly* 26, No. 2 (December 1990): 191-216.
67. Karen M. Kaufmann, "A Tale of Two Cities: The Impact of Intergroup Conflict on Mayoral Voting Behavior in Los Angeles and New York," paper delivered at the American Political Science Association Meeting (San Francisco, August 29—September 1, 1996), p. 18. 1997年,朱利亚尼(Giuliani)以绝对优势再次当选为市长。
68. Ibid., p. 22.
69. Institute for Puerto Rican Policy, *The Giuliani Budget Cuts and People of Color: Disproportionate Employment Impact* (New York: Institute for Puerto Rican Policy, 1994), p. 1; as reported in Michael Leo Owens, "Race, Place, and Government Employment," paper delivered at the New York State Political Science Association Meeting (Ithaca, NY, March 29-30, 1996), p. 12.
70. Thomas Byrne Edsall and Mary D. Edsall, *Chain Reaction: The Impact of Race, Rights, and Taxes on American Politics* (New York: Norton, 1991), p. 224. 对"信号"一词的强调从原文中删去了。
71. Saltzstein, "Black Mayors and Police Policies," pp. 525-544.
72. Randy Kennedy, "FBI Reports New York Safer Than Most Cities," *New York Times* (January 6, 1997), p. B5.
73. University of Virginia Library, Geospatial and Statistical Data Center, http://cba.unomaha.edu/faculty/cdecker/WEB/Geospatial%20and%20Statistical%20Data%20Center.htm.
74. Quoted in William E. Simon, *A Time for Truth* (New York: Berkeley Books, 1978), p. 155.
75. Quoted in Martin Shefter, *Political Crisis/Fiscal Crisis: The Collapse and Revival of New York City* (New York: Basic Books, 1985), p. 175.
76. Ester R. Fuchs, *Mayors and Money: Fiscal Policy in New York and Chicago* (Chicago: University of Chicago Press, 1992).
77. Quoted in Laura Mecoy, "Ain't Too Proud to Beg: Is L. A.'s Businessman Mayor Good for L. A. Business?" *Los Angeles* (July 1996).
78. Ibid.
79. David F. Linowes, *Privatization: Toward More Effectiue Government. Report of the*

President's Commission on Privatization (Urbana: University of Illinois Press, 1988), p. 2.

80. Roger S. Ahlbrandt Jr., *Municipal Fire Protection Services: Comparison of Alternative Organizational Forms* (Beverly Hills, CA: Sage, 1973).
81. Derived from *Rethinking Local Services: Examining Alternative Service Delivery Approaches* (Washington, D. C.: International City Management Association, 1984), Table B; as reported in E. S. Savas, *Privatization: The Key to Better Government* (Chatham, NJ: Chatham House, 1987), p. 72.
82. Ibid., p. 288.
83. Nancy Hass, "Philadelphia Freedom: How Privatization Has Worked Wonders in the City of Brotherly Love and Beyond," *Financial World* 162, No. 16 (1993): 37.
84. William D. Eggers, "Righting City Hall," *National Review* 46, No. 16 (1994): 40.
85. Rob Gurwitt, "Indianapolis and the Republican Future," *Governing* 7, No. 5 (February 1994): 24-28.
86. Liz Farmer, "Anti-Thomas Sentiment Expected to be Factor in Ward 5 Election," *The Examiner* (May 7, 2012).
87. Ibid.
88. John V. LaBaume, "Op-Ed: No Room for 'Race' in D. C. Council Election but There is Lots for 'Reform'," *The Examiner: Opinion* (April 16, 2013).
89. "Do Blacks and Hispanics Get Along?" *Pew Research: Social and Demographic* (January 31, 2008).
90. Wendy Conklin, "Latinos and Blacks: What Unites and Divides Us?" *The Diversity Factor* 16, No. 1 (Winter 2008).

第十五章　全球化时代的城市和大都市

变革时代的城市政治

21世纪特有的全球化进程使城市和城区发生了翻天覆地的变化。资金在全球范围内的快速流动迫使城市之间展开了激烈的投资竞争。对于多数城市来说，竞争的结果并不确定。工业时代繁荣的城市经历了痛苦的经济重组阶段，在这段时期内，制造业迁往其他地方，服务也成为经济增长的新动力。成功过渡的城市迎来了经济复苏，市中心的天际轮廓线和老社区也发生了变化。参观这些城市的一名游客感到街头生活令人兴奋，城市文化逐渐兴起。自行车道和人行道蜿蜒环绕着滨海开发区和城市公园。这些公共设施是新型经济的一部分，新型经济将现代城市打造成一幅“视觉消费的梦幻景象”。[1]

大部分人会把这些变化看做是积极正面的发展，其实这些变化具有两面性。城市在繁荣的同时，内部之间的差异越来越大。最近几年间，大大小小的城市受到两股迁移潮流的影响而发生变化。第一次人口迁徙主要是高学历的白领专业人士：公司经理、管理顾问、法律专家、会计、电脑专家、金融分析师、媒体和公共关系专家等。另外一股人流是从事金字塔底部工作的服务行业工人。高层办公大厦需要维修、文职和个人服务工作，饭店、娱乐场所、旅游业以及其他相关商业提供低收入、季节性的工作，这两种机会吸引了大量的移民和少数族裔。两股人流打造了拼凑式的地理面貌：有钱的专业人士居住在市中心的公寓大厦、优化社区和郊区的封闭社区中；而新来的移民、少数族裔和穷人居住在贫困社区中，这些穷人社区遍布在都市地区的各个角落。

后来产生的这种城市复苏、都市分裂的情况与从前的情况并不相同。城市地区并不是在陷入困境的市中心和富裕的白人郊区之间进行划分，与全球经济相关的人口流动使郊区的种族和族裔发生了多元化的变化。诠释这种变化并不简单，有的观察者认为这是一种进步和改善；也有的人认为这是披上新装的旧政治。接下来将对这两种观点加以阐释。

新增长政治(实际上是旧政治)

最近的几十年期间，城市之间(乃至国家之间)为了在全球经济中占据一席之地而展开了激烈的竞争。地方上所做的努力已经初见成效：近几年，鳞次栉比的摩天大楼、成群结片的娱乐设施在大城市中迅速出现，而这些大城市中的经济活动带动了市中心的发展：金融、电信、企业和专业办公室、旅游和休闲业。城市不论大小、不论环境如何都在努力争夺全球经济的份额。就在卡特里娜飓风(Hurricane Katrina)袭击新奥尔良的前两个月，路易斯安那州为了阻止新奥尔良圣徒队(New Orleans Saints)的离开而同意给对方 1 240 万美元，[2] 2010 年，圣徒队捧到了超级碗。与此同时，被飓风破坏的社区仍然是一片废墟，防洪堤仍处于失修状态中。对有些人来说，政策交易就是政策重点的一种隐喻，这种现象无处不在。

全球经济的受益者是谁？城市生活方式杂志上刊载的图片展示了拥有最佳工作的世界级城市的优势。各个城市出版的杂志极为相似：内容丰富多彩，充斥着各类广告，它们的目标读者相同，都是有钱的中产阶级，其中还包括一部分空巢父母、年轻的单身人士或丁克族。专门从事生活方式写作和评论的人士每个月都会撰写专栏，推销饭店和娱乐场所、红酒雪茄吧、购物机会以及其他城市生活方式的设施和娱乐项目。这些出版物让人们感觉美国的市中心各个独具特色、令人兴奋，其实这些内容不过是互相复制而已。

有钱的城市居民是在“波特金城市”[3]，还是在“精品城市”里生活、工作和娱乐？对于这一问题的思考也许有一定的价值。“波特金城市”是指市中心繁荣和旅游市场的泡沫现象掩盖住了严重的城市问题，而像西雅图、丹佛这样的精品城市中，那些高收入的专业人员能够负担起高档餐馆、国际时装店以及高端社区的消费。[4] 20 世纪五六十年代，贫穷社区的非裔美国人经常在城市更新工程中遭到推土机的威胁。进入 21 世纪，少数族裔和新移民有时也会面临着这样的威胁，但是至少表面上看起来比较友好，毕竟入住优化社区的房主们会受益于房价的上涨。当然也有很多受害者，工人阶级居民和穷人们经常被这些中产阶级专业人士赶出社区，因此掩盖这一现实无济于事。经济不平等政治在郊区的表现形式有些不同,但是效果是相同的。郊区内部的居民们经常由于优化项目工程而迁往其他地方,与他们的城市兄弟一样,他们最终会选择税基较低、能够提供充足服务的郊区地区定居。

地方政府能找到解决问题的措施吗?从政策角度考虑,这些领导们认为他们所能够想到的最佳办法如出一辙。其他问题也许看似很紧迫,但是最受关注的问题当属能给地方经济带来繁荣的商业、投资者、富裕的房主以及其他像游客这样的人。同时,城市领导人会尽力说服公民们相信这些政策会使所有的人受益。这样的公共关系比较奏效,但是有些丑陋的社会问题是难以避免的,因此公共关系有时也会失去吸引力。

微妙的城市治理艺术

经济任务固然重要,但是有时必须让位于其他任务,政府必须平衡地方政体中各个组织之间的竞争需要。全球化带动的移民大潮要求城市治理要讲究艺术。种族和族裔问题始终存在,而且经常会引发争议,但是我们要强调不同的少数族裔很难在单一事业上进行合作。"彩虹"联盟把非裔美国人和新移民组织联系在一起,这种情况实属罕见,然而各个族裔之间关系紧张却是司空见惯的事情。[5]如果说中心城市之间建立联盟的情况不太常见,那么郊区之间这样的做法更是少之甚少,郊区被分割成若干个单独的司法管辖区,致使城市治理更加复杂。某个种族在这个社区也许具有一定的影响力,但是在其他的郊区也许没有机会登上政治舞台。

社区优化是引起变化和混乱的慢性源头。40 多年来,芝加哥的洪堡公园社区(Humboldt Park)是城市中波多黎各人口最大的聚集地,也是美国波多黎各人口最多的聚集地之一。社区内建有两个波多黎各国旗的钢雕塑,象征着社区的独特文化。在房地产繁荣走向下坡路的前几年期间,白人专业人士和艺术家涌入社区,导致房价上涨,迫使久居于此的居民迁出。2006 年,一家商店的橱窗内摆放了"拒绝雅皮士"的标语,此后这种言语上的对抗时有发生。一位新来的居民火上浇油,很天真地说:"我要告诉波多黎各人,在他们到来之前,这儿居住着欧洲犹太人,而犹太人到达之前,这儿是波兰社区。社区是在不断发生变化的。"[6]也许事情真的如此,但是在此期间,憎恨情绪、抵抗行动以及搬迁住所带来了很多的问题。

非裔美国人、拉美裔美国人和新移民都面临着经济不平等的问题。20、21 世纪之交，美国的贫困人口直线上升，从 2000 年的 11.4%增长到了 2003 年的 12.5%，贫困儿童所占的比例更高，到 2003 年，18 岁以下的人口中有 17.6%生活在贫困家庭中。同期，没有医保的人数占人口的 15.6%。[7] 2001 年和 2002 年颁布的减税措施加重了中等收入纳税人的负担，同时却减轻了高收入家庭的负担。[8] 20 世纪 80 年代以来，美国颁布了一系列的政策，使收入和财富流向上层社会，2008—2009 年发生的经济大衰退加剧了这种趋势，而这些减税措施恰恰是最新一轮的优惠政策。

贫困和不平等总是与社会混乱紧密相连，一般表现在犯罪、骚乱、家庭解体和社区分裂等方面。家庭和社区的严重混乱情况在贫困社区时有发生，如果这种情况与中产阶级没有直接联系的话，他们并不十分在意。最近 10 年间，像犯罪、城市骚乱等对他们造成强烈影响的社会混乱减少了许多。然而，这样的社会和平并不稳定。在 1992 年的洛杉矶骚乱 10 周年之际，有关部门进行了一次调查，结果统计有 50%的洛杉矶居民相信在未来的五年中将会再次爆发骚乱。虽然这一评价过于悲观，但是说明了一点：社会安定只是暂时的。[9]

2005 年 8 月发生了卡特琳娜飓风；同年 9 月，受灾区暴发了骚乱，说明美国城市中仍然存在种族不平等的现象。黑人居住在城市的最低海拔点，是地势最低的地段，因此他们是涝灾中最大的受害者。这一事件同时也暴露了非裔美国人在政治上的劣势，灾难发生后，布什政府做出的回应是假设所有的新奥尔良受灾者都有充足的个人资源。“好像大家都有能力自己撤离新奥尔良，不管你的身份如何，也不考虑你拥有什么资源以及你会去往何地。好像人人都有一辆加满油的多功能车，其他地方的朋友和亲戚随时等待着收留你。”[10] 对于一部分人来说，这种考虑不周的过失也许是在隐喻美国社会中的种族差异，政府应对灾难的方式非常失败。

拼凑式的大都市政治

20 世纪 90 年代，犯罪率下降，这与中心城市街头生活和夜生活的复兴密切相关。在美国的大部分城市中，不同收入、族裔和种族的群体在大街上以及旅游、娱乐场所中可以自由地混在一起。但是与此同时，新兴的商业区和优化社区却和郊区一样呈现隔离状态，只不过规模较小而已。很多有钱的城市居民从他们的住宅小区、封闭式社区、联排别墅或公寓建筑群通勤去往市中心办公大厦或郊区办公园区,他们还会开车去往封闭式购物广场或购物中心建筑群,或者到观光蓬去享受一番。[11]这种生活方式使得一部分城市居民几乎与城市环境绝缘,他们经由交通通道到达不同的封闭区域,这些交通通道与城市的其他部分相隔绝。

有资料显示,独立专属区域的建设和某种程度的居住统一化建设可以同时进行。20 世纪 90 年代,大批亚裔人和拉美裔人定居在郊区,但是这两个族裔的大部分人现在居住在族裔专属区域内,与从前相比,他们与白人的隔离程度更加严重。[12]在 20 世纪 90 年代,对于拉美裔和亚裔而言,居住隔离的程度有所增加,[13]但是他们在郊区的隔离状况比起中心城市的情况要好一些。[14]有些郊区的隔离状况相当严重,但是还有一部分郊区能为少数族裔和移民们提供机会,尤其是收入达到中产阶级水平的那部分人。当然,有时也会出现与这种趋势相矛盾的情况。

从现在的情况来看,我们很难预测郊区的未来空间发展。毫无疑问,郊区会向少数族裔和穷人们开放。来自亚洲、拉丁美洲以及其他族裔的移民使得大都市地区以及周围的郊区超越了两个种族的界限,成为多民族聚集地。例如,20 世纪 90 年代期间,有两部分人迁移到了加利福尼亚州的奥兰治县(位于洛杉矶市外):高学历的专业人士和外国移民。这两大人流的涌入产生了巨大影响:县内年收入超过 15 万美元的家庭增长了 184%,同时,外来移民增长了 48%。[15]著名的人口统计学家对这些趋势做出评论:奥兰治县会有两种发展方向,要么朝着“高度封闭社区型的心态”发展,要么“移民会逐渐融入中产阶级地区,郊区将变为混合型居住地”。[16]

在某种程度上,近期少数族裔和移民进入郊区的方式会决定居住模式。长期以往,这些住宅模式会融入郊区政治,如同过去它们融入市中心政治的过程一样。郊区之间具有较大的差异性,与奥兰治县毗邻的橡树公园和西塞罗(Cicero)郊区都位于芝加哥边界处,最近几年这里发生了很大变化。橡树公园的居民多为中高收入者,郊区内拥有大批保障性住房。西塞罗则大相径庭:长期以来,这里的工人阶级堡垒以争夺混乱而出名,在政治上非常腐败,不到 10 年的时间内,这儿已经成为拉美裔人占多数的城市。美国都市地区的郊区都在经历着类似的变化,这些例子说明城市和城市地区比过去更加开放,过去的动荡年代中不断充斥着城市骚乱、强烈的种族仇恨和不断升级的犯罪事件。与此同时,城市空间的私有化和封闭性却愈演愈烈。这相反的趋势将勾勒出未来几年美国城市政治的轮廓。

尾注

1. Sharon Zukin, *Landscapes of Power: From Detroit to Disney World* (Berkeley: University of California Press, 1991), p. 221.
2. "Louisiana Forks over $12.4M to Saints," *USA Today* (July 6, 2005), p. 15C.
3. 据历史记载,1787 年,被特金将军(Potemkin)为了迎接克里米亚的凯瑟琳二世(Catherine Ⅱ)来访而修建了假村庄,目的是要骗取她相信他所做的征服对于俄罗斯帝国来说具有重要的价值。
4. Neal R. Peirce, "Business Basic: Rx for All Cities," *Washington Post* (March 5, 1999).
5. Reuel R. Rogers, "Minority Groups and Coalitional Politics," *Urban Affairs Review* 39, No. 3 (January 2004): 283-317.
6. Antonio Olivo, "Edge about 'Yuppies'," *Chicago Tribune* (June 12, 2006), p. 1, p. 20.
7. CNN. com, "Census: More Americans Living in Poverty" (August 31, 2004), www. cnn. com.
8. Ibid.
9. Mara A. Marks, Matt A. Barreto, and Nathan D. Woods, "Race and Racial Attitudes a Decade after the 1992 Los Angeles Riots," *Urban Affairs Review* 40, No. 1 (2004): 3-18.
10. Peter Dreier, "Katrina and Power in America," *Urban Affairs Review* 41, No. 4 (March 2006), p. 535.
11. Dennis R. Judd, "Enclosure, Community, and Public Life," in *Research in Community Sociology: New Communities in a Changing World*, ed. Dan A. Chekki (Greenwich, CT and London: JAI Press, 1996), pp. 217-238.
12. John R. Logan, "The New Ethnic Enclaves in America's Suburbs," a report by the Lewis Mumford Center for Comparative Urban and Regional Research (Albany, NY, 2002), pp. 1-2.
13. Ibid., p. 253.
14. William A. V. Clark and Sarah A. Blue, "Race, Class, and Segregation Patterns in U. S. Immigrant Gateway Cities," *Urban Affairs Review* 39, No. 6(2004): 667-688.
15. Jim Hinch and Ronald Campbell, "Gated Enclaves One Future for Orange County," *Orange County Register* (May 15,2002), www. ocregister. com.
16. Ibid., quoting William Frey, a demographer in the Milken Institute of Los Angeles.